語文學論集

YUWENXUE LUNJI

○

杨　琳／著

人民出版社

目　录

词　汇　编

文 字 编

语 法 编

文　献　编

词 汇 编

"昭假" 新解

一、旧解之疑

"昭假"一词《诗》凡五见，究为何义，古来言人人殊。更有甚者，同一人而不一其解，可谓扑朔迷离矣。试以郑笺为例：

(1) 大夫君子，昭假无赢。(《大雅·云汉》)

笺：假，升也。……天之光耀升行不休，无自赢缓之时。

(2) 天监有周，昭假于下，保兹天子，生仲山甫。(《大雅·烝民》)

笺：假，至也。天视周王之政教，其光明乃至于下。

(3) 噫嘻成王，既昭假尔，率时农夫，播厥百谷。(《周颂·噫嘻》)

笺：能成周王之功，其德已著至矣。

(4) 允文允武，昭假烈祖，靡有不孝，自求伊祜。(《鲁颂·泮水》)

笺：其聪明乃至于美祖之德。

(5) 昭假迟迟，上帝是祗，帝命式于九围。(《商颂·长发》)

笺：假，暇。……以其德聪明宽暇，天下之人迟迟然。

同一"昭假"竟作了五种不同的解释，这自然是靠不住的。

高亨先生在《诗经今注》中作了两种解释。一是："昭，明也。假，读为嘏（gǔ古），告也。"一是："昭，犹祷也。假，借为嘏，福也。"① 此虽强于郑笺之随文释义，然仍不能"一以贯之"，且以高亨先生之理解《诗》句，语意亦未能畅达。

---

① 高亨：《诗经今注》，上海古籍出版社1980年版，第488、516页。

3

20 世纪 50 年代，学术界曾围绕《噫嘻》一诗的理解，对"昭假"一词进行过热烈的讨论①，但最终还是莫衷一是，不了了之。

私意以为探求词义如若仅仅乞灵于"通转""假借"，而无其他方面的证据，那就近乎猜谜，而且谁也说服不了谁。本文对"昭假"一词溯源逐流，提出了一种能通释所有用例的新解，能否成立，还请达者断之。

二、"假"义新探

"昭假"之难解，关键在"假"字，所以我们先探讨"假"的含义。

"假"和"格"由于古音相近（同为见母，韵部鱼铎对转），古多通用。如《尚书·皋陶谟》"祖考来格"《尚书大传》作"祖考来假"，《尧典》"格于上下"《说文》引作"假于上下"，皆可为证。而以"各"为声符的字也可互相借用（例见下），所以下面讨论"假"的词义的时候，也援引"各"及"各"声字的材料。

卜辞中的"各"有这样一种用法：

（1）乙丑各且［乙］。（后下 19·5）

比较：

甲子祭大甲。（综述 21·8）
甲寅翌上甲。（存上 2652）
甲午酓且甲。（佚 545）
甲申彡戋甲。（珠 495）

"各"后还可以加一介词"于"：

---

① 讨论发表的文章主要有：憩之：《关于周颂噫嘻篇的解释》，《光明日报·文学遗产》1956 年第 114 期；郭沫若：《读了"关于周颂噫嘻篇的解释"》，《光明日报·文学遗产》1956 年第 117 期；胡毓寰：《关于诗经噫嘻篇昭假一词意义的问题》，《光明日报·文学遗产》1956 年第 123 期；胡毓寰：《从"诗经"噫嘻篇的一些词义说到西周社会性质》，《学术月刊》1957 年第 10 期；江逢僧：《关于周颂噫嘻篇解释的我见》，《人文科学杂志》1957 年第 1 期。

（2）王其各于大乙。（甲663）

（3）先祭二［升］，迺各［于］且乙。（屯南618）

比较：

石钅于妣癸。（乙4925）

乿于小乙。乿于且乙，勺（礿）。（粹267）

烝于且乙于（与）后且乙。（通41）

其又（侑）岁于高且乙，一牢。（粹165）

又于且乙十羌又五。（丙235）

（1）（2）（3）三例中的"各"后面跟的是已故祖先的名字，释为"至"显然不通。联系比较例来看，"各"在意义上应该是与"祭""翌""酓""又""彡"等同类的词，"祭""翌"等都是祭名，所以"各"也无疑是一种祭名。再看下面的例句：

（4）其钤箕，迺各日，又正。（甲404）

（5）王其又［父］己，虫□各日，酌，王受又。（屯南2483）

（6）钅各日，王受又（祐）。（粹1278）

（7）钅各于日，钐。（甲2589）

比较：

丁巳卜，又出日，丁巳卜，又入日。（佚407）

辛未卜，又于出日。（粹597）

郭沫若先生说："殷人于日之出入均有祭"（粹17释文），《尧典》云："寅宾出日"，"寅饯纳日"（"宾""饯"皆"祀神"之义，旧说多误）。"又出日""又入日"意为对"出日""入日"行又（侑）祭。然则"各日"自为于日行各祭。或以"各日"为落日①，顾不知欲将"各于日"作何解？

---

① 参见温少峰、袁庭栋：《殷墟卜辞研究——科学技术篇》，四川省社会科学院出版社1983年版，第75—76页。

（8）贞：又各，不若？五月。（前5·24·6）

（9）己未田，各，若？（前5·27·4）

这是行"各"祭卜问上帝是否保祐。

（10）王其各，虫辛，王弗每。（人2941）

按：此例与例（2）相类。

（11）其各，又正。（粹1062）

按：此例与例（4）相类。比较：

刅且乙，又正。（粹234）

弜祭于之若，又正。三匚二示卯，王祭于之若，又正。（粹542）

总之，卜辞中的"各"有"祭祀之一种"的含义，这是无可置疑的。
到了周代，"各"的词义引申为统称的"祭祀"。金文中用例甚多。兹毛
举一二：

（12）宁肇諆作乙考尊殷，其用各百神，用妥多福。（宁簋）

（13）唯二月，王才宗周，戊寅，王各于大庙。（趞鼎）

（14）隹元年六月既望甲戌，王才杜宝（居），徎于大室。（师虎簋）

（15）隹七年十月既生霸，王才周般宫。旦，王各大室。（趞曹鼎）

（16）隹王十月既望，辰在己丑，王逘于庚嬴宫。（庚嬴卣）

其他典籍中亦复不少：

（17）归，格于艺祖，用特。（《尚书·尧典》）

（18）月正元日，舜格于文祖。（《尚书·尧典》）

（19）亨？王假有庙，利见大人。（《周易·萃卦》）

6

（20）亨？王假有庙，利涉大川，利贞。（《周易·涣卦》）

（21）王假有家，勿恤，吉。（《周易·家人卦》）［按："家"与"庙"同义。①］

（22）亨？王假之，勿忧，宜日中。（《周易·丰卦》）

上例中的"各"（包括"佫""格""假"等，下同）一般释为"至"，然经不起推敲。

其一，既然"各"义为"至"，何以"大庙""大室"这些用来祭祀的地方前一般用"各"而不用"至"？当"到"讲的"至"在甲文中就有了。如：

> 父甲三白豕至。（粹338）
> 涉滴至虞，射又豕，毕。（粹950）
> 王其征，至于戴，亡戈。（粹1003）

既然早就有了"至"，为何"大庙""大室"前派不上它的用场？更能说明问题的是，同一篇文章中"各""至"皆用而划然不混。如《尧典》说到达某地时用"至于"（"至于岱宗""至于西岳"），而祖庙前却用"各于"［（例（17）（18）］。再看下面这个例子：

> 佳王十月，王才成周。南淮尸（夷）遷、殳，内（入）伐溟、鼎、参泉、裕敏、阴阳洛。王令敔追御于上洛、怒谷，至于伊，班。……佳王十又一月，王各于成周大庙。（敔簋）

同一篇铭文，一般地名前用"至于"，"大庙"前用"各于"，绝不混用。这表明"至于"与"各于"是不一样的。

其二，比较下列例句，可以看出"各"与"寮""司"等同类：

> 各于大庙。

① 参见郑慧生：《释"家"》，《河南大学学报》1985年第4期。

格于大室。

司（祀）母（于）大室。（粹 1251）

其尞于大室。（通 761）

王祀丏（于）天室。（大丰簋）

秋七月，禘于太庙。（《春秋·僖公八年》）

十一月乙亥，尝于大公之庙。（《左传·襄公二十八年》）

其三，若"各"后跟祭祀对象，则释"至"甚为不辞。如：

（23）我闻在昔成汤既受命，时则有若伊尹格于皇天。……在大戊，时则有若伊陟、臣扈格于上帝。（《尚书·君奭》）

（24）光被四表，格于上下。（《尚书·尧典》）

按："上下"指天神地祇。他如："王戠多屯，不左？若于下上？贞：王戠[多]屯，不若？左于下上？"（丙 523）"若""左"皆保祐之义。又《尚书·召诰》："毖祀于上下。"与例（24）尤相近切。

（25）神保是格。（《诗经·小雅·楚茨》）

比较：

神保是飨。（《诗经·小雅·楚茨》）

后帝是飨。（《楚辞·天问》）

按：这几例中的祭祀对象借助于"是"而置句首，"飨"即享祀。

上面三例中的"各"解为"至"是不通的，训为"祭祀"则怡然理顺。且"神保是格"与"神保是飨"只是前后章稍易其字，其意不殊。下例也是"各""飨"（享）同义之力证：

（26）以假以享，我受命溥将。（《诗经·商颂·烈祖》）

比较：

> 以享以祀。（《诗经·小雅·楚茨》）
> 以薪以蒸。（《诗经·小雅·无羊》）

按："享""祀"同义，"薪""蒸"同义，是知"假""享"亦必同义。

其四，就文意和情理而言，上列例句之"各"释为"至"也很勉强。金文中常说王在某宫，各于大室。大室设在宫内，王既已在宫，何必特言至大室？台湾学者胡自逢对此已有疑虑，其为言曰："格各通，至也，来也，太室在宫内，上已言之，而言格者，非出宫而前往太室，乃往就太室王之常位次。"[1] 其实，王行赏赐或战后献俘盖必先祭祖以告之，此其所以每行于太室太庙之故。知此，则"各"义宜训祭祀。再如《尧典》之"格于艺祖，用特"，若解为"至"则文意不贯。"用特"明为祭祀，何以不言祭祀而仅言至祖庙？至若"舜格于文祖"更无相关之下文，莫非仅记舜之所至？若释"各"为祭祀，所疑顿消。祭祀者，"国之大事"，故郑重记之，非记其至也。

《尚书》中还有几例祭祀义之"各"，前人未得其解。

（27）天既讫我殷命，格人元龟，罔敢知吉。（《西伯戡黎》）

（28）肆予冲人，非废厥谋，吊由灵各；非敢违卜，用宏兹贲。（《盘庚下》）

（29）洪惟我幼冲人，嗣无疆大历服，弗造哲迪民康，矧曰其有能格知天命？（《大诰》）

（30）荀造德不降，我则鸣鸟不闻，矧曰其有能格？（《君奭》）

例（27）之"格人"即祭祀之人。（28）之"灵"即《礼记·礼运》"鳞凤龟龙，谓之四灵"之"灵"，此指龟，"灵各"即"格人元龟"。"吊由灵各"，言敬从格人与元龟之所告示。下句"卜"承"各"言，"贲"承"灵"言（《尔雅·释鱼》："龟，三足贲"，案："贲"有大义，此盖"元龟"所以称

---

[1] 胡自逢：《金文释例》，（台北）文史哲出版社1974年版，第256页。

贲之故)。(29)(30)言其有祀而解天命者乎?古人甚重祀人,《君奭》中周公言"殷礼陟配天,多历年所"之故时,归之于有伊尹、保衡之徒"格于皇天",即其证。(29)(30)即周公叹不能得如伊尹之格人也。

"各"义既为人祀鬼神,引申之,鬼神享用祭祀亦为"各",此犹"享"既为"享祀神"又为"神享祀",施受同词是也。例如:

> (31)来假来飨,降福无疆。(《诗经·商颂·烈祖》)

按:"假""飨"对文,其义相近或相同,犹"来燕来宁"(《诗经·大雅·凫鹥》)之比。

> (32)祖考来格。(《尚书·皋陶谟》)
> (33)神之格思,不可度思,矧可射思。(《诗经·大雅·抑》)

按:"来格"即"来假来飨","神之格"即"神之来格"。

> (34)惟帝降格于夏。(《尚书·多方》)
> (35)有夏不适逸,则惟帝降格向于时夏。(《尚书·多士》)

按:"向于"为同义介词并列。

> (36)乃命重黎绝地天通,罔有降格。(《尚书·吕刑》)

"降格"与"来格"大同小异。自帝而言曰"降格",自人而言曰"来格"。"降格于夏"即降享于夏,帝享夏祀,是尚能祐助于夏。然有夏不思改过,且变本加厉,天"乃大降显休命于成汤,刑殄有夏"。"罔有降格"即不享其祀,乃弃之矣。

三、"昭假"用例疏解

"各"义既明,"昭"可迎刃而解。"昭"者,明洁之谓也。古人祭祀讲究洁净，以为唯其蠲洁神方能享用，因而亦方能保祐。《诗经·小雅·楚茨》："洁尔牛羊，以往烝尝。"《国语·楚语下》："忠信之质，禋洁之服，而敬恭明神者，以为之祝。"韦昭注："洁祀曰禋。"《左传·桓公六年》："奉盛以告曰：'洁粢丰盛。'"《左传·僖公五年》："吾享祀丰洁，神必据我。"皆表明洁净之有重于祭祀也。如不洁，则是亵慢神灵，必将有祸。《尚书·多方》："乃惟尔商后王逸厥逸，图（鄙）厥政，不蠲烝，天惟降时丧。""殷之丧亡"，"不蠲烝"乃其罪一。"蠲烝"即《洛诰》之"明禋"，皆洁祀之义。周原甲骨H11.1："贞：王其邵祭成唐。""邵祭""昭假""蠲烝""明禋"，其义相同，可以互相发明。

有些《诗经》注者从上下文意中体会到"昭假"与祭祀有关。如北京大学中国文学史教研室《先秦文学史参考资料》在《噫嘻》诗的注解中说："古书中凡言'昭假'，皆指祀上帝而言。"① 可谓独具慧眼。然在具体落实到字词时仍以"假"为"至"，无法与"祀上帝"挂起钩来，则又叹其"明察舆薪，不见秋毫"。

下面我们想用"洁祀"义来疏通我们见到的七条"昭假"用例，这对我们的考证既是一个检验，也是进一步的证实。先看金文中的两条用例：

> 用邵各不显且考先王。（宗周钟）
> 用邵洛朕文且考。（大师虘豆）

金文中"邵"与"昭"、"洛"与"各"可以通假，无烦辞费。"邵各（洛）"后跟"先王""且（祖）考"，理解为"洁祀"不存在什么问题。

再来看我们在第一部分列出的《诗经》中的那五个用例。

例（1）写的是周王因大旱而向神祈雨的事。"赢"，余也。"昭假无赢"，意为倾其所有（无赢）洁祀神灵。上文说："靡爱斯牲"，"圭璧既卒"（卒，尽也），正是"昭假无赢"的具体说明。

例（2）中的"天监有周昭假于下"当作一句读，言上天看到有周在下面洁祀它，所以就祐助周王，给周王派了一位得力的大臣仲山甫，正如天祐商汤而降之伊尹一样。

---

① 北京大学中国文学史教研室：《先秦文学史参考资料》，中华书局 1980 年版，第 119 页。

例（3）是一首赞美成王劝耕的诗。古代在春耕前要举行隆重的祭祀活动以祈求丰收。《吕氏春秋·孟春纪》中说，孟春之月，"天子乃以元日祈谷于上帝，乃择元辰。天子亲载耒耜，……率三公九卿诸侯大夫躬耕帝籍田"。《国语·周语》中还谈到了"祈谷于上帝"的具体活动："及期，郁人荐鬯，牺人荐醴，王裸鬯，飨醴乃行。"联系这些记载来看，把"昭假"理解为"洁祀"是很恰当的。"既昭假尔"（尔，犹矣）就是"天子乃以元日祈谷于上帝"，"率时农夫，播厥百谷"就是"率三公九卿诸侯大夫躬耕帝籍田"。文献记载与诗句描述契合无间。

例（4）与"昭假无赢"意思差不多。《尔雅·释诂》："享，孝也。"此谓献享。《克鼎》："顯孝于申（神）。"谓献于神也。《杜伯盨》："享孝于皇申且考。""享孝"同义并列。"昭假烈祖，靡有不孝"者，洁祀烈祖无所不荐献也。

例（5）是说洁祀上帝的活动进行得非常细心缓慢，目的在于表示对上帝的虔敬。

以"洁祀"释"昭假"无例不达，正如王引之所说的"揆之本文而协，验之他卷而通"。

现将上面的论述作一小结如下：（一）"各"在甲骨卜辞中是一种祭名；到金文中引申而指统称的"祭祀"，这跟"祭"本专名，引申而成为共名是一样的；再引申而有"神享祀"之义。（二）就书写形式而言。甲骨文只作"各"；金文形式多样，作"各""客""洛""𢓜"等字；其他文献一般作"格""假"。（三）"昭假"金文作"卲各（洛）"，义为洁祀。

附记：（一）本文是受杨筠如先生启发而写成的。杨先生在《尚书核诂》（北强学社 1935 年版）中将不少"格"字训为享祀，惜其未能充分论证，人鲜信从。余读其书而思及《诗》之"昭假"，因推源逐流，发为斯文。若论筚路之功，不得不归之先生。（二）本文所引的有些卜辞例句是请四川大学历史系的常正光教授隶定的，谨致谢忱。

（原载《四川大学学报》1988 年第 4 期）

"赧郎" 新解

"赧郎"一词为世人所知，全赖了李白的《秋浦歌》之十四："炉火照天地，红星乱紫烟。赧郎明月夜，歌曲动寒川。""赧"有的版本写作异体字"赪"。这首诗影响不小，很多古诗选本都选它，甚至还进入了中小学语文教材。然而"赧郎"一词古代极少使用，我们在大型古籍数据库中能搜索到的也就下面几例：

(1) 鹿头湖船唱赧郎，船头不宿野鸳鸯。为郎歌舞为郎死，不惜真珠成斗量。(元·杨维桢：《铁崖古乐府》卷10《西湖竹枝歌九首》之二)

(2) 笼筒津鼓惊浮客，欸乃渔歌属赧郎。(明·杨慎：《升庵集》卷31《长江万里图》)

(3) 白浪接天高，黑风不断号。赧郎轻舴艋，不敢向江皋。(明·王世贞：《弇州四部稿》卷7《江皋曲》)

(4) 早晚重寻樱笋候，赧郎共放柳阴舟。(清·沈大成：《学福斋集》卷10《舟中有怀漱石》)

(5) 自扫一床间，双扉常自关。赧郎明月夜，别宅宠妖娴。(清·黄之隽：《香屑集》卷16《无题绝句十一首》之八)

可以说"赧郎"一词是由李白创造的，后世的个别用例应该是对李诗词语的因袭，因为元代以前找不到"赧郎"的第二个用例。

"赧郎"是什么意思，自宋代以来就众说纷纭。

有些人将"赧"理解为羞愧。《分类补注李太白诗》卷8宋杨齐贤注："此言方士炼丹，炉火炽然，照曜天地，时有红星纷起于紫烟之中。赪亦赧，面愧赤，乃版反，犹言愧汝明月之夜歌曲之声振动寒川也。"清王琦《李太白集注》卷 8:"郎亦即指冶夫而言,于用力作劳之时,歌声远播,响动寒川,令我闻之不觉愧赧,盖其所歌之曲适有与心相感者故耳。赧字当属己而言。旧注谓赧郎为吴音歌者助语之词,或谓是土语呼其所欢之词,俱属强解。"意思是说李白闻郎之歌曲而愧惭。李白为何闻郎歌而感愧惭?这在全诗意境中无法得到合理的解释。从句法上来讲,"赧/郎明月夜"的切分也是十分牵强的。

有些人认为"赧"是发语词。明朱谏《李诗选注》卷 5:"赧者,语助辞也。郎,相称之辞也。赧郎,吴音也,犹言阿翁、阿孙之类。或曰赧为愧之之辞。"还有人认为"赧郎"整体是发语词。元杨维桢《铁崖古乐府》卷 10《西湖竹枝歌九首》清楼卜瀍注:"赧郎,吴音也,歌者助语之词。"无论说"赧"是发语词还是"赧郎"是发语词,都是想当然的说法,毫无依据。

有些人信从被王琦摒弃的"土语呼其所欢之词"。舒芜《李白诗选》:"疑是唐代当地方言中女子对情人的爱称。"① 此解只是猜测而已。

郭沫若提出"赧郎"是炉火映红了脸的冶炼工人。他在《李白与杜甫》中说:"'赧郎',旧时注家不得其解,其实就是银矿或铜矿的冶炼工人。在炉火中脸被娀红了,故称之为'赧郎',这是李白独创的辞汇。"② 此说在当代影响很大,很多注本都加采用,谈论中国冶金史的论著中也几乎必提此诗。武汉大学中文系古典文学研究室选注《新选唐诗三百首》:"赧:原意是因羞愧而脸红,这里是形容冶炼工人被炉火映红了的脸色。""诗人以饱满的热情,鲜明的色彩,形象生动的语言,描绘出一幅冶炼工人月夜冶铸的壮美图画,也是一曲对冶炼工人的赞歌。赞美冶炼工人的诗,在李白诗歌中这是仅见的一首,在我国古代诗歌中也是少见的。"③ 《汉语大词典》采用郭说,将"赧郎"释为:"指因炉火映照而面呈红色的冶炼工人。"事实上,"赧"在古代从不单纯表示红色,而是指因羞愧而脸红。《说文》:"赧,面惭而赤也。"《孟子·滕文公下》:"观其色赧赧然。"朱熹集注:"赧赧,惭而面赤之貌。"可见将"赧"理解为炉火映红是站不住的。

张建木认为"赩"为"赮"之形误,"赮"为"霞"之异体。④《文选·

① 舒芜:《李白诗选》,人民文学出版社 1954 年版,第 128 页。
② 《郭沫若全集·历史编》第 4 卷,人民出版社 1982 年版,第 341 页。
③ 武汉大学中文系古典文学研究室选注:《新选唐诗三百首》,人民文学出版社 1980 年版,第 94 页。
④ 张建木:《张建木文选》,宗教文化出版社 1996 年版,第 302 页。

郭璞〈江赋〉》:"绝岸万丈,壁立赪驳。"李善注:"赪驳,如赪之驳也。赪,古霞字。"李白诗文中称修炼道教的人为"霞客""霞子"。如《古风五十九首》之五十五:"安识紫霞客,瑶台鸣素琴。"《冬夜于随州紫阳先生餐霞楼送烟子元演隐仙城山序》:"吾与霞子元丹、烟子元演,气激道合,结神仙交,殊身同心,誓老云海,不可夺也。""既有'霞客'、'霞子'之号,亦可有'霞郎'之称。"这一解释确实有一定的合理性。古称仙人为"霞人"。宋张君房《云笈七签》卷107《传录》唐李渤《梁茅山贞白先生传》:"潜光隐曜,内修秘密,深诚所诣,远属霞人。"由此说来,称习道修仙的男青年为"霞郎"似乎也符合情理。不过此解也有疑点,因为此说借助于形误,没有版本依据,而古代文献中也不见有"霞郎"之称,所以只能聊备一说。

解读古籍,按本字贯通文意是最为理想的解读方式。"赧"古有干瘦之义。五代可洪《新集藏经音义随函录》第五册《方广大庄严经》第七卷:"皱赧,上侧瘦反。下女板反。拗也,乾瘦也。"《集韵·屋韵》:"拗,揣拗不申。"这是说收缩不伸展,与干瘦义通。隋阇那崛多译《佛本行集经》卷14《出逢老人品第十六》:"太子见已,即问驭者:'此是何人?身体皱赧,肉少皮宽,眼赤涕流,极大丑陋。'"又卷24《精进苦行品第二十九》:"菩萨如斯减少食饮,精勤苦行,身体皮肤皆悉皱赧。"习道修仙者追求身体轻巧,这样可以升仙云游,故辟谷绝食,餐霞饮露,致使形体干瘦。唐黎兴、方长《太上一乘海空智藏经》:"若人修行,服食休粮,研精道味,志慕山林,隐形栖遁,餐霞纳气,弃于甘腴,舍去肥腻,身轻体劲,免于老死,是谓地仙。"南唐沈汾《续仙传·羊愔》:"后不喜谷气,但饮水三升,日食百合一盏。……如此经年,清瘦轻健。"宋白玉蟾《南岳九真歌题寿宁冲和阁》(元佚名《修真十书》卷32):"张复有若如珠少,炼得身形成鹤瘦。"宋杨齐贤认为《秋浦歌》描述方士炼丹之事,堪称切中主旨。李白信奉道教,曾亲自炼丹服食,秋浦就是他曾经烧炉炼丹的地方之一。这在他的《金陵与诸贤送权十一序》中有明确表述:"尝采姹女于江华,收河车于清溪,与天水权昭夷服勤炉火之业久矣。"清王琦《李太白集注》:"姹女,汞也;河车,铅也;皆炼丹药物。……清溪,在池州秋浦县。"唐陈少微《大洞炼真宝经妙诀·炉鼎火候品第八》载炼丹之火候云:"其炉内鼎四外,紫气回绕,看之如雾。候寒开鼎,看其金砂色转化为紫光之丹,丹内红星点点,似欲轻涌。""紫气回绕""红星点点"的描述均与诗句"红星乱紫烟"相符。这都表明《秋浦歌》所述实为作者炼丹之情景。所以

"赧郎"即瘦郎，指炼丹修仙的清瘦小伙。冶炼工人之说恐怕是郢书燕说。

至于元代以来的个别"赧郎"用例，从文意来看，大约是泛指青年小伙，这应该是在含糊臆解李诗的基础上形成的含义，不能用此义来解证李诗。

元杨维桢《铁崖古乐府》卷10《漫成》之五："小娃家住白苹洲，只唱舍郎如莫愁。风波不到鸳鸯浦，承恩曷用沙棠舟。"《四部丛刊》影明成化本注："'舍郎'一本作'赧郎'。"考虑到杨维桢在《西湖竹枝歌》中使用过"赧郎"一词，这里原本当为"赧郎"。赧字手写体中有时写作"赦"。《新集藏经音义随函录》第八册《大威德陀罗尼经》第十一卷："愧赦，女板反，正作赧。"又第二十六册《集今古佛道论衡》卷景："忸赦，上女六反，下女板反，正作赧也。又音舍，误。"敦煌文献 P.3906《碎金》："人羞赦：女眼反。""羞赦"即羞赧。盖《漫成》抄本"赧"字或作"赦"，不明俗字者以赦免义读之，文意不通，故改作同音字"舍"。古人对别人指称自家的亲属时常加舍字，如"舍弟""舍妹""舍眷"等，所以"舍郎"是可以说的。

（原载《古典文学知识》2016年第2期）

古代诗文中"车轴"的喻义

古典诗歌的赏析是高考语文卷几乎每年必考的内容。2011 年高考天津的语文卷提供的赏析诗歌是宋代华岳的《骤雨》，原诗是这样的：

> 牛尾乌云泼浓墨，牛头风雨翻车轴。
> 怒涛顷刻卷沙滩，十万军声吼鸣瀑。
> 牧童家住溪西曲，侵早骑牛牧溪北。
> 慌忙冒雨急渡溪，雨势骤晴山又绿。

有些人一查《宋诗鉴赏辞典》（上海辞书出版社 1987 年版），发现"翻车轴"写的是"翻车轴"，便认为试题出现了错别字，叫考生怎么正确理解诗意？其实，两种写法都有版本依据。《四部丛刊三编》及文渊阁《四库全书》所收华岳诗文集《翠微南征录》，写的都是"翻"，文渊阁《四库全书》所收宋陈思《两宋名贤小集》，录华岳诗作"翻"。古代诗文因版本不同而出现异文是很常见的，但作者的原作通常是唯一的，异文大都是别人有意无意改动的结果。就"翻""翻"而言，其中一字估计是抄写者或是翻刻者因字形相近及理解出了偏差而弄错的。那么，两个字究竟谁是谁非呢？这得看哪个字切合语境，能贯通诗意。

先看"翻"字。根据《汉语大词典》的解释，"车轴"有两个意思：一是指穿入车毂中承受车身重量的圆柱形零件；二是指代车。若按前一个意思理解为风雨吹打翻了车轴，显然不通。若按后一个意思理解为风雨吹打翻了车，虽然说得过去，但牧童只是在放牛，并不是在赶牛车，放牛的地方不是大路，一般也不会有车行走，翻车无从谈起；而且风雨能把车弄翻，牧童和他的牛还能安然无恙？所以这种理解夸张过度，不符合情景题旨。

《宋诗鉴赏辞典》中分析说："'翻车轴'的'车'是水车，水车戽水，轴

17

翻水涌，发出声音，这里用以形容风雨之声。"① 说"车"指水车已很勉强，说翻转水车的轴更是不通。任何车的轴都是固定不动的，转动的只是轴上的轮子，水车也不例外。再说水车转动时发出的声响一般缓慢而有节奏，跟暴风骤雨急促的声响不可同日而语。所以这种理解也站不住。

再来看"翩"字。"翩"有"疾飞"的意思。《楚辞·九章·悲回风》："愁悄悄之常悲兮，翩冥冥之不可娱。"宋洪兴祖补注："翩，疾飞也。"按此义来理解，"风雨翩车轴"就是风雨使车飞奔，这似乎比使车翻倒要好一些，但正如使车翻倒的理解不大切合语境一样，使车疾飞同样与场景不合。

叫我这么一分析，难不成两个字都有问题？当然不是。这里的关键在于"车轴"除了常见的车舆之轴的意义外，还有一些比喻义，这些比喻义普通读者不大熟悉，字典辞书一般也不予收录，很容易给阅读理解造成障碍。下面先将"车轴"在古代诗文中常见的比喻义作一归纳，再来分析诗句的理解问题。

第一，车轴承载着车的重量，必须足够粗大才行。据学者们研究，尽管古代不同种类的车，轴的粗细不尽相同，但大致上直径在 16 厘米左右，形象地说就是碗口来粗。古人常用车轴比喻事物的粗大。如比喻莲藕之粗、蟒蛇之粗、气息之粗、粟米之粗等：

（1）池中又出无量藕根，大如车轴。（隋·阇那崛多等译：《起世经》卷 5《阿修罗品第六》）
（2）忽大井中有马绊蛇腾涌而出，首如白虎，大若车轴，嘘气喷毒，势欲噬人，骑卒见之，奔迸而去。（宋·张君房：《云笈七签》卷 122《灵验部六》）
（3）针头如麦芒，气出如车轴。（宋·苏轼：《赠眼医王生彦若》）
（4）尝述古谚教子孙曰："屋高米白难为福。"又曰："人间一粒粟，天上视如车轴。"此即稼穑艰难之意。（明·顾梦圭：《先世言行》）

最为常见的还是比喻雨线之粗或是雨点之大：

（5）青门道北云为屋，大垆贮酒千万斛。独龙注雨如车轴，不畏不

---

① 缪钺等：《宋诗鉴赏辞典》，上海辞书出版社 1987 年版，第 1240 页。

售畏不续。（宋·王安石：《梦中作》）

（6）忽看注雨如车轴，便觉流泉满稻田。（宋·虞俦：《十七日乘马过草堂已而骤雨》）

（7）愿看一洗注天瓢，未须震暴如车轴。（宋·叶梦得：《祈雨》）

（8）昨夕雨大如车轴，今旦雨细如牛毛。（宋·陆游：《雨中短歌》）

（9）壮哉雨点车轴同，山摧江溢路不通。（宋·陆游：《龙挂》）

（10）风声翻海涛，雨点堕车轴。（宋·陆游：《十月二十八日夜风雨大作》）

（11）大龙澍雨，沛如车轴。（宋·潘自牧：《记纂渊海》卷7引《海志》）

用"车轴"比喻大雨的说法可能来自佛经。佛经中很早就有这样的比喻：

（12）复雨洪水渧如车轴，令诸草木普得生长。（西晋·竺法护译：《佛说文殊师利现宝藏经》卷上）

（13）云起覆诸海放大雨，其云上至阿迦尼咤天，放雨大如车轴。（西晋·法立共法炬译：《大楼炭经》卷5《灾变品第十二》）

（14）尔时难陀龙王惧烧此山，即大降雨，澍如车轴。（东晋·佛陀跋陀罗译：《佛说观佛三昧海经》卷1《六譬品第一》）

（15）龙王降是种种雨，又复于彼大海中，一一雨渧如车轴。（东晋·佛驮跋陀罗译：《大方广佛华严经》卷7《贤首菩萨品第八》）

（16）大龙所雨，澍如车轴。（后秦·鸠摩罗什译：《思益梵天所问经》卷4《授不退转天子记品第十五》）

这体现了佛教对世俗语言的影响。

用棍棒类的物体比喻大雨是汉语中常见的一种语言现象，如福建龙岩话中有"棍子雨"的说法，西南官话中有"竹竿雨"的说法，甘肃临夏话中有"竹子栏杆雨"的说法。古代诗文还常用麻来比喻雨线的粗大或密集。如杜甫有"雨脚如麻未断绝"之句（《茅屋为秋风所破歌》），宋郭祥正有"雨脚悬麻直，云头泼墨浓"之语（《积潦》）。车轴比麻要粗得多，所以更能夸张地表现下雨之大。

第二，用车轴的摩擦声比喻各种细小的声响。如溪水的流淌声、饥肠的鸣

19

响声等：

（17）鱼倾荷叶露，蝉噪柳林风。急濑鸣车轴，微波漾钓筒。（唐·许浑：《泛五云溪》）

（18）今年彻底贫，不复具一肉。日高对空案，肠鸣转车轴。（宋·陆游：《蔬食》）

第三，用轴的处中不动比喻无为而治：

（19）故通于道者如车轴，不运于己，而与毂致于千里，转于无穷之原也。（《文子·道德》）

第四，用因轮转动摩擦而使轴不蠹朽比喻流动对于生命的价值：

（20）人身之气如车轴，窒而不流则为疾疠。（元·袁桷：《息斋赋》）

钱锺书在《管锥编》中指出："比喻有两柄而复具多边。盖事物一而已，然非止一性一能，遂不限于一功一效。取譬者用心或别，着眼因殊，指（denotatum）同而旨（significatum）则异；故一事物之象可以孑立应多，守常处变。"① "车轴"的多种喻义正体现了喻象的多边性。

回头再来看"牛头风雨翻车轴"的话，意思就很清楚了：牛头前车轴般大的雨在狂风的裹挟下飘忽倾泻。这样理解既切合语境，又有充足的依据，可谓文从字顺。

看来天津的语文卷选用"翩"字是正确的，若选用"翻"字，反而影响考生对诗意的正确把握。我们在评判任何是非的时候，应慎思明辨，三思后行，未可轻下雌黄。

（原载《古典文学知识》2011 年第 6 期）

---

① 钱锺书：《管锥编》第 1 册，中华书局 1979 年版，第 39 页。

枢之本义考

枢的本义是什么，各辞书说法不一。《辞源》（1980 年修订本）的解释是："门臼。门上的转轴。""门臼"和"门上的转轴"是两个不同的部件，这样的解释会给人造成"门臼"和"门上的转轴"是同一个部件的误解。《汉语大字典》解释说："户枢。旧式门的转轴或承轴臼。"《汉语大词典》的解释几乎一样："门的转轴或承轴之臼。"这一解释虽然将门轴和门臼明确区分开来，但在枢究竟是门轴还是门臼的问题上含糊其词。《辞海》（1999 年修订本）的释义倒是十分明确："门户的转轴。"问题是枢之门臼义是否真的不存在？各辞书对枢的本义的莫衷一是反映了学术界至今对该词本义并不清楚的现实。枢之本义不明，对理解典籍中与之有关的语句及说明词义的发展演变都会造成障碍，有加以辨明的必要。

古代学者对枢的本义又是怎样解释的呢？《说文》云："枢，户枢也。"这话对汉代人来说也许是明确的，但对有"门轴"与"门臼"异说的后世而言等于没说。我们只好求助于注解家。段玉裁注："户所以转动开闭之枢机也。"这"枢机"是门轴还是门臼？仍然没说明白。古代典籍中给"枢"作的注解不少，但大都缺乏明晰性。如《鬼谷子·飞箝》："用之于人，则量智能，权材力，料气势，为之枢机，以迎之随之。"梁陶弘景注："枢所以主门之动静，机所以主弩之放发。"又《持枢篇》陶弘景注："枢者，居中以运外，处近而制远，主于转动者也，故天之北辰曰天枢，门之转运曰户枢。"《汉书·五行志下之上》"视门枢下"唐颜师古注："枢，门扇所由开闭者也。"唐慧琳《一切经音义》卷 14"门枢"注引唐张戬《考声》："枢，门扇转处也。"根据这些解释，将"枢"理解为门轴或是门臼似乎均无不可。大约唐代学者就已经搞不清楚枢究竟是门轴还是门臼了，所以他们有时在注释中两存其说。《周易·系辞上》："言行，君子之枢机。"唐陆德明释文："王廙云：户枢也。一云门臼。"今人辞书上的含糊其词正是对模棱两可的古注的沿袭。

我们认为枢的本义应该是门臼。根据有三。

其一，《尔雅·释宫》："枢谓之椳。"《说文》："门枢谓之椳。"据此我们知道枢也叫椳，枢和椳所指相同，弄清了椳的含义，枢的本义也就迎刃而解了。椳的含义古来的理解基本上是一致的，即门臼。《汉语大字典》和《汉语大词典》都释为"承托门户转轴的门臼"。《说文》"椳"字段玉裁注："枢所檃谓之椳也。椳犹渊也，宛中为枢所居。弓渊，《大射仪》作隈，《考工记》作畏，亦此意。"弓的两端叫箫，中央叫弣，箫弣之间的部位叫渊。渊因弯曲而得名。《释名·释兵》："箫弣之间曰渊。渊，宛也，言宛曲也。"渊也叫隈。《仪礼·大射》："大射正执弓，以袂顺左右隈。"郑玄注："隈，弓渊也。"隈也是因弯曲而得名的。《周礼·考工记·弓人》："夫角之中，恒当弓之畏。"清孙诒让正义："畏即《大射仪》之隈字。……《说文·阜部》云：'隈，水曲隩也。'引申之，弓曲亦曰隈。"畏声字有曲折义。《说文》："䚡，角曲中也。"指兽角中部的弯曲处。《集韵·灰韵》："碨，石不平。""不平"与"曲折"义通。《字汇》："嵔，山高下盘曲也。"弓的弯曲之处叫隈，门的弯曲的部件叫椳。门臼一般做成圆形的，所以因弯曲而得名的椳只能是门臼，而不可能是竖直的门轴。段玉裁正确地将椳解释为门臼，但说"枢所檃（隐藏）谓之椳"，"宛中为枢所居也"，又分明是将枢理解为门轴，把枢和椳视为不同的部件，这跟《尔雅》及《说文》的解释不一致。朱骏声《说文通训定声》"椳"下亦云："门枢臼也，渊中以居枢，苏俗谓之门印子。"同样把枢和椳视为二物。大概在清代学者的心目中枢为门轴的观念已是根深蒂固，而不知枢有门臼义。

其二，从区得声的字也有曲折义。《史记·乐书》："然后草木茂，区萌达。"裴骃集解引郑玄曰："屈生曰区。"《广雅·释诂一》："伛，曲也。"《玉篇》："躯，跛行也。""跛行"即行走曲折不平。又路不平谓之崎岖。枢从区声，可知其物因弯曲而得名，与其异名椳之得名适相类同。

其三，一些早期文献用例也可以证明枢的本义为门臼。《战国策·秦策一》："且夫苏秦特穷巷掘门、桑户棬枢之士耳，伏轼撙衔，横历天下，廷说诸侯之主，杜左右之口，天下莫之能伉。"南宋鲍彪注："枢，门牝也，揉木为之如棬。棬，屈木盂也。""门牝"即门臼，鲍注确不可易。棬是利用弯曲的木材做成的盂器。《广韵·仙韵》："棬，器似升，屈木作。""桑户"指用桑树枝编织成门，"棬枢"指用破漏的棬作门臼。将"棬枢"理解为用棬作门轴显然是讲不通的。《汉语大词典》"桑户棬枢"条解释说："以桑枝为门，木条为枢。"

又"楮枢"条："以木条为户枢。"楮并没有木条的意思，不知"木条为枢"从何说起。《庄子·让王》："原宪居鲁，环堵之室，茨以生草，蓬户不完，桑以为枢，而瓮牖二室，褐以为塞，上漏下湿，匡坐而弦。"陆德明释文："桑以为枢，司马（彪）云：屈桑条为户枢也。"《淮南子·原道》："处穷僻之乡，侧溪谷之间，隐于榛薄之中，环堵之室，茨之以生茅，蓬户瓮牖，揉桑为枢。"高诱注："编蓬为户，以破瓮蔽牖，揉桑条为户枢。"司马彪和高诱的解释是一致的，即贫寒人家的户枢是把桑条卷曲起来做成的，这户枢只能是门臼。门轴要直，而且也非细软的桑条所能胜任。《韩诗外传》卷1："原宪居鲁，环堵之室，茨以蒿莱，蓬户瓮牖，桷桑而无枢，上漏下湿，匡坐而弦歌。"屈守元《韩诗外传笺疏》（巴蜀书社1996年版）："明刻诸本作'桷桑而无枢'，'无'字显然讹谬。元本作'为'，瞿中溶称其与《新序》《庄子》合，故是可贵。而，犹以也。而为枢即以为枢。'桷'疑当作'捔'，字之误也。"并据《广雅·释言》"捔，揥也"之训及《诗经·豳风·七月》"猗彼女桑"毛传"角而束之曰猗"之训，谓"此言角桑者，束缚桑条以为枢，其义与揉字正同"。屈说甚精，惜于枢字之义无所阐发。所谓"捔桑而为枢"正是将桑条扎束成圈当门臼之意。西汉贾谊《过秦论上》："然而陈涉，瓮牖绳枢之子，氓隶之人，迁徙之徒也。""瓮牖"是说用破瓮做窗子，"绳枢"犹言"绳以为枢"，跟《庄子》"桑以为枢"的说法差不多，指用绳子做门臼，实际上指只用绳子把门拴到门旁的立柱上，绳子相当于门臼。《汉语大词典》"瓮牖绳枢"条下解释说："用破瓮口做窗户，用绳子缚着门枢。"这是受了枢为门轴的先入之见的影响而造成的失误。当然编者也有可能是依据汉末服虔的说法。《史记·秦始皇本纪》"瓮牖绳枢之子"裴骃集解引服虔曰："以绳系户枢也。"然而我们怀疑传本服注有误。原本当是作"以绳系户为枢也"，后人因不明枢之本义，妄删"为"字。《文选》卷51《过秦论》"瓮牖绳枢之子"李善注："韦昭曰：绳枢，以绳扃户为枢也。""扃户"跟"系户"是一个意思。"扃户为枢"是说把门拴在门旁立柱上权当门臼。韦昭（204—273）是三国时期的人，跟服虔时代相近，他们的解释是一致的，由韦注知传本服注有误。《中国成语大辞典》（上海辞书出版社1987年版）"桑枢瓮牖"条云："以桑木为门轴，以破瓮为窗口。"又"瓮牖绳枢"条："用破瓮口作窗子，用绳作门的转轴。""绳枢之子"条："枢：门上的转轴。绳枢：用绳子系枢轴。"或言绳作门轴，或言绳系门轴，前后不一，然均未得其义。

另外，古称北极星为枢星。《后汉书·天文志上》"星辰之变"梁刘昭注引东汉张衡《灵宪》曰："宇之表无极，宙之端无穷，天有两仪，以儛道中，其可睹，枢星是也，谓之北极。"《晏子春秋》卷6《内篇·杂下》："景公新成柏寝之室，使师开鼓琴。师开左抚宫，右弹商，曰：'室夕。'（按：谓室朝向偏西）……明日，晏子朝公，公曰：'先君太公以营丘之封立城，曷为夕?'晏子对曰：'古之立国者，南望南斗，北戴枢星，彼安有朝夕哉? 然而以今之夕者，周之建国，国之西方，以尊周也。'公蹵然曰：'古之臣乎?'"晏子意谓古之建国都者据南斗及北极星确定正南正北，无偏东偏西之事。王念孙《读书杂志余编·吕氏春秋》"极星与天俱游而天极不移"条云："《开元占经·石氏中官占》引《黄帝占》注曰：'北极纽星，天之枢也。天运无辍，而极星不移。'案：极星即北辰也。或言北辰，或言极星，或言北极，或言纽星，或言枢星，皆异名而同实。古者极星正当不动之处，故曰居其所而众星共之。"北极星正好位于地球自转轴北端所指的天球上，所以从北半球看去，北极星是不动的（其实也在移动，只是非常缓慢而已）。《隋书》卷19《天文志上》："北极五星，钩陈六星，皆在紫宫中。北极，辰也，其纽星，天之枢也。天运无穷，三光迭耀，而极星不移，故曰居其所而众星共之。贾逵、张衡、蔡邕、王蕃、陆绩皆以北极纽星为枢，是不动处也。"北极星因不动而被称为枢星，正如门臼不动而门围绕它转动一样。若枢为门轴，则不能说它不动。

从上面的辨析可以看出，三国以前没有人把枢理解为门轴。许慎在《说文》中只把枢简单地解释为"户枢"，这在汉代是不会产生误解的。但上引《经典释文》对枢"户枢也，一云门臼"的解释表明，唐代初年枢指门轴之说已在流行，其说可能出现在晋代。《三国志·吴书·三嗣主传·孙休传》"谥曰景皇帝"南朝宋裴松之注引东晋葛洪《抱朴子》曰："吴景帝时，戍将于广陵掘诸冢，取版以治城，所坏甚多。复发一大冢，内有重阁，户扇皆枢转可开闭。"（今传本无此语）既云"枢转"，则枢应指门轴。《文心雕龙·事类》中有这么几句话："故事得其要，虽小成绩，譬寸辖制轮，尺枢运关也。"其中的"尺枢运关"是什么意思，可以说是众说纷纭。周振甫《文心雕龙注释》（人民文学出版社1981年版）："枢：门臼。运关：转动大门。《淮南子·缪称训》：'终年为车，无三寸之鐯（辖），不可以驱驰；匠人斲户，无一尺之楗（门臼），不可以闭藏。'"周氏知枢有门臼义，但门臼为扁平之物，一般不能用表示长度的尺度去描述。而且将楗释为门臼，没有根据。祖保泉《文心雕龙解说》（安徽教育出版社 1993 年版）："枢：门枢。门枢下以础石（中凿小窠）承之。所谓尺枢，包括承枢础石而言。运关：运转开合。""尺枢运关"与"寸辖制轮"对文，"关"应为与枢有关之部件，未可视为动词。詹锳《文心雕龙义证》（上海古籍出版社 1989 年版）："枢，门上的转轴。枢轴为机关运转的中轴，所以说'尺枢运关'。"这里将"关"释为机关，然而对门而言，机关就是枢，"尺枢运枢"显然不通。郭晋稀《文心雕龙注译》（甘肃人民出版社 1982 年版）将正文"枢"改作"楗"，注云："依《淮南》则'枢'应作'楗'，楗，拒门木也。'运关'，即《淮南》中'闭藏'之意。"改字为训，乃不得已而为之，若原字可通，此法不可采用。而且"运关"也不知何从有"闭藏"之意。以上诸说，或不合事理，或训诂无据，皆有未安。这里的枢应指门轴，门轴长约一尺（南北朝时期一尺长约 24 厘米），故曰"尺枢"。运即运转。"关"可泛指门。《周礼·春官·巾车》："及墓，嘑启关。"郑玄注："关，墓门也。"孙诒让正义："《说文·门部》云：'关，以木横持门户也。'引申之，凡门皆曰关。""尺枢运关"即一尺门轴能运转整扇大门，如此理解，文从字顺，无须跟《淮南子》"匠人斫户，无一尺之楗（门拴上的插销），不可以闭藏"的比喻硬扯到一起。

越到后世，枢的门轴义越加流行，以至于除一些大型辞书两说并存外，大多数辞书（如《新华字典》《现代汉语词典》）及古籍注释只取门轴说。究其原因，枢作为门臼来用，是一个古词，汉代以降口语中可能已不再使用，书面语中主要使用的是它的比喻义或引申义，如"枢机""枢要""枢纽""枢密"等，这为误解的产生提供了基础。而大多数人对枢的本义的理解可能来自"流水不腐，户枢不蠹"（出自《吕氏春秋·尽数》）这一古老而常用的成语，这一成语中的"户枢"理解为门轴似乎要比门臼更为合理，于是枢为门轴的说法便流行开来。事实上"户枢不蠹"之枢理解为门臼未尝不通，门轴固然因动而不蠹，门臼也因门轴之摩擦而不蠹。联系先秦两汉时期的其他资料来看，这里的枢只能理解为门臼。

总之，枢的本义为门臼，门轴义大约是晋代以后在误解的基础上产生的。辞书中"枢"下应将门臼和门轴分为两个义项，不应混为一谈。

（原载《汉语史学报》第 6 辑，上海教育出版社 2006 年版）

"解手"与"胡豆"释名

　　对词的理据的解释是辞书尤其是历时性语文辞书的一项重要任务。东汉的刘熙见于"名之于实，各有义类，百姓日称而不知其所以之意"的状况，著成《释名》一书，为词的语源研究开了一个好头。然而跟对文字、音韵、训诂的研究相比，后世对语源的研究显得十分薄弱，以致我们的大中型语文辞书几乎都没有词的语源信息，这方面的工作有待加强。近读顾颉刚先生的《蕲弛斋小品》（北京出版社 1998 年版），获益良多。顾先生学问渊博，写文史小品，信手拈来，涉笔成趣，令人赏心悦目。其中有几则小品是探讨语源的，匡谬发蒙，可补正辞书缺失，增益读者知识。然而也许由于是小品，有些问题顾先生未能深考，不免留下一些缺憾。这里我们想就书中的《解手》《胡豆》二则谈一些看法，供读者参考。

解　手

　　对"解手"一词的由来，顾先生是这样解释的：

　　俗谓溲溺为"解手"，初不明其义。及入四川，与人谈，乃知明末蜀人未遭张献忠屠戮者仅得十之一二，膏沃之地尽化草莱。故清初政府强迫移民，先以湖广之民填四川，继以江西之民填湖广。当移民之际，悉系其手，牵之而行，若今日之拉壮丁然。被移者内急，辄请于解差曰"解手！"遂相承以解手作便溺之代称，流传外方，莫诘其义。犹学童应试，就厕时必须领出恭牌，亦遂称就厕为"出恭"也。

　　其实"解手"一词明代已在流行。例如：

（1）丞相夫人因见尼姑要解手，随呼个丫环领那尼姑进去。（明·洪楩：《清平山堂话本·戒指儿记》）

（2）好大圣叫沙和尚前来："拢着马慢慢走着，让老孙解解手。"（明·吴承恩（约1500—1582）：《西游记》第四十回）

（3）哨队长若解手，许同队一人立在道旁，候毕催上，不许过二里。（明·戚继光（1528—1588）：《纪效新书》卷4）

（4）今席上人有出外解手者，即送一大杯，谓之望风钟，乃因起坐而行罚，亦古人之遗意也。（明·何良俊：《四友斋丛说》卷33《娱老》）

（5）叙了些寒温，魏生起身去解手。（明·冯梦龙：《醒世恒言》卷33）

不少人认为"解手"最早见于元代，依据是《京本通俗小说·错斩崔宁》中的一个用例："叙了些寒温，魏生起身去解手。"《京本通俗小说》最早出自清末缪荃荪之手，他说是"影印元人写本"，有些人就轻信了。后来的研究表明，缪氏的话是靠不住的。①《京本通俗小说》即便不是缪氏伪造，它也不会早于明代，因为在元代文献中我们至今未发现"解手"的一条用例。既然"解手"一词明代已在流行，它的由来跟清初的移民肯定是没什么关系的。

排便义"解手"的由来还有一些其他的解释。

有些人认为是"解溲"的音讹。近人应钟《甬言稽诂·释形体》："今如厕曰解手，屎曰大手，手即溲也。"陆澹安："解手，同'解溲'，即'小便'。"②张惠英："'解手'即'解溲'。由于韵书及古人传注，都以作尿讲的'溲'只有平声尤韵'所鸠切'一读，就觉得'手'和'溲'声音不同，不可通假。""应该指出的是，'溲'有上声一读。《广韵》上声有韵：'溲，溲面。亦作溲。疏有切。'《吴越春秋卷七·勾践入臣》徐天祜（宋末元初人）注小便意义的'溲'正作上声'所九切'。这和'书九切'的'手'字声音相近。所以'解溲'演变为'解手'。"③

从读音上来说，"解溲"变为"解手"是有可能的。问题是"解溲"的

---

① 参见张兵：《〈京本通俗小说〉的证伪及其意义》，《张兵小说论集》，中国文史出版社2005年版。

② 陆澹安：《小说词语汇释》，中华书局1964年版，第647页。

③ 张惠英：《吴语剳记》，《中国语文》1980年第6期。

说法最早见于清代（《汉语大词典》最早举现代文献中的用例），而且用例极少，我们只搜集到下面两例。清褚人穫《隋唐演义》第十五回："平常起来解溲，媳妇同两个丫头搀半日还搀不起来，今听见儿子回来，就爬起了。"清李宝嘉《官场现形记》卷 2："原来是车夫半夜里起来解溲，正打窗下走过。"而"解手"早见于明代中期，如果说"解手"与"解溲"有关系的话，合理的推断应该是有些人因对"解手"的理据不得其解而猜想为"解溲"，所以写成了"解溲"，而不可能是相反。

丁惟汾认为"解手"为"溉手"之讹："解手，溉手也。小便谓之解手，解字当作溉（读古转音该）。《诗·邶风·匪风》传：'溉，涤也。'古人便后必涤手，故谓溉手。"① 典籍中未见有"溉手"的说法，此说只是凭空想象而已。

顾劲松认为"解手"有解决义，排便义由解决义引申而来。"排泄大小便这样的事情，人们总不愿意直接出口，日常生活中常用婉辞方法加以回避。这样一来，'解手'的解脱、解决义自然被人们用来称说大小便，如同将一件事情解决了一样，'解手'一词也就顺理成章地增添了排便之义。"②

这一解释有两个困难。一是"解手"的解决义出现的年代并不比排便义早。作者举的最早的一个例子是《宋书·庾登之传》："幼绪语人，吾虽得一县，负三十万钱，庾冲远乃当送至新林，见缚束，犹未得解手。"这里的"解手"是针对"缚束"而言的，是解开手脚束缚的意思，并非解决义。二是"解手"的解决义用例很少。作者举的解决义的用例只有两个，一个就是上面提到的《宋书·庾登之传》，另一个是明冯梦龙《古今小说》卷 19："这恶物是老人化身来的，若把这恶物打死在这里，那老人也就死了，恐不好解手。"这里的"解手"虽然可以理解为解决，但未尝不能理解为常见的脱手、脱身。一个很少使用的意义是不大可能产生引申义的。所以这种解释证据不足。

"解"有排解的意思。《战国策·赵策三》："所贵于天下之士者，为人排患、释难、解纷乱而无所取也。""排""释""解"都是排解的意思。排泄大小便的意义就是从"排解"义引申来的。"解"的这一意义汉代文献中已见使用。如东汉王充《论衡·寒温》："人中于寒，饮药行解，所苦稍衰。"这是说

---

① 丁惟汾：《俚语证古》，齐鲁书社 1983 年版，第 55 页。
② 顾劲松：《"解手"来源纠谬》，《常熟理工学院学报》2011 年第 1 期。

人身体受寒后吃药排便，痛苦就会缓解。后世一直沿用。宋周密《齐东野语》卷14《食牛报》："昔年疾伤寒，旬馀不解。"这是说十多天排不出大便。元佚名《盆儿鬼》第三折："俺可要起来小解了。"明洪楩《清平山堂话本·戒指儿记》："小僧前日腹坏，至今未好，借解（厕所）一解。"明冯梦龙《警世通言》卷21："于路只推腹痛难忍，几遍要解。"由此可知，语言中很早就有排便义的"解"，而且一直很流行，"解手"的说法与排便义之"解"的联系恐怕是难以否认的。

那么，"解"的后面因何要缀上了一个"手"字呢？我们认为这是由多种原因促成的。

其一，汉语词汇有强烈的双音化要求，"解"是个单音词，用起来不和谐，需要双音化，加上个"手"就满足了语音和谐的双音化要求。

其二，"解手"之前先有"净手"的说法，例如：

（6）这事怎干休，唬得我摸盆儿推净手。（元·佚名：《红绣鞋》散曲）

（7）本指望早起晚夕，方便俺净手更衣。（元·佚名：《盆儿鬼》第三折）

（8）那端王起身净手，偶来书院里少歇。（明·施耐庵：《水浒传》第二回）

"解手"的产生应该跟"净手"的影响也不无关系。

其三，汉语中有一种造词方式叫移就。① 例如"吹"先有"说大话"的意思，为了形象生动，移就于"合拢嘴唇用力出气"之义，造成"吹牛""吹法螺"之类的说法；"敲"本有敲诈义，为了形象生动，移就于敲击义，造成了"敲竹杠""敲钉锤"之类的说法。为了委婉化，同时也为了双音化，将"解"的排便义移就于分开、脱离义，于是就创造了"解手"的说法。"解手"在古代最常见的意义是分手、离别。宋任广《书叙指南》卷15《辞离送饯》："别离曰参商之阔，又曰离群索居，又曰分索，又曰分手，又曰判袂，又

---

① 杨琳：《词汇生动化及其理论价值——以"抬杠""敲竹杠"等词为例》，《南开语言学刊》2012年第1期。

曰仳别，又曰解手背面。"下面是一些用例：

（9）两都相望，于别何有，解手背面，遂十一年。君出我入，如相避然。（唐·韩愈：《祭河南张员外文》）

（10）如二力士相扠扑时，知力既齐，解手而退。（唐·玄奘译：《阿毗达磨大毗婆沙论》卷40）

（11）知心海内向来少，解手天涯良独难。（宋·范成大：《送周直夫教授归永嘉》）

（12）解手亭皋才几月，春风已复动林塘。（宋·秦观：《淮海集》卷9《寄张文潜右史》）

（13）君问余归志，余笑曰："亦君志也。"遂解手而别。（宋·刘辰翁：《须溪集》卷4《江村记》）

（14）我教仁兄一着解手，未知如何？（明·施耐庵：《水浒传》第三十九回）

末例的"解手"《汉语大词典》释为"指解决事情的手段或办法"，认作名词，恐未妥帖。"一着"才是一种办法，"解手"应该是脱手、摆脱的意思，与《古今小说》"恐不好解手"的"解手"含义相同。脱手义与分手义一脉相承。排便义之"解"用之既久，就不那么委婉了。分开、脱离义与排便义依稀有些关联，于是就用"解手"婉指排便了。

胡　　豆

对"胡豆"的得名，顾先生作了这样的猜测：

大豆，吴人谓之蚕豆，以其采食于养蚕时也。蜀中谓之胡豆，盖早春即实，不待蚕月也。然名之以胡，或其种来自异域乎？

"胡豆"之名最早见于东汉。《诗经·大雅·生民》"艺之荏菽"孔颖达疏："樊光、舍人、李巡、郭璞皆云：'今以为胡豆。'"樊光、舍人、李巡都是东汉时期的学者，他们是在给《尔雅》作注时说的，但注文今已散佚。《尔雅·释草》:"戎叔谓之荏菽。"晋郭璞注:"即胡豆也。"可见孔说有据。又《广雅·释草》中也有"胡豆"一词。由此看来,说"胡豆"一词东汉已经存在是不成问题的。但当时的"胡豆"指的不是蚕豆,樊光等人所说的"胡豆"是指大豆(荏菽就是大豆),《广雅》所说的"胡豆"是指豇豆。真正指蚕豆的"胡豆"最早见于北宋宋祁的《益部方物略记》:"丰粒茂苗,豆别一类。秋种春敛,农不常莳。右佛豆。豆粒甚大而坚,农夫不甚种,唯圃中莳以为利,以盐渍食之,小儿所嗜。"这里说的是蜀中风物。四川话中"佛""胡"同音,所谓"佛豆"就是"胡豆"。明方以智《通雅》卷44《植物·谷蔬》:"佛豆,蚕豆也。"宋祁将蚕豆作为蜀中特产来记,而且写作"佛豆",说明蚕豆当时流传不广,外地人不知其名,所以宋祁用了"佛"这样一个记音字。万国鼎先生在《五谷史话》中说:"这种作物(按:指蚕豆)可能在宋初或宋以前不久传入我国,最先栽培于西南川、滇一带,元明之间才广泛推广到长江下游各省。"[1] 四川人将蚕豆称为"胡豆"其实是借用了古来就有的词。大豆原产于我国,世界各国栽培的大豆都是直接或间接从我国传去的。大豆古称荏菽或戎叔。郝懿行《尔雅义疏》云:"戎、壬《释诂》并云大,壬荏古字通,荏戎声相转也。"王国维《尔雅草木虫鱼鸟兽释例上》(《观堂集林》卷5)中也指出:"大谓之荏,亦谓之戎,亦谓之壬。""荏""戎"是大,"菽""叔"是豆,"大豆"可以说是古语"荏菽/戎叔"的后世译名。"胡"也有大的意思。《逸周书·谥法》:"胡,大也。"《广雅·释诂一》:"胡,大也。"北魏贾思勰《齐民要术》卷3《种蒜》引晋郭义恭《广志》:"蒜有胡蒜、小蒜。""胡"与"小"相对,"胡蒜"即大蒜。晋崔豹《古今注》卷下《草木第六》:"蒜,卵蒜也,俗人谓之小蒜。胡国有蒜,十许子共为一株,箨幕裹之,名为胡蒜,尤辛于小蒜,俗人亦呼之为大蒜。"释"胡"为胡国,恐非。宋沈括《梦溪笔谈》卷24《杂志一》:"闽人谓大蝇为胡蝇,亦蝇(一种小蝉)之类也。"马蜂亦名胡蜂。"马"有大的意思。王国维在上揭文中说:"大者又谓之牛,谓之马。"马蜂大于家蜂,故称为马蜂或胡蜂。"狐臭"最早写作"胡臭",原是大气味之义,可指香气,也可指臭气。《诗经·大雅·生民》:"其香始升,上帝居歆,胡臭亶时。"马瑞辰《毛诗传笺通释》:"胡臭,谓芳香之大;亶时,犹云诚善也。"这是说祭品的香气开始上升,上帝安然享用,浓郁的芳香真好

---

[1] 万国鼎:《古代经济专题史话》,中华书局1983年版,第35页。

闻。唐孙思邈《备急千金要方》卷 74《胡臭漏腋》："有天生胡臭者，有为人所染臭者。"这里的"胡臭"就是指狐臭。狐臭也叫"大臭"。《吕氏春秋·遇合》："人有大臭者，其亲戚、兄弟、妻妾、知识无能与居者，自苦而居海上。海上人有说（悦）其臭者，昼夜随之而弗能去。"明胡侍《真珠船》卷 6《腋气》："今谓腋气为狐臭，狐当作胡。故《千金方》论云'有天生胡臭'。""胡"写作"狐"那是后人因不明"胡"的含义而联想到狐狸的缘故，是所谓"俚俗词源"。"大豆"是相对于"小豆"而言的，以其大于"小豆"，故称为"大豆"或"胡豆"。郝懿行不明此理。他在《尔雅义疏》中说："《尔雅》戎菽本释《诗》文，孙炎从郑以为大豆（《生民》中的'荏菽'郑玄释为'大豆'），确不可易，郭及诸家并云胡豆，其义非也。""大豆""胡豆"在唐代以前异名同实，樊光等人并没有错。郝氏误将汉晋人所说的"胡豆"理解为唐宋之际才引进的蚕豆，实在是错怪古人了。

然而"豆粒甚大"的蚕豆引入我国后，大豆就未免名不副实了。由于蚕豆比大豆大得多，所以不少地方就把蚕豆称为大豆，顾先生所说的"大豆"就是指蚕豆，西北方言中也把蚕豆称为大豆，而把大豆称为黄豆。有些地方则把蚕豆称为胡豆，蜀中正是如此。由于"胡豆"是移用了固有的大豆之名，所以这里的"胡"应该是大的意思，并非表示来自胡地。

（原载《辞书研究》2001 年第 1 期）

箭靶中心何以称“鹄”？

《汉语大字典》和《汉语大词典》等辞书在“鹄”下都有“箭靶的中心”之义，其实这只是一种笼统的说法。箭靶古代叫侯，今天的箭靶由十个圆环组成，古代的侯则由三个方环组成。《小尔雅·广器》云:“射有张布谓之侯，侯中者谓之鹄，鹄中者谓之正，正方二尺，正中者谓之槷，槷方六寸。”鹄是距侯边的三分之一处设的一个方环；鹄内有一个二尺见方的环，叫正；正内有一个六寸（或说为四寸）见方的环，叫槷。槷通常写作臬，也叫质或的，是侯内最小的环，这才是箭靶的中心。关于鹄的得名，汉代学者就已弄不清楚了，他们提出过三种不同的解释。《仪礼·大射》:“大侯之崇见鹄于参。”郑玄注:“鹄之言较，较，直也。射者，所以直己志。或曰鹄，鸟名，射之难中，中之为俊，是以所射于侯取名也。《淮南子》曰:‘鳱鹄知来。’然则所云正者，正也，亦鸟名，齐鲁之间名题肩为正，正、鹄皆鸟之捷黠者。”《周礼·天官·司裘》:“王大射则共虎侯、熊侯、豹侯，设其鹄。”郑玄注引郑司农曰:“鹄，鹄毛也。”郑玄不同意郑司农的解释。他说:“谓之鹄者，取名于鳱鹄，鳱鹄，小鸟而难中，是以中之为俊。亦取鹄之言较，较者，直也，射所以直己志。”郑玄提出了两种解释，一是认为取名于一种叫鳱鹄的小鸟，一是认为取名于直，他自己游移未决。郑司农则认为侯中之鹄由鹄毛构成，所以称为鹄。

“鹄之言较”的说法是不可信的，侯中之环并不称较，而鹄又没有直的意思。这只不过是把儒家“射者所以直己志”的说法牵附于鹄而已。《周礼·考工记·梓人》云:“张皮侯而栖鹄。”将设鹄于侯说成“栖”鹄，鹄分明是取名于鸟。

但取名于小鸟鳱鹄的说法也靠不住。郑玄所引证的《淮南子》语今本《氾论篇》作:“猩猩知往而不知来，乾鹄知来而不知往。”高诱注:“乾鹄，鹊也。……乾读乾燥之乾，鹄读告退之告。”因乾鹄为鸟，而乾、鳱同音，受字形表义观念的影响，故乾或写作鳱，这是郑玄所见《淮南子》将“乾鹄”写作"鸭鹊"的原因。鸭亦作雅。《广雅·释鸟》:"雅鹊,鹊也。"与高诱的说法相同。鹊即喜鹊,何以称为乾鹊呢?古来未见有谁作过解释。我们认为"鹊"当是"鹊"字形误。"乾鹊"之称典籍屡见。《论衡·龙虚》:"狌狌知往,乾鹊知来。"狌狌即猩猩。这与《淮南子》的说法是相同的,而作"乾鹊"。《论衡·实知》作:"狌狌知往,鸭鹊知来。"宋吴曾《能改斋漫录》卷3《辨误一·乾鹊音干为无义》引《淮南子》作"乾鹊"(见下)。这些材料皆可证传本《淮南子》"乾鹊"为"乾鹊"之误。乾鹊之名后世一直在流行着。《西京杂记》卷3:"乾鹊噪而行人至,蜘蛛集而百事喜。"《抱朴子内篇·对俗》:"乾鹊知来。"宋彭乘《墨客挥犀》卷2:"北人喜鸦声而恶鹊声,南人喜鹊声而恶鸦声。鸦声吉凶不常,鹊声吉多而凶少,故俗呼喜鹊,古所谓乾鹊是也。"

喜鹊何以称为乾鹊,前人有多种解释。宋陆佃《埤雅》卷6《释鸟·鹊》中说:"鹊知人喜,作巢取在木杪枝,不取堕地者,皆傅枝受卵,故一曰乾鹊。"云"傅枝受卵",似是将"乾"解为榦枝之榦。《能改斋漫录》中说:"前辈多以乾鹊为乾音干,或以对'湿萤'者有之。唯王荆公以为虔字,意见于'鹊之强强',此甚为得理。余尝广之曰:乾,阳物也。乾有刚健之意。而《易统卦》有云:'鹊者,阳鸟,先物而动,先事而应。'《淮南子》曰:'乾鹊知来而不知往,此修短之分也。'以是知音干为无义。"此谓乾取阳物之义。《本草纲目》卷49《禽三·鹊》云:"性最恶湿,故谓之乾。"《诗经·召南·鹊巢》"维鹊有巢"马瑞辰通释云:"鹊即乾鹊,今之喜鹊也。……鹊性喜晴,故名乾鹊。"认为喜鹊喜欢在乾爽的晴天活动聒噪,故名。榦鹊说的问题是:字作乾而解作榦,已是未安;巢于枝而名以榦,更见牵强。枝是枝,榦是榦,岂可混同?乾音虔的问题是:乾或作鸭,且高诱言读乾燥之乾,可知乾古来即读干音。又《说文》:"鸒,鷬鸒,山鹊,知来事鸟也。"段玉裁注:"当云'鷬鸒,鹊也。'……今本山字浅人依《尔雅》增之。避太岁,知来岁凤,知人忧喜,知行人将至,此正今之喜鹊。其性好晴,故曰乾鹊。鷬、乾、雅同,鸒、鹊同。"可见说乾音虔是站不住的。进而言之,"乾鹊"也好,"喜鹊"也罢,这些名字都是老百姓取的,老百姓取名时哪会想到阴阳五行这一套?比较而言,还是"喜晴"说较为允当。

无论乾鹊之名取何为义,郑玄赖以说明鹊之得名的"鸭鹊"为"鸭鹊"之误则是可以肯定的,因此,鹊得名于鸭鹊之说自然也就落空了。事实上,郑玄自己也对此说没有多大把握，所以他两处都提出"鹄之言较"说供人参考。

郑司农的"鹄毛"说很少有人信从，理由正如《周礼·天官·司裘》贾公彦疏所说的，"鹄毛非可栖之物，故后郑不从。"

我们认为鹄之得名当从其常义鸿鹄解之，无烦曲说。《说文》："鹄，鸿鹄也。"鸿鹄即天鹅，是古人经常射猎的对象。《孟子·告子上》："一心以为有鸿鹄将至，思援弓缴而射之。"《战国策·楚策四》："黄鹄……奋其六翮而凌清风，飘摇乎高翔，自以为无患，与人无争也，不知夫射者方将修其碆卢（弓箭），治其矰缴，将加己乎百仞之上。"黄鹄即鸿鹄。司马相如《子虚赋》："弋白鹄。"这都是古人射猎鸿鹄的记载。古人习射最主要的目的是射猎动物，所以箭靶上或饰以动物之皮，或画上动物图案。《仪礼·乡射礼》："凡侯，天子熊侯白质，诸侯麋侯赤质，大夫布侯，画以虎豹，士布侯，画以鹿豕。"由于鼻子位于头像的中部，所以射中兽鼻是习射的最高目标。《北齐书·元景安传》："肃宗曾与群臣于西园燕射，文武预者二百余人。设侯去堂百四十余步，中的者赐与良马及金玉锦彩等。有一人射中兽头，去鼻寸余。唯景安最后有一矢未发，帝令景安解之。景安徐整容仪，操弓引满，正中兽鼻。帝嗟赏称善，特赉马两疋，玉帛杂物又加常等。"正因兽鼻位于侯的正中，所以臬字从自从木，"自"的本义就是鼻子。鹄为高飞之鸟，比熊虎等动物小，射中不易，故习射时在侯中较小之环画鹄以为目标，《考工记》所谓"张皮侯而栖鹄"者是也，因称画鹄之环为鹄。至于鹄读姑沃切（今读 gǔ），那是音随义变的结果。

（原载《中国典籍与文化》2003 年第 1 期）

"盂兰盆"考源

　　"盂兰盆"一词最早见于佛经《盂兰盆经》："若有比丘比丘尼、国王太子王子、大臣宰相、三公百官、万民庶人行孝慈者，皆应为所生现在父母、过去七世父母，于七月十五日佛欢喜日、僧自恣日，以百味饭食安盂兰盆中，施十方自恣僧，乞愿便使现在父母寿命百年，无病，无一切苦恼之患，乃至七世父母离饿鬼苦，得生天人中，福乐无极。"该经最早著录于南朝梁僧祐《出三藏记集》卷4《新集续撰失译杂经录》，归于失译人之列，时代不明。隋代费长房《历代三宝记》卷6最先题西晋竺法护译，唐代智昇《开元释教录》卷2遵之，后世各种《大藏经》均遵此题。有些学者认为此经属于中土人氏造作的疑伪经。① 我们认为此经译者题竺法护出自后世记载，固然缺乏可信度，但将此经视为疑伪经，也没有足够的说服力。经中有中土文化词语如"三公"之类不能成为归之疑伪经的理由，翻译的本土化其实正是不少译者追求的目标，正如今天将英语中的 dragon 翻译为龙，但实际上二者有很大的差别。我们知道，中元节源于《盂兰盆经》。② 五代韩鄂《岁华纪丽》（明万历《秘册汇函》本）卷1《人日》引南朝宋王元谟《寿阳记》："赵伯符为豫州刺史，立义楼，每至元日、人日、七日、月半，乃于楼上作乐，楼下男女盛饰，游看作乐。""人日"就是"七日"，二者不应并列，"七日"之日当为衍文。《古今图书集成·历象汇编·岁功典》卷68引《寿阳记》作"七月半"，可从。"七月半"即中元节。北齐颜之推《颜氏家训·终制篇二十》："若报罔极之德，霜露之悲，有时斋供及七月半盂兰盆，望于汝也。"既然刘宋时期已有中元节，由经文理论到形成节日习俗尚需一个过程。由此推断，《盂兰盆经》至晚东晋时期已经出现。

---

① 参见熊娟：《"盂兰盆"的语源语义考查》，《汉语史学报》第14辑，上海教育出版社2014年版。

② 参见杨琳：《中国传统节日文化》，宗教文化出版社2000年版，第300—312页。

"盂兰盆"之义，古来主要有三种解释。

其一，整体为梵语词的音译，义为倒悬。唐玄应《一切经音义》卷13："盂兰盆，此言讹也，正言乌蓝婆拏，此译云倒悬。案西国法，至于众僧自恣之日，盛设供具奉施佛僧，以救先亡倒悬之苦。以彼外书云：先亡有罪，家复绝嗣，无人祭神请救，则于鬼处受倒悬之苦，佛虽顺俗，亦设祭仪，乃教于三宝田中，深起功德。旧云盂瓮（《慧琳音义》卷34引玄应说，'盂瓮'作'盂兰盆'）是贮食之器，此言误也。"今世学者将"乌蓝婆拏"的梵语词定为 ullambana。《汉语大词典》："盂兰盆，［梵 ullambana］意译为救倒悬。"《现代汉语词典》（第6版）"盂兰盆会"条："盂兰盆，梵 ullambana。"

其二，"盂兰盆"为梵汉合璧词，"盂兰"为梵语音译成分，"盆"为汉语成分。唐宗密《佛说盂兰盆经疏》下："盂兰是西域之语，此云倒悬。盆乃东夏之音，仍为救器。若随方俗，应曰救倒悬盆。"宋道诚《释氏要览》卷下《杂纪》："梵语盂兰，此云救倒悬也，盆则此方器也。此经目华梵双举也。若梵语从声，其盂字不须从皿，必执笔者误尔。"

其三，"盂兰盆"整体为汉语词。至于其含义，日本田中文雄认为是"盂"和"兰盆"两种器具的并列，"兰"是"盆"的修饰语，取芳香、美好之义；[①] 熊娟主张"兰"是"篮"之借字，"盂篮盆"是三种器具的并列。[②]

关于一、二两说，熊娟做过深入的考辨。她指出，ullambana 是日本学者池田澄达、荻原云来等人根据玄应的"乌蓝婆拏"按图索骥找到的对应词，并不可靠；无论是"乌蓝婆拏"还是 ullambana，在现存汉译佛典及梵文原典中都从未出现过；所以音译说缺乏依据。事实上，"盂"在两晋南北朝时期仍读匣母，王力和潘悟云的拟音分别是 *ɣĭu/ *ɦiʊ，"乌"（ *u）和 u 难以跟"盂"对应，这也表明玄应揭示的梵语词是不可信的。

既然音译说不可靠，那就只能在汉语内部寻求理据。

田中文雄的"盂/兰盆"说和熊娟的"盂/篮/盆"说，大致可取，但未尽妥善。"盆"有美饰词"兰"修饰而"盂"却没有，这样的表述不大和谐。再者，《盂兰盆经》中说："具饭百味、五果……尽世甘美以着盆中。"《盂兰盆经》的另一个译本叫《报恩奉盆经》（费长房《历代三宝记》卷14，旧题东

① ［日］田中文雄：《"盂兰盆"语义解释考》，《道教文化への展望——道教文化研究会论文集》，（东京）平河出版社1994年版。

② 熊娟：《"盂兰盆"的语源语义考查》，《汉语史学报》第14辑，上海教育出版社2014年版。

晋失译），经名中只译作一个"盆"字，该经中说"具麨饭、五果、汲灌、瓮器"，"盆"都没有修饰词。可见将"兰"说成美饰词缺乏佐证。"盂/篮/盆"三字并列说语义上不免叠床架屋，不合常规。

其实，俗语词中有"篮盆"一词，指一种用竹条、藤条等编成的圆形器具。许宝华、宫田一郎："篮盆，用篾竹编织成的圆形器具，用来盛放物品或晒东西。"① 见于西南官话、赣方言、湘方言、粤语等多种方言。下面是几条用例：

（1）竹类在台湾林业经营上占有重要地位……编织品为小型手工艺业，农村妇女于农闲时间在家庭中从事生产，对家庭经济收益颇多帮助，故编织品大都为篮盆、屏风、箸、箬笠等。（周桢：《世界林业》，（台北）"国立编译馆" 1979 年版，第 58 页）

（2）这时节，恩土婶婶正俯着身子，拿着个篮盆，收晒垫上的薯丝。（《王西彦选集》第 4 卷，四川文艺出版社 1986 年版，第 43 页）

（3）上山怎敢比下山，篮盆怎敢比花篮。（广东陆丰传统渔歌：《情歌对唱》，《陆丰文史》第 4 辑，1990 年版，第 63 页）

（4）清代、民国时期，境内农副产品加工使用的器具有竹砻、木砻、石磨、石碓、石舂、石碾、水磨、水碾、木榨、木桶、蒸笼、谷筛、米筛、绢筛、篮盆、簸箕、风车、刀具等。（《衡南县志》，中国社会出版社1992 年版，第 148 页）

我们认为"兰盆"可能就是"篮盆"。《广韵》中"兰"音落干切（＊lan），"篮"音鲁甘切（＊lam），二字读音近似。唐胡曾《戏妻族语音不正》诗："呼十却为石，唤真将作针。忽然云雨至，总道是天因（阴）。"这表明中古时期有些方言中-m 尾（针、阴）已并入-n 尾（真、因），这样"兰""篮"就是同音字，故可通假。《抱朴子内篇》卷 4《金丹》："棹篮舟而济大川乎？"《艺文类聚》卷 71《舟车部》引《抱朴子》"篮"作"兰"。《后汉书·张步传》："八年夏，步将妻子逃奔临淮，与弟弘、兰欲招其故众。"王先谦集解："兰误。官本作蓝。""蓝""篮"古常通用。清顾景星《白茅堂集》（康熙刻

① 许宝华、〔日〕宫田一郎主编：《汉语方言大词典》，中华书局 1999 年版，第 7258 页。

本）卷 25《藕湾别张长人后寄二十二韵》："竭来兰（原校：亦作蓝）舆兴，再入张融宅。""兰舆"当作"篮舆"。以上均"篮""兰"可通之证。"盂兰盆"之"兰"也有写作"篮"的。清俞正燮《癸巳类稿》卷 15《观世音菩萨传略跋》："佛说七月十五日救面然饿鬼，面然者观音变相，以附目连《盂兰盆经》。盂兰盆者，正言盂兰婆那，言救饿如解倒悬，而俗讹鱼篮观音。"面燃（又称焰口）饿鬼是观世音的化身，是盂兰盆法会主要的供奉对象（即"放焰口"活动），由此便有了"鱼篮观音"之称。写作"篮"并非是俗讹，而恰恰是本字。相传唐代画圣吴道子绘有《鱼篮观音像》。明都穆《寓意编》："余家自高祖南山翁以来，好蓄名画。闻之家君云：妙品有吴道子《鱼篮观音像》、王摩诘《辋川图》、范宽《袁安卧雪图》，惜今不存。"明人记载未必可靠。不过，宋僧朋有《咏鱼篮观音》诗（明正勉《古今禅藻集》卷 13），宋寿涯禅师有《渔家傲·咏鱼篮观音》词（明杨慎《词品》卷 2），则最晚宋代已有"鱼篮观音"之名。后世也有写作"篮"的。《金瓶梅词话》第十八回："冯妈妈道：'二娘使我往门外寺里鱼篮会，替过世二爹烧箱库去来。'""鱼篮会"即"盂兰会"（"盂兰盆会"的简称）。清邹理纂修《巢县志》（雍正八年刻本）卷 7《风俗志·四时》："中元日初尝稻，享祖考，僧众设盂篮会，代荐冥魂。"天津《益世报》1935 年 8 月 11 日："东天仙电影院定于今日举行盂篮会。"赤峰市红山区委员会文史资料研究委员会《红山文史》第 1 辑："此后，延续至本世纪四十年代，赤峰人李惠清操持此事，于每年农历五月十三以及'盂篮盆会'等大规模的'庙会'期间正式演奏，盛极一时。"① 乡宁县志编纂委员会《乡宁县志》："七月十五日盂篮盆会。祭祖，俗称鬼节。"② 天津市西青区政协文史资料研究委员会《西青文史》第 2 册："到清光绪末年，南岸紫竹庵每年农历七月十五日（中元节），庙祝按例举行盂篮盆法会。"③ 可见"兰盆"就是"篮盆"。不知有"篮盆"一词者写作"兰盆"，因为"兰"为美饰之词，有理可讲。

文献中有织竹为盂兰盆的记载。宋陆游《老学庵笔记》卷 7："故都残暑不过七月中旬，俗以望日具素馔享先，织竹作盆盎状，贮纸钱，承以一竹，焚之，视盆倒所向，以占气候，谓向北则冬寒，向南则冬温，向东西则寒温得

---

① 赤峰市红山区委员会文史资料研究委员会：《红山文史》第 1 辑，1985 年版，第 4 页。

② 乡宁县志编纂委员会：《乡宁县志》，新华出版社 1992 年版，第 636 页。

③ 天津市西青区政协文史资料研究委员会：《西青文史》第 2 册，2002 年版，第 159 页。

中，谓之盂兰盆，盖俚俗老媪辈之言也。又每云'盂兰盆倒则寒来矣'。"宋孟元老《东京梦华录》卷8《中元节》："以竹竿斫成三脚，高三五尺，上织灯窝之状，谓之盂兰盆。挂搭衣服冥钱在上，焚之。"明于慎行《穀山笔麈》卷17："古俗以七月望日具素馔享先，织竹作盆盎，挂冥财、衣服在上焚之，谓之盂兰盆。"可知盂兰盆乃编织而成，这与篮盆的特征相符。

明代郎瑛《七修续稿》卷4《辩证类·盂兰盆》（明刻本）中曾提出一种新解："七月十五盂兰盆之说，诸皆主佛经目连救母，于是日以百味着盆中供佛，然不知何谓盂兰盆也。及读《释氏要览》，云盂兰犹华言解倒悬，似有救母之说矣，而盆字又无着落。问之博识，不知也。……反复思之，盂兰盆实起于风俗，而目连救母之事隅（偶）符是日，且佛氏盂兰盆二（应为'三'）字之音又与之同，遂讹而为盂兰盆也。或当是此簕蓝盆三字亦不可知。但佛教与祀先之事日崇，而风俗之事日远且微也，故不复知前起义，并《笔记》《华录》抄过亦错。但于三字难通，因得其说，赘之于橐。"日僧无著道忠《禅林象器笺》（1741年刊行）卷13引郎瑛说，"蓝"作"篮"。簕是一种竹子。《广韵·鱼韵》："簕，竹名。"典籍中很少使用，也从未出现过"簕蓝盆"的写法，所以"盂"原本为"簕"的设想缺乏合理性。不过郎瑛猜测"兰盆"就是竹编的"篮盆"，可谓幸而言中，这似乎表明他知道有"篮盆"一词。

按《盂兰盆经》中的说法，"安盂兰盆中"者不仅有"百味饭食"，还有"五果"（各种水果）等物。《汉书·东方朔传》"置守宫盂下"颜师古注："盂，食器也。若钵而大，今之所谓钵盂也。"饮食适合放在钵盂中，而各种水果适合放在编织的篮盆中，故云"安盂、兰盆中"，即安放于钵盂及篮盆之中。"盂兰盆"原本只是线性排列中的两种器具，不是一个词，只因译者摘取此三字作经名，后世又据此经举行盂兰盆法会，遂使"盂兰盆"凝固为一词。既视为一词，而理据不明，便牵附为梵文音译词。古常"盂（杅）盆"并列。后秦弗若多罗译《十诵律》卷38《明杂法之三》："佛在舍卫国，诸比丘无物浣衣，是事白佛。佛言：'应畜槽、杅盆浣衣。'"隋智顗说、唐灌顶录《金光明经文句文句记会本》卷4："儛杅，儛音舞，义同。杅音于，杅盆也。"唐白居易《白氏六帖事类集》卷9："东方朔射覆盂盆之下，中之。""盂篮盆"并举，犹如"盂盆"并列。

玄应释"盂兰盆"为"倒悬"，当是据当时中元节流行的"承以一竹，焚之，视盆倒所向，以占气候"之类的占卜习俗而臆想的说法，"承以一竹"即悬盆其上，"盂兰盆倒则寒来矣"即"倒悬"之"倒"所从附会也。陆游说这种"视盆倒所向，以占气候"的习俗是"俚俗老媪辈之言"，可知由来久远。玄应还指出"旧云盂瓮是贮食之器"，说明在他之前人们一般还是把"盂兰盆"理解为盛放食物的器具，是他别出心裁地解释成了音译词。既然该词在汉语内部可以得到合理的解释，缺乏依据的音译说就没有存在的理由了。

（原载《文化学刊》2016 年第 6 期）

"温馨·温馨" 的源流

古代典籍中既有"温馨"的说法，又有"温馨"的说法。下面是《汉语大词典》对这两个词的解释：

> 【温馨】温暖馨香。唐韩愈《芍药歌》："温馨熟美鲜香起，似笑无言习君子。"
>
> 【温馨】温暖馨香。唐刘禹锡《唐侍御寄游道林岳麓二寺诗见征继作》诗："紫鬟翼从红袖舞，竹风松雪香温馨。"宋范成大《癸卯除夜聊复尔斋偶题》诗："寂历罗门亚，温馨药鼎煨。"

根据《大词典》的解释，这两个词意义相同，最早都出现在唐代，而且"馨"和"馨"字形也有些相近，不免叫人疑心存在讹误的可能。事实也确实如此。如刘禹锡《唐侍御寄游道林岳麓二寺诗见征继作》诗，《四部丛刊》影宋本《刘梦得文集》作"馨"，《全唐诗》作"馨"。《四部丛刊》影明本《皮日休文集》卷1《桃花赋》："或温馨而可薰，或婑媠而莫持。"文渊阁《四库全书》本宋谢维新编《事类备要》别集卷26《花卉门·桃花》引作"温馨"。《四部丛刊》影明抄本金赵秉文《滏水集》卷4《慧林赋海棠》："雄楼杰阁春色里，温馨淑气月明中。"文渊阁《四库全书》本《全金诗》作"温馨"。鉴于两字存在讹误的事实，蒋礼鸿推测"开始时本来就没有'温馨'，后来因字误而传了开来，则也是可能的"。他还认为"'温馨'、'温馨'、'温暖'本是一个词的不同写法。……'暖'字现在诸暨人读作'馨'字的去声，可见'馨'也不过是'暖'的同音假借字而已，跟香义本来没有干涉"。①鲁国尧也主此见，认为"'温馨'上继'温曛（乃昆切）'，只是字形有别，但

---

① 蒋礼鸿：《说"温馨"》，《蒋礼鸿集》第4卷，浙江教育出版社2001年版，第414页。

又新生歧异形式'温暾'、'温吞'"。① 明清时期的学者已有类似的看法。如明胡震亨《唐音癸签》卷24："南人方言曰温暾者，乃怀暖也。唐王建《宫词》'新晴草色暖温暾'，又白乐天诗'池水暖温暾'，则古已然矣（《辍耕录》）。又李商隐诗：'疑穿花逶迤，渐近火温麎。'亦暖气之意。"清范寅《越谚》卷中《地部》："温暾水，谓微热水也。'暾'与'靐''麎'义同，音亦近。"

首先，我们可以确定唐代有"温麎"一词，而且这个词也是始见于唐代，唐前未见。试看下面两例：

（1）回廊架险高且曲，新径穿林明复昏。浅流忽浊山兽过，古木半空天火痕。星使双飞出禁垣，元侯饯之游石门。紫翠翼从红袖舞，竹风松雪香温麎。（刘禹锡：《唐侍御寄游道林岳麓二寺诗并沈中丞姚员外所和见征继作》）

（2）暗楼连夜阁，不拟为黄昏。未必断别泪，何曾妨梦魂。疑穿花逶迤，渐近火温麎。海底翻无水，仙家却有村。（李商隐：《魏侯第东北楼堂郢叔言别聊用书所见成篇》）

麎《广韵·魂韵》音奴昆切，今普通话应读 nún。馨《广韵·青韵》音呼刑切，今普通话应读 xīng。上面两首诗中麎与昏、痕、门、魂、村押韵，只能是奴昆切之麎，不可能是馨的讹误。

其次，"温麎"的词义《大词典》释为"温暖馨香"，可以成立。清查揆《为严蕙榜题姬人张香修团扇》："戒香一炷火温麎，叶叶银荷照鬓痕。"香在燃烧，应该是既有温度，又有香气。清彭兆荪《鹊桥仙》："镫长凤胫，人长锦瑟，敌住玉关风力，柔乡酒国梦温麎。"这是说美梦温暖而香甜。不过在具体语境中，"温麎"有时偏重指温暖，有时偏重指芳香。清樊增祥《七月八日立秋喜雨》："宵来乍识秋情味，绣被温麎直到冬。"这是偏重指温暖。刘禹锡诗句"竹风松雪香温麎"，皮日休《桃花赋》"或温麎而可薰"，皮日休《奉和鲁望玩金鸂鶒戏赠》："镂羽雕毛迥出群，温麎飘出麝脐熏。"宋范成大《桂海虞衡志》："沉香出交趾，以诸香草合，和蜜调，如熏衣香，其气温麎，自有一

---

① 鲁国尧：《鲁国尧语言学论文集》，江苏教育出版社 2003 年版，第 235 页。

种意味，然微昏钝。"清边浴礼《洞仙歌》："调鹦揎小袖，一握春纤，芳泽温馨暗中递。"这些例句中的"温馨"分明偏重指芳香。温暖义由"温"来体现，芳香义由"馨"来体现。《广韵·魂韵》："馨，香也。"这一解释是符合实际用例的。

"温馨"的语境义有偏重，能否理解为像偏义复词那样另一语素纯粹不参与表义呢？似乎难以下这样的断言。如"绣被温馨直到冬"，我们很难说作者没有绣被有香气的意思。皮日休说"或温馨而可薰"，恐怕也含有火红的桃花给人以温暖的感觉的意味。所以"温馨"的释义不宜分成"既温暖又芳香""温暖""芳香"三项，正如"鸡"在具体语境中可以泛指鸡（鸡犬不宁），可以特指公鸡（鸡打鸣了），也可以特指母鸡（鸡下蛋了），但我们不能说"鸡"有三个义位。

蒋礼鸿云："李商隐说'渐近火温馨'，与火连说，就无从讲到香；龚自珍的'心上温馨过'，心上也只能感到温而不能感到香。"此说未为允当。古代富贵人家的火炭有用香木烧制的，燃烧时会散发香气。宋晁冲之《以少炭寄江子之》："金籍曾通玉虚殿，仙曹拟拜翠微郎。莫嫌薄上温馨火，犹得浓熏笃耨香。"此炭火有芳香之证。直接燃烧草木也会散发香气。清查嗣瑮《北闱下第后同人咏水仙花》："围炉暖炕火温馨，烘透香来似返魂。"清陈文述《舟人析薪为爨香味甚烈殆良材涸于丛栎者与感而赋之》："一觉恬清梦，温馨鼻观通。"可见与火连说不一定无香气。李诗描写的是魏侯宅第的所见，说炭火温香正显出魏侯的身份。龚自珍《己亥杂诗》中的"温馨"应按修辞中的通感来理解。清王韬《瑶台小录》下编："眼前富贵浑闲事，心上温馨有故知。"可与龚诗比证。古来不也有"芳心"一词吗？

总之，从现有的实际用例来看，说"温馨"就是"温吞"，义为微温或温暖，跟馨香无关，这与语言事实不尽相符。

那么，"温馨"一词是何时出现的呢？韩愈《芍药歌》中的"温馨熟美鲜香起"是我们找到的最早用例。这句诗各种版本的韩愈诗集中都是这么写的，我们没有理由臆断"馨"为"馨"字之误。后世的用例如：

（3）剧美温馨逞瑰媚，腻红殷紫迭重台。芳晨华月临春阁，倚丽凝娇岂易栽。（宋·苏籀：《潘令度送牡丹绝句》）

（4）寄语东君，莫教一片轻飞。向温馨深处，留欢卜夜，月移花影，

露裛人衣。（宋·洪咨夔：《风流子·和杨帅芍》）

（5）爱日。报疏梅动意，春前呼得。画栋晓开寿域。度百和温馨，霜华无力。斑衣翠袖，人面年年照酒色。环四座、璧月琼枝，恍然江县拟乡国。（宋·赵彦端：《看花回·为寿东岩庞蕴居也》）

（6）柳薰迟日千丝暗，花喷温馨一夕开。（金·段克己：《上巳日再游青阳峡用家弟诚之韵三首》之二）

（7）唐代宗大历间幸太学，以三勒浆赐诸生，此后不复闻于世。今光禄许公复以庵摩、诃、毗黎三者酿而成浆，其光色晔晔如蒲萄、桂醑，味则温馨甘滑。（元·王恽：《三勒浆歌序》）

与"温馨"相对的是"寒馨"，指清冷的馨香。如宋白玉蟾《梅花》："烟里梅花别是清，略无风动亦寒馨。如焚古鼎龙涎饼，坐对幽窗小墨屏。"明孙承恩《寿鸿胪丞张东园先生序》："采采者菊兮日之精，舒绿叶兮粲金英，坚晚节兮发寒馨。"转指寒冷季节的香花。明傅夏器《冬怀》："江山思寂寞，贾董魂流离。欲折寒馨荐，明神讵得知。"看来"温馨"也是自有理据、传承有序的，未可视为源于"温馦"之误。

"温馨"跟"温馦"一样，在具体语境中有时偏重在"馨"（见上举各例），有时偏重在"温"。如清袁枚《随园诗话》卷14："午课初完卧短床，立春节过昼微长。高檐向日难留雪，小室藏花易贮香。阶下绿初浮远草，路旁青未上垂杨。呼僮添贮炉中火，午后温馨薄暮凉。"清王存《赠张君自操兼简姚雨平四十韵》："贱子感且辞，齿粲泪暗滴。安得长者言，温馨暖立壁。"这两例中都是偏重在"温"。蒋礼鸿说："韩愈的'温馨熟美鲜香起'，下面既言香，则前面不宜又言馨。"此诗可理解为偏重在"温"。

上面说了，偏重只是两个语素表义上有轻有重，并非仅用其一。《现代汉语词典》（第6版）："温馨，温和芳香；温暖：温馨的春夜｜温馨的家。"单列"温暖"一义似难成立，举的两个例子都不能断定只有温暖义。

今天"温馨"一词几乎无人不晓，但知道有"温馦"一词的人恐怕寥寥无几。历史上的情况则刚好相反，"温馦"的使用频率高，"温馨"的使用频率则很低。我们在《中国基本古籍库》6.0版（收录先秦至清末的古籍一万余种）中检索的结果是："温馦"的用例有270条，"温馨"的用例只有31条。"温馨"的流行是白话文写作兴起以后的事，大约在20世纪20年代才时髦起来。例如：

（8）前尘影事，事事都觉温馨。（瘦鹃：《鬼之情人》，《礼拜六》
1915 年第 46 期）

（9）我此时好像升入自在天中，浸在爱波海里，耳目口鼻无一不美
满温馨。（天白：《笑》，《礼拜六》1915 年第 66 期）

（10）其实世间无论友朋情人，到了无可聊赖情不自禁的时候，握一
握手也就恬然温馨。（江红蕉：《古箧良缘记》，《快活》1922 年第 6 期）

（11）甚至他丈夫用了甜蜜温馨的说话去敷衍他，他越发觉得这等说
话比打他骂他还难受。（许廑父：《他的离婚后的情形》，《快活》1922 年
第 25 期）

这都反映了"温馨"一词在当时的流行状况。

"馨"直到清代都读后鼻音。如下面清人诗词中的"馨"都与后鼻音
押韵：

（12）也合裒钟记小名，沉香禅味悦温馨。真珠四面泥金字，留得尚
书旧日铭。（陈文述：《柳如是沉香笔筒》）

（13）秀慧移根向楚汀，春风双笑愜温馨。骚人慕远曾遗佩，香国藏
娇合构亭。绾结有情仙证果，盟镫无语客忘形。剧怜锦瑟芳菲感，好熨鬈
痕展镜屏。（张祥河：《同心兰万浣云明府属赋即依原韵》）

（14）檐挂条冰，苔凝古雪，何花敢傲空庭？只此寒香，横斜点点圆
金，瓣痕朗润明于纸，似硬黄瘦本兰亭。喜沽来董酒温馨，觞咏幽情。
（黄易：《高阳台》）

但在《国语辞典》（商务印书馆 1937—1943 年出版）中"馨"注了两个
音，一个是ㄒㄧㄣ（xīn），一个是ㄒㄧㄥ（xīng），而以ㄒㄧㄣ为主，ㄒㄧㄥ只是
备存异读，说明那时的官话中"馨"已多读前鼻音了。"馨"的这种音变可能
是"温"同化的结果。"温馨"经常连读，受"温"的影响，-g 变成了-n。这
也反映了"温馨"在当时的流行。

为什么原本有绝对优势的"温馨"在竞争中黯然败北，乃至退出了历史

舞台，而势单力薄的"温馨"反而风行天下？这应该跟白话文取代文言文的现实需求密不可分。用文言写作的古代文人喜欢掉书袋，诗文追求典雅。意大利传教士利玛窦谈到明末的汉语状况时说："他们的书面语言与日常谈话中所用的语言差别很大，没有一本书是用口语写成的。一个作家用接近口语的体裁写书，将被认为是把他自己和他的书置于普通老百姓的水平。"① 这几乎是古代文人的共同观念。"馨"是个生僻字，除了"温馨"一词外几乎不用，普通人大都不认识，选用"温馨"要比使用"温馨"显得更为典雅，更有学问。清陈康祺《郎潜纪闻二笔》卷16记载说："刘文清按部扬州，江都焦孝廉循时年十七，应童子试，取入学。覆试日，公问：'诗中用馧馨字者谁也？'孝廉起应之。问二字何所本，以《文数·桃花赋》对，且述其音义，公喜。"焦循因在诗中用了连考官也不知道的"馧馨"一词而受到赏识，这正是古代文人写诗作文的普遍崇尚。皮日休的《桃花赋》中实际用的是"温馨"，焦循根据自己的理解臆改为"馧馨"，这就更显得高深莫测了。白话文写作讲究通俗易懂，这样大多数人不认识的"馨"字很难融入白话，所以文人们选用一望而知的"温馨"，这就促成了"温馨"一枝独秀的结果。

从历史上来看，"馨"不仅是个生僻字，也是个身世可疑的字。它最初出现只是用于人名。北魏崔鸿《十六国春秋》卷84《后凉录四》有郭馨传，这是馨字最早见诸文献记载。此后《晋书》《北史》《资治通鉴》等史书也都写作郭馨。"馨"用于普通意义最早就是唐代出现的"温馨"一词。辞书收录以宋代的《广韵》《集韵》等书最早。从字形构造来看，"馨"是个没有理据的字。它不可能是形声字。如果按会意字来分析，它的意义又不是麻香，麻也没有香气，无法会通。

我们认为"馨"是"曆"的形误字。传本《说文》有"曆"字，释为："和也。从甘从麻。麻，调也。甘亦声。读若函。"段玉裁《说文解字注》改为："曆，和也。从甘麻。麻，调也。"他解释说："和当作盉，写者乱之耳。皿部曰：'盉，调味也。'……厂部曰：'麻，治也。'秝部曰：'稀疏适也。'稀疏适者，调和之意。《周礼》：'凡和，春多酸，夏多苦，秋多辛，冬多咸，调以滑甘。'此从甘麻之义也。各本及《篇》《韵》《集韵》《类篇》字体皆讹，今正。"说"和当作盉"则未必，因为"和"也有调和之义，《周礼》就用和

---

① ［意］利玛窦：《利玛窦中国札记》，何高济等译，中华书局1983年版，第27页。

字，许慎不一定非得用盃；但说"䲹"为"厤"之讹误则确不可易。《广韵·谈韵》作䲹，䲹为"厤"之俗体。徐锴《说文解字系传》云："麻音历，稀疏匀调也。会意。《晋书》有郭麻。"麻无历音，又无匀调义，可知麻当作厤。值得注意的是，徐锴说"《晋书》有郭麻"，这里的"麻"原本肯定作"厤"。这说明徐锴见到的《晋书》写的是"郭厤"，而非今世传本的"郭麻"，可见"䲹"为"厤"之形误。日本渡部温《康熙字典考异正误》（1885 年）"㽟"下云："《广韵》音䲹，音䲹之误。"渡部温所见《广韵》䲹作䲹，亦可佐证"䲹"为"厤"之形误。

这样看来，"温䲹"最初应作"温厤"，为同义连文，是温和、暖和的意思。后因字形讹作"䲹"，人们望形生训，以为"䲹"是香的意思，便将"温䲹"也用于描述香气，正如焦循认为"温"是香的意思而改为"馧"。"温䲹"与"温吞""温疃"等词来源各异，并非同一词的变体。

最后还有一个问题是，"䲹"《广韵·谈韵》音古三切（今应读 gān），讹误为"䲹"何以变成了奴昆切？这跟"馨"变为后鼻音一样，应该也是"温"同化的结果。其演变过程为：＊uənkɑm>＊uənnuən。

（原载《文化学刊》2017 年第 7 期）

"察隻子·变复·偶语"解证

察 隻 子

宋张邦基《墨庄漫录》(《四部丛刊》本)卷3:"班行李质,人才魁岸磊落,甚伟。徽庙朝欲求一人相称者为对,无可俪,当时同列目为察隻子。京师俚语谓无对者为察隻。"《汉语大词典》:"察隻,宋代方言。当世无双,独一无二之意。"释义正确,但理据不明。

刘瑞明解释说:"今陕甘方言仍有此词,但可用于两种情况。一是把本属另一对的一物错配到此一对,如一只男鞋和一只女鞋或号码不同的两只鞋作为一双装盒出售。两只同向的如两只左手手套之类也如此称说。一种是把这错配的任何一只也如此称说。据这种用法和实际口音,词宜记写为'岔只子'。'岔'即失去原序而差错之义。错配的一对又可称为'岔合班'、'调只子'。"① 这是认为"察只子"因岔错而得名。

雷汉卿解释说:"今青海省乐都县方言中把成对的东西丢失了其中一个或成群的动物落单叫'[ʧʻɑ⁴⁴]只子'。如袜子丢了一只可以说'之(这)双袜子成哈[ʧʻɑ⁴⁴]只子了,再(另外)的一只阿蒙(怎么)都找不着了';羊群中一只羊落单了可以说'再的羊阿里(哪里)去了哈没(不)知道,那个黑羊成哈[ʧʻɑ⁴⁴]只子了'。总之,任意一对成双的物件不能配对都可以说'成了[ʧʻɑ⁴⁴]只子'。……从词义来看,[ʧʻɑ⁴⁴]当是'分开'的意思,字可厘定为'叉'(chà),即分岔。可见'[ʧʻɑ⁴⁴]只子'就是与主体分开落单了的那一只(个)。"② 这是认为"察只子"因分离而得名。

以上两解中应以差错说为是。"察"的本字当为"差"。《说文》:"差,贰

① 刘瑞明:《唐宋笔记词语小识》,《贵州大学学报》1997年第4期。
② 雷汉卿:《近代俗语词杂考》,《汉语史研究集刊》第9辑,巴蜀书社2006年版。

也。左不相值也。"段玉裁注:"贰,各本作贰;左,各本作差;今正。贰者,忒之假借字。《心部》曰:'忒,失当也。'失当即所谓不相值也。""不相值"即不相当、不匹配。"差只"义为无匹配的一只。这是针对成双作对的事物而言的,故称"无对者为察只"。"察只"加上词尾"子"构成名物词。今天的一些方言中仍有该词,刘、雷二文所揭即是。又许宝华、宫田一郎:"差只子,不是原配的一对物品。㊀中原官话。新疆吐鲁番。㊁兰银官话。新疆乌鲁木齐:这个筷子是个差只子,一个长一个短|你把脚上看一下,咋穿咧个差只子鞋?"①

北京话中有"差配儿"的说法。陈刚:"chàpèr 差配儿,同'差碑儿'。""chàbēr 差碑儿,两个不是原来的一对。| 一只蓝袜子,一只灰的,差了碑儿了。| 这两根儿筷子是差碑儿的,一长一短。| 差碑儿鞋。○差辈儿。"②"差配儿"应该是原型,"差碑儿""差辈儿"都是"差配儿"的音转。四川方言中有"差巴子"的说法。李荣:"差巴子,万荣。(颜色、样式等)不成一双的;不成一体的:袜子穿差了啦,一只红的,一只白的,成差巴子啦。"③ 这些说法都可与"察只子"相比证。

"察只"也见于日本汉文文献。日本大江匡房《江都督纳言愿文集》卷5《奉为故博阴殿室被供养自笔法花经愿文》(1108年):"为写白氏之文集,新储察只之花笺。"姚尧解释说:"'察'有明辨、清明义,'只'则指独一无二,故而'察只'义为新颖独特、无可匹敌。"④ 和未确。

变　复

"变复"一词最早见于汉代。《汉书·五行志》:"故政不可不慎也,务三而已,一曰择人,二曰因民,三曰从时。此推日食之占,循变复之要也。""变复"之义,唐代以来学者递有训释,颇为参差。《后汉书·杨赐传》:"《周书》曰:'天子见怪则修德,诸侯见怪则修政,卿大夫见怪则修职,士庶人见怪则

---

① 许宝华、[日]宫田一郎主编:《汉语方言大词典》,中华书局1999年版,第4469页。
② 陈刚:《北京方言词典》,商务印书馆1985年版,第31、27页。
③ 李荣主编:《现代汉语方言大词典》(综合本),江苏教育出版社2002年版,第2855页。
④ 姚尧:《日本古汉文文献的语言特点及其在近代汉语词汇研究上的价值》,《中国语文》2018年第3期。

修身.'唯陛下慎经典之诫,图变复之道。"李贤注:"谓变改而销复之。"又《樊英传》:"英既善术,朝廷每有灾异,诏辄下问变复之效,所言多验。"李贤注:"变灾异复于常也。"前训中"销"即消除,"复"为何义则仍不明。后训中以"复"为恢复。又《郎顗传》:"臣伏见光禄大夫江夏黄琼,耽乐道术,清亮自然,被褐怀宝,含味经籍,又果于从政,明达变复。"李贤注:"言明于变异消复之术也。"前两训中以"变"为动词改变,此处又释为名词变异。同一人作注而前后不一,知其胸无定识,随文作解而已。《资治通鉴》卷49《汉纪·孝安皇帝上·永初三年》:"三月,京师大饥,民相食。壬辰,公卿诣阙谢,诏务思变复,以助不逮。"胡三省注:"变,改也,改过以复于善也。"李贤释"变"为改变灾异,胡三省则释为改正自身过错,二说又有别。《论衡·感虚》:"变复之家曰:'人君秋赏则温,夏罚则寒,寒不累时则霜不降,温不兼日则冰不释。"黄晖《论衡校释》:"《三国志·蜀志·刘焉传》注:陈寿《益部耆旧传》曰:'董扶资游、夏之德,述孔氏之风,内怀焦、董消复之术。'《魏志·高堂隆传》,隆对曰:'圣主睹灾责躬,退而修德,以消复之。'《会稽典录》(《类聚》一百):'郡遭大旱,夏香谏曰:自古先圣畏惧天异,必思变复,以济民命。'《明雩篇》曰:'旱久不雨,祷祭求福,若人之疾病,祭神解祸,此变复也。'据此,可知其义矣。"① 郑文《论衡析诂》也引了两则典籍"变复"用例后,说"从中可解其义"②。两人均无明训,读者难知其义究作何解。《汉语大词典》解释说:"古时主张'天人感应'的儒生提倡以祭祀祈祷来消除灾祸,恢复正常,谓之'变复'。"解"复"为恢复,"变"为何义则未言。

今谓"变"当训灾变,"复"为消除之义,"变复"义为灾变消除。"变"之灾变义典籍习见,无庸赘言。"复"之消除义则迄无明训,应略加论证。

《汉书·高帝纪上》:"蜀、汉民给军事劳苦,复勿租税二岁。"颜师古注:"复者,除其赋役也。"因古注有此明训,所以古汉语字词典"复"下一般都列有"免除赋税徭役"的义项,其实这是复的消除义的语境义,复的消除义并不限于赋税徭役。《论衡·感虚》:"凡变复之道所以能相感动者,以物类也。有寒则复之以温,温复(又)解之以寒。"此"复""解"对文义同,"有寒则

---

① 黄晖:《论衡校释》,中华书局1990年版,第241页。
② 郑文:《论衡析诂》,巴蜀书社1999年版,第365页。

复之以温"是说拿温暖去消除寒冷。《后汉书·鲍昱传》："建初元年大旱，谷贵，肃宗召昱问曰：'旱既太甚，将何以消复灾眚？'"《三国志·魏志·和洽传》："自春夏以来，民穷于役，农业有废，百姓嚣然，时风不至，未必不由此也。消复之术，莫大于节俭。""消复"并消除之义。《汉语大词典》中解释说："消复，谓消除灾变，恢复正常。"以"复"为恢复，这是采用了元代胡三省的说法。《资治通鉴》卷46《汉纪三十八·肃宗孝章皇帝上·建初元年》："上问司徒鲍昱：'何以消复旱灾？'"胡三省注："消复者，消去灾异而复其常。"又卷57《汉纪四十九·孝灵皇帝上之下·光和元年》："秋七月壬子，青虹见玉堂后殿庭中，诏召光禄大夫杨赐等诣金商门，问以灾异及消复之术。"胡三省注："消复者，消变而复其常也。"典籍中另有"消灾复异"的说法。如《后汉书·五行志六》李贤注引马融上书曰："消灾复异，宜在今日。"《三国志·魏志·张趫传》："太和中，诏求隐学之士能消灾复异者，郡累上趫，发遣，老病不行。"刘百顺认为"复异"义同"消灾"，而非恢复正常。① 所言甚是。由此可知，"消复"为同义连文。

《论衡·明雩》云："为水旱者，阴阳之气也。满六合难得尽祀，故修坛设位，敬恭祈求，效事社之义，复灾变之道也。推生事死，推人事鬼，……冀复灾变之亏，获酆穰之报。""复灾变"即"变复"之变文，谓消除灾变，可知解"变"为改变之误。

总之，"变复"的正确解释应该是：变，灾变；复，消除；谓消除灾变。"祭祀祈祷"云云均属蛇足。《后汉书·安帝纪》："三月，京师大饥，民相食。壬辰，公卿诣阙谢。诏曰：'朕以幼冲奉承鸿业，不能宣流风化，而感逆阴阳，至令百姓饥荒，更相噉食，永怀悼叹，若坠渊水。咎在朕躬，非群司之责而过自贬引，重朝廷之不德，其务思变复，以助不逮。'"云"务思变复"，不言祭祀祈祷。《三国志·魏志·高堂隆传》："孔子曰：'灾者，修类应行，精禖相感，以戒人君。'是以圣主睹灾责躬，退而修德，以消复之。"此谓帝王当修德以消灾，也与祭祀祈祷无关。另外，字词典中"复"的"免除徭役或赋税"义项应概括为"消除、免除"，无须涉及消除的对象。

---

① 刘百顺：《魏晋南北朝史书语词札记》，陕西师范大学出版社1993年版，第11—12页。

偶　语

　　"偶语"一词最早见于《史记》。《秦始皇本纪》载："非博士官所职，天下敢有藏《诗》《书》、百家语者，悉诣守、尉杂烧之。有敢偶语《诗》《书》者弃市，以古非今者族。"又《高祖本纪》："父老苦秦苛法久矣，诽谤者族，偶语者弃市。""偶语"是秦王朝制定的一种罪名，说明秦代已有这个词。那么，"偶语"的具体含义是什么呢？《高祖本纪》中裴骃集解引东汉应劭曰："秦禁民聚语。偶，对也。"这是说"偶语"的意思是"聚语"，"偶"取相对或成双作对之义。《汉语大词典》"偶"下云："指两人相聚或并立。参见'偶语'、'偶耕'。""偶语"条下释为"相聚议论或窃窃私语"。《辞海》（1999年版）："偶语，相对私语。""耦语，相对密语。"照此解释，"偶语"指的是两人私下交谈。但文献用例表明，"偶语"并不限于两人。《汉书·张良传》："上已封大功臣二十余人，其余日夜争功而不决，未得行封。上居洛阳南宫，从复道望见诸将往往数人偶语。"说"数人偶语"，可见不止两人。《隋书·后妃传·炀帝萧皇后传》："后人复白后曰：'宿卫者往往偶语谋反。'"宫廷宿卫人员很多，"偶语"也不可能仅指两人聚语。"偶语"也可以说成"偶言"。汉荀悦《汉纪·孝哀皇帝纪下》："父子兄弟横蒙拔擢，赏赐空竭帑藏，万民喧哗，偶言道路，诚不当天心也。"万民"偶言"，当然不可能只有两人谈论一种情况。所以把"偶"理解为"相对或成双作对"是讲不通的。

　　"偶"有会合、会聚的意思。《尔雅·释诂上》："偶，合也。"王充《论衡·逢遇》："夫以贤事贤君，君欲为治，臣以贤才辅之，趋舍偶合，其遇固宜。""趋舍偶合"是说志趣相合。杜甫《述怀》："几人全性命，尽室岂相偶。"宋蔡梦弼《杜工部草堂诗笺》："甫复自料必有得全其性命者，虽尽室获保全，其生亦无得相偶聚，必至于东西散徙也。"唐崔致远《桂苑笔耕集》卷11《答徐州时溥书》："彼东海庐江，偶聚奸恶，异端斯起。"宋陈藻《乐轩集》卷5《惜别赋并序》："渔溪诸友，丱角相从，或相识乍离乍合。今岁偶聚，向时未生或初生者长成。"这些都是"偶"有会聚义的例证，惜各词典都失收此义。"偶语"之偶应为会聚之义。宋司马光《言王广渊札子》："臣伏见新除王广渊直集贤院，外廷之人无不怪惑，偶语族谈，莫知其故。"宋佚名编《宋朝大诏令集》卷196《政事·增赏训戒鼓惑邪说御笔手诏》（大观四年六月二十七日):"憸巧轻儇之徒,构造无根之语,鼓惑邪说,倾动中外,或播传迁责臣僚,或横议兴易政事,或妄意更革,或诈称差除,其说多端,朝更夕改,以致搢绅惶惑,不安厥位,立则聚谈,行则耦语。"这两例中"偶(耦)"与"族"(《庄子·在宥》"云气不待族而雨"成玄英疏:"族,聚也。")"聚"对文,亦可见其义为聚。所以"偶语"的含义是"聚在一起谈论",并不限于两人。

除了秦始皇外,后世一些当权者也禁止人们"偶语"。如《晋书·石季龙载记上》:"于是立私论之条,偶语之律,听吏告其君,奴告其主,威刑日滥,公卿已下,朝会以目,吉凶之问,自此而绝。"《南史·贼臣传·侯景传》:"又禁人偶语,不许大酺,有犯则刑及外族。""偶语"既被法规所禁止,如果其含义只是"聚在一起谈论"的话,岂不是意味着不许人们说话?事实上,法规禁止的主要不是聚谈这种方式,而是聚谈的内容。"偶语"涉及的内容往往是指政治问题,是不能或不宜在公开场合下谈论的,所以"偶语"一般发生在私密的氛围或随便的场合,因而带有窃窃私语的特点。《隋书·观德王雄传》:"杨玄感之反也,玄感弟玄纵自帝所逃赴其兄,路逢綝。綝避人偶语久之。""偶语"内容不想让别人知道,故避人而谈。唐杜牧《樊川集·上门下崔相公书》:"相公殿一家僮,驰入万众,无不手垂目瞪,露刃弦弓,偶语腹非,或离或伍。""偶语"与"腹非"并举。《庄子·庚桑楚》:"今以畏垒之细民而窃窃焉欲俎豆予于贤人之间,我其杓之人邪?"唐成玄英疏:"窃窃,平章偶语也。……今细碎百姓偶语平章,方欲礼我为贤,尊我为主,便是物之标杓,岂曰栖隐者乎?""窃窃"也作"切切",是个象声词,指细小的声响,如白居易《琵琶行》"小弦切切如私语"。成玄英用"偶语"释"窃窃",体现了"偶语"私密的特点。所以"偶语"的确切含义应该是"私下聚在一起谈论不宜公开的事情"。

此外,"偶语"还有名词的用法,指风言风语的话。《汉书·艺文志》:"小说家者流,盖出于稗官。街谈巷语,道听途说者之所造也。"颜师古注引三国魏如淳曰:"街谈巷说,其细碎之言也。王者欲知闾巷风俗,故立稗官使称说之。今世亦谓偶语为稗。"如淳说三国时期把"偶语"叫稗,稗即道听途说、风言风语的话。当世人释当时语,应可据信。但文献未见用例。

(原载《文化学刊》2016年第10期)

"悬橙·捉出·悬米·赢胜" 辨正

悬　　橙

《晋书·王羲之传附子献之传》:"魏时陵云殿榜未题,而匠者误钉之,不可下,乃使韦仲将悬橙书之。比讫,须鬓尽白,裁余气息。还语子弟,宜绝此法。"《汉语大字典》在"橙"的"有腿无靠背的坐具"义下、《汉语大词典》在"橙"的"凳子"义下均举此例。有人认为此例之"橙"指梯子。曾良、赵铮艳云:"既然为陵云殿题榜,而且已经钉在殿上,一般凳子岂能够上!断无如此矮殿,凳子能及榜题。则'橙'为梯子义甚明显。"① 其实问题的关键并不在于凳子能否够得着,而在于三国时期还没有凳子这样的坐具。如果当时存在凳子的话,理解为凳子未必不能成立。

那么,将"橙"理解为梯子是否可取呢? 韦诞(字仲将)题榜的故事在其他文献中也有记载。南朝齐王僧虔《名书录》载(《太平广记》卷 209 "姜诩已下"条引):"魏明帝起凌云台,误先钉榜,而未之题,以笼盛诞,辘轳引上书之。去地二十五丈,诞甚危惧,乃戒子孙绝此楷法。"唐张彦远《法书要录》卷 1:"魏明帝起凌云台,先钉榜,未题,笼盛诞,辘轳长絚引上,使就榜题榜。去地将二十五丈,诞危惧,诫子孙绝此楷法。"这一记载具体细节上虽与《晋书》略有异辞,但韦诞悬空书写的情节则是一致的。正因为是悬在离地二十多丈的高空题榜,所以才吓得韦诞"须鬓尽白,裁余气息",还告诫子孙不要再继承他这门技艺了。如果是踩着梯子写几个字,这应该是一件很平常的事,韦诞怎么会写完后"须鬓尽白,裁余气息"呢? 从异文可知,榜额离地有二十五丈,当时不可能有这么高的梯子。可见将"橙"理解为梯子也是行不通的。

橙在古代除了指一种果树以外,它还是"凳"的异体。"凳"的本义指床

---

① 曾良、赵铮艳:《佛经疑难字词考》,《古汉语研究》2009 年第 1 期。

凳。《集韵·隥韵》:"凳、橙,《字林》:床属。或从木。"床凳是古人放置在床前的一种家具,因上床要登踩它,故谓之凳。钱大昕《恒言录》卷5《居处器用类》:"凳,本登字。《释名》:'榻登施大床之前,小榻之上,所以登床也。'盖以登床得名,后人稍高之,以为坐具耳。"其形似几,故凳字从几。用木制成,故字亦作橙。古代绘画中有凳的形状,如下面两幅图中床前放的就是凳。这东西既有相当的宽度可以使人站立,又有足够的长度便于站在上面的人左右移动,而且随时可得,韦诞"悬橙书之"应该就是把床凳用绳吊在空中,韦诞站在上面书写榜额。

图1:汉末洛阳朱村墓室壁画

图2:东晋顾恺之《女史箴图》局部摩图

捉　　出

晋干宝《搜神记》（明《津逮秘书》本）卷14："魏黄初中，清河宋士宗母夏天于浴室裡（疑为裸之讹误）浴，遣家中大小悉出，独在室中良久。家人不解其意，于壁穿中窥之，不见人体，见盆水中有一大鳖。遂开户，大小悉入。了不与人相承，尝先着银钗犹在头上。相与守之啼泣，无可奈何。意欲求去，永不可留。视之积日，转懈，自捉出户外，其去甚驶，逐之不及，遂便入水。"其中"自捉出户外"句，《太平御览》卷888《妖异部四·变化下》引《续搜神记》作"遂自投出户外"。真大成认为作"投"是，"'投'有跳跃义，'自投出户外'谓自己跳出门外"①。鳖无跳跃行为，此解未为妥帖。今谓"捉"当为"促"之形误。《庄子·庚桑楚》："夫外韄者不可繁而捉，将内揵；内韄者不可缪而捉，将外揵。"陆德明释文："捉，崔作促，云迫促也。"清罗士琳《旧唐书校勘记》卷60："纬遣台吏促百官上路，皆以袍笏不具为词。《御览》无纬字，促作捉，非是。"清章钰《胡刻通鉴正文校宋记》卷6《资治通鉴》卷54："促去，孔本促作捉。"皆"促""捉"形近易误之证。"促"有迅速义。《三国志·魏书·董昭传》："帝悟昭言，即诏尚等促出。"西晋竺法护译《生经》卷1《佛说分卫比丘经第二》："如卿所作无羞惭，驰走促出离我家。"后秦竺佛念译《菩萨处胎经》卷7《菩萨处胎经行品第三十四》："汝等师徒谤毁圣人，促出国去。"孙思邈《千金翼方》卷29："若男若女，司命须汝促出无迟，并持胞衣，急急如律令。"《搜神记》原文当作"遂自捉出户外"，"遂自"为一词，"自"为词尾。"捉出户外"谓迅速爬出户外，如此则文从字顺。若从辑本《搜神记》无"遂"字，则"自"为自己，文意亦谐。盖后人不解"捉"义，故臆改作"投"。

悬　　米

典籍中有"悬米"一词。例如：

---

① 真大成：《〈搜神记〉词语校释琐记》，《古籍整理研究学刊》2002年第4期。

（1）夫滥觞悬米，翻浮天动地之源。寸株尺蘖，擢捎云蔽景之干。岂非积微成大，陟遐自迩。（唐·王勃：《平台秘略论十首·幼俊八》）

（2）竹箭分流，起于悬米。（隋《裴鸿墓志》）

（3）将恐波迁悬米，舟移接汉之川。峰低委粟，泽贸干云之峤。（唐《韩节墓志》）

（4）斜临委粟之岫，遥瞻悬米之川。（唐《张备夫人李三娘墓志》）

吕蒙、毛远明认为"悬米"之米为水之形讹，"之所以认定'悬米'应是'悬水'之讹，更主要的考虑是'悬水'的词义可释，构词理据可解。而如果作'悬米'，则不知所云。"① 其实，"悬米"本字可通，谓漂浮起粟米。例（1）中的"滥觞"指江河发源处水很小，仅可浮起酒杯。《荀子·子道篇》："昔者江出于岷山，其始出也，其源可以滥觞。及其至江之津也，不放舟，不避风，则不可涉也，非维下流水多邪？""滥觞悬米，翻浮天动地之源"意谓小水是大水之源，借此说明"积微成大"的道理。如果"悬米"为"悬水"之讹，"悬水"即瀑布，瀑布怎么会是小水呢？"悬米"理解为仅能浮起粟米的小水，文意没什么不畅的。

例（2）中，"竹箭"指竹制的箭，文献中用来比喻水流的湍急。《慎子》佚文："河之下龙门，其流驶如竹箭，驷马追弗能及。"例（2）中的"竹箭"比喻迅疾的大河，"分流"指河流形成支流。此例的"悬米"理解为瀑布也讲不通，理解为小水则贯通无碍。

（3）（4）两例中"悬米"与"委粟"对文，均言其小，由"粟"可知"米"不得视为"水"字之误。

刘传鸿对吕、毛之文的误解作了辨正，然其文谓"黄河源出昆仑，且发源之水甚小，从高处落下，极有可能呈白色颗粒状，正似悬挂着的米粒"②。亦未得确解。

"悬米"还有挂账之米、拖欠之米的意思。明张国维《抚吴疏草·高淳改折疏》："百姓逃亡过半，虚折额田十万五十亩，悬米八千五百石。"明林希元《林次崖文集》卷3《陈愚见以图补报疏》："谢朝政等二十二户虚粮三十一石，

---

① 吕蒙、毛远明：《释"悬米"》，《中国语文》2011年第3期。
② 刘传鸿：《也释"悬米"》，《中国语文》2012年第1期。

内豪强占田一顷一十九亩，虚悬米三石八斗二升，减税占田一顷九十亩，虚悬米六石九升九合，里书诡寄飞射占田一顷四十八亩，虚悬米四石七斗六升，抛荒无人耕种田四顷五十四亩，虚悬米一十四石五斗，各户虚粮田土或被占，或减税，或飞射，或抛荒，皆有其故。"

赢　勝

《韩非子·外储说左下》："今臣罢四国之兵，而王乃与臣五乘，此其称功，犹赢勝而履蹻。"唐宋旧注："赢，利也。谓贾者赢利倍勝，今以薄赏报大功，犹赢勝之人履草屩也。"清顾广圻曰："赢勝当作赢縢，形相近也。旧注全讹。"张觉《韩非子校疏》："依谢注（张谓旧注乃宋谢希深作），则'赢'为'赢'之误，此句意为：'就好像是发了大财的商人穿草鞋。'似乎也通。但《战国策·赵策一》有'赢縢'之语；《战国策·秦策一》'赢縢履蹻'吴师道注：'赢与缧、累字通用，伦追反。《易》赢其角、赢其瓶，孔颖达云：拘累缠绕也。《诗》邪幅在下注：如今行縢。'据此，则当从顾说，即：'赢'为'赢'之误，'赢'通'累'，表示缠绕；'勝'为'縢'之误，'縢'即绑腿布。"①

按：诸说均有未安。典籍未见"赢利勝"之语，旧注难通。若"赢勝"为"赢縢"之误，则"赢縢而履蹻"之"而"（表示转折）为多余，绑腿配草鞋不是很搭调吗？以此比喻"功大而赏薄"不伦不类。汉简中有"行勝"一词，如《居延新简》51.457："缇行勝二口。""勝"亦作"嶹"。《居延新简》52.92："行嶹一枚。"王贵元认为"行勝"为帻（头巾）之一种②，其说可从。古有首饰曰华勝。《释名·释首饰》："华勝，华，象草木之华也；勝，言人形容正等，一人著之则勝。蔽发前为饰也。"华勝之勝因美勝而得名，行勝之勝当亦如此。赢有美义。赢俗体作嬴。明张自烈《正字通·女部》："嬴，俗赢字。"《方言》第一："娥、嬴，好也。秦曰娥，宋魏之间谓之嬴。"《广雅·释训》："赢赢，容也。"王念孙疏证："卷一云：'嬴，好也。'重言之则曰嬴嬴。郭璞注《方言》云：'嬴言嬴嬴也。'古诗云'盈盈楼上女'，又云'盈盈一水闲'，并与赢赢同。"《淮南子·本经》："赢镂雕琢，诡文回波。"《汉语大词

①　张觉：《韩非子校疏》，上海古籍出版社 2010 年版，第 783 页。
②　王贵元：《释汉简中的"行胜"与"常韦"》，《语言研究》2014 年第 4 期。

典》:"羸镂,指精巧的雕饰。""羸勝"义为华美的头巾。蹻通屩,指草鞋。《释名·释衣服》:"屩,草屦也。"《史记·平准书》:"(卜)式乃拜为郎,布衣屩而牧羊。"裴骃集解引韦昭曰:"屩,草屝。""此其称功,犹羸勝而履蹻"是说这样表彰我的功劳,犹如让我头戴华美的头巾,脚上却穿着草鞋,意为赏赐与功劳不相匹配。

(原载《文化学刊》2016 年第 11 期)

盐酱口·朱雀口·乌鸦嘴

"盐酱口""朱雀口""乌鸦嘴"是三个与说话有关的俗语词，其含义和理据目前还不是很明确。下面先列举一些用例，再来讨论其含义和理据。

（1）这和尚盐酱口，说妖精妖精就来了。（明·吴承恩：《西游记》第六十七回）

（2）师兄这张口是终日乱嚼惯的，又不是断祸福决生死的朱雀口，又不是说一句验一句的盐酱口，又不是只报忧不报喜的乌鸦口，说来的话只好一半当做耳根边吹过去的秋风，一半当做屎孔里放出来的臭屁。（明·佚名：《后西游记》第三十二回）

（3）何况妇人家都是些盐酱口，坏话呢，十句到有九句应，好话却不曾应过一回。（李涵秋：《广陵潮》第八十六回）

（4）一个女孩儿家，盐酱口，还不曾动身呢，就满嘴里说起路上遇见乱子来。若果然有乱子，便让你一个人去受害，我们还要图个顺遂呢。（李涵秋：《战地莺花录》第十回）

（5）你这个家伙盐酱口，大清早就送的好喜讯儿出去！（朱雷：《独幕剧新集》，光明书局1946年版，第4页）

（6）我们乡间有句俗语："父母盐酱口，说了不能收。"意思是说，做父母的人不能随随便便咒诅儿女，乡下人的"盐酱口"大概带有做皇帝的人的"金口"的意思吧，说出了就会当真应在儿女身上。（王西彦：《我从这里出发》，《新文学史料》1983年第4期）

（7）单给你取这个名字，就费了你爹好大心机！就是怕"克"呀，那么"猪栏"总是够贱的啦，总可以免灾免难啦！……哪里知道，算命瞎子盐酱口，就是"猪栏"也没有用，你娘还是给你"克"去啦。原注："盐酱口，指说话有灵验的意思。"（王西彦：《王西彦小说选》，人民文学

出版社 1982 年版，第 379 页）

（8）墙墙有耳朵，众人盐酱口，一个姑娘家的名誉十分要紧；我们小金兰开年才二十岁，我是老年得女，不瞒你安隆奶奶，她是我做爷的心头肉，要是万一有什么三长两短，那我今天有言在先，改日莫怪我金魁爷不顾情义！（王西彦：《村野恋人》，中国国际广播出版社 2013 年版，第 152 页）

（9）小姐，我也该去睡了。天太晚了，再说男女授受不亲。我若在你屋坐着，被家奴院公看见，好说不好听的。盐酱嘴瞎胡说，当然这都没有什么，传出去，我们闹一肚子气，这就不好了。我回去了。（刘彩芹：《再续小八义》第三十八回）

（10）师郎口是朱雀口，假说几句也当真。（石启贵：《民国时期湘西苗族调查实录·还傩愿卷》，民族出版社 2009 年版，第 110 页）

（11）我口是个朱雀口，说你有来就实有。（石启贵：《民国时期湘西苗族调查实录·还傩愿卷》，民族出版社 2009 年版，第 205、215 页）

（12）那人把钗子看了又看，不忍释手，只叫："好东西，好造化。"光普恐怕被人撞见，讨过来仍旧包好，藏在身边，叮嘱那人道："此事关系不小，只可你知我知，莫要泄漏。"那人满口应承，说："不消嘱付，我自理会得。"谁知是个乌鸦嘴，耐不住口，随地去报新闻，顷刻就嚷遍了满营。（明·天然痴叟：《石点头》卷 13）

陆澹安："盐酱口，说话很有应验的人。"[1]《汉语大词典》："盐酱口，指说不吉利的话有应验。"许少峰："盐酱口，指说不吉利的话总是应验。"[2] "盐酱口"说的话并非总是不吉利的，如例（5）中说的是"好喜讯儿"。例（2）中的"盐酱口"强调的是"说一句验一句"，所以应解释为：说话总是应验的嘴。

"朱雀口"无论在古代还是在今天都很少使用，从搜集到的用例来看，它强调的是断言的准确性和权威性。

"乌鸦嘴"流行很广，但学者们的解释不尽相同。陆澹安："乌鸦嘴，比喻

① 陆澹安：《小说词语汇释》，中华书局 1964 年版，第 860 页。
② 许少峰：《近代汉语大词典》，中华书局 2008 年版，第 2147 页。

老说不中听、令人厌憎的话。"①《汉语大词典》："乌鸦嘴，指多话而令人讨厌的人。"许少峰："乌鸦嘴，说话讨厌的人。"②《现代汉语词典》（第6版）："乌鸦嘴，指说不吉利话的嘴或人：闭上你这张乌鸦嘴。"陈建文、王聚元："乌鸦嘴，①谑指人说话太多。意谓像乌鸦一般到处乱叫。②谑指人说不中听、讨人嫌、不吉利的话。因乌鸦叫声令人讨厌，被视作不祥之鸟，故称。"（例略）③"乌鸦嘴"的所指，有指话、指人、指嘴之异，所说的话，有令人讨厌的、不吉利的、太多之异。

首先可以肯定"乌鸦嘴"有喻指人嘴的含义，所以可以说"闭上你的乌鸦嘴"。"乌鸦嘴"所说的话不一定是不吉利的。例如：

（13）球王贝利就是足坛有名的"乌鸦嘴"，但他的预测基本都是反着来的。一般情况下，他预测哪个球队会赢得比赛，该球队就会不出意外地落败。（墨墨：《每天学一点说话艺术》，北京理工大学出版社2011年版，第217页）

（14）所有"发财秘诀"的书，即使写得再好看，也都是不靠谱的。这些发自"乌鸦嘴"的话，又有几人愿意听呢？（陈思进：《读懂金融的第一本书》，安徽人民出版社2013年版，第17页）

（15）于是，就有听众给那些常出纰漏的主持起了个名字叫"乌鸦嘴"，言下之意就是乌鸦似地呱呱啦啦说得太多，又不准确。只要听出破绽，免不了啐一口道：乌鸦嘴！（金萍：《小手冰凉》，中国文联出版社2000年版，第22页）

预测某个球队会赢得比赛、告诉你发财秘诀，这应该都是吉利话，但却被称为"乌鸦嘴"。所以，"乌鸦嘴"的喻义应概括为：对喜欢散布当事人不希望的或不可靠的言论的嘴的贬称。当事人不希望的言论不一定不可靠，如例（13）中被称为乌鸦嘴的"那人"散布的消息就是真实可靠的。

"乌鸦嘴"可转指人的看法当是来自"张三是个乌鸦嘴"这类用例，但这

① 陆澹安：《小说词语汇释》，中华书局1964年版，第445页。
② 许少峰：《近代汉语大词典》，中华书局2008年版，第1948页。
③ 陈建文、王聚元主编：《汉语戏谑语词典》，上海人民出版社2001年版，第610页。

一认识并不切当。这类用例实际上是"张三的嘴是个乌鸦嘴"的隐略说法，正如我们不能认为"张三是个光头""她是大眼睛"中"光头""大眼睛"转指人一样。而下面这个例句中的"乌鸦嘴"确实转指人：

（16）"乌鸦嘴"是我的一位同事。写这篇文章的时候，他正四十出头，顶已开始秃了。（曾传华：《幸福或许是这样的》，大众文艺出版社2006年版，第58页）

但这样的转指是特定个体的专指义，不是词的固有义。

与令人讨厌的乌鸦嘴相反，光说好话的嘴则称为"喜鹊嘴"。例如：

（17）一个长着"乌鸦嘴"的人，总是故意挑刺，贬损他人，令人扫兴；而一个长着"喜鹊嘴"的人，总是报喜传捷，制造欢乐，令人愉悦。（张静波：《每天一堂口才课》，中国社会出版社2014年版，第50页）

（18）然而，这不过是一个喜鹊嘴的谎言，而乌鸦嘴的真言认为：这是完全违反登山常识的伪命题，这样做，不仅救不了他人，自己也活不成，结果是必死无疑。（郑思礼：《乌鸦嘴与青白眼》，云南大学出版社2007年版，第81页）

总体来看，"盐酱口""朱雀口""乌鸦嘴"都可表示说话应验，区别在于"盐酱口"是中性词，"朱雀口"是褒义词，"乌鸦嘴"是贬义词。

那么，这些词为什么会有这样的含义？

朱雀是传说中主宰南方的神鸟，是传统文化中的"四灵"之一，受人崇拜，所以出自"朱雀口"的话那就是金口玉言，不但可靠，而且权威。乌鸦常在墓地活动，抢食祭品，因跟死亡相关而被视为凶鸟，所以出自"乌鸦嘴"的话无论可靠与否都不是好话。这种喻义也跟鸟名的字面不无关系，正如"喜鹊嘴"的喻义来自"喜"字一样。"朱"是红色，是正义的象征，"雀"与确定之"确"谐音，故"朱雀口"之言可靠而权威。"乌"是黑色，是邪恶的象征，故"乌鸦嘴"之言均非好言。

"盐酱口"的理据有多种解释。

沙砆："很可能是'说盐有盐，说酱有酱'的省略语。盐与酱，现今看来不是什么事，在古代却是了不得。食盐一直由国家专营，盐政是一国大事。因此珍而重之将两者并提，也就有了历史背景。五行山下收猴头一节，猎户伯钦为了招待唐僧，'铺排下一些没盐没酱的老虎肉'，证明当时 1. 盐酱并称，2. 两者在百姓生活中均为奢侈品。如此一来，'说盐有盐，说酱有酱'，自然是灵验无比了，而非不吉利。"① 这纯属臆想，不足取信。

王毅："盐酱之口，喻指人的嘴巴里说出来的话像盐酱一样黑而发酸，即好话不灵坏话灵。淮安方言里面有'女人的嘴巴盐酱口'之说，旧时一般用来歧视妇女。后来泛指一切言辞不吉利却得到应验。"② "盐酱口"在后世一些方言中多指能应验的不吉利的话，但从最早的明代用例来看，它是中性词，因此，将其理据解释为用黑而发酸的盐酱作比喻缺乏合理性。

陈建文、王聚元："众人盐酱口，盐和酱味都咸。'咸'谐音'闲'。谑指人一多，难免闲话也多。"③ "众人盐酱口"的说法出自王西彦的作品（见上面例8），王西彦多次使用"盐酱口"一词，其他例句中都不能理解为"闲话"。按王西彦自己的解释，盐酱口"指说话有灵验"，乡下人的"盐酱口"相当于皇帝的"金口"的意思，所以"众人盐酱口"理解为众人说闲话并不符合作者之意。"众人盐酱口"的意思应该是：一件原本虚假的事，说的人多了人们就信以为真了。

白维国："盐酱口，说话有应验。盐，'验'的谐音。"④ 此说有一定的合理性。不过南京作家沙轶提供的下面这条资料更有启发性："在老家对于说话灵验，有另一种说法，叫做'嘴真 xian'。这个字，普遍都认为是'仙'，不过有无可能是'咸'字的讹传？倘若如此，则盐酱口的转化脉络便清晰可见了。"说话灵验义的 xian，本字既不是仙，更不可能是咸，而应该是譣。《说文》："譣，问也。"段玉裁注："按《言部》：'谶，验也。'《竹部》：'签，验也。'验在《马部》，为马名，然则云徵验者，于六书为假借，莫详其正字。今按：譣其正字也。譣训问，谓按问，与试验、应验义近。自验切鱼窆、譣切息廉，二音迥异，憨识其关窍矣。"《广雅·释诂》："占、谶、捡、证，譣也。"三国魏曹宪注："今人以马旁验字为证譣，失之矣。"这就是说，譣是应验之验

---

① 沙轶：《盐酱口》，http：//blog. sina. com. cn/s/blog_ 53f7db260100095o. html，2007。
② 王毅：《〈西游记〉词汇研究》，上海三联书店 2012 年版，第 200 页。
③ 陈建文、王聚元主编：《汉语戏谑语词典》，上海人民出版社 2001 年版，第 728 页。
④ 白维国主编：《白话小说语言词典》，商务印书馆 2011 年版，第 1948 页。

的本字。譣是个多音字,除了息廉切(普通话读 xiān)外,《广韵·琰韵》还有虚检切(与险同音),晓母,普通话读 xiǎn。譣在音义两方面都与沙叽家乡话(南京话)中灵验义的 xian 相吻合。由此我们就不难探明"盐酱口"一词的由来。其产生机制是:验证义的"譣"原有虚检切的读音,该音在一些方言中一直传承着,明代的时候与"咸"同音,为了生动化,便用具象的"盐酱"加以替换,于是就有了"盐酱口"一词。

(原载《文化学刊》2016 年第 12 期)

"窣没坤·僕鉴·独力"非音译词辨正

窣 没 坤

北宋范镇《东斋记事》卷5:"戎泸戎人谓扫地为窣没坤。坤,地也。窣没,扫也。"王锳云:"此疑为藏语音译,作者所释未必准确。"[①] 窣字文渊阁《四库全书》本及清钱熙祚编《守山阁丛书》本均同。窣代表两个字。一为窣字异体。《集韵·海韵》:"窣,古作窣。"《类篇·宀部》:"窣,古作窣。"一为窣字省体。五代可洪《新集藏经音义随函录》第十六册《根本毗奈耶杂事》卷4:"窣堵,上苏骨反。"苏骨反即窣字。大徐本《说文》:"窣,从穴中卒出。从穴卒声。苏骨切。""窣没"之窣究竟是窣字还是窣字?

按《礼记·曲礼上》:"国中以策彗恤勿,驱尘不出轨。"郑玄注:"入国不驰。彗,竹帚。恤勿,搔摩也。"孔颖达疏:"入国不驰,故不用鞭策,但取竹帚带叶者为杖,形如扫帚,故云策彗。云恤勿者,以策微近马体,不欲令疾也,但仆搔摩之时,其形状恤勿然。"清孙希旦《礼记集解》卷4:"注疏读恤勿为窣没,为句。"这是说都城中驾马车时,用扫帚当马鞭轻拂马身,使之缓慢行走,以尘土不飞扬于车辙之外为度。《集韵·没韵》:"恤,恤勿,摩也。或作捽。"音苏骨切。又:"勿,恤勿,搔摩也。"南宋毛晃、毛居正《增修互注礼部韵略》卷5《没韵》:"勿,扫尘。《礼记》:恤勿驱尘。恤音窣。""恤勿"义为搔摩、拂扫,而音同"窣没",则扫地义的"窣没"就是"窣没",而非"窣没"。

"恤勿"后世也有用例。宋晁补之《鸡肋集》卷8《秋竹》:"秋风多烦冤,竹是岁寒物。朝寒阶玲珑,暮寒阶郫勿。"此谓秋风将台阶吹扫得干干净净。元欧阳玄《圭斋文集》卷5《保靓祠堂记》:"他日营父葬于白石冈,掘地三

---

① 王锳:《唐宋笔记语词汇释》(修订本),中华书局2001年版,第267页。

尺，得碑，郐勿（原注：音窣没）读之，又永州通判董德中所为《保靓先生祠记》也。"此谓拂去碑上泥土而读之。

"窣"也用于拂扫义，《汉语大词典》及《汉语大字典》"窣"下均列有"拂"义。例如：

（1）请君鞴出看君骑，尾长窣（或作窣）地如红丝。（唐·岑参：《卫节度赤骠马歌》）

（2）洛阳芳树映天津，灞岸垂杨窣地新。（唐·李隆基：《初入秦川路逢寒食》）

（3）垂露竹粘蝉落壳，窣云松载鹤栖巢。（唐·杜荀鹤：《赠元上人》）

（4）嫩刺牵衣细，新条窣草垂。（南唐·李从善：《蔷薇诗呈东海侍郎徐铉》）

（5）移步避人花影里，绣裙低窣地。（宋·赵文鼎：《谒金门·春情》）

由此看来，"窣没"即"恤勿"，是汉语先秦就有的一个词，戎人语中的"窣没"与汉语同源。今四川理县桃坪羌语称扫地为 sya³³ma³³，四川甘孜藏族自治州的扎巴语称扫帚为 ṣa⁵⁵ma⁵⁵，当即戎人语"窣没"的遗存。西藏察隅县的格曼僜语称扫地为 mai⁵⁵kɯut⁵³，联系察隅县的达让僜语中称土为 khɯ³¹lai³⁵ 来看，mai⁵⁵ 义当为扫，kɯut⁵³ 则指土①，后者与"坤"读音相近，可知"窣没坤"之坤乃是记录者的谐译，实际上不是指地面，而是指尘土。

恤、勿、窣、没四字本身都与拂扫义无关，应该都是记音字。恤当为彗之借字。恤上古为心母质部，彗《广韵·祭韵》音祥岁切，上古为邪母质部，《集韵·至韵》音虽遂切，则亦读心母，可知恤彗二字古音相同。彗本义为扫帚，用作动词则为拂扫。王念孙《读书杂志余编下·文选·篲扶桑》："（枚乘《七发》）'凌赤岸，篲扶桑。'李善曰：'《说文》曰：篲，埽竹也。'念孙案：训篲为埽竹，则与扶桑二字义不相属，且与上句凌字不对矣。今案：篲者埽

---

① 参见《藏缅语语音和词汇》编写组：《藏缅语语音和词汇》，中国社会科学出版社1991年版，第401、810、1028页。

也，言涛势之大，凌赤岸而埽扶桑也。篲字本作彗。《后汉书·光武纪》注曰：‘彗，埽也。’《圣主得贤臣颂》曰：‘忽若篲泛画涂。’篲泛犹言埽秽也。（如淳曰：‘若以篲扫于泛洒之处。’非是，辩见《汉书》）《东都赋》曰：‘戈鋋彗云，羽旄埽霓。’义亦同也。”东汉班固《东都赋》：“元戎竟野，戈鋋彗云，羽旄扫霓，旌旗拂天。”《文选》吕延济注：“彗，扫也。……扫霓拂天，言高也。”勿当为拂之音转。勿、拂都是物部字，声母也都是唇音，只有明滂之异，二者应为音转关系，正如否定词弗、勿为音转分化一样。勿在厦门话中读 but，长沙话中读 fu，苏州话中读 fɤʔ[①]，正是弗音转的结果。《说文》：“菲，芴也。”二者为音转同源词。《仪礼·既夕礼》：“商祝拂柩，用功布。”郑玄注：“拂，去尘也。”“恤勿”即“彗拂”。东汉郑玄《易纬是类谋》（清武英殿聚珍版丛书本）：“昼视无日，虹蜺煌煌。夜视无月，彗第将将。”又：“纬缩合宿，毁日月珥，浮气悠出，篲第蚩尤。”此“彗（篲）第”指彗星。明余纫兰《燕林藏稿》卷9《磨下黄城分宗序》：“若夫为江为海，肆轧盘拎赤岸，俄篲拂乎扶桑。”此“篲拂”为拂扫义。亦可“拂彗”连文。《庄子·达生》：“田开之曰：‘开之操拔篲以侍门庭，亦何闻于夫子！’”宋褚伯秀《南华真经义海纂微》卷58：“无隐范先生云：‘拔读同拂，拂篲皆服役者所执。’”明汤显祖《嗤彪赋》：“爪含铦而卷曲，尾拂篲而緪伸。”均可为“恤勿”连文之证。

有些人不认同郑玄对《礼记》“恤勿”的解释，他们将句子读为：“国中以策彗恤，勿驱，尘不出轨。”今既考明“恤勿”与“窣没”同源，则知郑注未可轻废。

汉语中的“坤”与“乾”相对，一般指抽象的大地整体，不指具体的土地或地面，扫地从无“扫坤”的说法，所以“窣没坤”之“坤”应该是戎人语中的词。不过，从戎人语的 kɯut 与汉语的坤音义相关的现象来看，坤表示大地恐怕也有词义上的依据，未必来自八卦中的象征。

关于否定副词“别”的来源，学者们有“不要”合音、“不必”合音、“弗”之音转等解释，“不要”说读音有隔，后二说词义有隔，均难圆通。蒋冀骋认为是“勿”之音转[②]，此说的主要障碍在于要对明母变为帮母作出合理

① 参见北京大学中国语言文学系：《汉语方音字汇》（第2版），文字改革出版社1989年版，第130页。

② 蒋冀骋：《禁止副词“别”字来源再考》，载朱庆之等：《汉语历史语言学的传承与发展：张永言先生从教六十五周年纪念文集》，复旦大学出版社2016年版。

的解释，"勿"借作"拂"的实例可为蒋说之佐证。

僰鉴·独力

《后汉书·南蛮西南夷列传·南蛮》载高辛帝有犬名叫盘瓠，因获得犬戎将军首级，高辛帝以女妻之。"盘瓠得女，负而走入南山，止石室中。所处险绝，人迹不至。于是女解去衣裳，为僰鉴之结，着独力之衣。帝悲思之，遣使寻求，辄遇风雨震晦，使者不得进。"李贤注："僰鉴、独力皆未详，流俗本或有改鉴字为竖者，妄穿凿也。结音髻。"很多学者认定"僰鉴""独力"是民族语言的音译词，他们认为汉代以前盘瓠区域的居民是今壮侗系民族的先民，因而纷纷在壮侗语族中寻觅词源及其含义，而找到的对应词则五花八门。

最早从民族语言的角度对"僰鉴""独力"二词作出解释的大约是人类学家刘咸。他认为"僰鉴"与泰语中的 puk kien 同源，义为"束发为结，编发为髻"；"独力"与泰语中的 tuk lik 同源，义为"一种羊毛布"①。这一解释不无疑窦。我们查了中央民族学院少数民族语言研究所第五研究室编的《壮侗语族语言词汇集》（中央民族学院出版社 1985 年版）和邢公畹的《汉台语比较手册》（商务印书馆 1999 年版），两书都收有"编（辫子）"和"发髻"两个词条，在提供的泰语词中都没有 puk kien 以及与之音近的词，不知刘咸的泰语词出自何处。从文意上来看，华夏族的女子本来就有束发为髻的习俗，而且"束发为髻"不过是一种普通的动作行为，完全可以用汉语正常表达，为什么要用音译词呢？《后汉书》中说盘瓠族"织绩木皮，染以草实，好五色衣服，制裁皆有尾形"，说明他们穿的不是羊毛布，而是树皮织的衣服，将"独力"释为羊毛布，与语境不相吻合。

后来潘世雄又提出："'僰鉴'应系壮语'布厰'的谐音，可作'岩人'或'山洞里的人'解。'为僰鉴之结'，可译为'梳成像岩人那样的髻子'。'独力'则应是壮语'都仍'的转音，指的是'小孩子'。'着独力之衣'，直译是'穿着小孩子的衣服'，应译为'穿着短小的上衣'。"② 此说一出，应和

① 刘咸：On the Dog-ancestor Myth in Asia，《华西协合大学中国文化研究所集刊》第 1 卷第 3 号，1941 年版。

② 潘世雄：《对岩葬几个问题的探讨》，中国民族学研究会《民族学研究》第 4 辑，民族出版社 1982 年版，第 144—145 页。

者不少。倪大白说："什么叫'僕鉴''独力'，前人对此没有作过解释，唐章怀太子李贤干脆说'僕鉴、独力，皆未详'。近来有人用壮语作解，似得其真。"① 覃圣敏因袭潘世雄的观点而略有发挥，认为"僕"即壮语中的人称冠词 bu，"鉴"即壮语山洞义的 gam，"僕鉴"是"居于岩洞中之人"的意思；"独"即壮语人称冠词 du，"力"即壮语小义之 lek，"独力"是"小儿"的意思。②

其实此说也问题不少。音译通常是在本族语言中没有合适的词语去记述的情况下才会采取的手段。"居于岩洞中之人"和"小儿"都是普通事物，根本用不着音译词。而且用这样的训释去理解文意也扞格难通。成年人穿的衣服为什么要说成小儿之衣？潘世雄解释说："民族学资料告诉我们：穿着裯裙的妇女，上衣都是短小的。广西壮族妇女原先也是穿着裯裙的，上身着短小上衣，至今，一些边远山区的妇女仍有穿着这种服装的情况。云南边疆傣族妇女穿着这种服装更多。古人不了解这方面情况，将短小上衣记作'独力（小孩子）之衣'，那是错误的。"论者也明白将成人穿的衣服说成小儿衣是错误的，但把错误推给了"古人"，可惜没说清这"古人"究竟是《后汉书》的作者范晔，还是汉代的壮侗系民族的先民。若是前者，单单音译"小孩"这样一个普通含义的词令人莫明其妙。若是后者，壮侗系先民用自己的语言记述自己的服饰习俗怎么会用错词语？可见这"错误"是今人按图索骥造成的。

林河认为："（'僕鉴'）是'濮粳'的另一种译名。由于'粳民'是从'濮人'（伏羲氏族）发展而来，故在'粳'字上冠一'濮'字，表示他们与'濮人'有渊源关系。这一习俗在西南少数民族中相当普遍，如侗族自称'濮粳'、壮族自称'濮壮'、布依族实为'濮侬'，还有'巴濮''荆濮''濮咪'（普米）等。只是汉人不知，才无法解释而已。'僕鉴之结'即僕鉴民族的传统发型——'椎髻'。""在'蛮语'之中，'独'是'首领'之意，'力'即'黎'，因此，'独力'即'黎王'，高辛公主下嫁给黎王，当然要改穿黎王族的衣服。但从盘瓠又是'黎王'这一称谓中，却证明了盘瓠还是'黎族'。黎族是'濮粳'的另一称谓。"③ 此说没有历史语言学的证据，属于随意牵附。"鉴" *keam 与"粳" *keaŋ 古音有别，"力" *liək 与"黎" *liei 古

① 倪大白：《侗台语概论》，民族出版社 2010 年版，第 11 页。
② 覃圣敏：《"僕鉴"、"独力"解》，《文史》第 23 辑，中华书局 1984 年版。
③ 林河：《中国巫傩史》，花城出版社 2001 年版，第 435—436 页。

音区别更大，怎么可能是同一词的音译？

覃晓航提出壮语中称发结为 po:k^7，称覆盖为 kam^5，合起来就是"布盖项髻"的意思，读音与"僕鉴"的古音相近；水语中称衣服为 duk^7，称更换为 lik^7，合起来就是"备换的衣服"，读音与"独力"的古音相近。覃文中说："现代学者在研究盘瓠时引用这段传说的人不计其数，但也没有一个人去破解它们的语源。"① 说明论者对前人的成果缺乏应有的了解，而论者的解释也难惬人意。

首先，如果"僕鉴""独力"是音译词，它们应该指当时少数民族特有的发髻和衣着，原词应该是一个独立的名词，不应是一个描述性的短语，而"布盖项髻"和"备换的衣服"都只是普通的描述性短语，汉语完全可以正常表达，记述者为什么非要音译异语词语呢？

其次，按之《后汉书》原文，"穿上备换的衣服"是一句"无所谓"的话，不知作者说这话想要表达什么意思。

最后，原文描述的是同一民族的习俗，而覃文找出的词源一个在壮语里，一个在水语里，也难称圆通。

王云路指出："此二词当为单纯音译词，至今未有确解。"②

我们一向主张一个词只有在本族语言中得不到合理的解释时，才可以考虑是不是外来词；在本族语言中能得到合理解释的情况下，一般不能再去寻求所谓的异语词源；这是我们考释词语的一个基本原则。"僕鉴""独力"是不是在汉语中无法解释呢？不是的。

要理解这两个词，首先得准确把握语境。原文中"为僕鉴之结，着独力之衣"是跟"解去衣裳"相对而言的，"衣裳"指上衣下裳（裙），这个词在古汉语中有特定的含义。在跟夷狄相对的时候，"衣裳"是华夏族高级文明的象征。西汉扬雄《法言·孝至》："朱厓之绝，捐之之力也，否则介鳞易我衣裳。"《后汉书·杨终传》："故孝元弃珠崖之郡，光武绝西域之国，不以介鳞易我衣裳。"李贤注："衣裳，谓中国也。"在跟平民相对的时候，"衣裳"是达官贵人的象征。《论语·子罕》："子见齐衰者、冕衣裳者与瞽者，见之，虽少必作；过之，必趋。"朱熹集注："冕而衣裳，贵者之盛服也。"《后汉书·崔骃

① 覃晓航：《"僕鉴""独力"语源考》，《古汉语研究》2009 年第 4 期。
② 王云路：《中古汉语词汇史》，商务印书馆 2010 年版，第 855 页。

传》:"方斯之际,处士山积,学者川流,衣裳被宇,冠盖云浮。"关于盘瓠传说的记载,比《后汉书》更早的是《搜神记》(见卷 14),其中"僕鉴"作"僕竖",竖同竪。鉴字在俗字中很早就写作鉴,如《晋右军将军郑烈碑》(南宋洪适《隶续》卷 4)中即作鉴,还有写作鋻的(唐皇甫璧墓志)。"鋻""鉴"与"竪"形近,所以"鉴"应为"竪"之形误。日本昌住《新撰字镜·考异·鬼部》(撰成于 898—901 年)"塊下":"竪一本作鉴。"亦可为佐证。

"僕竖"是古汉语中常见的一个词,指仆人、下人。《左传·昭公七年》"仆臣台"孔颖达疏引东汉服虔云:"僕,僕竖,主藏者也。"晋葛洪《抱朴子·自叙》:"虽僕竖有其所短所羞之事,不以戏之也。"唐太宗《帝范》卷 3《诫盈》:"裋褐,僕竖之衣也。"古代下人的衣着发式跟达官贵人是不同的。《史记·货殖列传》:"程郑,山东迁虏也,亦冶铸贾,椎髻之民,富埒卓氏。"程郑为"迁虏",其发式为椎髻。《后汉书·逸民传·梁鸿》载:孟光刚嫁到梁鸿家的时候,一派贵夫人的打扮,梁鸿很不满意。"鸿曰:'吾欲裘褐之人,可与俱隐深山者尔。今乃衣绮缟,傅粉墨,岂鸿所愿哉?'妻曰:'以观夫子之志耳。妾自有隐居之服。'乃更为椎髻,着布衣,操作而前。鸿大喜曰:'此真梁鸿妻也。能奉我矣!'"椎髻布衣是平民下人的打扮。汉时南蛮及西南夷地区流行椎髻。《史记·郦生陆贾列传》:"高祖使陆贾赐尉他印为南越王。陆生至,尉他魋结箕倨见陆生。"司马贞索隐:"谓为髻一撮似椎而结之,故字从结。"盘瓠妻原是帝王之女,肯定是不梳椎髻的,当她来到南蛮荒无人烟的深山老林之后,跟孟光一样,脱去华贵的衣裳,打扮成平民模样,跟盘瓠一起筚路蓝缕,以启山林,自食其力。"僕竖之结"就是下人的发髻,很可能就是椎髻。

唐道世《法苑珠林》(《高丽藏》本)卷 6《好丑部》引《搜神记》作"僕竖之纷","纷"为"紒"之形误,手写体中"分""介"常常混同。"紒"即"结"之异体。《集韵·霁韵》:"紒,束发也。或作髻。"《仪礼·士冠礼》:"将冠者,采衣,紒。"郑玄注:"紒,结发,古文紒为结。"《四部丛刊》明万历本《法苑珠林》"纷"作"扮",盖因"纷"不可通,故后人臆改为"扮"。

既然"僕鉴(竖)"是正常的汉语词,与之相对的"独力"为音译词的可能性就微乎其微了。

古代一些学者认为"独力之衣"指筒裙。宋朱辅《溪蛮丛笑》中说:"犵犹裙，裙幅两头缝断，自足而入，阑斑厚重，下一段纯以红，范史所谓独力衣恐是也。盖裸袒，以裙代袴，虽盛服不去，去则犯鬼。"清沈钦韩《后汉书疏证》云："独力盖独幅无襟也。《黔书》：'犵狫男女皆以幅布围腰间，傍无襞襀，谓之桶裙。'按此即贯头衣也。"这是根据古代仡佬族的衣着习俗作的猜测，似乎有一定的合理性。《后汉书·南蛮西南夷列传》"制裁皆有尾形"李贤注引东晋干宝《晋纪》曰："武陵、长沙、庐江郡夷，盘瓠之后也，杂处五溪之内。盘瓠凭山阻险，每每常为害。糅杂鱼肉，叩槽而号，以祭盘瓠。俗称'赤髀横裙'，即其子孙。""赤髀"的说法跟朱辅"裸袒，以裙代袴"的记述一致，"横裙"的说法也可以跟"裙幅两头缝断"的记述相印证。"横裙"可能就是指筒裙。华夏族的下裳由前后两幅布组成，穿着时系连于腰部两侧，跟"自足而入"的筒裙是不同的。将"独力之衣"理解为筒裙，可与上文的"解去衣裳"相对照，倒是比较切合语境。问题是"独力"没有独幅或筒裙之义，这种脱离文本的猜测是缺乏说服力的。

江蓝生解释说："'为僕竖之结，着独力之衣'，言其发式穿着一依奴仆之装。'独力'即'僕竖'之称。"[①] 此说固然文意通畅，但将"独力"释为奴仆，未见任何依据，叫人无从相信。

"独力"连文典籍中并不罕见。例如：

（1）日界游空，浮行九宫。乘刚独力，周驾神风。（东晋·佚名：《灵宝无量度人上品妙经》卷14）

（2）初遭贼寇，百姓莫事农桑，恭常独力田耕。（宋·范晔：《后汉书·淳于恭传》）

（3）根本无明熏本觉时生三种相，故名生相。云何为三？一者独力业相，二者独力随相，三者俱合动相。（后秦·筏提摩多译：《释摩诃衍论》卷3）

（4）人君运营方寸之小，包括九区之大，若不设官分职，以独力何得成其功业？（唐太宗：《帝范》卷2）

（5）王有天下，不能独力，朝廷兵来迎王也。（唐·马总：《通纪》卷13）

---

① 江蓝生：《魏晋南北朝小说词语汇释》，语文出版社1988年版，第181页。

（6）一昆冈玉柱，独力扶天。（唐·乐朋龟：《西川青羊宫碑铭》）

（7）闻之，大为不可，独力抗之，遂诣阙请对。（宋·李昉等：《太平广记》卷260《嗤鄙三》引五代王仁裕《玉堂闲话》）

（8）道士郗法遵居庐山简寂观，道行精确，独力检校，以历数年。（五代·杜光庭：《录异记》卷2）

（9）吾不能独力拒贼，貌奉而心图之，故召公。（《旧唐书·宦官列传·杨复光》）

从文意不难看出，"独力"有独自之力、独自努力等义，用来理解"着独力之衣"难以通畅。

《高丽藏》本《法苑珠林》引《搜神记》作："于是女解去上衣，为僕竖之纷，著独拘之叉，随盘瓠升山入谷，止于石室之中。""著独拘之叉"的记载可能接近原貌。叉为钗的初文。《说文新附》："钗，笄属。从金叉声。"徐铉云："本只作叉。此字后人所加。"《说文》："鰕，鱼也。状似鰕，无足，长寸，大如叉股。"段玉裁注："叉今钗字。"《艺文类聚》卷70《服饰部下·钗》引《释名》曰："叉，枝也，因形名之也。"《释名》用声训，"叉""枝"声韵皆异，故"枝"为"权"之讹误。可见汉代尚无钗字。上言"为僕竖之结（髻）"，下言着钗，文意连贯，则"独拘之叉"应为一种钗。其含义可有两种训解。

第一，古籍中扌旁与木旁常常混同，拘可视为枸之俗体。《庄子·达生》："吾处身也，若厥株拘。"《集韵·虞韵》"枸"下引《庄子》作"若橛株枸"。枸有曲枝义。《集韵·侯韵》："橛枸，木曲枝曰橛。或省。"日本空海《篆隶万象名义》卷14《禾部》："秖，居庚反。曲支也。"宋本《玉篇·禾部》："秖，居庾切。木曲支也。"木曲支（枝）之秖即橛枸之异体，橛枸从句得声，《集韵》音居侯切，则无论是居庚反还是居庾切，均与居侯切不符。盖《玉篇》原本作居廋反，《名义》讹作庚。宋本《玉篇》居庾切当是与棋混同的结果。《广韵·麌韵》："棋，枳棋。"音俱雨切。宋玉《风赋》："枳句来巢，空穴来风。""空穴"为泛指，"枳句"亦应为泛指，不宜理解为枳树之弯曲处，并非只有枳树弯曲处有鸟筑巢，而是凡树皆然。"枳句"即"枝枸"。《广雅·释木》："枳，枝也。"句通枸。《诗经·小雅·南山有台》"南山有台"孔颖达疏引《风赋》作"枳枸来巢"。"枝枸"指树木曲枝。枸为曲枝，贫贱之女用作发钗，即所谓"荆钗""木钗"。《太平御览》卷718《服用部二十·钗》引《列女传》曰："梁鸿妻孟光荆钗布裙。"明洪朝《读礼稿·明孺人严氏墓志铭》："居常布裙木钗，如寒素妇，自外来见者，不知其为富贵家也。""独拘之叉"即独枸之钗，言枸无分叉，不求其美观也。

第二，"独"（獨）为"櫾"之形误。《说文》："櫾，斫也，齐谓之镃錤。一曰斤柄性自曲者。从木属声。""斤柄性自曲者"谓天生曲折之斧柄。斫器称櫾，源于其柄为"性自曲"之櫾。櫾本义应为曲折之枝。《玉篇·木部》："櫾，知录切。枝上曲。一曰斤柄也。又斫也。或作欘。"《山海经·海内经》："有盐长之国……有木，青叶紫茎，玄华黄实，名曰建木，百仞无枝，（上）有九櫾，下有九枸。"櫾、枸对文。郭璞注："櫾，枝回曲也。"故"独拘"（櫾枸）为同义连文。"櫾枸"连文，犹"斫欘"连文。《尔雅·释器》："斫欘谓之定。"段玉裁《说文解字注》"櫾"下云："夫《尔雅》斫欘本一物，安得二之？且《考工记》注引《尔雅》作句櫾，又《尔雅音义》云：'斫本或作拘。'是则句拘皆训曲，不为别一器名也。句櫾者，李巡云鉏也，郭璞云鉏属，盖似鉏而健于鉏，似斤而不以斫木，专以斫田，其首如鉏，然句于矩，故谓句櫾也。""斫欘"因用枸櫾做柄而得名。如此，则"独拘之叉"即櫾枸之钗。

两种训解，第一种按本字理解，合乎训诂的本原性原则；第二种改字为训，于法为下，然于义似乎略胜，何去何从，交由读者钧裁。无论如何，"著独拘之叉"解为髻上穿插曲枝之钗于文有据，当切合作者本意。

《法苑珠林》"独拘"之拘，南宋《思溪藏》本及日本宫内省图书寮本（旧宋本）均作抝。抝异体作抅。《可洪音义》第二十九册《广弘明集》第二帙《佛德篇第三》："抅举，上乌巧反。"《龙龛手镜·入声卷第四·木部第一》（文渊阁《四库全书》本）："秘，蒲结反。抅也，戾也。……抅音厄绞反。"拘异体作抅，抅、抝形近，故拘讹作抅，抅又被改换为抝，此"独拘"之拘作抝之由。

其作"独力"者，力当为抝之漫漶残余。清毕沅《山左金石志》卷7《敦煌长史武斑碑》："碑文残泐最甚。案释辨之，仅得三百余字。黄君曾校正洪氏数处，重摹付梓。案洪氏'贪其高贤'下缺二字，今碑作'力少'，疑力是幼字，谓贪慕其高贤、尚幼少也。"幼残讹为力，与抝残讹为力类同。既讹误为"独力之叉"，意不可解，传抄者遂改叉为形近之衣。

如此解读，不仅文意和谐，还能很好地解释各种异文的由来。

李贤武断地把异文"竖"斥为"妄穿凿",而把讹误的"鉴"定为正字,致使千余年来"僕鉴""独力"二词不得正解。现代学者竞相用民族语言来解谜,各持己见,是非难明。本文的考辨表明,"僕鉴""独力"在汉语中可以得到合理的解释,是地道的汉语词汇。

(原载《历史语言学研究》第 11 辑,商务印书馆 2017 年版)

古汉语词语杂考

劳之来之

《孟子·滕文公上》："放勋曰：劳之来之，匡之直之，辅之翼之，使自得之，又从而振德之。""劳之来之"杨伯峻《孟子译注》（中华书局 1990 年版）译为"督促他们"，郭锡良等编《古代汉语》（天津教育出版社 1991 年版）释为"使民劳，使民来"，皆未得。"匡""直"同义，"辅""翼"同义，知"劳""来"亦当同义。《尔雅·释诂》："劳、来，勤也。"《诗经·小雅·大东》："东人之子，职劳不来。"毛传："来，勤也。"马瑞辰《毛诗传笺通释》："古以勤劳为勤，慰其勤劳亦曰勤，故《传》训来为勤。""职劳不来"是说所事劳苦而不见慰劳。《魏风·硕鼠》"莫我肯劳"郑笺："不肯劳来我。"以"劳来"释"劳"，知"劳来"同义连文，为汉时通语。《诗序》："万民离散，不安其居，宣王能劳来还定安集之。""劳来"谓安抚。亦作"劳俫"。《汉书·平当传》："举奏刺史二千石，劳俫有意者。"后世"赉"字即"劳来"之来的分别文。

又《论语·子路》："子路问政。子曰：'先之劳之。'"言身先百姓，抚慰百姓。杨伯峻《论语译注》（中华书局 1980 年版）："自己给百姓带头，然后让他们勤劳地工作。"钱穆《论语新解》（巴蜀书社 1985 年版）："以身先之，以劳使民。"皆未明"劳之"之义。

坳　堂

《庄子·逍遥游》："覆杯水于坳堂之上，则芥为之舟；置杯焉则胶，水浅而舟大也。"成玄英疏："（坳堂）谓堂庭坳陷之地也。"后世注本皆本成说。今谓堂上凹陷处当言堂坳，犹堂之深处曰堂奥，堂之两侧曰堂廉，怎能说成"坳堂"？再说"覆杯水"何处不可覆？何以偏偏拈出厅堂来说？须知厅堂是接人待客的地方，是家的门面，地面一般是平整的，不会有什么凹坑，覆杯水于堂上凹陷处的比喻也不合事理。堂当读为唐或塘。《淮南子·修务》："唐牙莫之鼓也。"高诱注："唐，犹堂。"《后汉书·延笃传》李贤注："唐与堂同。""堂皇"一作"唐皇"，"堂花"一作"唐花"，皆"堂""唐"可通之证。唐即池塘之塘的本字。刘向《九叹·远游》："委两馆于咸唐。"王逸注："咸唐，咸池也。"《晏子·问下》："治唐园。"谓修整池塘园圃。"坳堂"即"坳唐"，亦即"坳塘"，二者同义连文。《文苑英华》（中华书局 1966 年影印宋刊残本补配明刊本）卷 700 唐卢照邻《南阳公集序》："乘槎上汉，谁问坳塘之浅深。"编者注："《庄子》作唐。"可知北宋人所见《庄子》有作"坳唐"者，可为明证。《文苑英华》卷 35 唐许敬宗《小池赋应诏》："彼瑶池之高燕，固幽远而空传。此坳堂之信远，遂腾誉而闻天。"又卷 37 唐杨炯《浮沤赋》："在霖霪之可玩，唯浮沤而已矣。况曲涧兮增波，复坳堂兮涨水。"这两例中的"坳堂"都指池塘。也有直接写成"坳塘"的例句。《文苑英华》卷 35 唐浩虚舟《盆地赋》："方行潦而不浊，比坳塘而则深。"唐释道宣《广弘明集》卷 19 载梁都讲法彪《发般若经题论义》："止诵初章，更无异识，义乖传灯，心非受水，岂能宣金口于慧殿，散甘露于香城，润良田之种子，发菩提之萌芽？譬坳塘之水，随百川而入巨海；犹蟭螟之目，因千日而窥大明，岂知其涯岸之所止泊，宁见照烛之所近远！"又卷 13《九箴篇》："沙门旌德而靡违，道士言行而多过。立不利之遐迹，逮不朽之玄猷，洋洋乎弗可尚也，其唯释教欤！岂以坳塘小水，疋（匹）冯夷大波者哉？"因"坳""堂"义同，故可颠倒词序而意义不变。南朝梁庾信《小园赋》："山为簣覆，地有堂坳。"亦作"塘坳"。杜甫《茅屋为秋风所破歌》："下者飘转沉塘坳。"所以，《庄子》之"坳堂"指池塘，与堂室无涉。池塘可以行舟，故庄子拈来作喻。

鸣+名词

古汉语中能发声响之物可称为"鸣"。《诗经·小雅·小宛》："宛彼鸣鸠，翰飞戾天。"又《小弁》："菀彼柳斯，鸣蜩嘒嘒。"《邶风·匏有苦叶》："雍雍鸣雁，旭日始旦。"《豳风·七月》："春日载阳，有鸣仓庚。""七月鸣鵙""五月鸣蜩"。《尚书·君奭》："我则鸣鸟不闻。"《吕氏春秋·季春纪》："鸣鸠拂其羽，戴任降于桑。"谢灵运《登池上楼》："池塘生春草，园柳变鸣禽。"《抱朴子内篇·登涉》："状如鸣蜩。"以上称虫鸟。乐器也可这样称呼。《尚书·皋陶谟》："戛击鸣球。"《楚辞·国殇》："援玉枹兮击鸣鼓。"《史记·货殖列传》："女子则鼓鸣琴。"这种称呼法在卜辞中就已存在。如《合》36："有鸣鸟。"《甲》2400+2415："有鸣雉。"《海外》1.1："之日夕，有鸣雉。"对这种称呼法有些人不能正确理解。《大戴礼记·夏小正》"鸣弋，弋也者，禽也，先言鸣而后言弋者何也？鸣而后知其弋也。"这是臆说。《诗经》"五月鸣蜩"有些人认为是"五月蜩鸣"之倒，以求谐韵，说亦未确。《论语·先进》："非吾徒也，小子鸣鼓而攻之可也。"人多释"鸣鼓"为"使鼓鸣"，以"鸣"为动词，从"击鸣鼓""鼓鸣琴"等例来看，将"鸣鼓"理解为偏正关系的名词整体用作动词，义为击鸣鼓，犹如"衣冠而见之"（《战国策·齐策》）的"衣冠"，似也合乎当时的语言习惯。

伣之蚕室

《报任少卿书》："李陵既生降，隤其家声，而仆又伣之蚕室，重为天下观笑。""伣"为何义，乃一历史公案。《汉书·司马迁传》"伣"作"茸"，颜师古注引苏林说："茸，次也，若人相俾次。"这一解释在原文中讲不通，所以颜师古又释为"推"，理解为"推致蚕室之中也"。段玉裁在《说文》"伣"下注云："小颜乃欲读为撍，云推致蚕室中，殊非文义。"他释为："伣之蚕室，犹云副贰之以蚕室也。"这话也不清楚是什么意思。王先谦《汉书补注》："迁言陵降后族诛，隤其家声，己又以救陵下蚕室，罪居其次也。"这种理解未免迁曲。修订本《辞源》《辞海》认为"伣"是"随后"的意思，还有人认为是"编次、排列"之义。从汉代以来人们不断破旧立新，但至今不能令人满意。马王堆出土了一批古书之后，我们才知道汉代人将耻字也写作伣。如《君正》："赋敛有度则民富，民富则有伣，有伣则号令成。"又《称》："诸侯不报仇，不脩（涤）伣。"耻作动词用就是受耻。例如《周礼·地官·司救》："凡民之有衺恶者，三让而罚，三罚而士加明刑，耻诸嘉石，役诸司空。"郑玄注："嘉石，朝士所掌，在外朝之门左，使坐焉，以耻辱之。"《国语·越语上》："昔者夫差耻吾君于诸侯之国。""仆又伣之蚕室"是说我又受耻于蚕室。下文云"每念斯耻，汗未尝不发背沾衣也"，"斯耻"即指蚕室所受之耻，二句文意相贯。"之"作"于"解，古籍多有，训见《经传释词》《词诠》等书，此不赘述。

　　补记：关于"蚕室"，古来大都认为是专门为受宫刑者准备的防风密室。魏德胜《读书札记三则》(《中国文化研究》2006年夏之卷)中指出"蚕室"是古代皇后的养蚕处，因受宫刑者与宦官、宫女一起在蚕室养蚕，故用"下蚕室"表示受了宫刑。此说言之有据。东汉卫宏《汉官旧仪》卷下："春桑生而皇后亲桑于苑中，蚕室养蚕千薄以上。……置蚕官令、丞，诸天下官下法(犯罪受法)，皆诣蚕室与妇人从事。"既然"蚕室"之义是养蚕的房室，那么将"俾"理解为推致、编次、随后之类显然就讲不通了，"受耻于蚕室"则文从字顺。

(原载《古汉语研究》1993年第3期)

解释古籍须多方斟酌

——与李长庚先生商榷

《古汉语研究》1997 年第 2 期刊登李长庚《训诂与文化习俗四证》一文（下简称"李文"），该文结合古代文化习俗解释了四则古籍疑难词语，思路固然可嘉，但因操作时考虑不周，除"厌我哉"条可备一说外，其余三条都是值得商榷的。

"宋朝之美"条谓《论语·雍也》中"不有祝鮀之佞，而有宋朝之美"的"宋朝"为"宗庙"之讹，只是一种想当然的说法，并无版本依据。文中"祝鮀"和"宋朝"相对，二人皆见于《左传》，怎能轻言讹误？怀疑某字讹误或假借一般只能在讲不通的情况下才可考虑，若原字可通，不能再从这方面解释古籍，这是训诂学的基本原则。黄侃先生说得好，"凡读古书，如有所疑，须展转求通，不可遽断为误而轻加改易。"① 《雍也》中的那几句话杨伯峻《论语译注》（中华书局 1980 年版）中是这样翻译的："假使没有祝鮀的口才，而仅有宋朝的美丽，在今天的社会里怕不易避免祸害了。"这不是挺流畅的吗？何必言讹误？

"冬不失裤"条问题更多。该条出自《韩非子·外储说左下》，为了讨论的方便，不妨将原文引出："齐有狗盗之子与刖危子戏而相夸。盗子曰：'吾父之裘独有尾。'危子曰：'吾父独冬不失裤。'"李文认为"危"通"跪"，"在这里意义相当于腿。因此，刖危就是断腿之刑。刖危之人，寒暑无以侵其腿，独冬天着裤，于事理不合。且照'裘独有尾'之'独'的意思来看，'独'是特异于常人之处，不是说冬'独'于春、夏、秋季。"于是李文断定"失"为"衣"字之误，而将"冬不失裤"理解为："刖危之人无腿胫，所以不必因畏寒而衣裤。"首先我们得指出，李文将"危"解释成腿是没有根据的。刖刑

---

① 黄侃：《文字声韵训诂笔记》，上海古籍出版社 1983 年版，第 221 页。

是断足之刑，刖危只能理解为断足。"危"即"跪"的初文（请参杨树达《积微居小学述林·文字初义不属初形属后起字考》）。"跪"有足义。《荀子·劝学》"蟹六跪而二螯"杨倞注："跪，足也。"《正字通·足部》："足亦谓之跪。《韩非子》'刖跪'即刖足。"《韩非子·内储说下》："门者刖跪请曰：'足下无意赐之馀沥乎？'"王先慎集解："跪，与危通，足也。"既然"刖危"不是断腿，所谓"于事理不合"也就莫须有了。人们之所以对"吾父独冬不失裤"这句话产生疑问，主要是对古代"裤"的形制功用缺乏了解。先秦时期的"裤"指套裤，像套袖一样套在腿上，其功用主要是御寒保暖，所以一般只在冬天穿。[①] 裤在古代并不是人人可以享有的消费品。《韩非子·内储说上》中有这样一则故事：

> 韩昭侯使人藏弊裤。侍者曰："君亦不仁矣，弊裤不以赐左右而藏之。"昭侯曰："非子之所知也。吾闻明主之爱一颦一笑，颦有为颦，而笑有为笑。今夫裤，岂特颦笑哉！裤之与颦笑相去远矣，吾必待有功者，故收藏之，未有予也。"

一双穿烂了的裤竟还收藏起来准备赏赐有功之人，则裤在当时的价值可见一斑。直到三国时期，冬天能穿上裤仍不是一件容易的事。《后汉书·吴良传》李贤注引《东观记》："今良曹掾，尚无裤。"吴良身为曹掾，尚且无裤可穿，遑论百姓。《三国志·魏书·贾逵传》裴松之注引三国魏鱼豢《魏略》云："逵世为著姓，少孤家贫，冬常无裤。"像贾逵这样出身于"著姓"的名士冬常无裤，有裤之不易，可想而知。正因如此，刖危者这种刑余之人冬天有裤可穿就有些不同寻常了，故其子引以为荣而炫耀之。

由上面两条可见，动辄以讹误解释古籍是很不可靠的，标新者当引以为戒。

"扪其谷"条出自《列子·说符》。"扪"古来理解为挖掘，李文以为不通。一曰"掘其谷"显得义不相属。二曰亡斧是偶然遗忘，不可能被深埋入谷，掘其谷又怎能得斧？李文据唐殷敬顺《列子释文》扪"一本作相"的说法，认定众以为非的相字是正确的，并将"相其谷"释为察看地况考虑栽种。

---

① 参见杨琳：《汉语词汇与华夏文化》，语文出版社 1996 年版，第 169—177 页。

此说强作解人，实不可取。"扣其谷"就是开挖他的山谷，怎么就"显得义不相属"？既然"相其谷"可以理解为与得斧无关的行为，"扣其谷"又为什么一定要理解为旨在找斧以致想象斧"被深埋入谷"呢？理解为开垦山坡荒地就不行？事实上最早给《列子》作注的张湛仅说"扣音掘"，没说有什么异文，说明异文是后来才出现的形误。如所周知，《列子》是魏晋时期的人编撰的伪书，不少学者认为作伪者就是张湛本人，如果此说可信，更可说明原文就是作"扣"。从作伪的情况来考虑，伪造者为了表明此书是先秦真本，故意用一些假借字和僻字迷惑读者。如《黄帝篇》："使弟子并流而承之，数百步而出，被发行歌而游于棠行。"张湛注："棠当作塘，行当作下。""承"也是"拯"的借字。《杨朱篇》："暨春东作。"不用常见的"及"而用"暨"。《汤问篇》："帝感其诚，命夸娥氏二子负二山，一厝朔东，一厝雍南。"不用常见的"错"或"措"而用"厝"。即如《说符》本篇"人有亡铁者"之"铁"也是故意避用斧字。《列子释文》中说扣即"古掘字"，用扣而不用掘，也是故意避熟就生，以示古奥。从这一情况来看，伪造者原本用的应该是罕见的扣字，而不是常见的相字。从讹误发生的情理来考虑，不认识的字往往容易讹误为习见字，发生相反讹误的可能性则小得多。

　　总之，古来学者认为"扣"是而"相"非，是完全正确的，李文判断失当，释义也就只能是郢书燕说了。"扣其谷而得其铁"是说亡斧者去开垦山坡谷地的时候无意中发现了他的斧子，这没有什么不合事理的。

（原载《古汉语研究》1999 年第 3 期）

成语正义五则

人定胜天

《现代汉语词典》（商务印书馆 1978 年版）释为："人力能够战胜自然。"《辞源》（商务印书馆 1988 年版）："人力可以战胜自然。"《汉语成语词典》（上海教育出版社 1984 年版）："人定：指人的主观努力。"《中华成语大辞典》（吉林文史出版社 1986 年版）："人们利用智慧和力量一定能够战胜自然。"从这些解释中我们看不出诸家对"定"到底是怎么理解的，似乎理解为"力量""努力"，又好像理解为"可以""能够""一定"。我们认为无论哪一种理解都是不合原义的。"人定胜天"源于《诗经·小雅·正月》："民今方殆，视天梦梦。既克有定，靡人弗胜。"向熹《诗经词典》（四川人民出版社 1986 年版）："定，决定。"高亨《诗经今注》（上海古籍出版社 1980 年版）："此二句指上帝能有所决定，没有人他战不胜，即天定胜人之意。"《史记·伍子胥列传》："人众者胜天，天定亦能破人。"此用《诗》意。"天定"即天作了决定，打定了主意。到了宋金时代，人们反其道而用之。宋刘过《龙洲集》卷 1《襄阳歌》："人定兮胜天，半壁久无胡日月。"金刘祁《归潜志》卷 12："人定亦能胜天。"言人下定了决心也能战胜上帝。"人定"是主谓关系，不是偏正关系。因此，"定"理解为一定、能够是讲不通的。

时不我与

"时不我与"之"与"通常有两解：（1）等待，《辞海》（上海辞书出版社 1979 年版）采其说；（2）给予，《汉语成语词典》（上海教育出版社 1984 年版）采其说。"与"有无"等待"义，这是值得考虑的。《中华大字典》《辞海》《汉语大字典》《汉语大词典》都在"与"下列有"等待"的义项，但例证不外下面三条：

    A. 日月逝矣，岁不我与。（《论语·阳货》）

    B. 恐年岁之不吾与。（《离骚》）

    C. 岁忽忽而日迈兮，寿冉冉其不与。（《后汉书·冯衍传》）

    B、C 两例实际上是 A 例的套用，所以三条书证等于一条。有无更多的例证？查《经籍籑诂》，C 例李贤注云："与，犹待也。"仅此一条，这就是后世字典、词典释"与"为等待义的依据。我考察了《尚书》《诗经》《左传》《论语》《孟子》《韩非子》等先秦典籍，结果是除"岁不我与"一语外，没有第二个"与"可以理解为等待。从词义引申的角度来看，"与"有党与、给予、随从、参与等义项，这些义项都难以引申出"等待"的意思，说"与"有等待义恐怕是不能成立的。古人传注中用"犹"这个术语有多种含义，有时表示同义关系，如《仪礼·丧服》郑注："受，犹承也。"有时只在说明一个词的言外之意，如《诗经·周颂·维天之命》郑笺："命，犹道也。"《诗经·郑风·莽兮》毛传："漂，犹吹也。"如果脱离具体语境，"命"并没有"道"的意思，"漂"也不能当"吹"讲。李贤将"与"释为"犹待也"，我认为是在说明"与"在具体语句中的言外之意，不能认为"与"本身就有等待义。杨伯峻《论语译注·论语词典》（中华书局 1980 年版）"与"下不列"等待"义项是很有见地的。《辞源》"与"下也不取"等待"义显然不会是漏收。

    也许正是由于"等待"义缺乏根据，有些词典才把"时不我与"之与释为给予。给予虽是"与"的常义，但语意不完整。"与"若是给予之义，"时不我与"可有两种理解：（1）时间不给我。"时"为施事主语。（2）不给我时间。"时"为受事主语。按照（1）解，缺少直接宾语；按照（2）解，句子的施事不明。两种情况下都很难说出缺少的应该是什么。所以释为"给予"也不合适。

    "与"有"偕同"的意思。《汉书·淮南宪王钦传》："正直是与。"颜师古注："与，偕也。"《论语·述而》："子行三军则谁与？"邢昺疏："子行三军之事，为三军之将，则当谁与同？"杨伯峻《论语译注》："与，动词，偕同的意思。""时不我与"是说时间不偕同我，不伴随我，言外之意是先我而去，不等待我，所以李贤释为"犹待也"。

大方之家

《庄子·秋水》："且夫我尝闻少仲尼之闻而轻伯夷之义者，始吾弗信，今我睹子之难穷也，吾非至于子之门则殆矣，吾长见笑于大方之家。"成玄英疏："方犹道也。"后世注家皆本成疏而发挥。北京大学中文系中国文学史教研室《先秦文学史参考资料》（中华书局1978年版）："方，道。大方之家，犹言极有修养的人。"《汉语成语词典》（上海教育出版社1984年版）："大方，大道理，引申为见识广博。"其他解释大同小异，不备征引。这里有两处疑惑。一、释"方"为"道"固然可以，但说"大道""大道理"引申指"极有修养""见识广博"，不免有牵附之嫌。典籍中除此之外，再也找不到"大方"当"见识广博"讲的用例。二、《庄子》用"家"凡19例，无一可径解为"人"。所以将"大方之家"解为"极有修养的人"或"见识广博的人"缺乏依据。

窃谓"方"当释邦国。殷墟卜辞有"鬼方""土方"，"方"皆邦国之义。《尚书·多方》："告尔四国多方。"杨树达《积微居小学述林》卷6《释尚书多方》："方者，殷周称邦国之辞。《战国策·赵策》云'纣醢鬼侯'，而《易·既济·九三》爻辞云：'高宗伐鬼方，三年克之。'鬼方，鬼侯国也。故干宝云：'方，国也，'是也。"《诗经·大雅·常武》："震惊徐方，如雷如霆。"郑笺："驰驱走相恐惧，以惊动徐国，如雷霆之恐怖人。"《常武》下文亦云"濯征徐国"，可知"方""国"义同。"方""邦"古音只有东部与阳部之异，"邦"当是"方"之音转。《国语·晋语九》："献子执而纺于庭之槐。""纺"即"绑"之古字。大方之家，即大国之人家。河伯自以为己所有者乃洋洋大国，天下无比，及至北海，不见水端，始知世上尚有大邦，因叹："吾非至于子之门则殆矣，吾长见笑于大方之家。"言将为大邦人家所笑。后世夜郎王见笑于大汉者，正河伯所殆之事。"为国人所笑"是战国时期常见的说法。如《庄子·盗跖》："此二子者世谓忠臣也，然卒为天下笑。"《庄子·徐无鬼》："夫尧畜畜然仁，吾恐其为天下笑。"战国《楚帛书》丙篇："余（四月），不可以乍（作）大事，……取女为邦笑。"《韩非子》卷19《五蠹》："因释其耒而守株，冀复得兔。兔不可复得，而身为宋国笑。"《韩非子》卷3《十过》："知伯身死军破，国分为三，为天下笑。"《韩非子》卷17《难势》："夫良马固车，使臧获御之则为人笑。"《韩诗外传》卷10："今皇天降灾于藏台，是君之福也，而不自知变悟，亦恐君之为邻国笑矣。""见笑于大方之家"与"为邦笑""为邻国笑"等说法大同小异。而且《秋水》下文云："井蛙不可以语于海者，拘于虚也，……曲士不可以语于道者，束于教也。""井蛙""曲士"与"大方之家"相对而言，"井""曲"皆为处所，则"大方"亦当为处所，不得解为抽象的大道。

至于后人将"大方之家"或"方家"用作"学识渊博之人"，虽缘误解而生，然已约定俗成，无妨将错就错。

独占鳌头

《汉语成语词典》（上海教育出版社1984年版）："鳌头，宫殿门前玉石台阶上的鳌鱼浮雕。封建时代科举进士发榜时，规定状元站在这里迎榜，因此叫中状元为'独占鳌头'。"《中华成语大辞典》（吉林文史出版社1986年版）："据说皇宫石阶前刻有鳌头，状元及第时才可以踏上，所以科举时代把中状元称作'独占鳌头'。"《汉语成语大词典》（河南人民出版社1985年版）："唐宋时皇帝宫殿台阶正中石板上雕有龙和鳌的图象。科举时考中的进士要到宫殿台阶下迎榜，按规定第一名进士即状元要站在鳌头那里，因此称中状元为'独占鳌头'。"这些解释存在不少问题。

首先，是不是只有状元才有资格占居鳌头呢？《全宋词》第4册尹词客《西江月》："记得南宫高第，弟兄都占鳌头。金炉玉殿瑞香浮，名在甲科第九。""南宫"指礼部，"高第"指排名在前。"名在甲科第九"的可占鳌头，且上文说"弟兄都占鳌头"，可知能占鳌头者不独状元一人。明沈德符《万历野获编》卷15《科场二·壬辰会元》："二林皆福建之福州人，二吴皆直隶之苏州人，同姓、同郡、同单名，前则同入鳌甲，后则同拜郎署。""鳌甲"指鳌头迎榜的甲科进士，这也表明鳌头非状元独占，甲科进士皆有一席之地。因此，元佚名《陈州粜米》楔子中所说的"殿前曾献升平策，独占鳌头第一名"，是指在鳌头迎榜的若干进士当中位居第一，这种人才是状元。如果仅仅说"占鳌头"，那么可能是状元，也可能是榜眼、探花之类。

其次，鳌的浮雕或说在"玉石台阶上"，或说在"石阶前"，或说在"台阶正中石板上"，何者为是？宫殿的台阶往往分为左右，左右台阶之间夹有一片平坡，上面铺着镌凿有龙或鳌的浮雕图案的石板，唐宋时期翰林学士、承旨等官朝见皇帝及甲科进士迎榜都跪在这块石板之前，故称入翰林院及中进士为"上鳌头"或"占鳌头"。宋江休复《嘉祐杂志》："刘子仪侍郎三入翰林，意望入两府，颇不怿。诗云：'蟠桃三窃成何事，上尽鳌头迹转孤。'称疾不出。""上尽鳌头"是说当了多年的翰林学士。清洪亮吉《北江诗话》卷3中说宫殿中陛"石正中镌升龙及巨鳌"，这是符合实际的。

最后，还请注意，"占鳌头"并不是"站鳌头"，各词典把"占鳌头"解释为"站"或"踏"在鳌头上，而原义只是处于鳌头之处而已。至于怎么个"占"法，未见明确记载，但想来跪迎的可能性要大一些。

出人头地

"出人头地"本作"出一头地"，一般认为源自北宋欧阳修给梅圣俞的书信。如《汉语大词典》："出一头地，宋欧阳修《与梅圣俞书》：'读轼（苏轼）书，不觉汗出。快哉快哉！老夫当避路，放他出一头地也。'谓当避开此人让其高出众人一头之地。后以'出一头地'喻高人一着。"刘洁修《汉语成语源流大辞典》："出人头地，语本宋欧阳修《欧阳文忠公集·书简·六·与梅圣俞四十六首（其三一）》。"[1]《辞海》第6版："出一头地，《宋史·苏轼传》：'［轼］后以书见修（欧阳修），修语梅圣俞曰：吾当避此人出一头地。'谓当让此人高出一头。后以'出人头地'比喻高人一等，本此。"[2]欧阳修原文见《欧阳文忠公集》卷149《与梅圣俞》："读轼书，不觉汗出，快哉！快哉！老夫当避路，放他出一头地也。"其实宋代文献中"出一头地"及类似说法用例多见。如：

（1）句下三要三玄，何人亲得的旨？面门无位真人，放渠出一头地。（宋·绍隆等：《圆悟佛果禅师语录》卷20《道洙首座请赞》）

（2）僧云："会中有贤于长者，持标插于指处，云：建梵刹已竟。此意如何？"师云："神骏不劳鞭影。"僧云："祗如和尚崇建千僧堂，还与贤于相去多少？"师云："高出他一头地。"（宋·妙源：《虚堂和尚语录》卷

---

① 刘洁修：《汉语成语源流大辞典》，开明出版社2009年版，第196页。
② 夏征农、陈至立主编：《辞海》，上海辞书出版社2009年版，第312页。

9)

（3）学佛者云："智与师齐，减师半德；智过于师，方堪传授。"予谓士之学道者亦然，道德识见，以至于文章语言，须向古人中出一头地，方始立得脚住。（宋·沈作喆：《寓简》卷7）

（4）余自四十以后，便不出应举，人笑其无能为也，是则然矣，然而早能知退，又有人之所不能为焉。以己之无能为而能为人之所不能为，此非其所长矣乎？盖四十而不惑，四十五十而无闻焉，斯亦不足畏也已，夫子尝有是言也。幼诵夫子之言，力行夫子之训，既而不惑，抑又无闻，宜乎退缩一头地而莫之为也。（宋·俞成：《萤雪丛说序》）

苏轼也说过"放出一头"的话（见例7）。可见"出一头地"是宋代流行的俗语，欧阳修不过是这一俗语的一个使用者而已，说"出一头地"和"出人头地"源自欧阳修，是只知其一不知其二的说法，并不符合语言事实。

欧阳修那几句话是对苏轼文章的赞美之辞。辞书中解释说"出一头地"意为"当避开此人让其高出众人一头之地"，并不确切。欧阳修的意思是说如果他和苏轼一起行走，他要给苏轼避让出一头之地，让苏轼走在他的前面，借此形象地表达了自己的文章不如苏轼，不敢与苏轼平行并列的谦逊态度，并没有"让其高出众人"的含义。"放"是让开的意思，所以也可说成"让"。宋陈仁子《牧莱脞语》卷20《小田堡总管曹公美政碑》："公俘寇不慑，近乎勇；爱民不扰，近乎仁；英声气概，使当大敌，轻裘缓带，谈笑扫空之，虽颇、牧亦当让出一头地。"宋陈起《江湖小集》卷51《题戴石屏诗卷后》："晚唐诸子当让一头。""让出"之"出"是结果补语，跟"请出""拿出"之"出"相同，表示结果的出现，而单用的"出"表示超出，含义有别。试比较：

（5）初学须是自处于无能，遵禀他前辈说话，渐见实处。今一看未见意趣，便争手夺脚，近前争说一分。以某观之，今之作文者但口不敢说耳，其意直是谓圣贤说有未至，他要说，出圣贤一头地，曾不知于自己本无所益。（宋·黎靖德编：《朱子语类》卷20）

（6）东莱先生吕伯恭尝教学者作文之法，先看《精骑》，次看《春秋权衡》，自然笔力雄朴，格致老成，每每出人一头地。（宋·俞成编：《萤雪丛说》卷下《东莱教学者作文之法》）

如果表示让出不多，则说"半头地"。宋方岳《秋崖集》卷15《次韵刘簿寄示》："放余许出半头地，未敢以信而以怍。"若表示不确定的间距，则说"些头地""几头地"。宋梅应发《（开庆）四明续志》卷11《满江红》："斫凡柯，放岩桂出些头地。从此去，引风披露，畅条昌蘂。"宋方岳《秋崖集》卷26《回奚朝瑞》："某学不足以窥朝瑞之藩，援引非据，简而有法，出诗几头地，博达如朝瑞当自知之。"不过这几种说法并不多见，应该是在"一头地"基础上衍生出来的。

"一头地"即一颗人头所占的空间，只说"放出一头"，空间概念已隐含在里面，所以"地"也可不说。例如：

（7）尚欲放子出一头，酒醒梦断四十秋。（宋·苏轼：《送晁美叔发运右司年兄赴阙》）

（8）文忠公尤为畏避，放出一头，闾里相传，风流未远。（宋·晁公遡：《嵩山集》卷27《鹿鸣宴》）

（9）舟中长韵，句语浑成，意近世后村、南塘复作，当放出一头。（宋·何希之：《鸡肋集·书乐安教谕黄从吾吟编》）

（10）徒知尚贤之为利，不知其为后世害也，惟外乎贤者知之。必超出一头也，然后能识破也。（宋·褚伯秀：《南华真经义海纂微》卷80《徐无鬼第六》）

（11）惟昌寿净慧师则不然。师少游锡，异方潜心佛陇，志识学问出人一头。（宋·王十朋：《梅溪前集》卷17《舫斋记》）

"出人头地"是"出人一头地"的省略。《汉语大词典》最早引清李渔《怜香伴》中的用例，实则早见于元代。元佚名《氏族大全》卷30《出人头地》："苏轼字子瞻，号东坡居士。嘉佑中欧公考试，见公文，语梅圣俞曰：'老夫当避此人一头地。'"《永乐大典》卷18764《十九敬命》引《郭璞数》："君有前程，一呼百诺，出人头地，离祖基地。"明初佚名《录鬼簿续编》："杨景贤……善琵琶，好戏谑，乐府出人头地。"《梦林玄解》卷14《梦占·书裹囊中吉》："占曰：无底曰囊，梦之须每事小心，商贾得之，出路宜防否人，财利须防失脱；士人梦之，奋志寒牎，终有出人头地、头角峥嵘之象。"《梦林玄解》旧题北宋邵雍纂辑，然传本为明何栋如重辑之本，从宋代文献不见

"出人头地"之语可知，传本当为元明人之语。

今天有"高人一头"的说法，与"出人一头""出人头地"等说法一脉相承。

（本文一二条原题《成语另解二则》，载《辞书研究》1994 年第 6 期；三四条原题《成语正义二则》，载《古汉语研究》1995 年第 4 期；第五条选自《"出人头地""慢条斯理"考源》，载《语言研究》2018 年第 1 期）

古汉语词语辨析四则

何为"垂天之云"?

　　《庄子·逍遥游》中讲的鲲鹏鸟的神话故事几乎妇孺皆知,自古以来人们很喜欢这个鲲鹏鸟的形象,不少人取名为鹏以寄托远大的志向。但《逍遥游》中描写鲲鹏鸟的"其翼若垂天之云"这句话古来却没有一个令人满意的解释。一种意见认为"垂"是悬挂的意思,"垂天之云"即悬挂在天空的云彩。《经典释文》卷26引晋司马彪云:"若云垂天旁。"后世注本多从此说。一种意见认为"垂"是边旁之义,具体理解又复不同。《经典释文》引晋崔譔云:"垂犹边也,其大如天一面云也。"北京大学中文系中国文学史教研室《先秦文学史参考资料》本此而发挥曰:"'垂'同'陲',边;'垂天'犹言'天边'。此言鹏翼之大,如天边的一面云。"① 此为一解。张传曾认为"垂天之云"即以天为边的云,"以天为边,岂不是无比巨大,遮住整个天空吗?"② 此又为一解。

　　结合上下文来看,"其翼若垂天之云"是在说鲲鹏鸟的翅膀之大,这一点大家的认识是一致的,问题是怎样将"垂天之云"的喻象跟"大"的喻意联系起来。说鹏翼像挂在天空中的云彩或是像天边的一片云,都跟"大"的喻意缺少联系。对一只背部"不知其几千里"的鸟来说,挂在空中的一片云又怎能喻其翼之大? 将"垂天"说成以天为边,于理不通。天既为云之边,莫非云之主体更在天外乎?

　　"垂"有悬垂义,有物悬垂于顶,则必有所遮蔽于下,故引申为遮蔽义。西汉扬雄《羽猎赋》:"荷垂天之毕,张竟野之罘。""毕"指捕猎用的网,"垂天之毕"意为蔽天之网,极言网之广大。"垂天之毕"写空中之网,下句"竟

---

① 北京大学中文系中国文学史教研室:《先秦文学史参考资料》,中华书局1978年版,第382页。
② 张传曾:《"垂天之云"的"垂"》,《语海新探》第2辑,山东教育出版社1989年版。

野之罘"写地上之网，所谓天罗地网，适成比对。《汉语大词典》将此例之"垂天"释为"蔽天，笼罩天空"，非常正确。三国魏曹丕《丹霞蔽日行》："丹霞蔽日，彩虹垂天。""蔽""垂"对文。晋夏侯湛《江上泛歌》："惊翼兮垂天，鲸鱼兮岳跱。"此"垂天"显为蔽天之义。后秦鸠摩罗什译《摩诃般若波罗蜜经》卷27《常啼品第八十八》："其台中有七宝大床，四宝小床重敷其上，以黄金牒书般若波罗蜜置小床上，种种幡盖庄严垂覆其上。""垂覆"同义连文。因此，"垂天之云"应理解为蔽天之云，蔽天之云自然非常广大，故用来比喻鲲鹏的翅膀。

《汉语大词典》在"垂"下列有"覆盖、笼罩"的义项，举如下两条书证：唐元稹《桐花》诗："胧月上山馆，紫桐垂好阴。"韩愈《贺雨表》："中使才出于九门，阴云已垂于四野。""垂好阴"之垂应为投下之义，作为"覆盖"义的例证似不合适。第二条书证可以成立，但为时太晚，应将《逍遥游》中的"垂天之云"作为"覆盖"义的早期书证。

"搂其处子"的是非

《孟子·告子下》中为了说明"礼重于色"的观点，孟子举了这样一个颇为生动有趣的例子："逾东家墙而搂其处子则得妻，不搂则不得妻，则将搂之乎？""搂其处子"当作何解，学者意见不一。一种意见认为"搂"是牵拽的意思。赵岐《孟子章句》："搂，牵也。"《辞海》（上海辞书出版社1979年版）、《辞源》（商务印书馆1988年修订本）"搂"下即从此说。另一种意见认为应理解为搂抱。杨伯峻《孟子译注》译为"搂抱女子"。《汉语大字典》（第1版）在"搂"的"抱持"义下举此为例。《汉语大词典》虽然在"搂"的"搂抱"义下回避了这一例证，但在"搂处"词条下释为"搂抱处女"，并云"语出《孟子·告子下》"，反映了编者对这一例句犹豫不决的心理。两种意见都有权威人士的支持，似乎是非难断。其实，只要略加考索，是非还是不难定夺的。

"搂"当搂抱讲是很晚才有的用法，宋代以前是没有的，《辞源》《汉语大字典》《汉语大词典》等字词典举的最早书证出自《西游记》，可为参证。《说文》："搂，曳聚也。"段玉裁注："此当作曳也，聚也，各本夺上也字。"段注是有道理的，《说文系传》即作"曳也，聚也"。不过"曳""聚"义别，按《说文》体例，若一字本义有异说，率于末尾用"一曰某也"的方式来处理，此处"曳""聚"二字并列，当非许慎原文，疑"聚也"为后人所增。典籍中常将"搂"释为曳。如《诗经·唐风·山有枢》："子有衣裳，弗曳弗娄。"毛传："娄亦曳也。"王先谦《诗三家义集疏》："《鲁》《韩》娄作搂。"《玉篇·手部》："搂，力珠切。《诗》曰：'弗曳弗搂。'搂亦曳也。本亦作娄。"《广韵·虞韵》："搂，曳也。"这都可作为《说文》原本仅作"曳也"的佐证。

最早记录"搂"的搂抱义的字典是明张自烈《正字通》："抱持谓之搂。"这跟各字词典以《西游记》为最早书证的情况是一致的。正因宋代以前"搂"无搂抱义，所以此前给《孟子》作注者都将"搂其处子"之搂释为牵拽。除赵岐外，朱熹《孟子集注》、孙奭《孟子疏》也都理解为牵拽。又《文选》嵇康《琴赋》"或搂批栎捋"李善注："《尔雅》曰：'搂，牵也。'刘熙《孟子注》曰：'搂，牵也。'"可以说宋代以前，牵拽既是"搂"的本义，也是它的常用义。

除"搂其处子"外，《孟子》中还有"搂诸侯"的说法。《告子下》："五霸者，搂诸侯以伐诸侯者也。"赵岐注："五霸强搂牵诸侯以伐诸侯，不以王命也。"可知"搂"作牵拽解在《孟子》中尚有内证。

从上下文意来看，"搂其处子"是一种非礼的强娶行为，只有强行拉走，才能达到"得妻"的目的。而搂抱是一种亲昵的行为，搂抱处子最多只是偷情，怎么能够"得妻"呢？以搂抱来解读《孟子》之文是很不和谐的。

总之，《孟子》中的"搂其处子"应理解为牵拽强娶处女，释为搂抱处女是站不住的。

"搔"无束括义

刘加红《"搔"字辨义》（《文史知识》1997 年第 10 期）一文认为"搔"有"束"义，因此，杜甫《春望》诗"白头搔更短"之搔、《后汉书·李固传》"搔首弄姿"之搔等皆应理解为"束"，认为通常理解为"抓搔"是错误的。

遍检古今各种字词典，未见"搔"有释为"束"者。刘文说"搔"有"束"义最主要的根据是《说文》"搔，括也"的训释，然而段玉裁早就指出"括"为"刮"之讹误。他说："括者，絜也，非其义。刮者，掊杷也，掊杷正搔之训也。"刘文据误字立说，自然是靠不住的。刘文的另一根据是《说文》"髻"下云："骨摘之可会发者。""会发"即束发，而"摘"《说文》又训搔，故以为"搔"有束义。此据亦非。《说文》训"摘"为搔是指搔刮，决非束括。典籍中有用"摘"于搔刮义的例证，如《列子·黄帝》："斫挞无伤痛，指摘无痟痒。"张湛注："摘，搔也。"这是说用手指搔刮没有痛痒之感。我们未见"摘"用于束括义的例证。"骨摘"可用来束发并不等于因束括而得名。事实上"骨摘"是因搔刮而得名的。骨摘《诗经》中称为"揥"（见《鄘风·君子偕老》《魏风·葛屦》），孔颖达疏："以象骨搔首，因以为饰，名之揥。"马瑞辰《毛诗传笺通释》："揥本以搔首，后兼用以固冠弁也。"可知揥本为搔刮头而制，固冠束发是"兼用"的功能。顾栋高《毛诗类释》进一步指出："搔首之揥因以为饰者，若今之篦儿也。"篦正是搔刮之具。

"搔首"的说法《诗经》已见。《邶风·静女》："爱而不见，搔首踟蹰。"后世也很常见。唐高适《九日酬颜少府》："纵使登高只断肠，不如独坐空搔首。"皆为"抓挠头"之义。"搔首弄姿"中的"搔首"的直接意义是抓挠头发，抓挠头发使之顺畅美观乃人之常见举止，故曰"弄姿"，与"束发"无关。杜诗"白头搔更短"之搔理解为抓挠，文从字顺，未可曲解。杜甫《秋日夔府咏怀奉寄郑监李宾客一百韵》云："唤起搔头急，扶行几屦穿。"亦谓挠头。没有例证表明"搔首"有束发义。至于簪子称为搔头是因为簪子有搔头的功用。《西京杂记》卷2："武帝过李夫人，就取玉簪搔头。"不能因为簪子有束发的用途而认为搔头因束发而得名，从而作为搔有束义的佐证。

《论威》疑义辩正

《吕氏春秋·论威》中有这么一段话：

> 凡军欲其众也，心欲其一也，三军一心则令可使无敌矣。令能无敌者，其兵之于天下也亦无敌矣。古之至兵，民之重令也。重乎天下，贵乎天子。其藏于民心，捷于肌肤也，深痛执固，不可摇荡，物莫之能动。若此则敌胡足胜矣？故曰其令强者其敌弱，其令信者其敌诎。

这段话有三个疑点古来未得正解。

其一是"古之至兵，民之重令也"。俞樾解释说："'古'乃'谓'字之误，涉下文'故古之至兵'句而误也。'谓之至兵'四字为句，乃结上之词，当连上文读之。……'民之重令也'本与下文'重乎天下，贵乎天子'一气相属，今误断之，则文不成义。"于省吾不同意俞樾的说法。他说："俞说非是，'古''谓'无缘致误。上云'其兵之于天下也亦无敌矣'，此言'古之至兵'，即结上二句。下云'故古之至兵'，适可证此句'古'字之不误也。"陈奇猷认为："于先生说是，但此二句别为一义，非结上二句。正文'令'下当有'者'字。'古之至兵，民之重令者也'，犹言古之至善之兵，乃民之尊重命令者。下文'重乎天下，贵乎天子'云云之主词皆是'令'。因脱去'者'字，故俞氏不得其解而别为之说耳。"① 上引三家的理解其实都不确切。正确的读法应该是："古之至兵，民之重令也，重乎天下，贵乎天子。""古之至兵"是全句的主语，以下是主谓短语做谓语，而"民之重令也"是主谓短语的主语。意思是说：古代最好的军队，它的士兵看重命令看得比天下还重大，比天子还宝贵。"民之重令也"与下文"其藏于民心，捷于肌肤也"句式上相对应，"之"起所谓取消句子独立性的作用，"也"表示提顿，并非表示结句。如此理解文从字顺。这里既没有误字，也不存在脱文。

其二是"捷于肌肤也"。这里的关键是"捷"作何理解。古来的解释称得上是众说纷纭。高诱注："捷，养也。"捷并无养的意思，所以此说人多不从。范耕研《吕氏春秋补注》释为疾速，云："此言肌肤痛痒，其感受甚捷，喻令行之速也。"② 说军令迅捷于肌肤，文不成义。既想采取高注（将"养"视为"痒"的借字），又想理解为疾速，造成一字二解的矛盾。清毕沅《吕氏春秋校正》："捷或当为浃。"此为测度之辞，并无解证。浃是多义词，也不知当取何义。谭戒甫《校吕遗谊》（武汉大学《文哲季刊》1933—1934 年第 1、2、3号）认为捷是集的借字，云："集有丛聚之义，盖即沦肌浃髓意耳。"杨军认为捷当训刺入。③ 更多的人认为捷通接，但具体释义又各不相同。清洪颐煊《读书丛录》释为接续，清孙诒让在《墨子·修身》的注解中释为达，吴承仕《吕氏春秋旧注校理》中释为接气，陈奇猷《吕氏春秋校释》释为接触。

解释词语不但要"揆之本文而协"，还要做到"验之他卷而通"。如果只

① 陈奇猷：《吕氏春秋校释》，学林出版社 1984 年版，第 433—434 页。
② 《江苏国学图书馆年刊》1933 年第 6 期。
③ 杨军：《〈吕氏春秋〉"捷于肌肤"之"捷"字新解》，《贵州大学学报》1997 年第 1 期。

在此处讲通了，而彼处扞格难通，这样的解释肯定是站不住的。训诂学上还有一个重要原则是本字可通不言假借。"捷于肌肤"之捷训为达及完全可通。捷有达及义。《汉书·扬雄传上》："凤皇翔于蓬陼兮，岂驾鹅之能捷。"颜师古注引晋灼曰："捷，及也。""藏于民心，捷于肌肤"是说军令深入士兵的身心，"捷于肌肤"不过是军令被士兵铭记的形象说法而已。类似的说法典籍多见。《墨子·修身》："四行者（按：指廉、义、爱、哀）不可虚假，反之身者也。藏于心者，无以竭爱；动于身者，无以竭恭；出于口者，无以竭驯。畅之四支（肢），接之肌肤，华发隳颠而犹弗舍者，其唯圣人乎？"所谓"畅之四支，接之肌肤"是说让四行遍及四肢肌肤。"接"与"捷"音同义通，也有达及义。《吕氏春秋·论人》："故知知一（高诱注：'一，道也'），则可动作当务，与时周旋，不可极（困窘）也；举错以数，取与遵理，不可惑也；言无遗者，集肌肤，不可革也。"许维遹《吕氏春秋集释》（中华书局 2009 年版）云："'集'下疑脱'于'字，上文皆四字为句，此不应异。"许说可从。"集"有聚留义。《淮南子·本经》："（精）集于心则其虑通。"高诱注："集，止也。"这是说道聚留于肌肤，出言不会失误，无可更改。《管子·白心》："（风）洒乎天下满，不见其塞。集于颜色，知于肌肤。责其往来，莫知其时。""集于"二句当作"集于肌肤，知于颜色"，详见王念孙《读书杂志·管子杂志》引王引之说。这是说风聚留于人的肌肤，就会反映在人的脸面上。《淮南子·原道》中也有"不浸于肌肤，不浃于骨髓"的说法。"捷于肌肤""接之肌肤""集于肌肤"及"浸于肌肤"的说法大同小异，都是指某种东西进入肌肤，只是进入的方式有"捷"（"接"同）"集""浸"之别而已。不少人强求一律，将"捷""接""集"看成"浃"的借字，或将"捷""接"看成"集"的借字，或将"接""集""浃"看成"捷"的借字，这都不符合训诂学的原则，实不可取。进入肌肤而不失，则是蓄积或蓄养于内，这大约就是高诱训捷为养的缘故。高注说的是言外之义，并非捷本身就有养的意思，《汉语大词典》据此而为"捷"立了"养"的义项，未妥。

其三是"深痛执固"。这句话高诱无注。陈奇猷云："犹言令内则深藏于其心，外则痛痒于其肌肤，故其执之坚固而不动摇也。"杨军解释说："'深'是'藏于民心'的程度，'痛'则言'捷于肌肤'的感受。正因藏之深，捷之痛，所以能执守坚固。"这些理解都不切当。"痛"有"深"义。"痛恨""痛感""痛斥"中的痛都是深的意思，成语有"深恶痛绝"，"深""痛"对文。

"深痛"同义连文，犹"沉痛"连文（沉，深也），义为深刻、深切。"执"有执着义，与"固"的牢固义略同，所以"执固"也是同义连文，义为坚固、坚定。正因"执""固"义同，故亦可言"固执"，只是含义有所引申。"其藏于民心，捷于肌肤也，深痛执固，不可摇荡"是说军令一经藏于士兵心中，达及士兵肌肤，便深刻而坚固，不可动摇。

"执固"一词又见《吕氏春秋·士容》，其文曰："士不偏不党，柔而坚，虚而实，……傲小物而志属于大，似无勇而未可恐狼（恐吓），执固横敢而不可辱害，临患涉难而处义不越。"将此"执固"理解为坚定，文意畅达。高诱注："横犹勇敢。""横敢"同义连文，可知"执固"亦为同义连文。学者们大都将"执固"理解为动补关系，释为"执之坚固"，于意未谐。

（本文第一条原载《学语文》1998年第5期，后三条原题《古汉语词语辨析三则》，载《古籍研究》1999年第1期）

诗文释疑二题

"借书满架"释疑

明归有光的《项脊轩志》是散文名篇，几乎所有古代散文选本都会选到它，还被选入高中语文课本。其中写道："借书满架，偃仰啸歌，冥然兀坐，万籁有声。""借书满架"的说法令人疑惑。请想一想明初宋濂在《送东阳马生序》中借书抄录的情景："每假借于藏书之家，手自笔录，计日以还。天大寒，砚冰坚，手指不可屈伸，弗之怠。录毕，走送之，不敢稍逾约。"从中不难看出古代社会书籍的难得。归有光怎么可能借书不还，放满书架？这不大合乎情理。要解除这一疑惑，首先应从版本入手。

归有光的文集现存最早的是明代万历年间刊行的两种本子。一为《新刊震川先生文集》20卷，明万历二年常熟归氏刻本，一为《归先生文集》32卷附录1卷，明万历四年书林翁良瑜雨金堂刻本，可惜这两种文集都没收《项脊轩志》。《项脊轩志》最早见于康熙十年至十四年（1671—1675）刊刻的《震川先生集》（40卷）卷17，该版本确实写的就是"借书满架"。看来后世各选本作"借"还是有依据的。不过也有一些版本"借"字作"积"。如光绪元年常熟归氏重刻本《归震川先生全集》（《丛书集成三编》第50册，台北：新文丰出版公司1997年版）中即作"积"。《四部备要》所收《震川先生集》声称"据康熙刊本排印"，然而却是作"积"，与康熙刊本不符。这大约是编者见于"借"字不合情理，给改合理了。张中行《文言津逮》中说："'借书'和'积书'意义不同，'借书'强调自己贫苦而好学，'积书'强调自己勤慎好学，究竟作者是想强调什么呢？我们自然无法知道，所以只能承认两种说法都通。"[①] 其实"积"字虽然文意通畅，但它是后人臆改的结果，缺

---

① 张中行：《文言津逮》，北京出版社2002年版，第75页。

乏版本依据，并非作者之意。

归有光的文集从源头上就遭到编者妄改，错谬不少。明末清初的钱谦益在《列朝诗集》丁集卷12《震川先生归有光》中记载说："熙甫（归有光字）没，其子子宁辑其遗文，妄加改窜。贾人童氏梦熙甫趣之曰：'亟成之。少稽缓，涂乙尽矣。'刻既成，贾人为文祭熙甫，具言所梦，今载集后。"清初徐乾学《重刻震川先生全集序》中说："初，太仆集一刻于吾昆山，一刻于常熟，二本不无异同，亦多纰缪。"我们认为"借"应该是"措"的误改。清黄宗羲《明文海》（文渊阁《四库全书》本）卷142《诸体文二·杂著》所收《项脊轩志》即作"措"，可为明证。清赵一清《三国志注补》卷19："注'至于制《春秋》，游夏之徒不能借一字'，《文选》借作措。"亦可为"措""借"形近易误之佐证。《说文》："措，置也。"本义是放置。汉桓宽《盐铁论·世务》："是犹措重宝于道路而莫之守也。""措书满架"就是置书满架，放书满架，这样就怡然理顺了。

清管同《因寄轩文集》卷7《抱膝轩记》："嘉庆十五年归自山东，始即第二室屏后一楹地茸为小轩，颜曰抱膝。借书满架，置榻一张，偃仰啸歌，始获其所。""借书满架""偃仰啸歌"有可能是套用了《项脊轩志》的句子，如果是这样，那作者原文就是如此，否则也只能认为"借"是"措"之讹误。

"孔目不是孔目，驴纣乃是孔目"解证

宋何薳《春渚纪闻》卷7《骂胥诗对》云：

> 余儿时尝闻魏处士隐居陕府，有孔目官姓王者好为恶诗，尝至东郊举示魏，及（当为"又"之误）言其精于属对，魏甚苦之而不能却也。一日忽有数客访魏，而王至，云："某夜得一联，似极难对，能对者当输一饭会。"众请其句，云："笼床不是笼床，蚊厨乃是笼床。"方窃自称奇，而魏即应声曰："我有对矣。可以'孔目不是孔目，驴纣乃是孔目'。"一座称快。王即拂袖而出，终身不至草堂也。

"笼床不是笼床，蚊厨乃是笼床；孔目不是孔目，驴纣乃是孔目。"这是一副当时"一座称快"的妙联，但妙在哪里，今天的人们已看不出其中的门

道了。张小艳《"驴纣乃是孔目"释疑》一文对此联作了阐释。张文指出:"笼床"古代有两个含义,一指蚊帐,一指做饭用的蒸笼;"蚊厨"是蚊帐的意思;孔目是古代官府衙门里的高级吏员,主掌狱讼、账目、遣发等事务;"驴纣"即"驴纣棍",它是一条长约 60 公分的短木棍,横置于驴屁眼下方,两端系在连着鞍子的革带(纣)上,用来防止下坡时鞍子向前滑动;对联的意思是:笼床(蒸笼)不是笼床(蚊帐),蚊厨才是笼床(蚊帐);孔目不是孔目(木),驴纣才是孔目(木)。[①] 这一解释大致上把对联讲通了,只是仍有未安之处。将"孔目"理解为"孔木"的谐音,解释为"与孔相关之木",这不大自然,毕竟古代没有"孔木"这样一个词。此外,对"驴纣"的理解也有些问题。《说文》:"纣,马緧也。"緧和纣是一个意思,大约只是方言的差别。《周礼·考工记·辀人》:"不援其邸,必緧其牛后。"郑玄注引郑司农曰:"关东谓纣为緧。"纣是驾车时系在牲畜尾部屁眼下面的皮带,"纣棍"是系在纣上的木棍,将"驴纣"等同于"驴纣棍"是不合适的。

古称小孔为"孔眼"。宋佚名《小儿卫生总微论方》卷 18:"若刮去其痂,则疮皆是孔眼,大小不等,如虫之窠。"宋重显拈古、克勤击节《佛果击节录》卷下《第六十八则太原顾视》:"且道太原孚具什么眼?猫儿屎孔眼。""屎孔眼"指屁眼。"孔目"就是"孔眼",该词今天仍在使用。剑农《具体而微的海底游》(《申报》1942 年 4 月 27 日):"先有一组一组排列匀整的经线从根梢上升到顶端,然后有一圈一圈的纬线横穿过去把它们界成正方的孔目;更有蒙茸的毳毛弥缝这些孔目的四角,以致于叫它们变成六角或圆形。"程谟翠《粉制品专业户手册》:"所以要采用这种方法,是因为漏瓢孔目大,容纳糊性高。"[②] 赵子明主编《池塘养鱼》:"拦鱼栅可用竹箔、化纤网片或铁丝布等制作。孔目大小视鱼体大小而定,以不逃鱼为准。"[③] 曹仲洲、田香兰主编《中华历史经史诗文名言荟萃》下:"万目不张举其纲,众毛不整振其领。(《三国志·崔林传》)……万目:指渔网上的小孔目。"[④]

"孔目"在古代还有条目、清单等义。隋灌顶《国清百录》卷 2《王答蒋

---

① 张小艳:《"驴纣乃是孔目"释疑》,《中国语言文学研究》2016 年春之卷。

② 程谟翠:《粉制品专业户手册》,山东科学技术出版社 1985 年版,第 75 页。

③ 赵子明主编:《池塘养鱼》,中国农业出版社 2007 年版,第 178 页。

④ 曹仲洲、田香兰主编:《中华历史经史诗文名言荟萃》,山西人民出版社 2010 年版,第 504 页。

州事第三十四》："唯虚廊檐宇会当倒压，所以移来还充寺馆，其外椽版权借筑城。若空寺步廊有完全者，亦贷为府廨。须一二年间民力展息，即于上江结筏，以新酬故。本勒（敕）所司具条孔目，无虑零漏。"最后两句的意思是：我上面的敕命，有关人员都已逐条登记，不要担心遗漏。这里的"孔目"指清单。唐智俨著有《华严经内章门等杂孔目》一书，其中的"孔目"是条目、纲目的意思。条目、清单的意思应该是由孔眼义引申出来的，正如"目录"之目源自眼睛义之目一样。

官名"孔目"因掌档案目录文书而得名。沈起炜、徐光烈《中国历代职官辞典》："孔目，吏员名。孔目原指档案目录，唐以此为掌管文书吏员职称。"① 清单其实也是一种目录。

所以，"孔目不是孔目，驴纣乃是孔目"的意思应该是：孔目（官）不是孔目（孔眼），驴纣（之处）才是孔目（孔眼，指屁眼）。这是利用词的多义性创造的趣联。

顺带解释一下《春渚纪闻》中"能对者当输一饭会"的断句。几乎所有的标点本都把"会"字属下读，将"会众请其句"作为一句，如《春渚纪闻》中华书局点校本（1983 年版，第 111 页）、吴文治主编《宋诗话全编三》（江苏古籍出版社 1998 年版，第 2682 页）、清郑方坤编《全闽诗话》陈节、刘大治点校本（福建人民出版社 2006 年版，第 532 页）等。"会众请其句"文意难通，"会"应属上读。"饭会"一词古代常见，指多人一起聚餐，相当于"饭局"。例如：

> 胜密者，崇信外道，深着邪见。诸梵志白："乔荅摩国人尊敬，遂令我徒无所恃赖。汝今可请至家饭会，门穿大坑，满中纵火，栈以朽木，覆以燥土。凡诸饭食，皆杂毒药。若免火坑，当遭毒食。"胜密承命，便设毒会。（唐·玄奘：《大唐西域记》卷 9）
>
> 大尹降西廊迎之从容，便就饭会。（五代·尉迟偓：《中朝故事》）
>
> 苏东坡昔守临安，余曾祖作倅。一日同往一山寺祈雨。东坡云："吾二人赋诗，以雨速来者为胜，不然罚一饭会。"于是东坡云："一炉香对紫宫起，万点雨随青盖归。"余曾祖则曰："白日青天沛然下，皂盖青旗犹未

---

① 沈起炜、徐光烈：《中国历代职官辞典》，上海辞书出版社 1992 年版，第 87 页。

归。"东坡视之云:"我不如尔速。"于是罚一饭会。(宋·袁文:《瓮牖闲评》卷5)

《汉语大词典》收了"饭会"一词,释为"宴会",举《瓮牖闲评》例。"宴会"是比较隆重的饮食聚会,"饭会"虽然也可指比较隆重的,但通常指比较随便的饮食聚会,所以《汉语大词典》的释义有欠准确。

(原载《古典文学知识》2017年第2期)

郭锡良等编《古代汉语》的释义问题

郭锡良等先生编撰的《古代汉语》，在王力先生主编的《古代汉语》的基础上删繁就简，后出转精，因而成为目前高等院校古汉语教学广泛使用的教材，影响很大。但教材在文选的注音释义、古汉语常识的介绍以及常用词的分析等方面都还存在一些可商之处。这里想就释义问题谈一些看法。所引教材注释注明北京出版社 1988 年印刷本的页码。

不明少用义而误

（1）问其价，曰："止四百。"余怜而售之。（《永州八记》）

注：售之：使它卖出去，即把小丘买下来。（44 页）

（2）乘犊车，从吏卒，交游士林。（《资治通鉴》卷 65）

注：从吏卒：带着吏卒。从：用做使动。（230 页）

按："售""从"都是所谓反训词。"售"与"酤、沽、市、买"等词一样，既有卖出义，又有买进义。这种施受同词现象古今中外都有。法语"租入""租出"都说 louer，现代汉语"借进""借出"都说"借"，"售"应径释为买，不必迂曲。"从"在殷墟卜辞中就用于"带领"义。如"王从望乘伐下危"（粹 1113），是说王率领望乘。《史记·春申君列传》："吴之信越也，从而伐齐。"索隐："刘氏云：从犹领也。"这与"率"既有率领义，又有跟从义（《尔雅·释诂》："率，循也。"）是一样的。所以"从"也不是"用做使动"。

（3）公曰："大小之狱，虽不能察，必以情。"（《左传·庄公十年》）

注：大小诉讼案件，虽然不能做到一一明察，但一定要根据实情处理。……情：情况，实情。（133 页）

按：既然不能一一明察，就不了解实情，又怎么能根据实情呢？注释难通。"情"当解为诚实。《墨子·尚贤下》："且今天下之王公大人士君子中实将欲为仁义。"《非攻下》："今且天下之王公大人士君子中情将欲求兴天下之利。""中实""中情"文异义同。帛书《老子》乙本卷前古佚书《四度》："美亚（恶）有名，逆顺有刑（形），请（情）伪有实。""请伪"反义并列。《汉书·公孙宏传》："齐人多诈而无情，始为与臣等建此议，今皆背之，不忠。""情""诈"对文。《史记》作"无情实"，"情实"同义并列。赵壹《刺世疾邪赋》："于兹迄今，情伪万方。"凡此皆"情"有诚实义之证。"必以情"是说一定要诚实，即处理案件的过程中没有伪诈之事（如受贿循私之类）。"必以情"与上文"必以信"对文，"情""信"都是诚实之义。

（4）与不谷同好，如何？（《左传·僖公四年》）
注：同好：共同友好。（137页）

按：《诗经·大雅·皇矣》"同尔兄弟"笺云："和协女兄弟之国。"释"同"为"和协"。《礼记·礼运》："是故谋闭而不兴，盗窃乱贼而不作，故外户而不闭，是谓大同。"郑玄注："同，犹和也，平也。"大同，大和协，太平。"同好"当释为和好或合好。《左传·定公十年》："两君合好。"是其辞例。

（5）吴广素爱人，士卒多为用者。（《史记·陈涉世家》）
注：为用：指为吴广所用。（173页）
"为用"就是"被用"。（298页）
（6）百姓乐用，诸侯亲服。（《谏逐客书》）
注：乐用：乐于被使用。（381页）

按：若释"用"为使用，则例（5）意为：吴广因为爱护士兵，所以大多数士兵他都收用。照此理解，则士卒的用与不用，主动权在吴广手中，士卒处于被挑选的地位，欲求收用而不得。这种理解显然不合情理。吴广非朝廷命官，当兵又不是什么好差事，哪有请求使用之理？"用"当释为"效力""卖命"。《尚书·甘誓》："用命赏于祖，弗用命戮于社。""用命"即卖命、效力。《三国志·吴志·甘宁传》："然开爽有计略，轻财敬士，能厚养健儿，健儿亦乐为用命。""用命"可单言"用"。如帛书《老子》乙本卷前古佚书《六分》："万民和辑而乐为其主上用。"《报任少卿书》："士为知己用，女为说己容。"《商君书·靳令》："六虱成群，则民不用。"这些"用"都是"效力""卖命"之义，若解为使用，扞格难通。"士卒多为用者"是说士卒大都愿为吴广效力。"百姓乐用"亦当解为百姓愿意效力。

（7）病者颇愈，百姓信向之。（《后汉书·皇甫嵩列传》）
注：颇：很。愈：病愈，病好。（200 页）

按："很病好"不辞。"颇"在此为范围副词，义为大都。《史记·魏其武安侯列传》云："于是上使御史簿责魏其所言灌夫，颇不雠。"颇不雠，大都不符。"病者颇愈"是说病人大都痊愈。

（8）人体欲得劳动，但不当使极尔。（《三国志·魏志·方技传》）
注：极：极点，顶点。用作动词，达到极点。（220 页）

按："极"有疲劳义。《广雅·释诂》："疲，极也。"西汉王褒《圣主得贤臣颂》："胸喘肤汗，人极马倦。""极""倦"对文。不当使极，不当使身体疲劳。若解为不当使身体达到顶点，语意不明。

（9）襟三江而带五湖。（《滕王阁序》）
注：襟三江：以三江为襟。襟：上衣的前摆。用作动词，以为襟。……带五湖：以五湖为带。带：衣带。用作动词，以为带。（751—752 页）

按："以三江为上衣的前摆"是想说什么呢？湖是圆形的，又怎么能看成衣带？注释未了。"襟""带"在汉魏以来常常连用：

a. 襟以东山之险，带以曲河之利。（《史记·春申君列传》）
b. 岩险周固，襟带易守。（东汉·张衡：《西京赋》）
c. 襟带咽喉。（东汉·李尤：《函谷关铭》）

　　d. 于时大邦之众云翔电发，悬旌江介，筑垒遵渚，襟带要害，以止吴人之西。（西晋·陆机：《辨亡论》下）

　　e. 岩险襟带，山河枕倚。（北周·王褒：《故陕州刺史冯章碑》）

　　"襟"本指上衣或袍子前面的部分。《释名·释衣服》："襟，禁也，交于前，所以禁御风寒也。"由于襟的作用在于禁御，便引申出禁御护卫义。"带"本指衣服上的腰带，腰带环卫着腰，故引申出护卫义。上引各例中的"襟""带"都是禁御护卫之义，不可视作名词意动。南朝宋颜延年《车驾幸京口侍游蒜山作》："岩险去汉宇，襟卫徙吴京。""襟卫"同义并列，与"襟带"义同。最初以襟带为动词，具有临时的、比喻的性质，所以说山时用"襟"，说水时用"带"（如 a 例），这跟襟带本身的形状是分不开的。用之既久，形象色彩消失，所以才可说"襟三江而带五湖"，否则湖的形状与带是联系不起来的。襟、带在这里直接就是动词。意思是：洪都新府有三江五湖作为天然屏障护卫着。

　　（10）蹶石伐木。（《风赋》）
　　注：蹶石：指吹倒石头。蹶：摔倒。（784 页）

　　按：石头多呈球状，无所谓倒立。《文选·风赋》李善注："蹶，动也。"蹶石，吹动石头，使石头滚动。不知教材何以不取。《诗经·大雅·绵》陆德明释文："蹶，俱卫反，动也。"今当读 guì。

　　（11）骇溷浊，扬腐余。（《风赋》）
　　注：骇：惊骇，这里是搅起的意思。（786 页）

　　按：骇有乱义。《吕氏春秋·审应》："去骇从不骇。"高诱注："骇，扰也。"扰即乱。《战国策·宋卫策》："国人大骇。"宋姚宏注："骇，乱忧也。""乱忧"即乱扰。骇混浊，即将混浊的东西吹得乱七八糟。

　　（12）有风飒然而至。（《风赋》）
　　注：飒然：形容风声。（782 页）

按：飒有忽义。① 如李白《游谢氏山亭》："谢公池塘上，春草飒已生。"
又《秋思》："芜然蕙草暮，飒尔凉风吹。""飒然"即"飒尔"，义为忽然。

（13）故其风中人，……宁体便人。（《风赋》）
注：便人：使人动作轻便舒适。（785页）

按："动作"二字为原意所无。"便"当读 pián。《说文》："便，安也。"
《墨子·天志中》："百姓皆得暖衣饱食，便宁无忧。""便宁"同义并列。"宁体
便人"即使人身体安宁。

（14）赏罚岂足惩时清浊。（《刺世疾邪赋》）
注：惩：动词。惩戒，责罚。（802页）

按：惩有止义。《诗经·小雅·沔水》："民之讹言，宁莫之惩。"传："惩，
止也。"《汉书·张敞传》："非赏罚无以劝善惩恶。"颜师古注："惩，止也。"
惩时清浊，禁止时代的混浊现象。

（15）寓形宇内复几时？曷不委心任去留？（《归去来兮辞》）
注：委心：把心放下。委：弃。（811页）

按：释"委"为弃，语意未安。《说文》："委，随也。"《魏书·阳尼传》：
"既听天而委化兮，无形志之两疲。""听""委"对文，皆顺随之义。"委心"
是说随心所欲。

（16）乃有剑客惭恩，少年报士。（《别赋》）
注：惭恩：对知遇之恩未能报答而感到惭愧。……报士：报恩之士。
（815页）

（17）顾惭恩私被，诏许归蓬荜。（《北征》）
注：顾惭：内顾而感到惭愧。（955页）

---

① 蒋绍愚：《唐诗词语札记（二）》，《语言学论丛》第10辑，商务印书馆1983年版。

按：惭有感激、感谢、感念等义。① 李白《宿五松山下荀媪家》："令人惭漂母，三谢不能餐。"张籍《答开州韦使君寄车前子》："惭愧使君怜病眼，三千余里寄闲人。""惭"即感激、感谢。《别赋》："惭幽闺之琴瑟，晦高台之流黄。"言看见幽闺琴瑟而引起感念，乃睹物思人之意，教材亦释为惭愧（819页），未当。"剑客惭恩"与"少年报士"对文，惭恩即感激恩惠，报士即报答士人之恩。教材将报士释为偏正词组，致使"少年报士"无所依傍。例（17）之"顾惭"亦当解为顾念感激。

（18）三日断五匹，大人故嫌迟。（《孔雀东南飞》）
注：故：故意。（916页）

按：故有仍旧义。②《抱朴子内篇·对俗》引《史记·龟策传》云："江淮间居人为儿时，以龟枝床，至后老死，家人移床而龟故生。"《资治通鉴》卷65："今肃迎操，操当以肃还付乡党，品其名位，犹不失下曹从事，……累官故不失州郡也。"上言"犹不失"，下言"故不失"，"故"即"犹"也。"故嫌迟"是说仍嫌慢。

（19）鸡鸣外欲曙，新妇起严妆。（《孔雀东南飞》）
注：严妆：整妆，郑重地梳妆打扮。（919页）

按：严有装饰义，"严妆"同义并列。③《搜神记》卷16："敕外严车送客。""严车"谓套装马车。又："卢郎已来，可令女郎妆严。"南朝齐求那毗地译《百喻经》卷上："生死道异，当速庄严。""庄严""妆严""严妆"义皆相同。教材以"严"为"妆"之修饰语，失之。

（20）虽梁王兔苑，想之不如也。（《洛阳伽蓝记》卷4）
注：之：指梁王兔园。（42页）

---

① 张相：《诗词曲语辞汇释》"惭愧"条，中华书局1979年版，第773页。
② 张相：《诗词曲语辞汇释》"故"条，中华书局1979年版，第533页。
③ 胡竹安、张锡德：《〈法显传〉词语札记》，《语文研究》1986年第4期。

按："之"有时只起补充音节的作用。如《论语·阳货》："迩之事父，远之事君。"《孟子·梁惠王上》："填然鼓之。"《史记·陈涉世家》："辍耕之垄上，怅恨久之。"这类"之"若强为解说，必致扞格。"想之不如"中的"之"应释为助词，起补足音节的作用。

（21）或命巾车，或棹孤舟。（《归去来兮辞》）

注：或：无定代词，有的人。（810页）

按：这两句是作者自述定居田园后的乐事，与他人无涉，注释未安。"或"作为无定代词，不仅可以代人，还可代物、代时间。代时间时义为有时。如《史记·封禅书》："其神或岁不至，或岁数来。"白居易《与元九书》："既第之后，虽专于科试，亦不废诗。及授校书郎时，已盈三四百首。或出示交友如足下辈，见者皆谓之工。""或命巾车，或棹孤舟"是作者自己有时驾车出游，有时乘舟漫行，非"有的人"。

不明今义的产生时代而误

（22）十一日，乡民仍鸣锣传递，富者捐资，贫者出力，备乃器械，持乃糗粮，响应风从，不谋而合。（《广东军务记》）

注：乃：你们的。（267页）

按："乃"在清代有第三人称的用法。如清钱大昕《十驾斋养新录》卷4："二徐校刊《说文》，……于'从某某声'之语往往妄有刊落。然小徐犹疑而未尽改，大徐则毅然去之，其诬妄较乃弟尤甚。"吕叔湘先生在《文言虚字》中亦举一例："其人本纨裤子弟，徒以乃兄与当道交谊甚深，遂亦夤缘得握县篆。"这种"乃"当是由指示代词"乃"引申而来，与人称代词"其"由指示代词"其"引申而来同一情形。教材释为第二人称，文意不通。

（23）夫管仲，霸者之佐耳，尚能变左衽之区，而为衣裳之会。（《戊午上高宗封事》）

注：衣裳之会：指齐桓公主持的各诸侯国的盟会。这是对"兵车之

会"而言，即不动干戈，以礼相见。这句是说管仲能使被戎狄侵扰的地区和好相处，周王朝的礼制得到维护。（428 页）

按：注文未得"会"字之义。文中"左衽之区"与"衣裳之会"相对，"会""区"义近，"会"即今都会义。王勃《九成宫颂序》："名都广会，闾阎万室。"柳宗元《封建论》："裂都会而为之郡邑。"知"会"唐代已有都会义。"尚能变左衽之区而为衣裳之会"作一句读，不当点断，意为变少数民族地区为华夏文明礼仪的地区，亦即《孟子·滕文公上》所说的"用夏变夷"之意，言外之意是使少数民族地区向华夏臣服。下文云："秦桧，大国之相也，反驱衣冠之俗而为左衽之乡。"（教材于"俗"下点断，未当。）意与上文相反，即《孟子》所谓"变于夷者"。管仲九合诸侯史不绝书，未闻称作"衣裳之会"者。

(24) 松江府东去五十里许，曰乌泥泾。（《南村辍耕录》卷 24）
注：东去：往东离开。（261 页）

按："往东离开"是离开东方呢，还是走向东方？费解。其实"去"在汉代已有往义。《山海经·大荒北经》：应龙"又杀夸父，乃去南方处之，故南方多雨。"《史记·卫将军骠骑列传》："汉兵夜至，围右贤王，右贤王惊，……溃围北去。"《楚辞·抽思》王逸注："徂，去也。""东去"就是往东走。

(25) 卿但暂还家，吾今且报府。（《孔雀东南飞》）
注：暂：副词，短时间。与现代汉语的"暂"的意义有细微差别。现在的"暂"指暂时，古代的"暂"只指时间短，没有与将来对比的意思。（923 页）

按：六朝时"暂"已有今暂且义。梁刘孝绰《夜听妓赋得乌夜啼》："鹍弦且辍弄，鹤操暂停徽。""且""暂"对文。"卿但暂还家，吾今且报府"两句下又有："不久当归还，还必相迎取。"既言不久迎取，知"暂还家"乃暂且还家，与今无异。下文又云："誓不相隔卿，且暂还家去。吾今且报府，不久当还归。"不但"且暂"（即今暂且）连文，而且与下文"不久"相应，"暂"无疑为今暂且义。

（26）凡先王之法，有要于时也。时不与法俱在，法虽今而在，犹若不可法。（《吕氏春秋·察今》）

注：有要于时：对当时有需要，即适应于当时的需要。要：要求。这里用作名词，意指"符合……的要求"。（650页）

按："要"在先秦尚无要求义，应释为迎邀、迎合。《荀子·君道》："为人主者，莫不欲强而恶弱，欲安而恶危，欲荣而恶辱，是禹桀之所同也。要此三欲，辟此三恶，果何道而便？""要""辟"（避）对文，"要"即迎邀。又《富国》："要时务民。"杨倞注："要时，趋时也。"趋即迎邀、迎合。"要于时"是说迎合于当时，适应于当时。或释"要"为察①，亦非。又"俱在""今而在"之"在"原作"至"，教材据陶鸿庆说径改，未当。至字义通。"俱至"者，俱传至今。"今而至"即今至，"而"为连词，与"终日而思"（《荀子·劝学》）之"而"同。又"时不与法"之"与"当释跟随。《淮南子·地形》："蛤蟹珠龟，与月盛衰。"高诱注："与，犹随也。"《报任少卿书》："故且从俗浮沉，与时俯仰。""与""从"对文。例（26）意为：所有先王的法规，都是与当时的时代相适应的。时代没有随着法规一起传下来，法规虽然今天传了下来，但还是不能照办。

释义缺乏根据

（27）君处北海，寡人处南海，唯是风马牛不相及也。不虞君之涉吾地也，何故？（《左传·僖公四年》）

注：北海、南海：这里指北方、南方。齐国虽临北海（即今之渤海），但楚国边境不到南海。故非实指，只是说齐楚两国相距甚远。……风：指牝牡相诱。这句的意思是，你在北方，我在南方，相距很远，本来互不相干。（135页）

按："风"解为牝牡相诱，本自服虔。《左传》孔颖达疏："服虔云：风，放也，牝牡相诱谓之风。"不难看出服虔对"风"的直接义训是"放"，"牝牡相诱"是他对"风"在这句话中言外之意的揣测，并非"风"所固有的含义。

---

① 吴格衡：《释"要"》，《中国语文》1982年第5期。

遗憾的是注家大都偏偏看中的是服虔的揣测之辞，而把他的直接义训弃置不理。试想，如果"风"真有牝牡相诱的含义，服虔还说"放也"干什么？《左传》何不说"马牛不相风"？这样岂不简洁明了？事实上对"风马牛不相及"自古以来聚讼纷纭，没看见有谁举出"风"作牝牡相诱解的其他可靠例证，这就表明"牝牡相诱"义是不能成立的。服虔释"风"为"放"是正确的。《释名·释天》："风，放也。"《诗经·小雅·北山》："或出入风议。"郑笺："风，犹放也。"《尚书·费誓》："马牛其风，臣妾逋逃，无敢越逐。"《史记·鲁世家》集解引郑玄说："风，走逸也。""放"即"走逸"，皆谓佚失。《孟子·尽心下》："今之与杨墨辨者，如追放豚。"又《告子上》："人有鸡犬放，则知求之。"《报任少卿书》："网罗天下放失旧闻。""放"皆佚失义。"放"有解放、散开义，失散、佚失义由此引申而来。"风"训为"放"，实即"放"之借字。"相"字多不释，盖以"互相"解之，非是。"相"偏指楚国，与下句"吾地"二字相应。楚子的意思是说：齐楚两国相距遥远，你们齐国即使跑丢了马牛也跑不到我们楚国，想不到你们来到我们楚国领土，这是什么缘故？古代邻国之间常有以寻求跑失的马牛为借口侵犯对方的事，这在卜辞中就有反映。罗振玉在《殷虚书契考释》中"列出'刍牧'四条，附在六十一条的'征伐'之后：因为都是往刍或来牧之类战争开衅的原因。"[1]《管子·侈靡》："偿尧之时，……牛马之牧不相及。"将牛马不互入边境视为和平安宁的标志，于此亦可窥见尧舜之后常因马牛相及而引起战争的信息。因齐楚相距遥远，故楚国以"风马牛不相及"相责，以谴齐国师出无名。

又，"海"有荒远之地的含义，教材未了。《尔雅·释地》："九夷、八狄、七戎、六蛮，谓之四海。"《荀子·王制》："北海则有走马吠犬焉。"杨倞注："海谓荒晦绝远之地，不必至海水也。"

（28）遂考竟佗。（《三国志·魏志·方技传》）

注：考竟：判决。这里指处死。（219页）

按："考竟"似无判决义。"考竟"有二义。（一）考问清楚。《后汉书·安帝纪》："诏曰：'自今长吏被考竟未报，自非父母丧，无故辄去职者，剧县十岁、

---

① 《郭沫若全集·历史编》第 1 卷，人民出版社 1982 年版，第 203 页。

平县五岁以上，乃得次用。'"李贤注："考，谓考问其状也；报，谓断决也。"
（二）《释名·释丧制》："狱死曰考竟。考得其情，竟其命于狱也。""狱死"就是
关押在监狱直到死亡，与今无期徒刑相似。教材中"考竟"宜作"狱死"解。

（29）三军既惑且疑，则诸侯之难至矣，是谓乱军引胜。（《孙子兵
法·谋攻》）

注：引胜：夺走［自己的］胜利。引：引退，这里有夺走的意思。
（590 页）

按："引退"与"夺走"没有联系。"乱军"是自乱其军，"引胜"当然也
是自引其胜。自己夺走自己的胜利，不可理解。宋梅尧臣注云："自乱其军，
自去其胜。"以"去"释"引"得之。引有退却义，退却与却去义通。

（30）故兵不顿而利可全。（《孙子兵法·谋攻》）
注：利可全：胜利能完全取得。（587 页）

按："利"无论古今，都无胜利义。利可全，利益可以保全，即利益不受
损伤。"全"与上句"必以全争于天下"的"全"同义，指不损伤。

（31）子所著《方舆纪要》一书，集百代之成言，考诸家之绪论。
（《读史方舆纪要·总叙》）

注：绪论：发而未尽的言论。（470 页）

按：绪无"发而未尽"之义，且"发而未尽的言论"亦不明何意。《庄
子·渔父》："先生有绪言而去。"陆德明释文："绪言，犹先言也。"先言，先前
之言，即遗留之言。绪有余留义。唐玄应《一切经音义》卷 19 引《广雅》：
"绪，余也。"教材"绪论"与"成言"相对，"成言"即已著成之言，"绪
论"即遗留下来的言论。"成言"与"绪论"义同。

（32）田中有株，兔走触株，折颈而死。（《韩非子》）
注：株：树墩，树桩子。（642 页）

按："守株待兔"之株今词典及古文注本释为树墩者不少，然翻检古训，实无此义。修订本《辞源》"株"下不取树墩义，是。《说文》："株，木根也。"《说文解字系传》："入土曰根，在土上曰株。"树根有的在地下，有的露出地面。"田中有株"的株指露出地面的树根。

（33）乘理虽死而非亡，违义虽生而匪存。（《刺世疾邪赋》）
注：乘理：即掌握真理的意思。乘：掌握，凭借。（805 页）

按：乘无掌握义。乘当训顺因，顺随。《文选》谢玄晖《始出尚书省》诗："乘此终萧散，垂竿深涧底。"李善引三国魏如淳《汉书》注："乘，因也。"《归去来兮辞》："聊乘化以归尽。"乘化，犹委化（参（15）条），顺随大自然的变化。"乘理"与下句"违义"对文，违者违背，乘者顺随。

（34）抱布贸丝。（《诗经·卫风·氓》）
注：布：指布币。上古用布作货币。（886 页）

按：毛传："布，币也。"此盖教材所本。然孔颖达疏云："此布币谓绵麻布帛之布，币者布帛之名。"可知毛传之"币"乃布帛，非货币。《盐铁论·错币》："古者市朝而无刀币，各以其所有易所无，抱布贸丝而已。"亦以布为布帛之布。向熹先生《诗经词典》（四川人民出版社 1986 年版）亦主"布匹"义。事实上布帛在历史上并没有充当过货币。彭信威《中国货币史》云："布币是由农具铲演变出来的，可能是镈字的同声假借字。"又云："《卫风》的所谓抱布贸丝，是指布帛之布，是实物交换，不是指刀布的布。"[1] 千家驹、郭彦岗《中国货币史纲要》也认为钱布之布是镈之借字。[2] 可见说"上古用布作货币"是不能成立的，应释布为布帛之布。

（原载《烟台大学学报》1990 年第 1 期）

---

① 彭信威：《中国货币史》，上海人民出版社 1965 年版，第 31、33 页。
② 千家驹、郭彦岗：《中国货币史纲要》，上海人民出版社 1986 年版，第 20 页。

《〈观世音应验记三种〉译注》献疑

　　《观世音应验记三种》是南朝时期的三种观世音应验故事集的合编本，包括刘宋傅亮的《光世音应验记》（下文简称《光》）、刘宋张演的《续光世音应验记》（下文简称《续》）和齐陆杲的《系光世音应验记》（下文简称《系》）。这三种书北宋以后国内失传，所幸日本有抄本流传，20 世纪 90 年代初被我国访日学者带回国内，遂使传统古籍失而复得。此书不仅对了解南北朝时期的佛教状况、历史人物、小说创作等有重要价值，对汉语史研究来说，由于它是用口语色彩较浓的语言写成的，且是日本平安时代（794—1192）后期的写本，因而是不可多得的优质语料。

　　最先把《观世音应验记三种》带回国内并进行了全面整理的是孙昌武先生，孙先生的点校本 1994 年由中华书局出版。不过由于是初次整理，点校本在断句及手写字体的辨认方面存在不少问题。于是董志翘先生又根据他自己从日本带回来的《观世音应验记》的影印件进行了新的整理，不但订正了点校本的许多错误，而且还增加了详细的注释和准确的白话翻译，后出转精，是目前三种《观世音应验记》最好的读本。该译注本由江苏古籍出版社于 2002 年出版。当然，学无止境，译注本中千虑一失的情况也是在所难免的。本文将笔者在拜读该译注本时的一些不同想法芹献出来，或可对进一步完善其书及中古汉语研究略有小补云尔。

　　各条先摘引译注本原文，原文后注明原书序号及页码，然后另起行说明我们的意见。

　　（1）竺长舒者，其先西域人也。世有资货为富人。居晋元康中，内徙洛阳。（《光》一，3 页）
　　注释："居：在，处于。"

按:"居晋元康中"的说法可疑,典籍中未见"居"有这种用法。阙绪良举《世说新语·德行》第19条之例为证,谓"居"即用作表时间的介词:"王(引者按:原文作"太")保居在正始中,不在能言之流。"①这里的"居"分明是"生活"之义,张万起、刘尚慈《世说新语译注》即译作"太保(王祥)生活在正始年间"②。范崇高认为:"此处的'居'是'资财'义,作名词,当属上句。"③此说也难成立。"居"未见有"资财"义,范文所举的那些证明"居"有"资财"义的例句均属误解。如《太平御览》卷472引魏文帝《典论》:"洛阳郭珍居财巨亿,每暑夏召客侍婢数十,盛装饰,披罗縠,使之进酒。""居财"是聚积钱财的意思,不是同义连文。又句子当断为"每暑夏召客,侍婢数十"。又如引陶渊明《搜神后记》卷5:"端为立神座,时节祭祀。居常饶足,不致大富耳。""居常"一词典籍常见,是平时、日常的意思。如《史记·淮阴侯列传》:"信由此日夜怨望,居常鞅鞅。"《后汉书·崔瑗传》:"瑗爱士,好宾客,盛情肴膳,单极滋味,不问余产。居常蔬食菜羹而已。"退一步说,即便"居"有资财义,"世有资货为富人居"之语也不知所云。

今谓原文应断为:"世有资货,为富人居。""居"有家义。《说文》:"家,居也。"《论衡·难岁篇》:"人居不能不移徙,移徙不能不触岁。"唐道世《法苑珠林》卷26《敬法篇第七之余》:"齐太原释慧宝,氏族未详,诵经得二百卷,德优先达,时共知闻。以齐武平三年从并向邺,行达艾州,失道,寻径入山。暮宿岩下室,似人居,迥无所见。"又卷109《破斋篇第九十》:"道由大泽,迷不得过,中道乏粮。遥望见一大树,如有神气,想有人居。驰趣树下,了无所见。""人居"谓人家。"富人居"即富人之家,富有人家。典籍用例如唐道宣《集神州三宝感通录》卷下《神僧感通录》:"抵世常者,晋太康中富人居。时禁晋人作沙门,常奉法,不惧宪网,潜于宅中立精舍供养沙门。"④《法苑珠林》卷37《神异篇第二十之余·杂异部》云:"晋抵世常,中山人也,家

① 阙绪良:《〈观世音应验记三种译注〉札记》,《汉语史学报》第11辑,上海教育出版社2011年版。
② 阙绪良:《世说新语·德行》,中华书局1998年版,第17页。
③ 范崇高:《〈观世音应验记〉(三种)词语札记》,《四川理工学院学报》2004年第1期。
④ 《法苑珠林》卷67《惰慢篇第六十一》作:"晋抵世常,至晋太康中,有富人居。""至"当为"者"之讹误,属上;"有"当为"为"之通假,或为衍文。

道殷富。"："家道殷富"与"富人居"表意相同。《文选》卷45扬雄《解嘲》："司马长卿窃赀于卓氏，东方朔割炙于细君。"李善注："《史记》曰：文君夜亡奔相如，卓王孙不得已，分予文君僮百人，钱百万，为富人居。"宋王安石《史教授独善堂》："湖海十年旧，林塘三亩余。静非谈者隐，贫胜富人居。"或作"富人家"。宋郑会《瑞金县道中》："野水深深小径斜，旧时闻是富人家。"

（2）（帛法桥）闭心不食，唯专心致诚。……至五六日，气势弥绵，裁有馀息。师徒忧悁，谓其待尽。（《光》二，7页）
今译："众僧都非常忧虑悁惜，以为他的生命将尽。"

按：译"师徒"为众僧、"忧悁"为忧虑悁惜，未确。此"师徒"即上文所说的"诸弟子"，即帛法桥身边的徒弟，而非泛指当时的僧人。这里的"师徒"跟常见的并列结构的"师徒"不同，而是跟"师兄""师弟"的构词方式一样，是"同师之徒弟"的意思，可翻译为"他的徒弟们"。"悁"有忧伤义。《文子·道原》："其于乐不忻忻，其于忧不悁悁。"《汉语大词典》："悁悁，忧郁貌。"《世说新语·赏誉》"王恭始与王建武甚有情"梁刘孝标注引《晋安帝纪》："恭虽悁怅，谓忠为构己也。忠虽心不负恭，而无以自亮。"悁怅，谓惆怅、忧愁。梁简文帝《征君何先生墓志》："知与不知，并怀悁怆。"悁怆，谓悲伤。《魏书·李冲列传》："高祖曰：'圣人之大宝，惟位与功，是以功成作乐，治定制礼。今徙极中天，创居嵩洛，虽大构未成，要自条纪略举。但南有未宾之竖，兼凶蛮密迩，朕夙夜怅悁，良在于兹。'"又《韩麒麟列传附孙子熙传》："腾由此生嫌，私深怨怒，遂乃擅废太后，离隔二宫，拷掠胡定，诬王行毒，含齿戴发，莫不悲悁。""悁"都是忧伤义。《晋书·王羲之传》："知安西败丧，公私悁怛，不能须臾去怀。""公私悁怛"是说官方和个人都很忧伤。故"忧悁"为同义连文，是忧愁的意思。梁陶弘景《真诰》卷73："官自有成事，忧悁亦无所解。自非齐达内外者，将不得不惧悸。"此"忧悁"亦忧愁义。

（3）舟家法严，政复逃匿，同无免理。（《光》三，12页）
校记："'匿'写本作'逄'，据金刚寺本改。""'免'写本作'逸'，据金刚寺本改。"

按："遂"字可通。"遂"有逃亡义。《说文》："遂，亡也。""逃遂"即逃亡，同义连文。《禽经》："随扬越雉，鹧鸪也，飞必南翥。晋安曰怀南，江左曰遂隐。"晋张华注引崔豹《古今注》曰："南方有鸟，名鹧鸪，向南飞，畏霜露，早与暮出稀。有时夜栖则以树叶覆其背。"鹧鸪因飞必向南，故名怀南；因夜栖时以树叶覆背，故曰遂隐。"遂"亦取逃匿义。朱骏声《说文通训定声》"遂"下云："或曰亡者往之误，亡、往声相近。……按许书列字次弟，自训亡，不训往。但此义不见经传。"《汉语大字典》"遂"下据《说文》列有"逃亡"的义项，但无书证。《汉语大词典》不收无书证的古代辞书义训，故"遂"下无逃亡义。今得此二证，知《说文》释义必有依据，亦见《说文》之可贵。因"遂"之逃亡义罕见，不知者便改"逃遂"为"逃匿"。

又"逸"有逃亡义，与上"逃遂"相应，文意自通，无烦据他本改为"免"。下文云："闻官杀胡，恐自不逸，唯归心光世音。"亦作"逸"字。此"逸"字《译注》也改作"免"，不可取。

（4）张展者，广宁郡人也，为县吏。时大军经过，督敛租税。展县阙不上，军制当死。（《续》二，34 页）

注释："县（xuán）阙，缺乏。县，'悬'之古字，有'匮乏'义。"

按：释"县阙"之县为匮乏，恐非是。前面既言展"为县吏"，则"展县阙不上"是说张展所在的县没有上缴租税，其义甚明。

（5）既涉七日，因夜坐，忽见一人，黑衣无目，从壁中出，便来喷简上。简目开心了，唯口不得语。（《续》三，36 页）

校记："'喷'写本作'蘈'，据文意改。"今译："忽然看到一个身穿黑衣、没有眼睛的人，从墙壁中走出来，直接前来喷了惠简一头一脸的污秽。"

按：《集韵·魂韵》："濆，喷水也。通作喷。"越南阮光红编《字喃注解词典》（Tù điển chữ Nôm dẫn giải）（越南社会科学出版社 2014 年版）："濆，从水喷声。冒出。""濆"即"喷""濆"的俗字。"蘈"原本当是作"蘈"（或原件即作此形也未可知），"蘈"是"濆"的异构字，因左旁与"录"近似，故讹为"穬"。由此可知字喃之"濆"当是来自中国汉字。

又"便来喷简上"语有未安,"简"指僧人惠简,"喷简上"不辞。疑"上"为重文符号"ᢏ"之讹误。"ᢏ"即古代上字。清杭世骏《订讹类编》卷3《重字不可作＝》:"篆书凡重叠字皆不复书,但作＝,偏于字右,＝乃古文上字,言同于上也。今作两点者非是。"抄写者既将"ᢏ"还原为"简",又没把"ᢏ"删去,后之抄写者便认作"上"字。故此处"上"字当删。

(6)道泰道人,住常山衡唐精舍。尝梦人云,其年命当终于卅二,泰心恶之。(《续》五,41页)

今译:"道泰听了心里很不愉快。"

按:此例之"恶"乃害怕义,译为"不愉快",未确。"恶"有害怕义。《吕氏春秋·振乱》:"凡人之所以恶为无道不义者,为其罚也。"高诱注:"恶,犹畏。"《战国策·魏策二》:"其畏恶严尊秦也明矣。"鲍彪注:"恶,犹惮也。"《韩非子·八说》:"使人不衣不食,而不饥不寒,又不恶死,则无事上之意。"

(7)融后还庐山,道中独宿逆旅。时天雨雪,中夜始眠。忽见鬼兵甚众,其一大者带甲挟刃,形甚壮伟。有举胡床者,大鬼对己前据之。(《续》六,44页)

注释:"据:倚靠,依凭。"今译:"有一个随行的鬼扛着可以折叠的胡床,(胡床安放妥当以后),大鬼对着僧融靠在胡床上。"

按:胡床是一种坐具,类似今天的马扎,尽管大的胡床也可以靠或躺在上面,但它本质上不是床,而是椅凳类家具,所以典籍中提到胡床时常说"坐"。如《三国志·魏书·武帝纪》"公乃得渡"裴松之注引《曹瞒传》:"公将过河,前队适渡,超等奄至,公犹坐胡床不起。"《南齐书·荀伯玉传》:"景真白服乘画舸艒,坐胡床,观者咸疑是太子。"也常说"踞"。《三国志·魏书·苏则传》:"帝大怒,踞胡床拔刀,悉收督吏,将斩之。"《世说新语·任诞》:"桓时已显贵,素闻王名,即便回下车,踞胡床,为作三调。"《晋书·张轨传附骏子重华传》:"左战帅李伟劝艾乘马,艾不从,乃下车踞胡床,指麾处分。""踞"也是坐的意思。《左传·襄公二十四年》:"既免,复踞转而鼓琴。"

孔颖达疏:"踞,谓坐其上也。""大鬼对己前据之"的"据"应该是"踞"的借字。其他如《晋书·王导传附子恬传》:"谢万尝造恬,既坐,少顷,恬便入内。万以为必厚待己,殊有喜色。恬久之乃沐头散发而出,据胡床于庭中晒发,神气傲迈,竟无宾主之礼。万怅然而归。"又《戴若思传》:"若思有风仪,性闲爽,少好游侠,不拘操行。遇陆机赴洛,船装甚盛,遂与其徒掠之。若思登岸,据胡床,指麾同旅,皆得其宜。""据"也都是坐的意思。

(8)僧融又尝与释昙翼于江陵劝一人夫妻戒。(《续》七,48页)
注释:"一人:指张兴。"

又:时有道人释惠难与龄石有旧,乃往告,入狱看之。因教其念观世音,又留一人像与供养。(《系》三二,124页)
注释:"人像:指佛像。"

按:注者未得"人"之含义。"人"在中古以来的汉语中有量词的用法。① 例如:《太平广记》卷113"陈安居"引《法苑珠林》:"(贵人)乃以三人力士送安居。"这是说贵人派了三个大力士护送安居。又卷303"奴苍璧"引《潇湘录》:"须臾,有三四人黄衣小儿至,急唤苍璧入。"又卷310引《河东记》:"此后三年,兴元当有八百人无主健儿,若早图谋,必可将领。"《旧唐书·宦官·王守澄》:"俄而士良等率禁兵五百余人,露刃出东上阁门,逢人即杀,王涯、贾餗、舒元舆、李训等四人宰相及王璠、郭行余等十一人,尸横阙下。"《聊斋志异》卷7《刘姓》:"吏持簿下,指一条示之。上记:崇祯十三年,用钱三百,救一人夫妇完聚。"这些例句中的"人"都是名量词,"一人夫妻"即一对夫妻,"一人像"即一尊观世音的像,"人像"连读是不对的。

(9)时其夫亦依窜草野,昼伏夜行。(《续》七,48页)
注释:"依,依托;窜,躲藏。"

按:"依"有隐藏义。《墨子·备城门》:"城上皆毋得有室,若他可依匿者

----

① 参见范崇高:《名量词"人"示例》,《中国语文》2000年第3期。

尽除去之。"依匿"谓隐匿。《搜神后记》卷16:"有一伧小儿,放牛野中,伴辈数人。见一鬼依诸草丛间,处处设网,欲以捕人。"这是说鬼隐藏在草丛中。所以"依窜"为同义连文,都是躲藏的意思。

(10)义熙中,有一士人遇事被系。其素奉佛法精进,因夜静不眠,乃自归于光世音。至于将晓,假寐于地。仰向见一道人甚少,形明秀,长近八尺,当空中立,目已微笑。(《续》九,53页)

按:"向"当为"面"之讹误。下云"当空中立",与"仰面"相应。"面"异体作"靣",与"向"形近,易讹。宋李昉《文苑英华》(明刻本)卷175唐宋璟《奉和恩赐乐游园宴应制》:"北面祇双阙,南临赏一丘。"编者注:"面,集作向。"宋黄庭坚《山谷外集》(文渊阁《四库全书》本)卷4《和答魏道辅寄怀十首》之九:"短长相觑望,面尽酒可断。"编者注:"面,一作向。"皆可为证。又"仰向见一道人甚少"应断为"仰向见一道人,甚少"。

(11)平原人韩当,尝通呼池河。中流舟溺,便称光世音。寻见水中有白物如龙形,流静风恬,俄而至岸,水裁至膝,遂揭沙而济。(《续》十,55页)

注释:"揭(qì):提起衣裳。"今译:"一会儿就到了岸边,水才刚刚齐膝盖,就提起衣裳踩着沙地过了河。"

按:译"揭沙"为"提起衣裳踩着沙地",与原文难以对应。"沙"为"纱"的古字。《周礼·天官·内司服》:"内司服掌王后之六服:袆衣,揄狄,阙狄,鞠衣,展衣,缘衣。素沙。"孙诒让正义:"沙、纱,古今字。"《大戴礼记·曾子制言上》:"蓬生麻中,不扶自直;白沙在涅,与之皆黑。"王引之《经义述闻·大戴礼记上》:"家大人曰:'沙,即今之纱字,非泥沙之沙也。'……古无纱字,故借沙为之。"此"纱"当指纱裳。《太平广记》卷351《房千里》(出《投荒杂录》):"昼日见一男子披纱裳屣履而来。""揭沙而济"意为提起纱裳走出了岸边。

(12)及至斩之,刀下即折。一市大惊,所聚共视。于是顷令绞杀,

绳又等断。（《系》十五，89页）

今译："于是，监斩官马上又命令绞死他，可绞索也同样断成几段。"

按：译"等"为"同样"，似未得。"等断"之等义同"即折"之即，"等断"是立即断裂的意思。《后汉书·冯异传》："光武南还宛，更始诸将攻父城者前后十余辈，异坚守不下。及光武为司隶校尉，道经父城，异等即开门奉牛酒迎。"《南史·顾琛传》："琛及前西阳太守张牧并事司空竟陵王诞，诞反，遣客陆延稔赍书板琛及子弟官。时孝武以琛素结事诞，或有异志，遣信就吴郡太守王昙生诛琛父子。会延稔先至，琛等即执斩之，遣二子送延稔首启闻。"《太平广记》卷240《杨国忠》（出《谈宾录》）："玄宗谓侍臣曰：'我欲行一事，自古帝王未有也。'盖欲传位于肃宗。及制出，国忠大惧，言语失次，归语杨氏姊妹曰：'娘子，我辈何用更作活计？皇太子若监国，我与姊妹等即死矣。'相聚而哭。"唐段成式《酉阳杂俎》卷8："（崔承宠）少遍身刺一蛇，始自右手，口张擘食两指，绕腕匝颈，龃龉在腹，拖股而尾及骭焉。对宾侣常衣覆其手，然酒酣辄袒而弩臂戟手捉优伶辈曰：'蛇咬尔！'优伶等即大叫，毁而为痛状。以此为戏乐。"唐道世《法苑珠林》卷81《慈悲篇第七十四·畜生部》："尔时兔王告诸兔言：'我今以身欲供养法师，汝等宜当各各随喜。'时诸山树神等即积香薪以火然之。"明代青莲室主人《后水浒传》第三十五回："贺太尉即上马，抚剑急驰，麾动三军，望杨幺阵上一齐杀来，果有山倒海泻之势。袁武、杨幺等即弃寨领众奔走。"清代小说《施公案》第二九七回："余成龙等即命摆酒，彼此畅饮，欢呼而散。"《西游记》第六十九回："六物煎汤送此药，你王忧病等时除。"明孟称舜《娇红记》第三十出《玩图》："我魂灵已飞向妆台右，则愿得今日呵，等时成就，和他倒凤颠鸾把夙债酬。"明佚名《明珠缘》第二十回："监斩官忙施号令，仵作子准备扛尸。英雄气概等时休，便是铁人也落泪。"清佚名《蕉叶帕》第三回："只见他将叶摘下，吹口法气，等时改变罗帕，颜色甚是鲜明。"上例中的"等即""等时"都是立即的意思。此义之"等"典籍多作"登"。《孔雀东南飞》："登即相许和，便可作婚姻。"《后汉书·方术传》："侯劾三人，登时仆地无气。"

（13）沈有健将杜贺敇，敇每战，破明氏。其妻姓司马，为诸明所执录。伺杜来战，送出城上斩之。遂至下刀斫颈，了自不伤。队父凶悖，人

人竞斩，纵不为疮，势足得折。(《系》十六，92 页)

今译："这个队伍的头目是个残忍凶暴的家伙，让各个士兵争着砍杀，他想即使砍不出伤口，也能将脖子砍折。"

按：今译对"纵不为疮，势足得折"的理解有问题。既然连伤口都砍不出来，砍折脖子又从何谈起呢？阚绪良（2011）训"折"为砍剁，译为："士兵们想，即使砍不出伤口，我们的力量也能剁几下（以泄恨）。""折"未见有砍剁义；且按此义理解，文意亦有未安；"士兵们想"乃论者弥缝文意之辞，于文无据。窃谓这里的"纵"应读为"总"，"纵""总"可通，说详张相《诗词曲语辞汇释》（中华书局 1979 年版）"总"字条。"总"有副词"都""始终"的意思。晋蒋宗瑛《上清大洞真经》卷 4《太皇上真玉华三元君道经第二十四》："使三真固魂，九灵制魄，万神总归，安镇室宅。"后秦鸠摩罗什译《灯指因缘经》："我先贫时，素所亲昵，交游道绝，总无一人与我语者。"《太平御览》卷 885《妖异部一》引《幽明录》："后数日，妇屋后还，忽举体衣服惚是血，未一月而夫妇相继病卒。""折"指刀折，而非脖子折。《观世音应验记》中类似的例句如《系》十三："于是，下手刀即折，辄闻金声。三遍易刀，颈终无异。"《系》十五："及至斩之，刀下即折。""折"都是指刀折。"纵不为疮，势足得折"是说始终砍不出伤口，脖子的坚硬足以使刀折断。

(14) 及至交刀见研而误，自不中人。行刑人忽自睡熟，便不能举手。(《系》十七，96 页)

今译："待到斩杀子敩的时候，群刀交下，却总是出现偏差，就是砍不中他。"

按：句当断为："及至交刀见研，而误自不中人。"又行刑的就一个人，"群刀交下"的今译与原文不符。"交刀"，犹言"加刃"，把刀放到脖子上。

(15) 晋义熙中，司马休之为会稽。换回库钱廿万，迁荆州，遂不还之。郡无簿书，库吏姓夏，应死，明日见杀。(《系》二一，104 页)

按："回"字方一新、王云路录作"因"，注云："写本作'囙'，是'因'

的俗写。《译注》录作'回',可疑。'换回'一词有不少用例,似均为交换、换回来义。"① 录作"回"字,不仅没有依据,而且文意也未安。录作"因"字,虽然有据,但文意不通。今谓"曰"必是讹字,致讹的途径有两种可能。一是原本作"囝",由于"囝"与"因"形近,而"囝"不常见,故讹作"因","因"又写作俗体"曰"。二是原本作"曰",由于"曰"与"曰"形近,而"曰"不常见,故讹作"曰"。"曰"即"囝"之俗体。《搜真玉镜》"曰"音女减切,《集韵·豏韵》"囝"音女减切,二字同音,杨宝忠谓"曰"当是"囝"之讹变②,其说可信。因此,两种可能殊途同归。现在需要说明的是"囝"是否能贯通文意。

《说文》:"囝,下取物缩藏之。"王筠《说文解字句读》:"下《玉篇》作手,《广韵》作私,似私是。惟其私取,故缩藏之也。"按:明张自烈《正字通·口部》:"囝,《说文》:'私取物缩藏之。'"即作私字。《集韵·缉韵》:"囝,私取物。"《广韵·缉韵》:"囝,囝囝,私取皃。"金韩道昭《五音集韵·缉第八》:"囝囝,私取貌。"皆可证"囝"义为私取物。或仅训为取。北周卫元嵩《元包经传·仲阳第六·坎》:"辛之囝,俘之挐。"唐苏源明传:"囝,取也。"囝亦囝之俗讹。《正字通·口部》:"囝,按《说文》有囝无囝,……'人'者'又'之讹。""换"有借贷义。《玉篇·手部》:"换,贷也。"《汉语大词典》:"换,借贷。"举例有《南史·周奉叔传》:"陵轹朝士,就司空王敬则换米二百斛,敬则以百斛与之,不受。"故"换囝"犹言"借取"。《三国志·魏志·王粲传》"刑竟署吏"裴松之注引魏鱼豢《典略》:"文帝尝赐桢廓落带,其后师死,欲借取以为像。"此其词例。用"囝"不用"取"者,从"郡无簿书"语可知,司马休之虽以"换"(借)库钱为名,实则却未写借据,私自领走,故用私取义之"囝"。如此解读,滞碍都尽。"囝"之私取义各辞书皆无书证,可补此例。

(16) 夏便自觉无复锁械,即穿出槛,槛外墙上大有芳判,见道人在芳上行。夏因上就之。(《系》二一,104 页)

注释:"'芳判'及下文'芳',写本字迹清楚,然不明何意。此文又无参见资料,故阙疑。"

---

① 方一新、王云路:《中古汉语读本》(修订本),上海教育出版社 2006 年版,第 142 页。
② 杨宝忠:《疑难字考释与研究》,中华书局 2005 年版,第 166 页。

按：《尔雅·释草》："茨，蒺藜。"《经典释文》卷30引《本草》："蒺藜，一名旁通，一名屈人，一名止行，一名豺羽，一名升推，一名即梨，一名茨，多生道上布地，子及叶并有刺，状如鸡菱。"古人常在院落围墙上栽植蒺藜以防他人翻越，故名曰"止行""旁通"。"旁通"者，"防通"也。"芳判"盖亦蒺藜异名，当取"防攀"之义。茨本义为苫盖。《说文》："茨，以茅苇盖屋。"因古人常用蒺藜覆墙，故谓蒺藜为茨。宋陆佃《埤雅》卷17《释草》："一名茨，可以茨墙，故谓之茨。"《诗经·鄘风·墙有茨》："墙有茨，不可扫也。"墙上之茨为防范而设，故曰不可扫除。《尚书·梓材》："若作室家，既勤垣墉，惟其涂塈茨。"孔颖达疏："茨，谓盖覆也。"此亦当谓用蒺藜覆墙。由此可见古代用蒺藜覆墙习俗的流行。监狱的外墙上栽植蒺藜想来更为普遍。《易经·困卦·六三》："困于石，据于蒺藜。入于其宫，不见其妻。"李镜池注："这是刑狱专卦。……一个犯罪的人被绑在嘉石上，后来又被关在有蒺藜的监狱里。期满释放回家，妻子却不见了。"[①] 元杨显之《黑旋风》第三折："大哥，那里是那牢哩？［内应云］高墙儿矮门棘针屯着的便是。"清黄六鸿《福惠全书·刑名·监禁》："四周围墙，务须坚峻，迭以棘针。"为了增强蒺藜的防御功能，古人还制造了铁蒺藜。宋吴仁杰《离骚草木疏》卷4引陶隐居（按：即梁陶弘景，著有《陶隐居本草》十卷）云："军家铸铁作之，以布敌路。"《六韬·虎韬·军用第三十一》："狭路微径张铁蒺藜，芒高四寸，广八寸。"监狱的墙上安置这种铁蒺藜也是有可能的。"见道人在芳上行"，写本"芳"下当脱"判"字。

（17）王球字叔衒，太原人也。（《系》二三，110页）

校记："写本、金刚寺本作'叔衒'，《法苑珠林》、《太平广记》作'叔达'，《法华传记》作'叔衒'，未知孰是。"

按：古有"衒玉"一词。扬雄《法言·问道篇》："衒玉而贾石者，其狙诈乎？"《三国志·蜀志·秦宓传》："宓同郡王商为治中从事，与宓书曰：'贫贱困苦，亦何时可以终身！卞和衒玉以耀世。'"衒义为叫卖，"衒玉"谓叫卖美玉。《广韵·尤韵》："球，美玉。"名球字叔衒，适相对应，故以衒字为是。

---

① 李镜池：《周易通义》，中华书局1981年版，第92页。

达、衍均与球义不相涉，应属讹误。又《论语·子罕》："子贡曰：'有美玉于斯，韫椟而藏诸，求善贾而沽诸？'子曰：'沽之哉，沽之哉，我待贾者也。'"名球字衔，当取待价而沽之意。

（18）人世已远，遗书两传。（《系》二四，112页）
注释："遗书：亡佚散失的书。"

按："两传"指上文提到的郭宣感应观世音的两种不同的说法。若"遗书"是亡佚散失的书，两种说法又从何而来？"两传"若是指口耳相传，则跟"遗书"无关，又何必提及"遗书"？今谓"遗书两传"当理解为传世的书中有两种说法。"遗"指遗留，而非亡佚。

（19）高度，勃海人也。志立塔寺，而顷恒佣力，劳之。后为赵郡人债送官绢至索虏朝，都不解罪福，遂欲偷绢拟寺，因取三百四。（《系》二八，118页）
注释："顷，近来。"

按：此文为后人记述，解"顷"为近来，文意未谐。"顷"与下文"后"相照应，应是"先前""先是"的意思。① 唐薛能《褒城驿有故元相公旧题诗因仰叹而作》："鄂相顷题应好池，题云万竹与千梨。我来已变当初地，前过应无继此诗。"唐郑谷《宜春再访茅公言公幽斋写怀叙事因赋长言》："顷为弟子曾同社，今忝星郎更契缘。""志立塔寺，而顷恒佣力"是说高度立志要建一座有塔的寺院，便先是常去出卖劳力来筹集资金。

（20）度乃奖率众人，共归命观世音。（《系》四三，147页）
注释："奖率：劝勉带领。奖，劝勉，勉励。诸葛亮《出师表》：'今南方已定，兵甲已足，当奖率三军，北定中原。'"

按："奖率"有二义，一为勉励义，一为率领义。《法苑珠林》卷33："然

---

① 参见王锳：《诗词曲语辞例释》（增订本），中华书局1986年版，第200页。

今施主等仰袭医王，建斯温室，营办七物，洗浴三尊，奖率有缘，弘扬妙典，以兹殊胜，莫大善根。"《辽史·能吏传序》："汉以玺书赐二千石，唐疏刺史、县令于屏，以示奖率。"以上为勉励义。《宋书·刘道产传附子延熙传》："元嘉十八年，为氐寇所攻，道锡保城退敌，太祖嘉之，下诏曰：'前者兵寇攻逼，边情波骇，广威将军、巴西梓潼二郡太守刘道锡，奖率文武，尽心固守，保全之绩，厥效可书。'"《魏书·卢玄传附渊弟昶传》："永平四年夏，昶表曰：'萧衍琅邪郡民王万寿等款诚内结，潜来诣臣，云朐山戍今将交换，有可图之机。臣即许以旌赏，遣其还入。至三月二十四夜，万寿等奖率同盟，攻掩朐城，斩衍辅国将军，琅邪、东莞二郡太守，带朐山戍主刘晰并将士四十余人。'"以上为率领义。《小尔雅·广诂》："率，劝也。"故"奖率"连文有劝勉义。"奖""将"古可通假。《方言》第六："奖，欲也。"钱绎笺疏："奖旧本……或作将。""欲"义之奖通常写作将。《汉书·淮南衡山济北王传》颜师古注："将读曰奖。"故"将率"亦作"奖率"。此"奖率"二义之由来。《系》四三之"奖率"乃劝勉义，而《出师表》之"奖率"应作率领解。《出师表》之"奖率"《文选》六臣注本作"帅将"，文渊阁《四库全书》所收《文选》李善注本作"奖帅"，可证"奖率"即"将率"。再从上下文意来看，说率领三军北定中原要比勉励三军更为合理，在正常情况下，军队只需由将帅率领行事即可，无须勉励。又《三国志·蜀志·诸葛亮传》载："五年，率诸军北驻汉中，临发，上疏曰……"下即《出师表》。此"率"即将率义，则诸葛所言"奖率"应与此同义。

(21) 释道明道人，先为白衣。曾商行，道经武原水。在中遭劫，并夺船物，顺流乘去。等辈并驱出穷岸，愧然无计。(《系》五四，171 页)
注释："愧然：羞愧悔恨的样子。"

按：遭到抢劫的商人们被放置到荒无人烟的岸边，与羞愧似无关系。疑"愧"当是"塊"（块）字之误。手写体中竖心旁与土旁易于相混。如《诗经·鲁颂·閟宫》："烝徒增增。"孔颖达正义："增俗本作憎。"《周易·旅卦·六二》："旅即次，怀其资。"汉帛书本"怀"作"坏"。"块然"有"孤独貌"义，也有"木然无知貌"义。前者如《荀子·君道》："块然独坐而天下从之如一体。"后者如《庄子·应帝王》："于事无与亲，雕琢复朴，块然独以其形立。"成玄英疏:"块然,无情之貌也。"此处理解为"木然无知貌"比较妥帖。

(22)曙欲去,唯见山谷万重,不知何处去。(《系》五九,181页)

校记:"'曙'写本作'睹',据文意改。"

又:曙乃觉故在盘石上眠,但见空林而已。(《系》六九,208页)

校记:"'曙'写本作'睹',据金刚寺本改。"

按:写本之"睹"应为"睹"字。《说文》:"睹,旦明也。"段玉裁注:"本作睹,后乃变为曙。"睹、曙古今字,应照原件楷定为睹。

(23)辗转数千里,遂还乡。初至,正见母在像前,伏灯火下。因悟前所见灯即是像前灯也。远近闻之,无不助为悲喜。(《系》六三,195页)

注释:"助为悲喜:对老妇之子遭受的苦难表示同情,对他们母子团圆表示祝贺。"

按:"助"有祝贺义的说法是蒋礼鸿在《敦煌变文字义通释》中提出来的(见"助"条),后来随着更多相关用例的发现,学者们认识到这一概括难以贯通所有同类例句。就拿此句来说,"助"涉及"悲喜"二事,祝贺其喜虽然能通,但祝贺其悲就讲不通了。黄征将这类"助"的词义概括为"共同"①,也未见切当。《汉语大词典》在"助"的"增添、增加"义项下举的例子有:《史记·外戚世家》:"于是窦后持之而泣,泣涕交横下。侍御左右皆伏地泣,助皇后悲哀。"前蜀李珣《浣溪沙》词之一:"入夏偏宜淡薄妆,越罗衣褪郁金黄,翠钿檀注助容光。"明徐渭《赠严宗源序》:"无一琴以娱,而有诸苦以助窘。"《大词典》的概括基本上是可取的。敦煌变文《维摩诘经讲经文》:"啼树晚莺同助哭,语篱秋燕共添哀。""助"与"添"对文,其义相同。"助"的对象可以是积极的,如"助喜""助兴""助威""助容光"等,也可以是消极的,如"助哀""助虐""助窘""助寒心"(南朝江淹《敕为朝贤答刘休范书》:"然桓侯之患,良助寒心。")等,这些"助"的直接意义就是增添,"助兴"

---

① 黄征:《魏晋南北朝俗语词辑释》,《杭州大学学报》1994年第3期。

就是增添兴致，"助喜"就是增添欣喜。"助皇后悲哀"直解就是增添皇后的悲哀，言下之意是皇后悲哀，身边的人也显出悲哀的表情，以示同情关切。从词义特点来看，"助"者是从属的、陪衬的，被"助"者是主要的，"助"是一种跟随、附和的行为，所以在有些语境中"助"可以理解为"跟随"，因而"助喜"也说成"随喜"。"无不助为悲喜"是说无不随着母子二人的悲喜而悲喜。

（24）池金罡，平原人也，少事佛精进。年十八，为人所诱杀，弃尸空冢，冢深丈馀。贼去之后，遂得醒活。别经苦痛，独心存观世音。（《系》六四，200页）

今译："虽创伤非常疼痛，但他只是心念观世音菩萨。"

按：此处"别"是"不顾"之义。"别"为离开，由此引申为弃去、不顾。"别经苦痛"是说不顾经受的疼痛。

（25）年造卅，复于林中结罟张鹿。（《系》六八，205页）

按："张"应加注，义为用网捕捉。《公羊传·隐公五年》："百金之鱼，公张之。"《后汉书·方术传上·王乔》："于是候凫至，举罗张之，但得一只舄焉。"并其例。"张"原指捕捉鸟兽的网具。《周礼·秋官·冥氏》："冥氏掌设弧张，为阱擭以攻猛兽。"郑玄注："弧张，罿罦之属，所以扃绢禽兽。"用作动词，便有了用网捕捉义，正如"罗"由名词罗网引申为动词用罗网捕捉义一样。

（原载《汉语史学报》第 8 辑，上海教育出版社 2009 年版）

司马迁《报任少卿书》索隐

司马迁的《报任少卿书》是千古传诵的名篇，也是人们了解司马迁思想的重要文献，但该文在理解上疑难重重，虽经历代学者递相疏解，至今难解及误解之处仍然不少。本文意在对《报任少卿书》探赜索隐，释疑解惑，庶几得马迁之真意，祛流行之误解。《报任少卿书》主要有《汉书》和《文选》两个版本，《汉书》本时代早，更多地保留了司马迁书信的原貌，《文选》本则多有后人修改，所以本文所引《报任少卿书》以《汉书·司马迁传》所载为据。

1. 若望仆不相师用，而流俗人之言。

《文选》作"若望仆不相师而用流俗人之言"，王念孙《读书杂志·余编下·文选》辩明《汉书》文本应为原文，《文选》之文是后世不明其义者臆改的结果，其说可信。至于"而流俗人之言"的理解，王念孙采纳苏林的训释。《文选·报任少卿书》李善注："苏林曰：'而犹如也。'《礼记》曰：'不从流俗。'郑玄曰：'流俗，失俗也。'"《六臣注文选》张铣曰："而，如也。言少卿书若怨望我不相师用，以少卿劝戒之辞如流俗之人所言。"颜师古提出了不同的解释："谓随俗人之言而流移其志。"但未能得到后人的认同。王先谦《汉书补注》："齐召南曰：《文选》作'若望仆不相师而用流俗人之言'，倒用字于而字下，甚顺。先谦曰：'颜说非也，齐说亦非。'"王先谦还是信从苏林等人的解释。我们认为训"而"为"如"很难行得通。从《报任少卿书》本身的文例来看，说"俗人"，不说"流俗人"，如"事未易一二为俗人言也"，"此可为智者道，难为俗人言也"。从文意来看，训"而"为"如"，其意为"好像在责怪我不采纳你的建议，正如世俗人所说的那样"，这一理解成立的前提是当时社会上流传着司马迁不理睬任少卿的建议或是司马迁从不采纳别人建议之类的说法，然而这是查无实据的。另一种理解是为"如流俗人之言"臆想出别的主语，如张铣想到的是"以少卿劝戒之辞"，但这毕竟是凭主观理解添加的，于原文无据。

其实颜师古的解释大致不差。"流俗人之言"即"流于俗人之言",类似的说法典籍并不少见。如:

（1）不流世俗,不争埶利。(汉·司马迁:《史记·太史公自序》)

（2）大人之志不可见也,浩然而同于道;众人之志不可掩也,察然而流于俗。同于道,故不与俗浮沉。(汉·荀悦:《申鉴·杂言下》)

（3）吾亟得见焦生于欧阳公之门,美生之志足以造于道而不流于俗。(宋·刘敞:《公是集》卷35《送焦千之序》)

（4）夫厚葬之家流于俗,以奢靡为孝。(宋·欧阳修、宋祁:《新唐书·姚崇列传》)

（5）伏望罢前日之诏,使士一意于先王之学,而不流于世俗之习,天下幸甚。(宋·吴曾:《能改斋漫录》卷12《谨正·罢史学》)

（6）弟矗知读书,甘寂远势,必不流于俗人之言,自知辨此审矣。(明·王元翰:《王谏议全集·报陶不退宪副》)

"流"有顺随之义。《楚辞·离骚》:"固时俗之流从兮,又孰能无变化?"西汉贾谊《惜誓》:"俗流从而不止兮,众枉聚而矫直。"宋黎靖德《朱子语类》卷122:"婺州士友只流从祖宗故事与史传一边去,其驰外之失,不知病在不曾于《论语》上加工。""流从"同义连文,谓顺随。"流"的顺随义今方言中仍在使用。李荣主编《现代汉语方言大词典》综合本（江苏教育出版社2002年版):"流,扬州:随顺;依从:儿大不流爷,女大不流娘。……疑是'由'的讹变。""流"的顺随义是从本义水流引申出来的,并非"由"的讹变。水流始终往前流动,故有"顺流"之说。西汉陆贾《新语·道基》:"百川顺流,各归其所。"《史记·萧相国世家论》:"何谨守管钥,因民之疾秦法,顺流与之更始。"由此引申为顺随义。上揭各例均为此义。"流俗人之言"即例（6）之"流于俗人之言",是说顺随世俗之人的说法。"而"还是应理解为常用的连词。前人不知"流"有顺随义,故或训"而"为"如",或移"用"于"而"下。颜师古虽然释为"谓随俗人之言",但又加上"流移其志"的蛇足,表明他还是不明"流"在此为顺随义,而将"流"理解为"流移"。

2. 士为知己用,女为说己容。

"用"字古来无注,盖以常义"使用"解之。此语上下对文,下句"容"

者女自己容，则上句"用"者士自己用，而非士之知己用，然解作士自己使用则文意不通。"用"古有效力、卖命之义。《商君书·靳令》："六虱成群，则民不用。"不用，不效力。马王堆汉墓出土古佚书《六分》："万民和辑而乐为其主上用。"《史记·陈涉世家》："吴广素爱人，士卒多为用者。"言乐为其主效力。或言"用命"，即效命、卖命之义。《尚书·甘誓》："用命赏于祖，弗用命戮于社。"《三国志·吴志·甘宁传》："然开爽有计略，轻财敬士，能厚养健儿，健儿亦乐为用命。"李斯《谏逐客书》："百姓乐用，诸侯亲服。"隋树森等注云："乐用：乐于被使用。"① 未得。

3. 刑余之人，无所比数，非一世也，所从来远矣。

王力主编《古代汉语》（校订重排本，中华书局 1999 年版）注："没有（把他们）放在一起来计算的，即不能和任何人相比。比：比并。数（shǔ），计算。"按：比有计算义。② 《小尔雅·广诂》："阅、搜、履、庀（比），具（算）也。"《周礼·地官·小司徒》："及三年则大比，大比则受邦国之比要。"郑玄注："大比，谓使天下更简阅民数及其财物也。""比要"《汉语大词典》释为"周代统计人民户口及财产的簿籍。"可知"比要"之比即统计之义。《周礼·夏官·大司马》"简稽乡民"郑玄注："简，谓比数之。""比数"同义连文，谓计数（shǔ）。《汉书·梅福传》："建始以来，日食地震，以率言之，三倍春秋，水灾无与比数。"此谓无以计数。颜师古注云："言其极多，不可比较而数也。"释"比"为比较，失之。"比数"为计数，其用于评价人则为数得上、算得上、相提并论之义。"刑余之人，无所比数"是说刑余之人哪儿也数不上，言其卑贱，不足齿数。"比数"由数得上又引申为看重、理睬、同情等义。③ 杜甫《秋雨叹》："长安布衣谁比数？反锁衡门守环堵。"此谓无人理睬。

4. 横挑强胡。

王力主编《古代汉语》注："横挑，四处挑战。"郭锡良等编《古代汉语》（商务印书馆 1999 年版）注："横（hèng）挑，意外地挑战，指出奇兵诱敌作战。"洪波主编《立体化古代汉语教程》（高等教育出版社 2005 年版）注："横

---

① 隋树森等：《古代散文选》，人民教育出版社 1980 年版，第 142 页。
② 参见杨琳：《小尔雅今注》，汉语大词典出版社 2002 年版，第 16 页。
③ 参见郭在贻：《杜诗札记·比数》，《训诂丛稿》，上海古籍出版社 1985 年版，第 82 页；刘尚慈：《"比数"琐议》，香港《词库建设通讯》总第 22 期，2000 年。又：考释"比数"语源之文甚夥，多未切当，此不详举。

挑（tiǎo）：公开地挑战。横：情状副词。公开地。"横无"四处""公开"之义，二说不能成立。"意外地挑战"说文意未安。横有"肆意"之义。《孟子·滕文公下》："圣王不作，诸侯放恣，处士横议。"《汉语大词典》："横议，恣意议论。"《史记·吴王濞列传》："晁错为太子家令，得幸太子，数从容言吴过可削。数上书说孝文帝，文帝宽，不忍罚，以此吴日益横。"谓日益放肆。"横挑强胡"谓肆意挑战强胡，无所顾忌地挑战强胡，体现了李陵的骁勇善战。此义之"横"应读 héng。

5. 身虽陷败，彼观其意，且欲得其当而报汉。

这里的"彼"字不好讲。《马氏文通》中说："'彼'当太史公自谓，不应用'彼'字，而遍查各本，皆用此字，实无他书可为比证，未敢臆断，附识于此。"① 马建忠将"彼"附在指名代字后，态度是谨慎的。后人则用改动原文的办法来解决问题。有人说"彼"是"仆"字之误，有人说是"微"字之误，还有人说是"观彼"之倒。② 还有人认为："古人行文，自有插入语，此'观其意'三字是也。此文'彼且欲得其当而报于汉'为句，'观其意'则为论述中之插语耳。今选注家皆未悟，而以'彼观其意'四字连读，则文义难以解说。"③ 其实原文并无误倒，误在后人断句不当，如果将"彼"字属上读，就文从字顺了。"陷败彼"即陷败于彼，"彼"指匈奴，这样"观其意"的自然就是司马迁了。"彼""此"单独作补语的例子如《史记·太史公自序》："句践困彼，乃用种、蠡。"《史记·吴太伯世家》："吾悔不用子胥之言，自令陷此。"古代汉语中动词后的处所补语省略"于"也很常见，如"必死是间"（《左传·僖公三十二年》）、"败荥阳"（《史记·淮阴侯列传》）等。如果我们轻信后人的臆改，岂不是有失司马迁之真？

6. 故士有画地为牢势不入，削木为吏议不对，定计于鲜也。

萧泰芳等认为："'势''议'二字均当与'期'同义，都表示'坚决'的意思。疑'势'本当作'执'，因形近而讹为'势'的旧体'埶'，后又将

---

① 《马氏文通》，商务印书馆 1983 年版，第 58 页。

② 分别见《中华活页文选》合订本之八，上海古籍出版社 1979 年版，第 20 页；王泗原：《古语文释例》，上海古籍出版社 1988 年版，第 500 页；冯其庸等：《历代文选》，中国青年出版社 1979 年版，第 225 页。

③ 白兆麟：《〈马氏文通〉疑难例句辨析》，《长江学术》第 5 辑，长江文艺出版社 2003 年版；孙雍长：《〈经史百家杂钞〉标点札记》，《古汉语研究》1989 年第 1 期。

'埶'改写为'势'。……'议'疑当为'毅'的借字,《说文》:'毅,……一曰毅,有决也。'"① 此说将不同的词强求作同义理解,实不可取。"势"在古汉语中常作状语,表示在某种情势下一定发生某种结果。《盐铁论·西域》:"今匈奴牧于无穷之泽,东西南北不可穷极,虽轻车利马,不能得也,况负重赢兵以求之乎?其势不相及也。"《盐铁论·刺权》:"鼓金煮盐,其势必深居幽谷。"《史记·伍子胥列传》:"伍奢曰:'尚为人仁,呼必来。员为人刚戾忍詢,能成大事,彼见来之并禽,其势必不来。'"荀悦《汉纪·平帝纪》:"贼攻城不得,势必不能聚。"成语有"势不两立"。"势不入"之"势"正是此义。何金松《虚词历时词典》:"势,必然,必定。"② 举例为《后汉书·光武帝纪上》:"今兵谷既少,而外寇强大,并力御之,功庶可立。如欲分散,势无俱全。""势"虽有虚化为"必定"义的可能性,但从上面这些例子来看,"势"还是情势义,故前面可加指示代词"其",理解为"必定"不大能站得住。

郭锡良等编《古代汉语》注:"议:指吏议,法官的审讯和判决。对:指犯人回答法官的审讯。""画地为牢"两句是汉代流行的俗语,其他文献中也有记载,但字词不尽相同。荀悦《汉纪·孝宣一》:"语曰:'画地为狱誓不入,刻木为吏议不对。'此皆嫉吏悲痛之辞。"《汉书·路温舒传》:"故俗语曰:画地为狱议不入,刻木为吏期不对。"颜师古注:"画狱木吏尚不入对,况真实乎?期,犹必也,议必不入对。"释"议"为审讯虽然能贯通"削木为吏"之语,但在异文"画地为狱议不入"面前行不通,可见"议"不是审讯的意思。

颜师古训"期"为必,又"议必"连文,则"议""期"义相近同。《史记·张丞相列传》:"昌为人吃,又盛怒,曰:'臣口不能言,然臣期期知其不可。陛下虽欲废太子,臣期期不奉诏。'"《汉语大词典》:"期期,口吃结巴貌。"王念孙《读书杂志·汉书第九·张周赵任申屠传·期期》:"师古曰:'以口吃,故每重言期期。'刘攽曰:'期读如《荀子》目欲綦色之綦,楚人谓极为綦。'念孙案:颜说是也。……期期乃吃者语急之声,本无意义。刘读期为綦而训为极,臣极不奉诏,斯为不词矣。胡三省训綦为近,尤非。"此解未明形容口吃何以用"期期"而不用他音。"期"当解为必,周昌谓必知其不可、必不奉诏。"议"则为"义"之借字。"议""义"二字古常通作。《战国策·

① 萧泰芳等:《〈古代汉语〉注释商榷》,山西古籍出版社1999年版,第405页。
② 何金松:《虚词历时词典》,湖北人民出版社1994年版,第215页。

赵策二》："愚臣不达于王之议。"《史记·赵世家》议作义。《史记·司马相如列传》："义不反顾。"《汉书·司马相如传》义作议。"义不+谓词性成分"是古汉语中常见的句式，意为守义不做某事。如《史记·伯夷列传》："武王已平殷乱，天下宗周，而伯夷、叔齐耻之，义不食周粟，隐于首阳山，采薇而食之。"《史记·田单列传》："王蠋，布衣也，义不北面于燕，况在位食禄者乎！"《说苑·臣术》："人臣之术，顺从而复命，无所敢专，义不苟合。""削木为吏议不对"谓即使削木做个假狱吏，也守义不能面对。

7. 彭越、张敖南面称孤，系狱具罪。

《立体化古代汉语教程》注："具罪：认罪。具：陈述。"

《读书杂志·汉书第十一·司马迁传》"具罪"条：

> 彭越张敖南乡称孤，系狱具罪。师古曰："或系于狱，或至大罪也。"念孙案：如师古注，则正文本作"系狱氐罪"，氐者，至也，故注言至大罪。氐字或作抵。（《礼乐志》："大氐皆因秦旧事焉。"师古曰："其后字或作抵，音义并同。"）《文选》作"系狱抵罪"，是其明证也。今本作"具罪"者，氐讹为且，（隶书氐字或作互，又作互形，与且相似，因讹为且。《史记·高祖功臣侯者年表》橐祇侯陈错，《汉表》祇作祖，《地理志》常山郡"元氐，泜水首受中邱西山穷泉谷"，今本泜讹作沮，皆其例也。）后人又改为具耳。《说文》曰："氐，至也。"《吕氏春秋·必己篇》："宋桓司马抵罪出亡。"高诱曰："抵，当也。"《汉书·高帝纪》："伤人及盗抵罪。"应劭曰："抵，至也，当也。除秦酷政，但至于罪也。"（见《史记》集解）《杜延年传》："或抵其罪法。"师古曰："抵，至也，致之于罪法。"以上凡言抵罪者，皆谓至于罪也。抵与氐同，故此注云或至大罪。若改氐罪为具罪，则非其义矣。

以上二说均有未安。《汉语大词典》"具"下有"定案、判决"之义，举例有《史记·李斯列传》："二世二年七月，具斯五刑，论腰斩咸阳市。"宋孔平仲《孔氏谈苑》卷1："狱具，各决脊杖七十。"《续资治通鉴·宋太宗太平兴国六年》："诸州大狱，长吏不亲决，胥吏旁缘为奸，逮捕证左，滋蔓逾年而狱未具。""具"有办理义。《广韵·遇韵》："具，备也，办也。"《东观汉记·符融传》："妻亡，贫无殡敛，乡人欲为具棺服，融不肯受。""具棺服"是说置办棺材和寿衣。用于刑事则为办罪、判罪之义。《史记·酷吏列传·张汤》："张汤者，杜人也。其父为长安丞，出，汤为儿守舍。还而鼠盗肉，其父怒，笞汤。汤掘窟得盗鼠及余肉，劾鼠掠治，传爰书，讯鞫论报，并取鼠与肉，具狱磔堂下。""具狱"谓判案、定案。《汉书·于定国传》："其后姑自经死，姑女告吏：'妇杀我母。'吏捕孝妇，孝妇辞不杀姑，吏验治，孝妇自诬服。具狱上府。"此谓定案上报于府。颜师古注曰："具狱者，狱案已成，其文备具也。"未确。唐吕岩《真人行》诗序："真人行巴陵市，太守怒其不避，使案吏具其罪。"宋陆九渊《象山外集》卷2《政之宽猛孰先论》："张炀之徒竟以任职称意公卿之间，往往系狱具罪。""具罪"并治罪之义。王念孙不知"具"有治罪义，乃辗转求通于形误，失其本意。

8. 此人皆身至王侯将相，声闻邻国，及罪至罔加，不能引决自财。

《文选》李周翰注："言不能引志决列，以自裁毁。"王力主编《古代汉语》注："引决：下决心。"下文云："且夫臧获婢妾，犹能引决，况仆之不得已乎？"王力主编《古代汉语》注："引决，承上文引决自裁，含有自裁意。后世因此以引决表示自裁。"诸说未得其义。引、决皆有杀义，在此为同义连文，义为自杀。《文选·潘岳〈寡妇赋〉》："感三良之殉秦兮，甘捐生而自引。"李善注："自引，自杀也。"《报任少卿书》："至于鞭棰之间，乃欲引节，斯不亦远乎？""引节"犹"勇者不必死节"之"死节"。东汉应劭《风俗通义·过誉》："四罪是矣，杀决可也。""杀决"同义连文。《史记·扁鹊仓公列传》："上古之时，医有俞跗，治病不以汤液醴洒，镵石挢引，案扤毒熨，一拨见病之应，因五藏之输，乃割皮解肌，诀脉结筋，搦髓脑，揲荒爪幕，湔浣肠胃，漱涤五藏，练精易形。"《汉语大词典》："诀脉，割断血管。诀，通'决'。"割、杀义通。今有"处决"一词，"决"即杀死义。

9. 孙子髌脚，《兵法》修列。

今世注本都把"膑"释为"砍去膝盖骨"。髌（膑）本义是膝盖骨，引申指去除膝盖骨的刑罚。这种刑罚实行于商代，周代用刖刑代替了髌刑，但周代文献中提到刖刑时习惯沿用髌的名称，这使髌刑的内涵发生了转移。古代学者注意到了髌刑内涵的这种变化，他们在训释中进行了考辨。《周礼·秋官·司刑》"刖罪五百"郑玄注："刖，断足也。周改膑作刖。"贾公彦疏："膑本亦苗民虐刑，蚩尤改膑作腓，至周改腓作刖，《书》传云膑者举本名也。"《说文》"髌"下段玉裁注："膑者髌之俗，去卻头骨也。周改髌作刖，其字借作刖，断足也，汉之斩趾是也。""跀"下注云："按唐虞夏刑用膑，去其膝头骨也。周用跀，断足也。凡于周言膑者，举本名也。《庄子》：'鲁有兀者叔山，无趾，踵见仲尼。'崔譔云：'无趾，故踵行也。'然则跀刑即汉之斩趾，无足指，故以足跟行也。无足指不能行，故别为刖足者之屦以助其行，左氏云'踊贵屦贱'是也。"古代学者对此大都很清楚。东汉王符《潜夫论·贤难》："孙膑修能于楚，庞涓自魏变色，诱以刖之。"明确说孙膑受的是跀刑。《文选·邹阳〈于狱上书自明〉》："昔者司马喜膑脚于宋，卒相中山。"唐李周翰注："膑，刖也。"司马迁也知道周代的膑脚就是刖足，所以他在《报任少卿书》中又说"孙子断足"。然而今天不少学者并不清楚膑刑内涵的变化，仍然把膑刑理解为去除膝盖骨。如王力主编《古代汉语》注："司马喜，战国时人，据说在宋受膑刑，后来三次为中山国之相。膑（bìn），古代刑罚之一，割去膝盖骨。"郭锡良等编《古代汉语》注："孙子：指孙膑，战国时大军事家。因为他受过膑刑，后世就称为孙膑。膑：砍去膝盖骨。"洪诚《训诂学》："司马迁《报任少卿书》云：'孙子膑脚。'膑刑是封建时代酷刑之一，去膝盖骨，不是断足斩趾；断足之刑叫跀。……但是同篇下文又说：'孙子断足。'《史记·孙吴列传》附孙膑传也说：'膑至，庞涓……则以法刑断其两足。'足在脚下，膑脚则足断（虽连如断），所以叙事，对于'膑脚'、'断足'可以不分；训诂，由于膑字有特定的意义，就不能以《史记·孙吴列传》为据，把'膑脚'翻译为'砍去两足'。"[①] 这些失误表明，文化词语的训释在今天是训诂的重点，应该加强。

10. 仆诚已著此书，藏之名山，传之其人，通邑大都。

郭锡良等编《古代汉语》注："通邑，大邑，与'大都'义同。"如此解释，"通邑大都"与上文如何关联？《立体化古代汉语教程》注："通邑大都：流传于都市。通：流通，传布。"如此解释，"通邑大都"与上文可以贯通，但流通于"邑大都"的说法又不免扞格。"通邑"是大城市的意思，"通邑大都"为古代成语，泛指大都市，郭注不误。《史记·货殖列传》："通邑大都，酤一岁千酿。"三国魏王粲《务本论》："通邑大都，有严令则火稀，无严令则烧者数，非赏罚不能齐也。"欧阳修《送梅圣俞归河阳序》："然求珠者必之乎海，求玉者必之乎蓝田，求贤士者必之乎通邑大都。"因此，标点应标为"藏

---

① 洪诚：《洪诚文集》，江苏古籍出版社 2000 年版，第 96—97 页。

之名山，传之其人、通邑大都"，意为传之其人及通邑大都。若标为"藏之名山，传之其人通邑大都"，亦可通，意为传之其人于通邑大都。前解为长。

11. 且负下未易居，上流多谤议。

"负下"之义费解。《文选》李善注："负累之下未易可居。"唐张铣注："且负忠义之节而为臣下者，其地不易居。"明方以智《通雅》卷38"负下即霸下"条："《文选》曰'负下未易居'，盖龙之一子为负屃，好负重，故处碑下，转其声为叭嘎，遂曰霸下，又曰负下。郝氏曰：'负与背声相借，犹坝之音霸也。'或曰负，贝之讹。"王先谦《汉书补注》引郭嵩焘云："负下犹言所凭污下。"王力主编《古代汉语》注："负下，负罪之下，就是在背过负罪的情况下面。"诸说或于文无据，或牵强附会，均有未安。原文仅一"负"字，"负忠义之节""负罪"云云从何而来？窃谓"负"当为"贫"字之讹。古有"贫下"一词，指贫贱卑下的境地或贫贱卑下之人。《孟子·梁惠王下》"于是始兴发补不足"东汉赵岐注："始兴惠政，发仓廪，以振贫下不足者也。"晋袁宏《后汉纪·孝和皇帝纪上》："八月春三月己丑，立皇后阴氏，赐天下男子爵各有差，鳏寡孤独贫下不能自存者，粟人五斛。"北魏高允《谏东宫上书》（《魏书·高允传》）："所在田园，分给贫下。"北凉昙无谶译《菩萨地持经》卷4："彼来求者有二种人。一者富乐，非是贫下，亦非孤独，有所依怙。二者贫苦，孤茕下贱，无所依怙。"梁曼陀罗仙译《宝云经》卷1："恭敬僧者，衣服、饮食、卧具、汤药、种种杂物，供给所须，奉施于僧，乃至贫下无所有时，当用净水敬心持施。"隋阇那崛多译《佛本行集经》卷53《优波离因缘品第五十五上》："时有二人，共为亲友。其人贫下，世无名闻。"宋王溥《唐会要》卷58《尚书省诸司中·户部侍郎》："开成元年，湖南观察使卢周仁进羡余钱十万贯，户部侍郎归融奏曰：'……其所进钱请还湖南，代贫下租税。"敦煌变文《金刚丑女因缘》："世间丑陋，生于贫下。"宋潘自牧《记纂渊海》卷61、宋真德秀《文章正宗》卷15引《报任少卿书》均作"贫下未易居"，清孙志祖《文选考异》卷3《报任少卿书》："且负下未易居，何云：'负下《汉书》作贫下。'宋本《汉书》作负下。"可为明证。

又"上流多谤议"之"上"《文选》作"下"，《记纂渊海》卷61引作"上"，与《汉书》一致，应以作"上"为是。此处"上流"与"贫下"相对为文。"贫下未易居，上流多谤议"是说处于下层社会则生活艰辛，处于上流社会又常（因官场的勾心斗角）招致毁谤非议，言人无论贫穷富贵，皆有烦恼，与俗语"家家都有难念的经"旨意相同。后人改"上"为"下"，当是受了《论语·子张》"是以君子恶居下流，天下之恶皆归焉"的影响。

12. 书不能尽意，故略陈固陋。

"故"字古来无注。这里的"故"理解为"所以"是讲不通的，因为"书不能尽意"与"故略陈固陋"之间无法构成因果关系。"故"有只是的意思。《世说新语·谗险》："国宝见王绪，问曰：'比与仲堪屏人何所道？'绪云：'故是常往来，无它所论。'"字亦作"固"。《史记·秦始皇本纪》："赵高说二世曰：'先帝临制天下久，故群臣不敢为非，进邪说。今陛下富于春秋，初即位，奈何与公卿廷决事？事即有误，示群臣短也。天子称朕，固不闻声。'于是二世常居禁中，与高决诸事。"单行本《史记索隐》卷2："固不闻声，一作'固闻声'，言天子常处禁中，臣下属望，纔有兆朕，闻其声耳，不见其形也。"《史记·李斯列传》亦载其事："天子所以贵者，但以闻声，群臣莫得见其面，故号曰'朕'。"东汉王符《潜夫论·明闇》："赵高乱政，恐恶闻上，乃预要二世曰：'屡见群臣众议，政事则黩，黩且示短，不若藏己独断，神且尊严。天子称朕，固但闻名。'二世于是乃深自幽隐。"据此两处异文可知，（1）"固不闻声"之"不"乃"以"字之讹；（2）"固"《李斯列传》改作"但"，乃同义互换，表明"固"有"仅只"义。① 字或作"顾"。《论衡·谴告》："顾可言政治失时，气物为灾；乃言天为异以谴告之，不改，为灾以诛伐之乎？"此义当由转折连词"顾"的"只是"义引申而来。"故略陈固陋"谓但略陈固陋耳。

（原载《汉语史学报》第11辑，上海教育出版社2011年版）

---

① 参见裴学海：《古书虚字集释》，中华书局1982年版，第326页。

古人名字辨正

了解古人名字有三难。一是不少情况下名字在典籍中只是偶一提及，并无详细介绍，所以哪是名哪是字，难以判断。二是名字常有异文，哪是正字，哪是讹误，难以定夺。古籍注释和人名辞典遇此情况，往往诸说并存，以示无奈。三是有些名和字之间的关系难以索解。其实不少名字的是非还是可以弄清楚的，并非无头悬案。

一、辨是名是字

古人对名字的命取和称呼是有一定之规的，所以有些名字的是非可以根据古人名字使用的规律和习俗予以澄清。比如《左传·僖公三十三年》："夏四月辛巳，败秦师于肴，获百里孟明视、西乞术、白乙丙以归。"这里的"百里孟明视、西乞术、白乙丙"究竟哪是氏、哪是名、哪是字就不易分辨。《左传·僖公三十二年》"召孟明、西乞、白乙"孔颖达正义："《世族谱》以百里孟明视为百里奚之子，则姓百里，名视，字孟明也。古人之言名字者，皆先字后名而连言之。其术、丙必是名，西乞、白乙或字或氏，不可明也。《谱》云：'或以为西乞术、白乙丙为蹇叔子。'案《传》称蹇叔之子与师，言其在师中而已。若是西乞、白乙，则为将帅，不得云与也。或说必妄，记异闻耳。"春秋时期，姓、氏有别，男子称氏不称姓，所以"百里"应该是氏，孔颖达说成姓是不对的。但他说"古人之言名字者，皆先字后名而连言之"则是符合实际的。如《左传·文公十一年》："司徒皇父帅师御之，耏班御皇父充石。"杜预注："皇父，戴公子。充石，皇父名。"《孟子·公孙丑上》："孟施舍之所养勇也，曰：'视不胜犹胜也，量敌而后进，虑胜而后会，是畏三军者也，舍岂能为必胜哉？能无惧而已矣。'"赵岐注："孟，姓；舍，名；施，发音也。施舍自言其名则但曰舍。"王引之《经义述闻》卷22："施，其字也。先言施后言舍者，襄十年《左传》正义曰：'古人名字并言者，皆先字而后名。'"王说甚确。古人自称称名，故下文仅称"舍"，不称"施舍"。赵岐因下文仅称"舍"而将"施"视为可有可无的发语词，表明他不熟悉先秦时的称名习俗。"孟"是排行，一般加在字前作为字的组成部分，所以"孟明视"的说法也是符合先字后名的规律的。至于"西乞、白乙或字或氏"，还是可以判明的，并非"不可明也"。"西""白"应为氏，"乞""乙"应为字，理由有二。其一是"百里孟明视"为氏字名全称，与之并列的"西乞术、白乙丙"也应该是氏字名全称。其二是"乞"与"术"、"乙"与"丙"意义上有关联，故应为字。王引之《经义述闻》卷22："术读为遂，文十二年《公羊》经正作遂。乞读为讫。遂，终也，竟也。……讫亦终也，竟也。"又卷23："丙，火也，刚日也。乙，木也，柔日也。名丙字乙者，取火生于木，又刚柔相济也。"春秋时期取干支为名字的并不少见，如郑石癸字甲父、卫夏戊字丁、楚公子午字子庚等。"西"和"白"若为字的组成部分，既与名无关涉，也看不出在字中有什么意义，所以应视为氏。有些人之所以把"西乞""白乙"看成字是因为有些文献中说这两人是蹇叔之子，既是蹇叔之子，他们的氏就是蹇，"西乞""白乙"就只能是字了。然而"西乞""白乙"为蹇叔之子的说法正如孔颖达指出的，是没有根据的妄说，未可信从。

《庄子·田子方》："温伯雪子适齐，舍于鲁。"唐成玄英疏："姓温，名伯，字雪子，楚之怀道人也。"成玄英的解释是有问题的。首先，温伯雪子是春秋时期的人，根据男子称氏不称姓的规律，"温"应该是氏。其次，如果"温伯雪子"是名字连称的话，根据先秦时期先字后名的习惯，应该是"伯"为字，"雪子"为名，成玄英拿唐代先名后字的习惯去套，自然就不对了。不过我们怀疑"温伯雪子"未必是名字连称。成玄英之所以理解为名字连称大约是四个字的缘故，是因为华夏族的名字一般不超过三字。然而"温伯雪子"之"子"可能是尊称，是先生的意思，不是名字的组成部分，宋代邵思《姓解》卷1"温伯"下说《庄子》有温伯雪"，宋释普济《五灯会元》卷13："温伯雪与仲尼相见时如何？"都没有"子"，可为佐证。根据"伯"为排行的特点，可以断定"伯雪"应该是字。《史记·楚世家》："熊严十六年，卒。有子四人，长子伯霜，中子仲雪，次子叔堪，少子季徇。"楚国国君熊严的二儿子叫仲雪，取字与"伯雪"相同，可资比照。

汉代以后名字连称时，先名后字，与先秦不同。如《史记·仲尼弟子列传》载孔子弟子曰"原亢籍"，原为氏，亢为名，籍为字。曹丕《典论·论文》："今之文人，鲁国孔融文举、广陵陈琳孔璋、山阳王粲仲宣、北海徐幹伟长、陈留阮瑀元瑜、汝南应瑒德琏、东平刘桢公幹，斯七子者，于学无所遗，于辞无所假，咸自以骋骥骥于千里，仰齐足而并驰。"这是三国时期的文献，所以融、琳、粲、幹、瑀、瑒、桢是名，文举、孔璋、仲宣、伟长、元瑜、德琏、公幹是字。又如王安石《游褒禅山记》："余与四人拥火以入。……四人者，庐陵萧君圭君玉、长乐王回深父、余弟安国平父、安上纯父。"君圭、回、安国、安上是名，君玉、深父、平父、纯父是字。

宋代郑獬《觥注记》云："双凫杯，一名金莲杯，即鞋也。王深辅道有《双凫杯》诗，则知昔日狂客亦以鞋杯为戏也。"根据汉代以后先名后字的连称习惯，我们知道"深"是名，"辅道"是字。但根据名字相应的原则，"深"和"辅道"看不出有什么联系，疑心其中有误。查阅典籍，见《宋史·王韶传附子寀传》云："寀字辅道，好学，工词章。"寀是官职的意思。《尔雅·释诂上》："寀，官也。""辅道"有辅佐主上的意思。《汉书·张汤传附子安世传》："明年，复下诏曰：'朕微眇时，故掖廷令张贺辅道朕躬，修文学经术，恩惠卓异，厥功茂焉。'"又《车千秋传》："后岁余，武帝疾，立皇子钩弋夫人男为太子，拜大将军霍光、车骑将军金日磾、御史大夫桑弘羊及丞相千秋，并受遗诏，辅道少主。"《新唐书·于志宁传》："帝遣中书侍郎岑文本敦譬曰：'忠孝不两立，今太子须人教约，卿强起，为我卒辅道之。'"元代有名萧辅道者（《元史·释老传·萧辅道传》）。名寀字辅道，取为官辅佐主上之意。宋赵希弁《郡斋读书后志》卷2云："《岷山百境诗》二卷，右皇朝王寀，字道辅，少有能诗名。"唐圭璋编《全宋词》王寀小传云："寀字辅道，一字道辅，江州（今九江）人。"并存异说。按："道辅"与"寀"意不相应，应为"辅道"之讹。

南宋周密《齐东野语》卷4《用事切当》："嘉熙乙亥四月，诞皇子，告庙祝文，学士李刘功甫当笔，内用四柱作一联云：亥年巳月无长蛇封豕之虞，午日丑时有归马牧牛之喜。盖时方有蜀扰，其用事可谓中的。"根据名字连称的习惯，我们知道"李"为姓，"刘"为名，"功甫"为字。明田汝成《西湖游览志余》卷2及明蒋一葵《八朝偶隽》卷7引上文，均作"李功甫"。但清厉鹗《宋诗纪事》卷61"李刘"条引明孙云翼《李梅亭先生小传》："刘字公甫，号梅亭。""功""公"同音，何字为是？我们认为"公"是对的。李梅亭名字当取自周人祖先公刘。若为"功",则与"刘"没有联系。

清初吴震方编辑的笔记小说丛书《说铃》中收有《蚓菴琐语》一书,卷前署名"古檇李王逋肱枕甫著",后人不明作者署名之义,多有误解。《四库全书总目提要》卷144《子部五十四·小说家类存目》称"国朝李王逋撰",石昌渝主编《中国古代小说总目·文言卷》也署"李王逋撰",以"李"为姓。① 尹小林、汪龙麟《〈古代小说典〉解题》"《蚓庵琐语》"条署"清·李玉逋撰"②,盖以为既姓李,下字不当又是姓,故改"王"为"玉"。陈登原《中国文化史》称作者为"王枕甫"③,麻天祥等《中国宗教史》称为"王逋肱"④,盖以"逋肱"为名,"枕甫"为字。此皆不明名字关系之失。檇李为浙江嘉兴县的一个古地名。《春秋·定公十四年》:"五月,於越败吴于檇李。"杜预注:"檇李,吴郡嘉兴县南醉李城。"作者为嘉兴人,故称"古檇李"。作者姓王名逋,字肱枕。"逋"义为逃匿。"肱枕"谓曲肱作枕,语本《论语·述而》:"饭疏食饮水,曲肱而枕之,乐在其中矣。"后人以"曲肱""枕肱"形容随遇而适,安贫乐道。晋陶潜《五月旦作和戴主簿》:"居常待其尽,曲肱岂伤冲。"唐骆宾王《上兖州崔长史启》:"直以容膝一丘,曲阜之瓢遽切;枕肱五亩,成都之壁已穷。"逃世隐居之人甘于安贫乐道,故名逋字肱枕。"甫"则为男子美称,缀于字后。栾保群、吕宗力校点《陔馀丛考》⑤、李永圻、张耕华整理《吕思勉中国文化史:中国政治思想史讲义》⑥ 称为"王肱《枕蚓庵琐语》",则连人名书名都混淆莫辨。

二、辨异文是非

《旧唐书·文苑传上·卢照邻传》:"兄光乘,亦知名,长寿中为陇州刺史。"2005 年,洛阳发现了卢照邻的弟弟卢照己的墓葬,出土墓志一方。⑦ 墓

① 石昌渝主编:《中国古代小说总目·文言卷》,山西教育出版社 2004 年版,第 608 页。
② 尹小林、汪龙麟:《〈古代小说典〉解题》,中国国学出版社 2009 年版,第 203 页。
③ 陈登原:《中国文化史》,辽宁教育出版社 1998 年版,第 619 页。
④ 麻天祥等:《中国宗教史》,武汉大学出版社 2012 年版,第 361 页。
⑤ 栾保群、吕宗力校点:《陔馀丛考》,河北人民出版社 1990 年版,第 592 页。
⑥ 李永圻、张耕华整理:《吕思勉中国文化史:中国政治思想史讲义》,天津古籍出版社 2007 年版,第 61 页。
⑦ 洛阳市第二文物工作队:《洛阳卢照己墓发掘简报》,《文物》2007 年第 6 期。

志铭中记载说:"君之昆弟八人,咸能知名当代,有若照乘、照邻、照容,洎君并弱冠秀出,皆擅词宗。"胡可先指出:"卢光乘,应当是墓志中的卢照乘。……据照乘、照邻、照己、照容推之,其兄弟排行皆从'照',而《旧唐书》作'光乘',未详何因。"① 我们认为《旧唐书》作"光乘"当是避讳的结果。《旧唐书》问世后仅流传了百年左右就被《新唐书》所取代,直到嘉靖十七年(1538),浙江余姚的闻人诠等人重新刻印(世称"闻本"),《旧唐书》这才重现于世。清乾隆年间,《旧唐书》列入"二十四史",以闻本为底本重刊于武英殿,《旧唐书》这才流行开来。"照乘"作"光乘"当是闻本刊刻时避明武宗朱厚照之讳而改。

北魏宗室有元叉,叉或作义,或作乂,或作義,是非迄无定论。《魏书·京兆王黎传附继子叉传》:"叉,继长子,字伯俊,小字夜叉。"《洛阳伽蓝记》卷1《城内》:"里内复有领军将军元乂宅。"范祥雍校注:"元乂《魏书》十六有传。近出土《元乂墓志》作元乂,罗振玉《松翁近稿跋》云:'传称乂字伯俊小字夜义。传中载咸阳王禧子树在梁遗公卿百僚书有元义本名夜义,弟罗实名罗刹语,似其名当是夜叉之叉,故史作义,不作乂。然以字伯俊考之,殆取俊乂之义,则志作乂者是,史作义者非也。'赵万里《汉魏南北朝墓志集释》云:'《魏书》、《北史》及近出《元玕墓志》俱作叉,乃小字夜义之省,盖其初名。此志与《洛阳伽蓝记》作乂,则后来改名也。'按宋本《魏书》作元义,元大德本《北史》作元叉。考宋元俗字有义与乂,皆为義之别写,见刘复《宋元以来俗字谱》,疑其来源出于六朝别体。义、乂、義三字相通,吴琯等本作義可证。叉字乃随笔之误。罗赵二氏说疑非。"② 吉常宏、吉发涵《古人名字解诂》:"《书·皋陶谟》:'俊乂在官,百僚师师。''僬'同'俊'。'乂'或作'叉',与'僬'不协,自是形近而讹。"③

关于元叉的名义,跟他同时且同为北魏宗室的元树曾作过解释。《北史·京兆王黎传附继子叉传》:

初,咸阳王禧以逆见诛,其子树奔梁,梁封为邺王。及法僧反叛后,树遗公卿百僚书,暴叉过恶,言:"叉本名夜叉,弟罗实名罗刹。夜叉、

---

① 胡可先:《新出土〈卢照己墓志〉及相关问题研究》,《中国典籍与文化》2008年第2期。

② 范祥雍:《洛阳伽蓝记校注》,上海古籍出版社1978年版,第40—41页。

③ 吉常宏、吉发涵:《古人名字解诂》,语文出版社2003年版,第4页。

罗刹，此鬼食人，非遇黑风，事同飘堕。呜呼魏境，离此二灾。恶木盗泉，不息不饮；胜名枭称，不入不为；况昆季此名，表能噬物，日露久矣，始信斯言。"

如果"叉"原本为"俊父"之"父"的话，"叉""父"二字音义不同，元树是无法将"父"牵附到夜叉恶鬼上去的，所以赵万里"叉乃小字夜叉之省"的看法是正确的。叉字敦煌写本中作**叉**、**又**、**又**等形。① 古代还有写作父的。《说文》："臼，叉手也。"清席世昌《席氏读说文记·说文解字弟三》："《玉篇》父作叉。"后世表示差错用父字作标记，读 chā，即来自叉的异体。这样叉或作义、父的问题就很好理解了。义在古代也是義的俗字，所以有些版本将"元义（叉）"写成了"元義"。由此看来，赵万里的"后来改名"说及范祥雍的原为"義"字说都是不对的。

那么如何理解名"叉"与字"伯俊"的关系呢？我们认为这是反义相谐的名字。春秋时郑公孙黑字子皙（见《左传·襄公二十九年》），黑、皙反义。春秋时晋大夫赵衰字子馀，衰是减少，馀是多馀。宋代朱熹字元晦，熹、晦也是反义关系。"俊"为俊美，"夜叉"则是形象丑恶的鬼，常比喻丑恶之人。《汉语大词典》"夜叉"条有两个义项（例略）："1. 梵语的译音。佛经中一种形象丑恶的鬼，勇健暴恶，能食人，后受佛之教化而成为护法之神，列为天龙八部众之一。2. 比喻丑恶凶狠的人。"吉常宏指出："北朝人名字还有个特色，即朴野少文。……不避俗，不避丑，与春秋时代相类似。这当是北方少数民族尚武轻文的缘故。"②《魏书·儒林传》有《卢醜传》，以"醜"为名，与取名"夜叉"类似。

三国吴景帝之名传世文献中均作孙休，如《三国志·吴书·三嗣主传·孙休》："孙休，字子烈，权第六子。"然日本藏唐写本③《世说新书》残卷"休"作"烋"（见下页书影）："孙烋好射雉。"刘孝标注："环济《吴纪》曰：'烋，字子烈。'"传本《世说新语·规箴篇》则作"休"。窃谓当以作"烋"为是。《汉语大字典》（第 2 版）："烋，熏。《字汇·火部》：'烋，熏也。'"没

① 黄征：《敦煌俗字典》，上海教育出版社 2005 年版，第 38 页。
② 吉常宏：《中国人的名字别号》，商务印书馆 1997 年版，第 95 页。
③ 范子烨谓文中不避唐讳，应为梁代写本。见其《六朝古卷："唐写本〈世说新书〉残卷"揭秘》，《文献》1999 年第 2 期。

有书证。训烋为熏早见于宋代。宋毛居正《增修互注礼部韵略》卷2《十八尤》:"烋,熏也。"熏有多义,在此应为烧灼义。《诗经·大雅·云汉》:"我心惮暑,忧心如熏。"毛传:"熏,灼也。"犹言忧心如焚。烋字从火,烧灼当为其本义。烈亦有烧灼义。《广雅·释诂二》:"烈,爇也。"《诗经·大雅·生民》:"取羝以軷,载燔载烈。"毛传:"贯之加于火曰烈。"唐李节《赠释疏言还道林寺》诗序:"言词于纸素者烈诸火。"名烋字烈,义正相应。清黄宗羲《宋元学案》卷6:"袁毂字容直。……子灼,字子烈,元祐进士。"名灼字烈,与名烋字烈类同。可知孙烋之名作"休"当为宋代以后人所改,而迄今未见有学者予以校正。

《世说新语·规箴第十》第13条"连名诣贺诉"刘孝标注:"《贺循别传》曰:'循字彦先,会稽山阴人。'""循"唐写本作"脩"。杨勇校笺:"循,唐卷作'脩'。宋本及《晋书·贺循传》作'循'，今从宋本。"① 按："循""脩"因字形相近，典籍常常相乱。《汉书·楚元王传》："是时宣帝循武帝故事。"宋祁曰："循一作脩。"《楚辞·离骚》："余独好脩以为常。"朱熹集注："脩一作循。"贺循之名应以唐写本作"脩"为是。"脩"与"修"通用，"先"指祖先，名字取修行祖先之德的意思，本诸《诗经·大雅·文王》："无念尔祖，聿脩厥德。"毛传："无念，念也。"郑玄笺："王既述修祖德，常言当配天命而行，则福禄自来。"东汉杨修字德祖，三国魏郭脩字孝先（《三国志·魏书四·齐王纪》），晋代滕脩字显先（《晋书·列传第二十七》），晋代桓脩字承祖（《晋书·列传第四十四》），北魏李脩字思祖（《魏书·列传术艺第七十九》），均取义于此。"彦"是古人名字中常用的美称。《诗经·郑风·羔裘》："彼其之子，邦之彦兮。"毛传："彦，士之美称。"

张飞的字传世文献中有多种不同的写法。有些文献写作"益德"。如《三国志·蜀志·张飞传》（宋绍熙刊本）："张飞字益德，涿郡人也。"唐魏征辑《群书治要》（日本天明五年（1785）刻本）卷27："张飞字益德，涿郡人也。"《太平御览》（《四部丛刊》三编景宋本）卷241引《三国志·蜀志》："张飞字益德，涿郡人也。"有些文献写作"翼德"。如《册府元龟》（明刻本）卷342《将帅部》："张飞字翼德，涿郡人。"宋谢维新编《事类备要》（文渊阁四库本）续集卷11《类姓门》"为世虎臣"条："蜀张飞，字翼德，雄壮威猛，称万人之敌，为世虎臣。"宋张预《十七史百将传》（明嘉靖三十二年刻本）卷5："张飞字翼德，涿郡人也。"《三国志平话》（元至治刊本）卷上："却说有一人，姓张名飞，字冀德，乃燕邦涿郡范阳人也。"冀一般是冀的俗字。《宋本玉篇·北部》："冀，同上（冀）。"明张自烈《正字通·八部》："冀，俗冀字。"但在这里可能是翼的俗字。还有写作"翌德"的。元关汉卿《关张双赴西蜀梦》（《元刊杂剧三十种》）第一折："每日家作念煞关云长、张翌德。""翌"与"翼"古常通用。《晋书·礼志中》："昔周康王始登翌室，犹戴冕临朝。""翌室"即翼室。明周宗建《疏稿墨迹》之二："弹冠展论者，正当存小心翌翌之怀。""小心翌翌"即小心翼翼。所以"翌德"就是"翼德"。那么，究竟哪种写法是正确的呢？

明胡应麟《少室山房集》（明刊本）卷99《辩十二首·张飞字益德辩》

---

① 杨勇：《世说新语校笺》（修订本），（台北）正文书局2000年版，第507页。

中对此有详细的考辩：

> 陈寿《三国志》：关荡寇羽字云长，一字长生，张车骑飞字益德，而无别字。元末市井《演义》讹益为翼，世人童孺习观，而正史反高阁束之，遂不复知《演义》之谬。据《关壮缪传》孔明答云长书论马超云："当与益德并驱争先。"又《飞传》据水断桥，云："身是张益德也，可来决死。"司马公《通鉴》所载并同。元好问《唐诗鼓吹》李商隐诗云："益德冤魂终报主，阿童高义镇横秋。"其本集亦然。自唐人未尝以益为翼也。宋洪景卢《夷坚壬志》第七卷论张益德庙云："蜀车骑将军张益德庙，元在遂宁之涪江。"又引王景文《夷坚别志》云："云安梦张益德甚白。"亦见《夷坚》七卷此条之下。是宋人未尝以益为翼也。近王长公《关壮缪论》乃有"孔明""翼德"之文，此盖录者依傍《演义》，反以益字为误而私易之，长公断不知也。缘翼义于飞稍轧，故举世雷同。不知古人字义类有不可解者，即如蜀诸臣黄忠汉升、徐庶元直，字皆不隶于名，讵容亿逆？余尝戏谓必欲名与字协，曷若以翼德字羽、以云长字飞耶？谈者为一大噱。

胡应麟认为写作"翼"是元末以来发生的臆改，此前都写作"益"。但也有人持不同意见。清孙志祖《读书脞录》卷5《周将军》："《水经注》云：'当阳县城在绿林长坂南，即张翼德横矛处也。'亦作翼德。或桓侯本有二字，小说非尽无稽也。"

判断原文是什么，主要得依据版本的时代，而非著作的时代，这是因为古籍在流传过程中每抄写刻印一次就会经历一次"现代化"的过程。也就是说，不同时代的抄写刻印者总会根据当时的语言文字习惯及自己的知识学养去修改原书的"错误"，从而使古籍离原貌渐行渐远。职是之故，如果现存最早的版本中写法一致，而另一种写法出自后世版本，一般就可断定最早版本的写法是原文，后出写法是讹误臆改。上引《三国志》和《太平御览》两种宋版书中都写作"益德"。又钱大昕《跋重修蜀先主庙碑》（《潜研堂金石文跋尾》卷18）云："右《涿州重修蜀先主庙碑》，王庭筠撰。……张桓侯字益德，见于《蜀志》本传。惟世俗所传《三国演义》讹益为翼，钱遵王谓内府板《演义》犹未讹。此碑本作益德，而《日下旧闻》亦讹为翼，盖锡鬯得之传钞，未尝亲至碑所也。"王庭筠（1151—1202）是金代书画家，他所撰《跋重修蜀先主庙碑》也写作"益德"，跟宋版一致。根据这些材料，我们可以断定"益德"是原文，"翼德"是后人臆改的结果。大概有些人看到"益德"与名"飞"之间找不到关联，便想当然地将"益"改成了可以关联的"翼"。孙志祖据《水经注》写作"张翼德"认为"翼"字并非无稽，这是站不住的，因为现存《水经注》的完整传本都是明清时期的版本，作"翼"是明清时期的人修改的结果。国家图书馆藏有《水经注》宋本残卷 12 卷，"张翼德横矛处也"出自卷 32《沮水》，可惜残卷中无此卷，否则是非立见。

胡应麟认为"翼德"的流行是《三国演义》传播的结果，但明嘉靖元年刻本《三国志通俗演义》卷 1 作："吾姓张名飞字益德，世居涿郡。"写法是正确的，可见明代流传的《三国演义》并非都错。到了清代毛纶、毛宗岗父子的评改本《三国演义》中，他们采信了"翼德"说法，这说明张飞字翼德的说法当时已占了上风，毛本只是顺应时代"常识"而已。

"翼德"的写法最早见于元代的事实可以帮助我们判断有关文献的真伪及时代。清刘献廷《广阳杂记》卷 1："康熙丁未见邸抄云：'六合开河，得黑玉指玦一枚，上嵌金牌凿翼德二字。'疑张桓侯故物，但未知字是何体。"这枚玉玦不可能是张飞遗物，因为张飞的字不是翼德。关于《三国志平话》的产生时代，有人依据书中多有金代地名以及职官和民间传说等旁证推断其成书于金代①，但书中"翼德"的写法表明此书应该是元代作品。

既然"益德"是正确的，那它与名"飞"存在怎样的关联呢？吉常宏、吉发涵的解释是：

> 《春秋·僖公十六年》："六鹢退飞过宋都。"杜预注："鹢，水鸟。高飞遇风而退。"益假作"鹢"。益、鹢邻纽叠韵，音近。故以"益"作"鹢"以应"飞"。小说家不明古音，以为"益"与"飞"不协，故改益为"翼"。②

这一解释只是勉强使"益"与"飞"有所关联，但这样的名字有何寓意，

---

① 宁希元：《〈三国志平话〉成书于金代考》，《文献》1991 年第 1 期。
② 吉常宏、吉发涵：《古人名字解诂》，语文出版社 2003 年版，第 163 页。

不得而知，而且“鹢德”组合到一起也不知所云，所以这种解释难以令人满意。

“益”有增进、上进的意思。《广韵·昔韵》:“益，进也。”《论语·宪问》:“益者与?”梁皇侃疏:“是自求进益之道也与?”“益德”即“进德”，是增进道德、提升道德的意思。《周易·乾卦·文言》:“君子进德修业，忠信，所以进德也。”“飞”有上扬、上升的意思。《鬼谷子·飞箝》:“飞箝。”梁陶弘景注:“飞谓作声誉以飞扬之。”《文心雕龙·声律》:“凡声有飞沉，……飞则声飏不还。”《隋书·天文志中》:“流星，天使也。自上而降曰流，自下而升曰飞。”上扬与上进义同，故名飞字益德。

孔子的哥哥孟皮的名字异文至今是非不明。《孔子家语·本姓解》:“(叔梁纥)曰：‘虽有九女，是无子。’其妾生孟皮。孟皮，一字伯尼。”孔子字仲尼，他的哥哥字伯尼，先秦时期没有这样取字的。“伯”“仲”只是排行，称呼时可以不要，这样一来兄弟两个岂不同字了？清人孙志祖在《家语疏证》中质疑说:“孔子以祷尼山生，故字曰尼，孟皮何以亦字伯尼乎？冯氏景《解春集》有《孔伯尼辨》，以《家语》为伪。梁氏玉绳云：‘庶长曰孟，安得称伯?’”清李锴《尚史》卷81在所引《孔子家语》“其妾生孟皮，字伯尼”下注云:“《仪礼》疏：孔子兄曰伯居。”似乎主张“尼”为“居”之形误。检《仪礼·士冠礼》“仲叔季唯其所当”贾公彦疏:“唯其所当者，二十冠时与之作字，犹孔子生三月，名之曰丘，至二十冠，而字之曰仲尼。有兄曰伯，居第二则曰仲。”贾公彦是在解释取字时怎样使用排行“伯仲叔季”，意思是老大字前用伯，老二字前用仲。“居”应该是“位居”的意思，当属下读。李锴属上读，误解文意。典籍中从无孔子兄长字为伯居的记载。清王汝璧《芸簏偶存》卷1《仲尼之兄伯尼》条云:“日本《孝经孔传》有云‘仲尼之兄伯尼’，按孔子兄曰孟皮，无称伯尼者。寻上下文义，语亦不伦，其为舛误无疑。然阙里旧有‘圣兄伯尼墓碑’，是承误由来已久。盖因皮与尼篆文形似而讹，而伯又因仲连类误及也。孔子既以尼山字，兄安得亦字尼？庶长曰孟，亦不得称伯。”此说也未尽合理。战国文字中皮字作，尼字作，两字区别明显，难以致误。① 再说如果是尼为皮之误的话，“孟皮”的异文应该是“孟尼”，怎么会成了“伯尼”呢？不好解释。总之，尽管清代学者大都怀疑“孟皮一字

① 参见何琳仪:《战国古文字典：战国文字声系》，中华书局1998年版。

伯尼"的说法有问题，但都未能作出令人满意的解释。

关于《孔子家语》，清代学者大都认为是三国时期的王肃伪造的，其实未必。即便是王肃伪造的，也是有前代的史料作根据的，绝不是坐在书案前凭空创作出来的。大家想想看，王肃也是一代大儒，如果他随意编造的话，怎么会犯"一字伯尼"这样低级的错误？弟弟既已取字为尼了，兄长还会字尼吗？而且已经有了"孟皮"这样一个众所周知的字，何必又生造出"伯尼"这样一个令人生疑的字呢？合理的解释只能是《孔子家语》的作者只是忠实地转录前代文献而已。1973 年在河北定县八角廊汉墓中出土了八种简书，其中被整理者定名为《儒家者言》的著作内容多与今本《孔子家语》相似。1977 年安徽阜阳双古堆汉墓中也出土一种简书，内容大多能在今本《孔子家语》中见到。李学勤先生认为这两种简书"应该都是《家语》的原型"，他甚至认为"《儒家者言》也可称为竹简本《家语》"①。这充分表明《孔子家语》的记述是有史料依据的，其中"孟皮一字伯尼"的说法应该是前代文献的转述，乾隆年间从日本传入我国的《古文孝经孔传》中也有"仲尼之兄伯尼"的记载②，可为佐证。不过这一转述肯定有讹误，但讹误的资料也有重要的价值，我们可以顺着这条讹误的线索发现历史的真相。

我们认为"伯尼"之尼当为虎之形误。虎字战国文字中作夨，汉印中作夨，尼字汉印中作夨，字形相似。用老虎及其相关之物取名字是春秋时期的一种风尚。如郑国罕虎字子皮（《左传·襄公十三年》）；楚国鬬穀於兔字子文（《左传·宣公四年》），楚方言中把老虎称为於兔，文指虎皮斑纹；宋国华貙（chū）字子皮（《左传·昭公二十一年》），貙是老虎的一种，《尔雅·释兽》："貙，似狸。"晋郭璞注："今貙虎也，大如狗，文如狸。"晋国有羊舌虎（《左传·襄公二十一年》）。鲁国有阳虎（《左传·昭公二十七年》），《论语·阳货》中作阳货，邢昺疏云："阳货，阳虎也，盖名虎字货。"虎、货意义无涉而读音相近，作货应为借字。《礼记·檀弓上》："滕伯文为孟虎齐衰，其叔父也；为孟皮齐衰，其叔父也。"孔颖达疏："滕伯文者，谓滕国之伯，名文，为叔父

---

① 李学勤：《失落的文明》，上海文艺出版社 1997 年版，第 337 页。

② 这部《古文孝经孔传》清代一些学者也认为是日本人伪造的，现经不少学者考证，此书不伪，其祖本当是隋唐旧本。参见胡平生《日本〈古文孝经〉孔传的真伪问题——经学史上一件积案的清理》，《文史》第 23 辑，中华书局 1984 年版；顾永新：《日本传本〈古文孝经〉回传中国考》，《北京大学学报》2004 年第 2 期。

孟虎着齐衰之服。其，虎，是滕伯文叔父也。为孟皮齐衰，其叔父也，谓滕伯为兄弟之子孟皮着齐衰之服，其，滕伯，是皮之叔父也。"滕伯的叔父叫孟虎，滕伯的侄子叫孟皮，皆当为其字，因为"孟"为排行，一般加在字前。罗福颐主编《古玺汇编》中有不少叫虗的人名，如樂虗（148.1376）、肖虗（112.0945）、孫虗（161.1524）、魶（蘇）虗（240.2477）、首虗（324.3487）等，罗福颐将虗字释为虗。刘信芳认为："'虎'既为古代人名常用字，因而凡人名'虗'以读为'虎'为宜。"① 刘说符合取名习俗，可以信从。《孔子家语》中说"孟皮一字伯尼"，也是将"孟皮"视为字。后世仍有这种取名习俗。如东汉班彪字叔皮，东汉胡母班字季皮。《三国志·魏书·袁绍传》"卓遣执金吾胡母班"裴松之注引《汉末名士录》："班字季皮，太山人。"《后汉书·袁绍传》李贤注引《汉末名士录》作："胡母班字季友，泰山人，名在八厨。"张抚之等主编《中国历代人名大辞典》（上海古籍出版社1999年版）"胡母班"条云"字季友"。按：班为斑之借字，友为皮之讹误，名字取皮有斑纹之意，与鬪穀於菟字子文相仿。这种取名风尚反映了古人对于老虎看重的是虎皮的现实。名虎字孟皮，符合名字相应的原则。由此可见，说孔子兄长孟皮之名"尼"为虎之形误不为无据。至于伯字，那是虎讹误为尼之后浅人比照其弟"仲尼"妄加的。

（原载《中国典籍与文化》2012年第3期）

---

① 刘信芳：《楚系简帛释例》，安徽大学出版社2011年版，第376页。

华佗之名来自外语吗？

1930 年，陈寅恪在《清华学报》第 6 卷第 1 期发表《三国志曹冲华佗传与佛教故事》一文，提出《三国志·魏志·华佗传》中记载的华佗事迹如断肠破腹之类，是杂糅附益的佛教神话故事，并非实录，连"华佗"这个名字也是来自梵语音译。陈文中说：

> 检天竺语"agada"乃药之意，旧译为"阿伽陀"或"阿羯陀"，为内典中所习见之语。"华"字古音，据瑞典人高本汉字典为 ɣʷɑ，日本汉音亦读"华"为"か"。则"华佗"二字古音与"gada"适相应，其消去"阿"字者，犹"阿罗汉"仅称"罗汉"之比。盖元化固华氏子，其本名为旉而非佗，当时民间比附印度神话故事，因称为"华佗"，实以"药神"目之。此《魏志》《后汉书》所记元化之字，所以与其一名之旉相应合之故也。

此说一出，恰似"风乍起，吹皱一池春水"，涟漪荡漾，波及甚广。或津津乐道，援为汉魏之际佛教浸染中土之佳例；或变其本而加厉，臆说华佗为印度人、波斯人乃至虚构人物；或信而好古，奋起反驳，曲辩繁言，极力维护华佗"中华神医"之形象；更多的人则是门外看热闹，疑信参半，不知所从。

1980 年，日本弘前大学医学部的松木明知发表《麻醉科学史研究的最新见解 10——中国名医华陀实为波斯人》一文，认为"华佗"是波斯文 XWadag 的谐音，其含义为主或神，所以"华佗"不是人名，而是主君、阁下、先生的意思，引申到华佗个人的职业，应该是"精于医术的先生"之义。松木进而认为，华佗是经由"丝绸之路"来徐土（今徐州）游学的波斯（今伊朗）人。① 对此

---

① ［日］松木明知：《麻醉科学史研究最近の知见 10——漢の名医華陀は実はペルシャ人だった》，日本《麻醉》29（9），946—948，1980—09。

臆说，熟悉波斯语的张晓春予以了反驳。他在《华佗怎成了波斯人?》一文中指出：XWadag 一词规范的转写应为 khoda，khoda 有真主、上帝、国王等义，音译为"胡达"，无论是古代波斯语还是现代波斯语，决无"先生"之义。①其实，华佗为波斯人之说不过是个别人哗众取宠的噱头而已，我们无须跟这种"戏说"较真。

然而对陈寅恪的说法，我们则不能等闲视之，因为它毕竟出自有崇高声望的国学大师之口，而且信从附和者络绎不绝。

庞光华曾对此说提出过辩驳。他说："梵文 agada 作名词时是香药之名，特指解毒剂，中译为药或丸药。音译为阿揭佗，阿竭佗，阿伽陀。作形容词，为健康、健全之意，gada 一词为病之意。我们要强调的是梵文中的 agada 决不能省写作 gada，a 不是无意义的接头词，如阿罗汉的阿一样。阿罗汉可省作罗汉，但 agada（阿竭佗）却不能省去 a 音（阿）。在梵文中，gada 是病，a 是表示否定的接头音，汉译为：不、非、未、犹未等。……如华佗为 gada 的译音，则华佗之意为'病'，非如陈先生所说为'药神'。从梵文出的汉语译名中，有许多词的接头音阿字都不可省。如阿修罗，意译为非天，阿为否定词'非'，作修罗则意义正好相反。"② 庞氏对梵文 agada 的解释应该说是有根据的，但相应的汉语音译词不能省略的说法并不符合语言事实。吕叔湘指出："周高宝宁部下有赵修罗（隋书·阴寿传）。案修罗的全音是阿修罗 asura，阿义为'非'，修罗义为'天'，即'神'。旧译'无端正'，后译'非天'。""隋有方士安伽陀（隋书·李浑传）。案佛经说有一种能治百病的药叫阿伽陀 agada，译义是'普去'，一说是'无病'，又一说是'无价'。这个人是方士，用伽陀做名字，当是取阿伽陀而省去首字。"③ "阿修罗""阿伽陀"不仅可以省略"阿"，而且省略之词还都用作人名。慈怡主编《佛光大辞典》（台北：佛光文化事业有限公司 1999 年版）："伽陀，阿伽陀（梵 agada）之略。为良药。《六十华严经》卷十（大九·四六五上）：'譬如伽陀药，消灭一切毒。'《华严经探玄记》卷六（大三五·二一四中）：'伽陀，此云良药，谓能除一切毒。'"又："阿修罗，梵名 Asura。略称修罗。……阿修罗为印度最古诸神之一，系属于战斗一类之鬼神，经常被视为恶神，而与帝释天（因陀罗神）争

---

① 张晓春：《华佗怎成了波斯人?》，《文汇报》2004 年 12 月 7 日。
② 庞光华：《华佗非梵语译音考》，《古汉语研究》2000 年第 3 期。
③ 吕叔湘：《南北朝人名与佛教》，《中国语文》1988 年第 4 期。

斗不休，以致出现了修罗场、修罗战等名词。"可见汉译佛经本身就有省略。这都表明含义为"非"的"阿"不能省略的说法是站不住的。外语词汇音译为汉语之后就变成了没有理据的单纯词，使用者根据需要省略其中的某个音节是很常见的，并不受外语原词的影响。由此看来，庞文对陈氏之说的辩驳近乎隔靴搔痒。

那么，陈氏之说究竟能否成立呢？回答是：难以成立。

首先，从对音来看，高本汉对"华"字的拟音是，上古音为[g'wɔ]，中古音为［ɣwa］①，都跟 ga 不是很吻合。而佛经采用的音译字"伽"，上古和中古分别读[gǐa][gǐɑ]（采用王力音系，高本汉未给"伽"字拟音），则很切合。两相比较，"华"对译 ga 的说法就很勉强了。

其次，根据《佛光大辞典》对"阿伽陀药"的解释，"原意为健康、长生不死、无病、普去、无价，后转用作药物名称，尤指解毒药而言。阿伽陀药又称不死药、丸药。此药灵奇，价值无量，服之能普去众疾。于《陀罗尼集经》卷八详载其制法。"agada 虽然有多种含义，但没有药神或神医之类的意思，陈氏的说法属于偷换概念，或者说是生拉硬扯，曲成其说。

最后，古代以"佗"为名的人很多。传世文献中如西汉有项佗（《汉书·曹参传》）、赵佗（《汉书·惠帝纪》），东汉有孟佗（《后汉书·张让传》）、杨佗（《后汉书·孙程传》），北魏有裴佗，字元化（《魏书·裴佗传》），名和字跟华佗相同。秦汉玺印中有肖佗、邞佗、吴佗、胡佗、寿佗、许佗、梁佗、段干佗等（参罗福颐 1978）。可见华佗之名完全符合汉族当时的取名习惯。

 肖佗	 邞佗	 吴佗
古玺汇编 0968	古玺汇编 1585	古玺汇编 1175

图 1

陈寅恪说"此《魏志》《后汉书》所记元化之字，所以与其一名之旉相应合之故也"，言下之意是"旉"与"元化"名字相应，而"佗"与"元化"

① 潘悟云等编译：《汉文典》，上海辞书出版社 1997 年版，第 22 页。

没有关联，因为"佗"源自音译，所以并非其名。其实，"佗"与"元化"不难找到关联处。"元"是排行，与"伯""孟"同义，"化"是教化，这都很好理解。佗有施加的意思。《诗经·小雅·小弁》："舍彼有罪，予之佗矣。"毛传："佗，加也。"郑玄笺："舍褒姒谗言之罪，而妄加我大子。"佗的本义《说文》释为"负何"，负荷则施加某物于身上，故引申为施加之义。名"佗"字"化"，取施加教化、施行教化之义。《华佗传》中记载说："华佗字元化，沛国谯人也。一名旉。"裴松之注："案古旉字与専相似，写书者多不能别。寻佗字元化，其名宜为旉也。"旉即敷的古字。《汉书·礼乐志》："朱明盛长，旉与万物。"颜师古注："旉，古敷字也。"敷有布施之义。《尚书·舜典》："契，百姓不亲，五品不逊，汝作司徒，敬敷五教。""敬敷五教"是说认真施行五种教化。三国魏阮籍《与晋王荐卢播书》："应期作辅，论道敷化。""敷化"谓布行教化。可见旉与佗命名之义相同，也跟古代"敷教""敷化"的说法相一致，名字中寄托了华佗父母或其本人希望教化普行的美好心愿。《华佗传》中说华佗"本作士人，以医见业，意常自悔"，说明华佗本有想走仕途、教化一方的愿望，这也可与其名字相印证。

古代还常见"它人"之名，如西汉有卢它人（《汉书·卢绾传》），东汉有张它人（《后汉书·齐武王演传》）、刘它人（明周婴《卮林》卷10），汉代玺印中有董它人、张它人、王它人（《汉印文字徵》）等。取名总会寄托某种愿望，赋予某种寓意。"它人"之名若理解为普通的"他人""别人"，便体会不出有什么寓意，明明是本人，为什么要叫"别人"呢？不好理解。它、佗古代通用。《玉篇·它部》："它，今作佗。"段玉裁《说文解字注》："它，其字或叚佗为之，又俗作他，经典多作它，犹言彼也。"徐灏笺："古无他字，假它为之，后增人旁作佗，而隶变为他。"汉印中的杨它、周它、吴它、王它、张它、陈它、祭它等名①中"它"其实就是"佗"。所以"它人"之它可理解为施加义之佗。"人""仁"同源，古亦通用。《论语·雍也》："井有仁焉。"朱熹集注引刘聘君曰："有仁之仁当作人。"《荀子·修身》："体恭敬而心忠信，术礼义而情爱人。"王念孙《读书杂志·荀子第一》引王引之曰："古字仁与人通，此人字即仁爱之仁。"《吕氏春秋·举难》："故君子责人则以人，责己以义。"俞樾平议："下人字当读作仁。责人则以仁，与下文自责则以义正相对。"段玉

---

① ［日］佐野荣辉、薨毛政雄：《汉印文字汇编》，（东京）雄山阁出版社1982年版。

裁《说文解字注》:"果人之字,自宋元以前,《本草》方书,诗歌纪载,无不作人字。"大约在古人看来,人从无到有的孕育过程跟果仁发育成植株有相似之处,故将二者加以贯通。至于是用果仁之"仁"给"人"命名,还是用"人"给果仁之"仁"命名,目前还难以判定,因为我们不清楚"仁""人"二词产生的先后。尽管甲骨文中有"人"无"仁",但这并不能排除当时口语中存在果仁之"仁"一词的可能性。另外,古代玺印中也有"人"用作"仁"的现象,如《古玺汇编》3344"人悬"、《香港中文大学文物馆藏印集》153 及 154"人身",都是"仁信"的意思。所以,"它人"即佗仁,义为施仁。

我们这样理解"它人",有多方面的佐证。先看下面的玺印:

 古玺汇编 2542	 古玺汇编 3511	 古玺汇编 0076

图 2

 忠仁	 仁鹊
古玺汇编 4507	古玺汇编 3292

图 3

图 2 的三方印文,有些人释为"佃佗""穆佗""佗司寇",有些人释为"佃它人""穆它人""它人司寇",前一种释读大约将"="看成合文符号,后一种释读是把"="看成羡饰。参照图 3 印文中的"仁"字来看,我们认为这里的"="应该是"仁"字的右半,印文应释为"它仁"。正方形印章不便并列三字,而且"仁"字右半上下空白太多,独占一列不太美观,故将"二"与"它"合刻一列,使"它仁"合为一字。当然,把"亻"旁看成共用成分也未尝不可,所以也可释为"佗仁"。两种释文意思相同。

玺印的文字顺序不一定都是从右到左,也有从左到右的。如下图中的前两印同为"左宫"①，但顺序相反。第三方印王义骅释为"闢勿正鉨"，应读为"勿正闢鉨"，"勿正闢"为关卡名。所以，"它人司寇"应读为"司寇它人"。至于有些人释为"侂司寇"，则是错误的。

图4

如果说玺印中只有单独的名或字，其取名之义不易确定的话，传世文献中名字相应的资料则更能说明问题。《世说新语·任诞第二十三》："襄阳罗友有大韵，少时多谓之痴。"刘孝标注："《晋阳秋》曰：'友字它仁，襄阳人。'"《说文》："仁，亲也。"谓亲善、友善。施仁是友善的行为，故名友字它仁。

《晋阳秋》中的"它仁"不少人视为"宅仁"之误。如杨勇校笺："宅仁，宋本作'它仁'，非。今依沈校。友字宅仁，用《论语》及《孟子》义。"②朱铸禹注："它，沈校本、袁本并作'宅'，改从。"③新近出版的蒋凡等评注《全评新注世说新语》（人民文学出版社 2009 年版）虽声称据日本金泽文库藏宋刊本整理，却将《晋阳秋》引作"它（宅）仁"。宋本作"它"，正好说明了宋本的可贵。明清校刻者因不明命名之义，受《论语》"里仁为美"之语的诱导臆改为"宅"，今世学者多信从臆改，长此以往，真相将湮灭无闻矣。

西汉史游的《急就篇》中列有汉代一些人名，其中有"慈仁他"。张传官据先秦两汉多见"它人"之名的现象，认为传本中的"仁他"为"他仁"误倒。④ 其说可从。不过"他"字不见于《说文》，也不见于秦汉玺印，估计《急就篇》原文当是作"侂仁"。"华佗"后世不少典籍写作"华他"，如晋葛洪《肘后备急方》卷1（《正统道藏》本）、敦煌 S.3347《不知名医方第十三种残卷》、《太平御览》卷 360（《四部丛刊》本）等，"侂仁"改写为"他仁"跟"华佗"改写为"华他"是一样的。

"侂仁"之名表明"它人"应理解为施仁。施化与施仁命名之义相近，这

① 王义骅：《先秦古玺集粹》，吉林文史出版社 2011 年版，第 19、24 页。
② 杨勇：《世说新语校笺》（修订本），（台北）正文书局 2000 年版，第 679 页。
③ 朱铸禹：《世说新语汇校集注》，上海古籍出版社 2002 年版，第 631 页。
④ 张传官：《〈急就篇〉人名"慈仁他"校正》，《中国典籍与文化》2012 年第 2 期。

充分说明华佗之"佗"有中华文化的根基，绝非来自音译。

关于华佗，还流传着不少误说。有人认为"'佗'则与'元化'意义不合，不符合中国古人取名命字的原则"，因而提出："佗"即"它"，"它"即"蛇"，《说文》训为"虫"，华佗擅长治虫（蛇），"百姓因见华佗善于治'虫'，遂口耳相传，美誉之为'华佗'，此实属'绰号美称'。"① 此亦臆说影附而已。

有人说："华佗是中国人熟知的古代医学家，近年来更是被中医界喻为'外科鼻祖'，声称华佗早于西方1000多年就实行了大型外科手术，并以此来证明中国先人的深不可测和中医的'博大精深'。然而，华佗留下了太多的疑问，如姓名的怪异、与中医迥异的医术、方法无文字记载、没有医书传世、医术不能传承、被后世医家排斥等。……至于华佗为什么没有留下片言只语的医学著作，很可能是因为华佗不能用汉字写作的缘故。"② 名字是否怪异的问题，相信读了本文后再不会有人心存这样的疑问了。华佗有无著作的问题，如果说《隋书·经籍志》中著录的《华佗观形察色并三部脉经》《华佗枕中灸刺经》之类不算华佗著作的话，《华佗传》中说："佗临死，出一卷书与狱吏，曰：'此可以活人。'吏畏法不受。佗亦不强，索火烧之。"不知论者见到这段文字将作何感想？

（原载《中国典籍与文化》2014年第1期）

---

① 彭华：《〈华佗传〉〈曹冲传〉疏证——关于陈寅恪运用比较方法的一项检讨》，《史学月刊》2006年第6期。
② 龙哥：《华佗是印度人吗？》，"科学公园"网2011年12月20日。

词汇规范应以从众和需要为根本原则

词汇是语言三要素中变化最快，情况也最为复杂的因素。怎样做好普通话词汇的规范工作是个令语言学家感到困惑的问题，对一个灵活多变的东西想给它限定个框框是很困难的。不少词刚出现的时候被语言学家们宣判为生造、不规范，然而它们却很快流行开来，逼得语言学家们只好"事后追认"其规范性。像"美帝""鸣响""达标""人流""死缓""空姐""计生""面的"等都曾有过不被语言学家们认可的经历，然而它们却活了下来。既然我们的判断屡屡失误，我们就该坐下来认真想一想，问题究竟出在哪里。我看问题主要出在我们对词汇规范的原则把握不当上。为了维护语言的纯洁，我们往往倾向于维持现状，不大愿意接受新面孔，结果只好在现实面前自打嘴巴。其实生造词与新造词之间并无此疆彼界，只是我们的主观认识不同罢了。我们来看看一些有影响的教科书是怎样区别生造词和新造词的。

北大中文系编《现代汉语》（商务印书馆1963年版，第133页）中是这样说的："创造新词除了在结构上不能违反汉语的构词规律之外，还要符合以下两个条件：第一，要有必要，即的确没有适当的旧词可以代替；第二，意义必须十分明确。"按照第一条原则，有了"计算机"，再来个"电脑"就是生造，有了"出租汽车"，再来个"的士"就是生造，有了"邮政编码"，无须再造"邮编"，有了"烹调"，"料理"自当摒弃，等等。这样一来，语言中恐怕就没有同义词可言了。词汇发展的动力并非都是新事物、新观念的出现，由于语言使用者大都具有追求新颖、追求变化、追求简捷的心理愿望，因此他们不断创造出一些新词来取代旧词，使语言有了丰富的同义词可供选用。拿"不可替代"作为词汇规范原则实际上是拒绝同义词的出现，这显然是不可取的，也是行不通的。

意义明确原则也是有问题的。首先，怎样才算意义明确本身就很难明确，你说意义明确，我说不明确，谁能说服得了谁？其次，词的意义是大家约定的结果，本身无所谓明确，像"救火""炒鱿鱼""大锅饭"等能从字面上看出它们的确切含义吗？如果拿一望而知作为判定标准，恐怕语言中就不会有什么新词了。

到了20世纪90年代，学者们对词汇规范的原则有了新的认识。胡裕树主编的《现代汉语》（上海教育出版社1992年版，第285页）中是这样讲的："新词的产生和成立，必须根据语言词汇规范化的原则，这就是：第一，为一般人所普遍使用的。新词不断地产生，一定要通行开来，才能算成立。第二，适应社会实际的需要，反映当前社会的发展。第三，能够明确地表达意义，为一般人所懂得的。"这里"不可替代"原则已被放弃，但"明确表义"原则仍然作为尾巴保留了下来，如上所说，这一原则是不可取的。"普遍使用"就是我们所说的"从众"原则，"适应社会实际的需要"就是我们所说的"需要"原则。这两个原则我们认为应该是判定一个词是否规范的根本原则。

按照"从众"原则，我们就应该允许任何新词都有一个试用的阶段，让大众来选择，不能刚一出现就急于盖棺定论。语言学家的任务应该是向大众进行建议和引导，并在时机成熟的时候加以总结。总结的结果可以用词典或简报的形式公之于众，作为普遍遵循的规范。例如"词汇"一词语言学家们都说指词的总汇，单个的词是不能称为词汇的，然而社会上将单个的词称为"词汇"的现象非常普遍。下面略举数例：

（1）"文化"既是中国古已有之的概念，又是一个在近代赋予了新含义的词汇。（《中国古代文化史论》，北京大学出版社1986年版，第46页）

（2）在一些无文字的民族中，虽然尚无"历史"这个词汇，但是均有比较明确的"历史意识"。（《中国创世神话》，上海人民出版社1989年版，第298页）

（3）马克思恩格斯对"资产阶级民族"以前一直上溯到文明之初这段历史时期的人们共同体，也是用"民族"这个词汇来表达的。（《中国社会科学》1993年第1期）

这些例句都出自学者笔下，至于普通人将"词汇"一词这样用的就更多了。人们之所以不愿用"词"而用"词汇"，原因在于前者是单音词而后者是双音词，能满足语流对音节和谐的要求。从"从众"原则来看，"词汇"的这种用法是可以定为规范的。

按照"需要"原则，凡是为语言交际所需要的词语，有其存在的价值，我们应以积极的态度促使其流行，不应轻易地加以排斥。例如，我们的语言中对两位以上的人想用敬称加以称呼时没有一个现成的词，一般用"您二位""您三位"之类的说法来表示，如果人数较多，就不知道该怎么说了。书面上常用"您们"一词来表示，非常方便。这无疑是一个符合"需要"原则的词，我们应该加以提倡，使之在口语中也流行开来。

那么怎样才能使语言学家的建议和引导不致仅仅停留在学术论坛而能为大众所了解呢？我想关键还是要抓住各种传媒，像电视台、广播、报刊等。国家语委应将总结的结果传达到这些传媒，要求它们使用哪些词语，建议它们采用哪些词语，希望它们慎用哪些词语，这样词汇规范就走向一个动态的双向的良性循环之路。

（原载《语文建设》1997 年第 5 期）

汉语新词语的规范问题

语言文字需要规范，在信息化的时代，语言文字的规范尤为重要。但哪些需要规范，哪些不需要规范，哪些可以制定硬规范，哪些仅仅有一个软规范就足够了，这要根据社会需求及语言文字自身的特点来进行，而不能根据个别人的好恶来定夺，这是语言文字工作者及政府有关机构首先应该弄清楚的。一般来说，对字形和字音可以制定硬规范，但对词汇就不宜或难以制定硬规范，对新词语更是如此。这主要是由两个方面的原因造成的。

其一，词汇是语言中最活跃的成分，可以说是处在日新月异的变动之中。从根本上来说，词汇的变化莫测来自社会生活的变动不居，来自语言使用者对新奇表达的不断追求，新词语不过是对这种生活变化及新奇追求的反映而已。社会生活的变化我们是无法掌控的，人们对新奇表达的不断追求我们是无权干预的，实际上也是无力干预的，这就决定了对新词语也就难以制定规范。

其二，语言的本质属性是约定俗成，这就意味着语言发展演变的最终决定权不是个别专家，也不是各级政府，而是广大的语言使用者。历史的经验已经反复证明了这一点。1951 年 6 月 6 日至 12 月 15 日，吕叔湘和朱德熙在《人民日报》上连载《语法修辞讲话》，层次不可谓不高，影响不可谓不大，而当时的政治环境和思想意识又是高度的统一，但他们当时视为不规范的一些词语，后来却是一直流行着，人们已经习以为常了。如当时认为"放置""战机"（战斗的时机）"劳改""纠偏""劳保""利废""文体"等词都是生造的，不合规范，不应使用，然而这些词都流行了开来。1979 年《语法修辞讲话》出了个修订版，对 20 世纪 50 年代错判的例句进行了修改。然而修订版判为不规范的一些词，如"放置""省地"（省委和地委）"演职员""长短处""断墙残垣"等，今天也已司空见惯。我们对"断墙残垣"的说法是否通行没有把握，便在一些严肃的大报上进行了检索，结果表明这种说法屡见不鲜。如：

（1）当我们流连于圆明园的断墙残垣之间，那种满目疮痍的历史沧桑感，会使我们深深震撼和思考。（《光明日报》2005年5月27日B1版）

（2）抚摸着在风雨中渐渐蚀灭的摩崖，踩踏在只留下断墙残垣的寺庵。（《光明日报》2007年3月17日第5版）

（3）一边是劫后的断墙残垣，一边是海浪依然拍打着的巍巍青山。（《人民日报海外版》2005年3月21日第7版）

（4）温家宝不顾余震，踩着遍地瓦砾，沿着断墙残垣仔细察看灾情。（《京华时报》2007年6月7日第2版）

（5）在杭州市耶稣堂弄3号的司徒雷登故居现场，记者看到，故居已仅剩一堵空荡荡的断墙残垣。（《江南时报》2000年3月28日第4版）

看来"断墙残垣"在我们的语言中站住了脚跟。仔细一想，也并非没有道理。既然"揠苗助长""有始有卒""金科玉条"可以改造为"拔苗助长""有始有终""金科玉律"，"断壁残垣"为什么就不能改造为"断墙残垣"呢？

2012年，随着电视连续剧《甄嬛传》的热播，中国数亿观众知道了甄嬛这么个历史人物。由于剧中把甄嬛之嬛读作huán，大家也跟着这么说。谁料《咬文嚼字》杂志在年末盘点2012年语文差错时，说"嬛"读huán是错误的，应该读xuān，舆论一片哗然。从学理上来讲，《咬文嚼字》杂志说的没错。不过有些人质疑说：几亿人读错的音还能算是"错"吗？这一质疑值得我们深思，它给我们提出的问题是：语言文字的是非究竟由谁决定？事实上，《咬文嚼字》的"纠错"也无力改变众口说"甄huán"的现实。读音如此，词汇亦然。

人们对新词语的指责主要有三点。

一是说有些新词语不合逻辑。如有些人认为把"非物质文化遗产"简称为"非遗"不合逻辑，因为"非遗"字面上是"不是遗产"的意思，所以这样的简称不应接受。这种看法没有考虑到语言的本质属性是约定俗成，而非逻辑事理。荀子早就说过，"名无固宜，约之以命，约定俗成谓之宜，异于约则谓之不宜"（《荀子·正名》）。按照约定俗成的原则，只要是大家都认同的词语，都喜欢用的词语，它就是正常的，个别人是无法废除的。以前有些学者曾批评"打扫卫生""恢复疲劳""养病"之类的说法不合逻辑，结果却是这些说法依然我行我素。有些人指出"戴（套）上紧箍咒"的说法是错误的，因为

第二講　第八段　83

一，把一個字數比較多的短語分成幾節，在每一節裏選擇一兩個字（通常是第一個字）用作簡稱。例如：「抗戰」(抗日戰爭)「土改」(土地改革)「北大」(北京大學)「民主婦聯」(民主婦女聯合會)「中共北京市委會」(中國共產黨北京市委員會)。大部分的簡冊都是這樣造的。這種方法很像西文的字頭縮寫。好處是簡便，毛病是往往不容易從簡稱悟出全稱。如果是新造的，就往往讓人家莫名其妙。例如：

(一) 業校(業餘學校)行政由工會直接領導。(期)
(二) 必須提高警惕，展開政攻(政治攻勢)。(稿)
(三) 釋放的釋放，勞改的勞改(勞動改造)。(作)
(四) 正確貫徹省專(省政府和專區)的方針任務。(稿)
(五) 公安、人武(人民武裝)、合作社、銀行等各部門。(書)

再如：「生救」(生產自救)「冬產」(冬季生產)「地富」(地主和富農)「男勞」(男勞動力)、「建政」(建立政權)、「糾偏」(糾正偏向)、「鎮反」(鎮壓反革命)、「羣團」(羣眾團體)、「勞保」(勞動保險)、「利廢」(利用廢料)、「特休」(特別休假)、「文體」(文化娛樂體育)等，或是歷史太短，沒有被大多數人接受，或是只在某些區域中流行(如「人武」「冬產」「生救」在農村中比較流行，「勞保」「利廢」「特體」在工廠中比較流行)，寫給大多數人看，就

《语法修辞讲话》开明书店 1952 年合订本

"咒"是念的，不是戴（套）的，这一看法不能说毫无道理，但道理归道理，并不能阻止"戴（套）上紧箍咒"说法的流行。"未婚妻"一词字面上也不合理，因为"妻"含有"已婚"的义素，它跟"未婚"是矛盾的，但这不影响大家对这个词的理解和使用。"邮政编码"最初使用简缩词的时候有"邮编""邮码"两种形式，字面上"邮码"更有理据，所以有些语言学者推荐使用"邮码"，但从使用情况来看，"邮编"占了上风，"邮码"基本上被淘汰了。由此可见，要求新词语必须合乎逻辑的想法只是个别学者的一厢情愿，并不能决定新词语的命运。

　　二是认为语言中已有现成的词语，无须再新造或引进意义相同的词语。如

已有了"微型",无须再来个"迷你";有了"照片",无须再来个"写真";有了"盒饭",无须再来个"便当";有了"表演",无须再来个"秀",等等。如今在一些城市出现了名为"××洋裁"的店铺,有人就指责说这是滥用日语词语,因为完全可以用"西式服装裁缝店"之类的名称。有这种想法的人是在用静止的思维模式来考虑问题,而没有认识到词汇发展的特点就是不断地推陈出新。同义表达手段的丰富不但不是语言的缺点,反而是语言表现力强的标志。我们何必对这种词汇发展的正常现象指手画脚呢?修辞学的主要任务就是从多种同义形式中选择切合题旨情景的形式,如果没有丰富的同义词,修辞学也就难为无米之炊了。

三是认为有些新词语污染汉语,破坏了汉语的纯洁性。这主要指两种情况。

(一)新词语表现粗俗低级的情调。如社会上用"太平公主"戏称胸部平坦的女人,有些人认为这是个对女性进行侮辱和挖苦的粗俗词语,应作为语言垃圾加以扫除。类似的还有"二奶""小三""蛋白质""恐龙"等。

(二)字母词。这有汉语原产和外语引进两类。汉语原产的如 GB(国家标准)、HSK(汉语水平考试)、"D 字头"(动车组)、"M 型社会"(高收入者和低收入者占多数、中等收入者少的社会)、"GG"(哥哥)、"MM"(妹妹或美眉)等。外语引进的则占大多数,如 ok、sorry、pose、out、VIP、BBS、DIY、DNA、IC 卡、PC(个人电脑)、GDP、ATM 机等。汉语原本没有字母,这类词进入汉语确实使汉语没原先纯洁了。大多数中国学者认为保持汉语的纯洁是理所当然的。1951 年 6 月 6 日,《人民日报》发表的社论就叫《正确地使用祖国的语言,为语言的纯洁和健康而斗争!》,50 年后的 2010 年 6 月 6 日,《人民日报》又发表一篇评论员文章,叫《为祖国的语言的纯洁和健康继续奋斗》,可见学者们对汉语纯洁性的重视。

语言纯洁性的具体内涵是什么,没有人作过明确的界定。如果说上面两种现象是不纯洁的表现的话,那么,想要保持语言的纯洁性几乎是不可能的。

我们没有权力禁止人们创造或使用粗俗词语。粗俗是一种社会现象,词语只是应表达的需要产生而已。如果不能消除粗俗现象,怎么可能废除粗俗词语呢?镜子照出了脸上的污垢,禁止使用镜子是无济于事的。试观世界上的各种语言,哪种语言没有粗俗词语呢?而且所谓"扫除"不知是怎么个扫法。即使做到词典不收,甚至书面上不让出现,并不等于粗俗词语不存在。可见所谓扫除粗俗词语，不过是在玩掩耳盗铃的游戏而已。在文学形象的塑造上，为了生动地展现人物个性，有时反而要运用粗俗词语。《水浒传》中李逵嘴里的那些粗俗词语如果都换成文雅的表述，还有李逵这么个个性鲜明的人物吗？

　　字母词具有创造简便、使用简洁、形式新颖的特点，我们的语言是不可能拒绝采用的。像韩国品牌 LG、美国苹果公司的平板电脑 iPad、中国品牌 TCL、即时通讯工具 QQ 等，都没有相应的汉字名称，非要翻译成汉字，有可能造成指称上的混乱，或者表述很不经济，最终恐怕难逃失败的命运。从 2012 年开始，中国各城市的空气质量监测中增加了 PM2.5 的指标（PM 是英文 particulate matter 的缩写），于是 PM2.5 很快成了一个广为人知的气象术语。虽然 PM2.5 也有"可入肺颗粒物"的译名，但后者几乎无人知晓。无论书写的简便性、表义的明晰性还是国际通用性，"可入肺颗粒物"都不如 PM2.5。又如电脑使用中的这段说明文字："选择文件时，想选择若干连续的文件，先单击第一个文件，然后摁住 shift 键，再单击最后一个文件，首尾之间的所有文件都被选中。"这里的"shift 键"没有汉语名称，即便翻译为"移动键"，也不如"shift 键"方便，因为键盘上能找到 shift，而找不到"移动"。面对这样的现实，我们怎能让汉语纯洁？如果让人们在"脱氧核糖核酸"和"DNA"之间做出选择，在"电子计算机 X 线断层扫描技术仪"和"CT"之间做出选择，我想大多数人会选择"DNA"和"CT"，事实上也是后者流行。中国有一句家喻户晓的格言，叫"实践是检验真理的唯一标准"，我们的语言实践已经表明字母词是无法拒绝的。既然这些新词语都不是我们所能控制得了的，那我们高喊维护纯洁性岂不只是一句空洞的口号？语言是为人们服务的工具，便利性是任何工具所追求的目标，为了纯洁而限制便利，岂不是跟事物发展的规律背道而驰？别忘了，汉语中的数字原来是用汉字记录的，计算很不方便，20 世纪初引进阿拉伯数字，不但书写简便，更重要的是演算快捷，很快流行开来。按照纯洁论者的观点，我们是不是要放弃阿拉伯数字回到汉字记数的传统？如果更为极端的话，汉字的使用是不是要回到甲骨文？

　　语言发展的历史表明，语言是不可能纯洁的。美国语言学家萨丕尔指出："语言，像文化一样，很少是自给自足的。交际的需要使说一种语言的人和说临近语言的或文化上占优势的语言的人发生直接或间接的接触。"[①] 姚小平认

---

① ［美］萨丕尔：《语言论》，陆卓元译，商务印书馆 1985 年版，第 120 页。

为："一种语言对内需要维持足够的方言变体，对外则需要与其他语言接触，借此获取异族语言的成分，改进自身以适应时势和环境。只有不惧变异与混合、善于演进及适应的物种和语言，才有强大的生命力和竞争力。""无论对内对外，一种世界语言都应当有宽容的精神：对自身内部的差异要宽容，不拒方言、不斥俚俗，不自命科学正确，不借法令强立规范；对外来语词宜宽容，不怕混杂、不畏浸染，摈弃保护主义心态，不以语言纯净而自得自喜；对大陆以外的各种差异也应宽容，认可各种区域变体（如港澳普通话、台湾普通话），而不必一味求同。"① 这种观点是符合语言发展演变的规律的。目前世界上叫喊纯洁民族语言最为起劲的当属法国政府，殊不知法语原本就不纯洁。一项对大约 5000 个法语词根的研究报道指出，有 2000 多个词根源自拉丁语，1000 多个词根源自希腊语，750 多个词根源自日尔曼语（包括从德语、荷兰语、斯堪的那维亚语，尤其是英语借入的词），100 多个词根源自塞尔特语，400 多个词根源自其他罗曼语系（意大利语、西班牙语、葡萄牙语），200 多个词根源自闪语系（阿拉伯语、希伯莱语、亚兰语），另有 200 多个词根源自其他语言（斯拉夫语、东方语、斐语、波里尼西亚语、美国印地安语）。② 目前法国政府见于英语对法语的大量渗透，制定了一系列的法语保护政策，但成效甚微，正如法国著名哲学家塞尔（Michel Serre）所说的，"现在巴黎街道上的英语词汇比纳粹占领时期的德语词汇还要多"③。英语其实比法语更不纯洁，英语词汇中的外语借词高达 80%④，简直就是个借词语言，但这种不纯洁并没有妨碍英语成为世界上最流行的语言。中国的许多民族语言都从汉语中借用了大量的词汇⑤，白语中的汉语借词占其词汇的 60% 以上，壮语的日常用语中汉语借词占 40% 左右，科技、时事类内容中汉语借词在 60% 以上，但这些语言的使用者并没有让人觉得他们的语言有什么不正常，或者使用上有什么不方便。目前的中国社会相对于西方社会来说文化上处于弱势，外来词的持续引进是不可避免的，其中自然包括字母词。可见，要求语言纯洁，好比要求女子永远当处女一样，是不切实际的空想。苏培成指出："语言的特点本质是它的基本词

① 姚小平：《语言的生存竞争和自然选择》，《中华读书报》，2012 年 6 月 6 日。
② 伊人：《为什么法语和英语有这么多相似的单词?》，"新浪网" 2006 年 7 月 25 日。
③ 王菁：《法国团体呼吁政府拯救母语抵制英语"入侵"》，"中国日报网" 2010 年 1 月 11 日。
④ 参见秦秀白：《英语简史》，湖南教育出版社 1983 年版，第 131 页。
⑤ 参见孙宏开等主编：《中国的语言》，商务印书馆 2007 年版，第 525、1113 页。

汇和语法结构，字母词的增加不会改变汉语的基本词汇和语法结构，汉语也不会变成不汉不英的语言。'水至清则无鱼'，绝对纯净的语言是不存在的。不要让语文规范变为语文的'洁癖'，语文'洁癖'妨碍中外文化的交流，妨碍语文的发展。"① 这是符合语言发展规律的评判。达尔文告诫我们说："不曾在某种程度上发生变异和改进的任何类型大概都易于绝灭。因此，我们如果注意了足够长的时间，就可以明白为什么同一个地方的一切物种终究都要变异，因为不变异的就要归于绝灭。"② 这虽然是针对生物而言的，但对作为生物的人所使用的语言而言也是同样的道理。

有人说在汉语环境里使用英语词语违犯了《中华人民共和国国家通用语言文字法》，这帽子扣得够大的，也够唬人的。我不清楚汉语环境中使用个别英语词语违犯了《国家通用语言文字法》的哪一条款。《国家通用语言文字法》第二章第十一条反而有这样的规定："汉语文出版物中需要使用外国语言文字的，应当用国家通用语言文字作必要的注释。"这说明《国家通用语言文字法》是允许在汉语环境中使用个别外国词语的，只是要求附上汉语注释。注释其实也只是在使用初期有必要，等大家熟悉了外国词语，注释也就多余了。我们还应明白，这部法律针对的是"通用"场合，如国家机关、学校、广播电视、公共服务行业等，并不适用于网络聊天之类的私人场合。退一万步讲，如果字母词的使用真的与《国家通用语言文字法》的有关规定相抵触，那我们是根据现实状况及现实需要去调整十多年前制定的法律呢，还是用十多年前的法律来改变现实？是削足适履还是改履适足？我想明智的人不难作出正确的选择。

新修订的《现代汉语词典》第 6 版刚一问世，就遭到一百多名学者的联名举报③，举报信被分别送到了新闻出版总署和国家语委。举报者称第 6 版收录了 239 个西文字母开头的词语，违犯了《国家通用语言文字法》等法规。如果举报者不是想哗众取宠的话，那就只能认为是对语言发展规律的无知。历史的浪涛自然会将这种逆流而动的浮沫轻轻拍在沙滩上。

---

① 苏培成：《汉字前进的目标：规范、易学、便用》，《文字学论丛》第 6 辑，线装书局 2012 年版，第 31 页。
② ［英］达尔文：《物种起源》，周建人等译，商务印书馆 1997 年版，第 385 页。
③ 参见张棻：《百余学者举报新版〈现代汉语词典〉违法》，《北京晚报》2012 年 8 月 28 日第19 版。

有些人认为在大众传媒中使用英语词语对不懂英语的人不公平。这种看法也未免片面。大众传媒上的用语不可能做到让所有的人都一听就明白，一看就知道。喜欢篮球运动的人看到"NBA"，恐怕没有人不知道其含义；对篮球毫无兴趣的人看到"美职篮"，想象为"美丽的花篮"或"美丽的职业货篮"也未可知。对电脑一无所知的人来说，你把 CPU 改成"中央处理器"，他照样不知所云。对不知 MP3（Moving Picture Experts Group Audio Layer III）为何物的人，你翻译成"动态影像专家压缩标准音频第三层面"还不是一头雾水？大众传媒上的内容是形形色色的，不同的内容针对的是不同的受众，只要特定的受众能理解字母词（或英语词），也就意味着语言交际功能的顺利实现。要求对特定内容不感兴趣、不具备有关知识的受众也能理解特定内容的所有词语，这是没有道理也是没有意义的。

对不符合旧有习惯的事物，人们一开始往往会有抵触心理，但接触得多了，也就安之若素了。当中国人最初见到金发碧眼的西方人时，看着很不顺眼，贬称之为"红毛鬼"，时至今日"红毛"反而成了时尚。阿拉伯数字刚引进的时候也曾遭到纯洁派的抵制。清末徐珂《清稗类钞·考试类·以外国字入经古试卷》："黄漱兰（按：名体芳，1832—1899）督学江苏时，有某生者，廪生也，试算学，用数目处，以亚拉伯字书之。黄阅之，大怒，即悬牌曰：'某生以外国字入试卷，用夷变夏，心术殊不可问。着即停止其廪饩。'某遂以发狂死。"但阿拉伯数字最终还是在汉语中扎下了根。对新词语，我们应抱有宽容的态度，把选择权交给大众，交给时间。比如"大哥大""手提电话""移动电话""手机"这几个同义词，最初"大哥大"很流行，但如今则成了"手机"的天下，这是一个自然选择的过程，无须人为干预。近来"肇事逃逸"的说法被简缩为"肇逃"。如《今晚报》2010 年 1 月 23 日："交警汉沽支队办案交警 1 小时破获一起交通肇逃案，醉驾肇逃的毕某被公安汉沽分局依法处以行政拘留 20 天。""肇逃"一词能否通行开来我们只能拭目以待，我们无法左右它的命运。

另一方面，新词语大多属于昙花一现，来也匆匆，去也匆匆。周荐主编的《2006 汉语新词语》（商务印书馆 2007 年版）共收录 2006 年新产生的词语（包括旧词新义）172 条，其中的很多词语今天已难觅踪影，如"白银书""半糖夫妻""吊瓶族""废统""海缆断网""啃椅族""垄奴""陪拼族""7 时代""穷人跑""人球""微笑圈"等。前两年铺天盖地的"神马"（"什么"的谐音）

如今就已经不多见了，看样子用不了多久就会寿终正寝。目前青少年喜欢说"hold"（掌控）和"控"（特别喜欢某种事物的人），如可以说"hold 住"（掌控得住）、"hold 不住"（掌控不住）、"大叔控"（喜欢年龄大的成熟男人的人）、"丝袜控"（特别喜欢丝袜的人）等。"hold"是英语词汇的直接借用，"控"据说是日语对英语"complex"（情结）一词第一个音节"com"的音译，日语汉字中写作"控"，汉语从日语中借用了过来。这类词往往时髦一阵后就会销声匿迹。根据教育部语信司发布的《2011 年中国语言生活状况报告》（《语言文字》2012 年第 2 期），2006 到 2010 年共搜获年度新词语 2977 条，在 2011 年的语料中，这些新词语年使用频次在 10 次以上的只有 40%，有 1/4 低频使用，其余则已隐退。估计年使用频次在 10 次以上的 40%新词语当中，2010 年的新词语要占大多数，因此，随着时间的推移还会不断衰减。新词语的这一特点也表明没有对其制定规范的必要性。规范总是滞后的，我们的规范还没有出台，新词语可能"俯仰之间，已为陈迹"，我们又何必劳神费力而不讨好呢？

那么对新词语是不是可以放任自流呢？对普通词语，我认为基本上可以采取这种态度。说得好听一点，这叫顺其自然，说得学术一点，不妨叫"语言的自我调适"。中国政府现在倡导构建和谐社会，与以前的斗争哲学相比，这在政治思路上是一个巨大的进步。中国古代哲学中有"和而不同"的思想，"和"指的是多样性的统一，允许不同事物的共存，"同"则追求同质事物的同一，排斥异质因素的存在。一个社会要健康发展，必须遵循"和而不同"的原则，和谐社会的倡导正是对中国古代这一优秀思想的继承和弘扬。和谐社会无疑也包括和谐的语言生活，和谐的语言生活允许人们有新创词语及使用新创词语的自由，允许语言异质因素的存在，这是语言自我调适的哲学依据。当然，如果哪位学者对某些新词语有自己的看法，推荐也好，批评也罢，完全可以去自由表达；如果你有机会编纂辞书，也不妨将自己的意向体现在辞书当中；这也是和谐语言生活的应有之义。至于大众是否听取，那就不是语言学者或政府机构所能决定得了的。国家语委最近制定的《国家中长期语言文字事业改革和发展规划纲要（2010—2020）》中提出了"尊重语言文字发展规律，注重主体性与多样性辩证统一，构建和谐语言生活"的指导思想，这一指导思想是历史经验的科学总结，是值得称道的，关键是面对具体问题如何落实，如果不能落到实处，我们的语言文字工作仍然要走弯路。

当然，对一些特殊词语则不能放任自流，顺其自然，如科技术语、法规术语、重要的外国地名及人名的翻译等，这些词语指称的内容具有严肃性，若不加强制规范，会对社会生活造成危害或不利。据报道，2005年春节，海峡两岸包机通航，飞行员与地面指挥塔台的对话就因专业术语的不同而产生了障碍，如起飞时台湾所说的"带杆速度"，大陆叫"拉前轮"；降落时台湾所说的"精确进场"，大陆叫"盲降进场"。结果为了确保安全，两岸包机飞行员与对方地面指挥塔台的对话只得讲英语。术语规范的重要性由此可见。

2012年，由国家语委牵头，成立了"外语中文译写规范部际联席会议专家委员会"，该机构的主要职能是："统筹协调外国的人名、地名和事物名称等专有名词的翻译工作；组织制定译写规则，规范已有外语词汇的中文译名及其简称，审定新出现的外语词汇中文译名及其简称。"① 统筹协调外语专有名词的翻译工作确实是很有必要的，这里的关键是要在第一时间发布该机构确定的译名，并让各大媒体采用。如果混乱已经形成，然后才去规范，不仅事倍功半，甚至有可能成为没有多大作用的一纸空文。至于普通词语的译名，一般不会对社会生活造成危害，完全可以采用"物竞天择，适者生存"的进化论原则，无须人为干预。

关于人名地名的译写规则，姚德怀主张"凡是某个外语人地名罗马字母拼式中，各音节与汉语拼音某些音节相符的，我们便可'干脆'直接采用原名"。他举例说：Obama，汉语拼音有 o、ba、ma 这几个音节，汉语中就直接采用 Obama，这样就可避免大陆译作"奥巴马"、台湾译作"欧巴马"的歧异；Guatemala 也可原样搬进汉语，这样就消除了你译作"危地马拉"、我译作"瓜地马拉"的分歧。至于声调，他主张都念中平调［33］。② 这一主张有积极意义，它可以达到书面上最广泛的统一，而不仅仅是华语地区的统一。但声调一律念［33］的建议恐不可行，因为普通话中没有［33］这样的声调。我们建议按阴、阳、上、去的顺序来读，这样既有规律可循，又抑扬顿挫，读起来好听。如 Obama 可读作 ōbámǎ，Guatemala 可读作 guātémǎlà。与普通话音节近似的音也可原样搬进，读音按最近似音节来读。如直接采用 Kennedy（大陆译作"肯尼迪"），读作 kēnnédǐ；直接采用 Legazpi（大陆译作"黎牙实

---

① 教育部语用司：《外语中文译写规范部际联席会议专家委员会成立会在京召开》，《语言文字》2012 年第 2 期。

② 香港《语文建设通讯》第 99 期，2011 年，第 76 页。

比"），读作 lēgázǐpì。大陆与港澳台地区可以协商制定出一些具体的细则，这样专名分歧的问题就会得到解决。

无论如何，汉语完全可以敞开胸怀吸纳字母词，而不应以闭关锁国的心态拒绝字母词。

（原载《华夏文化论坛》第 9 辑，吉林文史出版社 2013 年版）

现代反训及字音规范札记

现代反训

一个词具有对立的两个义位的现象古代学者称为"反训"。有些学者不承认反训现象的存在，认为反训是不可思议的。他们或者把反训解释为历时现象，或者解释成两个词的混同。事实上共时条件下的反训是任何语言都有的。如英语的 leave 既有离开的意思，又有留下的意思；twilight 既有黎明的意思，又有黄昏的意思。现代汉语也不例外。如"借"有借入和借出二义，因此"我借他一元钱"可以有两种理解，英语中则用 borrow 和 lend 两个不同的词来表示。"浮"与"沉"相对，但语言中不但有"上浮"的说法，还有"下浮"的说法。例如《人民日报》2003 年 12 月 4 日第 2 版："凡节后票价上浮的列车，1 月 21 日（农历除夕）至 23 日（正月初二）实行票价下浮，下浮幅度为10%。""下浮"之浮是沉降的意思，跟"上浮"之浮正好相反。《现代汉语词典》（第 6 版）"没治"条下列有两个义项，一个是"情况坏得无法挽救"，另一个是"（人或事）好得不得了"，这两个义项也是相反的。下面举几则大家不大熟悉的例子，我们在使用这些词语的时候需要斟酌一下，以免产生误解。

放水

"放水"有两个相反的含义。一是注水的意思。《中国房地产报》（2002年 7 月 10 日）的一则报道说："减税对房市有如放水养鱼。"这里的"放水"指注水。但"放水"还有把已蓄之水放走的意思。福建之窗（www.66163.com，2004-02-16）上有这样一则报道："'我养殖的近百亩海蛏几次被人恶意放水，就要全部死光了，你们快来看看吧！'昨日上午，福清市海口镇东阁盐场海蛏养殖户余友明致电本报党报热线 3751111 求助，称几年来在此地养殖海蛏屡屡遭人恶意陷害，经济损失达数十万元人民币。记者立即赶到现场。余友

176

明指着他承包的三块共近百亩的养殖场说，原来养殖场里的水位有半米多高，而养殖海蜇所需的水位最少也得 30 厘米高，被放水后大部分海滩地已露出水面，暴露在空气里的海蜇开始大量死亡。""放"有解除约束、放开的意思，这个动作并没有方向性，可以向内，也可以向外。有些情况下只能是单向的，如"放虎归山"就是让老虎离开关押地，"放生"就是让动物脱离约束它的人，运动的方向都是向外。有些情况下则是双向的，如"放人"既可以是让人进来，也可以是让人出去。"放水"的两种含义正跟"放人"一样。单向、双向取决于"放"的对象。如果"放"的对象在事理上是可出可入或是愿出愿入的，就是双向的。如果"放"的对象在事理上是不能出入或是不愿出入的，那就是单向的，单向一般是外向。

"放"在古汉语中已存在反训义，一为收起来，一为放出去。如《论语·微子》："隐居放言。"何晏集解引包咸注："放，置也，不复言事务。"这里的"放言"是沉默不语的意思，"放"指收敛。《后汉书·孔融传》："跌荡放言。"李贤注："放，纵也。"这里的"放言"是肆意说话的意思，"放"指放出。

狮子搏兔

《中国语文》1999 年第 4 期有两篇纪念丁声树先生的文章，都用到了"狮子搏兔"这个成语，但喻义则是相反的。现将两则用例引录如下：

> 不少学人称扬丁声树先生根底深厚扎实，写起文章来犹如雄狮搏兔，游刃有余。（281 页）
>
> 于是乎遍考两宋人诗文集和与此有关的书，用各书异体字作"背"，苏轼、苏辙兄弟唱和诗都有"碚"字，依诗的格律，应读去声。另外还用了若干宋人材料作论证。真是狮子搏兔，用尽全力。（283 页）

前一个例子中的"雄狮搏兔"是说以大才做小事，干起来非常轻松，用不了多大精力；后一例子中的"狮子搏兔"却是比喻即便是小事有大才者也用很大的精力去对付，前者言其小，后者言其大，喻义刚好相反。这种修辞现象钱锺书先生称之为"比喻之两柄"（《管锥编·周易正义·归妹》），从语义学的角度来讲则是"反训"。该成语一般用于言其大，所以各词典中只有言其大的义项。言其小的用法各词典未见收列，看来是一种新的用法，能否为人们所接受，有待时间的检验。对一些新兴的语言现象我们不能动辄贴上"误用"

"生造""不合规范"的封签，因为最终的判决权还是掌握在广大群众手中，"我辈数人，定则定矣"是行不通的。

肯定与否定

《民族艺术》2000年第1期141页有这样几句话："服中草药能否成仙呢？答案是肯定的：不能！"这里的"肯定"改成"否定"基本意思不变，但有一些小小的区别。说成"答案是否定的"，"不能！"可以省去。说成"答案是肯定的"，"不能！"不宜省去。如果省去，文意既可以是能够成仙，也有可能是不能成仙，有歧义。这种歧义源于"肯定"一词语义指向的不同。如果"肯定"指向"答案"本身，即答案本身是肯定形式，那就是能成仙；如果"肯定"指向说话者的态度，则答案的肯定否定视上下文意而定。所以使用"肯定"一词时应注意语义的指向。

负众望

"负众望"有两个褒贬相反的含义。一是说辜负了大家的期望，常说"不负众望"和"有负众望"。例如：

> 这位年轻人不负众望，杀死了困扰印第安人的怪物。（《民间文化》1999年第1期）
>
> 乡亲们既然信得过我，我辛幼安决不有负众望。（《花城》1981年增刊第4期）

"负众望"的另一意思是享有广泛的声望，常说"颇负众望""素负众望"。例如：

> 阮氏学识渊博，且湛深经学，与汪中、凌廷堪、焦循等承吴派之专、皖派之精，开创扬州学派，在当时学界颇负众望。（《学术集林》第4卷第181页）
>
> 一百几十位从全省素负众望、热心公益的公正士绅、地方领袖中敦聘出来的人民的代表，济济一堂。（张治中：《张治中回忆录》，华文出版社2014年版，第140页）

与此类似的是"素负声望":

> 徐特立同志是中国共产党的优秀党员,是一位素负声望的老革命家和杰出的教育家。(《徐特立文集前言》,湖南人民出版社 1980 年版)

古代汉语中有"负誉"一词,既有享有声誉的意思,也有声誉不好的意思。如北周庾信《哀江南赋》:"镇北之负誉矜前,风飚凛然。"这里是享有声誉的意思。唐道宣《续高僧传》卷 15《释灵润》:"(润)虽则负誉帝京,而神气自得,或讥毁达其耳者,曾若不闻。"这里是声誉不好的意思。

这种"反训"是由"负"的"辜负"和"享有"两个不同义位造成的。一些人把"深负众望"的说法看成是"深孚众望"之误,这是不对的。这两种说法意思有别,各有用场,都能成立。"深负众望"是说很有群众威望,跟"颇负众望"意思相同。"深孚众望"则需要稍加辨析。《现代汉语词典》"孚"字下释为"很使群众信服",认为"孚"是"使人信服"的意思,各成语词典也都是这么解释的。我们认为这种解释有问题。

首先,什么是"众望"呢?《现汉》解释说:"众人的希望:不孚众望/众望所归。"按照这一解释,"深孚众望"就是很使众人的希望信服,这意思显然很别扭。各词典知道这样解释不好讲通,就把"众望"意译为"群众"或"众人",然而"众望"哪有"群众"或"众人"的意思呢?其实"众望"除了"众人的期望"的意思外("众望所归"即用其义),还有"群众(或众人)中的声望"的意思,"颇负众望"中的"众望"用的就是这一意义,这一点可从"素负声望"的说法得到佐证,各词典失收这一义项,人们只好拿"众人的期望"去硬套,造成对"深孚众望"的曲解。

再来看孚字。孚有符合的意思。《正字通·子部》:"孚,合也。"明邵经济《泉厓文集》卷 4《旧雨新晴卷序别小鳌水部》:"且维新之政,孚我素心。坚白之心,足占旧养。"此谓符合我平素的心愿。《金瓶梅词话》第八十二回:"俺两个情孚意合,拆散不开。"此谓情投意合。康有为《〈礼运注〉叙》:"孔子生据乱世,而志则常在太平世,必进化至大同,乃孚素志。""乃孚素志"是说才符合孔子平素的志向。"深孚众望"之孚应该是符合的意思。

因此,"深孚众望"的确切含义应该是:很符合在众人中享有的声望,是名副其实、名不虚传的意思。与此相反的说法是"不孚众望",意为"盛名之下，其实难副"，也就是名过其实的意思。

由此可知，将"深负众望"看成"深孚众望"之误是不对的，各词典对"深孚众望"原义的解释也应加以修正。

字音规范四则

籑字音 zuǎn 质疑

清代学者阮元主编了一部很有用的工具书叫《经籍籑诂》，因为书刊中把《经籍籑诂》写成《经籍纂诂》的现象时有所见，所以我们在给学生上课时总要强调籑的意思是编纂，读 zhuàn，与"纂"义同而音异，不要写错和读错了。然而《现代汉语词典》（2005 年修订本）中籑有 zuǎn 的读音，释义为"同'纂'①"，2012 年第 6 版没有单列籑字头，籑字列为"纂"字头的异体。这就是说《现汉》认为在编纂的意义上"籑"和"纂"可以通用。《现汉》的这一看法能否成立呢？我们不妨追根溯源，来梳理一下。

籑是籑的省体。查《汉语大字典》和《汉语大词典》，籑及籑字下都没有 zuǎn 的读音。籑字《说文》收录，释为："具食也。从食算声。馔，籑或从巽。"本义是供设饮食，也引申指饮食，是馔的异体字。大徐本音士恋切，《广韵·线韵》也音士恋切，折合成今普通话读音就是 zhuàn。籑字典籍中也假借作撰。《汉书·司马迁传赞》："自古书契之作而有史官，其载籍博矣。至孔氏籑之，上继唐尧，下讫秦缪。"颜师古注："籑与撰同。"《字汇·竹部》："籑，与撰同。"音除恋切，折合成普通话读音也是 zhuàn。《经籍籑诂》的籑正取编撰义，所以应该读 zhuàn。看来《汉语大字典》和《汉语大词典》不列 zuǎn 的读音是合理的。不知《现汉》根据什么说籑同纂进而音 zuǎn，是不是看到《经籍籑诂》常有写作《经籍纂诂》的，便以为"籑"同"纂"？如果是这样，那就是迁就现代人写别字了。

值得注意的是，《广韵》籑音"士恋"切的"士"在有些刻本或引文中讹作"七"，如张氏泽存堂本《宋本广韵》及《佩文韵府》卷 76 之四"籑"字下都误作七恋切，清纪容舒《孙氏唐韵考》卷 4 下就已指出："籑字《广韵》作七恋切，非。"七恋切今应读 cuàn，也不读 zuǎn。

"锲"该读什么音？

锲在现代汉语中是个不常用的字，一般只用在"锲而不舍"这个成语中。

锲字的读音《现代汉语词典》《新华字典》等权威字词典都注作 qiè，这当然是有根据的。《广韵·屑韵》锲音苦结切，转换成普通话读音就是 qiè。锲的意思是契刻，它是契的后出分别文，从词的角度来看，它们不过是同一词的不同写法而已。从实际使用来看，锲和契在契刻的意义上是通用的。明张自烈《正字通·金部》："锲，通作契。"《后汉书·张衡传》："世易俗异，事执舛殊，不能通其变，而一度以揆之，斯契船而求剑，守株而伺兔也。""契船求剑"也作"锲船求剑"。《旧唐书·李百药传》："锲船求剑，未见其可。"《淮南子·齐俗》："故胡人弹骨，越人契臂，中国歃血也。""契臂"也作"锲臂"。南朝梁王金珠《欢闻变歌》之五："锲臂饮清血，牛羊持祭天。"在现代学者当中，这两字仍混用不别。如吴浩坤、潘悠《中国甲骨学史》："甲骨文以契刻为多见，但也有不少是用毛笔写的。"也写作"锲刻。"[1] 郭沫若《中国古代社会研究·导论二》："三十年前在河南安阳县有龟甲骨板上锲刻着的贞卜文字出现。"[2] 任乃荣《中华文字语音溯源》："甲骨文多用单刀锲刻，难以体现书写原貌，而金文则可以更多显示出墨原迹，体现出原书笔意。"[3] 可见无论是古代还是现代，使用者都把这两个字当作同一个词的不同写法，随意换用。但按照字词典上的注音，当我们读到"契船求剑"时读 qì，而读到"锲船求剑"时却要读 qiè；遇到"契刻"时读 qì，遇到"锲刻"时却要读 qiè，这不能不使人困惑。明明是同一个词，一会儿这样读，一会儿那样读，叫人莫明其妙。要是不照着现成的文章念，而是用嘴说的话，弄不清究竟该说 qìkè 还是该说 qièkè。

给汉字注音不能株守古代反切，而要结合实际使用情况来考虑。从以上引证我们知道，锲就是契的分别文，读音不该有异。《广韵·霁韵》契有二读，一读苦计切，即今 qì 这个读音的来源；一读苦结切，今应读 qiè。今天契的读音我们选择苦计切为正音，而其分别文锲却选择苦结切为正音，结果将同一个词割裂成了两个词，给语文教学和普通话实践造成麻烦。因此我们建议将锲的读音审定为 qì，使锲、契二字的读音统一起来，减少无谓的异读。

其实《中华大字典》早就这么做了，它在锲下注有"结计切，音契"的读音。只是"结计"当为"苦计"之误，因为"结计"切出来是 jì，与"音

① 吴浩坤、潘悠：《中国甲骨学史》，上海人民出版社 1985 年版，第 2 页。
② 郭沫若：《郭沫若全集·历史编》第 1 卷，人民出版社 1982 年版，第 18 页。
③ 任乃荣：《中华文字语音溯源》，新华出版社 2013 年版，第 90 页。

契"不一致。

明确了锲与契的关系，我们又面临着这样一个问题：既然锲、契音义相同，现代汉语中是否还有必要使用锲这个字？也就是说，"锲而不舍"能否写成"契而不舍"？好像没什么不可以的。锲与契的关系正如捨与舍、復与复的关系，我们可以用舍、复取代捨、復，为什么不能用契取代锲呢？

锲在古代还指一种镰刀类的农具。《方言》第五："刈钩……自关而西或谓之钩，或谓之镰，或谓之锲。"《说文》："锲，镰也。从金契声。"这与契刻义的锲应该是两个词。此字《方言》郭璞注及《广雅·释器》曹宪注皆音"结"，《广韵·屑韵》也有古屑切一读，今应读 jié。《汉语大字典》及《汉语大词典》等字词典将镰刀义之锲也音 qiè，那是将该词混同于契刻义之锲的结果。

现代汉字规范化要做的工作很多，异读、异体的规范是其中最为迫切的问题，值得我们重视。

"给予"之"给"该读 gěi 还是 jǐ?

某幼儿园给小孩进行感恩教育，要求每个班朗诵这样几句感恩辞："感谢父母给予我生命，感谢家人给予我呵护，感谢老师给予我教育，感谢小朋友给予我快乐。"结果不同班级的老师给孩子们教的"给予"的读法是不同的，大多数读 gěiyǔ，个别的读 jǐyǔ。究竟该读哪一个，老师们也弄不明白。有个老师在电脑上用全拼输入法输入"gěiyǔ"，结果输出了"给予"一词，于是认定读 gěiyǔ 是对的。

各输入法大都有自造词的功能，输入法能打出来的不见得就是规范的。"给予"之给按照《现代汉语词典》的注音应该读 jǐ，这是目前的规范读音，但这一规范读音未必合理。这一读音当然是有根据的。中古以前，"给"无论是"授予"义还是"供给"义，都读居立切（《广韵·缉韵》），转换成今普通话读音就是 jǐ。但从明代以来，口语中"授予"义的"给"又有了 gěi 的读法，这在明代文献中有反映。《醒世姻缘传》中表示"授予"义的词有"给""己"两种写法。如第七十一回："你一年只给我十两银子的利钱。"第七回："周姨，你己我个红的顽。"这应该是口语中"给"有了 gěi 的读法①，所以原

---

① 关于 gěi 的读法的来源，学者们有多种解释，有古入声字的音变、来自"馈"等说法，目前尚无定论。

先 jǐ 的读法用一个同音字"己"来记写。后来 jǐ 的读法被 gěi 吞并，于是口语中"授予"义的"给"只读 gěi，jǐ 则留给了"供应、富足"的意义，两个读音有了分化。

那么普通话中"给予"中的"给"应该读 gěi 还是读 jǐ？我们认为读 gěi 合理。

其一，gěi 和 jǐ 清代以来意义上已经有了分工，这是有积极意义的，我们应该承认这一现实。"给予"中的"给"是"授予"义，应该读 gěi。

其二，gěi 在现代汉语中是个强势读音，所以普通百姓中"给予"读 gěiyǔ 的人远比读 jǐyǔ 的多，根据从众原则，应该以 gěi 为规范读音。

其三，与"给予"意思相同的"给以"之"给"读 gěi，两个词的读音应该统一起来，否则会使学习者徒生困惑。

"白 qí 豚"还是"白 jì 豚"？

白鳍豚是我国特有的珍稀淡水鲸类动物，濒临灭绝，被列为国家一类保护动物。这些年由于各种传媒的宣传报道，白鳍豚的数量虽然仍呈减少趋势，但知名度倒是不小。不少人把"白鳍豚"读作"白 jì 豚"。其实"白 jì 豚"并不是"白鳍豚"的异读，而是白鳍豚的异名，jì 字应写作鱀。1998 年以前，学术界认可的正规名称是"白鳍豚"，而非"白鱀豚"。1979 年修订本《辞海》收有"白鳍豚"，未收"白鱀豚"，甚至在"白鳍豚"条下没提它有"白鱀豚"的异名。旧版《现代汉语词典》也跟《辞海》一样，只收"白鳍豚"，不提"白鱀豚"。1996 年修订本《现代汉语词典》以"白鳍豚"为主条，而将"白鱀豚"作为异名收列，反映了"白鱀豚"一名在社会上流行的现实。1999 年修订出版的《辞海》收了"白鱀豚"的词条，"白鳍豚"的词条被删除。2005 年第 5 版及 2012 年第 6 版《现代汉语词典》以"白鱀豚"为主条，"白鳍豚"成了副条。可以看出，在"白鳍豚"和"白鱀豚"的竞争中，"白鱀豚"占了上风。"白鱀豚"之所以能占上风，全赖了广播电视的播音。

不过问题并没有就此结束。"白鱀豚"虽然在口语中占了上风，但在书面语中"白鱀豚"却是步履维艰。因为鱀是个生僻字，除了在"白鱀豚"一词中出现外，再也没有用场，所以人们大都不认识；更麻烦的是，国标码中没收鱀字，因此电脑中往往打不出来。我们曾在百度中进行了搜索统计（2016 年 4 月 26 日），输入关键词"白鱀豚"，找到的结果是 32600 个；输入"白鳍豚"，找到的结果是 1590000 个，"白鳍豚"明显占优势。这一统计意味着"鳍"有可能产生 jì 的异读，文字学上所谓的"义同换读"大都是这样产生的。既以"白鱀豚"为规范名称，2013 年发布的《通用规范汉字表》中就不得不收入鱀字，然而目前的输入法中鱀字还是打不出来。

鳍是个常见字，而且白鳍豚就是因为它的鳍是白色的而得名的，有顾名思义的便利。我们不明白当初"白鳍豚"作为正规名称为辞书所推荐的时候，广播电视上报道时为何偏偏采用"白鱀豚"，以致造成了今天的混乱局面。广播电视在规范普通话方面起着举足轻重的作用，一言既出，万众是从，使用词语尤其是科技术语时不可不慎。2009 年比利时毒鸡事件披露后，媒体上突然冒出"二恶英"一词（"恶英"二字也有加口字旁的），指一种有毒的含氯化合物，"恶"字有的播音员读 è，有的读 wù，令人不知所从。"二恶英"是英语 dioxin 的翻译，"二"是 di 的意译，"恶英"是 oxin 的音译，但这个词英音读［dai'ɔksin］，美音读［dai'ɑksɪn］，都跟"恶英"的读音不相近。台湾意译为"二氧杂芑"，音译为"戴奥辛"，都比"二恶英"要好，为什么不采用台湾的翻译呢？两岸统一用一个译名不是更便于沟通吗？

（原载《邢公畹先生纪念论文集》，南开大学出版社 2018 年版）

文 字 编

古书的普通话今读问题

现在的不少古代诗文注释喜欢注一些所谓的"古音",生怕读者读白了,这些"古音"有的今天仍然活在人们的口语当中,如"饮"破读为 yìn,"冠"破读为 guàn,姓氏"盖"读 gě①,"仇"读 qiú,地名"番禺"pānyú,等等。这些读音既然实际上是存在的,注明其特殊读法当然是十分必要的。但大部分古音确实早已"作古"了,只是保存在古代的反切当中。例如:

> 王:於放切,今应读 wàng,动词"统治"义。
>
> 子:将吏切,今应读 zì,动词"抚育"义。
>
> 文:亡运切,今应读 wèn,动词"修饰"义。
>
> 女:尼据切,今应读 nǜ,动词"以女嫁人"义。
>
> 冰:彼凭切,今应读 bìng,动词"使物冰凉"义。
>
> 不羹:羹,庐当切,今应读 láng,地名。
>
> 阳夏:夏,举雅切,今应读 jiǎ,地名。

其他像国名"龟兹"应读 qiūcí,"康居"应读 kāngqú,"身毒"应读 yuāndǔ,族名"先零"应读 xiānlián,"吐谷浑"应读 tǔyùhún,人名"禽滑厘"应读 qíngǔlí,"郦食其"应读 lìyìjī,"神荼"应读 shēnshū,"契"应读 xiè,"可汗"应读 kèhán,等等,诸如此类,都是今人在注释中特别强调的。

我们首先要问:今天读这些早已"作古"的读音的必要性是什么? 说是区别词义吧,"阳夏"无论读 yángxià 还是读 yángjiǎ 都无非是地名,"神荼"无论读 shēnshū 还是读 shēntú 仍然指同一个神,含义丝毫未变。"王"读为 wàng 固然可以标记"统治(天下)"的意义,但读作 wáng 未尝不能具有这样

---

① 姓氏"盖"今天也有不少人读 gài,有些姓盖的人自己也读 gài。

的含义。"文过饰非"的"文"是"掩饰"的意思，按反切应读 wèn，但事实上今天人们都按常见的读法去读，并没有什么消极影响。"养老送终"的"养"（下养上）按古人的注音（馀亮切）就得读去声，但如果有谁株守反切读成"yàng 老送终"，反而会贻笑大众。再说，为了区别某项意义而让人们记住一个死去的读音，这值得吗？何况人们只有先明白"王"在某个地方是"统治"的意思后才能想到它该读 wàng，这样一来强调读 wàng 这样的音岂不是人为地设置阅读中的羁绊吗？也许有些人会说这样读可以跟古人的读法相对应，这也未必。这些音是所谓读书音，口语中不一定都那么读。即便古人口语中就那么读，为什么要强求今人的读法跟古人对应呢？好像没有什么非此不可的理由。要知道，古代注解家们强调的这种不同意义有不同读音的情况是很多的，光宋代贾昌朝的《群经音辨》列举的就有 200 多个，如果都让它们起死回生，读古书恐怕跟读外语差不多了。

其次我们要问：这些音是真正的古音吗？回答是否定的。这些音既不是真正的古音，也不存在于现代口语，可以说是从古到今并没有在实际语言中存在过，只不过是从理论上来讲，如果将这些字的古代反切转换成今普通话的读法的话，应该那么读。很显然，这类音是人为推导出来的，并无现实依据。如果真是自古传承到今的话，不一定就那么读。例如《广韵·齐韵》"户圭切"下有 24 个字，其中有的今读 xié（携），有的今读 xī（鑴），有的今读 xí（劀），有的今读 qí（畦），有的今读 guī（窒），有的今读 suī（眭），如果按规律折合，今天都应该读 xié，可见折合来的音未必是实际上可能存在的。

再次，不少特殊的读音是不是应该那么读还成问题。如"可汗"是突厥语 qaɣan 的音译，也译作"可寒""合罕"等。音译只求语音的近似，不存在非这样读或那样读的问题，那么我们强调"可汗"要读成 kèhán 有什么道理呢？莫非突厥语也有声调？"龟兹"也是音译词，从唐代利言（或作礼言）的《梵语杂名》一书写作"归兹"的情况来推断，今天还是应该读作 guīzī。唐慧琳《一切经音义》卷 28《添品妙法莲华经序》中就明确告诉我们："龟兹，上音归，下音谙，胡国名也，即安西四镇是也。"读 qiūcí 的依据是《汉书·地理志》"龟兹"东汉应劭注："音丘慈。"这未必是在给"龟兹"注音，很可能是指出异译。宋法云《翻译名义集》卷 3《诸国篇第二十八》："屈支，《西域记》云：'旧曰龟兹，又音丘慈。'"所谓"又音丘慈"就是又叫丘慈。可见"龟兹"读 qiūcí 的依据是靠不住的。如果"龟兹"读 qiūcí，那么"归兹""屈支"是不是也得读 qiūcí？英国学者 H.W.Bailey 认为"龟兹"是塞语 kutsi 的音译①，如果是这样，将"龟"读作 qiū 岂不是反而背离古音了吗？古代的龟兹在今天新疆的库车县一带，"龟"读作 guī 多少还跟"库"有点儿接近，读作 qiū 可就不挨边了。不难想象，当初人们用一个汉字去对译外语单词的时候必然用的是它的常见读音，不会是一个僻音，更不可能现编出一个读音来，那么我们为什么要把"冒顿"读为 mòdú，把"康居"读为 kāngqú 呢？钱大昕在《十驾斋养新录》卷 4 中就指出："《史记索隐》冒顿字原有两音，未始不可读如字。"音译的人名、地名、族名等专名中汉字本身并不表示什么意义，我们按今天常见的读音去读就可以了，如同今天的音译词一样，用什么字，读什么音，读那些特殊的音没什么必要。像突厥语的 qaɣan 有"可汗""可寒""合罕"等译法，应分别读做 kěhàn、kěhán、héhǎn，否则光"可汗"采取特殊读音，"可寒""合罕"则采取常见读音，道理上说不过去。

中国原有的人名地名也完全可以按通常的读法去读。"禽滑厘"就读 qínhuálí，"不羹"就读 bùgēng，无伤大雅。"滑稽"的"滑"按反切古忽切应读 gǔ，但正如赵元任先生所说的，"任何人现在要是说 guji，那倒真有点 huaji 了。"② 人名中的"滑"硬要读作 gǔ，不是同样有点 huáji 吗？"不羹"的"羹"与"羹臛"的羹在晋代以前是同一个音。《左传·昭公十一年》："楚子城陈、蔡、不羹。"孔颖达疏："古者羹臛之字音亦为郎，……但近世以来独以此地音为郎耳。"羹读 láng 是上古音的遗存，但现在已被 gēng 取代，没必要仅仅在一个地名中读古音。"不羹"《汉书·地理志》作"不更"，如果"羹"读 láng，"更"是否也要读 láng 呢？"葉"作为地名和姓氏，按《广韵》书涉切，今天应该读 shè，但实际上都读 yè，"葉公好龙"没人读"shè 公好龙"。这一事实给我们的启示是：按反切换来的读音只是纸上谈兵，难以为人所接受。对字形，我们是改革派，合并废弃了不少形体。对字音，我们则倾向于保守，该并的不并，该废的不废，还让死亡的读音回生，这是不是有点像齐宣王所说的"反而求之，不得吾心"呢？

古书是古代语言的记录。古代的语音随着古人的消亡一去不复返了，生活在今天的人无疑应该按今天的语音去读古书，没有必要也不可能读出真正的古

---

① 季羡林等：《大唐西域记校注》，中华书局 1985 年版，第 57 页。
② 赵元任：《什么是正确的汉语》，《江西师范大学学报》1989 年第 3 期。

音。按今音读古书，对古籍注音、广播电视的播音和古代汉语教学来说就是以普通话语音实际为准绳，而不能以古代某部韵书或某一反切为根据。事实上有许多字古代的反切跟今天普通话的读法是不一致的，普通话审音委员会采取约定俗成、承认现实的态度，以实际读法为正音，而不墨守反切。例如：

例字	《广韵》反切	今应读	今实读
贷	他代	tài	dài
缤	匹宾	pīn	bīn
谱	博古	bǔ	pǔ
恢	苦回	kuī	huī
旷	古猛	gǒng	kuàng
茎	户耕	héng	jīng
完丸	胡官	huán	wán

理论上的"应该"与实际相脱离，要以实际为标准，这是我们今天读古书的一条重要原则。"衣裳"的裳《广韵》音市羊切，按演变规律，应该读cháng，但实际却是读 shang（轻声）。《说文》中说："常，下裙也。从巾尚声。裳，常或从衣。"这就是说"常"和"裳"原本是一对异体字，"常"今天读cháng，符合演变规律。"裳"读 shang 可能是受声符"尚"影响的结果。不过，按《现代汉语词典》《新华字典》等权威工具书的说法，"裳"读 shang 只限于"衣裳"一词，其他情况下都要读 cháng，如"霓裳""罗裳"等，古籍中的"裳"那就更应读 cháng 了。我怀疑这样的规定能否行得通。"霓裳"老百姓十之八九读作 níshàng。如今又有"时裳"一词，有个服装品牌就叫"百时裳"，一般读 shàng，没听见有谁读作 cháng。有些字普通话审音委员会最初以反切应读的音为正音，但群众不予理睬，最后只好从众。像"曝光"的"曝"最初定为 pù，但实际读 bào，"驯"最初定为 xún，但实际读 xùn，1985年重新审定的时候只好以实际读法为正音。这充分体现了语言约定俗成的特点。

上面是就今天已经消亡了的古代专名而言。如果是今天还活在口语中的普通词，那就更应以实际读法为准，实际有异读的，以普通话审音委员会1985年审定的为准。但有些注本就不是这样。例如：

（1）又悉举而奉之仇雠。（宋·洪迈：《容斋逸史》）

（2）欲屈万乘之尊，下穹庐之拜。（宋·胡铨：《戊午上高宗封事》）

（3）丈人不悉恭，恭作人无长物。（南朝宋·刘义庆：《世说新语·德行》）

（4）覆杯水于坳堂之上，则芥为之舟。（《庄子·逍遥游》）

有些《古代汉语》（北京出版社 1983 年版）教材将上例中的"仇"注音 qiú（巨鸠切），"穹"注音 qiōng（去宫切），"长"注音 zhàng（直亮切），"坳"注音 yāo（于交切），全以反切为根据，而置实际读法于不顾，这跟以普通话实际读音为标准的注音原则是相违背的。"仇人"的"仇"今读 chóu，出现在古书里为何要读 qiú 呢？"穹"今读 qióng，"坳"即"凹"的异体，今读 āo（跟《现代汉语词典》上释为"山间平地"的"坳"是两个词），上例均应以今读为准。

"长物"的"长"我们不妨稍加辨析。"长"在这里是多余的意思，这一意义在"冗长"一词中仍然保存着，"冗长"的"长"普通话读 cháng，不读 zhàng，所以"长物"的"长"也应读 cháng。从普通话的基础方言北方方言来看，不少地区（如甘肃、陕西）有"长余"一词，"长"读平声，不读去声。从"长"的多余义的历史来源来看，它是长短之长的引申，普通话有"长三尺""短一寸"的说法，"长"就是多余的意思，读 cháng。从历史上看，"多余"义的"长"并非只有去声一读，也可读平声。《广韵·漾韵》："长，多也。又直良切。"直良切今读 cháng。晋葛洪《西京杂记》卷 4："见算时长下一算。"《太平广记》卷 25"真玄兔"引此语"长"作"常"。宋胡仔《苕溪渔隐丛话》前集卷 10 引《诗眼》："苟不当理，则一切皆为长语。"清吴景旭《历代诗话》卷 41 引《诗眼》"长语"作"常语"。可见多余义的"长"古来也有平声的读法。然而不少注本或辞典却偏偏取 zhàng 音，真叫人莫明其妙。

古书中的通假字应按本字的读音去读，这是公认的原则。如"阿房宫"今天该怎么读争议很大，读法很混乱，有 āfánggōng、ēpánggōng、āpánggōng、ēfánggōng 等读法，正确的读法取决于"阿房"的含义。《汉书·贾山传》"又为阿房之殿"颜师古注："阿房者，言殿之四阿皆为房也。一说大陵曰阿，言其殿高，若于阿上为房也。房字或作旁，说云始皇作此殿，未有名，以其去咸阳近，且号阿旁。阿，近也。"这里介绍了古代学者对"阿房宫"名义的三种解释，一是殿的四阿都有房，二是殿很高大，如同在山陵上建造的房屋，三是殿在咸阳近旁。按照前两种解释，"阿房宫"就应读作 ēfánggōng；按照后一种解释，"房"是"旁"（广大）的借字，"阿房宫"就应读作 ēpánggōng。有些人认为"阿房"是陕西关中方言，是"那边"的意思，读 wūpáng。① 其实《史记·秦始皇本纪》中对阿房宫的得名作过解释："阿房宫未成，成，欲更择令名名之。作宫阿房，故天下谓之阿房宫。"这就明确告诉人们"阿房"是个地名，所以颜师古列举的三种解释都难以成立。然而地名"阿房"因何得名也不得而知。以我之见，既然"阿房"的名义是非难明，还不如按从众从便原则读为 ēfánggōng，这样既省去了记忆、强调的麻烦，又便于通行，何乐而不为？阿房宫遗址东北有一个村子叫阿房宫村，据说这村名老早就有了，当地人"阿房宫"读 afanggong，这也可以作为普通话应读 āfánggōng 的依据。

最后，谈一谈对古代诗歌韵脚字的普通话今读问题。由于语音的变化，有些古诗的韵脚字今天读来已经不押韵了。对这些今天不押韵的字有些人喜欢把它们读得跟其他韵脚字押韵。如杜牧《山行》：

> 远上寒山石径斜，白云深处有人家。
> 停车坐爱枫林晚，霜叶红于二月花。

这里的"斜"在唐代跟"家""花"是押韵的，平水韵中都属于麻韵，但今天的普通话中"斜"读 xié，无法跟"家、花"押韵，因此人们改读成 xiá。这种读法是否合理呢？不合理。因为我们今天的规范读音是普通话，普通话中"斜"并不读 xiá，所以读 xiá 是没有根据的。

韵脚字读来不谐韵的古诗为数不少。例如：

> 风急天高猿啸哀，渚清沙白鸟飞回。
> 无边落木萧萧下，不尽长江滚滚来。
> 万里悲秋长作客，百年多病独登台。
> 艰难苦恨繁霜鬓，潦倒新停浊酒杯。
>
> （唐·杜甫：《登高》）

---

① 参见黄怀信：《关于"阿房宫"之名》，《文博》1998 年第 2 期。

少小离家老大回，乡音无改鬓毛衰。

儿童相见不相识，笑问客从何处来。

（唐·贺知章：《回乡偶书》）

三年谪官此栖迟，万古惟留楚客悲。

秋草独寻人去后，寒林空见日斜时。

汉文有道恩犹薄，湘水无情吊岂知。

寂寂江山摇落处，怜君何事到天涯。

（唐·刘长卿：《长沙过贾谊宅》）

嫁得瞿塘贾，朝朝误妾期。

早知潮有信，嫁与弄潮儿。

（唐·李益：《江南曲》）

崆峒访道至湘湖，万卷诗书看转愚。

踏破铁鞋无觅处，得来全不费工夫。

（宋·夏元鼎：《绝句》）

　　第一、二首诗中的"哀、回、来、台、杯、衰"平水韵中都属灰韵，但"回、杯""回、衰"今天读来不和谐；第三首诗中"迟、悲、时、知、涯"都是支韵字，但"悲、涯"今天读来不和谐；第四首诗中"期、儿"平水韵中同属支韵，第五首诗中"湖、愚、夫"平水韵中同属虞韵，但今读已不和谐。如果允许改读的话，对这么多不和谐的字我们又该怎么办呢？是改读"回、杯"呢，还是改读"哀、来、台"？改读应该读什么音呢？令人无所适从。有些注本认为"回"要读 huái，"衰"要读 cuī，不少中小学的老师也这么教学生，广播电视中也有这么念的。huái 的读音纯粹是人为编出来的，姑置勿论。"衰"虽然有 cuī 的读音，但它一般指古代的一种丧服，字或作"缞"，这首诗中"衰"是衰败、衰落的意思，所以不能读 cuī，只能读 shuāi。可见随意改读古诗的读音势必发生混乱。

　　至于《诗经》的注音这种现象更为严重。如《卫风·氓》："女也不爽，士贰其行。"北京出版社出版的《古代汉语》将"行"注为 háng，以求押韵，然而意义则是"行为"，与普通话通常的读法（xíng）相左。又如《邶风·击鼓》：

> 击鼓其镗，踊跃用兵。土国城漕，我独南行。从孙子仲，平陈与宋，不我以归，忧心有忡。爰居爰处？爰丧其马？于以求之？于林之下。死生契阔，与之成说。执子之手，与之偕老。于嗟阔兮，不我活兮。于嗟洵兮，不我信兮。

有部《诗经》注本对上文中不入韵的字都给注上了"古音"："兵：协音 bāng。""马：古音 mǔ。下：古音 hù。""老：古音 liǔ。""洵：古音 xuán。协音 xún。""信：古音 shēn。"[1] 这纯粹是注者的随意猜测，并没有什么科学根据。像"老"按高本汉的拟测，上古音为 *lôg，按王力的拟测则为 *ləu。怎么能用拼音方案注古音呢？语文出版社 1987 年出版的《古书常见误读字字典》也注了不少叶音，如"蔡"读 zì，"便"读 pín，"伯"读 bù，"捐"读 yún，"期"读 qiú，等等。这样乱注古音叶音让人们遵从，给阅读者造成的混乱是不小的。尤其是旨在辩误的字典上出现这类经不起推敲或者毫无价值的读音，其扰乱视听的影响不可低估。语言工作者有责任清除这类语音污染，以保持普通话读音的纯洁健康。

还有人主张古典诗词中的入声字应按入声来读，说什么"你要用普通话去读，不要说读古人的，就是读毛主席的诗词，你也读着不押韵。我就老举这个例子：'茫茫九派流中国，沉沉一线穿南北'，'国'和'北'是押入声韵的，你要是读成普通话，就把人家的作品给糟蹋了"。[2] 这是缺乏语言学常识的说法。既然普通话中没有入声，古代的入声字该怎么读？是按古代的读音读还是按现代有入声的方言读？古代的读音我们前面说了，它只是理论上的假设，而且也不统一，是没法搬到现实中来念的。现代方言中的入声读法倒是可以搬来念的，但各方言中入声的读法并不相同，根据哪个方言的入声来读？即便硬性规定某个方言，普通话中冷不丁插进一个方言读音也实在叫人莫明其妙。可见这种观点是根本行不通的。

---

[1] 袁梅：《诗经译注》，齐鲁书社 1980 年版，第 138—139 页。
[2] 吴小如：《吴小如先生关于旧体诗创作的谈话》，《文史知识》2009 年第 3 期。

当然，在学术范围内探讨古代一个反切转换成今音该怎么读，今天的某个词古代又该怎么读，这完全是正常的，有意义的。我们也不反对有存在价值的转换读音进入实际。我们强调的是：不能拿"应该"取代"实际"，更不能拿"不应该"扰乱"实际"。

（原载香港《语文建设通讯》1992 年第 36 期）

谐声字以谐韵为原则说[*]

　　段玉裁在《六书音均表一·古谐声说》中提出："一声可谐万字，万字而必同部，同声必同部。"在《六书音均表二·古十七部谐声表》中又说："六书之有谐声，文字之所以日滋也。考周秦有韵之文，某声必在某部，至啧而不可乱。故视其偏旁以何字为声，而知其音在某部，易简而天下之理得也。许叔重作《说文解字》时未有反语，但云某声某声，即以为韵书可也。自音有变转，同一声而分散于各部各韵，如一某声，而某在厚韵，媒腜在灰韵；一每声，而悔晦在队韵，敏在轸韵，晦痗在厚韵之类，参差不齐，承学多疑之，要其始，则同谐声者必同部也。"这就是著名的"同声必同部"理论。这一理论之所以能得到学者们的公认，关键是可以得到先秦韵文的印证。如《诗经·豳风·东山》第三章："鹳鸣于垤，妇叹于室。洒扫穹窒，我征聿至。"韵脚字"垤、室、窒、至"互相押韵，无疑属于同一个韵部，而"垤、室、窒"都从"至"得声，这表明"同声必同部"的论断是可以成立的。其实早在段玉裁之前已有不少学者根据谐声和韵脚字研究古韵，如宋代徐蕆《韵补序》中已提出"音韵之正，本诸字之谐声，有不可易者"的观点，明代赵宧光有《谐声通韵表》，清初顾炎武有《唐韵正》，康熙年间的潘咸有《音韵原流》等①，他们都是从先秦韵脚字与谐声大都一致的现象得到启发而意识到"同声必同部"的原则的，段玉裁只是这一理论的集大成者及最全面的运用者而已。

　　那么，在造字时代，谐声的声母是不是也一定跟被谐字相同呢？目前研究上古声母的学者大都相信造字之时谐声的声母与被谐字是相同的，至少是很相近的。如傅东华说："凡假借、转注、谐声，方其始也，必二字之声纽与韵部

---

　*　本文曾在 2009 年 2 月 14 日至 15 日在日本北海道大学主办的"东亚语言与文化比较国际研讨会"上宣读。此次发表，略有修改。

① 参见张民权：《清代前期古音学研究》下册，北京广播学院出版社 2002 年版，第 198—202页。

皆大体相同，此文字学上万无可易之原则也。""夫所谓谐声者，本当声与韵无乎不谐，其有以今音读之而与所从之声不谐者，必由'古今异言，方俗殊语'之声变所致。"① 有人甚至仿照段玉裁的说法，提出"一声可谐万字，万字必同纽，同声必同纽"② 的观点。他们以此从未证实过的假设为理论基础来构建上古时期的复辅音声母。高本汉是现代学者中率先将谐声字大量用于系联上古声母的开路先锋。陈保亚评价说："高本汉把谐声原则扩展到声类范围，为提取上古音声类奠定了方法论基础，在理论上有重要价值。后来的谐声字分析都是在这种思路下展开的。""谐声原则丰富了语文学的方法，对上古音声母研究有重要价值。可以说，根据押韵和谐声原则，再加上《切韵》作为中介，上古音的音类和音系基本上有了一个框架。"③

然而谐声字的性质并非像高本汉等人所理解的那样简单，将谐声原则用于系联上古声母是有问题的。王力曾对"同声必同纽"的观点提出过如下批评：

> 段玉裁说："同声必同部。"这是指韵部说的。这只是一个原则，还容许有例外。如果我们说："凡同声符者必同声母。"那就荒谬了。例如"诗、邿、时、塒、侍、恃、莳、持、俦、庤、痔、峙、待、特、等、峙、畴、涛"等字都从"寺"得声，"寺"是邪母字，"诗、邿"是审母字，"时、塒、侍、恃、莳"是禅母字，"持、俦、庤、痔、峙"是澄母字，"待、特"是定母字，"等"是端母字，"峙"是知母字，"畴、涛"是照母字，那么，这些字的上古音该属于哪个声母呢？如果你说：这些字的上古音，既不是知澄等母（古无舌上音），也不是端定照审禅等母，而是另一种辅音，那也讲不通。因为这些字多数属三等字，如果上古声母完全相同，后来怎么能有分化的条件呢？从谐声偏旁推测上古声母，各人能有不同的结论，而这些结论往往是靠不住的。④

王力依据相同条件下语音不应有不同的分化这一语音演变的基本原则对"同声必同纽"的观点提出质疑，应该说是切中肯綮的，但由于人们对谐声字

---

① 傅东华：《汉语声纽变转之定律》，《学林》第10辑，开明书店1941年版，第2—3页。
② 王文耀：《殷周文字声类研究》，上海辞书出版社2004年版，第2页。
③ 陈保亚：《20世纪中国语言学方法论》，山东教育出版社1999年版，第198、199页。
④ 王力：《汉语语音史》，中国社会科学出版社1985年版，第17—18页。

的性质缺乏正确的认识，仍然盲从谐声字创制之时必取与被谐字同音之声符这一想当然的假说，以致很多人还在继续利用谐声字研究上古声母，而对王力的批评置若罔闻。

谐声字的实际状况表明"同声必同纽"的说法是缺乏根据的。许慎在《说文解字叙》中说："形声者，以事为名，取譬相成。""譬"是类似、近似的意思。"以事为名"指将表示事物的字作为意符，"取譬相成"指取读音类似的字作为音符，可见许慎早就知道谐声以近似为原则，并不刻求同音。裘锡圭也指出："大多数形声字都跟声旁不同音，而且彼此的差异有时还很大。"他认为主要原因是"在造形声字的时候，就存在用不完全同音的字充当声旁的情况"。① 我们认为"用不完全同音的字充当声旁的情况"可以进一步明确为谐声字主要采用同韵部的字充当声符，这一点不难从"同谐声者必同部"的结论中推导出来。既然同谐声者必同部，那么"不完全同音"的情况主要就是声母的不同了。

谐声字从其产生途径大致可分为三类。第一类是先有一个字已用于表示某一意义，后来为了表意的明确，给这个字增加一个意符，这样原先的字就成了这个新造字的声符，构成谐声字。如先有"取"用于娶妻义，后加意符"女"而成谐声字"娶"；先有"采"表示采取义和色彩义，后分别填加意符"扌"和"彡"而成谐声字"採"和"彩"。其他如：昏→婚，益→溢，受→授，奉→捧，责→债，中→仲，道→導，监→鑑，陰→蔭，反→返，云→雲，然→燃，知→智，止→趾，等等。这类谐声与被谐字的关系是所谓古今字关系。第二类是先有一个字用于表示某一意义，后来给这个字增加一个声符成为谐声字。如"星"在甲骨文中最初写作"晶"，是个象形字，后加"生"声成为"星"；"裘"甲骨文作𧘇，是个象形字，金文加"又"声作𥘂；"在"甲骨文作✝（才），金文加"土"声成为✝（在）。第三类是为了记录语言中的某个词，直接用已有的意符和声符组合成一个谐声字。如：江、河、帛、額、路、剑、愉、损、蛮、变、股、投、喝、遏、谒、造、靠、雉，等等。第一类谐声字谐声与被谐字声母自然是相同的，因为本来就是同一个词。在后两类当中，有些谐声与被谐字是一致的，如"工"与"江"都是见母，"白"与"帛"都是并母。有些则不一致，如"在"为从母，而谐声"土"为崇母；

---

① 裘锡圭：《文字学概要》，商务印书馆1988年版，第169—171页。

"额"为疑母，"路"为来母，而谐声"各"为见母；"损"为心母，而谐声"员"则为匣母；"雉"为定母，而谐声"矢"为书母。谐声字中后两类占多数。

陈永生对甲骨文中可以确认的 244 个谐声字进行过考察，得出的结论是：谐声与被谐字声韵全同的字有 82 个，占 39.8%；韵部相同、声母不同的字有 102 个，占 50%；声母相同、韵部不同的字有 5 个，占 2.4%。① 综合来看，谐声与被谐字韵同的占 89.8%，声同的占 42.2%，声同不到韵同的一半，这说明谐声字重在谐韵。也就是说，造这类谐声字时，只要谐声与单音节词的韵部相同即可，至于声母的相同并不是造字者刻意追求的，相同固然好，不同也无妨。

谐声字重韵不重声的特点在声符替换的异体字身上也能得到印证。如"信"字古文字中或作ᆔ（合集 10466B）、ᆑ（花东 062）、ᆓ（叔叔鼎），从口人声；或作ᆕ（辟大夫虎符）、ᆖ（古玺文编 3·3），从言千声；或作ᆗ（长信侯鼎）、ᆘ（古玺文编 3·3），从言身声；人、千、身三字上古声母分属日、清、书三母，与信的声母（心母）均不相同，但韵部都是真部。这并非特殊的个例。下表是《说文》中的部分异体字，替换的声符与谐声字都是韵部相同，声母则不同。

异体字	上古音	声符	上古音	声符	上古音
视眂	禅脂	示	船脂	氐	端脂
桓梩	邪之	㠯	余之	里	来之
赦赦	书铎	赤	昌铎	亦	余铎
愆誩	溪元	衍	余元	侃	溪元
暖煗	泥元	爰	匣元	奥	日元
呦蚴	透幽	攸	余幽	丩	见幽
唐啺	定阳	庚	见阳	易	余阳
杶櫄	透文	屯	定文	熏	晓文
饱馴	帮幽	包	帮幽	卯	明幽
廟庙	明宵	朝	定宵	苗	明宵

---

① 陈永生：《甲骨文声符与古埃及圣书字音符表音准确度的差异》，《中国海洋大学学报》2010 年第 1 期。

据黄文杰对战国时期声符替换异体字的考察，两个声符韵部相同的占
63％，声母相同的占37％，① 这也表明谐声字重韵不重声。

通假字的声韵关系也支持古人重韵不重声的认识。曹先擢曾对王引之
《经义述闻·经文假借》中列举的252对通假字的上古声韵关系进行了统计，
其中通假字与本字具有同音关系（双声兼叠韵）的有110字，占43.7％；仅
有叠韵关系的有99字，占39.3％；仅有双声关系的有21字，占8.3％。② 这
就是说，有叠韵关系的通假字占83％，有双声关系的占52％。伍宗文对《汉
语大字典》附录《通假字表》声韵关系的分析与曹先擢的统计比较接近。《通
假字表》共收录3140对通假字，其中通假字与本字具有同音关系的有1087
字，占57.6％；仅有叠韵关系的有868字，占27.6％；仅有双声关系的有307
字，占9.8％。③ 这些统计数据表明，对人的听觉来说，通假字与本字之间韵
部的相同比声母的相同要重要得多。将这种听感运用于谐声字的创造自然就造
成了谐声字以谐韵为原则的结果。

以上三类统计数据中，前两类直接跟谐声字相关，声同的比例只是韵同的
一半左右。通假字在人们的观念中大部分应该是同音的，事实上叠韵关系占多
数，这很能说明问题。

也许有人会说，这些统计数据是根据王力一派的音系得出来的，换其他派
的音系就不一定如此了。这种质疑当然是有道理的，依据的音系不同，结论肯
定会有差异。不过，有差异的应该只是声母，韵部的统计结果应该基本一致，
因为现代学者在古韵的分部上分歧不大，而王力一派的韵部又是从分不从合
的。对考察上古谐声字来说，我们认为采用王派音系得出的数据相对比较客
观。这是因为王派的上古声母系统是在《切韵》声母系统的基础上依据语音
演变原则斟酌前人考据成果而建立起来的，它跟《切韵》声系的区别只是将
已经考明的公认的声母变化（如古无舌上音、娘母归泥、喻三归匣等）反映
了出来。王派声系的这种"保守性"正好体现了其对客观性的注重，基于这
种声系考察上古谐声，符合据已知探求未知的科学原则，所以得出的结果相对
比较客观。

---

① 黄文杰：《战国时期形声字声符换用现象考察》，《古文字与汉语史论集》，中山大学出版社
2002年版。
② 曹先擢：《通假字的识别》，《语文研究》1982年第2期。
③ 伍宗文：《通假字和〈通假字表稿〉》，《辞书研究》1991年第1期。

更重要的是，谐声字的这一特点我们在近世创造的谐声字身上也可以得到切实的验证。1977 年 12 月 20 日，中国各重要媒体如《人民日报》《光明日报》《解放军报》等发布了中国文字改革委员会制定的《第二次汉字简化方案（草案)》，《人民日报》1978 年 1 月 31 日发表中国文字改革委员会《〈第二次汉字简化方案（草案）〉解释》一文，文中说："《草案》中所收的简化字，主要是从群众中流行的简化字中选用的，少数字是根据群众简化汉字的规律，采用群众简化汉字的方法拟制的。"这就是说，二简方案中所收的简化字大都是早已在群众中流行的手写俗字，这种手写俗字的产生过程跟上古时期文字创制的情形基本上是一样的，我们可以利用二简方案中谐声字的规律去认识上古时期谐声字的特点。

二简方案中有许多谐声字，其谐声偏旁与被谐字韵母或韵部相同，但声母不同。如：

建:迠	靠:佸	慢:忣	藏:芷	酿:酉上	镶:钍	嚷:吐	壤:圤	墙:垟
停:仃	寨:宨	影:彤	勤:艻	拚:拼	假:仮	厦:厈	蠹:虰	襻:袢
瘫:疢	冀:北	糖:䊈						

艻应该是 in、ing 不分的方言地区的人们创造的字，就创造者而言，也是取同韵谐声。我们看到同一"上"字，可以作 c（藏）、z（藏）、n（酿）、x（镶）、r（嚷）五个声母的谐声；同一"井"字，既可作 j 声母的谐声（境：圱），也可作零声母（影）的谐声，也可作 q 声母（勤）的谐声；同一"下"字，既可作 j 声母的谐声，也可作 sh 声母的谐声，也可作 x 声母的谐声（如睛：旰。

在二简方案之前已产生不少新谐声字，如：肷（般）、窜（窜）、灿（灿）、衬（衬）、吨（顿）、坟（坟）、扑（扑）、拟（拟）、庐（庐）、芦（芦）、厅（厅）、歼（歼）、忏（忏）、识（识）、炽（炽）、积（积）、痴（痴）、佥（命）、怪（怪）、脏（脏）、钻（钻），咖（啡）、辊（子）（也写作"滚子"，即碌碡，跟《说文》中训为"毂齐等儿"的辊是两个字），还有今手写体中"楼"常写作"柚"等；表示化学元素的汉字大都是现代新造的，其中有氢、氮、锑（tī）、氙（xiān）、钽（tǎn）等。

以上这些字被谐字与谐声的读音我们是清楚的，其共同特点是谐声与被谐字声母不同，但韵部相同，这与上古时期的同一谐声用于不同声母的被谐字的情形完全相同，如"䜌"可谐帮母（变）、明母（蛮）、来母（恋）、见母（弯，居愿切）、影母（弯），"龙"可谐见母（龚）、并母（庞）、来母（聋）、精母（䲞）、山母（泷）、透母（宠）。如果你承认上列后世创造的谐声字取韵不取声，那么就没有理由不承认上古创造的部分谐声字也是如此，因为谐声字的创制环境和创制过程在古今并没有太大的区别，所谓人同此心，心同此理。也就是说，谐声字的创制原则古今相同，即以谐韵为原则，声母则是随意的。

《说文》中的一些"省声"说其实是为了迁就谐声与被谐字声韵应该一致的观念而提出来的。如蚏释为渐省声，而不说斩声，是因为蚏、渐都是从母谈部，而斩为庄母，声母不合。飙释为涼省声，而不说京声，是因为飙、涼都是来母阳部，而京为见母，声母不合。駒释为的省声，而不说勺声，是因为駒、的都是端母药部，而勺为禅母，声母不合。在我们看来，这类谐声字在造字的当时是完全符合谐声字的构造原则的，不存在省声的问题。《说文》中将殇、惕、觞释为伤省声，将伤、觞释为觞省声，但在出土的战国文字中伤、觞、殇、觞等字都是从易得声①，可见这些字的省声说是不可信的，这体现了谐声字以谐韵为原则的性质。

为什么谐声字重韵不重声呢？理想的谐声字无疑应该是谐声的声韵与被谐字一致，这样就可以做到见字知音，但事实上这种理想境界是不容易达到的。其一，造字之时未必恰好有同音字可用。其二，即使有同音字，也还有两点限制：（1）这个字应该是个常用字，如果是一个僻字，就起不到见字知音的作用，也就失去了谐声的价值。（2）这个字应结构简单，如果笔画繁多，也不适合用来构造新字。例如"氢"按理说选"轻"为谐声更符合标注读音的目的，之所以弃"轻"用"圣"（jīng），就是因为后者笔画少；"氮"的谐声之所以用"炎"而不用"淡"，也是因为"炎"笔画少。而在同韵字中选择谐声，范围就宽得多，这才使得谐声字成为最能产的造字方式。如果古人造字时执着于谐声必须与被谐字声韵相同，那么汉字中谐声字占80%以上的局面的形成是不可思议的。

---

① 参见何琳仪：《战国古文字典》，中华书局1998年版，第669—670页。

也许有人会问，古人为什么不在同声母字的范围内选择谐声？原因在于声母与被谐字的读音相似度远远不如韵母与被谐字的相似度，因为声母是辅音，成分单一，响度、音长及清晰度都不能跟以元音为主的韵母相比，诗歌押韵取韵部相同而不取声母相同原因即在于此，谐声选同韵字而不在乎同声字的道理跟诗歌押韵是一致的。就拿上例中的"垟"字来说，谐声"羊"与"墙"读音是非常接近的，这就使谐声偏旁起到了提示读音的作用，这样的字才容易流行开来。如果选用仅仅声母相同的字作谐声，比如选用"七""求"之类作为"墙"的谐声，根本起不到提示读音的作用，谐声字也就不成其为谐声字了。

耿振生说："谐声系列跟上古声母的关系虽然缺乏直接的验证，但是根据谐声字在韵母方面的表现，可以类推出声母方面也会遵循同样的道理：同一个声符的谐声字，在中古以及现代汉语里边的声母即使差得较远，在上古音里一定是很接近的。"[①] 从我们上面的分析可以看出，由于声母的声学性质与韵母有很大区别，它们在谐声中所起的作用也就不同，所以根据韵母与谐声字的一致性类推得出声母也相同的结论是有问题的。

基于上述分析，我们认为谐声字在上古韵母研究方面确实是很有价值的资料，但在上古声母研究方面并没有太大的证明力，这是由谐声字的性质决定的。尽管事实上同谐声的字有可能声母相同，但由于这种相同不是谐声造字原则支配下的结果，不具有普遍意义，无法排除声母不同的可能性，所以我们只能把它理解为偶然现象，而不能视为谐声字的造字规律，不能当作不证自明的原则。对上古汉语复辅音的构拟者来说，那些谐声与被谐字声母一致的谐声字是没有意义的，他们感兴趣的恰恰是那些谐声与被谐字声母不一致的资料，谐声字的性质表明这种不一致很可能造字时代就是如此，因此，依据这类谐声字构建复辅音的做法我们认为是靠不住的。比如据"洛"从"各"声构拟出kl-、据"悔"从"每"声构拟出xm-之类，均属对谐声字性质的误解。

于是我们也就不难明白这样的困惑：为什么"同声必同部"的规律能被不少学者发现并得到大家的公认，而"同声必同纽"的假设至今无从证实？原因就在于前者符合谐声字的造字原则，符合谐声字的创制实际，而后者则违背谐声字的造字原则，是个伪命题。如果它是个真命题，以今天的学术积累和研究手段，应该早就被证实了。

---

① 耿振生：《20世纪汉语音韵学方法论》，北京大学出版社2004年版，第61页。

目前上古汉语声母研究方面有截然对立的两派，一派坚信上古汉语有复辅音声母，另一派则怀疑或否认上古汉语有复辅音声母。否认者运用多种手段来反驳复辅音的论据，如字形讹变、异字同形、自反字（如谓"繆"字"系翏"自切）、训读音、差别大的声母可以互相谐声等，虽然用力甚勤，搜讨甚博，但就是没人去动摇一下谐声字这根复辅音的支柱。本文指出谐声字在声母研究上说明不了什么问题，这使复辅音的大厦至少垮塌了一半。当然，指出这一点并不意味着笔者认为上古汉语一定没有复辅音，目前说有说无似乎都缺乏坚实的证据，所以复辅音问题还可以继续探讨，只是需要寻找别的证据和途径，谐声字恐怕不能为复辅音的构建做什么重要贡献。

（原载《中国文字研究》第 17 辑，上海人民出版社 2013 年版）

文献字形讹误的判定原则

在雕版印刷术出现之前，古籍是靠反复的手抄来传播和流传的。雕版印刷术出现之后，由于雕版印刷的成本很高，加之购买渠道不畅，对大多数人来说，手抄仍然是得到书籍的主要方式。手写体往往不那么工整，很容易被重抄者认错。如果是数百年前的抄本，由于字迹的漫漶及字形的演变，后世的重抄者认错字的几率就更高。因此，传世典籍中就有不少因形近而产生的讹误字。判定形误最方便的方法无疑是比勘同一文献的不同版本，这样就可以很快发现没有讹误的正字。如明杨慎《异鱼图赞》卷1（文渊阁《四库全书》本）："郎君子鳌，雄雌相杂。置之醋盂，逡巡便合。下卵如粟，顷刻其州。善治产难，诞生如达。"这里的"顷刻其州"文意难通。赞文是韵文，而"州"不押韵，必有讹误。检明万历范允临刻本，"顷刻其州"作"顷刻廿卅"，不但卅字入韵，而且文意也豁然贯通。"顷刻廿卅"是说郎君子鳌产卵顷刻间产出二三十颗。但不少文献是没有异文可资比勘的，这种情况下就要通过逻辑推理找到正字，这就有一个根据什么去判定形误的问题，此即所谓形误的判定原则。

我们认为判定形误应遵循以下四项基本原则。

原则一：正字须与形误字形体相近且能贯通文意。

这里"形体相近"和"贯通文意"两个条件缺一不可。如果找到的正字与形误字形体差别较大，即使能贯通文意，也难以叫人信从。《世说新语·品藻》："会稽虞騑，元皇时与桓宣武同侠，其人有才理胜望。""同侠"义不可解，学者多疑"侠"字有误。有人认为"侠"乃"僚"字之误①，有人认为是"使"字之误②，有人认为是"儕"字之讹③，迄无定论。根据讹误须形体相

---

① 余嘉锡：《世说新语笺疏》，中华书局1983年版，第512页；徐震堮：《世说新语校笺》，中华书局1984年版，第279页。
② 杨勇：《世说新语校笺》，中华书局2006年版，第455页。
③ 李天华：《世说新语新校》，岳麓书社2004年版，第282页。

近的原则，"僚""儕"二字可排除在外，因为这两个字与"侠"差异较大，难以致误。"使"字虽然符合形体相近的原则，但不能贯通文意。文献中虽有"同使"的说法，但意思是"一起出使"或"一起出使之人"。如《汉书·张骞传》："居匈奴西，骞因与其属亡乡月氏。"颜师古注："属谓同使之官属。"《梁书·沈瑀传》："子良薨，瑀复事刺史始安王遥光。尝被使上民丁，速而无怨。遥光谓同使曰：'尔何不学沈瑀所为？'"这两个意义对《世说》都不合适。我们认为"侠"当是"浃"字之讹。行书及草书中三点水与单人旁常常混同。下面分别是敦煌写卷中的"治""伤"二字：治傷（《英藏敦煌文献》S. 203/2），显而易见，三点水与单人旁非常相似。传世文献中三点水与单人旁常有异作。如《礼记·内则》："不共湢浴。"《经典释文》："湢本又作偪。"《史记·司马相如列传》："湢测泌瀄。"《文选·司马相如〈上林赋〉》"湢测"作"偪侧"。《史记·秦本纪》："实鸟俗氏。"司马贞索隐："俗一作浴。"《后汉书·王吉传》："叔世偷薄。"李贤注："偷，本或作渝。"这都是手写体中两个偏旁形似的缘故。浃有融洽之义。《说文新附》："浃，洽也。"东汉班固《东都赋》："皇欢浃，群臣醉。"南朝梁丘迟《为王博士谢表》："疏达谢于谷杜，浃洽乖夫刘杨。"《宋史·昝居润传》："居润与太祖同事世宗，情好款浃。""同"也有和洽之义。《诗经·大雅·皇矣》："同尔兄弟。"郑笺："和协女兄弟之国。"《吕氏春秋·君守》："离世别群而无不同。"高诱注："同，和。"《礼记·礼运》："是故谋闭而不兴，盗窃乱贼而不作，故外户而不闭，是谓大同。"郑玄注："同，犹和也，平也。""大同"谓大和谐。《左传·僖公四年》："与不谷同好，如何？""同好"谓和好。"同浃"义为和洽、融洽，跟"同洽"是一个意思。唐许敬宗编《文馆词林》卷665《宋文帝南郊大赦诏一首》："今履端郊禋，大典允备，诚敬既遂，幽显同洽，思播休庆，宜被率土，可大赦天下。"据《晋书·虞潭传附兄子騑》记载："（騑）与谯国桓彝俱为吏部郎，情好甚笃。彝遣温拜騑，騑使子谷拜彝。"桓彝即桓宣武（桓温）之父，《世说》之"同浃"与《晋书》"情好甚笃"义正相应。只是《世说》言与虞騑融洽者为桓宣武，而《晋书》谓桓彝。虞騑为桓温之长辈，且有桓彝遣温拜騑之事，《世说》传本必有讹误。桓彝曾任宣城内史，故世称"桓宣城"。《世说新语·文学》"袁宏始作东征赋"条刘孝标引《续晋阳秋》曰："宏为大司马记室参军，后为《东征赋》，悉称过江诸名望。时桓温在南州，宏语众云：'我决不及桓宣城。'时伏滔在温府，与宏善，苦谏之，宏笑而不答。滔密以启温，温甚忿。"又《艺文类聚》卷 50 载有《桓宣城碑铭》。因此，《品藻篇》之"桓宣武"当为"桓宣城"之误。寻其致误之由，一方面是"武""城"二字形近，另一方面是因为桓宣武在晋代名声甚藉，后人耳熟能详，而桓宣城则后世无闻，故抄者想当然地以为是"宣武"而改之，传承至今。如此解证，则《世说》与《晋书》两相契合矣。

唐耕耦、陆宏基主编《敦煌社会经济文献真迹释录》第五辑（全国图书馆文献缩微复制中心 1990 年版）所录 P. 3718《后唐河西节度押衙知应管内外都牢城使张公良真生前写真赞并序》："公乃早岁清廉，神童立效，龆年殊杰，异勋纳于王庭。恒怀信义之心，罙慕忠贞之操。"又 P. 3718《后唐河西释门正僧政马和尚灵倪邈真赞并序》："窃闻英髦俊杰，必诞化而有期；罙识慈仁，定长皆而济物。"这两例中的"罙"理解为罕见、稀少是讲不通的。有人认为这里的"罙"是"罞"字之讹，其义为深。① 《字汇补·网部》："罞，与粤同。"粤没有深的意思，典籍中也不见"粤慕""粤识"的说法，所以此说难以成立。

核查原卷，"罙慕"之"罙"作 罙，而罕字敦煌写卷作 𦋜𦋝𦋞 等形②，两字显然有别。我们认为"罙"应该是"罙"字的俗体，"罙"即"深"的初文。《说文》："𥥊，深也。"段玉裁注："此以今字释古字也，𥥊滚古今字。篆作𥥊滚，隶变作罙深。《水部》滚下但云水名，不言浅之反，是知古深浅字作罙，深行而罙废矣。有穴而后有浅深，故字从穴。《毛诗》：'罙入其阻。'传曰：'罙，深也。'此罙字见六经者。毛公以今字释古字，而许袭之。此罙之音义原流也。""深慕""深识"之说典籍习见。《梁书·陶弘景传》："深慕张良之为人。"《宋史·杨巨源传》："深慕鲁仲连之高谊。"《太平广记》卷 287《襄阳老叟》："枚有一女，已丧夫而还家，容色殊丽，罕有比伦。既见，深慕之。"《晋书·桑虞传》："桑虞字子深，魏郡黎阳人也。父冲，有深识远量。"《北史·李弼传》："兼性沉雅，有深识，故能以功名终。"由此可知敦煌文献之"罙"为"罙"字无疑。

判断"形体相近"时应注意各种俗体字或手写体。在正规的写法中，两个字的形体有可能差别较大，不可能发生讹误，但在手写体或俗体中两字可能非常近似，容易混淆。如"我"和"乘"在正楷中区别明显，但在手写体中，

---

① 曾良：《敦煌文献字义通释》，厦门大学出版社 2001 年版，第 52 页。
② 黄征：《敦煌俗字典》，上海教育出版社 2005 年版，第 148 页。

"我"作 秉（P.3079，10—8）、乗（P.3094，3—3）等形，与"乘"形体近似，很容易被转抄者误认作"乘"字。蒋礼鸿《敦煌变文字义通释》中指出敦煌变文《维摩诘经讲经文》中"乘"用作第一人称代词"我"。蒋书中解释说："何以'乘'能解作'我'？用古韵来说，'乘''朕'本是同部，'乘'可以说是'朕'的假借。……不过《广韵》'乘'在穿鼻的證韵，'朕'已转入闭口的寝韵，似乎这两个字当时在韵部上已经分道扬镳，而变文里还有通借的情形，是古韵未尽转变的残迹。"① 后来陈治文、项楚等人指出"我"义之"乘"是"我"的误字②，但蒋礼鸿没有接受。他在1997年出版的《敦煌变文字义通释》第6版中增补了如下的话："或说'乘'是'我'字之误。按我字草书与乘字形略相似，或说似可通，但无确据，姑录其说于此。"其实查对原卷（见P.3079，10—8），所谓"我"义之"乘"无疑都是"我"的草书，被《敦煌变文集》（人民文学出版社1957年版）的编者误认作"乘"字，蒋礼鸿据《敦煌变文集》作释，故有此失。

东汉戴良《失父零丁》："请为诸君说事状，我父躯体与众异：脊背伛偻卷如裁，唇吻参差不相值。此其庶形何能备，请复重陈其面目。""庶"字各校录本均无说，按之文意，一人而曰"庶形"，实有未安。此"庶"当为"度"之形误。手写体中"庶"作庶（S.799），"度"作度（敦研137），形体近似，故易致误。"度"有形态义。《庄子·知北游》："摄汝知，一汝度，神将来舍。"郭庆藩集释引俞樾曰："度，犹形也。"《吕氏春秋·去尤》："人有亡铁者，意其邻之子，视其行步，窃铁也；颜色，窃铁也；言语，窃铁也；动作态度无为而不窃铁也。""态度"同义连文，谓姿态。宋薛季宣《浪语集》卷11《跋蜡虎图》："至状虎之蹲伏批豕颊而呷持之，豕唏失声，手跑足废，精神形度，曲尽一时之理。""形度"同义连文。《楚辞·离骚》："皇览揆余初度兮，肇锡余以嘉名。"东汉王逸《楚辞章句》："言己父伯庸观我始生年时度，其日月皆合天地之正中，故赐我以美善之名也。"朱熹《楚辞集注》："初度之度，犹言时节也。"此说牵强。《汉语大词典》在"度"的"诞生、生育"义项下举此例为证，"度"未见有生育义，此训可疑。窃谓"初度"当训初生时的样子，如此则文从字顺。《失父零丁》之"度形"犹《浪语集》之"形度"，亦为同

---

① 蒋礼鸿：《蒋礼鸿集》第1卷，浙江教育出版社2001年版，第9页。
② 陈治文：《敦煌变文词语校释拾遗》，《中国语文》1982年第2期；项楚：《敦煌变文字义析疑》，《中华文史论丛》1983年第1辑。

义连文。

原则二：不常见字易误作字形近似的常见字，相反的情况则属例外。

这是因为人的认知特点是用已有的知识去认识事物，尽可能地把遇到的事物纳入自己已有的知识范围，这就容易造成将不识之字看成已识之字的错误。《荀子·天论》："故日月不高，则光晖不赫；水火不积，则晖润不博；珠玉不睹乎外，则王公不以为宝。"王念孙指出："'不睹乎外'四字文义不明，睹当为睹。《说文》：'睹，旦明也。从日者声。'《玉篇》丁古切。睹之言著也。……世人多见睹，少见睹，故睹误为睹。《夏小正传》'盖阳气且睹也'，今本'且睹'作'旦睹'，误与此同。"《列子·说符》："俄尔扣其谷而得其铁。"唐殷敬顺《列子释文》："（扣）一本作相，非也。""扣"误作"相"也是其不常见的缘故。《小尔雅·衡十三》："二十四铢曰两，两有半曰捷。""捷"《太平御览》卷830引《孔丛子》作"揵"（qián）。当以作揵为是，捷为揵之形误。重量因衡器而明，衡量物则权与物两相均衡，故称量之名多取平均之义，"两"即因两边对等而得名。《字汇》："揵，以肩举物也。"后世作捎。揵物与担物同，须两端均衡，故用以为重量名。[1] 揵字少见，故误作常见字捷。

根据形误的这一规律，当我们感到一个常见字在语句中难以讲通时，不妨找一找跟它形近的少见字，有可能会豁然贯通。例如《艺文类聚》卷4《岁时中》（汪绍楹校本，上海古籍出版社1999年版）引梁刘苞《九日侍宴乐游苑正阳堂》诗曰："膳羞殚海陆，和齐眠秋宜。"这两句诗写的是宴会上的山珍海味，"和齐"是调和味道的意思，而"眠秋宜"是说在秋天适宜的天气睡眠，"和齐眠秋宜"组合到一起不知所云，其中应有讹误。检《汉语大字典》目部，看到一个与"眠"近似的少见字"眡"（shì），是根据、依照之义，按之诗句，意谓依照秋季之宜来调和菜肴的味道，十分协调。再检文渊阁《四库全书》本《艺文类聚》，"眠"字正是作"眡"，"眠"为"眡"之形误遂成定谳。

《艺文类聚》卷81引三国魏钟会《菊花赋》："夫菊有五美焉：圆花高悬，准天极也；纯黄不杂，后土色也；早植晚登，君子德也；冒霜吐颖，象劲直也；流中轻体，神仙食也。"《太平御览》卷996所引同。"流中轻体"一语文意不明。宋史正志《史氏菊谱》作"杯中体轻"，宋陈景沂《全芳备祖集前

---

[1] 参看杨琳：《小尔雅今注》，汉语大词典出版社2002年版，第262—263页。

集》卷 12 作"抔中体轻",明董斯张《广博物志》卷 42 作"杯中轻体",均意不可通。因形求义,原文当是作"沭央轻体"。"流"俗体作"沭"。《玉篇·水部》:"沭,古文流。"《世说新语·尤悔》(《四部丛刊》影印明袁氏嘉趣堂本):"既不能沭芳后世,亦不足复遗臭万载邪?"不识沭字者臆改为"杯",此异文"杯"之由来。作"抔"又为"杯"字之讹。"央"为"英"之借字。此二字古常通借。《诗经·小雅·出车》:"旂旐央央。"《经典释文》:"央本亦作英。"《史记·匈奴列传》:"杀代郡都尉朱英。"《汉书·匈奴传》作"朱央"。"流英轻体"之"英"指菊花,句意谓将菊花泡酒喝能使人体态轻盈。古常泛菊于酒而饮之,以求长寿。如晋潘尼《秋菊赋》云:"泛流英于青醴,似浮萍之随波。"陶渊明《饮酒》诗之七云:"秋菊有佳色,裛露掇其英。泛此忘忧物,远我遗世情。"唐代和尚皎然《九日与陆处士羽饮茶》诗:"九日山僧院,东篱菊也黄。俗人多泛酒,谁解助茶香。""泛流英于青醴"的说法可为"流中"为"流央"之讹的明证。盖原文之"英"本或作"央","央"因形近而讹作"中"。

原则三:在两个异文都能讲通的情况下,如果一个异文常见而另一个异文罕见,那么根据讹误规律,一般常见字为讹误字的可能性较大。

如《册府元龟》卷 110:"今属时和气清,年谷渐熟,中外无事,朝野大安。"《册府元龟》卷 2 引此语,"大安"作"乂安",虽然"大安""乂安"都能通,但发生讹误的应该是"大"字,而非"乂"字。"乂安"是安定的意思。如《史记·孝武本纪》:"汉兴已六十余岁矣,天下乂安。"《三国志·吴书·陆瑁传》:"于时天下乂安,百姓殷阜。"

《史记·樊郦滕灌列传第三十五》(同文书局石印本):"与司马尼战砀东,却敌,斩首十五级。"《汉书·樊哙传》作:"与司马㠔战砀东。"颜师古注:"㠔读与夷同。"清王先谦补注:"齐召南曰:《高纪》作㠔,《樊哙传》'与司马㠔战砀东',即此人。尼㠔二字相似,未知孰正,但必非长史司马欣耳。"正字应该是㠔,因不常见,故讹误为尼。

《韩非子·十过》:"昔者秦之攻宜阳,韩氏急,公仲朋谓韩君曰……""公仲朋"《战国策·韩策一》作"公仲明",《史记·韩世家》作"公仲",司马贞索隐:"公仲,韩相国,名侈。"《史记·田敬仲完世家》作"韩冯",《战国纵横家书》二十四章作"公中俹"。陈奇猷《韩非子新校注》:"顾广圻曰:'朋',《策》误作'明',当依此订。他书又作'冯'。太田方曰:《史记·韩世家》索隐曰：'公仲，韩相国，名侈。'按侈、朋字形相似，当有一误。奇猷案：《说林上篇》《难一篇》所称公仲亦此人。"[1] 诸家对名字异文之是非无所决断。今谓当以"俋"字为是。理由是：第一，《战国纵横家书》是汉初抄本，与作品产生的时代最为接近，可信度高。第二，朋字古代书写时常向右倾斜，作**朋**（尹宙碑）形，与"多"形似，故"俋"讹作"侈"。第三，俋、朋古常通用。段玉裁《说文解字注》："盖朋党字正作俋，而朋其假借字。"容庚《金文编》："俋，金文以为俋友之俋。经典通作朋贝之朋，而专字废。"故"俋"也写作"朋"。"朋"与"明"形近，俗字多相混。黄征《敦煌俗字典》（上海教育出版社 2005 年版）："'明'俗字多写作'朋'。"如敦煌 BD03925（8—3）《降生礼文》"真朋良友"之"朋"作**朋**，S.2922《韩鹏赋》"叫叫（皎皎）明月"之"明"作**朋**，S.5490《黄昏礼忏一本》"端正功德相光明"之"明"作**朋**，故《国策》之"明"实为"朋"字。第四，"朋""冯"古音相同（并母蒸部），古可通假。如《艺文类聚》卷 84《宝玉部·贝》引《六韬》："之九江得大贝百冯。"《淮南子·道应》作"大贝百朋"。《国语·吴语》："请王励士，以奋其朋势。"王引之《经义述闻》第二十一《国语下》："家大人曰：'朋，读为冯。冯势，盛怒之势也。'……作朋者，假借字耳。"可见将原文确定为俋，可以很好地解释后世各种异文的成因，而俋正是不常见的字。

又公仲当为复姓。春秋时鲁有公伯僚，公伯为复姓（参明凌迪知《万姓统谱》卷 125），公仲与公伯相似，可资参证。

原则四：原字若能贯通，一般不能再言形误。

我们怀疑某字可能是形误字，最主要的原因是该字在具体语境中讲不通。如果原字能讲得通，我们又根据什么说发生了形误呢？所以在原字能贯通文意的情况下，一般不能再用形误说解原文，否则就是主观臆改。臆改尽管有可能比按原字理解更加优美，但并非作者原意。遗憾的是，在训诂实践中违背这一原则的事例并不少见。

《论语·述而》："子所雅言，《诗》《书》、执礼，皆雅言也。"有人说："'执'疑是'埶'（琳按：即艺字）之误。"[2] 窃谓"执礼"理解为执行礼仪，文意和谐，根本用不着借形误加以疏通。《荀子·王制》："圣王之用也，

---

[1] 陈奇猷：《韩非子新校注》，上海古籍出版社 2000 年版，第 232 页。
[2] 陈梦家：《尚书通论》（修订本），中华书局 1985 年版，第 12 页。

上察于天，下错于地，塞备天地之间，加施万物之上。"王念孙《读书杂志·荀子弟三》"塞备"条："引之曰：塞备二字，义不相属，备当为满，字之误也。'塞满天地之间'，即承上'上察于天，下错于地'而言。"还有人认为"备"是"畐"之假借。① "备"本身就有充满的意思。《国语·楚语上》："是以其入也，四封不备一同。"韦昭注："备，满也。"所以，形误假借说都是不能成立的。

陶渊明《归去来兮辞》云："登东皋以舒啸，临清流而赋诗。"有人认为"东皋"指水田，"水田而曰'登'，动宾显然不搭配。"主张"登"为"㡇"字之误。"全句意谓在春天的水田里，一面用脚踏草，一面放声长啸。"② "登"理解为往上登固然不谐，但说成是"㡇"字之误也臆想无据，古代引录《归去来兮辞》的典籍不下二十种，没有一处写作"㡇"。元甘复《山窗余稿·登东皋诗》："日夕登东皋，东皋树参差。回首望故园，天阔云空垂。"这里也说"登东皋"，可见"登"字不误。"登"有踏上、走进的意思。《集韵·隥韵》："登，履也。"《敦煌曲子词·菩萨蛮》："唯念离别苦，努力登长路。""乘"与"登"在登高义上是同义词。《汉书·陈汤传》："中人却入土城，乘城呼。"颜师古注："乘，登也。""乘"也引申为泛指行走的意思。《太平经》丙部卷36："鬼神邪物大兴，共乘人道。"这是说鬼神也走在人走的路上。可见"登"引申为行走是很正常的。"登东皋以舒啸"是说进入水田干活的时候放声长啸，这样理解没什么不谐的。

黄侃先生说："凡读古书，如有所疑，须展转求通，不可遽断为误而轻加改易。"③ 这是值得我们记取的经验。

（原载《中国典籍与文化》2009 年第 1 期）

---

① 孟蓬生：《经籍假借字间诂》，《中国语文》2006 年第 3 期。
② 李知文：《〈归去来兮辞〉"登"字正误》，《文史知识》2004 年第 6 期。
③ 黄焯：《文字声韵训诂笔记》，上海古籍出版社 1983 年版，第 221 页。

释字・船・盛

释　字

"字"的本义是什么，学界有两种说法。有些人认为本义为生育。《说文》："字，乳也，从子在宀下。"段玉裁注："人及鸟生子曰乳。"曹先擢、苏培成主编《汉字形义分析字典》："从子在宀下，表示在屋内生育孩子。子兼表音。"① 有些人认为本义是怀孕。日本高田忠周《古籀篇》四十："《易·屯》：'女子贞不字。'虞注：'妊娠也。'为字本义。"马叙伦《说文解字六书疏证》："从子在宀下为乳，于义不可通。伦谓古书言字者，若《易·屯》之'女子贞不字，十年乃字'，《墨子·节用》'若纯三年而字子'，字实皆孕之讹。"说用屋内有孩子会生育孩子之义，这叫人很难理解，正如马叙伦所说的，"于义不可通"。但若把本义理解为怀孕，字形恐怕更不好分析，所以马叙伦干脆主张"字"由"孕"字讹误分化而成，然而这毫无根据，无从取信。

其实"字"原本并不从宀，商代金文角戊父字鼎（《殷周金文集成》1864，见图 1）②及字父己萄爵（《殷周金文集成》8929，见图 2）上的"字"字都作🄰，从冂。这使我们联想到甲骨文中的🄰字，这个字卜辞中除少数用作地名外，大多数都用在有关生育的语境中，下面仅举二例以资说明：

（1）己丑卜，㱿贞：翌日庚寅妇好🄰？贞：翌日庚寅妇好不其🄰？一月。（《合集》154）

（2）丙午卜，亘贞：妇果🄰，妫（嘉）？四月。（《合集》14018）

---

① 曹先擢、苏培成主编：《汉字形义分析字典》，北京大学出版社 1999 年版，第 716 页。

② 吴镇烽：《商周青铜器铭文暨图像集成》名为"角字父戊鼎"（1176），上海古籍出版社 2012 年版。

213

⿱字陈邦怀释弇。唐兰释冥，谓"冥之本义当如幎，象两手以巾覆物之形"。郭沫若也释冥，读为挽（娩）。因郭说能贯通卜辞文意，故学者多所信从。① 李孝定《甲骨文字集释》［（台北）"中央研究院"历史语言研究所 1970 年版］中总结说："郭唐均释冥，郭氏复详解辞意，其说均确不可易。陈氏释弇于卜辞之义均不可解，其说非是。字象两手以巾蔽日之形，许君'幽也'之解为其本义。"李瑾也认同⿱是冥字，但认为冥本字可通。他分析说："冥字甲骨文雏形，上部象妇女下肢，中部棱（疑当作菱）形、半月形、口形或省作一竖画者，则象征阴道孔开口处，后说（疑当作来）'口'形在发展中取得优势，又衍一羡画讹变为'日'形；其下从⺕者，象助产者背反两手向左右两边用力撑开产妇两腿以导产之状。……故'生子用力''努力'乃冥字的本义。"② 我们认为释冥根据不足，以巾覆物、以巾蔽日云云均未免牵附。李瑾对字形的分析有可取之处，但谓冥本义为"生子用力"，既于卜辞文意不可通，后世亦不见其义，其说也难成立。

夏渌直接将⿱释为娩。他说："⺤，上从'人'（腿）即产妇（母体）的下肢，口（丁、顶的象形字）代表顺产婴儿头先降生，⺕为助产保姆接生的双手，实是一幅'分娩'的简笔写实画，形义结合音义考虑，当是娩子的'娩'的象形表意字，'娩'（挽、㝃）是它的后起形声字。""甲骨文⺤，更多的书作⿱，腿作⼌，不成了'罗圈腿'么？实际是象形表意的⺤，形声化后，将上部改为⿱声的形声字，⿱象两手摸黑，为'冥'之初文。"③ 将⿱直接释为娩固然省事，郭沫若、唐兰等人何尝不想这样，他们之所以绕个弯子读为娩是因为释娩没有任何证据。若仅仅望形猜字，你也可以说它是乳字、育字或是生字什么的。另外，说⿱从冥声，冥象两手摸黑，更不靠谱。《合集》14115（见图 3）："戊辰卜，王贞：妇鼠⿱，余子。"14116："贞：妇鼠⿱，余弗其子，四月。"显而易见，⿱是⿱的省略写法，并非冥字。

后来赵平安将战国楚简中的㝃（娩）（包 2.168）字与甲骨文的⿱字联系

---

① 参见于省吾主编：《甲骨文字诂林》，中华书局 1996 年版，第 2067 页。
② 李瑾：《"冥"字与"黾勉"词两者音义关系分析》，《华中师范大学学报》1987 年第 3 期。
③ 夏渌：《评康殷文字学》，武汉大学出版社 1991 年版，第 23—24 页。

图1

图2

图3

起来，认为前者就是由后者演变来的①，似乎是给夏渌的说法提供了证据。但论者对从𡥀到孚的演变过程的解释还是有些勉强，难以叫人相信二者有传承关系。

联系金文的"字"字来考虑，我们认为𡥀应该释"字"。𡥀象大肚隆起的产妇张开双腿之形，两腿之间的"口"形乃小孩头部，𰀁表示双手向左右两

————————————

① 赵平安：《从楚简"娩"的释读谈到甲骨文的"娩妫"——附释古文字中的"冥"》，《简帛研究二〇〇一》，广西师范大学出版社 2001 年版，第 55—59 页。

边撑开产妇两腿，以防产妇因疼痛而合拢，夹坏了小孩。战国初期的王子适匜中"字"作🔲形，虽然上部有所讹变，但与甲文🔲字的联系还是不难看出。所不同的只是甲文表现的是小儿头部刚出产门的情景，而金文表现的是小儿全体已出产门的情景。🔲或省双手作🔲（《合集》13969），可与金文🔲形比观互证。用生子义之"字"解读卜辞，无不怡然理顺，而金文"字"的形义关系也因之豁然贯通。可见"字"之从宀乃冂之讹变，世人皆就从宀说意，宜乎扞格难通也。

《合集》35362："女□入乎又司，女克🔲二人。"🔲从収从子，迄今不识，联系金文🔲形来看，疑亦当为"字"字省体，🔲省去双手，🔲省去冂形，🔲则为完形。卜辞盖卜问乳母之事，意为某女能否为二人哺乳。

需要说明的是，"字"所从之冂与"牢"所从之冂构形虽同，取象各异，后者象圈栏之形，未可混为一谈。

补记：禤健聪《"字""娩"用字同形分化考》（《古汉语研究》2015年第4期）认为"字"及楚简中的🔲（娩）字都是从甲骨文的🔲字分化而来，属于早期表意文字的一形多用。证据不足。免字商代金文作🔲（免爵），象人头戴冠冕形，为冕之初文。西周金文作🔲（免卣），战国竹简作🔲（包山53），讹变作🔲（上博五·姑4.19），再讹变为🔲（郭店·成23）、🔲，演变轨迹还是比较清楚的。文字的讹变常见"形随音变"和"形随义变"两种情形，前者是为了表音，后者是为了贴切表义。"免"所从之"人"之所以讹变为"子"是因为"免"常借用"娩"，"子"与分娩义更为贴切。

释　　船

甲骨文中有这样一些字：🔲、🔲、🔲、🔲、🔲，前人大都认为这几个字为一字之异体，释为方、般、汓、舟等字。于省吾主编的《甲骨文字诂林》按语谓"诸形均从水从舟，并当释'汓'，读作'汎'"[1]。古文字甲字其构造与后世楷体乙字相吻合，甲字未必就是乙字。如《合集》21386有个🔲字，构造与后世简体"罗"字密合，但二者只是构造偶合，毫无关系。《郭店楚墓竹

---

[1]　于省吾主编：《甲骨文字诂林》，中华书局1996年版，第3172页。

简·语丛四》有个 𦥑 字，隶定下来就是"双"，实际上却是"友"字。洌字《说文》所无，字书中最早见于《玉篇·水部》："洌，水文也。"文献中最早见于《管子·小问》："君乘駮马而洌桓。"尹知章注："洌，古盘字。"按之卜辞文意，水文和盘二训均不可通，故旧说可疑。

今谓这组字中前四字构形相同，像舟顺流而行貌，可视为一字之异体；末一字像舟横绝江河貌，与前面四字明显有别，未可混为一谈。詹鄞鑫谓 屮 即后世灖字，本义是以船横渡。《说文》："灖，小津也。一曰以船渡也。"① 其说宜若可从。《合集》22264："母 屮，延。"《说文》："巡，延行皃。""延行"谓沿行、顺行。卜辞文意谓毋横渡，顺流而行。然詹文进而谓灖即航字，则又未必。灖典籍中往往直接作"横"，古人训为横渡，灖是专为"横"的横渡义而造的字。"航"则泛指航行，如南朝宋颜延之《三月三日曲水诗序》："栈山航海，踰沙轶漠之贡，府无虚月。"航、灖非异体关系。故谓甲文之 屮 为灖则可，进而指为航字则未可。

从字形及卜辞文意来看，虽然不能确定 屮 就是后世的灖字，但说其义为横渡则不为无据。知 屮 义为横渡，则前四字表顺流而行之义益明。这四字可分析为从舟从川，川亦声。循声以求，当即后世之船字。船字汉船室瓦作 𦥑，右旁虽已讹变，左旁尚存"川"形之迹，更进一步则讹变为𠕂，即成后世船字。川之所以讹变为𠕂，是因为二者古音相近，故川声之巡常与𠕂声字通假。如《礼记·祭义》："日出于东，月生于西，阴阳长短，始终相巡。"郑玄注："巡读如'沿汉'之沿，谓更相从导。"《礼记·三年问》："今是大鸟兽则失丧其群匹，越月逾时焉，则必反巡过其故乡。"《荀子·礼论》"巡"作"铅"。古文字中因音近而发生讹变的并不少见。如"何"甲骨文作 𠂔，象人荷物于肩之形，为负荷之荷的本字，因与"可"音近，故后来演变为从人可声的形声字。"羞"字本是从又持羊的会意字，由于"羞"与"丑"读音相近，所以后来讹变成了从羊丑声的形声字。川讹变为𠕂即与此同类。船之本义为顺水行舟，动词。《释名·释船》："船，循也，循水而行也。"《说文》"船"下段玉裁注："舟之言周流也，船之言沿沿也。"此谓船因沿而得名，实则船为沿之初文。顺水行舟义传世典籍中一般作"沿"。《说文》："沿，缘水而下也。"

---

① 詹鄞鑫：《甲骨文字考释二则》，《语言研究》1986 年第 2 期。

《国语·吴语》："率师沿海泝淮。"韦昭注："沿，顺也。"《左传·文公十年》："沿汉泝江。"杜预注："沿，顺流。"慧琳《一切经音义》卷31"沿泝"条引《尚书》孔传："顺流而下曰沿。"晋王嘉《拾遗记》卷5："日南之南有淫渊之浦，……其水小处可滥觞褰涉，大处可方舟沿溯。"

《尚书·禹贡》："沿于江海，达于淮泗。"释文："沿郑本作松，松当为沿。"段玉裁《古文尚书撰异》卷3："郑本作松，松者沿之字误，故云当为沿。此盖壁中文，转写以木水淆溷，公谷不分，而郑正之。"窃谓"松"非误字，乃船之异体。船为顺水行舟，舟为木制，故字亦作松（与松柏之松为同形字）。正如航或作杭。《诗经·卫风·河广》："谁谓河广，一苇杭之。"舫或作枋。《集韵·漾韵》："舫，或作枋。"舸或作柯。唐王建《泛水曲》："阅芳无留瞬，弄桂不停柯。"艎或作煌。宋孟元老《东京梦华录·驾幸临水殿观争标锡宴》："大龙船约长三四十丈，阔三四丈……煌板到底深数尺。"可见顺流行舟之松确是船字，此船作动词之证。后船引申指舟，其动词义遂用沿字。卜辞之船皆为动词。如：

(1) 甲戌卜，争贞：来辛巳，其毛船？（《合集》11477）
(2) 王船，若？（《合集》11478）

例（1）中的"毛"学人公认指磔祭。《尔雅·释天》："祭风曰磔。"文意是问辛巳日要不要为沿流而下举行磔祭。例（2）卜问殷王将顺流而下，是否顺利。可见船字释船（沿）辞意贯通。

释　　盛

甲骨文有𥁕字（《合集》26764），诸家释说不一。商承祚释为益戊二字之合文。孙海波释盛，谓"从皿从成省，……皿外加四点作从⁝⁝者，示盛黍稷以祀丰满外溢之意"。李孝定从孙海波说，并谓"疑盛之朔谊为满，与益同谊。此殆象水外溢之形。盛为形声，益则为会意耳"。姚孝遂谓"释盛不可据。字不从成，不得谓从成声"。他将该字隶定为𥁕。[1] 今谓盛字西周晚期金文作𥂖

---

[1]　于省吾主编：《甲骨文字诂林》，中华书局1996年版，第2413—2414页。

（史免簠，又称史免匫），从戌从皿，甲骨文𬎟字从戌从皿从ᵕ，与金文盛字近同，释盛可信，惟诸家对字形及本义的分析均不可取。古人祭神多用肉食。典籍中常常提到祭神用"牺牲"或"太牢""少牢"。"牺牲"指纯色而未受伤的牲畜，"太牢"指牛、羊、猪各一只，只用一只羊和一只猪则为"少牢"。祭神实际上就是讨好神，要讨得神的喜欢，就得把最好的东西献给神。民以食为天，没有什么东西比食物更重要，而食物当中肉食最为诱人，这就是古人为什么要给鬼神献上肉食的原因。甲骨文𬎟字，左边应理解为器皿中盛有牲肉，牲血滴落于器皿之外，以见其丰盛。戌的本义为斧钺类工具，在此表示用戌来宰割牺牲。所以甲骨文盛字是个会意字，表示用刀斧切割牺牲放在容器中以祭神，其本义为祭神用的食物。祭字甲骨文作𮠕、𮠖等形，像一只手拿着滴血的肉块的样子，盛字从ᵕ与此同意。再看卜辞文例：

贞：丁宾户盛，亡𡆥？（《合集》18803）

壬申卜，出贞：丁宾户盛，亡𡆥？（《合集》26764）

意谓丁日用盛宾祭门户之神，是否无灾害。释为盛，辞意贯通。

春秋以后，盛变成了从皿成声的形声字。之所以会讹变成形声字，一方面，盛放的盛跟成功的成读音相同；另一方面，成功的成跟戌字字形相近，所以人们就用成功的成字取代了戌字。此类讹变古文字中多有其例。如"冑"字金文作𩒨（伯晨鼎），上像头盔，下像眼睛，古文字中常以目代首，所以金文冑字表示头上戴的头盔，是个会意字。由于"冑"的读音跟"由"近似，而其上部又与"由"形近，所以后来上部讹变成了"由"声。盛由会意变为形声即与此同类。

春秋以后，盛作为祭神之食物特指谷物。《周礼·地官·闾师》："不耕者，祭无盛。"郑玄注："盛，黍稷也。"《公羊传·文公十三年》："鲁祭周公，何以为盛？"何休注："盛，粢盛也，在器曰盛。"《说文》："盛，黍稷在器中以祀者也。"学者囿于盛特指黍稷之义，而不知殷商时期盛以肉食为主，遂于甲文盛字之形义不得正解。

（原载《中国文字学报》第 4 辑，商务印书馆 2012 年版）

释毕·卑·⿰馬利·⿻心丨

释　　毕

表 1:“毕”的古代写法

商甲骨文	周原甲骨文	西周春秋金文
合 10514 合 28395 合 33384 合 22062 正 合 7038 合 17387 掇 1. 329 合 19233	周甲 45	史𧧻簋 召卣 段簋 陈簋 郏公华钟

甲骨文有、、、诸形，孙诒让释禽，罗振玉释毕，唐兰释干，谓即罕之初文。① 当今学者多从孙氏之说。今谓释禽证据不足，当以释毕为是。

其一，从字形看，此字无疑为有柄之网形，网呈丫杈状。柄上加一横画者为羡饰，与实物无关。毕的本义正是有柄的丫杈形网。《礼记·月令》:“田猎罝罘罗罔毕翳，餧兽之药，毋出九门。”郑玄注:“小而柄长谓之毕。”《诗经·齐风·卢令序》:“襄公好田猎毕弋，而不修民事，百姓苦之。”孔颖达疏:“《释天》云:‘噣谓之毕。’李巡曰:‘噣，阴气独起，阳气必止，故曰毕。毕，止也。’孙炎曰:‘掩兔之毕或谓之噣，因名星云。’郭璞曰:‘掩兔之毕或呼为噣，因星形以名之。’《月令》注云:‘网小而柄长谓之毕。’然则此器形似毕星。孙谓以网名毕，郭谓以毕名网，郭说是也。”毕宿形状像丫杈形（见图1），所以无论毕宿因毕网而得名，还是毕网因毕宿而得名，都表明毕网为丫杈形。又古代丧祭时用以举肉的木叉叫毕（见图 2）。《仪礼·特牲馈食礼》:“宗人执毕先入，当阼阶南面。”郑玄注:“毕状如叉，盖为其似毕星取名焉。”

① 于省吾主编:《甲骨文字诂林》，中华书局 1996 年版，第 2817—2822 页。

毕叉也有可能得名于毕网。总之，毕网、毕宿和毕叉均为丫杈形。ᵛ分明为丫杈形网，故应为毕字。禽本义为擒获，仅一网形无从现擒获之义，故释禽未合字理。

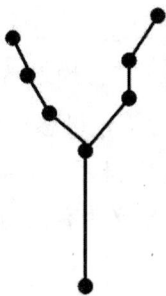

图1：毕宿   图2：毕叉（清黄以周《礼书通故》）

其二，毕字周原甲骨文作ᵛ，西周金文作ᵛ，此乃ᵛ之讹变。ᵛ之网线斜画有作横平竖直者如ᵛ，在此基础上演变为ᵛ，上部即成田形。周原甲骨文进一步变为独立的田字，使田形之网与框架分离，盖因田有田猎义，与毕之功用相符，故独立以表意。ᵛ实为ᵛ之异体，因毕网使用时手执以掩捕鸟兽，故或从又。金文毕字或作ᵛ、ᵛ等形，象双手执毕形，甲骨文也有从双手之ᵛ（合32788），此字若正过来，即为ᵛ，与金文一致，显为一字。从双手与从又同义，因知ᵛ亦毕字。禽甲骨文自有其字，作ᵛ（合9225），从毕今声，周初金文作ᵛ（禽簋），与甲骨文一脉相承，最后讹变为小篆之ᵛ。可见，从形体演变来看，ᵛ应为毕字，不可能是禽字。

那么，多数学者何以会信从释禽之说呢？最主要的原因正如唐兰所说的，"释为毕，其辞多不可通。"因为毕是捕捉雉兔之类小动物的小网，而卜辞中有"ᵛ虎""ᵛ麋"之类的记载，毕不可能用于捕捉虎、麋等大型动物，释为禽则辞意通畅。[1] 其实这种观点未免胶柱鼓瑟。毕之本义固然是捕捉雉兔的小网，但其词义可引申泛指田猎捕获。《庄子・则阳》："夫卫灵公饮酒湛乐，不听国家之政，田猎毕弋，不应诸侯之际。"这里的毕就是泛指用网捕猎，并非仅指捕捉雉兔的小网。《国语・齐语》："田狩罼弋，不听国政。"罼即毕之异

---

① 于省吾主编：《甲骨文字诂林》，中华书局1996年版，第2818页。

体，也是泛指用网捕猎。《汉书·扬雄传上》引扬雄《羽猎赋》："贲育之伦，蒙盾负羽，杖镆邪而罗者以万计，其余荷垂天之毕，张竟壄之罘。"颜师古注："毕，田罔也。""垂天"谓蔽天。毕而蔽天，其非小网可知。三国魏刘桢《鲁都赋》："长罿掩壑，大罗被罜（泽），毛群陨殪，羽族歼剥，填崎塞畎，不可胜录。"《汉魏六朝一百三家集》卷 25 曹丕诗（失题）："巾车出邺宫，校猎东桥津。重罝施密网，罜毕飘如云。""掩壑""飘如云"，均表明毕非小网。罗《说文》训为"以丝罟鸟也"，然晋葛洪《抱朴子外篇·讥惑》云："近人值政化之蛊役，庸民遭道网之绝絭，犹网鱼之去水罟，围兽之出陆罗也。"也用罗于捕兽。其引申轨迹与毕相同。所以，卜辞之毕，本义为有柄的丫杈形网，引申泛指擒获，如此理解则文从字顺矣。

释　　卑

表 2："卑"的古代写法

商甲骨文	春秋战国古文			秦小篆	汉隶
合 37677 京津 2684	侯马盟书　侯马盟书　侯马盟书 国差𦉜　秦王钟　玺汇　燕下都			说文	战国纵横家书 马王堆一号墓竹简

　　《说文》："卑，贱也；执事也。从𠂇甲。"段玉裁注："古者尊又而卑𠂇，故从𠂇在甲下。甲象人头。"此说人多疑之。《晋姜鼎》有𤰞字，宋吕大临《考古图》卷 1 释为畏，同卷引宋杨南仲释为卑，今世学者公认释卑正确。金文卑字既经确认，则知古文字中卑并不从甲，𠂇亦或作又，可见许说之无当。但问题并未就此了结。赵诚指出："卑字虽已确释，用义也已明白，但此字构形仍不清楚。"[1] 张世超等认为金文卑字"从支⊕声。从支者，亦使令义，犹古'命'字或从支或从殳也。""⊕为甎蔽之象形初文，算、箄、箠之古字。"[2] 金文虽有卑字类似从支，如𤰞（免簠），但也有不少卑字并不从支（见表 2），而且甲骨文卑字也不从支，故此说难以成立。季旭昇分析说："手持卑物。引申为卑下、卑者。……'甲'非干支字，乃象卑者所持之物。惟象何物，各家

---

① 赵诚：《二十世纪金文研究述要》，书海出版社 2003 年版，第 19 页。
② 张世超等：《金文形义通解》，（京都）中文出版社 1996 年版，第 656 页。

所说不一，朱骏声《说文通训定声》以为'卑'乃'椑'之初文，象圆榼酒器；夏渌以为'箪'之初文，谓小笼，或然。惟均无确证。疑象卑者所持之器具，犹仆持箕之类。"① 诸说均为猜测之辞，无从取信。

我们认为 𦥑 字释卑虽能贯通文意，但字形并非卑字，而是毕字。𦥑 象手持毕网之形，与甲文之 𦥑 显系一字。甲文之 𦥑 不少学者据金文之"卑"释为卑，其实也是毕字。金文所谓从攴之卑，实由从𦥑从又之毕演变而来。

毕上古为帮母质部，卑为帮母支部，古音相近，故典籍时有通假。《山海经·中山经》："又东四十里，曰卑山，其上多桃李苴梓，多累。"北魏贾思勰《齐民要术》卷 10 引此文"卑山"作"毕山"。《公羊传·僖公元年》："此奚斯之声也，诺已。"东汉何休解诂："诺、已皆自毕语。"唐徐彦疏："毕作卑，字误耳。"《史记·吴太伯世家》"子句卑立"，《吴越春秋·吴太伯传》作"句毕"。东汉蔡邕《蔡中郎集》卷 4《太傅安乐乡文恭侯胡公碑》"雁门毕整"，《后汉书·梁皇后纪》《广韵·支韵》"卑"下并作"卑整"。《文选·王融〈永明十一年策秀才文〉》"若闲冗卑弃"，五臣本"卑"作"毕"。这些都是"毕""卑"可通之证。金文所谓"卑"其实是借"毕"作卑，是"本无其字，依声托事"的假借。毕既借作卑，为了在字形上有所区别，人们在 𦥑 的基础上再加网形，作 𦥑、𦥑 等形，小篆因之作 畢，楷化即为畢字。后世又在畢上加网，便成罼字，可谓叠床架屋。毕之原形则为卑字所专。学者不明就里，皆按卑字之义解说其形，宜乎屡试不达。

知 𦥑、𦥑 同字，而又借作卑，则 𦥑 为毕字益明。

释　馴

甲骨文有 𦥑（合 37514）、𦥑（合 36986）等形，从马利声，可隶定为馴。罗振玉《增订殷虚书契考释》谓："从马利声，殆是许书之骊字。《广韵》鴷同骊，《汉书·西域传》：'西与犁靬条支楼。'注：'犁读与骊同。'古利丽同音，故馴字后亦从丽作与？"罗氏此见学者多所认同。②《汉语大字典》（第 1 版、第 2 版）"馴"下编者按云："疑为'骊'的异体。"赵诚《甲骨文简明词

---

①　季旭昇：《说文新证》上册，（台北）艺文印书馆 2002 年版，第 199 页。

②　于省吾主编：《甲骨文字诂林》，中华书局 1996 年版，第 1596 页。

典》"鷅"下云："《广韵》：'鷅同骊。'可证鷅即后代的骊。"① 然而查检《广韵》，并无"鷅同骊"之语。《广韵·支韵》云："鷅，黄鷅。鷅，上同。"罗氏所言当是这一记载的误记或误书，后人不去落实，沿袭罗氏之误。骊字最早见于金韩道昭《改并四声篇海·马部》所引《搜真玉镜》："骊，音利。"《字汇补·马部》："骊，力米切，音利。义阙。"前人不详其义。按《广韵·齐韵》："骊，马属。亦作骊。"骊、骊、骊三字当为一字异体。《论语·雍也》："子谓仲弓曰：'犁牛之子骍且角，虽欲勿用，山川其舍诸？'"何晏集解："犁，杂文。"《山海经·东山经》："其中鳙鳙之鱼，其状如犁牛。"郭璞注："牛似虎文者。"《淮南子·说山》："髡屯犁牛。"高诱注："犁牛，不纯色。"据此，则骊之本义当为杂色马。骊为纯黑之马。《诗经·鲁颂·駉》："有骊有黄，以车彭彭。"毛传："纯黑曰骊。"又"利"上古属来母质部，"丽"属来母支部，古音并不相同。故骊、骊同字说难以成立。

甲骨文另有（前4·47·5）字，唐兰释骊，联系扶风齐家周初甲骨的字来考虑，唐说可从。

释　恖

《金文编》和《汉语大字典》"顺"下列有字，从心川声，可隶定为恖。恖字出战国《中山王𰯼壶》："不顾逆恖。"根据文意，相当于"顺"，故视为"顺"之异体。有些人据此认为"心"旁与"页"旁相通。② 然而金文中恖也用作"训"字，如《中山王𰯼壶》："是又（有）纯德遗恖。"则被认为是假借字。③ 我们的看法刚好相反，我们认为恖是"训"的异体，用作"顺"才是假借，"心"旁"页"旁相通说在此并不适用。

古人有言为心声的观念。《礼记·乐记》："凡音之起，由人心生也。"扬雄《法言·问神》："故言，心声也。书，心画也。"宋朱熹《晦庵集》卷49："孟子文义正谓在己者失之于言耳，然言为心声，则在己在人皆如此也。"所以言

① 赵诚：《甲骨文简明词典》，中华书局1990年版，第274页。
② 古敬恒：《〈郭店楚简〉异体字探析》，向光忠主编：《文字学论丛》第3辑，中国戏剧出版社2006年版。
③ 王辉：《古文字通假释例》，（台北）艺文印书馆1993年版，第774页。

旁和心旁常常互通。张政烺早就指出:"后世从'心'之字古多从'言',更早多从'口'。"① 他认为下列各组字原为异体关系:

忓吁訏,訢忻听,哲誓悊,怍詐咋,台怡,誖悖,愬謝,偯悠哀,語悟

这一看法是有根据的。《说文》:"䜣,喜也。"《玉篇》:"忻,喜也。"《说文》:"哲,知也。悊,哲或从心。"《说文》:"誖。乱也。悖,或从心。"《说文》:"诉,告也。謝,或从言朔。愬,诉或从朔心。"《庄子·渔父》:"甚矣,子之难语也。""难语"即难悟。《礼记·杂记》:"童子哭不偯。"释文:"偯《说文》作悠。"他如"唯惟""谌忱訦"等,最初也都是异体关系。这都表明心、口、言三个偏旁在构字表义上是互通的。

古文字中这种情况更为常见。《中山王譻方鼎》:"惎虑皆从。"惎即谋字。《集韵·侯韵》:"谋,或作惎。"《中山王譻方鼎》:"非恁与忠。"恁即信字。《蔡侯纽钟》:"不愆不忒。"愆即諐字,亦即愆字。《黔镈》:"余弥心畏誋。"《诗经·大雅·桑柔》:"胡斯畏忌。"誋忌同。《㝬簋》:"宇慕远猷。"慕即谟字。《中山王譻兆域图》标有"悠后堂",《金文编》认为即悠字。《说文》:"悠,痛声也。《孝经》曰:'哭不悠。'"此字从心衣声,从心与从口同,故哀或从心。《字汇·心部》:"惊,同哀。"可见悠应为哀之异体。《颜氏家训·风操篇》引《孝经》作"哭不哀",可证悠为哀之异体,《说文》分为二字是不对的。"悠后"就是哀后,哀为谥号,若按《说文》的"痛声"之训则不通。《龙龛手鉴·衣部第十》有𧘝字,音啟。疑亦当为哀之异体,音啟恐误。

根据古文字从心从言互通的现象,不难得知𢗊是"训"的异体。战国文字中有𧮡字(包山 217),何琳仪《战国古文字典》(中华书局 1998 年版)"疑训之繁文",其说可从。

下面的战国玺印中的𢗊(1、2 两印)有些人释为"顺"②,应以释"训"为是,正如其中的"信"从"心"一样。

---

① 张政烺:《猎碣考释初稿·碣文第一》,《史学论丛》第 1 期,北京大学潜社 1934 年版。收入《张政烺文史论集》,中华书局 2004 年版,第 2 页。参高明:《中国文字学通论》"心、言形旁通用例",北京大学出版社 1996 年版,第 135 页。

② 王义骅:《先秦古玺集粹》,吉林文史出版社 2011 年版,第 36、38 页。

清刘鹗《铁云藏印初集》（1903 年钤印本）中有一枚战国两面印（上 3、4 两印），学者们释为"公孙悦·千秋（秋）"。"悦"字"兄"上似有"八"形，应是"悦"字。"悦"为名，"千秋"当为字，名字相应，取长乐未央之义。战国齐陶有𧩙字，《战国古文字典》认为即后世悦字，"从人，兑声，下加心旁为饰"。按：心旁非羡饰，此字当为悦字。悦本为说之异体，后来两字才有分化。

《礼记·大学》："此之谓自谦。"郑玄注："谦读为慊。"按：谦即慊之异体，未可视为通假。

《说文·言部》："詟，失气言。一曰不止也。"段玉裁注："此与慑音义同。此从言，故释之曰失气言。"《说文》："慑，失气也。"段玉裁注："失气言则曰詟。""失气言"不知何义，学者多认为传本《说文》有误。如钮树玉《说文解字校录》："《一切经音义》卷十九引作'失气也。一曰言不止也'。李注《文选·东都赋》引作'失气也'。《玉篇》训'言不止也'。与所引并合。后人妄以'言'字移在上，遂不可通。"此说是。"失气"谓丧失勇气，亦即畏惧、忌惮之义。《淮南子·氾论》："世以为裘者难得贵贾之物也，而不可传于后世，无益于死者，而足以养生，故因其资以詟之。"高诱注："詟，忌也。"忌惮义而从言，这也是心、言相通的缘故，正如忌也从言作諅一样。卷子本《玉篇·言部》："諅，亦为忌字。"《管子·君臣下》："是以下之人无谏死之諅，而聚立者无郁怨之心。"尹知章注："君明相贤，必从说如流，故无谏死之忌也。"

《孝经·开宗明义章第一》："先王有至德要道，以顺天下，民用和睦，上下无怨。"唐玄宗注："言先代圣德之主能顺天下人心，行此至要之化，则上下臣人，和睦无怨。"胡平生注："以顺天下——使天下人心顺从。顺，顺从。古文本作'训'，是'教化''教导'之意。"[1] 按："顺"古常用作"训"，古文本《孝经》既作"训"，则"顺"应释为训导。

（原载《中国文字学报》第 7 辑，商务印书馆 2017 年版）

---

[1] 胡平生：《孝经译注》，中华书局 1996 年版，第 2 页。

楚简《老子》男阴之"鸟"考释

楚简《老子》甲组 34："未智牝戊之會，**⿱**茲（怒），精之至也。"其中的
⿱至今不明为何字。竹简整理者释为"然"。① 黄德宽、徐在国认为此字从士
勿声，古音勿属明纽物部，夋属清纽文部，物文对转，二字音近，疑此字乃朘
字或体。② 刘信芳认为是阴阳之"易"的异构。③ 王辉释为"会"（阴）。④ 李
零释为"豖"，读为"朘"。⑤ 廖名春隶定作**⿱**，认为是表示牡器的专字。⑥ 何
琳仪认为是从"士"从"勿"的会意兼形声字，读若"物"，义为士之物，
即年青男子的阳物。⑦ 范常喜认为此字上部为"士"，下部为"寻"字的简
省，即朘之异体。"寻"古音属邪纽侵部，"夋"属精纽文部，声韵皆近，故
可通假。⑧ 我们认为以上诸说都有问题。

首先，《老子》其他版本与此对应的文字是：

> 未智牝牡之会而朘怒，精之至也。（帛书乙本）
>
> 未智牝牡之合而㕙作，精之至也。（河上公本）
>
> 未智牝牡之合而全作，精之至也。（王弼本）

---

① 荆州市博物馆编：《郭店楚墓竹简》，文物出版社 1998 年版，第 116 页。
② 黄德宽、徐在国：《郭店楚简文字考释》，《吉林大学古籍所建所十五周年纪念文集》，吉林
大学出版社 1998 年版，第 100 页。
③ 刘信芳：《荆门郭店竹简老子解诂》，艺文印书馆 1999 年版，第 41 页。
④ 王辉：《郭店楚简释读五则》，《简帛研究二〇〇一》，广西师范大学出版社 2001 年版，第
169 页。
⑤ 李零：《郭店楚简校读》，北京大学出版社 2002 年版，第 7 页。
⑥ 廖名春：《郭店楚简老子校释》，清华大学出版社 2003 年版，第 330 页。
⑦ 何琳仪：《贵尹求义》，"新出楚简国际学术研讨会"论文，武汉大学召开，2006 年 6 月 26—
28 日；何琳仪：《"贵尹"求义》，《中华文史论丛》2007 年第 4 期。
⑧ 范常喜：《〈郭店楚墓竹简〉中两个省声字小考》，http：//www. bsm. org. cn/show_ article.
php? id=390，2006。

227

未智牝牡之合而屡作，精之至也。（元高翿本）

脧、朘、屡互为异体。《说文》新附："脧，赤子阴也，从肉夋声。或从血。"《玉篇·尸部》："朘，子雷切，赤子阴，亦作峻。""全"俞樾认为是"金"之讹误。《诸子平议》卷8《老子》"牝牡之合而全作"条：

全字之义未详。王注曰："作，长也。无物以损其身，故能全长也。"说殊未安。河上公本全作峻，而其注曰："赤子未知男女之合会而阴作怒者，由精气多之所致也。"是以阴字释峻字。《玉篇·肉部》："脧，赤子阴也。"峻即脧也。疑王氏所据本作全者乃金字之误。金者阴之本字。盖阴阳字本作金易，其从阜者，阳则山南水北，阴则山北水南，并以地言，非金易之本义也。《老子》古本盖从古文作金，而隶书或作金，武梁祠堂画象阴字左旁作金是也。金字阙坏，止存上半，则与全字相似，因误为全矣。

俞樾的分析基本可信。"全"秦简中作 𨤦（睡虎秦简·法律答问69）、𨤦（睡虎秦简·日书甲种80背）等形，与"金"形近，故"金"误作"全"。"怒""作"义同。这样后世各本都是婴儿之阴勃起的意思，因此楚简之 𡉩 也应该是一个表示男阴义的词，只有这样的词才既能满足文意的要求，又能与其他版本保持一致。

其次，𡉩 的上部从士应可确认。下面是楚简中的"士"及从"士"的"壮"字：

𡈼（上博一·孔29）𡈼（上博二·从甲4）𡈼（包二115）𡉩（望一176）

显然跟 𡉩 的上部是相同的。𡉩 上部为士既经确认，则释为"然""金""豕"等字都难以成立了。

再次，𡉩 的下部之 勹 分明只有一撇，并非勿字。虽然楚简中勿也偶有省略一撇的写法，但本形若能讲通，就不宜采用偶省之体分析字形。其实，楚简中"未智牝戊之金"的上句"骨溺堇（筋）𢏚（柔）而捉固"的溺字作 𣲁，我们看到**ヲ**与上部的右半边完全相同，可知应为**ラ**字。因此，**≱**可隶定为**圬**。不过由于溺典籍中也写作汋（见下），所以**≱**最好隶定为圴。**ヲ**与勺的形体联系更为明显。《集韵·药韵》有圴字，训为"土迹"，音职略切，左旁为土，与从士之圬并非同形。

最后，再来分析**圬**的形义。如所周知，甲骨文牡字作**坣**，从**丄**，**丄**即阳具象形字，后来讹变为士，**圬**字从士即表阳具之义。**ラ**即溺的初文，甲骨文作**⻌**、**⻌**等形，徐中舒释云："从人前加水点，象人遗溺形。为尿字初文。所从之**⻌**后世渐讹为弓，加水点遂作**ラ**。《说文》篆文承其讹，复并二**ラ**而为**篆**，更緟益水而为溺。故尿溺初本一字。"[1] 季旭昇云："弱，甲骨文从人、象尿形。战国楚文字离析为从人、勿，或下加'水'形以示尿为水液。"[2] 此二说基本可取。溺字楚简中或作**篆**（包7），其上部弱字左半从人。盖**⻌**既讹作**ヲ**，表意不明，故既加人形于左，复加水形于下。后人旁讹为弓（楚简《老子》之**篆**即是），左右两旁又互相类化，于是讹变为弱、溺。

弱、溺二字上古通用无别。弱古亦用作尿。睡虎地秦简《封诊式》66："下遗矢弱，污两却（脚）。"马王堆帛书《五十二病方·癃病》："瘅，弱不利，脬盈者方。"又《膏弱》："膏弱，是胃内复，以水与弱煮陈葵种而饮之。"诸弱字并为尿义。郭店楚简《老子》甲："骨溺筋柔而捉固。"又："溺也者，道之用也。"《太一生水》："天道贵溺。"这三例中的"溺"都是用作"弱"。《易经·大过》："栋挠本末弱也。"释文："弱本亦作溺。"《左传·昭公八年》："陈哀公溺。"《史记·陈杞世家》溺作弱。《楚辞·大招》："东有大海，溺水浟浟只。"朱熹集注："溺一作弱。"可见弱、溺原本互为异体。盖小便前男阴坚挺，便后变软，故弱引申为软弱。《广韵·狝韵》："臁，臁顿，无力。""无力"即软弱。臁之软弱义来自男阴义之屪。《说文》新附："朘，赤子阴也。从肉夋声。"音子回切。引申为消缩义。《集韵·僩韵》："朘，缩也。"音荀缘切。南宋戴侗《六书故·人部》："朘，肉消缩也。"肉消缩为男阴义之引申。《新唐书·杜黄裳传》："陛下宜鉴贞元之弊，整法度，朘损诸侯，则天下治矣。"此谓削弱诸侯。李荣："损，西安，suē，因疲劳或疾病引起的微痛而无力的感觉：

---

① 徐中舒主编：《甲骨文字典》，四川辞书出版社1989年版，第945页。

② 季旭昇：《说文新证》，福建人民出版社2010年版，第731页。

害咧几天病，人损得没一点儿劲。"① 损本字可能是朘。朘有心母读法，而夋声与损上古同属文部，故朘有损音。尿便之弱引申为软弱与朡有软弱义及男阴之朘引申为消缩，义相关通，可资比证。不少人认为缩义之朘从月，此不知二者内在关联，强生分别。

"弱"又孳生出"搦"。小便时通常要扶持男阴并按抑使之朝下，故"弱"引申为按抑义及把握义，分化成词即为"搦"。《说文》："搦，按也。"《后汉书·臧洪传》："抚弦搦矢，不觉涕流之覆面也。"李贤注："搦，捉也。""搦"的词义特点是把握，由此引申为量词，指一把之量。元王实甫《西厢记》第四本第一折："绣鞋儿刚半拆，柳腰儿勾一搦。"

"挼"也有按抑及把握义。《广雅·释诂三》："挼，按也。"江苏《直隶太仓州志》（1802）卷17："手握曰挼，音尊。"河北《新城县志》（1935）卷21："以手扼人之腕曰挼。""挼"当由"朘"孳生，与"弱"相同。

至于溺用于沉没义，那是与休同音通假的缘故。《说文》："休，没也。"段玉裁注："此沈溺之本字也。今人多用溺水水名字为之，古今异字耳。"休甲骨文作（佚616），楚简作（郭·语2），从人在水中，会溺水之意。溺、休上古同为泥母药部，故相通假。

小篆有字，从水从弓，隶变作汋。《说文》："汋，激水声也。从水勺声。"此非初义。汋应为溺之异体。《释名·释形体》："汋，泽也，有润泽也。"清王先谦《释名疏证补》：

> 毕沅曰："人身无所谓汋者，汋字盖误也。疑当为液。"王启原曰："本篇后文：'自脐以下曰水腹，水汋所聚也。'又云：'胖，鞄也，主以虚承水汋也。'凡二见，是成国专以汋为胖中之水。"

胖中之水就是尿。毕沅不知汋本溺字，疑汋为液之讹误，非是。战国《中山王鼎》云："蔑其汋于人施，宁汋于渊。"《大戴礼记·武王践阼》："盥盘之铭曰：'与其溺于人也，宁溺于渊。'"两相比对，知汋即溺字。学者盲从《说文》，皆谓汋通假作溺②，未得真谛。

---

① 李荣主编：《现代汉语方言大词典》（综合本），江苏教育出版社2002年版，第4675页。
② 参见赵诚：《二十世纪金文研究述要》，书海出版社2003年版，第351—352页。

荆门市博物馆《郭店楚墓竹简·语丛四》22—24 简:"君又(有)悔(谋)臣,则壤陸(地)不钞(削)。士又悔友,则言谈不甘。"裘锡圭在注释中加按语云:"疑末一字当释为'勺',读为'弱'。'勺'为宵部入声字,上句末字'钞'为宵部字,可以押韵。"① 末字竹简作𠃌,甘字楚简作曰(包247),二字区别明显,𠃌不可能是甘字,而且释甘也文意不通。释勺虽然可取,但裘先生指的是杯勺之勺,我们认为应该是便汋(溺)之勺。便汋之勺直接可以释为弱,无需走通假的路子去疏通。𠃌既然文中用作弱,所以最好还是隶定为弓,这样与弱字的联系更为直截。

《北京大学藏西汉竹书》第 4 卷《妄稽》(上海古籍出版社 2015 年版)描述丑女妄稽"勺乳绳繁",整理者注:"疑形容乳房下垂的样子。"所疑近是,但字词未能落实。今谓"勺"即吊,"勺乳"谓吊乳、垂乳。

工具义与工具功能义常可互相引申。《汉语大词典》:"私,指男女生殖器。汉伶玄《赵飞燕外传》:'早有私病,不近妇人。'参见'私处'。小便。《左传·襄公十五年》:'师慧过宋朝,将私焉。'杜预注:'私,小便。'"明李登《重刊详校篇海》卷 4《尸部》:"屪,力肖切,男阴名。"《改并五音类聚四声篇海》卷 12《尸部》(明万历己丑本):"屪,力宵切,便别名。"许宝华、宫田一郎:"小尿,小男孩的生殖器。吴语。上海崇明。1929 年《崇明县志》:'俗呼小儿阴曰小尿。'""小便,男性生殖器(委婉语)。北京官话。"②《水浒传》第二十七回:"武松道:'我见这馒头馅肉有几根毛,一象人小便处的毛一般,以此疑忌。'"端木蕻良《吞蛇儿》:"三年前带他乞讨的爸爸,在月宫舞场门口向两个美国水兵讨钱,被一皮靴踢在小便上,当时气绝。"此二例中的"小便"都指男阴。英语的 pee-pee 有"尿尿、小便、阴茎"等义,西班牙语的 garcha 和 pilila 都有"阴茎、小便"义。③

《说文》:"涿,流下滴也。从水豖声。……𣲟,奇字涿,从日乙。"段玉裁注:"从日者,谓于日光中见之。乙盖象滴下之形,非甲乙字。"涿从水从豖(男阴),会水流向下滴注之意。奇字𣲟当象龟头蛙口滴尿之形,并非从日乙。汋有取酒水斟注之义。《穀梁传·僖公八年》:"乞者,处其所而请与也,盖汋

---

① 荆门市博物馆:《郭店楚墓竹简·语丛四》,文物出版社 1998 年版,第 219 页。

② 许宝华、[日] 宫田一郎主编:《汉语方言大词典》,中华书局 1999 年版,第 421、424 页。

③ 参见黄树先:《比较词义札记》,《语言研究》2013 年第 1 期。

之也。"晋范宁集解:"汋血而与之。"《公羊传》作"盖酌之也"。《周礼·秋官·士师》"一曰邦汋"郑玄注引郑司农:"汋读如酌酒尊中之酌。"《诗经·周颂·酌》陆德明释文:"酌音灼,字亦作汋。"孔颖达疏:"酌,《左传》作汋,古今字耳。"涿《集韵·入声·觉韵》音直角切,汋《广韵·入声·觉韵》音士角切,二字音近义通,当属同源。

以上资料表明"小便"与"生殖器"之间可以互相引申,所以男阴义之㞗孳生出小便义之"溺"是很自然的词汇孳生现象。广州话称男子御女为"扚"①,扚《广韵·篠韵》音都了切,《锡韵》音都歷切,前者与"鸟"同音,后者与"吊"之又音同音,亦鸟、吊、汋、扚同源之证。

综上所述,甲文之㞗战国古文变为⼃,后世隶变作弓或勹,演变线索明确。以前人们对甲骨文㞗字是否为尿字有疑问,如《甲骨文字诂林》按语云:"释'尿'、释'参'、释'次'均不可据。只能存疑以待考。"今有战国古文及汋字印证,庶几可以释疑。所以,㞗是从士弓声的形声字,即男阴义之"鸟"(屌)的专字。㞗从弓声,实则弓声即其语源。《诗经·周南·汝坟》"惄如调饥"陆德明释文:"惄,《韩诗》作愵,音同。"《说文》:"愵,忧皃,从心,弱声。读与惄同。"叔声可换作弱声,可知二字读音相同,而叔古音同吊,金文中叔多作吊。江陵天星观一号墓遣策简有㢓字②,学者们隶定作㱻,弔当是为勹(弓)加注的声符。这都可为㞗、鸟同源之佐证。

宋黄伯思《东观馀论》卷下《论弓字》:"小宋(按:指宋祁,其兄宋庠称大宋)《太一宫》诗:'瑞木千寻辣,仙图几吊开。'注云:'《真诰》谓一卷为一吊。'殊不知《真诰》所谓弓即卷字,盖从省文。《真诰》音亦尔,非吊字也。"《真诰》中的弓(或作弓)固然是卷字,由㢧省变而来③,但弓认作吊也非无故,因其为男阴之弓的遗存,二字同形。

又甲骨文有㱻(合5624)字,前人释为屎、肖、仦等字,迄无定论。今既知㞗为尿字,则造意与之相同的㱻分明就是屎字了。

鸟在先秦时期即有男阴义。④ 春秋时齐有竖刁,自阉以侍桓公。《管子·

---

① http://www.eastling.org/discuz/showtopic-3378.aspx.

② 参见李守奎:《楚文字编》,华东师范大学出版社2003年版,第804页;滕壬生:《楚系简帛文字编》增订本,湖北教育出版社2008年版,第1168页。

③ 参见张涌泉:《汉语俗字研究》(增订本),商务印书馆2010年版,第332—337页。

④ 参见杨琳:《训诂方法的现代拓展:异语求义法》,《南开语言学刊》2008年第2期。

小称》:"公喜宫而妒,竖刁自刑而为公治内。"《韩非子·二柄》:"齐桓公妒外而好内,故竖刁自宫以治内。"竖刁当非其本名,乃世人之浑称。竖指其为宫中小臣。《左传·僖公二十四年》:"晋侯之竖头须,守藏者也。"杜预注:"竖,左右小吏。"刁指自阉其屌,犹孙膑受膑刑而世称孙膑,孙膑亦非其本名。刁后世仍用于男根义。广东《赤溪县志》(1920 年编)卷8:"今俗曰雀曰刁,皆为晋人之语矣。"竖刁之刁战国楚简中作"迅"①,从弔得声,弔即吊之异体,也有男阴义。金董解元《西厢记诸宫调》卷8:"您两个死后不争,怎结果这秃吊?""秃吊"是拿男阴晋称僧人。姜亮夫《昭通方言疏证·释人一》:"昭人戏言男阴曰吊,吊即北音鸟字之变,俗以吊书之,谓其形下坠也。"②屌为吊之后出分别文。

男阴义之刁、吊其本字应为"鸟","鸟"之男阴义则是鸟雀义的引申。至今不少地方仍把男阴称为"鸟"。如"中国新闻网"2011 年4 月25 日报道:"日前一名台中市男子工作时不慎被梯子割伤,导致睾丸断裂,经显微手术才救回。台中市有线电视威达电讯附设电视台制播的新闻报道时,撰稿记者吴守文笔调幽默,以'将睾丸送回鸟巢中'形容医师妙手回春。"蒙古语中的小孩男阴 šibaɣu［ʃubuː］原本也是鸟的意思,英语中称男阴为 cock,cock 也有雄鸟(a male of birds)的意思,它们的引申轨迹跟汉语一致。

(原载《中国文字研究》第 22 辑,上海书店出版社 2015 年版)

---

① 马承源主编:《上海博物馆藏战国楚竹书(五)》,上海古籍出版社 2005 年版,第 186 页。
② 姜亮夫:《昭通方言疏证·释人一》,云南人民出版社 2002 年版,第 209—210 页。

"也"有女阴义

"也"在现代汉语中是个很常用的词，一般作副词，表示几件事情有相同的性质，此尽人皆知，似乎没什么好说的，但若追溯"也"字的源头，问题就不那么简单了。

《说文》中解释说："也，女阴也。象形。"《说文》是根据小篆字形来作解释的，小篆中也字的写法见下表，看上去不但不像女阴，反而有点儿像男阴，所以学者们大都认为许慎的说法不可信。如林义光《文源》卷2："也为女阴，无所据。当为首施之施本字。"朱骏声《说文通训定声·解部》："许说此字必有所受，然是俗说，形意俱乖，知非经训。此字当即匜字，后人加匚耳。"郭沫若《两周金文辞大系图录考释·沈子簋》："（也）字乃古文匜，象匜之平视形，《说文》以为象女阴，非也。"朱骏声和郭沫若的看法是可信的，金文中"匜"（yí）字就写作"也"。2003年陕西宝鸡市眉县杨家村出土一件西周宣王时的匜（见下图），内底铸有铭文14字："叔五父作旅也，其万年子孙永宝用。""旅也"就是奉养祖先用的匜。匜是古人盥洗用具，洗手洗脸时一人持匜，将匜中的水浇注于洗盥者之手，一般下面还有盘来承水。薛侯匜上的"也"字象匜中之水流注之形，匽公匜上的"也"下面还有承盘。

古文字中的"也"

春秋薛侯匜	春秋子仲匜	春秋匽公匜	战国楚简	秦代小篆	汉代隶书

古文字中的"它"

商代甲骨文	西周金文	战国楚简

西周叔五父匜及其铭文

不少学者认为"也"和"它"原本是一个字，这种看法也对也不对。说对是因为春秋前后的一段时期内两个字确实是一样的。说不对是因为两字来源各不相同，"它"在甲骨文中像一条蛇，是"蛇"的最初写法，只是在后来的演变中变得跟"也"一样了；再加上两字的古音很相近，所以一时混同无别。不过到了战国时期，"也"和"它"在字形上逐渐有了区分。跟今天的"也"字相同的写法出现在汉代，它是由战国古文演变来的，而不是由小篆演变来的。

尽管《说文》把"也"字分析为象女阴之形是错误的，但进而否定"也"有女阴之义则未免矫枉过正了。有证据表明，"也"确实有女阴的意思。

我们知道，古人给事物命名时常常采用"近取诸身"的方法，也就是从自身出发去比拟事物。例如植物的根在下部，与人的足跟在下部相同，故谓之"根"；树木的分支与人的四肢类似，故谓之"枝"；"跟"与"根"、"肢"与"枝"有同源关系。上面说了，"也"最初是匜的象形字，但这种器皿为什么叫匜呢？我们一看匜的形状就明白了。匜的平视图很像勺子。勺子的形状跟女阴相似，所以古代文化中有用勺子隐喻女阴的现象。如日本九州鹿儿岛地区农村的水田里，散落着1500多具田神石像。这些石像高的有1米左右，正面形如地藏菩萨，但整体形象尤其是从侧面或后面看，分明就是阳具的再现。石像中有手持槌棒和勺子的造型，相传是男根和女阴的象征。它们既是当地农民稻田丰产的守护神，也是子孙繁衍的保护神。① 印度的圣所中常绘有男女生殖器的象征图形，其中就有用勺子象征女阴的图。② 汉语中的匕本义是勺子，但由匕构成的牝字则指女阴，如西汉东方朔《神异记》："男露其牡，女张其牝。""牝"字《广韵·轸韵》有"扶履切"的读音，今普通话应读 bì，后世的"屄"字其实就是为"牝"的"扶履切"而造的。回头来看匜，估计也是因形似女阴而得名的。这就是说，语言中先有女阴叫"也"，当古人创造出匜这种器皿给它取名字的时候，"近取诸身"，联想到女阴，就把它称为"也"。由于古人没有给女阴之"也"造字，而器皿之"也"与女阴有联系，便用器皿之"也"表示女阴义。这一意义代代相传，传到东汉，被许慎记录在《说文》当中。

大地何以谓之地？《释名·释地》中解释说："地，底也，其体底下载万物也。"晋代杨泉《物理论》中说："地，底也，著也，阴体下著。"这都是说"地"因低下而谓之地。这种看法是不对的。章太炎在《文始》一书中认为"地"是因女阴而得名的，这一看法符合"近取诸身"的原则，可以信从。古人见地生草木，与母亲生子类似，所以他们把大地视为母亲。《管子·五行》："以天为父，以地为母。"《周易·说卦》："乾为天为圆为父，……坤为地为母。"《说文》在"姐"下说："蜀人谓母曰姐，淮南谓之社。"《淮南子·说山》："西家子见之，归谓其母曰：'社何爱速死？吾必悲哭社。'"高诱注："江淮谓母为社。"社的本义为土地神，却引申为母亲之称，这正是古人观念中大地与母亲互相贯通的反映。母亲以生育为天职，生育关乎女阴，所以古人就用

① 范力民：《矜持与落选荡——日本人之于性》，《环球》2002年第1期。
② 刘达临：《中国古代性文化》，宁夏人民出版社1993年版，第27页。

女阴义的"也"称呼大地，后来造字时写作"地"。"也"和"地"今天的读音虽然差别很大，但根据王力先生的拟音，"也""地"的上古音分别是［*ʎia］［*dia］，它们的古音是极为近似的，可知二者同源。蒙古语中大地叫 ütügen，这一名称也是来源于女阴，这可以作为"地"得名于女阴义之"也"的佐证。另外，地与天相对，天的本义是人头，引申指天地之天，则地之得名来自女阴之"也"也就相映而彰了。可见"也"的女阴义保存在"地"字当中。

母亲古代还称为"妳"（jiě）。《广雅·释亲》："妳，母也。"《中国歌谣资料·恶家婆》："丈夫有权顺爹妳（父母），隔离（邻居）睇见都心烦。"字亦作嬭。妳字从"也"得声，其实就是女阴之"也"的引申，这跟女阴义之匕引申为母亲义之"妣"是一致的。

"施"在古代有男子御女的意思。《大戴礼记·本命》："男以八月而生齿，八岁而毁齿，一阴一阳，然后成道，二八十六，然后情通，然后其施行。女七月生齿，七岁而毁，二七十四，然后其化成。""化"指女子生育，"其化成"是说女子具备了生育的能力。与此相对的"施"即男施女受之施。施的本义根据《说文》的解释是旌旗飘动的样子，御女义的施本字可能是攸。杨树达《积微居小学述林》卷 1《释攸》："凡从攴之字皆含用力动作之意。……也《说文》训女阴，象形。据形求义，攸当为人于女阴有所动作，盖男子御女之义。……攸为男子有所授于女，故攸引申为敷攸攸予之义。"[1] 攸字表明"也"有女阴义。

有个成语叫"首施两端"，表示瞻前顾后，迟疑不决。这里的"施"是尾的意思，这一意义的施本字也应该是攸。阴部与尾部的名称常常是相通的。"尾"就有阴部义，《尚书·尧典》中有"鸟兽孳尾"的说法，孔安国传："乳化曰孳，交接曰尾。"今称动物交配为"交尾"，称两性人为"二尾子"，"尾"即指阴部。章太炎《新方言·释形体》："《说文》：'尻，臀也。从尸九声。'……广州或移以言阴器。"不少方言中表不满情绪时常言"我 kào"，书面上常写作"靠"，本字当为尻，这里指阴器的动作。广东和平县的林寨话中尾部称为"刁霉"，"刁"其实就是"尻"，"霉"本字应该是"尾"。"刁霉"之刁就是阴部转指尾部。德语的 zagel（阴茎）源于史前日耳曼语的 *taglaz（尾巴），跟汉语的演变轨迹是一致的。所以攸也引申指尾部。

---

[1]　杨树达：《积微居小学述林》卷 1，中华书局 1983 年版，第 32—33 页。

另外，"池"因凹下而得名，也与女阴义之"也"同源。

"也"的女阴义在后世的方言中仍有保留。清范寅《越谚》卷中："胜姅，女阴户，即屄也。按：胜出《集韵》，肥也，俗以喻屄，谓腴处，亦通。姅出《说文》，见《汉律》，此讳言屄。又名胜屄。""胜"即"也"之音转。章太炎《新方言·释形体》："荆州枝江谓女阴曰也巴。……广州亦谓女阴曰也，音如闇（xiǎ），笼口上气呼之。"姜亮夫《昭通方言疏证·释人一》"也"条云："今昭人言女阴有一流行而稍含隐讳之音曰'丫'，俗言曰'丫二'，或加比（阴平）字曰'比丫二'。……丫即也之音变。"① 此说可从。"也"在很多方言中读音与"丫"相同，如长沙话、南昌话、梅县客家话、福州话、厦门话等。江西萍乡话中有个粗俗的词叫"丫卵"，"卵"在很多方言里指男根，与之并列的"丫"当指女阴。宁波话中贬称嘴巴为"丫码"，也是用女阴比嘴。北京话中"丫"是骂人的话，如："打他丫的""你丫找抽啊"。流行的解释是"丫"是"丫头养的"的省略，"丫头"即丫鬟，丫鬟生的意味着来路不正，所以成为骂人的话。我们认为这里的"丫"与上述方言中的"丫"一样，也是指女阴。"你丫"犹言"你傻屄""你妈拉个屄"。"丫"在很多方言中指女性，一般含贬义，如东北官话中称女孩为"丫蛋"，浙江湖州双林话中称为"丫停"，浙江嘉兴话中称婢女为"丫婷"，山西忻州话中称婢女为"丫花"②，也是源于女阴义。许宝华、宫田一郎："肶，女孩（含亲昵义）。吴语。浙江金华岩下。"③ 这也是女阴转指女性。

总之，《说文》中说"也"有女阴义是有根据的，"也"之女阴义的证实再次显示了《说文》的重要价值。

（原载《寻根》2012 年第 3 期）

---

① 姜亮夫：《昭通方言疏证·释人一》，云南人民出版社 2002 年版，第 211 页。
② 许宝华、〔日〕宫田一郎主编：《汉语方言大词典》，中华书局 1999 年版，第 404、405 页。
③ 许宝华、〔日〕宫田一郎主编：《汉语方言大词典》，中华书局 1999 年版，第 3510 页。

"黄河远上"与"黄沙直上"的是非

——兼谈李白《静夜思》的原始文本

唐代诗人王之涣的《凉州词》（或题《出塞》）是一首家喻户晓的名作，其流行文本是：

> 黄河远上白云间，一片孤城万仞山。
>
> 羌笛何须怨杨柳，春风不度玉门关。

由于其中的"黄河远上白云间"有的版本写作"黄沙直上白云间"，自20世纪60年代至今，人们发表了不计其数的文章讨论两种异文的是非，可是至今也没有达成共识。是不是这骨头就那么难啃？恐怕不是。我们认为症结在于真正深入原始文献进行细致查证的人太少，操觚者大都凭个人的主观感觉说长道短。"想当然"的话当然谁都能说上一大套，但说了又能让多少人欣然接受而不再有自己的想法？是非久议不决，原因就在于此。

比如不少文章中说，我国著名气象学家竺可桢率先对此诗的首句产生疑问：在玉门关和古凉州能看到黄河吗？"黄河"会不会是"黄沙"之误？"带着这样的疑问，竺可桢先生亲自到玉门关和古凉州实地考察，在那里当然看不到黄河，实际上黄河离那里是很远很远的。经过实地考察，竺可桢先生发现那里的确黄沙遍野，大风吹来，风卷黄沙，漫天飞舞，一幅'黄沙远上白云间'的景象展现在他的眼前。但这仅仅是他的猜测，实际情况是否如此，还需找到历史根据。于是他便去查阅各种历史资料，考察各种相关文物，终于在甘肃的博物馆内找到了最早刻有《凉州词》的一块出土石碑。石碑上所刻的《凉州词》的第一句果然是'黄沙远上白云间'！一个千古误读被一丝不苟的科学家发现和纠正了。竺可桢先生的这种认真求实的精神值得我们学习。无论在做学问时，在研究古典文献时，在翻译有关典籍或文章时，我们都应该认真仔细，一丝不苟，不放过任何一个疑点。"① 然而在笔者查阅的文章当中，没有一篇能具体指出竺可桢是在何文何书中谈到这一问题的。大多数文章不交代出处，好像这已是不争的事实。交代出处的则语焉不详，有的说是"上个世纪 50 年代"提出来的，有的说是"一篇竺可桢的传记中介绍"的，有的说是"中学课文"中说的；个别文章中说是见于竺可桢 1935 写的《利害与是非》一文，虽很具体，但查无实据。

本着"一丝不苟"的教导，我们进行了"认真仔细"的查找，现查明竺可桢这一看法的出处是竺可桢、宛敏渭合著的《物候学》一书，科学普及出版社 1963 年第 1 版。这是一部科普读物，书中有关《凉州词》的文字并不长，转引如下（第 26 页）：

> 王之涣《凉州词》："黄沙直上白云间，一片孤城万仞山。羌笛何须怨杨柳，春风不度玉门关。"这是很合乎凉州以西玉门关一带春天情况的。……在唐朝开元时代的诗人，对于安西玉门关一带情形比较熟悉，他们知道玉门关一带到春天几乎每天到日中都要刮风起黄沙，直冲云霄的。但后来不知在何时，王之涣《凉州词》第一句便被改成"黄河远上白云间"。到如今，书店流行的唐诗选本，统沿用改过的句子。实际黄河和凉州及玉门关谈不上有什么关系，这样一改，便使这句诗与河西走廊的地理和物候两不对头。

在这段文字中，我们既看不到竺可桢为落实这首诗"亲自到玉门关和古凉州实地考察"的记述，更不知"在甘肃的博物馆内找到了最早刻有《凉州词》的一块出土石碑"的说法从何而来。我只知道民国时期洛阳曾出土了王之涣的墓碑，上面有唐人靳能写的墓志铭《唐故文安郡文安县尉太原王府君墓志铭并序》（拓片见李希泌编著《曲石精庐藏唐墓志》，齐鲁书社 1986 年版），但其中并没有提到《凉州词》，没听说还有最早刻有《凉州词》的石碑出土。将道听途说得来的东西添油加醋地敷衍成文，这跟文章倡导的"一丝不苟"的精神可是背道而驰的。

---

① 牛喘月：《牧童归去横牛背，短笛无腔信口吹——古今词义的演变及其对中医翻译的影响》，《中西医结合学报》2005 年第 5 期。

值得注意的是，竺可桢给上面那段引文加有脚注，说明他的观点是参用了廖仲安《关于王之涣及其凉州词》（《光明日报》1961年12月31日）一文，这就告诉我们，指出"黄河远上"为"黄沙直上"之误的不是竺可桢。然而报刊网络上发表的文章却把竺可桢炒来炒去，就是没人去认真核实一下，看来"吠影吠声"的典故至今依然没有过时。

其实，清初学者吴乔（字修龄）早就指出过这一问题。他在《围炉诗话》卷3中说："《唐诗纪事》王之涣《凉州词》是'黄沙直上白云间'，坊本作'黄河远上白云间'，黄河去凉州千里，何得为景？且河岂可言直上白云耶？此类殊不少，何从取证而尽改之？"可惜吴乔的订正意见并没有引起人们的重视，社会上流行的仍然是"黄河远上白云间"。有些人虽然知道此诗有"黄沙直上"的异文，但他们认为"黄河远上"意境更美，所以肯定后者而否定前者。如著名学者沈祖棻说："这首诗的开头四字，或作'黄沙直上'。这异文出现较早，今天很难据底本以断其是非，而只能据义理以判其优劣。认为应作'黄沙直上'的人，理由是黄河离凉州很远，凉州离玉门关也很远，不应写入一幅图景之中；而且'黄沙'一词，更能实写边塞荒寒之景。认为应作'黄河远上'的人，则认为此四字更能表现当地山川壮阔雄伟的气象，而且古人写诗，但求情景融合，构成诗情画意的境界，至于地理方面的方位或距离等问题，有时并不顾及实际情形，因此不必'刻舟求剑'。照我们看来，后一说是可取的，'黄河远上'是较富于美感的。"①"黄河远上白云间"和"黄沙直上白云间"哪一句更富于美感，这恐怕是个见仁见智的问题，永远也不会有一个定评的，因为这属于个人的主观感受，每个人的生活阅历、生性气质、思想情感等都不相同，这就决定了不同的人对同一首诗的感受是不一样的，甚至同一个人在不同的阶段对一首诗的感受也可能大相径庭。那么，这是不是意味着"黄河远上"与"黄沙直上"的是非就无从判定了呢？不是的。我们要辨明的是哪一种说法是作者的原话，而不是哪一种说法更好，前者属于客观事实的认定，其是非是可以说得清楚的。

按理说，要弄清哪一种说法是作者的原话，只要查一下最早记载《凉州词》的典籍，问题似乎很快就可以水落石出，但事实上并没有这么简单。古籍在流传过程中会反复地抄写刻印，抄写刻印的过程中会出现无意的讹误及有

---

① 沈祖棻：《唐人七绝诗浅释》，上海古籍出版社1981年版，第19页。

意的修改，所以越是产生时代早的作品，存在的讹误可能反而越多，离作者的原意也就越远。职是之故，想拿典籍产生的早晚判定异文的是非是很难行得通的。就《凉州词》而言，现存文献中此诗最早见于唐芮挺章编的《国秀集》（书成于天宝三年，公元744年）卷下，写作："一片孤城万仞山，黄河直上白云间。羌笛何须怨杨柳，春光不度玉门关。"我们不能据此认为"黄河直上"是作者原句，因为我们今天看到的《国秀集》最早的版本是明代的刻本，它只能证明明代有这种写法，而不能作为唐代就是如此的直接证据。因此，要说明诗句的原始性，关键要看记载此诗的现存典籍中版本最早的典籍中是怎么说的。

据我们考查，收录《凉州词》的典籍中版本最早的是北宋李昉等编的《文苑英华》，现残存南宋嘉泰元年至四年刻印的本子共一百五十卷，十五册，其中北京国家图书馆收藏一百三十卷十三册（卷231至240、251至260、291至300、601至700），台湾"中央研究院"收藏十卷一册，海外私家收藏十卷一册（1995年才发现的）。1966年中华书局影印出版的《文苑英华》就是用宋刻本一百四十卷和明刻本八百六十卷配补而成的。《凉州词》在《文苑英华》中出现过两次，分别收在卷197和卷299。卷299是宋版，原文作："一片孤城万仞山，黄沙直上白云间。羌笛何须怨杨柳，春光不度玉门关。"卷197尽管是明刻本，仍然作"黄沙直上白云间"，只是以此为首句。而文渊阁《四库全书》本《文苑英华》卷197作："黄河远上白云间，一片孤城万仞山。羌笛何须怨杨柳，春光不度玉门关。"卷299作："黄河直上白云间，一片孤城万仞山。羌笛何须怨杨柳，春光不度玉门关。"两处都把"黄沙"改成了"黄河"，后世版本对前世版本的改动由此可见一斑，这也显示了古本的珍贵。

北宋郭茂倩编的《乐府诗集》（约成书于元祐年间，1086—1094）卷22也收有《凉州词》，1955年文学古籍刊行社影印本是以宋刊残本及元至正刻本配补而成的，卷22为元版，作："黄沙直上白云间，一片孤城万仞山。羌笛何须怨杨柳，春光不度玉门关。"与宋版一致。

其他明版唐宋人作品如唐薛用弱《集异记》卷2"王之涣"条作"黄沙远上白云间"，宋史容《山谷外集诗注》卷7（《和答魏道辅寄怀十首》"谁言黄沙碛"下注）、宋尤袤《全唐诗话》卷2、宋计有功《唐诗纪事》卷26，均作"黄沙直上白云间"。能说明问题的是，文渊阁《四库全书》本《集异记》作"黄河远上白云间"，这又一次印证了抄写刻印次数越多失真越多的古籍流传规律。这都可以作为"黄沙直上"为原始文本的佐证。

当然,少数明版宋人作品中也有作"黄河远上白云间"的,如南宋洪迈编《万首唐人绝句诗》卷8、南宋王灼《碧鸡漫志》卷1等,所以,"黄河远上"的说法当是明代才出现的。

《文苑英华》宋刻本的文本跟《国秀集》几乎一样,都是以"一片孤城万仞山"为首句,差别仅在"沙""河"二字上。"黄河直上"的说法是不合事理的,无论是大胆的想象也好,极度的夸张也罢,黄河直上云霄的说法是难以成立的,所以我们有理由认为明刻《国秀集》中的"河"是"沙"字之误,在手写体中,"河""沙"二字是极其相似的。这样一来,最早记载《凉州词》的《国秀集》就跟最早的版本《文苑英华》完全一致了。因此,我们可以得出这样的结论:《凉州词》的原始文本应该是:

> 一片孤城万仞山,黄沙直上白云间。
> 羌笛何须怨杨柳,春光不度玉门关。

其他文字的差异、诗句的调整都是流传过程中后人有意无意所作的改动,而非诗人原作。大约先是《国秀集》的某个抄本误作"黄河直上",以其不合事理,人们便拿它跟《集异记》中的异文进行了糅合,修改成了"黄河远上"。"黄河远上白云间"是一幅想象合理、富有气势的美景,跟太白的"黄河之水天上来"有的一比,受到读者的喜爱,所以流行开来。

那么后人为什么要把"一片孤城万仞山,黄沙直上白云间"的位置对调一下呢?这大约是为了使此诗符合格律诗"粘"的要求。"羌笛"的"笛"是仄声,要求第二句的第二字也应是仄声,否则就是"失粘",把"一片孤城万仞山"调整为第二句,二三两句就"粘"上了。其实,《凉州词》是一首古绝,对"粘"是不讲究的。"粘"的规则是中唐以后才严格起来的,中唐以前格律诗失粘的现象比较常见。如王维的《渭城曲》:"渭城朝雨浥轻尘,客舍青青柳色新。劝君更尽一杯酒,西出阳关无故人。"也不合"粘"的要求。所以《凉州词》的"失粘"正好反映了其原始面貌。

李白的《静夜思》今天为大家熟悉的文本是:

(1)床前明月光,疑是地上霜。举头望明月,低头思故乡。

记载这一文本的典籍有元范德机《木天禁语》（明胡氏文会堂刻格致丛书本）、明李攀龙《唐诗选》（明闵氏刻朱墨套印本）卷6、清蘅塘退士编《唐诗三百首》等。这一文本之所以流行，跟《唐诗三百首》的广为流传是不可分割的。历史上这首诗还有多种文本，现搜集胪列如下：

（2）床前明月光，疑是地上霜。举头望山月，低头思故乡。

记载这一文本的典籍有明曹学佺《石仓历代诗选》（文渊阁《四库全书》本）卷44、清王士祯编《唐人万首绝句选》卷15等。宋叶廷珪《海录碎事》（明万历二十六年刻本）卷1只录两句："床前明月光，疑是地上霜。"

（3）床前看月光，疑是地上霜。举头望明月，低头思故乡。

记载这一文本的典籍有明高棅《唐诗品汇》（明张恂重订刻本）卷39。

（4）床前看月光，疑是地上霜。举头看山月，低头思故乡。

记载这一文本的典籍有明钟惺、谭元春《唐诗归》（明刻本）卷16。

（5）床前看月光，疑是地上霜。举头望山月，低头思故乡。

记载这一文本的典籍有宋郭茂倩《乐府诗集》（宋刻本）卷90、《李太白文集》（宋刻本）卷6、《分类补注李太白诗》（元建安余氏勤有堂刻本）卷6、宋洪迈《万首唐人绝句诗》卷15、明朱谏《李诗选注》（明隆庆刻本）卷4、明陆时雍《唐诗镜》卷20、清王琦《李太白诗集注》卷6、清曹寅《全唐诗》卷165等。

那么哪一种文本是李白的原作呢？或者说哪一种文本最接近李白原作呢？这得主要根据版本的时代来判断。文本（1）至（4）最早见于明代刻本，此前未见，所以应该都是明人的修改本。文本（5）最早见于宋刻本，是目前最早的版本，而且在宋版书中没有异文，因此可视为李白的原作或最接近李白原作。

　　郁贤皓主编《李白大辞典》中说:"各本李集均作'看月光',王士祯《唐人万首绝句选》及沈德潜《唐诗别裁集》均作'明月光',疑为士祯所臆改。"① 这一看法显然是不对的。胥洪泉据《海录碎事》,认为最早把"看月光"改成"明月光"的是宋人叶廷珪②,这一看法也是站不住的,因为传世《海录碎事》最早为明代刻本,难以作为叶氏原文的依据。

　　行文至此,文本的是非应该是清楚了。今后我们的教科书及古诗选本都应该以作者的原始文本为依据,而不应以后世的修改本为正宗。至于原本和修改本孰优孰劣,当然可以讨论,但前提是不要把后人的修改当成作者的原意,以免背离事实,误导读者。

(原载《古典文学知识》2010 年第 6 期)

---

① 　郁贤皓主编:《李白大辞典》,广西教育出版社 1995 年版,第 46 页。
② 　胥洪泉:《李白〈静夜思〉的本文演变》,《文史知识》2009 年第 12 期。

《兰亭集序》:"怏然自足"还是"快然自足"?

王羲之《兰亭集序》(《晋书·王羲之传》):"夫人之相与,俯仰一世,或取诸怀抱,悟言一室之内;或因寄所托,放浪形骸之外。虽趣舍万殊,静躁不同,当其欣于所遇,暂得于己,快然自足,不知老之将至。"其中的"快"唐神龙摹本作"怏"(下左图),敦煌文献 P. 2544《兰亭集序》抄本亦作"怏"(下右图),既然真迹摹本作"怏",原文为"怏"字是没有疑问的,"快"字为后人所改也是可以肯定的。现在的问题是"怏"该如何理解?

有些人理解为"不平"。于曙光说:"古汉语中'怏'字有不满、不乐、不平、不悦、不服之意,'怏然'便包含了这种复杂的'不平'之意,故现代汉语解释'怏然自足'为'形容自大的样子',到底是什么样子? 即自大之中包含有不满、不平、不服气。而一个'快然'便显得肤浅了,仅仅是个高兴而已!"[1]

---

[1] 于曙光:《天下第一行书》,中国文联出版社 1999 年版,第 125 页。

有些人理解为"盎"之通假，义为"满足"。周汝昌说："历来著录释文皆作'快然自足'，其实原迹明明是个'怏然'，又怎么讲？这并非笔误。此'怏然'即通常可见的'盎然'，说'兴味盎然'，正是'满足'之义。古人都喜书写异体字，也包括'通借字'。怏、盎相通互借。"① 按：元戴侗《六书故》卷13："快，快然，欣惬自足意。古通作盎。"此当是"满足"说所本。

有些人理解为"自大"。《说文》："怏，不服怼也。"段玉裁注："当作'不服也，怼也'，夺一也字，遂不可解矣。《集韵》作'不服对也'，尤非。怏盖倔强之意。《方言》曰：'軯，伃，怼也。'《集韵》于《阳韵》曰：'怏然，自大之意。'考王逸少《兰亭序》曰：'怏然自足。'自来石刻如是。本非快字，而学者匙知之。或叚軯为之，《方言》是也。《周亚夫传》曰：'此軯軯非少主臣。'"吴迪、赵丽明："欣于所遇自会得意，遇到了就是一种人生幸运，如果还能'得于己'，为我所有，那就更该算做是人生大幸了。若恰值壮年即得所欣，则可谓人生得意。得意便容易忘形，忘形便也就是自大。即便是'暂得'，也可以获得一时的自大。所以段玉裁会（便？衍文？）将其解释为自大。"② 目前赞同"自大"说的人比较多。

我们认为以上三解都有问题。

"不平""不乐"虽然是"怏"的常见义，但用来理解"怏然自足"文意不通，"不平"是不满，"自足"是自感满足，显然自相矛盾。

"怏"为"盎"之借字说文意上倒是说得过去，只是缺乏古代二字相通用例的支持。根据训诂学的原则，在本字能通的情况下，一般不采取通假的讲法，尤其是在没有其他通假用例佐证的情况下。否则音同音近的字多的是，你说是"盎"，我说是"昂"，其他人还可以提出"泱""洋"等新见，岂不乱套？所以，如果有更好的讲法，此说是不足采信的。

"自大"说最主要的依据是《集韵·阳韵》："怏，快然，自大之意。"但这一释义没有书证可资证实。《汉语大字典》第1版及第2版虽然在"怏"下据《集韵》收有"自大"的义项，但都举不出书证。《汉语大词典》不收没有书证的义项，所以"怏"下没有"自大"义项。《现代汉语词典》（第6版）反倒有这样的解释："怏然，①形容不高兴的样子：～不悦。②形容自大

---

① 周汝昌：《〈兰亭序〉之谜》，《天地人我》，十月文艺出版社2001年版。
② 吴迪、赵丽明：《敦煌摹本，了结千古一字——〈兰亭集序〉"怏"字考》，载敦煌研究院编：《丝绸之路民族古文字与文化学术研讨会会议论文集》2005年版，第432页。

的样子：～自足。"这应该是现代文人将《兰亭集序》的"快然自足"当成语来用，故《现汉》有此释义，而《现汉》解释的依据还是《集韵》。

我们认为《集韵》的"自大"可有两种理解。

（一）该义项就是针对《兰亭集序》的"快然自足"而设立的，因为它解释的是"快然"，而非单字"快"。而"快然"文献中常见的含义是不乐貌，如《战国策·赵策三》："辛垣衍怏然不说曰：'嘻，亦太甚矣，先生之言也。'"唐柳宗元《送贾山人南游序》："其见人侃侃而肃，召之仕，怏然不喜。"唐澄观《大方广佛华严经随疏演义钞》卷15："每以为未能探微照极，常怏然不足。"《集韵》不释常见义，却释为"自大"，此义除了"快然自足"就没有适用的对象了。如果这一推断不误，那么，"自大"就是根据文意猜测的结果，并没有什么依据，而且也看不出与"快"的本义"不服""不满"有何关联，其可靠性值得怀疑。

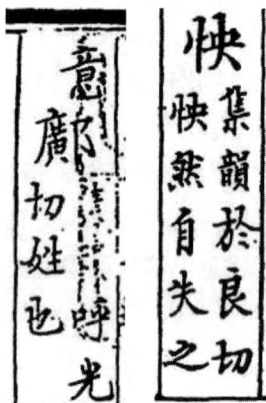

（二）"自大"有可能是"自失"之误。清梁诗正、蒋溥等《叶韵汇辑》（文渊阁《四库全书》本）卷12《阳叶韵》："快，《集韵》：于良切，怏然，自失之意。"可为佐证。典籍中"快"常与"自失"连用。《世说新语·黜免第二十八》："槐树婆娑无复生意"。刘孝标注引《晋安帝纪》："自以名辈先达，位过至重，而后来谢混之徒皆畴昔之所附也，今比肩同列，常怏然自失，后果徙信安。"唐李延寿《北史·崔挺传》："世隆启用季景，勉遂怅怏自失。"宋司马光《资治通鉴》卷193《唐纪九》："瑀由此怏怏自失，遂罢御史大夫，为太子少傅，不复预闻朝政。"所以将"快"释为"自失之意"是合乎典籍用例的，义为自感失望，这跟其常见义"郁闷不乐"密切相关。

再从文意上来看，"快然自足"是因为"欣于所遇，暂得于己"，即欣喜遇到了与自己情投意合的人，与这些人或晤谈室内，或放浪野外，自我感觉非常满足，将这种语境下的"快然"理解为"自大"是难以理解的，在"欣于所遇"的时候为什么会有自大的感觉呢？

综上所述，"自大"说也是不可采信的。

我们认为"快然"就是"快然"，理由是：

（一）古代文献中"快""快"常常混同。清陆心源《皕宋楼藏书志》卷51《子部》："承议郎行秘书省校书郎臣黄伯思所校焦延寿《易林》，中或字误，以快为快，以羊为手，以喜为嘉，以鹤为鹊，义可两存。"《广雅·释诂》："悖、快，强也。"王念孙疏证："快各本讹作快，惟影宋本不讹。"《庄子·秋水》"又奚以自多"晋郭象注："故体大者快然谓小者为无余，质小者块然谓大者为至足。"清郭庆藩《庄子集释》王孝鱼点校本改"快"为"快"，校记云："快字依《释文》及世德堂本改。"①《正统道藏》本亦作"快"。清王汝璧《芸簏偶存》卷2《杨倞注》："快快而亡者怒也，注谓快意，亦非，应是快快，怨望也。"唐李商隐《李义山文集》卷9《太尉卫公会昌一品集序》："汝来辅予，霞披雾销，六合快望。"清徐炯笺注："快，《英华》作快，是。"清冯浩《樊南文集详注》卷7《太尉卫公会昌一品集序》："古帖古书中，'快然''快抃'又颇有作快者，疑古人偶误通耳。"清王懋竑《读书记疑》卷13《南史存校》："卷二十二，快快当作快快。"清罗士琳《旧唐书校勘记》卷66《黄巢》："未快雷霆之怒，闻本快作快，《册府》作快。"《全唐诗》卷144常建《太公哀晚遇》："迟迟诣天车，快快悟灵龟。"编者注："快快一作快快。"由此可知，"快""快"相混的现象古籍中比较常见，"快"可以说是"快"的俗字，所以王羲之将"快"字写成"快"字也就不足为怪了。

（二）汉隶中快字作𢙴（《老子》甲125），决字作𢀇（《纵横家书》157）、𢀇（《孙子兵法》23）、𢀇（《武威简·泰射》40），右边从史，而央字东汉或作史（至氏镜）、史（青羊镜），二者容易混同。这表明楷书快、快的混同有其历史根源。罗福颐《汉印文字徵》有𣲙字（11.14），隶定为浃，《汉语大字典》从之，并引《集韵·志韵》"浃，水名，在河南"为证。我们认为𣲙就是决字，与后世水名之浃无关。

---

① （清）郭庆藩：《庄子集释》，中华书局1989年版，第568页。

（三）"快然"一词汉魏以来常用。例如：

（1）凡人之所以生者，衣与食也。今囚之冥室之中，虽养之以刍豢，衣之以绮绣，不能乐也，以目之无见，耳之无闻。穿隙穴见雨零则快然而叹之。（《淮南子·泰族第二十》）

（2）又冬春旱甚，所被尤广，虽内用克责，而不知所定，得王深策，快然意解。（《后汉书·东平宪王苍传》）

（3）时维耶离诸梵志、居士尊者、月盖等，闻是香气，皆得未曾有自然之法，身意快然。（三国吴·支谦译：《维摩诘经》卷下《香积佛品第十》）

（4）渴者饮河，快然以足，不美洪流。（三国魏·嵇康：《答难养生论一首》）

（5）夫饥而思食，寒而欲衣，生之所资也。遇其资则粳粮缊袍，快然自足矣。（晋·袁宏：《后汉纪·孝顺皇帝纪》）

（6）邪在肺则病皮肤痛，发寒热，上气喘，汗出，欬动肩背，取之膺中、外俞，背三椎之傍以手疾按之，快然乃刺之。（晋·皇甫谧：《甲乙经》卷9）

（7）一切人民普得法味，百日安隐，无饮食想，心意快然。（西晋·竺法护译：《无极宝三昧经》卷上）

（8）时四部众，咸皆欢喜，身意快然，得未曾有。（后秦·鸠摩罗什译：《妙法莲华经》卷1《序品第一》）

（9）地藏菩萨闻佛所说，心地快然。（北凉·失译人：《金刚三昧经上·总持品第八》）

尤其是（4）（5）二例，时代与《兰亭集序》相同相近，句式也与"快然自足"相同相近，足以证明"怏"就是"快"的俗写。

《晋书》的作者为房玄龄、褚遂良等人，他们生活在唐太宗身边，见过并摹写过《兰亭集序》的真迹，不可能不知道原文作"怏"，但在《晋书》中转录《兰亭集序》时改"怏"为"快"，这是改俗字为正字，以便读者理解，这也正好表明"怏"应理解为"快"。

尽管《兰亭集序》摹本作"怏"，但后世作为成语通行的还是"快然自足"。如宋洪咨夔《颜延年〈三月三日率尔成诗〉前诗重韵太率可笑》:"率尔成诗聊意达,快然自足亦颜开。"明顾起元《遯园漫稿·己未·李芹川先生浮丘逸草序》:"以余观于芹川先生之隐浮丘也,其情寄远矣,其名迹晦矣,萧然自保其川云岭月之居,而快然自足于看竹灌花之乐。"明何白《汲古堂集》卷23《戴元统西阁草序》:"纵观诸胜,快然自足。"清梁廷枏《藤花亭镜谱》卷5《汉双龙戏珠镜》:"凡学道有得之士,大抵皆快然自足,无待外求,方可与物无争,与人无患。"王充闾《回头几度风花》:"最后立足顶巅,凭栏四望,但见江天寥廓,大野苍茫,不禁快然自足,心神为之一爽。"①

"怏然自足"的说法古代文献中罕见。宋陈与义《简斋诗集》卷24《舟泛邵江》:"落花栖客鬓,孤舟溯归云。怏然心自足,不独避嚣纷。"宋胡稺注:"《兰亭叙》:快然自足。"特意指出"怏然心自足"之语本诸《兰亭序》,说明除了《兰亭序》没有其他文献有这种说法。后世个别信而好古的人士根据《兰亭集序》的摹帖使用"怏然自足"之语。如清末况周颐《眉庐丛话·三三·"土匪名士"与"斗方名士"》:"间或占一绝句,填一小令,书画一扇头,怏然自足,不知井外有天。"清末罗振玉《〈鸣沙石室佚书〉序》:"洹阳所出,我得其十九,既已毡拓之,编类之,考证之。虽举世尚未知重,而吾则怏然自足,一若天特为我出之者。"石杉等《爱在指间悄悄滑落》:"看着他忙碌,我说要醋要酱油要辣椒他一一满足。我怏然自足地笑说,今天你很听话嘛。"② 李明礼《岁寒三友》:"几百双眼睛,上上下下看着他,令他不由自主地沉醉在这些目光的包围中,从而怏然自足,心里油然生出一种救世主的陶然感。"③ 但这样用的仍属个别。

结论:"快然自足"就是"快然自足";辞书中应注明这里的"快"为"快"的俗字,读 kuài,不读 yàng;"怏然"的"自大"义不能成立。

(原载《古典文学知识》2014 年第 4 期)

---

① 王充闾:《回头几度风花》,广州出版社 2004 年版,第 80 页。
② 石杉等:《爱在指间悄悄滑落》,当代世界出版社 2004 年版,第 109 页。
③ 李明礼:《岁寒三友》,中国文联出版社 2008 年版,第 439 页。

《说文》辨正五则

窬

《说文》中解释说："窬，穿木户也。从穴俞声。一曰空中也。""穿木户"是什么意思，不易理解。"穿木"是将木头中间挖空，户是单扇的门，从字面上来看"穿木户"就是在一根木头上挖个洞来当门。但从事理上来讲，这样的理解不免令人疑惑：古代有这样的门吗？既然有大木头挖门，为何不做成正儿八经的木板门而非要费力地掏洞当门呢？这样的门又怎能便利地出入？所以学者们大都怀疑今本《说文》有问题。王筠《说文句读》云："木户二字可疑，……户亦非穿木所为也。今北人门旁墙上空缺如㲼以庋物，即此之谓。今本《说文》当是后人改窜。"《说文》固然有问题，但将窬的本义说成门旁墙上挖的放东西的小㲼，也查无实证。张舜徽《说文解字约注》认为："古者民居之门为双扇，形制较广，非其时不常开。平日通出入者，则门旁有小户如窦，足容一人之身而已，斯谓之窬，窬即窦也。"照此说来，古人院墙上并排有两个门，一个是双扇大门，还有一个是单扇小户。这种说法也没有文献用例来证明，所以也难信从。

我们认为窬的本义是大门一旁的院墙底部挖的小洞，其作用是排水及供狗猫等家畜出入。我们可从三个方面加以证明。

首先，从字形来看，窬从穴，表明其义与洞穴有关。俞虽为声符，实亦表意。《说文》："俞，空中木为舟也。"义为将木头的中间挖空作舟（即制做独木舟）。可知俞有挖空之义。窬从穴从俞，表示挖穿墙壁以为洞穴。故引申之，窬也有挖空义，《说文》"一曰空中也"正是其引申义。《淮南子·氾论》："古者大川名谷，冲绝道路，不通往来也，乃为窬木方版，以为舟航。"高诱注："窬，空也。""窬木"即所谓"刳木为舟"。这是窬有空义之证。

其次，从语源上来看，窬与窦同源。窬上古为余母侯部，窦为定母屋部，

252

读音相近。《说文》："窦，空也。"段玉裁注："空、孔古今语。凡孔皆谓之窦。"由窦可知窬的本义为孔穴。

最后，窬的门旁洞穴义在典籍中可得到印证。《礼记·儒行》："儒有一亩之宫（墙垣围成的院子），环堵之室，筚门圭窬，蓬户瓮牖，易衣而出，并日而食。"东汉郑玄注："圭窬，门旁窬也，穿墙为之，如圭矣。""门旁窬"即门旁墙上留的洞穴。唐玄应《一切经音义》卷9引《三苍》："窬，门边小窦也。"《左传·襄公十年》"窬"作"窦"："筚门圭窦之人而皆陵其上。"可见"窬""窦"音近义同。有些人将这里的"窬"理解为小门。《汉语大词典》对"圭窬"是这样解释的："墙上的小门。借指穷人家的门户。"这种理解是有问题的。"筚门圭窬"无疑是指贫寒人家，然而既有大门，旁边又开小门，贫寒人家有这样的讲究吗？这样做又有什么实际用处呢？难以理解。

古人无论贫富，都要在大门旁边的围墙底部挖一个洞。《周礼·考工记·匠人》："窦，其崇三尺。"郑玄注："宫中水道。"清孙诒让正义："窦若今阴沟，穿地为之，以通水潦者。"《左传·襄公二十六年》："有大雨，自其窦入。"杜预注："雨，故水窦开。"从杜注的意思来看，有些人家的水窦平时是要堵起来的，只在下雨天才打开。《韩非子·五蠹》："泽居苦水者，买庸而决窦。"这是说苦于水患的人家雇人将水窦捅开或捅大。养狗之家狗也常从水窦出入，故亦称狗窦，这些人家的水窦平日自然是开着的。《乐府诗集·梁鼓角横吹曲·紫骝马歌辞》："兔从狗窦入，雉从梁上飞。"

水窦不仅是一些家畜的通道，有些情况下人也可从中出入。《左传·哀公元年》："昔有过浇，杀斟灌，以伐斟鄩，灭夏后相。后缗（夏后相的妻子）方娠，逃出自窦，归于有仍，生少康焉。"这是说夏后相的妻子在危急时刻从水窦悄悄逃走。《晋书·光逸传》中说，光逸为避乱去依附胡毋辅之。"初至，属（恰逢）辅之与谢鲲、阮放、毕卓、羊曼、桓彝、阮孚散发裸裎，闭室酣饮已累日。逸将排户入，守者不听。逸便于户外脱衣，露头于狗窦中窥之而大叫。辅之惊曰：'他人决不能尔，必我孟祖（光逸字）也。'遽呼入，遂与饮，不舍昼夜。"守门的不让进，便脱衣户外，探头于窦，可知窦在门旁。

若说光顾水窦最多的人，恐怕要数小偷。《论语·阳货》："色厉而内荏，譬诸小人，其犹穿窬之盗也与？"梁皇侃疏："窬，窦也。"《汉书·胡建传》："壁垒已定，穿窬不由路，是谓奸人，奸人者杀。"颜师古注："窬，小窦也。"穿窬之盗"即从水窦出入的小偷。"穿窬不由路"是说不走正当的路而去钻洞，这样的人一般心怀鬼胎，故曰"是谓奸人"。后来"穿窬"引申指偷窃。《晋书·虞预传》："叔宁寡闻，穿窬王氏，虽勒成一家，未足多尚。"这是说叔宁（虞预字）剽窃王隐《晋书》以自己的名义发表，不值得称道。又引申指小偷。《聊斋志异·于中丞》："妆匲甚富，夜被穿窬席卷而去。"

古来不少人将"穿窬"之窬视为"逾"的借字。三国魏何晏《论语集解》引孔安国说云："穿，穿壁。窬，窬墙。"清刘宝楠正义："云'窬，窬墙'者，谓窬即逾之假借。"《汉语大词典》"窬"下云："通'逾'。翻越。""穿窬"条下云："亦作'穿逾'。挖墙洞和爬墙头。指偷窃行为。"假借说是不可取的。窬本字可通，何必求助于假借？而且照借字理解，也不及本字合理。窃人财物，务在隐蔽速成，若凿洞于墙，不仅费时费事，而且易于被人发觉。古人围墙本已有洞，小偷何不就便钻入而去另凿？"挖墙洞"之说实未近理。人们之所以把"窬"看成"逾"的借字，主要是典籍中有时将"穿窬"写作"穿逾"。《孟子·尽心下》："人能充无穿逾之心，而义不可胜用也。"东汉赵岐注："穿墙逾屋，奸利之心也。人既无此心，能充大之以为义，义不可胜用也。"《孟子》"穿逾"的说法当是来自《论语》，所以应以"穿窬"为正。事实上《孟子》的"穿逾"，闽、监、毛等版本写作"穿窬"（见清焦循《孟子正义》），可为佐证。世人弃窬取逾，可以说是采择不当。

扇

大徐本《说文》云："扇，扉也。从户，从翅声。"许慎认为扇的本义是门扇，因为扇字从户。但从"羽"表示什么，颇难索解。大徐本"从翅声"的说法讲不通，明明从羽，何来"从翅声"呢？从古音来看，扇是书母元部，翅是书母支部，仅仅声母相同，韵部差别较大，所以即便将"从翅声"解释成"从翅省声"之误，也是站不住的。张舜徽《说文解字约注》认为"'声'乃'省'之形讹"，将"羽"看成意符。如果"羽"是意符的话，与"翅"表意相同，根本用不着说它是"翅"的省略。《广韵·遇韵》："羽，鸟翅也。"《诗经·大雅·卷阿》："凤皇于飞，翙翙其羽。"这是说凤凰在空中飞翔时唰唰唰地扇动着翅膀，"羽"就是指翅膀。还是段玉裁来得直截了当，他把《说文》改为"从户羽"，并解释说："依《韵会》本。从羽者，如翼也。"门扇究竟在哪方面"如翼"，段氏没有进一步说明，在形状上两者恐怕是没有什么相似之处的。

我们今天所能见到的扇当门讲最早的用例出自《礼记·月令》：仲春之月，"耕者少舍，乃脩阖扇"。郑玄注："用木曰阖，用竹苇曰扇。"扇在先秦还有扇动的意思。《尔雅·释虫》："蝇醜扇。"宋邢昺疏："青蝇之类，好摇翅自扇。"《诗经·卫风·硕人》："四牡有骄，朱幩镳镳。"毛传："幩，饰也。人君以朱缠镳，扇汗，且以为饰。"幩（fén）是系在马镳（马嚼子的两端露出嘴外的部分）上的布巾，有为马扇汗和装饰的功能。《说文》中有个翻字，释云："蝇醜摇翅翼也。"翻无疑是扇的后出分别文。小篆中有翻字，说明扇在先秦就有扇动的意思。《诗经·小雅·十月之交》："艳妻煽方处。"毛传："煽，炽也。"这里是气焰很盛的意思。这首诗作于公元前776年，"艳妻"指周幽王的妃子褒姒，诗句是说褒姒气焰很盛，与老臣并居要位。火因扇动而炽盛，煽应该是在扇的扇动义的基础上派生出来的词。由此看来，扇的扇动义至晚在西周时期就已存在，要比门扇义早得多。那么扇的本义有没有可能是扇动呢？完全有这种可能。说扇的本义是扇动，从"羽"的问题很好解决。鸟和昆虫飞行时都得扇动翅膀，故扇字从羽。那么从"户"该怎么解释呢？我们认为户是声符。自古以来学者们都在扇字为何从羽上作文章，而没人怀疑过许慎对户为意符的认定，因为在通常的语音系统中户和扇读音上风马牛不相及。我们说户是声符，根据有二。

第一，《说文》肩字作𦘩，释云："髆也。从肉，象形。𦘩，俗肩从户。"段玉裁注："从门户于义无取，故为俗字。"王筠释例也认为肩所从之户"非门户字，乃象其肩上方阔而下连也迆。……俗肩从户之说必非许君原文，乃后人不明六书，见似门户字，而以意改之"。学者们认为𦙶是肩膀的象形。事实上战国古玺中肩字就写作𦘩，《孙膑兵法》116简作𦙶，均从户。可见𦙶反而应该是户的讹变。许慎解释不了何以从户，只好将从户之肩判为俗体。肩从户得声而读元部，这跟扇从户得声而读元部是一致的。至于户声读见母的也有其例，如"雇"从户得声而读见母，所以肩读见母是可以理解的。

第二，《说文》："所，伐木声也。从斤户声。"所从户得声而读山母。《说文》中又有个斲字，从所得声而读初母。这都跟扇从户得声而读书母类似。

户是匣母字，何以能跟照三系字谐声呢？李方桂等人认为跟舌根音相关的照三系声母是从远古时期的舌根声母演变而来的，他为这类字拟定了这样一套声母：kij-、khrj-、gri-、hrj-、ngrj-，在演变过程中如果介音r失落，就成了上古的舌根音；如果介音 r 不失落，就成了上古的照三系声母。[①] 其实根据汉语音系清浊对立的原则，既然有清音的 hij-，还应该有浊音的 xij-（为了印刷方便，姑且用 x 表示舌根浊擦音），扇以户为声符的现象为这一声母的构拟提供了实例。

扇的本义是扇动，门的开合就是来回扇动，故引申指门扇。

扇子之所以称扇，也是因为使用时需要来回扇动的缘故。扇什么时候有了扇子的意思呢？《汉语大词典》最早引西汉班婕好《怨歌行》中的例子。汪莱茵《话古扇》中说："扇子也称为'箑'，历史文献上有可靠记载的见于西汉，实际上它的使用远早于此。"[②] 后一句话是对的，见于西汉的说法则未免失考。扇在先秦就已有了扇子的意思。《管子·四时》云：夏行五政，"三政曰：令禁扇去笠。"唐尹知章注："禁扇去笠者，不欲令人御盛阳之气。"《六韬》卷2《励军》："将冬不服裘，夏不操扇，雨不张盖，名曰礼将。将不身服礼，无以知士卒之寒暑。"《六韬》旧题周吕望撰，固然是依托，但为先秦典籍无疑，1972 年山东临沂银雀山汉墓曾出土《六韬》残简，可为参证。

廉

《说文》中解释说："廉，仄也。从广兼声。"段玉裁注："此与广为对文，谓偪仄也。廉之言敛也，堂之边曰廉。""偪仄"是狭窄的意思，跟堂的侧边意义不同，段玉裁模棱两可，没有说明廉的本义究竟是什么。《汉语大字典》认为廉的本义为狭窄。事实上，段玉裁及《汉语大字典》的编者未能理解许慎训廉为仄的确切含义。仄有侧边的意思。《尔雅·释水》："穴，仄出也。"晋郭璞注："从旁出也。"陆德明释文："仄，本亦作侧。"西汉贾谊《吊屈原赋》（《汉书·贾谊传》）："仄闻屈原兮，自湛汨罗。"颜师古注："仄古侧字。""仄闻"即侧闻，侧面听说，《文选》作"侧闻"。《说文》训廉为仄应该是取侧边义，而非狭窄义，因为廉字从广（yǎn），广的本义是依山崖建造的房屋，故从广之字多与房屋有关，如府、库、庙、庐、庭等。朱骏声《说文通训定声》云："堂之侧边曰廉，故从广。"这一看法是正确的。

① 李方桂：《上古音研究·几个上古声母问题》，商务印书馆 1980 年版；梅祖麟：《跟见系字谐声的照三系字》，《中国语言学报》，商务印书馆 1982 年第 1 期。
② 汪莱茵：《话古扇》，《古代礼制风俗漫谈》，中华书局 1983 年版。

那么堂的侧边具体指什么呢？这牵扯到中国古代的房屋构造问题。人类最早居住在天然形成的洞穴里，随着生产能力的提高，开始在地面上建造房屋。在距今六千多年的西安半坡遗址中，曾发掘出40多座房屋，这些房屋可分为两种。一种是先从地面向下挖一个土坑，有圆形的，也有方形的，深约0.4—0.8米不等，坑的周围用草泥木柱砌上一道围墙，然后在围墙上架上椽子，铺盖起屋顶，考古学家们将这种房屋称为"半地穴室"。另一种房屋直接建在地面上。前一种是早期洞穴基础上的发展，但还没有摆脱穴居的影响。后一种就是后世平房的雏形。无论是半地穴室还是地面上的房屋，夏季难免潮湿，而且一旦遇上暴雨，很容易灌进雨水。为了克服这些缺点，人们在建房前先筑一个平台，房屋建在平台上，这样房屋就高出了地面，既干燥又亮堂。上古时期常见的房屋构造是前堂后室格局。其平面图大致上是这样的：

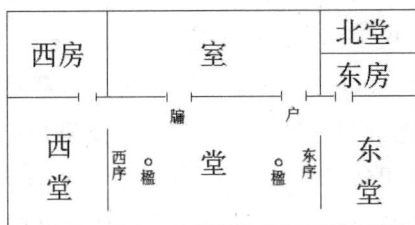

西房	室	北堂
		东房
西堂	堂（西序 楹　户 东楹 东序）	东堂

堂前面没有墙壁，是平时行礼待客的地方。堂的地面南端与台的侧面相交的边棱叫廉。廉者，兼也，兼并两面也。《礼记·丧大记》："君将大敛，……卿大夫即位于堂廉楹西。"孔颖达疏："堂廉，即堂上近南霤为廉也。"看了上面的图，我们就知道"堂廉楹西"的确切位置了。《汉书·贾谊传》中说："人主之尊譬如堂，群臣如陛，众庶如地。故陛九级上，廉远地，则堂高。陛亡级，廉近地，则堂卑。高者难攀，卑者易陵，理势然也。"廉是堂的边棱，台子高，台阶多，廉就离地远，反之则离地近。后来人们就用"廉远堂高"比喻帝王位高势尊。如清陈康祺《壬癸藏札记》卷6："自古君臣定分，廉远堂高，即轸念贤劳，推恩勋旧，亦必无纶音恺恻，浃沁心脾，至于此极者也。"这是说自古君尊臣卑，君王即使悯怀昔日贤能及有功勋的臣子，也决无言辞如此恳切、感人肺腑的情况。由堂的边棱引申泛指棱角。《老子》第五十八章中说："是以圣人方而不割，廉而不刿。"这是说圣人虽有棱角，但不会将人划伤。中国古代算术开方中，边为廉，角为隅。有些人把"侧边"理解为堂的

台基的侧面，这是讲不通的。台基的侧面与地面相连，不存在"廉远地"的问题。

边棱是一条线，由此引申为细小的意思。韩愈《晚晴》诗："廉纤晚雨不能晴，池岸草间蚯蚓鸣。""廉纤晚雨"指夜晚下的细雨。晋代挚虞《疾愈赋》中说："馈食纤纤而日鲜，体貌廉廉而转损。"这是说因生病而身体细弱。我们今天常用的物价低廉的含义就是从细小的意义引申出来的。

堂廉的另一特点是正直，所以古代常用来比喻人的品性，有"廉正""廉直""廉隅"等词。如宋代苏洵《御将》一文中说："况为将者又不可责以廉隅细谨，顾其才如何耳。"这是说对将帅不能以品性端正之类的小节去要求，只看他的才能如何就可以了。汉代的时候，国家定期从全国各地选拔一种叫"孝廉"的人才，"孝廉"就是孝顺廉正的意思，从命名可以知道这种人是因品德优秀而得到政府奖励的。但由于"孝廉"是由地方官员推荐产生的，孝廉不孝廉，由地方官员说了算，这样难免就有腐败现象。东汉时期流传着这样一首童谣："举秀才，不知书。举孝廉，父别居。寒素清白浊如泥，高第良将怯如鸡。"汉代的秀才也是推荐产生的。童谣的意思是说：推举出来的秀才不识字，推举出来的孝廉跟父母不和而分开居住，声称是贫寒清白的人污浊得跟污泥一样，声称是富家良将的人胆小如鸡。这是对汉代人才选拔制度的辛辣讽刺。

从正直的意思出发，廉又引申出清白的意思，如"廉洁""清廉""廉明"等词中的廉就是清白的意思。南宋大臣孙楑曾跟宋高宗讨论"公生明"的问题，"上问：'何以生公？'曰：'廉生公。'又问：'何以生廉？'曰：'俭生廉。'上称善。"（明凌迪知《万姓统谱》卷21）"公生明，廉生公，俭生廉"成了后来执政者喜欢张挂的座右铭。《孟子·万章下》中说："故闻伯夷之风者，顽夫廉，懦夫有立志。"伯夷是商朝末年著名的廉洁之士，听到他的高风亮节，贪婪的人会变得廉洁，懦弱的人会有自立的志气。后来从这几句话产生了两个成语，一为"廉顽立懦"，一为"顽廉懦立"。如宋蔡正孙《诗林广记后集》卷10："子陵钓台，赋者甚众，如文正公（范仲淹）此诗，真足以廉顽立懦。"宋李之仪《姑溪居士文集》前集卷13《贺致政太傅》："幸功成名遂之遇，激顽廉懦立之心。"清代学者钱大昕在《十驾斋养新录》卷3中对《孟子》中的那几句话提出疑议，他说："廉与贪对，不与顽对。按《论衡·率性篇》《非韩篇》、《后汉书·王畅传》《丁鸿传》所引皆作'贪夫廉'，然则两汉本是贪字。《论衡·知实篇》引《孟子》作'顽夫廉',此浅人妄改。"钱氏的说法有失审慎。汉代的赵岐解释说:"后世闻其风者,顽贪之夫更思廉洁。"将"顽夫"释为"顽贪之夫",显而易见,《孟子》原文就是作顽。顽有贪的意思,赵岐注中的"顽贪"是同义连文。又《吕氏春秋·慎大》:"桀为无道,暴戾顽贪。"亦"顽贪"连文。朱骏声《说文通训定声》认为贪婪义的顽是忨的假借,其说可从。《说文》:"忨,贪也。"

由清白再引申为察清楚、弄明白。《史记·秦始皇本纪》:"诸生在咸阳者,吾使人廉问,或为訞言以乱黔首。""廉问"就是察问的意思。古来的学者大都以为察问义的廉是覝(lián)的借字。《汉书·高帝纪下》:"且廉问,有不如吾诏者,以重论之。"颜师古注:"廉,察也。廉字本作覝,其音同耳。"《说文》:"覝,察视也。"南唐徐锴《说文系传》:"《汉书》多言'廉得其情',廉,察视也,当作此覝。"《汉语大词典》也认为察问义的廉本字为覝。这种看法是不妥当的。廉的察问义从其词义引申的角度可以得到合理的说明,用不着求助于假借。覝字典籍中未见使用,倒有可能是为廉的察问义而造的后起本字。

童

童字小篆作𥫍。《说文》:"童,男有罪曰奴,奴曰童,女曰妾。从辛(qiān),重省声。"甲骨文中有𧗓(屯南650)字,詹鄞鑫认为即童字。[1] 此字从辛从目从立,金文也有从立之童,作𥫍(中山王鼎),故詹说可从。甲骨文中另有𧗓(合集30178)字,刘钊认为也是童字[2],说亦可信。商代金文童字作𥫍(童且辛卣),像一个站立的人头上有辛。西周金文童字作𥫍(墙盘)、𥫍(番生簋),从辛从目,重声。毛公鼎作𥫍,重声省作东声,并下增土字。土字当为羡饰,正如重字周初金文作𥫍(并侯簋),从人从东(当会人背重囊之意),而春秋金文作𥫍(外卒铎),增饰土字于下。童字的本义是有罪的男性奴隶。其字从辛从目,造字之意与民相同。金文民字作𥫍(何尊)、𥫍(盂鼎)等形,像一只眼睛中有针状物刺入之形。郭沫若在《甲骨文字研究·释臣宰》中解释说:"古人民盲每通训,如《贾子·大政下篇》:'民之为言萌也,萌之

---

[1] 詹鄞鑫:《释辛及与辛有关的几个字》,《中国语文》1983年第5期。
[2] 刘钊:《甲骨文字考释》,《古文字研究》第19辑,中华书局1992年版。

为言盲也。'今观民之古文，则民盲殆是一事。然其字均作左目，而以之为奴隶之总称，且周文有民字而殷文无之，疑民人之制实始于周人，周人初以敌囚为民时，乃盲其左目以为奴征。臣民字均用目形为之。臣目竖而民目横，臣目明而民目盲。此乃对于俘虏之差别待遇。盖男囚有柔顺而敏给者，有愚戆而暴戾者。其柔顺而敏给者，则怀柔之，降服之，用之以供服御而为臣。其愚戆而暴戾者初则杀戮之，或以之为人牲，继进则利用其生产价值，盲其一目以服苦役，因而命之曰民。……秦始皇帝喜听高渐离之击筑而霍（熏瞎）其目，恐即古人盲目为民之遗意也。"童字所从之辛，学者们认为是钎的初文，古代用作刑具。从辛从目表示用辛刺瞎眼睛之意，造字之意与民字相同。《吴越春秋·夫差内传》："梧桐心空，不为用器，但为盲僮，与死人俱葬也。"称童仆为"盲僮"，可证童仆确有致盲者。童的童仆义西周文献已有用例。如《周易·旅卦》："丧其童仆。"

童从古到今最常用的意义不是童仆，而是儿童。儿童之义是怎样产生的呢？《说文》中另有一个僮字，释为"未冠也"。古代男子到二十岁举行加冠礼，表示已成为成人，在此之前是不戴冠的，所以"未冠也"就是指儿童。朱骏声《说文通训定声》认为童用于儿童义是僮的假借，这种看法是不对的。儿童的童先秦典籍中一般就写作童，僮应该是童的后出分别文，不能认为是童的本字。

张舜徽《说文解字约注》中解释说："僮仆、童冠虽为二事，而义实相因。《释名·释长幼》云：'十五曰童。牛羊之无角者曰童，山无草木亦曰童，言未巾冠似之也。女子之未笄者，亦称之也。'然则幼童无巾冠之饰，有似如牛羊之无角，山之无草木，故同被以童名耳。李贤《后汉书·延笃传》注云：'束修，谓束带修饰。郑注《论语》曰：束修，谓年十五以上也。'李氏此注与所引郑义，皆足与《释名》之说相发。盖古人十五以前，概不束带，无巾冠之饰，因名为童。其有罪者，虽年过十五，犹不束修如童子时，因亦谓之童也。"按照这种解释，罪奴义是由童子义引申来的。说罪奴无巾冠与童子相同，这很好理解；但说人无巾冠与牛羊无角、山无草木类似，不免有些牵强，无角、无草木是童秃，头无巾冠并不能认为是童秃，二者说不上类似，难以发生引申关系。

王力《同源字典》认为"可能'童'字原指青少年奴隶，与童子的意义相通"，意谓奴仆义是由童子义引申来的。这仅仅是揣测之辞，难以据信。

我们在确定词的本义时常常以最早的字形所反映的意义为本义，这固然有一定道理，但并不具有必然性。从理论上来讲，文字是语言产生好几万年以后才出现的，造字的当时大多数的词就已经是多义词。造字不可能给词的每一个义项都造一个字，一般只能根据其中的一个义项造字，而据以造字义项的选择是任意的，不一定选取本义，造字者也未必知道哪个义项是本义，所以仅仅根据字形确定词的本义理论上不能成立。只有将字形分析与词义的逻辑联系结合起来才能得出正确的结论。童在上古时期有童仆、童子、童秃等义，童字是根据童仆义而造的，但从逻辑关系来看，童仆义引申不出童子义，没有证据表明上古的奴仆多为童子，所以将童仆义视为本义是不合适的。为了说明这一问题，我们先来考查一下童仆为什么叫童。

古代有一种刑罚叫髡刑，就是将罪犯的头发剃光。《周礼·秋官·掌戮》："髡者使守积。"郑玄注："玄谓此出五刑之中而髡者，必王之同族不宫者，宫之为剪其类，髡头而已。"意谓《周礼》所说的"髡者"指周王朝之同族中当受宫刑的人，因为对王族之人一般不能施行宫刑，施行宫刑就是剪灭同类，对王族的繁荣不利，所以用髡刑代替。战国时期齐国有一个为宫廷提供调笑逗乐服务的人叫淳于髡，淳于是他的姓，髡则是因为受了髡刑的缘故，正如孙膑受了膑刑大家称他为膑一样。淳于髡就是宫廷奴仆。1968 年在山东诸城县前凉台村发现的东汉孙琮墓画像石中，有一幅画像表现的是为多名战俘或奴隶实施髡刑的场面（学界有"髡刑图""髡笞图""髡钳图"等称谓）。1972 年在内蒙古和林格尔县新店子发掘的一号汉墓，墓室绘有 57 幅彩色壁画，其中一幅表现的是一群光头的人俯身列为一行纵队，两边有官员和持戟的士兵，他们站在一位台上端坐的人面前。这位端坐的人应该是墓主，画面反映的可能是献俘仪式，光头人是被实施了髡刑的俘虏。俘虏是奴隶的重要来源。直到今天，男性囚犯一般也须将头剃光。童是罪奴，因受髡刑而得名。髡则头童秃，故谓之童。由此可知，童秃义先于童仆义。

儿童称童也当是源于童秃义。古代儿童的头发也要剪剃掉，只留下角和羁。《仪礼·既夕礼》"主人脱髦"郑玄注："儿生三月，剪发为鬌（duǒ），男角女羁。"《礼记·内则》："三月之末，择日剪发为鬌，男角女羁，否则男左女右。"郑玄注："鬌，所遗发也。夹囟曰角，午达曰羁也。"孔颖达疏："囟是首脑之上缝。……夹囟两旁，当角之处，留发不剪。云'午达曰羁也'者，按《仪礼》云：'度尺而午。'注云：'一从一横曰午。'今女剪发，留其顶上纵

东汉孙琮墓画像石髡刑图（采自《文物》1981 年第 10 期）

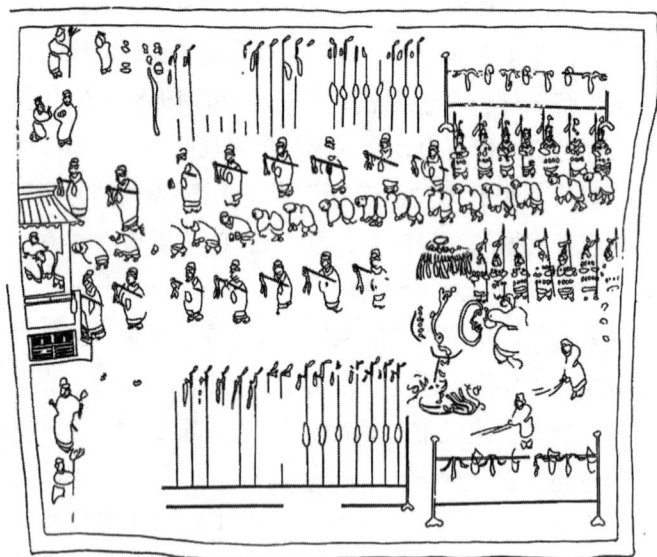

和林格尔汉墓壁画献俘图

横各一，相交通达，故云午达。不如两角相对，但纵横各一在顶上，故曰羁，羁者，只也。"男孩头顶留下两团头发不剪，如牛羊之有角，故谓之角，其余头发都要剪光。女孩头顶只留下一个十字形不剪，其余头发也要全部剪掉。与成年人的蓄发不剪相比，孩童的头是童秃的，故谓之童。

再从语源上来看，童上古属定母东部，秃属于透母屋部，读音相近，二词同源。这进一步证明童的本义就是童秃。

这样我们就理清了童仆、孩童、童秃三个义项之间的关系。童秃是本义，孩童和童仆都是由童秃义引申而来的，孩童义和童仆义之间没有引申关系。由于造字选取的是童仆义，学者们便误以此义为本义，其结果是孩童义的由来无法得到合理的说明。

率

率字小篆作率。《说文》解释说："率，捕鸟毕也。象丝网，上下其竿柄也。""毕"《说文》释为"田网"，即畋猎用的网。按照许慎的说法，中间的表示丝网，上下"十"字状的部件是网的竿柄。竿柄安在网的下面，这好理解，但在网的上面也安上竿柄就不好理解了，上面安上竿柄怎么个使用法？至于旁边的点表示什么，许慎未作说明。所以许慎的解释是有疑问的。

张舜徽《说文解字约注》云："于邑曰：'此字宜横看。盖率之制当是两头有竿柄，中结丝网，若依形象之，当作帅。今竖书之，故不言左右其竿柄，而言上下也。'舜徽按：左右四点乃象米粒，所以诱致鸟雀者。今山村施小网以捕鸟者，犹于网旁播米粒也。本书《口部》呬下云：'率鸟者系生鸟以来之，名曰呬。'是率字引申本有诱义也。今湖湘间称欺诱人曰率，盖古语矣。欺诱称率，诈骗称呬，皆取义于捕鸟之事。"把率字横过来算是勉强解决了上面有竿柄的问题，但把旁边的点说成米粒还是不好理解，因为竖立起来的网上是没法撒上米粒的。

元代学者周伯琦在《六书正讹》中提出率的本义不是捕鸟网，而是大绳索。他说："率，大索也。象形，上下两端象绞索之具，中象索，旁象麻枲之馀。"现代学者多从周伯琦之说，认为率即繂和纚之初文。《尔雅·释水》："绋，纚也。"郭璞注："纚，索。"《玉篇》："纚，举船索也。或作繂。"徐中舒主编《甲骨文字典》（四川辞书出版社1988年版）："率字当是纚字本字。……纚字《尔雅》作纚，《毛诗》作繂，《尔雅义疏》引孙炎说云：'繂，大索也。舟止系之于树木，庆竹为大索。'近是。率既为大索，引申之率遂有循也遵也帅也等义。"说似不无道理，但将率旁之点释为麻枲之馀仍嫌勉强。绳索与麻枲之馀何干？麻枲之馀又何以是碎点？另外，绳索义何以引申出循也、遵也、帅也等义，也未见其理。

我们认为许慎的解释未可轻废。率字甲骨文已见，作（合集 97）、（合集 555）等形，金文作（盂鼎），与甲骨文同，均无所谓上下竿柄。《合集》10727：“……豕，⿱罒眉、率、⿱罒兔。王占曰：㞢……”⿱罒眉字以音求之，当为《说文》罞字，“眉”“米”都是明母脂部，古音相同。罞《说文》（段注本）训为“网也”。《玉篇·网部》：“罞，罟也。”殷商时期捕捉鸟兽多用网，不同类型的鸟兽要用不同的网，因此，语言中有表示不同网的专词，文字中则有相应的专字，如捕隹之，捕雉之，捕豕之，捕虎之，等等。“眉”古常通“麋”。《荀子·非相》：“伊尹之状，面无须麋。”杨倞注：“麋与眉同。”《仪礼·士冠礼》：“眉寿万年。”郑玄注：“古文眉作麋。”睡虎地秦简《法律答问》：“或与人斗，缚而尽拔其须麋。”“须麋”即“须眉”。故⿱罒眉本义当为捕麋之网。⿱罒兔自为捕兔之网，当因“兔”而得名，读与“兔”同，音＊t‘ɑ，正如读罞与麋同一样。古代端系字有一部分后来演变为精系，见于谐声者如“屯/邨”“戴/戋”“酉/酒”“亦/迹”，其他如“择泽”古读定母，今天则变为精母。故⿱罒兔的读音＊t‘ɑ后来变为＊tsiɑ，字随音变，人们另造罝字。《尔雅·释器》：“兔罟谓之罝。”有些学者认为释⿱罒兔为罝不可信，今阐明其音变之理，庶几可以释疑。⿱罒眉、⿱罒兔之义既明，则与之并列之“率”亦为捕鸟兽之网可知。当然，这三个词也可理解为动词，义为用这些网来捕捉。传世文献中“率”有用网捕捉鸟兽的用例。如《说文》囮字下说“率鸟者系生鸟以来之名曰囮”，“率鸟”即用率捕鸟。东汉张衡《东京赋》：“悉率百禽，鸠诸灵囿。”这是说捕捉各种鸟兽聚集到灵囿之中。《文选》卷 3 李善注引三国吴薛综注：“率，敛也。”未确。率又有罗致之义。《孔丛子·居卫》：“子思居卫，言苟变于卫君曰：‘其材可将五百乘，君任军旅，率得此人，则无敌于天下矣。’”“率得此人”谓罗致此人。又湖南方言中称欺诱人为率。这几个意义分明跟“捕鸟网”的意义有引申关系，所以许慎训率为“捕鸟毕”应该是有根据的。

捕鸟是古代社会常见的现象，方法多种多样。其一是用棍子将筛子之类的用具支在地上，下面撒一些粮食，棍子上拴上绳子，人持绳子躲藏起来，等鸟到筛子底下啄食时迅速将棍子拉走，筛子落下，鸟就被扣在筛子底下。鲁迅小说《故乡》中写他童年的伙伴闰土教他捉鸟，用的就是这种方法。闰土说：

"我们沙地上，下了雪，我扫出一块空地来，用短棒支起一个大竹匾，撒下秕谷，看鸟雀来吃时，我远远地将缚在棒上的绳子只一拉，那鸟雀就罩在竹匾下了。"

　　第二种方法是地上撒一些杂草，然后将活扣网铺在杂草上，周围撒一些粮食。鸟来啄食时爪子落入网眼，由于网眼是活扣，鸟只要一走动，爪子就会被网眼套住。为防止鸟奋飞时将网拖走，网上缀有树枝、石块之类的重物。甲骨文有![字形]（合集 19956）、![字形]（合集 21302）等形，学人或隶定为圉，字今不识。我们认为此字从口从率从中，当隶定为圉，疑为率之异体，加口表示设置率网的区域，中即率周围的杂草。《合集》19956 云："癸酉卜，疌弜于入圉。"疌读为鸦，盖卜问鸦雀是否入率。

　　光撒一些粮食，效果不是很好，因为鸟受过一次教训后让它再上当就不大容易了。于是人们又想出了用鸟媒引诱的办法。鸟媒就是用来引诱其他鸟的活鸟，它当然是被拴在筛子下面或是网跟前的。其他的鸟见有鸟在下而无事，便放心大胆地下来啄食，结果自然是落入罗网。鸟媒通常是同类相诱。唐代陆龟蒙《江墅言怀自和》诗云："鸟媒呈不一，鱼寨下仍重。""鸟媒呈不一"（多种多样）正是同类相诱的需要。唐代段公路《北户录》卷 1 载："雷、罗数州收孔雀雏养之，使极驯扰，致于山野间，以物绊足，旁施罗网。伺野孔雀至，则倒网掩之，无遗。"这是说将竖立的网拉倒罩住孔雀。《北户录》又引《淮南万毕术》曰："取鹢（鸥之异体）鹢折其大羽，绊其两足，以为媒，张罗其旁，众鸟聚矣。"所谓"众鸟聚矣"是说众鸥鸻鸟会聚一起，并不是说其他的鸟也来会聚。

不过也有用异类鸟媒相诱的情况，那是为了用小鸟引诱食肉类猛禽。《周礼·秋官·蹃氏》中记载说蹃（翅）氏的职责是"掌攻猛鸟，各以其物为媒而掎之，以时献其羽翮"。郑玄注："猛鸟，鹰隼之属。置其所食之物于绢中，鸟下来则掎其脚。"绢即罥之借字，也是指捕鸟兽的网。"掎其脚"就是套紧其爪子的意思。贾公彦疏："各以其物为媒者，若今取鹰隼者以鸠鸽置于罗网之下以诱之。"

动物之媒又叫"由"。唐代吕温《由鹿赋序》："贞元丁卯岁，予南出穰樊之间，遇野人縶鹿而至者。问之，答曰：'此为由鹿，由此鹿以诱致群鹿也。'"《说文》："囮，译也。从口化声。率鸟者系生鸟以来之名曰囮。读若讹。……又音由。""又音由"一般认为是后人所增，这是对的，但它流露了囮又叫由的语言事实。由即迪之初文，有诱导义。《尚书·康诰》："汝亦罔不克敬典，乃由裕民。"清孙星衍疏："言汝亦无不能敬法，乃以道导民。"故动物之媒又叫由，也叫"游"。《文选·潘岳〈射雉赋〉》："恐吾游之晏起，虑原禽之罕至。"南朝宋徐爰注："游，雉媒名，江淮间谓之游。游者，言可与游也。"游有交合之义，故发情的母畜古称"游牝"，喜欢寻花问柳的无赖称为"游花光棍"，雉媒称游盖取以性相诱之义。"由""游"古音虽同，然其所以为媒之名则异，若不慎思，率尔以假借为解，则失其本真矣。

以上几种方法一次只能捕捉很少几只鸟，要想捕获很多，则须用大面积张网的办法。这种方法是将大面积的网竖立在山野，然后用呼喊敲打的办法把鸟朝网的方向驱赶，慌乱中就会有大批鸟触网被擒。《吕氏春秋·异用》中记载说："汤见祝网者，置四面，其祝曰：'从天坠者，从地出者，从四方来者，皆离（罹）吾网。'汤曰：'嘻！尽之矣。非桀其孰为此也?'汤收其三面，置其一面，更教祝曰：'昔蛛蝥作网罟，今之人学纾。欲左者左，欲右者右，欲高者高，欲下者下，吾取其犯命者。'汉南之国闻之，曰：'汤之德及禽兽矣。'四十国归之。"这一故事正是古人张网捕鸟生活的反映。

回头再来看率的甲骨文及金文形体构造，中间的❶应该是活动网扣的象形，两旁的点表示撒在网扣周围的粮食。至于小篆率字上下的"十"字状部件，大约是率引申泛指捕鸟网后，人们根据竖立田野的网两头有支架的实际而附加上的，亦即表示网两头的支架。

再从词义的引申关系来看，用率捕鸟时要用粮食及鸟媒作为诱饵，故引申为引诱、诱导之义。《战国策·齐策四》："北宫之女婴儿子无恙耶？彻其环瑱，至老不嫁，以养父母，是皆率民而出于孝情者也。""率民"即引导百姓。由引导引申为率领。《尚书·顾命》："成王将崩，命召公、毕公率诸侯相康王。"孔颖达疏："使率领天下诸侯辅相康王。"率领义用作名词即为表率。《史记·平津侯主父列传》："夫三公者，百寮之率，万民之表也。"率领义字亦作"帅"。《说文》："帅，佩巾也。"其用于率领义则为"率"之借字。率领的目的在于让他人跟从，故引申为跟从、遵循义。《诗经·大雅·假乐》："不愆不忘，率由旧章。"郑玄笺："率，循也。""由"也是遵循的意思，"率由"同义连文。"率由旧章"后为成语，表示按旧的规章办事。《诗经·鲁颂·閟宫》："淮夷蛮貊，及彼南夷，莫不率从，莫敢不诺。"《尚书·顾命》："命汝嗣训，临君周邦，率循大下，燮和天下。""率从""率循"义同"率由"，都是同义连文。

总之，率的本义"捕鸟毕"之说似较"大索"说更为可信。

不少工具书（如《汉语大字典》）在"率"下列有𢖨（毛公鼎）、𢖨（中山王鼎）等字形，这种做法是不合适的。毛公鼎之"率"从行率声，应该是《说文》训为"将衞也"（段玉裁改为"将衞"，甚是）的衞字，中山王鼎之"率"从辵率声，应该是《说文》训为"先道也"的逮字。衞和逮是为率的遵循或率领义而造的字，遵循或率领与行走有关，故字从行或从辵。率与衞、逮是古今字关系，不能视为异体关系。至于衞、逮二字，应该是异体关系，《说文》列为二字是不对的。另外，《玉篇·彳部》有徫字，释为"行皃"，亦为衞、逮之异体。

（原载《中国文字研究》第 5 辑，广西教育出版社 2004 年版）

《说文》小札

商

商字小篆作。《说文》:"商,从外知内也。从内,章省声。"王筠《说文句读》云:"谓由外以测其内也。"许慎认为商的本义是揣测、估量。商字甲骨文作(合集 32183)、(花 87)、(花 87)等形,金文作(商尊)、(商尊)、(秦公鐘)等形,均无从章声的写法,可见许慎章省声的说法是没有根据的。甲骨文、金文中的商字究竟该怎么分析,众说纷纭,迄今没有一致的意见。

有人认为甲骨文之商象燕子之形,本义为燕子。在殷人的祖源传说中,他们的始祖契是其母吞燕卵而生的。这一传说在《诗经·商颂·玄鸟》中就有记载:"天命玄鸟,降而生商。"《史记·殷本纪》的记载更为详细:"殷契母曰简狄,有娀氏之女,为帝喾次妃。三人行浴,见玄鸟堕其卵,简狄取吞之,因孕生契。"《吕氏春秋·音初篇》中也有记载,但"玄鸟堕其卵"说成"燕遗二卵",《说文》中也说"燕,玄鸟也",可知玄鸟就是燕子。因殷人自认为是燕子的后代,故以燕子义的商作为他们的族称。[①] 这一说法难以信从。说甲骨文中的商字象燕子之形,这很牵强,且在古代文献中也找不到商有燕子义的证据。

有人认为商的本义为殷人的族称。商字上部的辛跟凤字的上部相同,是凤凰的鸟冠,商字中以此作为凤凰的代表。殷人崇拜凤凰,故族称之字由凤构成。下部的内象穴居之形,象征殷人的居住地。[②] 将商字字形分析为凤凰象征及穴居之形两部分,根据不足。

---

① 唐善纯:《殷人秘史》,《文史知识》1993 年第 1 期。
② 王玉哲:《商族的来源地望试探》,《历史研究》1984 年第 1 期。

有人认为商的本义为商星，商星即二十八宿中的心宿，又叫辰星、大火星，是殷人崇拜的星神。甲骨文中的商字像一个底座上插放着火把的形状，殷人祭祀大火星时以此作为大火星的象征。在有的商字中还点缀了两个或四个星星，表意尤为明显。殷人崇拜商星，故以商星名其族，进而又名其朝代。① 这一解释大致可取，只是将字形分析为底座上插放火把，难惬人意。

商的上部分明是辛字（与辛实为一字），辛即古代的凿子，常用作刑罚之具。《左传·昭公元年》载："昔高辛氏有二子，伯曰阏伯，季曰实沈，居于旷林，不相能也。日寻干戈，以相征讨。后帝不（否）臧（偏义复词，谓予以惩罚），迁阏伯于商丘，主辰，商人是因，故辰为商星；迁实沈于大夏，主参，唐人是因；以服事夏商。"这是一则关于殷人崇拜商星的神话。因兄弟二人互相残杀，高辛氏对二人予以惩罚，商星在东，参星在西，此出彼没，永不相见。商字从辛即表示惩罚之意。商字下部之向，当从徐中舒之说，为居住区之象形，表示商星所对应的地面分野。所以商的本义就是商星。阏伯主商，商为星名；实沈主参，参之本义亦为星名。《说文》："参，参商，星也。"此应连篆读，《汉语大字典》读为"参，商星也"，失之。参字商代金文作𰼷（菁参父乙盂），西周金文作𰼸（克鼎），象三星在人头上光芒照耀之形，克鼎之参的彡表示光芒。由参本义为星名知商字亦为辰星而造。

商当因伤而得名，兄弟互相伤残，故谓之商。欧阳修《秋声赋》云："商声主西方之音，夷则为七月之律。商，伤也，物既老而悲伤。夷，戮也，物过盛而当杀。"可知商有伤残意。古代将宫商角徵羽五音与四季相配，商音配秋。秋至而草木凋零，草木凋零在古人看来是神灵残杀的结果。商的伤残义与秋季的万物伤残景象相一致，故以商音配秋。商音以悲伤哀怨为基调。《淮南子·道应》："甯越（戚之误）饭牛车下，望见桓公而悲，击牛角而疾商歌。""商歌"即悲歌之意。东晋陶渊明《咏荆轲》："商音更流涕，羽奏壮士惊。"皆商音悲伤之证。由商之悲伤义亦可知商字从辛表示惩罚。

寤

《说文》对寤字的解释是："寐觉而有信曰寤。从寢省，吾声。一曰昼见而

---

① 朱芳圃：《殷周文字释丛》，中华书局1962年版，第36页。

夜梦也。""昼见而夜梦"的意思是明确的，即白天看见的东西晚上做梦时梦见了。这就是说寤的本义是做梦。至于"寐觉而有信"该作何理解，可以说是言人人殊。张舜徽《说文解字约注》（中州书画社 1983 年版）认为："有信当读为又伸。古有与又通，信与伸通。伸谓欠伸也。人既睡醒，辄常伸其四支以自舒展，故许释之云'寐而又伸曰寤'也。"寤的字形中并没有表示伸展肢体的符号，而事实上寤也没有这样的含义，所以说"有信"为"又伸"的假借是缺乏根据的。段玉裁据前人的引用将原文改为"寐觉而有言曰寤"，这样字面上当然是比较好懂了，即睡醒后说话叫寤。但寤有没有这样的含义呢？段玉裁提供了一条证据："《左传》季寤（按：见定公八年）字子言，是其证。"张舜徽认为这样的证据不足信据。他说："《诗》篇多以'寤言'连称，如《终风》'寤言不寐'，《考槃》'独寐寤言'，皆是也。古人命名多本经传，季寤字子言，实据《诗》篇，未可取以证说字之本义也。"张氏的看法不无道理。古人名与字之间的联系是多种多样的，其中就有名和字截取古代典籍中一句话的情况。如赵云字子龙，取自《周易·乾卦·文言》中的"云从龙，风从虎"，若以为"云"和"龙"有同义关系，那就错了。名字关系的证据在有其他证据的条件下才有意义，如果没有别的证据，仅靠名字这样的孤证通常说明不了问题。

闻一多认为"盖寤之本义为寐中有所言行，宛如觉时，非醒觉之谓也。寐中有觉，既似寐又似觉，自其似寐者言之，谓之梦；自其似觉者言之，谓之寤。其实梦之与寤，一而已矣。"[1] 这一见解索隐发微，最为可取。在此加以申证，以取信于读者。

首先，从字形构造来看，寤从寢省（籀文不省，可证），寢即梦的古字，表明寤跟梦有关。

其次，从语源上来看，寤与悟上古都是疑母鱼部字，都有醒悟的意思，二词同源。梦与睡并不相同。睡是没有知觉的，梦则有知觉，跟觉醒是很相似的，所以《说文》解释"寢"字说"寐而有觉也"。因梦跟醒悟类似，故称之为寤。寤者，悟也。由此引申为醒悟，这一意义典籍中常用。

最后，寤之梦义有文献实际用例为证。《逸周书·寤儆》："呜呼，谋泄哉！今朕寤有商惊予。"晋孔晁注："梦为纣所伐，故惊。"后世也沿用这一意义。

---

[1] 闻一多：《诗经通义乙》，《闻一多全集》第 4 册，湖北人民出版社 1993 年版，第 146 页。

汉武帝《李夫人赋》："驩（通欢）接狎以离别兮，宵寤梦之芒芒。""寤梦"同义连文。东汉徐幹《中论·治学》："学者如登山焉，动而益高；如寤寐焉，久而愈足。"这是说做梦的时间越长，越感到满足。"寤寐"犹言"梦寐"，相当于我们今天所说的"睡梦"。

回头再来看许慎对寤的解释，我们也许可以分辨出其中的是非来。许慎对寤的解释有三种异文：一、"寐觉而有信曰寤"；二、"寐觉而有言曰寤"；三、"寐觉而省信曰寤"。从寤的本义来考虑，当以第一种说法为是。信有知道的意思。《淮南子·氾论》："宁戚之商歌，其美有存焉者矣。众人见其位之卑贱，事之洿（污）辱，而不知其大略，以为不肖。及其为天子三公，而立为诸侯贤相，乃始信于异众也。"高诱注："信，知也。"信还有清楚、明白的意思。《左传·定公八年》："盟以信礼也。"杜预注："信，犹明也。"《国语·晋语一》："四邻服，封疆信。"韦昭注："信，审也。"清楚、明白跟知道意思差不多。"寐觉而有信"是说睡眠中清醒而有感知。后人因不知信的含义，便改作言。"有"与"省"字形相近，在行草中尤其易混，所以省应该是有字之讹。这样解释异文的产生，似乎比较合理。

弄清了寤的本义为梦，典籍中的有关疑难语句可得正解。《诗经·卫风·考槃》一章云："独寐寤言，永矢弗谖。"二章云："独寐寤歌，永矢弗过。"三章云："独寐寤宿，永矢弗告。"这几句诗中的"寤"怎样理解，古来众说纷纭。注家习知寤为醒悟，然既云"独寐"又言"寤"，语义发生矛盾。不少注者将"寐、寤、言"理解为并列的三种情况，而以"独"为三字共用状语，虽消解了语义矛盾，但既音节未谐，又语义不畅，实际上是一种无可奈何的说法。闻一多将这些寤字解释为梦，文意豁然贯通，洵为达诂。"寤言""寤歌""寤宿"（啸之假借）都是独寐时梦中的行为，表现了诗人对恋人的相思之情。又《周南·关雎》云："窈窕淑女，寤寐求之。求之不得，寤寐思服。悠哉悠哉，辗转反侧。"马瑞辰《毛诗传笺通释》："寤寐，犹梦寐也。""寤寐求之"是说梦中寻找她。寻而不得，梦中思念。思念之梦是那样地悠长，不知在床上翻转了多少回。《关雎》诗大约是写一个男子"做梦娶媳妇"的美事。

《左传·隐公元年》载："初，郑武公娶于申，曰武姜，生庄公及共叔段。庄公寤生，惊姜氏，故名曰寤生，遂恶之。""寤生"为何意，古来众说纷纭。

一曰睡眠时无知而生。杜预注云："寐寤而庄公已生，故惊而恶之。"孔颖达疏："谓武姜寐时生庄公，至寤始觉其生。"

二曰婴儿堕地便能开目视谓之寤生。清卢文弨《群书拾补·风俗通逸文》："不举（养育）寤生子。俗说儿堕地便能开目视者，谓之寤生，举寤生子妨父母。谨案：《春秋左氏传》：'郑武公娶于申，曰武姜，生庄公及共叔段。庄公寤生，惊姜氏，因名寤生。'武公老终天年，姜氏亦然，安有妨其父母乎？"卢氏的出处是《太平御览》卷361所引《风俗通》，但查文渊阁《四库全书》本及中华书局1960年影印的宋本《御览》，皆作"未能开目视"，意思刚好相反，不知卢氏所据是何版本。若说是卢氏一时笔误，则又未必，因为引作"便能"或"能"的人为数不少，如明冯时可《左氏释》卷上、顾炎武《左传杜解补正》卷上、清初黄生《义府》卷上"寤生"条等。估计原文当作"未能"，因"未能开目视"与"寤生"意义不符，后人便改为"便能"或直接将"未"字删去。如果原文作"便能"的话，很难误作"未能"，因为"未能开目视"与"寤"在意义上是矛盾的。但未能开目何以谓之寤生，则又不得其解。

三曰难产之意。黄生《义府》云："寤而已生，此正产之极易者，何必反惊而恶之？予谓寤当与牾通，牾，逆也。凡生子首出为顺，足出为逆，至有手及臂先出者，此等皆不利于父母，或其子不祥，故世俗恶之。庄公寤生是逆生也。逆生则产必难，其母之惊且恶也宜矣。"难产说并非是黄生的创见。《史记·郑世家》记其事云："武公十年，娶申侯女为夫人，曰武姜，生太子寤生。生之难，及生，夫人弗爱。"至少说明司马迁将"寤生"理解为难产。时至今日，难产说几成定论，各注本及字词典皆从其说。

如果从现代社会的人所具有的生育常识来看，难产说无疑是最符合情理的，这也是今人风从难产说的缘由。其他二说则不免有些怪诞，违背生育常识，故多所不取。但请不要忘了，我们解释典籍的任务首先是要弄清典籍本身是什么意思，而不是根据现代科学知识去判定典籍内容的真假。生育，尤其是帝王将相的生育，在古人那里充满了神秘色彩，几乎都有一段神奇的传说。无论是官方的正统史书，还是民间的稗官野史，关于非凡人物奇异诞生的记载可以说是触目皆是。从这一角度来考虑，难产说未必是最佳选择。杜预并非等闲之辈，《史记》他肯定是读过的，然而在给《左传》作注时他为什么没有采取《史记》合乎情理的说法呢？这倒是值得我们反思的。

典籍中孕妇在睡眠或做梦的情况下生出婴儿的记载并不少见。《御览》卷361引北魏崔鸿《三十国春秋》："前秦蒲洪父怀归为部落小帅，其母姜氏因寤产洪，惊悸而寤。"前一寤字当做梦解，后一寤字则为醒悟。"因寤产洪"的说法与"庄公寤生"相同，"惊悸而寤"的说法与"惊姜氏"亦复相似。崔鸿《十六国春秋纂录·南燕录》中说（《太平御览》卷126）："慕容德，字玄明，皝（huàng）之少子。皝每对诸宫人言：'妇人妊娠，梦日入怀，必生天子。'公孙夫人方妊，梦日入脐中，独喜而不敢言。晋咸康二年，昼寝生德，左右以告，方寤而起。皝曰：'此儿易生似郑庄公，长必有大德，遂以德为名。"说"易生似郑庄公"，说明古来就有庄公易生的说法，这种说法跟杜预"寐寤而庄公已生"的解释是一致的。《三国志·吴书·孙破虏讨逆传》"盖孙武之后也"裴松之注引《吴书》曰："坚世仕吴，家于富春，葬于城东。冢上数有光怪，云气五色，上属于天，曼延数里。众皆往观视。父老相谓曰：'是非凡气，孙氏其兴矣。'及母怀妊坚，梦肠出绕吴昌门，寤而惧之。"《梁书·任昉传》："父遥，齐中散大夫。遥妻裴氏，尝昼寝，梦有彩旗盖，四角悬铃，自天而堕，其一落入裴怀中，心悸动。既而有娠，生昉。"《北齐书·窦泰传》："初，泰母梦风雷暴起，若有雨状，出庭观之，见电光夺目，驶雨沾洒，寤而惊汗，遂有娠。"《魏书·世宗纪》："（世宗）母曰高夫人。初，梦为日所逐，避于床下，日化为龙，绕己数匝，寤而惊悸。既而有娠。"元伊世珍《琅嬛记》卷下引贾子《说林》："墨子姓翟名乌，其母梦日中赤乌飞入室中，光辉照耀，目不能正，惊觉生乌，遂名之。""寤而惧之""心悸动""寤而汗惊""寤而惊悸"这些记述都可与"惊姜氏"的说法相比观。尤其是"惊觉生乌，遂名之"的传说与"庄公寤生，惊姜氏，故名曰寤生"的说法如出一辙。

通过以上种种古人诞生传说的比照，我们认为将"庄公寤生"理解为姜氏在做梦时生下了庄公，可能最符合《左传》本意，因为这是史家记载帝王将相诞生的传统笔法。大约姜氏做的是一场噩梦，受了惊吓，因而"恶之"。至于难产，古今都很常见，姜氏不至因此而厌恶自己的亲生儿子。

寡

《说文》云："寡，少也。从宀从颁。颁，分赋也，故为少。"颁有分发的意思，分则少，所以许慎认为寡的本义是少。但西周金文寡作 （父辛卣）、 （毛公鼎）等形。容庚《金文编》据此认为"寡从页，不从颁"。小篆从颁应是金文从页的讹变。寡既不从颁，则许慎的解释失去了依据。林义光《文源》中解释说:"本义为鳏寡之寡,象人在屋下。🐾,颠沛见于颜面之形。"说寡所从之页是"颠沛见于颜面之形"实在是想当然的说法。张舜徽《说文解字约注》认为寡冎(剮的初文)古本一字,冎《说文》训为"剔人肉置其骨",故以为寡所从之页"象头骨隆起形。盖剔人肉之后,空留头骨在屋下也。冎者,分解肉与骨也。凡物分解则少,故寡字训少。"典籍中寡没有用于剮义的例证,仅以音同将寡冎视为一字,根据不足。还有其他各种解释,都难以令人信从。

我们认为金文寡字所从并不是页,而是视。页甲骨文作🐾(合集22215),西周金文作🐾(卯簋),象人有头面之形,与金文寡字宀下之🐾显然有别。视字甲骨文作🐾(合集17055),象站立之人睁开眼睛之形,与父辛卣寡字所从之🐾同构。故金文寡字象一人在室内顾视之形,其本义当为顾视。典籍中寡有顾视义的用例。《礼记·缁衣》:"故君子寡其言而行,以成其信。"郑玄注:"寡当为顾,声之误也。"《墨子·明鬼下》:"恶来、崇侯虎指寡杀人。"高亨《诸子新笺》:"寡借为顾。指顾杀人,谓手指目顾以杀人也。顾寡古通用。"[①] 其实寡本来就是顾的意思,说成顾的假借是不合适的。寡和顾的上古音都是见母鱼部,它们应该是一对同源词。

古文字之视或讹作页。如《说文》:"顾,还视也。""颐(shěn),举目视人貌。从页臣声。""顮(zhǎn),倨视人也。"页与视义无关,当为视字之讹。寡在古代更多的是用于"少、孤单"之义,这一意义与顾视义看不出有什么联系,当为孤之假借。王力《同源字典》认为寡和孤同源,确切地说是同一个词。

(原载《中国文字学报》第 1 辑,商务印书馆 2006 年版)

---

① 高亨:《诸子新笺》,齐鲁书社 1980 年版,第 34 页。

《说文》段注辨证七则

段玉裁《说文解字注》于《说文》发明条例，校正讹舛，阐幽烛微，条贯旁通，将《说文》研究推向历史的巅峰，段氏堪称叔重之功臣，许学之巨擘。然因时代局限，段注亦难免臆解牵附之处，或虽言之及义而未畅明，有待学人辨正疏失，推阐隐微。今撷拾七则，以求正高明。

褛

《说文》："褛，衽也。从衣娄声。"衽是个多义词，有"衣襟""衣袖""上衣两旁用来遮掩下裳交接处的部分"等义，《说文》所取何义？当世辞书皆谓取"衣襟"义。试以《汉语大字典》（第2版）释义为例：

> 褛，衣襟。《方言》卷四："褛谓之衽。"郭璞注："衣襟也。或云裳际也。"《说文·衣部》："褛，衽也。"段玉裁注："按郭云衣襟者，谓正幅；云裳际者，谓旁幅。谓衽为正幅者今义，非古义也。衽者，杀而下者也。"

古代裳指下裳，有似今之裙子，所不同的是裳由前后两片布组成，穿的时候系连于腰的两侧。这样，两片布交接的地方就有开口，腿部外露，因此上衣两侧有下垂的布条，用来遮掩开口，这块遮掩用的布条就是郭璞所说的"裳际"。从郭璞的注可以看出，晋代人已弄不清楚褛的本义究竟是"衣襟"还是"裳际"。不过段玉裁倒是说得很明确，他认为衽的"衣襟"义（即所谓"正幅"）是后来才有的，非古义，所以许慎所说的衽指裳际，即所谓"杀而下者"（窄而下垂的部分）。看来《汉语大字典》引用段注来说明褛的衣襟义是不合适的。

那么段注的说法能否站得住呢？我们认为他的"衽为正幅者今义，非古义"的理由是有问题的。衽的衣襟义先秦已见。如《论语·宪问》："微管仲，吾其被发左衽矣。"而且《说文》云："衽，衣裣也。"裣即襟的异体。可见"正幅者今义"并不符合事实。即便"衣襟"义是从"裳际"义引申来的，那也无从断定许慎用的是本义而非引申义。不过段玉裁在"杀而下者也"下面还有这么两句话："故引申之或谓之褴褛，或谓之繰。"这两句话用来说明褛有"裳际"义是有一定道理的，可惜《汉语大字典》未引。段玉裁是从词义之间的引申关系来说明褛的本义的。褴褛指衣服破烂。褛为裳际，处于裳开裂的地方，故引申为开裂、破烂之义。《方言》第三："褛裂、须捷、挟斯，败也。南楚凡人贫衣被丑弊谓之须捷，或谓之褛裂，或谓之褴褛。"郭璞注："褛，衣坏貌，音缕。"① "褛裂"同义连文。朱骏声《说文通训定声》中也说："褛者在旁开合处，故衣被绽敝为褛裂，亦为褴褛。"大约是受了段注的启发。繰是缝补衣服。《方言》第四："缀衣谓之褛，秦谓之繰。"又："褛谓之繰。"《玉篇·糹部》："繰，缝补敝衣也。"褛的功用是弥补裳的开裂处，故引申而有缝补之义。若说褛的本义是衣襟，就引申不出这些意思来。这样看来，段氏的说法虽有不尽妥当之处，但结论还是正确的。

我们还可从语源的角度对段氏的说法予以进一步的证明。从娄得声的字有"连属"的语义特征。《说文》："遱，连遱也。"朱骏声《说文通训定声》："行步不绝之貌，犹丝曰连缕，辞曰謰謱也。"《聊斋志异·小髻》："俄而尺许小人连遱而出，至不可数。"清何垠注："连遱，相连不绝也。"《方言》第十："謰謱，拏也。"《汉书·严安传》："祸拏而不解，兵休而复起。"颜师古注："拏，相连引也。"《字汇·言部》："謰，謰謱，繁絮也。"謰謱是说话絮叨不绝。《说文》："溇（lǚ），雨溇溇也。"王筠《说文句读》："谓密雨缕缕不绝也。"缕当因连续不绝而得名，世有"不绝如缕"之语，可知缕有连属不断的特征。又唐韦承庆《灵台赋》："繁襟雾合而烟聚，单思针悬而缕续。""缕续"谓如缕连续不断。楼是屋上接屋，数屋相连，故谓之楼。屡是连续多次。此义典籍中常写作娄。《说文》新附："屡，数也。"清钮树玉《说文新附考》："经典中多作娄。"《诗经·周颂·桓》："绥万邦，娄丰年。"郑玄笺："娄，亟也。"孔颖达

---

① 此据《艺文类聚》卷35《贫》下所引。宋李孟传本作"裂，衣坏貌，音缕。"既音缕，则"裂"应为"褛"。

276

疏："武王诛纣之后,安此万邦,使无兵寇之害,数有丰年。"数的本义是点数(shǔ)。《说文》:"数,计也。"点数的特点是连续数说,故谓之数,引申之则有屡次之义。总之,遴、谨、溇、缕、楼、屡、数这些从娄得声的字都有连属的语义特征,是一组同源词。

褛的功用是连属前后裳,故名为褛。《礼记·深衣》:"古者深衣,盖有制度,以应规矩,绳权衡。短毋见肤,长毋被土,续衽钩边。"郑玄注:"续犹属也。衽,在裳旁者也,属连之,不殊前后裳也。"孔颖达疏:"若其丧服,其裳前三幅,后四幅,各自为之,不相连也。今深衣裳一旁则连之相著,一旁则有曲裾掩之,与相连无异,故云属连之不殊裳前后也。"从褛的得名可知其本义就是裳际。

那么褛有无衣襟义呢? 在现存典籍中,无论是褛的裳际义还是衣襟义,我们都没有见到实际用例,只是在前人编的字词典中有此记载而已。裳际义我们从词义引申关系及语源的角度予以了论证,衣襟义若考虑到衽既有裳际义又有衣襟义的情况,似也难以否定,目前只能存疑,以俟来哲。

关于褛的读音,《汉语大词典》分列"褛¹""褛²"两个字头,"褛¹"音lóu,衣襟义属之;"褛²"音lǚ,"褛裂"一词属之。《汉语大字典》第1版只音lǚ,以《广韵·麌韵》力主切为据。第2版跟《汉语大词典》一样,分列lóu、lǚ二音。《广韵·侯韵》:"褛,衣襟也。又力主切。"《麌韵》下释云:"褴褛,衣敝。《说文》:衽也。"看来衣衽义既可读落侯切,又可读力主切,二音属于异读,异读自应废除其一。考虑到现代汉语用"褴褛"一词,褛普通话读lǚ,则不必再列一个lóu音增加学习者负担。所以《汉语大字典》第1版的处理是可取的,第2版反而不符合经济原则。

袗

《说文》:"袗,玄服。从衣㐱声。""玄服"段注改为"禅衣也",注云:"各本作玄服也。今按《论语》:'当暑袗绤绤。'陆云:'本又作袗。'下《曲礼》注引《论语》作袗。孔安国曰:'暑则单服。'《玉藻》:'振絺绤,不入公门。'郑云:'振读为袗。袗,禅也。'依此二注定其解。"今谓《说文》"玄服"不误。

其一,㐱有黑色义。《诗经·鄘风·君子偕老》:"鬒发如云。"毛传:"鬒,黑也。"鬒即今的异体，《说文》在今下引《诗经》作"今发如云"。《礼记·月令》：孟冬之月，"乘玄路"。玄路是黑色的车。郑玄注："今《月令》曰：'乘轸路。'似当为衿字之误也。"郑玄所见《月令》版本"玄路"作"轸路"，但轸无黑义，所以郑玄认为是衿字之误。"衿路"与"玄路"意思相同。衿从今声，故为玄服。

其二，《玉篇·衣部》："衿，缘也。"《汉语大字典》据此为衿立有"衣边"的义项，但无书证。我们认为这里的"缘"应读作 tuàn，字亦作褖，是一种黑色的衣服。《周礼·天官·内司服》"缘衣"郑玄注："此缘衣者，实作褖衣也。褖衣，御于王之服，亦以燕居。"释文："缘衣，或作褖。"《仪礼·士丧礼》"褖衣"郑玄注："黑衣裳赤缘谓之褖，褖之言缘也，所以表袍者也。古文褖为缘。"可见衿之"衣边"义不能成立。褖为黑色衣服，与"玄服"之训一致。

其三，《仪礼·士冠礼》："兄弟毕衿玄，立于洗东。""衿玄"指衿衣玄裳。这是说加冠礼上受冠者的兄弟都穿衿衣玄裳，站在盥洗受水盆的东面。郑玄注云："衿，同也。玄者，玄衣玄裳也。"衿无同义，郑意当指衣、裳同为玄色，故下云"玄衣玄裳"。

由上可知，衿有玄服义无可否定，段改未免专辄。

衿为单衣（没有衬里），故或训为"单"（禅）。《玉篇·衣部》："衿，单也。"《论语·乡党》："当暑衿绤绤，必表而出之。"梁皇侃疏："当暑虽热，绤绤可单；若出，不可单，则必加上衣也。"又《礼记·曲礼下》："衿绤绤，不入公门。""衿绤绤"谓穿绤绤做的衿。《汉语大字典》和《汉语大词典》都在衿下设有"穿单衣"的义项，举"衿绤绤"为例，未得其义。绤绤是葛布，经纬稀疏，夏天穿着凉爽，但只穿绤绤之衿则肌肤透露，所以闲居在家时可以"衿绤绤"，出门时则一定要再加上外套，否则有失庄重。居家和户外场合不同，穿衣的礼仪要求也就有别。朱熹《论语集注》将"表而出之"理解为"先着里衣，表绤绤而出之于外，欲其不见体也"。意为先穿上内衣，再穿上绤绤作为外衣。这种理解与前人的理解刚好相反，缺乏根据，不足信从。

察

察的本义学界有不同的理解。《说文》："察，覆也。从宀祭。"徐锴《说文系传》作:"察,覆审也。从宀祭声。"覆是个多义词,许慎训察为覆取何为义呢?大多数人认为取的是审察义。覆确有审察的意思。《尔雅·释诂下》:"覆,审也。"《周礼·考工记·弓人》:"覆之而角至,谓之句弓。"郑玄注:"覆,犹察也。"《系传》作"覆审也","审"当是后人为明确覆的含义而添加的。但审察与表示房屋之义的宀有什么联系呢?段玉裁解释说:"从宀者,取覆而审之。从祭为声,亦取祭必详察之意。"这种解释是不能令人满意的。审察是为了弄清楚,为什么要先"覆"(这里应为覆盖义)而后才能"审之"呢?说祭"取祭必详察之意"也不免牵强,祭祀与详察并没有什么关系。

清郑知同《说文商议》对察的本义提出了另外的解释。他说:"察之本义非审察,乃屋宇下覆之名,故字从宀训覆。《大戴礼·少间篇》两言桀纣'作宫室、高台、污池、土察',土察者,土覆屋,犹《诗》言'陶复',即窟室也。此察之本义。复、覆经典通用。覆之义引申为自上审下,察义亦然,故《尔雅·释诂》覆、察并训审。其实《说文·目部》瞭训'察也',乃审察正字。经典通用察,遂夺察之本义。"这一说法既能贯通典籍用例,又与字形构造相契合,可以信从。

《大戴礼记·少间篇》原文是这样的:"桀不率(遵循)先王之明德,乃荒耽于酒,淫洗于乐,德昏政乱,作宫室、高台、污池、土察,以民为虐,粒食之民,惛焉几亡。"北周卢辩注:"察,深也,言洞地为池也。"从注语可知,卢辩将"污池土察"连读,理解为"作污池于深土之中"。这种理解是有问题的。察有无深义,尚属可疑(古注中仅此一见),即便有深义,原文说成"污池察土"方勉强可通,说成"污池土察"则不辞。俞樾《古书疑义举例》卷7《不达古语而误解例》中试图用假借说贯通文意。他说:

　　土芥,古语也。哀元年《左传》"以民为土芥"是也。芥即丰字。《说文·丰部》:"丰,艸蔡也。读若介。"因丰读若介,故即以介为之,而又假用从艸之芥也。亦或作土察。察者,蔡之假字也,犹芥者,介之假字也。《大戴记·用兵篇》(按:应为《少间篇》):"作宫室、高台、污池,以民为土察。"犹《左传》所云"以民为土芥"也。学者不识"土察"之语,乃移至"污池"之下,使"污池土察"四字连文,而"以民为"下增"虐"字以成句,"以民为虐"文不成义,可知其非矣。

俞氏将"土察"训为土芥，这在原文中是讲不通的。为了使自己的说法能行得通，俞氏对原文加以改动，但这毫无根据。事实上下文也说纣"作宫室、高台、污池、土察，以民为虐"，可知原文并无舛错，俞说未可信从。

按郑知同的说法将"土察"理解为地下室，则原文怡然理顺。地下室冬暖夏凉，是避暑消寒的理想场所，所以古代帝王大都修建地下室以为享乐。《左传·襄公三十年》："郑伯有耆（嗜）酒，为窟室而夜饮酒击钟焉，朝至未已。朝者曰：'公焉在？'其人曰：'吾公在壑谷。'"杜预注："窟室，地室。"又《昭公二十七年》载：吴公子光刺杀吴王僚时，"伏甲于堀（窟）室而享王"。修建地下室是一种奢侈的享受，工程量浩大，所以下文说"以民为虐"。"以民为虐"意为把百姓当作残酷役使的对象，"虐"在这里是个名词。类似的说法典籍中并不少见。如《孟子·梁惠王上》："百姓皆以王为爱也，臣固知王之不忍也。""以王为爱"是说把王看成吝啬之人。《韩非子·有度》："上智捷举中事，必以先王之法为比。"这是说智慧高超的人办事得当，但必须以先王的法则作为比照对象。《荀子·子道》："吾以夫子为无所不知。"这是说我把夫子看成是无所不知之人。俞樾说"以民为虐"文不成义，未免有失审慎。

《说文》训察为覆，覆疑为覆之形误。《说文》："覆，地室也。《诗》曰：'陶覆陶穴。'"正与察之本义契合。今《大雅·绵》作"陶复陶穴"。覆字罕见，故或讹作覆，或写作复。

察字常用的察看、考察、明辨、明了等义，其本字应为瞜。《说文》："瞜，察也。从目祭声。"《广雅·释诂一》："瞜，视也。"《列子·说符》："周谚有言：察见渊鱼者不祥，知料隐匿者有殃。""察"与"知（智）"相对，指视力，适与瞜字形义相符。《广韵·黠韵》瞜音初八切，与察同音。徐铉为《说文》注音作戚细切（今应读 qì），当是误读为祭音的缘故。

窦

《说文》中没有窦字，但有窦字，一般认为它们是异体关系。如朱骏声《说文通训定声》在"窦"下说："俗字作窦。"《中华大字典》"窦"下云："窦本字。"但有些学者对异体说持保留态度。例如按照《汉语大字典》的编写体例，异体关系是要注明"同某""后作某"或"也作某"的，但无论在"窦"下还是在"窦"下《汉语大字典》都没作这样的说明，这恐怕不会是疏忽，因为大多数字典都注明寠是窭的异体。《汉语大字典》这样处理不是没有理由的。《说文》对寠的解释是："无礼居也。从宀娄声。"徐锴《说文系传》："阶阼升降，所以行礼，故贫无礼先见于屋室。"段玉裁注："无礼居，谓宫室不中礼。""不中礼"意为达不到礼仪要求。这就是说，寠指达不到礼仪要求的简陋居室，而窭从典籍使用情况来看则没有这样的意思。意义不完全相同的一组字不能视为异体。《汉语大字典》大约正是考虑到《说文》对寠的义训为窭字所无才未将二字视为异体的。

我们认为寠和窭的异体关系是可以成立的。

其一，这两个字的上古音都是群母侯部，完全一样。

其二，从实际使用情况来看，二字混同不别。如《汉书·杨恽传》："我不自保，真人所谓鼠不容穴衔窭数者也。""窭数"（用头顶东西时戴的垫子）《汉书·东方朔传》作"寠数"。《新唐书·李袭传》："吾性不喜财，遂至窭乏。""窭乏"亦作"寠乏"。《新唐书·道孝王元庆传》："时诸王奉给薄于帝子，至数寠乏，大臣莫敢言。"陆游《和陈鲁山十诗以孟夏草木长绕屋树扶疏为韵》之九："寠儒可怜生，西抹复东涂。""寠"有的版本作"窭"。皆可证明二字混用。

其三，宀字头和穴字头在文字构造中常有互换的情况。如《玉篇·穴部》："牢，与牢同。"《集韵·耕韵》："宏，屋深也。或从穴。"《隶释·梁相孔耽神祠碑》："造作堂宇。"洪适注："宇即古宇字。"其他像"字""宸""寐""宦"等字都有从穴的异体。寠作窭正是两个字头互换的结果。

那么怎样看待《说文》对寠的解释呢？应该说许慎的解释是有所依据的。《诗经·邶风·北风》："终窭且贫，莫知我艰。"毛传："窭者，无礼也；贫者，困于财。"段玉裁在解释"寠"字时指出："许从毛。益以居字者，以其字从宀也。"段氏可谓许慎的知音，他既指出了许慎的释义以毛传为据，又说明了许慎增加居字的原因。然而由于"无礼居"的意义得不到古代文献的印证，所以它的存在是值得怀疑的。毛传所说的"无礼"是指因贫穷而无法奉行礼仪的意思，与居室无关。陆德明《经典释文》："窭谓贫无可为礼。"孔颖达疏："窭谓无财可以为礼，故言'窭者，无礼'。"后人编的字典中收了这一义项。如玄应《一切经音义》卷1引《苍颉篇》："无财备礼曰窭。"慧琳《一切经音义》卷61引《考声》："窭，贫无财以备礼也。"其实毛传训窭为"无礼"目的在于辨析"窭"和"贫"的差异，并不是直接释义。窭的直接意义应该是贫穷,所以后人释义都加上"贫""无财"之类的词语予以限定。《诗经》"终×且×"句式中的两个×可以是同义词。如《小雅·伐木》:"神之听之,终和且平。""和""平"同义。《邶风·燕燕》:"终温且惠。"毛传:"惠,顺也。"温谓柔顺,与惠同义。又《小雅·常棣》:"丧乱既平,既安且宁。""既×且×"与"终×且×"是一个意思,这里"安""宁"也是同义词。因此,"既窭且贫"中"窭"和"贫"的意思是一样的,无非是强调其贫穷而已。许慎依据毛传对具体语境中的词所作的辨析说明来确定本义,恐怕是站不住的。

那么从造字的理据来看,寠和窭孰为正体?孰为俗体?这取决于窭/寠这个词的本义是什么。许慎认为本义是"无礼居",故以寠字为正体而不取窭字。但我们上面说了,这一义项是不可靠的。从窭/寠在文献中的使用情况及词义的引申关系来看,将贫穷义视为词义引申的起点可能更符合实际,窭的构形正好与贫穷义相契合。

穴的本义并不是泛指洞窟,而是指人工挖掘的用来居住的洞,跟后世的窑洞差不多。《说文》:"穴,土室也。"《诗经·大雅·绵》:"古公亶父,陶复陶穴,未有家室。"郑笺:"凿地曰穴。"《礼记·月令》"其祀中溜"孔颖达疏:"古者窟居,随地而造。若平地则不凿,但累土为之,谓之为复,言于地上重复为之也。若高地则凿为坎,谓之为穴。"王国维在《明堂庙寝通考》(《观堂集林》卷3)中说:"《易传》曰:'上古穴居而野处,后世圣人易之以宫室。'穴居者,穿土而居其中,野处则复土于地而居之,《诗》所谓'陶复陶穴'者是也。"《绵》中那几句话的意思是说周人先祖古公亶父率领族人掏制窑洞,当时还没有后来的那种有墙体的房屋。穴居由于是人工在山坡上掏挖出来的,空间不可能太大,这一方面是因为掏挖土石比较费事,另一方面空间大了也容易坍塌,所以穴居一般都狭窄局促。正因如此,古人在造字时用穴来表示困窘、穷尽之意。如《说文》:"究,穷也。""窎,穷也。""穷,极也。""窘,迫也。"《广雅·释诂一》:"窄,狭也。"这些表示狭窄穷尽之义的字都从穴取意。

从娄得声的字有"空无"的意思。《说文》:"娄,空也。"髅是头骨的空壳。篓是竹笼,中空。《说文》:"寠,屋丽寠也。"段玉裁注:"谓在屋(屋顶)在墙窗牖穿通之貌。"穿通则空透,空透则明亮。古有眼睛明亮者曰离娄,"离娄"犹"丽寠",因明亮而得名。离娄形容雕刻,则为玲珑剔透之义。《文选》三国魏何晏《景福殿赋》:"丹绮离娄。"李善注:"刻镂之貌。"

窭字由表示困窘之意的穴及表示空无的娄会意(娄亦兼表声),其本义就是贫困。《尔雅·释言》："寠，贫也。"郭璞注："谓贫陋。"玄应《一切经音义》卷 1："寠，《字书》：'寠，空也。'"《管子·五辅》："衣冻寒，食饥渴，匡贫寠，振罢露。""贫寠"同义连文。贫贱则鄙陋，故引申为鄙陋之义。《庄子·外物》："夫不忍一世之伤而惊万世之患，抑固寠邪？亡其略弗及邪？""固寠"即固陋。《诗经·小雅·正月》："佌佌彼有屋，蔌蔌方有谷。"毛传："佌佌，小也。蔌蔌，陋也。"郑笺："此言小人富，而寠陋将贵也。""寠陋"即鄙陋，同义连文。贫则寡少，故凡狭小之义皆可谓之为寠。《韩非子·诡使》："悍憨纯信，用心怵言，则谓之寠。"又《荀子·尧问》："彼其好自用也，是所以寠小也。"王念孙《读书杂志·荀子第八》："言其好自用也，是其器局之所以寠小也。"这是指器量狭小。《史记·滑稽列传》："瓯寠满篝。"张守节正义："寠音楼。……瓯楼谓高地狭小之区，（收获）得满篝笼也。"这是指土地狭小。《释名·释姿容》："寠数，犹局缩，皆小意也。""寠数"犹言局促。宋梅尧臣《乌毁燕巢》诗："我闵楼寠籔，俄已强风雨。""寠籔"即"寠数"。《新唐书·王琚传》："至所庐，乃萧然寠陋。""寠陋"指房屋狭小。可见以贫困为本义，则义项之间的关系怡然理顺。

总之，从寠的构形来看，其本义应为贫困。《说文》以寠为正体，且以"无礼居"为本义，是不合适的。

麠

麠是麏的异体，都是形声字。声符几、旨上古都属脂部，读音相近。《说文》："麠，大麛也，狗足，从鹿旨声。麏，或从几。"段玉裁改麛为麕，注云："各本误麛，今正。《释兽》曰：'麠，大麕，旄毛狗足。'郭云：'旄毛者，獡长也。'《山海经》注曰：'麏似獐而大，獡毛狗脚。'"麏为麠之异体，指獐。《左传·哀公十四年》："逢泽有介麕焉。"陆德明释文："麕，獐也。"《山海经·中山经》："（女几之山）其兽多豹虎，多闾麕、麠、麏。"郭璞注："麏似獐而大，猥毛豹脚。"郝懿行《尔雅义疏》："猥当为獡，豹当为狗，并字形之误也。"《尔雅》和《山海经》郭注都说麏是獐一类的动物，可见段玉裁谓《说文》"麛"为"麕"之误是正确的。

麏还有一个大小问题也需要澄清。《说文》和郭注都说麏比獐大，但另有一些人则说是麏比獐小。《本草纲目》卷 51《兽之二·麏》引宋寇宗奭《本草衍义》:"麂,麖属,而小于麖,其口两边有长牙,好斗,其皮为第一,无出其右者。"李时珍也说:"麂居大山中,似麖而小,牡者有短角,黧色豹脚,脚矮而力劲,善跳越。其行草莽,但循一径。皮极细腻,韡鞻珍之。"其实麂和獐大小差不多。《辞海》(商务印书馆1979年版)对"麂"的解释是:"哺乳纲,鹿科。小型鹿类。肩高40—60厘米,仅雄的有角。产于我国的有黄麂、黑麂和赤麂等。"《中国大百科全书·生物学卷》(中国大百科全书出版社1992年版)"獐"条中说獐体长0.78—1.00米,肩高0.45—0.55米。可见二者大小相当。

从语源上来看,麂可能是因小而得名的。几(见母脂部)与幾(见母微部)古音相近。幾有微小之义。《说文》:"幾,微也。"又:"譏,小食也。"蟣为虱之子,以其微小,故称为蟣。譏是轻微的谴责,饑是收成微少。从几得声的飢也含微少之意。飢为饥饿,饥饿缘于食物缺少,与微小义相通。饑与飢音近义通,古代也有通用的情况。如《尔雅·释天》:"穀不熟为饑。"陆德明《经典释文》:"饑本或作飢。"《墨子·七患》:"五穀不收谓之飢。"饑和飢应该是一对同源词。《山海经》中"麖麂"对举,《说文》:"麖,大鹿。"可知麂为小鹿。

闵

《说文》:"闵,吊者在门也。从门文声。"意思是说吊丧的人在死者家门。这一意义既在闵字构造中得不到解释,也找不到文献用例加以印证。仅仅从门怎能表示"吊者在门"之义?马叙伦《说文解字六书疏证》批评说:"此与阅训'具数于门中',阌训'事已闭门'同,皆附会从门而不得其义者也。或非本训。"他认为闵用作悯惜义是出于假借。说许慎"不得其义"是对的,但说悯惜义出于假借则没有根据。段玉裁注云:"引申为凡痛惜之辞。俗作悯。"认为悯惜义是"吊者在门"义的引申。我们认为闵是"门""文"两个声符组成的纯声字①,其本义就是忧闵悯惜。今列三证予以证明。

其一,门、文都是明母文部,古音相同。战国中山王礜《兆域图》闵假

---

① 指合体字由两个及两个以上声符构成,没有形符。学界有"两声字""二声字""双声字""纯声符字"等称谓,我们认为名为"纯声字"既简洁,又表义明确。

借作门。《珍秦斋藏印·战国篇》35:"西闵古。""西闵"即西门。[1] 可知闵门同音,门可作声符。何琳仪认为:"闵,从门,文为迭加音符。门之繁文。"[2] 闵用作门应属通假,不应看成门之繁体。

其二,闵《说文》古文作𢽾,张舜徽《说文解字约注》云:"上从古文民,即《玉篇·思部》之㥃字也。《玉篇》云:'㥃,伤也,痛也,古文愍。'"这是将声符门换成民,从思则与从心同,所以耻异体作𢽾。思有忧伤之义。《尔雅·释诂上》:"悠、伤、忧,思也。"《楚辞·九辩》:"蓄怨兮积思。"怨、思对文义同。《楚辞·大招》:"魂兮归来,思怨移只。""思怨"同义连文。由此可知闵的本义就是忧愁苦闷。《说文》:"愍,痛也。"段玉裁注:"与闵义殊。"此注非是。痛即悲痛、忧伤,与闵同义。《汉书·王嘉传》:"共皇寝庙比比当作,忧闵元元,惟用度不足,以义割恩,辄且止息,今始作治。""忧闵"同义连文。

其三,因闵之本义为忧闷悯惜,与思虑有关,故或增"心"旁作悯,或易"文"为"心"作忞。闵、悯、忞原本为一组异体字。王力云:"在忧的意义上,'闵、悯、愍'实同一词。"[3] 此见甚是。闵、愍互为异体,故典籍中二字常常互作。《诗经·邶风·柏舟》:"觏闵既多,受侮不少。"清王先谦《诗三家义集疏》:"《鲁》《齐》闵作愍。"《尚书·文侯之命》:"闵予小子嗣。"魏三体石经闵作愍。《礼记·儒行》:"不闵有司。"《经典释文》:"闵本亦作愍。"《左传·宣公十二年》:"寡君少遭闵凶。""闵凶"即"悯凶""愍凶"。

闵、闷互为异体亦自有据。第一,闵、闷皆为明母文部,古音相同。第二,《说文》:"闷,懑也。"《孟子·公孙丑上》:"遗佚而不怨,阨穷而不悯。"赵岐注:"悯,懑也。"二字同义。第三,《老子》二十章:"我独闷闷。"又五十八章:"其政闷闷。"傅本都写作"闵闵"。第四,闵可与惽相通。《史记·范雎蔡泽列传》:"窃闵然不敏,敬执宾主之礼。"司马贞索隐:"邹诞本作'惽然'。"闷也可与惽相通。《集韵·恨韵》:"闷,《说文》:'懑也。'或作惽。"《周易·乾卦·文言》:"不见是而无闷。"《后汉书·张衡传》引此文闷作惽。《吕氏春秋·本生》:"上为天子而不骄,下为匹夫而不惛。"高诱注:"惛读忧闷

---

① 参见王辉:《古文字通假字典》,中华书局 2008 年版,第 679 页。

② 何琳仪:《战国古文字典》,中华书局 1998 年版,第 1365 页。

③ 王力:《同源字典》,商务印书馆 1982 年版,第 526 页。

之闷，义亦然也。"《晏子春秋内篇·问上》："吴越受令，荆楚惛忧。"王念孙《读书杂志·晏子春秋杂志》："惛者，闷之借字也。"闵与惛相通，犹闷与惛相通，这是闵、闷互为异体的缘故。

澄清了闵、闷为异体关系，有些是非就易于辩明了。《广雅·释诂二》："㦬，懑也。"王念孙《广雅疏证》改㦬为悗。他解释说："各本悗讹作㦬，其懑字下亡本反之音又讹入㦬字下，本字又讹作木，《集韵》《类篇》有㦬字，音母本切，则宋时《广雅》本已误。考《说文》《玉篇》《广韵》俱无㦬字，《问丧》云：'悲哀志懑气盛。'《释文》：'懑，亡本反。又音满。'则亡本反为懑字音甚明，又《孟子·公孙丑篇》：'厄穷而不悗。'赵岐云：'悗，懑也。'是㦬乃悗字之讹，今据以订正。"王氏此说似是而非。闵、闷实同一字，闵写作㦬，所以闷也类推而写作㦬。㦬训懑与《说文》闷训懑相同。㦬字罕见，故曹宪为之注音，懑字常见，是用不着注音的。可知《广雅》各本作㦬不误。

是

《说文》："是，直也。从日正。"认为本义是正直。小篆是由"日""正"组成，许慎理解为阳光直射大地。阳光不会弯曲，所以表示正直之义。段玉裁注云："十目烛隐则曰直，以日为正则曰是。从日正会意，天下之物莫正于日也。《左传》曰：'正直为正，正曲为直。'《五经文字》是入《日部》，则唐本从曰也，恐非。"应该说段氏对许意的阐发是贴切的。然而"日""正"之"是"是春秋时期才有的写法，西周金文作、、等形，上面作、、等形，下面作止，并不从"日""正"。许慎根据讹变的字形解释字义，自然是靠不住的。

西周金文中的是字字形该怎样理解，至今莫衷一是。林义光《文源》卷4："是实匙之古文，跛不能行也。⊙象人首，象手足跛倚弛缓不行之形。"郭沫若在《释㝬氏》一文中认为"是"象汤匙之形，为"匙"的初文，"是与匙实古今字"。[1] 夏渌认为象阳光下有动物蹄迹之形，是"踶"的初文。[2]

---

① 郭沫若：《金文丛考》，人民出版社1954年版，第253页。
② 夏渌：《评康殷文字学》，武汉大学出版社1991年版，第78页。

张日昇认为字象昆虫之形，怀疑是"蟪蟟"（tíliáo，蝉的一种）之"蟪"的初文。① 这些解释都跟字形不相吻合，未免牵附，无从取信。

高鸿缙云："是古文从 𢪒（手）遮日光，从止。止为脚，有行走意。是之本意当为审谛安行。……是非之是当由审谛之义引申，积久是字为引申义所专，乃别造徥字。故是实徥之初字。"② "手遮日光"说与字形难以对应，故此解亦鲜有信从。然而我们认为其结论基本可信。是字象人甩臂行走之形，其本义应为行走。我们可拿金文"走"字作比证：𧺆（西周休盘）、𢓊（西周太保玉戈），显而易见，𢓊、是造意相同，只是是突出人头以与走有所区别而已。头中加点应为羡饰，并非日字。"徥"为"是"之异体。《说文》："徥，徥徥，行皃。从彳是声。《尔雅》曰：'徥，则也。'"段玉裁注："今本《释言》：'是，则也。'盖古《尔雅》假徥为是也。"《尔雅》"是"写作"徥"正是是、徥互为异体的缘故。阜阳汉简《诗经》142 号："宁是不来，微我有咎。"传本《诗经·小雅·伐木》作"宁适不来"，清陈奂《诗毛氏传疏》："适，之也。""之"即前往。可知汉简中的"是"用作本义。汉简《诗经》085 号："予有苜造旖，徥……"传本《诗经·郑风·缁衣》作："予又改造兮，适子之馆兮。"两相比照，可知"徥"为前往义。"徥"即"徥"之省体。金文走或作𢔇（西周井侯簋），亦累增彳旁，正与徥字相同，由此可知徥并非是之后出分别文。《玉篇·辵部》："遆，行也。"《集韵·职韵》："遆，行也。"遆、遆为徥之异体。

（原载《宏德学刊》第 5 辑，江苏人民出版社 2016 年版）

---

① 周法高主编：《金文诂林》，香港中文大学出版社 1974—1975 年版，第 857 页。
② 高鸿缙：《中国字例》，（台北）三民书局 1984 年版，第 365 页。

《说文通训定声》平议

一、作者简介

朱骏声（1788—1858），字丰芑（qǐ），号允倩，又号石隐山人。江苏吴县人。其事迹见于自撰的《石隐山人自订年谱》（见下）、其子朱孔彰撰写的《皇清敕授文林郎国子监博士衔拣选知县扬州府学教授允倩府君行述》、清孙诒让撰《朱博士事略》（清闵尔昌《碑传集补》卷40）、《清史稿·儒林传二·钱大昭传附朱骏声传》、《清史列传》卷69《儒林传下二·朱骏声传》等，其中朱孔彰撰写的《府君行述》最为详实，为第一手资料。其字"丰芑"之芑《清史列传》作"苢"，今人著作如王力《中国语言学史》（山西人民出版社1981年版）、濮之珍《中国语言学史》（上海古籍出版社1987年版）、《中国历代人名大辞典》（上海古籍出版社1999年版）皆从之。今谓"丰芑"为古代成词，源出《诗经·大雅·文王有声》"丰水有芑"句，后人用作培养教育子孙的典故，作"苢"乃误字。

朱骏声天资聪慧，幼承家学，三岁即能识字。十三岁时其父令读《说文》，一读即能通晓。尝戏为《孔方传》，文似马迁，传诵一时。吴县人目为神童。十五岁为府学诸生。这一年，嘉定钱大昕游览府学，见到朱骏声，甚为器重，说："吾衣钵之传，将在子矣。"于是朱骏声便在钱大昕门下受业三年，钱大昕期以通才大儒。然应举乡试，屡试不中，直到嘉庆二十三年（1818）才考中了举人，这时朱骏声已是三十岁的人了。此后朱骏声多次参加礼部的进士考试，未能得志，便在江浙、山东等地的一些书院中当教师为生。大约在道光八年（1828），得到了一个黟县（今属安徽黄山市）训导的公职。在当黟县训导期间，除训导诸生外，肆力于学术研究。咸丰元年（1851），朱骏声趁赴京应截取知县之机，缮写《说文通训定声》《古今韵准》《柬韵》《说雅》共四十卷呈献皇帝。咸丰皇帝看了朱骏声所献之书后，优诏褒嘉，授予其国子监博士的头衔。不久，升为扬州府学教授，因病未能赴任。咸丰七年，病终黟县石村。

朱骏声学问渊博，著述繁富，据朱孔彰《说文通训定声后记》中的介绍，朱骏声生前刊印及编定的著作多达六十余种，另有《逸周书》《史记》《汉书》《老子》《庄子》《列子》《管子》《晏子春秋》荀悦《申鉴》《吕氏春秋》《新序》《说苑》《风俗通义》《盐铁论》《论衡》刘昼《新论》《汉魏百三名家集》等著作的读书札记，都没有编辑成册。著述涉及经史子集四部，极其广博。可惜大部分没有流传下来，流传至今的只有二十多种。现将知见书目胪列如下：

1.《仪礼经注一隅》二卷，见《朱氏群书》。

2.《夏小正补传》一卷，见《朱氏群书》。

3.《春秋左传识小录》二卷，见《朱氏群书》。

4.《说文通训定声补遗》十八卷，见《朱氏群书》。

5.《小尔雅约注》一卷，见《朱氏群书》。

6.《离骚赋补注》一卷，见《朱氏群书》。

7.《春秋平议》一卷，见《木犀轩丛书续刻》。

8.《岁星表》一卷，见《聚学轩丛书》第一集。

9.《春秋三家异文疏》一卷，见《聚学轩丛书》第二集。

10.《春秋乱贼考》一卷，见《聚学轩丛书》第五集。

11.《说文段注拈误》一卷，见《樱香馆丛书》。

12.《小学识馀》五卷，见《樱香馆丛书》。

13.《六书叚借经徵》四卷，见《大亭山馆丛书》。

14.《说雅》二卷，见《花雨楼丛钞》。

15.《石隐山人自订年谱》一卷，见《吴中文献小丛书》；又见《北京图书馆藏珍本年谱丛刊》，书目文献出版社 1999 年版。

16.《传经室文集》十卷，见《求恕斋丛书》。

17.《说文通训定声》十八卷。

18.《尚书学》四卷，见孙殿起《贩书偶记》。

19.《临啸阁笔记》无卷数，见孙殿起《贩书偶记》。

20.《六十四卦经解》八卷，见《清史稿·艺文志一·经部条·易类条》。

21.《易郑氏爻辰广义》二卷，见《清史稿·艺文志一·经部条·易类条》。

22.《易经传互卦卮言》一卷，见《清史稿·艺文志一·经部条·易类条》。

23.《易章句异同》一卷，见《清史稿·艺文志一·经部条·易类条》。

24.《易消息升降图》二卷，见《清史稿·艺文志一·经部条·易类条》。

25.《学易札记》四卷，见《清史稿·艺文志一·经部条·易类条》。

26.《逸周书集训校释增校》一卷，见《清史稿·艺文志二·史部条·别史类条》。

27.《岁星表》一卷，见《清史稿·艺文志三·子部条·天文算法条》。

28.《临啸阁诗钞》五卷，见《清史稿·艺文志四·集部条·别集类条》。

29.《赋》一卷，见《清史稿·艺文志四·集部条·别集类条》。《求恕斋丛书》有《赋钞》一卷，当是同书异名。

30.《离骚补注》一卷，见《清史稿·艺文志四·集部条·楚辞类条》。

31.《临啸阁诗馀》四卷，见《清史稿·艺文志四·集部条·词曲类条》。

这些著作中影响最大的则为《说文通训定声》。

二、《说文通训定声》的基本内容

关于《说文通训定声》的完成时间有两种不同的说法。流行的说法是撰成于道光十三年（1833），如王力《中国语言学史》、濮之珍《中国语言学史》等持此观点。另一种说法是完成于道光二十八年（1848），李学勤、吕文郁主编的《四库大辞典》（吉林大学出版社1996年版）持此观点。前一说的根据是作者的《自叙》，《自叙》写于道光十三年。后一说的根据是朱氏友人罗惇衍写的叙。罗叙中说："书成，属余为序，因略举古音分合之谊书诸简端云。"罗叙作于道光二十八年。我们认为此书的撰著经历了二十多年的时间。书中有其弟子谢增写的跋。跋中说："道光丁亥、庚寅间（1827—1830），馆先生于家。先生教授之暇，恒矻矻手自钞撮，虽甚寒暑，不辍卷。自后乙未（1835）下第，侍先生南归，复获一载聚，而是书前已脱稿，今又阅十三四年，始版成于古黔学署。"据此，撰成于道光十三年的说法似乎是可以成立的。但朱骏声在《自叙》中却说："殚十载之心稽，业才草创。泛滥未竟，踌缪尚多。惧不能书，先为此叙。"这表明朱骏声在写此叙的时候《说文通训定声》还没有最终完成（泛滥未竟），只是先把叙写了出来。此后大约一直在作修订增补的工作，直到道光二十八年付梓前才最终定稿。至 1833 年，作者写此书已用了十年的时间，到 1848 年定稿，共用了二十五年的时间，可以看出一部学术名著的产生是多么不易。古有十年磨一剑之说，用来说明学术名著的产生绝非夸大之辞。

事实上，在《说文通训定声》刊行后，朱骏声继续在作订补的工作，订补凡八百余条。后经其子朱孔彰整理，以《说文通训定声补遗》之名刊行。

《说文通训定声》是道光二十九年（1849）在安徽黟县学舍雕版印行的。同治九年（1870），朱孔彰在友人的资助下重印此书，所用的版还是黟县原版，但其中的七十五页计五万余字，因原版已缺，重印时据原本补刊，国家图书馆藏有这一补刻本。光绪八年（1882）又有临啸阁刊本。民国十七年（1928），上海扫叶山房出版了由丰岂弗纪录、朱镜蓉、伯和甫参订的本子。民国二十五年（1936），上海国学整理社将同治九年补刻本影印出版。今天大陆常见的影印本有：武汉市古籍书店 1983 年影印本、中华书局 1984 年影印本（1998 年、2002 年重印）、于玉安、孙豫仁主编《字典汇编》影印本（国际文化出版公司 1993 年版）、鲁仁编《中国古代工具书丛编》影印本（天津古籍出版社 1999 年版）等，这些影印本都以临啸阁本为底本。

《说文通训定声》的内容正如书名所揭示的，由三部分组成，即"说文""通训""定声"，"说文"部分转录《说文》原文，"通训"部分收录典籍中的各项义训，"定声"部分收录字的读音资料。例如：

> 饐险，阻难也。從阜，僉聲。字亦作嶮。《周禮·夏官》："序官掌固。"注："國曰固，野曰險。"《禮記·少儀》："軍旅思險。"注："險阻出奇，覆諼之處也。"《水經·滱水注》："山高岸嶮，故曰安嶮。"《列子·楊朱》："山川阻嶮。"《方言》六："嶮，高也。"又《易·象上傳》："山下有嶮。"侯注："坎為險。"《離騷》："路幽昧以險隘。"注："喻傾危也。"【轉注】《易·繫辭》："德行恒易以知險。"京注："惡也。"《左哀十六傳》："以險徼幸者，其求無厭。"注："猶惡也。"《禮記·中庸》："小人行險以徼幸。"注："謂傾危之道。"《晉語》："必內險之。"注："危也。"《荀子·解蔽》："此言上幽而下險也。"注："傾側也。"《正論》："上幽險則下漸詐矣。"注："難測也。"《楚辭》："怨世然燕穢而險戲。"注："猶言傾危也。"《詩·卷耳序》："險詖私謁之心。"崔注："不正也。"《莊子·漁父》："不擇

善否，兩容頗適，偷拔其所欲，謂之險。"《賈子·道術》："據當不傾謂之平，反平為險。"《廣雅·釋詁二》："險，衺也。"或曰凡皆借為憸，存參。【叚借】為掩。《周禮·典同》："險聲斂。"注："謂偏弇也。"《爾雅·釋魚》："蜎，大而險。"注："謂汙薄。"則謂借為儉。又為儉。《廣雅·釋詁一》："險，裻也。"《考工·弓人》："疢疾險中。"注訓傷。按少實也。又《左襄二十九傳》："險而易行。"又為噞。《集韻》引《字林》："險山形似重甑。"【古韻】《易·坎·象傳》叶坎險。

其中"險，阻難也。從𨸏，僉聲。"為《说文》原文。这部分通过字形分析明确了字的本义和读音，为"通训"和"定声"部分奠定了基础。本义不明，"通训"的"转注"义和"假借"义也就无从确定。字形构造不明，读音不明，则字的归属无从确定，也就无法"定声"。可见"说文"是"通训"和"定声"的出发点。

《说文通训定声》依据的是大徐本《说文》，但并非完全照抄，朱氏根据自己的研究作了某些改动或订正。例如《壮部》："康，谷皮也。从禾从米会意，庚声。或从米庚声。"大徐本原文是这样的："穅，谷皮也。从禾从米，庚声。康，穅或省。"大徐本以"穅"为字头，"康"为或体，朱骏声改为以"康"为字头，下列"穅康"二篆，说解也有改动。又《孚部》："樵，散木也。"大徐本无"木"字。《屯部》："斤，斫木斧也。"大徐本无"斧"字。这都是采纳了段玉裁的意见。又大徐本："道，所行道也。从辵从首。一达谓之道。𧗱，古文道从首寸。"《说文通训定声·孚部》下是这样的："道，所行道也。从辵从首。一达谓之道。按从辵首声。又：古文𧗱从首寸，按当为导字之古文，今移置导下。"朱氏的两点订正都是非常正确的。道路跟"首"实在挨不上。段玉裁注云："首者，行所达也。"未免牵强。按一般的古音研究结论，"首"为书母幽部，"道"为定母幽部，虽然声母有别，但韵部相同，视"首"为声符可以成立。不过"首"和"道"上古时期有可能是复辅音声母st-，类似的例子如"擣"为端母而声符"寿"则为禅母，"待""特"为定母而声符"寺"则为邪母。所以"首"和"道"上古时期读音可能是相同的，故典籍常有通假现象。如《逸周书·芮良夫》："予小臣良夫稽道谋告。"《群书治要》引此语"道"作"首"。《史记·秦始皇本纪》："群臣诵功，本原事迹，追首高明。"司马贞索隐："今检会稽刻石文，首字作道。"《左传·成公十六年》："甲午，晦，楚晨压晋军而陈，军吏患之。范匄趋进曰：'塞井夷灶，陈于军中而疏行首。'"王引之《经义述闻》卷18《春秋左传中·疏行首》云："首当读为道。疏，通也，谓通陈列队伍之道也。井灶已除，则队伍之道疏通，无所窒碍矣。"南朝宋鲍照《蜀四贤叹》："首路或参差，投驾均远托。""首路"即道路。可见朱氏把"道"分析为从辵首声是正确的。"𨗇"作为导的异体也是合理的。

需要注意的是，朱氏所引《说文》在正文中没有明确的标记，有时还跟他自己的话混杂在一起，不熟悉《说文》的人是难以判断的，这是《说文通训定声》在版式上的一个缺点，引用时应注意分辨。

"通训"部分是书的主体。朱氏在前言中说："夫叔重万字，发明本训，而转注、假借则难言；《尔雅》一经，诠释全《诗》，而转注、假借亦终晦。欲显厥旨，贵有专书述通训。"可知"通训"是朱氏的重点所在。上例中从"字亦作嶕"至"古韵"之前的内容都属于"通训"。作者首先引用古代文献用例和训释资料证明《说文》所说的本义，然后列"转注"一项，收录引申义；引申义之后列"叚借"一项，收录假借义。许慎对"转注"和"假借"的定义是："转注者，建类一首，同意相受，考老是也。……假借者，本无其字，依声托事，令长是也。"许慎所说的"转注"究竟是什么意思，学者们有各种不同的解释，有"形转""义转""音转"三说，迄无定论。许慎所说的"假借"大多数学者理解为有音无字的词借用一个已有的读音相同但意义无关的字来表示，但也有一些学者认为许慎所说的"假借"是引申的意思，因为他举的例子中县令之"令"是由本义命令引申而来的，县长之"长"是由本义长老之长引申而来的。朱骏声的"转注"和"假借"有其自己的内涵。朱氏在书的前言中解释说：

> 转注者，体不改造，引意相受，令长是也。叚借者，本无其意，依声托字，朋来是也。凡一意之贯注，因其可通而通之，为转注。一声之近似，非其所有而有之，为叚借。就本字本训而因以展转引申为他训者曰转注，无展转引申而别有本字本训可指名者曰叚借。依形作字，睹其体而申其义者，转注也。连缀成文，读其音而知其意者，叚借也。叚借不易声而役异形之字，可以悟古人之音语。转注不易字而有无形之字，可以省后世之俗书。叚借数字供一字之用，而必有本字。转注一字具数字之用，而不

烦造字。

显而易见，朱氏所说的"转注"就是词义的引申，"叚借"就是字形的借用，包括本无其字的假借和本有其字的通假。假借中还有所谓"重言形况字"（即形容词性叠字）、"连语"（联绵字）、"托名幖识字"（指一个字用作山水国邑及姓氏人名的情况）等类别。此外，还有"别义""声训"等项目。"别义"指既非转注（引申义）又非假借的来路不明的意义。如《临部》"姈"下云："嫈姈也，从女今声。一曰善笑皃。按嫈姈叠韵连语，读如碪，或姈读如钤也。【别义】《集韵》：'俗谓舅母曰姈。'不知何本。""嫈姈"是喜笑的样子，这是本义，而"舅母曰姈"的意义与本义没什么关系，朱氏也找不到本字，所以以列为"别义"。"声训"资料旨在说明语源或通转。

"定声"部分包括三方面的内容：一是指一个字在古韵十八部中的归属；二是指字条最后列的"古韵"及"转音"资料，以表明字归某部的根据，"古韵"指同韵相押的资料，"转音"指邻韵相押的资料；三是指每个字头前用小字标明该字在"平水韵"中所属的韵，如上例中的"险"字前标明"平水韵"中属于上声二十八"俭"（实际为琰，避仁宗颙琰讳而改）。朱骏声在字的排列上打破了《说文》据形编排的部首法，改为按古韵来编排。全书收字以大徐本《说文》为主，但有所调整。如对《说文》重出的字有的加以删除，有的予以保留；对重文有的升为正篆，有的进行了重组；对正篆所无而见于《说文》说解、《自叙》、正篆偏旁、小徐本及其他书中引用《说文》的文字，有的补入正篆，有的在注中列出（即所谓"旁注字"）；对见于《方言》《广雅》及子史传记而无法附丽于正篆下的字，根据韵部列在每部之后的"说文不录之字"当中。这样，《说文通训定声》当中收了正篆9507个，旁注字5889个，"说文不录之字"1844个，共计17240字。朱骏声从这17240字中分析出1137个声符（朱氏称为"声母"，简称"母"），分派到他自己考定的十八部古韵当中。凡声符相同的字都编排在一起。每一韵部为一卷，共十八卷。

朱氏的古韵十八部的名称都取自《周易》的卦名，与大多数学者的定名不同。为便于了解，这里把朱氏的十八部与王力的二十九部对照如下表：

朱骏声十八部	王力二十九部
丰部第一	东
升部第二	蒸
临部第三	侵缉
谦部第四	谈葉
颐部第五	之职
孚部第六	幽觉
小部第七	宵药
需部第八	侯屋
豫部第九	鱼铎
随部第十	歌
解部第十一	支锡
履部第十二	脂质微物
泰部第十三	月
乾部第十四	元
屯部第十五	文
坤部第十六	真
鼎部第十七	耕
壮部第十八	阳

三、《说文通训定声》的价值

（一）开创了字典编纂的新体例

前人编的字典大致可分为两种，一种以分析字形、解释本义为主，如《说文》及其各种注本；另一种以汇集一个字的多种义项为主，如《广韵》《康熙字典》等。前一种字典内容比较狭窄，实用价值比较小；后一种字典实用价值虽比前一种大，但义项的排列一盘散沙。而割裂字与字之间的语音联系是两种字典共有的缺陷。《广韵》系的字典虽然把同音字排在一起，但它所据的音是中古音，离造字时代已有距离，而且四声分列，同样割裂了字与字之间的音义联系。《说文通训定声》既有字形分析以定本义，又按引申义、假借义的原则有条理地排列义项，使人们认识到义项之间的逻辑联系，又按古韵排列单字，使人们易于看到字与字之间的音义联系，将字的形音义同条共贯，一举多得，这种编排法可以说是前无古人，开创了字典编纂的新体例，开现代字典编纂之先河。朱氏弟子谢增在跋语中说："《说文通训定声》一书导音韵之原，发转注之蒙，究假借之变，小学之教斯焉大备。……实学人词人不可少之书，而古人今人未始有之书，所谓似因而实创者，于是乎在。"王力评价说："朱氏突破了许氏专讲本义的旧框子，进入了一个广阔的天地。如果说桂馥是述而不作，段玉裁是寓作于述，那么，朱骏声则是'似因而实创'。表面上，他是遵循《说文》的道路；实际上，他是要做许慎所没有做的，而又应该做的事情。"又说："《说文通训定声》实在够得上'博大精深'四个字。上节称段玉裁在《说文》研究上应该坐第一把交椅；而朱骏声则在词义的综合研究上应该坐第一把交椅，他的主要贡献不在《说文》的研究上，而在全面地研究了词义。"① 这些评价应该说是允当的。我们今天的古汉语字典在义项的排列上仍然遵循着本义、引申义、假借义的原则，这原则就是朱骏声确立的。

（二）考索通假字之宝典

古籍中存在大量的通假现象，给阅读古籍造成了障碍。王引之在《经义述闻序》中引用王念孙的话说："字之声同声近者，经传往往假借。学者以声求义，破其假借之字而读其本字，则涣然冰释，如其假借之字而强为之解，则诘籲为病矣。故毛公《诗》传，多易假借之字而训以本字，已开改读之先。至康成笺《诗》注《礼》，屡（屡）云某读为某，而假借之例大明。后人或病康成破字者，不知古字多假借也。"《经义述闻》卷 32 专门有《经文假借》一条，对前人不明假借而误解经文的现象进行了指正。并说："往往本字见存，而古本则不用本字而用同声之字，学者改本字读之，则怡然理顺；以借字解之，则以文害辞。"可以说，通假字的辨识是正确理解古籍的一项重要工作。通假是以古音为前提的，而大多数读古书的人对古音并不了然，想求本字而读之是有困难的。朱骏声在每个字下凡有假借用法的，尽可能地进行了搜集和考索，一一列出，有很多富有价值的见解。如：

《孟子·万章下》："闻伯夷之风者，顽夫廉，懦夫有立志。"钱大昕《十驾斋养新录》卷 3 云："廉与贪对，不与顽对。按《论衡·率性篇》《非韩篇》、《后汉书·王畅传》《丁鸿传》所引皆作'贪夫廉'，然则两汉本是贪字。《论

---

① 王力：《中国语言学史》，山西人民出版社 1981 年版，第 126、128 页。

衡·知实篇》引《孟子》作'顽夫廉'此浅人妄改。"钱说专辄。此例"顽"与"廉"反义相对，表明"顽"有贪义。东汉赵岐注："后世闻其风者，顽贪之夫更思廉洁。"用"顽贪"释"顽"，可知"顽"字不误，"顽贪"同义连文。"顽贪"连文典籍尚有他例。《吕氏春秋·慎大》："桀为无道，暴戾顽贪。"高诱注："心不则德义之经为顽，求无厌足为贪。"高注未得"顽"字之义。宋刘一止《苕溪集》卷29《祭胡浚明文》："呜呼，浚明！允毅且直，行警顽贪，文追丽则。"因"顽贪"同义，故亦言"贪顽"。宋林之奇《尚书全解》卷29："成王既以殷之余民封康叔于卫，则将使敷仁义之教，以革贪顽之俗。"宋孙觌《鸿庆居士集》卷42《宋故通议大夫守吏部侍郎致仕赠宣奉大夫霍公行状》："公虽不得位为将相，而绝人之资，高世之行，激浊扬清之功，藉之以律贪顽，厉鄙薄于百世之下。"古又有"顽涎"一词。元高文秀《黑旋风》一折《耍孩儿》："那厮口内顽涎望着我面上零。"《二刻拍案惊奇》卷36："（浑耀）闻得白水寺僧十分富厚，已自动了顽涎。"顾学颉、王学奇《元曲释词》第三册（中国社会科学出版社1988年版）："顽，贪婪之意。故顽涎，就是馋水，北语曰哈喇子，常用来比喻羡慕，死皮赖脸，非欲得之不可的情状。"释"顽"为贪婪，非常准确。朱骏声认为"顽夫廉"之"顽"是贪的意思，并指出这一意义是"忨"的假借，见识比乃师钱氏高出一筹。《说文》："忨，贪也。"由此可见，正是因为浅人不知"顽"有贪义，才把"顽夫廉"改成了"贪夫廉"，钱大昕判断失误。

赘有附赘义，此义与本义抵押无关，朱骏声认为是缀之假借，可从。赘为章母月部，缀为端母月部，古音相近，古常通假。《尚书·立政》"缀衣虎贲"，杨雄《雍州牧箴》引作"赘衣"。《公羊传·襄公十六年》"君若赘旒然"释文："赘本又作缀。"《诗经·大雅·桑柔》："哀恫中国，具赘卒荒。"毛传："赘，属。"孔颖达疏："赘犹缀也，谓系缀而属之。"

跋有根本义。《礼记·曲礼上》："烛不见跋。"郑玄注："跋，本也。烛尽则去之，嫌若烬多，有厌倦。"此义与本义"蹎跋也"（仆倒）没有关系，朱骏声认为是茇（bá）之假借，可信。《说文》："茇，艸根也。"引申泛指根本。

庚有道路义。《左传·成公十八年》："以塞夷庚。"杜预注："夷庚，吴、晋往来之要道。"朱骏声认为此义之庚是径之假借，可信。庚为见母阳部，径为见母耕部，古音相近。又庚与更古音相同，故时或通假。《释名·释天》："庚，犹更也。"《白虎通·五行》："庚者，物更也。"《列子·黄帝》："心庚念是非，口更言利害。"晋张湛注："庚当作更。"更有经过义。《广雅·释诂三》："更，过也。"《史记·大宛列传》："道必更匈奴中。"司马贞索隐："更，经也。"成语有"少不更事"。经过义由道路义引申而来，更亦径之假借。

屑有清洁义。《孟子·尽心下》："欲得不屑不絜之士而与之。"赵岐注："屑，絜也。"《说文》："屑，动作切切也。"本义为不安貌，与清洁义无关。朱骏声认为是絜（洁）之假借，可从。

旧有长久义，其本义为猫头鹰，与长久义无关。朱骏声认为此义为"久"之假借，可信。《尚书·无逸》："其在高宗，时旧劳于外。"《史记·鲁周公世家》旧作久。《管子·度地》："补弊久，去苦恶。"俞樾《诸子平议·管子五》："久读为旧。"久无烦读为旧，久、旧原本一词。后旧多用于陈旧、原先之义，久则多用于长久之义，义分音别，遂为二词。

箸有明显义。隶书从艸与从竹多混同不别，故箸或作著。箸本义为筷子，与明义无关。朱骏声云："箸，叚借为晣，今字作曙。"此说可信。晣即曙之古字。《说文》："晣，旦明也。"引申为明显之义。

承有佐助义，朱骏声认为是丞之假借，可信。《说文》："承，奉也，受也。"与佐助义无涉。《说文》："丞，翊也。"甲骨文丞字象救人于陷阱之形，即拯之初文，本义应为拯救。拯救为救助行为，故引申为佐助之义。

《说文》："常，下帬也。……常或从衣。"本为裳之异体，指裙子。然古来一般用于经常义，朱骏声认为是长之假借，可信。其用于长度单位亦为长之假借。朱骏声分析说："分、寸、尺、墨、仞、丈、寻、常，度数莫长于常，故曰常矣。"很有道理。

墨在古代用于长度单位。《国语·周语下》："夫目之察度也，不过步武尺寸之间。其察色也，不过墨丈寻常之间。"韦昭注："五尺为墨，倍墨为丈。"《说文》："墨，书墨也。"本义为书画用的墨。其用于长度单位者，或以为本义之引申。王煦《小尔雅疏》："古者记数以墨，故《孟子》云：'大匠不为拙工改废绳墨。'……今江东作布者先用墨涂其经，织成后识其墨处，谓之一墨二墨，是其遗制也，但长不止五尺，为与古异耳。"朱骏声认为是纆之假借。《说文》："纆，索也。"《玉篇》："纆，同繹。"盖以为用索度量，故引申为长度单位。以绳度量，古今常见，当以假借说为长。

《说文通训定声》是清代收集通假字最多的工具书，书中有丰富的例句，这给阅读古书者提供了很大的方便，不少情况下读者可以直接对号入座。另外，也可以利用书中提供的通假资料去解决尚未发现的通假用例。如《庄子·逍遥游》中说："覆杯水于坳堂之上，则芥为之舟。"唐成玄英疏："（坳堂）谓堂上坳陷之地也。"后世注本皆本成说，实则成说难通。查《说文通训定声》"唐"字下，有这样的资料："《淮南·修务》：'唐牙莫之鼓也。'注：'犹堂也。'"这就是说，"唐"和"堂"古代可以通假。"坳堂"即"坳唐"，亦即"坳塘"，二者为同义连文，指池塘，与堂室无涉。详见《古汉语词语杂考》一文。

今天我们虽然有了不少专门收录通假字的字典，如高亨编著的《古字通假会典》（齐鲁书社 1989 年版），马天祥、萧嘉祉编著的《古汉语通假字字典》（收录通假字 2820 个，陕西人民出版社 1991 年版），冯其庸、邓安生纂著的《通假字汇释》（收录通假字 3600 个，北京大学出版社 2006 年版），王海根编纂的《古代汉语通假字大字典》（收录通假字 5600 个，福建人民出版社 2006 年版）等，但《说文通训定声》仍然不失为有重要参考价值的一种。

（三）考求同源词之津梁

朱骏声按声符排列单字的做法大约受了两种学说的启发，一是段玉裁的"凡同谐声者必同部"，二是历史上的"右文说"。前者旨在确定一字之古韵，后者旨在系联同源词。朱氏将二者融于一书，既达到了"定声"的目的，又为考求同源词提供了便利。例如《壮部》下所收"康、㝩、歁、㵓"等字，都有空虚的词义特点，"康，谷皮也"，谷皮因空而得名，故引申而有空虚之义。《诗经·小雅·宾之初筵》："酌彼康爵，以奏尔时。"郑玄笺："康，虚也。"今天不少方言仍用康的虚义。如"萝卜康了"。"㝩，屋㝩窦也。"徐锴《系传》："屋虚大也。""歁，饥虚也。""㵓，水虚也。"可知这是一组同源词。又同部有"远、圹、阬"等字，也有空虚的词义特点。"远，兽迹也。"兽迹凹下中空。《广雅·释地》："圹，池也。"池也是凹下中空。阬即坑的异体，也有凹下中空的义蕴。甘肃临夏方言中把胸腔称为"肮子"（肮读音同康），把屠宰后掏空内脏的羊称为"羊肮"，也是"亢"声有空虚义之证。康与亢读音相同，古有通用现象。如《集韵·宕韵》："康，举置也，通作亢。"《礼记·明堂位》："崇坫亢圭。"郑玄注："康读为亢龙之亢。"又慷异体作忼。可见上例中的"康""亢"声符的字都有同源关系，是一组同源词。《史记·孙子吴起列传》："夫解杂乱纷纠者不控卷，救斗者不搏撠。批亢捣虚，形格势禁，则自为解耳。"这里的"亢"一般解释为咽喉。如《辞源》（1983 年修订本）"批亢捣虚"条:"抓住敌人的要害乘虚而入。亢,咽喉。"这种理解是不对的。"批""捣"对文同义,都是打击的意思。"亢""虚"也对文同义,"亢"应该是虚的意思,跟喉咙无关,正如下句"形""势"对文同义,"格""禁"对文同义一样。亢的本义为喉咙,因有空腔而得名,故引申而有空虚义。可见"批亢"就是"捣虚",犹"形格"即为"势禁"。与"批亢捣虚"类似的说法是"批郤导窾"。"批郤导窾"源于《庄子·养生主》:"批大郤,导大窾。""郤""窾"都是空隙的意思,"导"也当读为"捣"。

又如在绝大多数北方方言中,馒头和包子一般分得很清楚,馒头无馅,包子有馅。但在河北涿县、易县的方言中,却把馒头称为"包子"。至于南方方言,馒头和包子混同的情况就更多了,上海话和苏州话中的"馒头"既指无馅的馒头,也指有馅的包子。温州人管包子叫馒头,而把馒头叫"实心包"。日语中的マソトゥ(馒头)一词是从汉语借去的,也是既指馒头又指包子。馒头最初到底有馅无馅?它和包子为什么会有混淆的现象?我们可以通过词源考索来解决这一问题,而考索词源就可以利用《说文通训定声》提供的方便。馒头最早写作"曼头"。查《说文通训定声》所列"曼"声字,多有包裹覆盖的蕴涵。"幔,幕也。从巾曼声。以巾弇蔽在上曰幔,在旁曰帷。《广雅·释诂二》:'幔,覆也。'"幔是包人在内的帐子。"幔,衣车盖也。"幔应该是幔的分别文。又:"槾,杇也。从木曼声。字亦作墁。"槾是涂裹墙壁的工具。墁也指用砖石等铺裹地面,应该是槾的引申义。"谩,欺也。"欺即蒙蔽他人。其他如水淹没某物叫漫,也因包裹而得名。所以"馒头"的构词意义是包裹了馅的像头一样的食品。有些方言中管馒头叫馍。从"莫"得声的字也有包裹义。有包裹遮蔽作用的帐子叫幕,包裹死者的地方叫墓,包裹器具的模型叫模,包裹大地的夜色叫暮,都有包裹的含义,可知馍也因包裹而得名,可资与"馒"比证。

胡朴安在《中国文字学史》(商务印书馆1937年版)中评价《说文通训定声》说:"此之谓声读,即宋时之所谓右文。形声义三者,为文字之要素。得文字之用者在于义,得文字之义者在于形与声。由形以得文字义,有许君《说文解字》五百四十部在;由声以得文字之义,有朱氏《说文通训定声》一千一百三十七声母在,此朱氏之书在文字学史上之可贵者也。"这是对《说文通训定声》在系联同源词方面的价值的肯定。

四、《说文通训定声》的不足

（一）误以引申义为假借义

确定一个意义是引申义还是假借义并不是一件容易的事，因为意义并非都是从本义直接引申出来的，有的则是辗转引申，是间接引申出来的，这种情况下如果义项掌握得不全面，词义引申的中间链条就有可能中断了，这样就无法做到"因其可通而通之"，只好归于假借义。即使义项掌握得很全面，但由于词义引申的动因比较复杂，分析者未必能发现其间的内在联系，这样也只好归于假借了事。朱骏声在假借义的判定方面犯的错误是比较多的，常常把引申义误判为假借义。下面列举数例。

晏有晚暮义。《论语·子路》："冉子退朝。子曰：'何晏也?'"朱骏声认为此义之晏为旰之假借，我们认为此义在晏的词义系统中能得到合理的解释。晏本义为天气晴朗。《说文》："晏，天清也。"晴朗则天气温暖。《正字通》："晏，日气温也。"温暖则温和、柔和。《广韵·谏韵》："晏，柔也。"《诗经·卫风·氓》："言笑晏晏，信誓旦旦。"毛传："晏晏，和柔也。"扬雄《法言·孝至》："君人者务在殷民阜财，明道信义，致帝者之用，成天地之化，使粒食之民粲也晏也。"东晋李轨注："晏，和柔。"柔和则迟缓，故柔有迟缓义，成语有"优柔寡断"，柔即迟缓之义。今甘肃临夏方言仍谓迟缓为柔。由迟缓再引申为晚暮。正如迟为迟缓，引申而有晚暮义一样。《广雅·释诂三》："迟，晚也。"

干有求取义。《论语·为政》："子张学干禄。"魏何晏集解："干，求也。"朱骏声认为此义之干为迁之假借。《说文》："迁，进也。"段玉裁注："干求字当作迁。"进为前行，与干求义看不出有什么联系。干求义应为引申而来。《说文》："干，犯也。"此非本义。《汉语大字典》："甲、金文干字象有桠杈的木棒形。古人狩猎作战，即以干为武器。"触犯义为干器之引申。干为狩猎之器，用以获取猎物，故引申为干求、求取义。

质有端正义。《楚辞·九章·怀沙》："内厚质正兮，大人所盛。""质正"同义连文，谓端正、正直。《诗经·大雅·緜》："虞芮质厥成。"朱熹集传："质，正；成，平也。"此谓虞、芮两国请求文王正其公平。《礼记·月令》："是月也，命妇官染采。……黑黄仓赤，莫不质良。"郑玄注："质，正也。"此言妇官所染布帛须色彩正而好。《仪礼·大冠礼》："质明行事。"郑玄注："质，正也。""质明"犹正旦，谓天真正明亮。《汉语大字典》和《汉语大词典》"质"下均无端正之义，盖以为此义不能成立。朱骏声认为质之正义乃準之假借，未得，应为引申义。质本义为抵押。《说文》："质，以物相赘。"引申为对质、对证。《礼记·曲礼上》："虽质君之前，臣不讳也。"郑玄注："质，对也。"由对质引申为箭靶、目标，再引申为标准、正直、平正等义。

慗有教导义。《左传·宣公十二年》："楚人慗之脱扃。"杜预注："慗，教也。"《说文》："慗，毒也。"此引申义，本义应为忌恨。其用于教导义者，朱骏声认为是諽之假借，非是，应该是引申义。諽为忌之分别文，慗为忌之异体。慗为忌恨，引申为戒忌，再由戒忌引申为告诫，告诫即教导。諽是为告诫义而造的字。《说文》："諽，诫也。"《说文》又有譬字，训为"忌也"，本义应为诫忌，实为諽之异体。譬因慗而造，諽因忌而造。《说文》区而别之，非也。

索有空无义。《尚书·牧誓》："牝鸡之晨，惟家之索。"孔安国传："索，尽也。"朱骏声认为此义乃素之假借。窃谓索之空义乃引申而来，非缘假借。《说文》："索，艸有茎叶可作绳索。"本义为绳索。绳索由多股线拧成，易于分散，故有分散义。《论衡·问孔》："如自知未足，倦极昼寝，是精神索也。"此谓精神耗散。耗散则空无，故引申为空无之义。素本义为未经染色之帛，引申为白色，再引申为空白、空无。故索、素为同义词。

宣有显示义。《左传·宣公九年》："公卿宣淫，民无效焉。"杜预注："宣，示也。"朱骏声认为此义之宣乃狗（徇之异体）之假借，非是，此义也从本义引申而来。《说文》："宣，天子宣室也。"朱氏云："当训大室也，与宽略同。"张舜徽《说文解字约注》："朱说是也。凡从亘声之字多有宽大义。宣从亘声，声中固兼义也。……古者民居甚狭而小，惟天子之宫为宽而大，故其室谓之宣室，亦犹古者民居甚卑而暗，惟天子之堂为高而朗，故其堂谓之明堂耳。"宣室宽大明亮，引申而有明白义。《左传·僖公二十七年》："民未知信，未宣其用。"杜预注："宣，明也。"由明白再引申为显露、显示。

赋有颁布义。《诗经·大雅·烝民》："天子是若，明命使赋。"毛传："赋，布也。"朱骏声认为此义乃敷之假借，《汉语大字典》《汉语大词典》等皆持此见，未得，此义也从本义引申而来。《说文》："赋，敛也。"本义为征收赋税，引申为将赋税徭役摊派下去。《左传·昭公三十二年》："属役赋丈，书以授帅。"杨伯峻注:"随国之大小,分嘱出役若干,完成工程若干丈。""赋丈"即摊派工程量。《国语·鲁语下》:"社而赋事,蒸而献功。"此谓社日集会之时分派劳作之事。由分派义再引申为颁布之义,与班由分玉义引申为颁布义殊途同归。

陬有聚居义。《广韵·侯韵》:"陬,聚居。"朱骏声认为此义为聚之假借,非是。《说文》:"陬,阪隅也。"陬指山之角落,角落为两边聚会处,因聚而得名,引申而有聚居义。

袭有因袭义,朱骏声认为此义乃䙅之假借,段玉裁亦主其说,非是。《说文》:"袭,左衽袍也。"本义指死者穿的右襟掩于左襟之上、在左腋下系带的袍衣。袍衣加在其他衣服之上,故引申为重叠、因袭之义。

集有完成义,朱骏声认为此义为就之假借,非是,应为引申义。《说文》:"集,群鸟在木上也。"本义为鸟栖止于树。引申为停止。《淮南子·本经》:"集于心,则其虑通。"高诱注:"集,止也。"由停止引申为终结、完成。《左传·成公二年》:"此车一人殿之,可以集事。"杜预注:"集,成也。"

载有事情义,朱骏声认为此义为事之假借,非是。《说文》:"载,乘也。"本义为乘坐。引申为运行。《广韵·队韵》:"载,运也。"由运行引申为施行、做事,与行由行走引申为施行、做事同类。《尚书·皋陶谟》:"亦言其人有德,乃言曰载采采。"孔安国传:"载,行;采,事也。"孔颖达疏:"载者运行之义,故为行也。此谓荐举人者称其人有德,欲使在上用之,必须言其所行之事。"《周礼·春官·大宗伯》:"大宾客,则摄而载果。"郑玄注:"载,为也。"做事为载,引申之,所做之事亦为载。《尚书·尧典》:"咨,四岳!有能奋庸熙帝之载?"孔安国传:"载,事也。"此言有恢弘帝尧之事者乎?

(二)误以古今字为通假字

朱骏声寻求本字时不考虑字的历史发展过程,而是把所有的字放在一个共时平面下,因此把许多后起字认作本字,这就掩盖了字与字之间的真实关系以及字的实际使用情况。例如,他把喜悦义之"说"看成是"悦"之借字,这是站不住的。"悦"是"说"的后出分别文,先有"说"的喜悦义,然后才有悦字。"说"表示喜悦义时还没有"悦"字,通假无从说起。《说文通训定声》中这类错误也不少。下面再举两个例子。

缩有抽引义。《战国策·秦策五》:"武安君北面再拜赐死,缩剑将自诛。""缩剑"谓抽剑。朱骏声认为缩之抽引义为搎之假借,未确。《说文》:"缩,乱也。"此乱取治理义。张舜徽《说文解字约注》："缩谓抽引丝也。抽丝所以理丝，故训为乱。"本义为抽丝。引申泛指抽引。《诗经·小雅·巷伯》"成是南箕"毛传："昔者颜叔子独处于室，邻之釐妇又独处于室，夜暴风雨至，室坏，妇人趋而至，颜叔子纳之而使执烛，放乎旦而蒸尽，缩屋而继之。"孔颖达疏："搞谓抽也。……薪尽乃抽取屋草以继之。"毛传作缩而孔疏作搞，搞是缩之分别文。章太炎《新方言·释言》："今浙江谓以散绳乱絮纵而引之曰搞。"可知搞源于缩。

《说文》："夷，平也。"此非本义。夷字从大从弓，本义应为夷人。夷人善射，故从大（人）从弓会意。其用于平义者，朱骏声认为是徥之假借。《说文》："徥，行平易也。"段玉裁注："凡平训皆当作徥，今则夷行徥废矣。"此说非是。徥乃夷之后出分别文，先有平义之夷，才有"行平易也"之徥。故平义之夷当视为本无其字之假借，或者其本字目前还不清楚。

（三）本字牵强，难以信从

通假是以古音的相同相近为前提的，然而朱骏声给出的一些本字与借字的古音差别较大，这种通假是难以成立的。例如：

校有计较义。《论语·泰伯》："有若无，实若虚，犯而不校。"何晏集解引包咸曰："校，报也。"《说文》："校，木囚也。"本义为枷械类的刑具，与计较义无关，其用于计较义当属假借。朱骏声认为是覈之假借。覈为匣母锡部，校为见母宵部，二字读音有隔。窃谓当是斠（jiào）之假借。《说文》："斠，平斗斛也。"本义为量谷物时用器具使谷物与斗斛齐平，引申为较量、计较之义，此义多写作较或校。徐锴系传："斠，量之。今作较。"

宰有坟冢义，朱骏声认为是冢之假借。宰为精母之部，冢为端母东部，二字声韵皆异，未得通假。窃谓冢义之宰当为堥之借字，堥为清母之部，与宰音近，故得相通。《方言》第十三："冢，秦晋之间谓之坟，……或谓之堥。"《广雅·释丘》："堥，冢也。"王念孙疏证："堥之言宰也，宰亦高貌也。《列子·天瑞篇》云：'望其圹，宰如也。'《僖三十三年公羊传》：'宰上之木拱矣。'何休注云：'宰，冢也。'宰与堥声相近，故冢谓之堥，亦谓之宰，官谓之寀，亦谓之宰，事谓之采，亦谓之縡（zài）。《方言》注云：'古者卿大夫有采地，死葬之，因名曰堥。'其失也凿矣。"宰之坟冢义本字应为堥，王氏谓"堥之言宰"，而以郭璞注为谬，非探本之论。

充有备办义。《公羊传·桓公四年》："三曰充君之庖。"何休注："充，备也。"朱骏声认为备义之充为窒之假借。按：充为昌母冬部，窒端母质部，声韵皆异，未得通假。《说文》："充，长也，高也。"本义为长大。引申为充满、满足，由满足引申为供给、备办。

诘朝之诘取何义，古来不得其解。诘有追问、责备、整治、禁止等义，皆与"诘朝"无关。王煦《小尔雅疏》云："诘朝之义，未见确训。《周书·立政》云：'其克诘尔戎兵。'则诘有平治之义。《周官·大司寇》：'诘四方。'则诘有明问之义。故杜氏借训为平旦、为明朝，义或然也。"诘无"平""明"之义。王说牵强。明赵宧光《说文长笺》云："诘朝当本作喆朝，喆，古哲字，借明也，故明朝为喆朝。今俗以喆为诘，因诘、喆形溷而误。"哲之为明乃明智义，未见用于天明者，故此说亦难惬人意。朱骏声认为诘为昕之假借。诘为溪母质部，昕为晓母文部，声韵皆异，未得通假。疑诘为届之假借。届为见母质部，与诘音近。"诘朝"谓至朝，与"届时"同例。类似说法典籍常见。《左传·哀公六年》："遂行，逮夜至于齐。""逮夜"谓至夜。《史记·卫将军骠骑列传》："迟明，行二百馀里，不得单于。"迟有及、至之义。刘向《列女传·齐宿瘤女》："迟其至也，宿瘤，骇，诸夫人皆掩口而笑。""迟其至"谓及其至。"迟明""迟旦"即及明、及旦。《三国志·魏书·臧霸传》："霸夜追之。比明，行百馀里，邀贼前后击之。"比有及、至义。《孟子·梁惠王下》："王之臣有托其妻子于其友而之楚游者，比其反也，则冻馁其妻子，则如之何？""比明"谓及明。又有"达明""会明"之说。《颜氏家训·勉学》："博士一夜共披寻之，达明，乃来谢。"《汉书·霍去病传》："会明，行二百馀里，不得单于。"王念孙《读书杂志·汉书第一》："会亦比及之意。""逮夜""迟旦""比明""达明""会明"等语皆可为"诘朝"即"届朝"之比证。

牵强的另一种表现是给出的本字没有借字所表示的意义。例如：

瞢有惭愧义。《国语·晋语三》："臣得其志而使君瞢，是犯也。"韦昭注："瞢，惭也。"瞢的本义为视力模糊不清。《说文》："瞢，目不明也。"看不出与惭愧义有什么联系，应属假借。朱骏声认为是懑之假借，但懑未见有惭愧义，不知朱氏何出此见。窃谓瞢当为憜之假借。《玉篇》："憜，惭也。"晋陆机《赠递士龙》诗之四："府惭堂构，仰憜先灵。""惭""憜"对文同义。《说文》："懜，不明也。"《集韵·董韵》："懵，心乱。或从梦。"懜之本义为心中迷乱不明，愧心则慌乱，故引申为惭愧之义。《说文》无懵字，懵为懜之后出异体。瞢为目不明，懜为心不明，音同义通，为同源词。

戚本义为斧类兵器。《说文》:"戚,戉也。"戉即钺之初文。其用于亲近义者,朱骏声认为"叚借为族,实为属",然族、属皆无亲近义。窃谓当是促之假借。促有近义。《说文》:"促,迫也。"迫即迫近、接近。《广雅·释诂三》:"促,近也。"《史记·滑稽列传》:"日暮酒阑,合尊促坐,男女同席,履舄交错。""促坐"谓靠近而坐。今言"促膝谈心","促膝"谓膝相靠近。戚为清母觉部,促为清母屋部,读音相近,故可通假。《集韵·烛韵》:"促,《说文》:'迫也。'或作戚。"《孔子家语·曲礼·子夏问》:"周以戚,吾从殷。"王肃注:"戚,犹促也。"

另外,朱骏声把形误字也列在"叚借"项下,虽然这种材料对使用者有便利之处,但对《说文通训定声》而言是自乱其例,形误毕竟与假借无关。如《孚部》"首"下:"《尔雅·释畜四》:'蹄皆白首。'此𩬊字之误。"还应注意的是,书中征引的资料虽然很丰富,但大多是间接转抄来的,尤以抄自《经籍籑诂》者为多,这就难免出现差错,我们在使用时最好复核一下原书。

附:有关研究《说文通训定声》的论著(限于公开出版者)

1. 朱师辙:《谈〈说文通训定声〉》,《艺林丛录》第 5 编,(香港)商务印书馆 1964 年版。

2. 朱星:《评〈说文通训定声〉》,《北京师范大学学报》1978 年第 5 期。

3. 盛九畴:《朱骏声及其〈说文通训定声〉》,《学术论坛》1979 年第 3 期。

4. 张永言:《〈说文通训定声〉简介》,《文史知识》1983 年第 2 期。

5. 房建昌:《朱骏声与〈说文通训定声〉》,《辞书研究》1984 年第 2 期。

6. 汪耀楠:《朱骏声〈说文通训定声〉的假借理论和实践》,《湖北大学学报》1985 年第 4 期。

7. 薛安勤:《〈说文通训定声〉中的说文》,《辽宁师范大学学报》1986 年第 6 期。

8. 刘跃进:《朱骏声〈说文通训定声〉著目述略》,《清华大学学报》1987 年第 2 期。

9. 林寒生：《〈说文通训定声〉的词义研究》，《辞书研究》1987 年第 2 期。

10. 裔耀华：《朱骏声和〈说文通训定声〉》，《合肥工业大学学报》1988 年第 1 期。

11. 少华：《〈说文通训定声〉声符的数目》，《辞书研究》1989 年第 3 期。

12. 杨一青：《朱骏声转音理论初探》，《古汉语研究》1995 年第 2 期。

13. 陈秘水：《试论〈说文通训定声〉对〈内经〉词义训释的特点与贡献》，《天津中医学院学报》1995 年第 3 期。

14. 朴兴洙：《从右文说看〈说文通训定声〉》，《南京师范大学文学院学报》2001 年第 4 期。

15. 赵廷深、赵秀梅：《朱骏声假借说的严重缺陷及其影响》，《山东师范大学学报》2003 年第 1 期。

16. 白兆麟：《再论〈说文通训定声〉》，《杭州师范学院学报》2003 年第 6 期。

17. 安兰朋：《〈说文通训定声〉之文字分化研究》，《淮北煤炭师范学院学报》2006 年第 5 期。

18. 何书：《试论朱骏声〈说文通训定声〉词义引申研究中的"义素"分析思想》，《南昌航空工业学院学报》2006 年第 4 期。

19. 安兰朋：《论朱骏声的转注理论》，《河北经贸大学学报（综合版）》2007 年第 2 期。

20. 吕玲娜、王桂花：《〈说文通训定声〉与同源词研究》，《现代语文（语言研究版）》2007 年第 2 期。

21. 宋海荣：《对〈说文通训定声〉中"假借"的认识》，《井冈山学院学报》2008 年第 3 期。

22. 赵云霞：《〈说文通训定声〉通假字船禅二母研究》，《文教资料》2009 年第 7 期。

23. 周法高音，张日昇、林洁明合编：《说文通训定声目录》，（台北）三民书局 1973 年版。

24. 殷晋龄：《说文通训定声声母千文纂注》，（台北）文史古籍出版社 1996 年版。

25. 李溪雄:《朱骏声〈说文通训定声〉研究》,(香港)商务印书馆 1996 年版。

(原载《说文学研究》第 2 辑,崇文书局 2006 年版)

五笔号码检字法

中文工具书虽然堪称汗牛充栋，但它的检索方法却很落后，使用起来颇为不便。无论是部首法、笔画法、音序法还是四角号码法，都有其种种缺点，制约着检索的准确迅速。为了提高检索效率，我们设计了一套新的检索方案。因为取一个字的五个笔画为号，所以名为"五笔号码检字法"。该方案由三部分组成。

一、笔画和代码

代码	1	2	3	4	5	6	7	8
笔名	点	横	竖	撇	捺	挑	折	钩
笔画	、	一	丨	丿	、	ˊ	ㄱㄱㄴㄴ ㄥㄅㄋㄑ	ㄱㄥㄥㄥㄥ ㄟㄣㄋㄥㄥ

为方便记忆，可采用如下口诀：

点 1 横 2 竖为 3，撇 4 捺 5 挑为 6。

拐角无钩都是 7，只要带钩就算 8。

二、取号规则

l. 每个字由 5 个号码组成，依次取开始两笔及结束三笔的笔画代号，不足五笔的以 0 补足缺号。为检索醒目，最后一个号码以附号的形式排列，即以小号数字排于右下角。例如：

$$第一笔4 \quad\quad =4334_5$$

$$第二笔3 \quad 集$$

$$第四笔4 \quad\quad 第三笔3 \quad\quad 第五笔5$$

$$思 = 3781_1 \qquad 广 = 1240_0 \qquad 益 = 1433_2$$

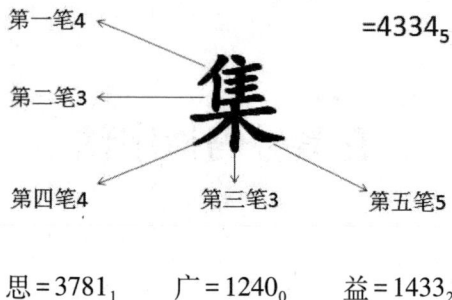

2. 结束三笔为"口"形时，整体取作9，作为最后一个号码。另取"口"形前面两笔作为第三、第四两号。例如：

$$落 = 2375_9 \qquad 后 = 4420_9 \qquad 石 = 2400_9$$

三、笔形以《印刷通用汉字字形表》的规定为准

正	⺊$_1$ 言^1 蚕^2 比^4 ⁴亦 ⁴四⁷
误	⺊$_5$ 言^2 蚕^4 比$_2$ ¹亦 ³四³

目前流行的检索方法中四角号码是较为方便的。跟四角号码相比，我们这一方案有三个优点。

其一是规则只有两条，简单明确，一学即会，在小学阶段就可以推广。四角号码的规则及各种补充说明多达十几条，不易记忆，再加上四角号码还有旧法与新法之别，使用者两法都得掌握，这就更加重了记忆的负担。

其二是该方案据笔画取号，号码易于确定，因为一个字由哪些笔画组成一般是很明确的。四角号码据笔形取号，一个标准笔形有多种变形，不易判定。如方框笔形的代码是6，但"尸"的上半尽管像方框，却不取6。"小"字形的代码是9，但"恭"字下两角取作33，不取93。由于笔形的确定缺乏明确的标准，影响检索的准确性。

其三是本方案取号以笔顺为序，规律性较强，因为绝大多数汉字的笔顺是固定的，习惯上有不同笔顺的字是个别的。而且为了使汉字适应现代化的要

求，汉字笔顺的标准化、统一化也势在必行，一旦制定出统一的笔顺，本方案的取号可以做到准确无误。四角号码在取哪个笔形为号方面规律性较差，易于出错。如"宝"第一角取点形（3），这是取中而非取角；"少"的最后一撇从右下角通到左下角，应该算哪个角的笔形呢？"丘"似可取 2010_2、7110_2、7210_2 等号。可以说，四角笔形的难以确定是四角号码的致命弱点。

通过以上比较，可以看出我们的方案自有其优于四角号码之处。我们在烟台大学中文系 92·5 班讲授"工具书使用法"的课程时，让同学们分别用本方案和四角号码给同一段文字进行编码练习，同学们普遍反映本方案简便易学，四角号码则难以把握。

如此简易的方案会不会造成很多重码字呢？我们也可以跟四角号码作一比较。《现代汉语词典》（第 1 版）约收了 9700 个单字（不计异体繁体），它的《四角号码检字表》中 4422_7 号下有 30 个重码字，7722_7 号下有 20 个重码字，而按我们的方案对这 9700 个单字进行编码的结果是，4324_5 和 4823_2 两个号码重码字最多，前者有 20 个，后者有 17 个，可见我们方案的重码字比四角号码只少不多。如果重码字在排列时把部首相同的排在一起，检字更为醒目迅速。如 2323_9 号下有 6 个字，可排作：枯枯楛楛苦聒。

（原载《图书馆学研究》1994 年第 4 期）

汉语拼音文字方案

一、引　言

迄今为止，汉字的优点和缺点凡是人们能看得见的、能想得出的，都已巨细不遗地摆出来了，今后如果不是老调重弹的话，恐怕没多少剩意可挖了。然而人们的认识并未取得统一，汉字优越派与汉字落后派仍然壁垒分明，眈眈相视。这也不能全怪哪一派过于固执，因为汉字确实既有种种为拼音文字所不具备的优点，又有许多毋庸讳言的缺点。那么利弊孰大孰小呢？由于汉语的拼音文字只存在于想象当中，无法与汉字做切实的比较，所以利弊的大小也难以说得清楚。你说拼音文字这也行，那也好，我说它这也不能适应汉语，那也对汉语无能为力，末了谁也说服不了谁。看来在笔墨领域这场官司谁也赢不了啦。实践是检验真理的唯一标准。眼下的当务之急是研制出一套拼音文字来，在小范围内试加应用，这样哪个方便，哪个不方便，学习使用者自然心领神会。

应该看到，现在研制并试行汉语拼音文字的时机已经成熟。首先，汉语拼音方案在 1958 年公布以来，已推行了三十多年，得到广泛应用，如今已是家喻户晓，老少皆知，这就为推行拼音文字打好了基础。其次，改革开放以来，西方的语言文字尤其是英语在我国得到广泛的学习，这培养了人们对拼音文字的惯熟心理，从而为推行拼音文字做好了心理准备。最后，现在的社会生产日益成为国际化的大生产，市场也已形成统一的国际大市场，自给自足的生产模式意味着落后挨打。要想在国际大市场中处于有利的地位，就必须以最快的速度掌握最新的信息，而汉字与国际化格格不入，传递信息少慢差费。一个科技术语，拼音文字可以直接拿来用于他们的语言，汉字却翻译成形形色色的名称，徒生困扰。拼音文字进入电脑轻松自如，汉字却引发了"万码奔腾"的竞赛场面，热闹则是热闹，但却不是社会必要劳动，它的价值国际市场上是不予承认的，所以信息时代呼唤拼音文字的诞生。1992 年，美洲中国文字改革促进会就向中国国家语委建议在汉语拼音方案的基础上拟定并推行拼音文字，这是顺应时代要求的建议。为了加快文字现代化的步伐，我们研制了这套拼音文字方案，供学术研究及国家决策机构参考。

二、原　则

1. 本方案以汉语拼音方案为基础，但对拼音方案做了如下改动：

1）文字的书写形式越短越经济，因此，拼音方案中不发音的符号一律省去。具体来说就是：

（1）-ng 省去 n，如 eng 写作 eg、uang 写作 uag 等。

（2）yi、yin、ying 省去 y。

（3）wu 省去 w。

（4）yu、yue、yuan、yun 省去 u，而将 y 读作 ü。

2）i 行与 u 行的韵母，前面没有声母时保持不变，即 i 不写作 y，u 不写作 w。

3）ong、iong 两个韵母拼音方言列在开口呼和齐齿呼，但从实际发音来看，ong 属于合口呼，iong 属于撮口呼。因此，本方案将 ong 改作 ug，将 iong 改作 yg。

4）ü 不便书写打印，改作 y，即 ü、üe、üan、ün 改作 y、ye、yan、yn。

5）声调符号改用字母表示，以便书写打印。

调名	调符	说明
第一声	i	取"一"的读音
第二声	e	取"二"的拼音首字母
第三声	v	取与拼音方案第三声调号近似的字母
第四声	s	取"四"的拼音首字母

2. 绝大多数的人认定拼音文字的设计以词的切分为前提，这恐怕是受了西方文字的束缚。其实汉语以单音节语素为基础，词也好，句也罢，都由单音节语素组合而成，这是汉语词汇的本质特征。因此，汉民族心目中音节（字）的概念清晰可辨，词的概念则模糊不清。根据汉语的这一特点，拼音文字的设

计应以字为对象，无须考虑词的问题。这倒不是说词儿连写没有积极意义，也不是说以字为对象设计的拼音文字不能词儿连写，而是说词儿连写只是一种书写习惯，需要逐渐培养，要求词儿连写与拼音文字一步到位是不切实际的。

原则上每个汉字都可有一个相应的拼音字，但从使用的角度来看，为所有的汉字配上拼音字显然是没有必要的。因为拼音文字是用来记载现代汉语的，现代汉语的用字则十分有限。有关部门对文艺作品、新闻通讯和杂志、口语材料、自然科学和技术、社会科学和哲学五个方面的材料作过抽样统计，得出如下现代汉语中的用字数据①：

汉字频率 高低排序	10	40	160	950	2400	3800	5200	6600
累计出现频率	11%	25%	50%	90%	99%	99.9%	99.99%	99.999%

这就是说，有 6600 个汉字就可覆盖现代汉语用字的 99.999%。1981 年国家标准局公布的《信息交换用汉字编码字符集》共收汉字 6763 个，基本上反映了现代汉语中通用汉字的数量。根据以上数据，我们只要为 9000 个左右的汉字设计出相应的拼音字，记载现代汉语就不会有什么困难了。至于偶而使用的个别僻字，可直接写出汉字，如同日语夹杂使用汉字一样。

3. 拼音文字必须有规律，有理据，可以转换为相应的汉字，只有这样才容易记忆，便于人们通过汉字学习拼音文字或通过拼音文字学习汉字。根据这一要求，我们设计的一个拼音字由以下成分构成：

声母+韵母+调号+义类符号+义素符号+词性符号

前三种成分反映拼音字的读音，义类符号和义素符号提示拼音字的意义以及与汉字的联系，词性符号说明拼音字的用法。这六种成分中只有声母（包括零声母）和韵母是每个拼音字必须具备的，其他成分则或有或无。

义类符号标记拼音字的意义范畴，原则上取汉字意符读音的首字母。如"癔"的意符是病旁，所以它的义类符号是 b，表示此字与病有关。意符的读音指现代汉语中通行名称的读音，而不是指传统的部首读音。如"宀"统称

① 钱乃荣主编：《现代汉语》，高等教育出版社 1990 年版，第 596 页。

宝盖头，所以它的提示符号应为 b，而不能据传统读音 mián 取 m，因为传统读音不为大众所熟悉。义类符号有时也取名称中心字的首字母，而不取名称第一个字的首字母。如"刂"通常叫立刀，提示符号取 d 不取 l。会意字的义类符号按先左后右、先上后下、先内后外的顺序来取。如"鸣"取 k 不取 n，"匠"取 j 不取 k。

对于没有意符（独体字）或者看不出意符（如"垂"）的字，义类符号用 w 或 u 来标记，取"无"的拼音。

义素符号标记拼音字的具体字义，取通常解释中心字的首字母。如"刈"通常释为割，所以它的义素符号是 g；"弈"通常释为围棋，它的义素符号取"棋"的首字母 q。有时也取通常解释两个字的首字母。如"懿"取 dm，表示"德美"之义。

义类符号和义素符号如果是 zh、ch、sh，在字形不冲突的情况下省作 z、c、s。

词性符号只在以上符号无法分化同形字的情况下才使用。词性符号取此类名称首字母或英语词类名称首字母。具体符号如下：

| m：名词 | d：动词 | x：形容词 | p：代词（英语 pronoun） | s：数词 | l：量词 |
| f：副词 | j：介词 | z：助词 | c：连词（英语 conjunction） | n：拟声词（含叹词） |

4. 上述设计拼音字的原则在理论上能否行得通呢？回答是肯定的。汉字不带声调的音节约 400 个，带声调的音节约 1300 个，加入义类符号就有 1300×26（字母总数）= 33800 个，如果再加入义素符号，就有 33800×26 = 878800 个，总计可有 914300 个不重复的字形，这对造 9000 个左右的拼音字来说绰绰有余。

5. 拼音字的长短也是一个必须考虑的问题，如果太长，就会造成时间和空间的浪费。按上述设计原则，最短的只有一个字母，最长的可有 8 个字母。根据国家计委汉字信息处理工程办公室研制的《汉字频度表》，一至三级字共 1500 个，占全部出版物及日常用字的 95.898%，而按照我们的设计方案，不带声调的字形与带声调的字形共有 1700 个，这样占现代汉语用字约 96% 的拼音字最长不超过 6 个字母，其中 4 个字母以下的拼音字居多，拼音字的这种长度状况是符合经济原则的。

6. 从不单用的字可以只用声调的形式来表示，即可与另一常用字同形。为了避免可能出现的冲突，书写时不单用的字与另一附着字连写在一起。假设用 shi 表示"是"，"鸸"从不单用，也可用 shi 表示，拼写"鸸鸠"时作 shiji-uin，以跟 shi jiuin（是鸠）相区别。

7. 多音字据常见读音设计字形，其他读音在词典中用拼音方案予以注明。

三、示　例

《现代汉语词典》约收了 9700 个单字（不计异体繁体），其中同音字最多的是 yì 这个音节，有 86 个字。下面我们应用上述原则试为这 80 多个字设计拼音字，以验证这一方案的可行性。

首先，应将其中 14 个字排除在外。瘱、黳、喑、苅、薿、佚分别是呓、翳、悒、刈、艺、逸的异体，轶完全可用逸代替，无须为这些异体字设计拼音字。衣、嗌、一、肔、艾、食、昳另有常见读音，应据其常见读音设计。其余72 字的拼音字拟定如下，并对其构造略作说明。声韵调三种成分只在首次出现时予以说明，以后从略，读者可类推而知。

义 i：常用，所以用最简形式表示。

蜴 i：不单用，可与"义"同形。

意 is：s 是声调。

独 is：不单用，可与"意"同形。

议 yi：采用拼音方案的写法。

峄 yi：专名，可用常用同音字代替。

异 yis

乂 isa：a 是义素符号，取"安定"义的首字母。

疫 isb：b 是义类符号。

癔 isbj：j 是义素符号，取"精神病"的首字母。

瘗 isbm：m 取自义素"埋"

艺 isc：c 取自义类"草"。

薏 iscd：d 取自义素"多年生"。

蜴 isch：ch 取自义素"虫"。

役 iscl：c 是义类"彳"的声母的省略。l 取自义素"劳役"。

奕 isd：d 取自义类"大"。

剞 isdg：d 取自义类"刀"。g 取自义素"割"。

懿 isdm：dm 取自义素"德美"。

殪 isds：d 取自义类"歹"。s 取自义素"死"。

鹅 ise：e 取自义素"鹅叫声"。

翊 isf：f 取自义素"辅佐"。

刈 isg：g 取自义素"割"。

廙 isgj：g 是义类"广"的声母。j 取自义素"敬"。

熠 ish：h 取自义类"火"。

燚 issh：sh 取自义类"四火"。

谊 isi：i 取自义类"言"。

诣 isd：d 取自义素"到"。

译 isif：f 取自义素"翻译"。

裔 isih：i 取自义类"衣"。h 取自义素"后代"。

镱 isj：j 取自义类"金"。

镒 isjl：l 表示量词。

邑 isk：k 取自义类"口"。

呓 iskm：m 取自义素"梦话"。

勩 isl：l 取自义类"力"。

益 ism：m 取自义类"皿"。

枻 ismj：j 取自义素"桨"。

驿 ismz：z 取自义素"站"。

杙 ismzh：zh 取自义素"桩"。mzh 也可理解为对词义"木桩"的提示。

鹝 isn：n 取自义类"鸟"。

鹢 isnj：j 取自义素"吐绶鸡"。

嫕 isnx：x 表示形容词。

逸 isp：p 取自义素"跑"。

弈 isq：q 取自义素"棋"。

亿 isr：r 取自义类"人"。

佾 isrh：h 取自义素"行列"。

曀 isri：i 取自义素"阴"。

伇 isry：y 取自义素"勇"。

溢 iss：s 取自义类"水"。

缢 issd：d 取自义素"吊死"。

馊 issf：s 取自义类"食"。f 取自义素"腐败"。sf 提示"食物腐败"之义。

屹 issg：g 取自义素"高耸"。sg 提示"山峰高耸"之义。

抑 issh：sh 取自义类"手"。

挹 issi：i 取自义素"舀"。si 提示"手舀"之义。

绎 issj：j 取自义类"绞丝"。

泆 issl：l 取自义素"水流出来"之"流"。

浥 isss：s 取自义素"湿"。ss 提示"水湿"之义。

塲 ist

易 isu：u 表示无意符。

毅 isuj：j 取自义素"坚决"。

亦 isw：w 表示无意符。

弋 iswj：j 取自义素"箭"。

忆 isx

悒 isxc：c 取自义素"忧愁"。xc 提示"心中忧愁"之义。

怿 isxh：h 取自义素"欢喜"。xh 提示"心中欢喜"之义。

臆 isy：y 取自义类"月"。

翼 isyc：c 取自义素"翅膀"。

鲐 isyh：h 取自义素"海洋生物"。

翌 isym：m 取自义素"明"。

羿 isyr：r 取自义素"人名"。

肄 isyx：y 取自义类"聿"。x 取自义素"学习"。

翳 isyz：z 取自义素"遮蔽"。

四、释　疑

看了我们上面设计的拼音字，人们也许会产生种种质疑。

其一是这种拼音文字的构造虽然都有理据可说，但义素符号的人为性较大，规律性不强。这是事实。不过我们应该明白：

首先，任何文字都只是一套人为约定的书写符号系统，不存在天然的逻辑规律，不可能像元素周期表那样类推。正因如此，任何文字系统都需要刻苦学习、逐个记忆才能掌握。

其次，我们这种人为性跟汉字及其他拼音文字的构造相比要合理得多。汉字如"相"从木从目，但它的意思既不是木质眼睛，也不是眼看树木。象形字自楷化以来象形意味消失殆尽，占汉字总数80%以上的形声字大多数不能准确标音。对汉字构造的这种没有多少道理的理据不少人津津乐道，比较而言，我们设计的这种直接提示字义的符号不能不说是一种进步。其他的拼音文字都只是对语音的描写，单个的字母是没有意义的，无理据可说，也并非总是与口语中词的读音一一对应，所以不如我们这种文字易记。

其二是我们这种文字输入电脑时一般要击4次键，而汉字优秀的编码已达到每字平均只击2键的水平，这是不是意味着拼音文字对现代科技的适应性比汉字更差呢？问题不能这么看。汉字的快速输入是以死记大量繁杂的编码规则为代价的，而且人们打字时大脑要不停地将汉字转换为编码，这无疑大大增加了使用者的劳动紧张程度，使人容易疲劳。拼音文字未尝不能设计编码。如果拼音文字也提取出一些"字根"，用繁杂的编码来输入，速度不见得就比汉字慢。再说文字对现代科技的适应也不仅输入电脑一个方面，其他像文献资料的检索，外来词尤其是科技术语的引进等，都是汉字远远不如拼音字。

其三是目前普通话并没有完全普及，许多人能听不会说，如果改用拼音文字，不会讲普通话的人将怎样阅读？我们认为这种担心是多余的，事实上根本不存在怎样读的问题。英语同样存在许多方言，有些方言人们甚至很难听得懂，如伦敦的 cockney 方言①，但书面语仍是统一的英文。以为拼音文字对所有使用它的人来说都是"我手写我口"，这是一种误解，世界上不存在这样的拼音文字。一方面，对汉语拼音文字，我们提倡按标准的普通话去读，但也不反对按各自的方音去读，这跟汉字的情形是完全一样的。另一方面，推行拼音文字并不是说要马上停止使用汉字，而是必然有一个两种文字并行的过渡过程。在初期阶段，拼音文字的使用范围可能比汉字要小。随着人们接受程度的提高，使用者不断增多，应用范围不断扩大，最终取得绝对优势。双文制自然

---

① 参见秦秀白：《英语简史》，湖南教育出版社1983年版，第145页。

会造成几代人时间精力的浪费，因为他们不得不掌握两种文字，但从长远的利益考虑，这种牺牲是值得的。分娩必然伴随着阵痛，但却为后世留下了新的生命。如果害怕阵痛而不生孩子，人类就只好从地球上消失了。

还有一个人们担心较多的问题是：拼音文字能对付得了汉语的同音词吗？我们经常看到人们以赵元任先生编的《施氏食狮史》这样一个极端的例子来怀疑拼音文字对汉语的适应能力。这里我们不妨用本方案将这段文字拼写出来，以消除人们的疑虑。

shiew shisb shiiu shisr shiif shisx，　shisa shiiq，　shisij shiech shie shiiq。
石　室　诗　士　施　氏，　　嗜　狮，　　誓　食　十　狮。

shisx shier　shier shisz shisw shiss shiiq。　shie shier，shisz shie shiiq shisz shisw，
氏　时　时　适　市　视　狮。　　十　时，　适　十　狮　适　市，

shi shier，shisz shiif shisx shisz shisw。shisx shiss shi shie shiiq，shisil shivj shisl，
是　时　适　施　氏　适　市。氏　视　是　十　狮，　恃　矢　势，

shivr shi shie shiiq　shisu shis。shisx shiej shi shie shiiq shiiw，shisz shiew shisb。
使　是　十　狮　逝　世。氏　拾　是　十　狮　尸，　适　石　室。

shiew shisb shiis，　shisx shivr shisf shissh shiew shisb。　shiew shisb shissh，　shisx
石　室　湿，　氏　使　侍　拭　石　室。　石　室　拭，　氏

shien shisi shiech shi shie shiiq　shiiw。shiech shier，shien shiei shi shie shiiq shiiw，
始　试　食　是　十　狮　尸。食　时　始　识　是　十　狮　尸，

shieb shie shiew shiiq shiiw。　shisi shisj shi shism。
实　十　石　狮　尸。　试　释　是　事。

这不是拼写得好好儿的吗？不少人之所以想象拼音文字无法记载这样的话语，大概是受了拼音方案的束缚。拼音方案只是注音方案，注音方案对同音字要用同一符号去标注，拼音文字则要求尽可能地把同音词在形式上区别开来，二者性质不同，未可等量齐观。

我们恳切希望海内外热心汉语拼音文字的人士对本方案提出宝贵意见。我们计划在听取大家意见的基础上设计出 9000 个左右的拼音字，编成一部划时代的新《说文解字》，从而将汉字拼音化推向一个崭新的阶段。

（原载韩国《中国人文科学》第 13 辑，1994 年版）

语 法 编

"其"字的一种特殊用法

在上古汉语里，有这么一种格式：否定词+其+V（V表示谓词）。例如：

（1）不其或稽，自怒曷瘳？（《尚书·盘庚中》）

（2）我不敢知曰：不其延。（《尚书·召诰》）

（3）我亦不敢知曰：不其延。（《尚书·召诰》）

（4）汝惟小子，未其有若汝封之心。（《尚书·康诰》）

（5）无若火始焰焰，厥攸灼叙，弗其绝厥若。（《尚书·洛诰》）

（6）下民胥怨，财力单竭，手足靡措，弗堪戴上，不其乱而？（《逸周书·芮良夫》）

（7）才难，不其然乎？（《论语·泰伯》）

（8）多而骤立，不其集亡。（《国语·晋语》）

（9）鬼犹求食，若敖氏之鬼不其馁而？（《左传·宣公四年》）

（10）受楚之功而取货于郑，不可谓国。秦不其然。（《左传·襄公二十六年》）

（11）以德为怨，秦不其然。（《左传·僖公十五年》）

"其"的这种用法在周秦典籍中比较少见。后世也偶尔有一些仿造的句子，近乎成语：

（12）先儒所传皆不其然。（晋·杜预：《左传序》）

（13）修史者竟采以入传，不其陋欤？（清·丁谦：《〈梁书·夷貊传〉地理考证》）

这些例句中的"其"该怎么理解呢？清刘淇《助字辨略》中将例（7）中的"其"释为"岂"，例（12）中的"其"释为"语助"。王引之《经传释

词》中将例（1）中的"其"释为"之"，（2）—（5）当中的"其"释为
"语助"。杨树达《词诠》认为例（1）中的"其""用同'之'，用于宾位"，
（2）—（5）当中的"其"是"句中助词，无义"，例（7）中的"其"是副
词"殆"之义。周光午《先秦否定句代词宾语位置问题》（《中国语文》杂志
社编《语法论集》第3集，中华书局1959年版）一文把（1）—（5）中的
"其"看作是前置的代词宾语。可以看出，人们的意见是比较分歧的。

虽说在周代典籍中"其"字的这种用法屈指可数，但在殷墟卜辞中却是
俯拾即是。例如：

（14）贞：臣不其执。王占曰：其执。（乙2093）

（15）亘贞：不其得。王占曰：其得。（乙819拼合版）

（16）不其雨。（续4、21、7）

（17）比较：今夕其雨。（甲3404）

（18）帝不我其受又。（通366）

按：例（18）"受"的受事"我"在否定句中前置，"不其"被分开，可
知"其"绝非前主宾语。

从上面的例子来看，"不其V"与"其V"往往相对。"其来"之"其"
为表示揣测语气的副词，世无异议，然则"不其来"之"其"自然也是表示
揣测语气的副词。推而广之，"否定词+其+V"结构中的"其"都应该是语气
副词，不能作几种不同的解释。这种观点还可以从典籍中找到其他一些证据。
例（10）"秦不其然"一作"秦其不然"，两个"其"自当为同一成分，而后
一"其"是公认的语气副词。下面两例中"其"都在"不"前：

（19）以德为怨，君其不然。（《国语·晋语》）

（20）其不然与？（《礼记·檀弓上》）

试将此两例与例（11）（7）作一比较，也不难得出"不其"之"其"为
语气副词的结论。

大概在殷商时期的汉语里，当否定词和语气副词"其"同时修饰动词性
词语时，通常的语序是否定词在"其"的前面，这在殷墟卜辞中没有例外。

后来否定词向动词性词语靠拢，语序发生了变化。"秦不其然"一作"秦其不然"大约就是这种变化留下的痕迹。这种变化在周代已经完成，周代文献中个别"否定词+其+V"句式仅仅是早期汉语的孑遗而已。

（原载《古汉语研究》1989 年第 3 期）

也谈人称代词"其"

姜宝琦同志《谈谈与人称代词"其"有关的句式及对"其"的训释》一文（《中国语文》1982年第3期，下称姜文）认为，"先秦两汉第三人称代词'其'应训释为'名词+之'"，而不能解释为"他""他的"。不能解释为"他"，也就是说不能作主语和宾语，这是目前学术界比较一致的看法。有两个例子常被人们引来作为说明"其=名词+之"的典型例句：

（1）孟子，吾见师之出而不见其入也。（《左传·僖公三十二年》）
（2）且夫水之积也不厚，则其负大舟也无力。（《庄子·逍遥游》）

认为"其入"等于"师之入"，"其负大舟"等于"水之负大舟"。我们认为这种观点是值得商榷的。

首先，"师之出""水之积"中的那个"之"是可有可无的，并不是非出现不可。例如：

（3）彼知矉美而不知矉之所以美。（《庄子·天运》）
（4）吾所以有天下者何？项氏之所以失天下者何？（《汉书·高帝纪》）
（5）民望之，若大旱之望云霓也。（《孟子·梁惠王下》）
　　　民之望之，若大旱之望雨也。（《孟子·滕文公下》）
（6）善人赏而暴人罚，则国必治矣。（《墨子·尚同下》）
　　　善人之赏而暴人之罚，则家必治矣。（《墨子·尚同下》）
（7）此十五人者为其臣也，皆夙兴夜寐。（《韩非子·说疑》）
　　　此九人者之为其臣也，皆朋党比周以事其君。（《韩非子·说疑》）

326

例（3）"瞽美"之间不用"之"而"瞽之所以美"用"之"，例（4）前一分句主谓之间不用"之"而后一分句用"之"，（5）（6）（7）三例都是同一人说的同一含义的话，有时用"之"，有时则不用，这表明主谓之间用"之"与否带有很大的随意性。既然"彼知瞽美"是合乎先秦语法的，那么"吾见师之出"说成"吾见师出"也是合乎规则的。既然"师之出"的"之"可以不出现，我们又怎么能根据"师之出"得出"其人"＝"师之入"的结论呢？要是本来没有那个"之"，结论岂不正好相反？主谓之间用"之"的随意性，使得拿类推的方法证明"其＝名+之"不能成立。

其次，有时"其"用于泛指，没有什么具体的称代对象，这种情况下就不好说"其＝名+之"，因为"名词"不存在。如"爱之欲其生，恶之欲其死"（《论语·颜渊》），这两个"其"等于哪个"名词"+"之"呢？说不出来。

再次，有时"其"虽有具体称代对象，但不能用"名词+之"替换。如：

（8）始也吾以为其人也，而今非也。（《庄子·养生主》）〔其，指秦失。〕

（9）孟贲过於河，先其五（伍）。船人怒，而以楫虎其头，顾不知其孟贲也。（《吕氏春秋·必已》）

若按"其＝名词+之"的公式去套，前一例就成了"始也吾以为秦失之人也"，后一例则成了"顾不知孟贲之孟贲也"，这样的话似乎属于"不辞"。

由此可见，把上古汉语中的"其"一概视为"名词+之"是有困难的。我们认为"其"在上古是可以作主语的。例如：

（10）其自为谋也则过矣，其为吾先君谋也则忠。（《左传·成公二年》）

（11）于其无好德，汝虽锡之福，其作汝用咎。（《尚书·洪范》）〔于，如。〕

（12）其惟不言，言乃雍。（《尚书·无逸》）

（13）其未醉止，威仪反反。（《诗经·小雅·宾之初筵》）〔比较下文："宾既醉止，载号载呶。"其，指"宾"。〕

（14）有王虽小，元子哉！其丕能諴于小民。（《尚书·召诰》）〔諴，和洽。〕

　　此外，姜文说："'其'字作定语时则绝无'之'字跟在后"，所以"其""隐含有结构助词'之'"。虽然"其"作定语时后面跟"之"的情况不多见，但并非没有。如《诗经·鄘风·君子偕老》："玼兮玼兮，其之翟也。"又："瑳兮瑳兮，其之展也。"梁宝唱《名僧传》第二十一："昼游夜伏，莫知其栖息之处。运力终日，食不加口，靡有知其之所将饵。"唐长孙无忌《唐律疏议》卷9："其车马之属不调习，驾驭之具不完牢者，车谓辂车，马谓御马，其之属谓羊车及辇等。"

（原载《中国语文》1990 年第 1 期）

"疑问词及指示代词+其"释例

在上古汉语里，疑问词（包括疑问代词和疑问副词）"何、曷、奚、胡、谁、孰、岂"等后面及指示代词"此、是、彼、夫"等后面常跟着一个"其"字，它们一块儿出现的频率很高，而且后世仿造的句子也不少，但要说清这个"其"字的作用是什么，它跟前面的疑问词和指示代词是什么关系，却是件困难的事。原因在于"其"是个虚词，意义本来就不实，当它出现在上面那些词之后时更显得似有若无，难以捉摸。从汉代起，学者们就已开始关注这个"其"字了，但直到今天仍然没有一个一致的看法。我们在仔细审读大量例句的基础上抽绎出"疑问词和指示代词+其"的使用条例，兹阐释如下。

何　　其

一、何，什么，为什么；其，表示舒缓语气的助词，与"哉"相似，也写作"期""居""忌"；"何其"连用，只出现于句末。

（1）彼人是哉，子曰何其？（《诗经·魏风·园有桃》）[《释文》："何其，音基。"]

（2）有颎者弁，实维何期？（《诗经·小雅·頍弁》）[《释文》："期本作其，音基。"]

（3）是何其？法通乎人情，关乎治理也。（《韩非子·制分》）

（4）何居？我未之前闻也。（《礼记·檀弓上》）

（5）一日伐鼓，何居？（《礼记·檀弓上》）

"居"还可用在"谁"的后面：

（6）谁居？后之人必有任是夫！（《左传·成公二年》）

（7）谁居？其孟椒乎？（《左传·襄公二十三年》）

上面这些例句中的"其"（包括"期""居"等）古代学者的意见是一致的，即认为是一个语气助词，读音上与"其"的通常读法不同，中古读居之切。如例（2）郑笺云："期，辞也。"例（4）郑注云："居读如姬姓之姬，齐鲁之间语助也。"例（7）杜注云："居，犹与也。"郑玄用当时活的方言作印证，这有力地说明了"其"作为语气助词的用法是古代语言中实际存在的，并非训诂家揣度出来的。这是一。值得注意的是这种用法的"其"还可出现在"如何""若之何"之后：

（8）夜如何其？夜未央。（《诗经·小雅·庭燎》）［朱熹《诗集传》："其，语辞。"］

（9）予颠隮，若之何其？（《尚书·微子》）［《史记·宋微子世家》集解引郑玄注："其，语助也，齐鲁之间声如姬。《记》曰何居？"］

这表明"其"是自由运用的词，不是后缀。如果把这样的单位看作词缀，那么像"何哉？"（《论语·颜渊》）"若之何哉？"（《左传·襄公二十九年》）等语中的"哉"也可以说是词缀了。这是二。"何居"连用，后面还可用一个疑问语气词"乎"。如：

（10）何居乎？形固可使如槁木，而心固可使如死灰乎？（《庄子·齐物论》）

这一现象给我们的启示是"居"本身并不负载疑问信息，也就是说，它不是疑问语气词，所以后面用"乎"不妨。《经传释词》对此不了解，说："居犹乎也，居下不当复有乎字，疑因下文而衍。《释文》出'何居'二字，无乎字。"《释文》摘字作释，按其体例完全可以不出乎字，因为它只释居字，所以这不能成为本无乎字的理由。我们说居不负载疑问信息，还有两个根据。一是居在没有疑问代词的情况下单独不能表示疑问，像"管仲俭乎？"（《论语·八佾》）就不能说成"管仲俭居？"二是"居"可以用于非疑问句表示舒缓语气。如：

（11）叔善射忌，又良御忌。（《诗经·郑风·大叔于田》）〔毛传："忌，辞也。"《释文》："射忌，注作已，同音记，辞也。"〕

（12）往近王舅，南土是保。（《诗经·大雅·崧高》）〔毛传："近，已也。"郑笺："近，辞也。"毛居正《六经正误》以为"近"为"迅"之形误，确不可易。段玉裁《诗经小学》："已、记、忌、其、迅字同。"〕

"忌""迅""居""其"都是同一个词的不同写法。上面两例中的居与哉相似，表示舒缓或感叹的语气（舒缓与感叹是相通的，难以截然划开）。由此可见，居不是疑问语气词，而是表示舒缓语气的助词。这是三。

总之，上述这一类型的"其"（包括"居""忌"等），它的语气助词性质是无可置疑的，看作词缀或垫音助词是难以成立的。

二、何，为什么；其，他的，那些，作定语。

（13）鲁君之宋，呼于垤泽之门。守者曰："此非吾君也，何其声之似我君也？"（《孟子·尽心上》）

（14）何其民食之寡乏也？（《汉书·文帝纪》）

三、何，为什么；其，这么、那么，作状语。主要修饰形容词性词语，也修饰一些动作性不强的动词性词语。

（15）夫子圣者与？何其多能也？（《论语·子罕》）

（16）今子偏（遍）从人而说之，何其劳也？（《墨子·公孟》）

（17）虽有君命，何其速也？（《左传·僖公二十四年》）

（18）王曰："何其小也？"对曰："夫神以精明临民者也，故求备物，不求丰大。"（《国语·楚语下》）

（19）仁义其非人情乎？彼仁人何其多忧也？（《庄子·骈拇》）

（20）何其下邪？（《庄子·知北游》）

（21）夫子之门何其杂也？（《荀子·法行》）

（22）君令三宿，而汝一宿，何其速也？（《韩非子·难三》）

这类"其"解释为指示代词作状语的主要理由是：（一）这样理解，文意和谐畅达。（二）"何其"也可说成"何之"。如：

> （23）寿者惽惽，久忧不死，何之苦也？（《庄子·至乐》）

"何之苦"与例（16）的"何其劳"文例相同，意思一样。说"之"作状语一般是不会有人反对的，由此类推，说"其"作状语也应该是顺理成章的。又《史记·管晏列传》曰："何子求绝之速也？"若将此例转换为："子求绝何之速也？"意思没变，也合乎古代文法。拿（17）（22）两例与此作一比较，也不难得出"何其速"之"其"是指示代词作状语的结论。（三）指示代词作状语在古代汉语中并不少见。例如：

> 何彼襛矣？唐棣之华。（《诗经·召南·何彼襛矣》）〔此例说成"何其襛矣"未尝不可。〕
> 匪言不能，胡斯畏忌？（《诗经·大雅·桑柔》）
> 丘何为是栖栖者与？（《论语·宪问》）
> 非天之降才尔殊也。（《孟子·告子上》）
> 子毋乃称。（《庄子·德充符》）
> 予（宰我）之不仁也！（《论语·阳货》）
> 子奚哭之悲也？（《韩非子·和氏》）

可见指示代词大都可以作状语，不光"其"字如此。"之""其"在上古常可通用，梅祖麟先生认为它们是同源词①，其说可信。就作状语而言，一方面它们有相同的意义，如"之"可表示"那么"，"其"可表示"这么"，这是它们同源的印记；另一方面它们在用法上还是有分工的，如"之"多近指，"其"多远指，疑问句中"之"前往往有主语或谓语动词，"何""之"连用的少见，"其"则往往与"何"连用，"何其"之间一般不插进其他词语，"其"单用的少见（《庄子·大宗师》："尔果其贤乎？"），这些差异刚好对立互补，是同源分化的结果。试比较：

---

① 梅祖麟：《跟见系声母谐声的照三系字》，《中国语言学报》第 1 期，商务印书馆 1982 年版；陈初生：《上古见系声母发展中一些值得注意的线索》，《古汉语研究》1989 年第 1 期。

君何见之晚也？（《史记·廉颇蔺相如列传》）

汝来何其晚也？（《史记·孔子世家》）

"其"作状语，主要对所修饰的词语起强调作用，有程度重、过分的含义。"何晚"有可能仅仅询问来晚的原因，"何其晚"则除了询问原因外，还含有嫌太晚的意味。正因"其"有此作用，所以"何其"一旦用于感叹句，就是"多么地"之义，这就转换出了下面要讲的第四种格式。

四、"何其"为一整体，作状语，修饰形容词性词语，也修饰个别动作性不强的动词性词语，表示程度之深。

（24）然被刑戮，为人奴而不死，何其下也！（《史记·季布栾布列传》）

（25）虞卿料事揣情，为赵画策，何其工也！（《史记·平原君虞卿列传》）

（26）今人毁君，君亦毁人，譬如贾竖女子争言，何其无大体也！（《史记·魏其武安侯列传》）

按：此例"何其"修饰动词性词语。这类"何其"也说"胡其""奚其"：

（27）公曰："胡其善！"（《韩非子·难二》）

（28）今君不爱万夫之命而伤一人之死，奚其过也！（《说苑·君道》）

这一类"何其"从来源上讲，是从疑问句中的"何其"（怎么那么、为什么那么）发展来的，所以同为"何其下也（邪）"，一为疑问句［例（20）］，一为感叹句［例（24）］。这种形式上的密切联系正好说明了这两种"何其"的源流关系。由于"何其"处于感叹句中，"何"不表示询问，这样强调程度深的任务主要由"何"来承担，"其"降而处于从属地位，意义显得很虚，因此感叹句中的"其"可以认为是个词缀。我们说它是个词缀而不把它看作垫音助词，是因为"何其"在语流中是一个节拍，中间不能有停顿，不能插进任何成分，结构上是一个整体，意义上"何其"合起来才是一个最小的造句单位，共同表示"多么"的意思。也许有人会问：照你的说法，"其"本来是个状语，与"何"无结构关系，当它虚化后怎么会级连到"何"身上呢？回答是：语流中的连读使它们结合到了一起。《论语·子张》："我之大贤与，于人何所不容？""何所不容"即"所不容者何"，"何""所"无结构关系。但由于语流中"何所"为一节拍，这样"所"渐渐附着到"何"身上，成了词缀。像下面这些例句中的"何所"是无法分析成"所……者何"的①：

> 欲何所求索？（西秦·圣坚译：《太子须挐经》）
> 将何所作？（北魏·慧觉等译：《贤愚经》卷10）

这里的"何所"是一个词，义为什么。"何其"的经历正好跟"何所"相同。他如"涟漪"（语气助词"猗"附着到"涟"上成为词尾）、"时而"（连词"而"附着于"时"成为词尾）等，都属此类。

五、其，副词，表示揣测、委婉等语气。何，有两种含义：询问时间，何时；询问原因、方式，怎么、为什么。

（一）询问时间

> （29）悠悠苍天，曷其有所？（《诗经·唐风·鸨羽》）
> （30）君子于役，不日不月，曷其有佸？（《诗经·王风·君子于役》）
> （31）山川悠远，曷其没矣。（《诗经·小雅·渐渐之石》）

询问时间一般只用"曷"，而且问的都是未来时。"曷其"意为"什么时候会……"，"其"表示揣测语气。为什么这么说呢？

1."其"可以提到"曷"前：

> 吾子其曷归？（《左传·昭公元年》）

2."曷其"之间可以插进别的词而将它们分开：

> 曷云其还？岁聿云莫。（《诗经·小雅·小明》）

---

① 参见［日］太田辰夫：《中古（魏晋南北朝）汉语的特殊疑问形式》，《中国语文》1987年第6期。

试比较：道之云远，曷云能来？（《诗经·邶风·雄雉》）"其""能"相应，其义相近（"云"才是真正的衬字）。

（二）询问原因、方式

（32）何其与陈蔡反也？（《墨子·非儒下》）［为什么跟陈蔡时的标准不一样呢？］

（33）仁人无敌于天下。以至仁伐至不仁，而何其血之流杵也？（《孟子·尽心下》）

"曷其""奚其""胡其"也有这种用法：

（34）予曷其不于前宁人图功攸终？（《尚书·大诰》）［我怎么能不谋划完成前人伟大的事业？］

（35）子曰："必也，正名乎？"子路曰："有是哉，子之迂也！奚其正？"（《论语·子路》）

（36）自恃其不可侵，则强与弱奚其择焉？（《韩非子·难三》）

按：此例询问方式。

（37）齐桓公饮酒，醉，遗其冠，耻之，三日不朝。管仲曰："此非有国之耻也？公胡其不雪之以政？"（《韩非子·难二》）

按：此例下文云："处三日而民歌之曰：'公胡不复遗冠乎？'"不用委婉语气。

（38）呜呼！曷其奈何弗敬？（《尚书·召诰》）

这个例子"曷其奈何"并列，好像"曷其"凝为一体，其实不然。《尚书》中"奈何"仅此一见，金文、《诗经》、《易经》、《论语》等文献中均无"奈何"一词①，说明"奈何"的出现是比较晚的。日本学者吉田惠认为

---

① 参见周法高：《中国古代语法·称代编》，中华书局 1990 年版，第 184 页。

《尚书》中的这一例"奈何"是后人对"曷"的注释窜入了正文①，很有道理。若将此例中的"奈何"删去，则与"曷其极卜"（《尚书·大诰》）等同例了。

这种表示揣测、委婉等语气的"其"还可出现在"谁""岂"之后：

> （39）谁其尸之？有齐季女。（《诗经·召南·采蘋》）
>
> （40）今周与四国服事君王，将唯命是从，岂其爱鼎？（《左传·昭公十二年》）

"其"在殷墟卜辞中几乎都用作语气副词，金文中也主要作语气副词用。卜辞中"其雨？""其得？"之类的句子很多，"其"表示的就是揣测语气，如果在前面加上个疑问词"曷"，就成了"曷其雨？""曷其得？"，这正是我们上面说的（一）式的由来。（二）式的"其"也类推可知是语气副词。正因如此，"其"可以置于疑问词之前：

> 其何能淑？载胥及溺。（《诗经·大雅·桑柔》）
>
> 其谁知之？（《诗经·魏风·园有桃》）

按：请与例（39）作比较。要是把"何""曷""胡"等说成"何为""曷为""胡为"，则"其"的语气副词性质更为明显。如：

> 何为其莫知子也？（《论语·宪问》）
>
> 吾未得仲父则难，已得仲父之后，曷为其不易也？（《吕氏春秋·任数》）
>
> 胡为其不然也？（《礼记·檀弓上》）

另外，像下面这个句子中的"其"是公认的语气副词：

> 子其怨我乎？（《左传·成公三年》）

---

① ［日］吉田惠：《"奈何"的语源》，《东方学》第8辑，1954年版。

若据此改造出下面两个句子:

谁其怨我乎?

子何其怨我乎?

"其"的性质仍然是一样的,我们没有理由否定后两个"其"为语气副词。

小结:从上面的讨论可以看出,疑问词后面的"其"有五种情况:a)语气助词,用于句末;b)指示代词,作定语;c)指示代词,作状语;d)"何""奚"等的词尾,用于感叹句;e)语气副词,作状语。从语言的结构层次来看,只有d)类"其"与疑问词有直接结构关系,其他四类的"其"都跟疑问词无直接关系,它们分属不同的层次。

此其·彼其

一、此、彼,主语;其,它后面词语的定语。此、彼与其都是代词,只是指代的对象各自不同,视上下文而定。

(1) 修城郭,贬食省用,务穑劝分,此其务也。(《左传·僖公二十一年》)["此"指"修城郭"三句,"其"指防备旱灾。可译为:这才是防备旱灾(应做)的事情。]

(2) 夫越国,吾攻而胜之,吾能居其地,吾能乘其舟,此其利也,不可失也已。(《国语·越语上》)[这就是战胜越国的好处。]

(3) 此其大略也。(《孟子·滕文公上》)[这是井田的大概情况。]

"此"亦可作"是":

(4) 史赵曰:"亥有二首六身,下二如身,是其日数也。"(《左传·襄公三十年》)["其"指"绛县人或年长者"。]

下面是"彼其"的例子:

（5）襄之，则彼其室也。（《左传·昭公十九年》）［孔颖达疏："襄之，则彼渊是其室也。""彼"指洧渊，"其"指龙。］

从上举例句可以看出这一类"此（彼）其"只出现在判断句中。如果"其"指代的内容有好几项，而被判断的只是其中的一部分，那么"其"就是"其中"的意思。例如：

（6）今有五锥，此其铦，铦者必先挫。有五刀，此其错，错者必先靡。（《墨子·亲士》）

（7）何作为报也？莫若为致命，此其难者。（《庄子·人间世》）

二、此、彼，大主语，全句主语；其，小主语，主谓短语中作主语。此、彼与其都是代词，但指代对象各自不同，视上下文而定。

（8）向其先表之时可导也，今水已变而益多矣，荆人尚循表而导之，此其所以败也。（《吕氏春秋·察今》）［这就是它（荆国）失败的原因。］

（9）彼其慎也，是其所以浅也。（《荀子·尧问》）［伯禽他很谨慎，这就是他浅薄的原因。］

（10）其虑之不深，其择之不谨，……是其所以危也。（《荀子·荣辱》）

试比较：

此吾所以不受也。（《庄子·让王》）
此汤所以获天福也。（《左传·襄公二十六年》）

"其"与"吾""汤"相当。不少人将这种句式中"此""是"与"所以"之间的成分（如"汤""吾"）看作定语，不妥。"吾所以不受"毕竟是"吾不受"，不是"吾之不受"。我们认为"所以"是状语，"吾所以不受"是名词性的主谓短语。古汉语中名词性的主谓短语很多。像"宜得文武兼资以任之"（《资治通鉴·晋纪八》），"文武兼资"指文武兼资之人。"文王受命惟中身"（《尚书·无逸》），"文王受命"指文王受命的时间。如果把"文武""文王"说成是定语,那是没人同意的。同理,"其"也应该是主语。将"此其所以败也"理解为"这就是它的失败的原因",显然不及"这就是它失败的原因"来得准确。

下面是"彼其"的例子:

(11)彼其充实,不可以已。(《庄子·天下》)〔那是他肚里东西多,不说不能自已。〕

(12)岂惟胡亥之性恶哉?彼其所以道之者非其理故也。(《汉书·贾谊传》)〔那是他所遵循的原则不合事理的缘故。〕

三、此、彼,先行词;其,复指此、彼,表示强调。此、彼与其构成同位复指关系。

(13)非此其身,在其子孙。(《左传·庄公二十二年》)〔不在此人(指陈公子完)他身上,就在他子孙身上。下句"其"单用,知"其"非助词。〕

(14)有过于江上者,见人方引婴儿欲投之江中,婴儿啼。人问其故,曰:"此其父善游。"(《吕氏春秋·察今》)

(15)此其故何也?(《韩非子·二柄》)〔这事它的原故是什么呢?〕
比较:其故何也?(《韩非子·解老》)

(16)是其故何也?(《墨子·尚贤上》)

(17)是其生也,与吾同物,命之曰同。(《左传·桓公六年》)〔这孩子他的生日跟我相同。〕

下面是"彼其""夫其"的例子。

(18)彼其所保与众异。(《庄子·人间世》)〔"彼"指栎树。栎树它保全自己的方法与众不同。〕

(19)华元曰:"去之。夫其口众,我寡。"(《左传·宣公二年》)〔那些人他们嘴多。〕

(20)臣闻之,天之所启,十世不替。夫其子孙必光启土,不可偪

也。(《国语·郑语》)

这种复指"此""彼"的"其"在作定语的情况下强调作用很淡，因为它一般限定的是主语，而这种主语都是已知信息，不是句意的中心所在，次要的地位使"其"的意义隐而不显。如果经常这么使用，"其"的意义进一步虚化，就变成结构助词。王力先生认为结构助词"之"是由复指代词"之"虚化来的。①"其"作为"之"的同源词也曾有过与"之"相同的经历，只是在竞争的过程中"其"被"之"排挤掉了，未能广泛使用。下面是"其"作结构助词用的一些例证：

朕其弟小子封。(《尚书·康诰》)
天其本在上，地其本在下。(战国《行气玉铭》)

今闽方言中的"其"仍作结构助词用，如福州话"我〔ki〕书"(我的书)中的〔ki〕即古代之"其"。"此""彼"后的一部分"其"就是结构助词。

四、此、彼，定语；其，结构助词，与"之"相当。

(21) 此其道出乎一。(《荀子·儒效》)
(22) 是其言也，犹时女也。(《庄子·逍遥游》)
(23) 彼其物无穷而人皆以为有终，彼其物无测而人皆以为有极。
(《庄子·在宥》)

这种"其"也连接状语与中心语。如：

(24) 此果不材之木也，以至于此其大也。(《庄子·人间世》)

比较：

---

① 王力：《汉语史稿》(修订本)中册，中华书局1980年版，第335页。

未尝见材如此其美也。(《庄子·人间世》)

若是其大乎?(《孟子·梁惠王下》)

齐王何若是之贤也?(《韩非子·外储说右下》)

五、此、彼,作主语;其,语气副词,表示揣测、委婉、舒缓等语气。

(25)陈衰,此其昌乎?(《左传·庄公二十二年》)["此"指姜姓。]

比较:宋其亡乎?(《左传·僖公二十一年》)

(26)此其代陈有国乎?(《左传·庄公二十二年》)["此"指陈公子完。]

(27)为之歌郑。曰:"美哉,其细已甚,民弗堪也。是其先亡乎?"(《左传·襄公二十九年》)[这个国家(指郑国)恐怕要先灭亡吧?]

(28)彼其子重也。(《左传·成公十六年》)[他大概就是子重。]

下例中的"其"表示舒缓语气,使主谓关系松散,令人有言犹未尽的感觉。

(29)此其自多也,不似尔向之自多于水乎?(《庄子·秋水》)["此其"与"尔(向)之"相对,"其""之"作用相同。]

(30)今举大木者,前呼舆讴,后亦应之,此其于举大木者善矣。(《吕氏春秋·淫辞》)

比较:寡人之于国也,尽心焉耳矣。(《孟子·梁惠王上》)

(31)彼其于世,未数数然也。(《庄子·逍遥游》)

六、此、彼,状语,位于句首,含义视上文而定;其,全句主语或为主语中的定语。

(32)此其臣有奸者必知,知者必诛。(《韩非子·八说》)[这样,国君的臣下有一奸邪之人必然会知道。]

(33)战不言伐,此其言伐何?(《公羊传·桓公十二年》)[此处《春秋》为什么要说伐呢?]

比较：夏单伯会伐宋。其言会伐宗何？（《公羊传·庄公十四年》）

（34）彼其曰大有年何？（《公羊传·桓公三年》）［那个地方它（指《春秋》）说"大有年"是什么意思呢？"彼"指《春秋》另一处经文。］

七、彼其，指示代词同义并列，作定语。这种用法仅见于《诗经》，《诗经》中也只限于"彼其之子"这么一句话，凡14见。

（35）彼其之子，邦之司直。（《郑风·羔裘》）

（36）彼其之子，不与我戍申。（《王风·扬之水》）［郑笺："其，或作记，或作己，读声相似。"《释文》："其，音记，《诗》内皆仿此；或作己，亦同。"］

这个"其"古人大都释为助词，但助词插在定语和定语标记"之"之间，这是古今找不到第二个例证的，是不可思议的。我们把"彼其"看作同义并列的代词，有两点理由。一是代词同义并列现象还可以找到其他一些例证，像"朕吾""余朕""渠伊""此若""孰谁"等。① 二是《诗经》中的"其"有作定语而后跟结构助词"之"的用例：

玼兮玼兮，其之翟也。……瑳兮瑳兮，其之展也。（《鄘风·君子偕老》）［多么美丽呀，那是她的绣着山鸡的礼服。……多么鲜艳哟，那是她的水红沙的夏装。］

可见把"彼其"看作代词同义并列还是可以的，至少要比将"其"说成助词好。

小结：归纳起来指示代词后面的"其"有五种情况：a）代词，作定语、全句主语或主谓短语中的主语；b）代词，复指指示代词，与指示代词构成同位短语；c）语素（词素），与"彼"构成并列关系的合成词；d）结构助词，表示指示代词为定语或状语；e）语气副词，表示揣测、委婉、舒缓等语气。可以看出，"其"与指示代词有直接结构关系的只是b）c）两种情况，其他

---

① 参见陈伟武：《古汉语指代词同义连文说略》，《中山大学学报》1989 年第 3 期。

三种情况下它们各自处于不同的结构层次，没有直接关系。

经过上面这么一番爬梳，我们看到疑问词及指示代词后面的"其"并不是单纯的一个东西。有些人先入为主地认定"其"是同一性质的成分，然后用"其"的一种用法去否定其他用法，最后只好统一于空灵的助词。例如有人说："将'其'，解作'这么''那么'也不能适用于全部带有'何其'的句子。它不具有普遍性。"①"其"本来就有多种意义和用法，怎么能要求古人普遍只用同一个义项呢？还有些人不从具体语境中去把握"其"的意义和作用，而只是"从宏观上认识它"，认为"其""并非句子意义和结构的必然性需要，有它与无它，在句意及结构上实际是相同的"②。这未免宏观得过于粗略了。"此其父善游"［例（14）］跟"此父善游"显然在意义上是有区别的，前者是针对孩子说的，后者则无这一信息，在具体语境中后者是讲不通的。"此其父善游"要省只能省"此"，不能省"其"。"彼其子重也"［例（28）］跟"彼子重也"在语气上也有揣测与肯定之别。可见有"其"无"其"并不是无所谓的。我们并不否认"其"有凑足音节的用法，那主要是在诗歌、骈文等文体当中，散文中用衬字一般是为了形成语流连读中的双音节拍，不一定总衬在疑问词及指示代词之后。更重要的是一个字是不是纯粹的衬字，要作具体分析。事实往往是这样的：一个虚词既以本身所固有的意义参与句子的表意活动，同时也满足了语流节拍的双音要求。试比较：

> 以化齐民。（《庄子·渔父》）
>
> 下以化于齐民。（《庄子·渔父》）
>
> 天油然作云。（《孟子·梁惠王上》）
>
> 油然而生敬意。

像"跑马溜溜的山上"中"溜溜"那样的衬字在散文中是很少见的。

（原载《烟台大学学报》1991 年第 1 期）

---

① 王述峰：《释"何其"》，《营口师专学报》1988 年第 2 期。
② 刘瑞明：《垫音助词"其"及其研究之评论》，《青海师范大学学报》1988 年第 2 期。

论"唯 S 是（之）P"句型

"唯 S 是（之）P"句型是指"唯命是听"（《左传·昭公二十五年》）、"燕婉之求"（《诗经·邶风·新台》）这类所谓宾语前置句。其中 S 代表"唯"后"是（之）"前的成分，P 代表"是（之）"后的成分。为了称说的简便，以下把这种句型称为 A 句型。

A 句型可根据"唯""是""之"三个虚词的使用情况分为四个句式：

A₁：唯 S 是 P　　　A₂：S 是 P

A₃：唯 S 之 P　　　A₄：S 之 P

A 句型在上古是个常见的句型，讲古汉语句法总要提到它，但有关 A 句型的一些认识，目前有不少分歧，有些问题似乎还没有深入探讨过，像 A 句型的来源，A 句型的发展过程，"唯""是""之"的性质和作用，A 句型四个句式发展不平衡的内在原因，等等。本文想对这样一些问题作些探讨。

一、"唯 S 是（之）P"句型的来源

就现有的材料来看，A 句型最早见于《尚书》和《诗经》。有些人把 A₁、A₂ 的产生时代定为西周末期①，这基本上是正确的。需要补充的是：

（一）A 句型的四种句式是同时出现的。下面各举一例：

A₁：维酒食是议。（《诗经·小雅·斯干》）

A₂：神保是飨。（《诗经·小雅·楚茨》）

A₃：维德之行。（《诗经·大雅·大明》）

A₄：王其德之用。（《尚书·召诰》）

---

① 参见许嘉璐：《关于"唯……是……"句式》，《中国语文》1983 年第 2 期。

（二）把产生的上限定为西周末期，余地似乎小了些。向熹先生说："《小雅》74 篇，是西周后期和东周初期的诗；《大雅》31 篇，大部分是西周前期的诗，一部分是西周后期的诗。"① 而《尚书》中的那些诰文一般认为是西周前期或后期的作品。既然 A 句型既见于二《雅》又见于周诰，那么将其产生时代定为西周中期（前中后三分）或西周后期（前后两分），想来更为合理。

A 句型是由什么句型演变来的呢？

有些人认为原始汉语的正常语序是受事在前，动词在后，A 句型是原始汉语的遗存。② 前面说了，A 句型是西周后期新兴的，西周以前没有这种句型，所以遗存说是缺乏根据的。

有人认为 A₁、A₂源于《诗经》。本来应该是"式是南邦"（《大雅·崧高》），为求谐韵而改变其语序，成为"南国是式"，于是出现了 A₁、A₂。③ 谐韵说也是难以成立的。首先，"式是南邦"这类句型在《诗经》中才 14 例，而 A₁、A₂多达 43 例，怎么偶然谐韵的变式比常式更常用呢？其次，《尚书》西周时期的作品中也有 A 句型，谐韵说难以解释。最后，《诗经》中与 A₁、A₂同类的 A₃、A₄都不能转换为"P 之 S"，也就是说，《诗经》中没有"P 之 S"这种句型。那么 A₃、A₄是从哪儿来呢的？

我们认为 A 句型的源头可追溯到殷卜辞。卜辞中有这样一种句型：叀+受事+动词（记作 A′），如（僻字用常见的形体代替）：

叀嬅焚。（簠·杂 67）

比较：

焚嬅，有雨。（佚 1000）
王叀犬从，亡灾。其从犬禽。（粹 925）

"叀"与 A 句型中的"唯"相当，有时可以不用，成为"受事+动词"这样一种句式（记作 A″），如④：

① 向熹：《诗经语言研究》，四川人民出版社 1987 年版，第 2 页。
② 参见俞敏：《例句探原》，《语言研究》1981 年第 1 期。
③ 参见敖镜浩：《略论先秦时期"O/是/V"句式的演变》，《中国语文》1983 年第 5 期。
④ 参见陈梦家：《殷虚卜辞综述》，科学出版社 1956 年版，第 102 页；李瑾：《汉语殷周语法问题探讨》，《语言文字研究专辑》（上），上海古籍出版社 1982 年版，第 81—82 页。

345

且丁岁，重羊。（前 1.23.2）

壬午卜，宾贞：河宰。（戬 14）

比较：

宰照。（拾 10）

如果在 A′、A″ 中插入"是""之"两字，这就产生了 A 句型的四个句式，即：

$$A'\begin{cases}A_1\\A_3\end{cases}\qquad A''\begin{cases}A_2\\A_4\end{cases}$$

有两组例子可以支持我们的这一看法：

女虽（唯）湛乐从。（《诗经·大雅·抑》）

惟耽乐之从。（《尚书·无逸》）

将唯命是从。（《左传·昭公十二年》）

肆王惟德用。（《尚书·梓材》）

王其德之用。（《尚书·召诰》）

惟妇言是用。（《尚书·牧誓》）

很显然，每组三个例句之间有着十分密切的联系。后两个例句，尤其是第二个例句，明显带着从母体（第一个例句）脱胎而来的痕迹。把 A′、A″ 看作 A 句型来源的还有一个证据是，早期的 A 句型多带"唯"字，这跟卜辞中 A′ 多而 A″ 少的情形是一致的，这一点我们下面还要谈到。

二、"唯 S 是（之）P"句型的演变

A 句型的发展过程可分为三个时期①：产生期（西周后期），兴盛期（春

_____

① 参见许嘉璐：《关于"唯……是……"句式》，《中国语文》1983 年第 2 期；敖镜浩：《略论先秦时期"O/是/V"句式的演变》，《中国语文》1983 年第 5 期。

秋—战国初期），衰落期（战国中期—末期）。

产生期的特点是：

（一）多用"唯"字。《尚书》中 A 句型共 21 例，其中不用"唯"的只有 6 例。《诗经》中不用"唯"的情况居多，这大概是为音节所限的缘故。《诗经》以四言为常，凡不用"唯"的句子本身四言已足，不足四言的还是用"唯"。试比较：

> 顺德之行。（《大雅·抑》）
> 维德之行。（《大雅·大明》）

A 句型既然是由受事前置句演变而来，大都带有"唯"字是很自然的。

（二）S 一般是名词性的，且多为单音节或双音节，双音节以上的罕见。《尚书》中产生期的 A 句型共 12 例，其中 S 是非名词性的只有两例，即"无疆之恤"（《君奭》）和"惟耽乐之从"（《无逸》）；双音节以上的只有 1 例，即《立政》："庶狱庶慎，惟有司之牧夫是训。"

（三）P 一般是单音节动词。《尚书》中 P 为双音节的只有两例："惟民之承保"（《盘庚中》），"惟文王之敬忌"（《康诰》）。《诗经》中没有例外。

兴盛期的特点是：

（一）S 大大丰富。表现在：

1）突破了名词性词语的限制，可以由动词性词语充当。如：

> 吾不免是惧，何敢告子？（《左传·襄公二十二年》）
> 为国非不能事大字小之难，无礼以定其位之患。（《左传·昭公十六年》）

2）就音节而言，S 没什么限制。如：

> 婴所不唯忠于君、利社稷者是与，有如上帝。（《左传·襄公二十五年》）
> 若未尝登车射御，则败绩压覆是惧，何暇思获？（《左传·襄公三十一年》）

（二）P 冲破了单音节的藩篱，可以是状动式、能愿式、并列式；在词性上除动词性词语外，还可以是介词。如：

> 君人者将祸是务去。(《左传·隐公三年》)
>
> 虢多凉德，其何土之能得？(《左传·庄公三十二年》)
>
> 将善是封殖。(《左传·襄公三十年》)
>
> 彝器之来，嘉功之由，非由丧也。(《左传·昭公十五年》)

（三）"是P"可以连续迭用，这种情况似乎只见于《尚书》。如：

> 乃惟四方之多罪逋逃是崇、是长、是信、是使。(《牧誓》)
>
> 凡厥庶民，极之敷言是训、是行。(《洪范》)

（四）A_4 的使用频率大大提高。下表是 A_1、A_2、A_3 和 A_4 在《论语》《左传》中的分布情况（A_1、A_2、A_3 的例句统计到了一起）：

	$A_1A_2A_3$	A_4	总计	A_4 总数占比
《论语》	4	12	16	75%
《左传》	78	160	238	67%

值得注意的是，上述（一）（二）两个特点主要体现在 A_2、A_4，而 A_4 尤为突出。拿特点（一）来说，《左传》A 句型中 S 是非名词性的共 33 例，其分布是：

A_1：2　A_2：9　A_3：0　A_4：22

所以，A 句型的兴盛主要是 A_2、A_4 的发展，A_1、A_3 变化不大。可以说，产生期是 A_1、A_3 的时代，兴盛期是 A_2、A_4（尤其是 A_4）的天下。

衰落期的特点是：

（一）A_1、A_2、A_3 基本上不用了。

（二）A_4 主要以固定格式的面目出现，如"XX 之谓""何 XX 之有"（下表将这两种格式称为"定格"）等。下面是衰落期的三部子书中 A 句型使用情况的统计①：

---

① 《孟子》A_2 有 4 例（见《滕文公》），但为引用《鲁颂·閟宫》中诗句，故不计。

	A₁	A₂	A₃	定格	其他 A₄	总计
《孟子》	0	0	0	15	4	19
《庄子》	0	0	1	67	6	73
《韩非子》	0	0	0	40	10	50

三、"唯""是""之"的性质和作用

唯

"唯"亦作"惟""维"等形。A 句型中的"唯"大概经历过两个不同的阶段。谢纪锋先生在谈到 A 句型时说，《诗经》中的 A 句型，"（句）前常常有'不''无''匪'一类的否定词，上下句构成'不是……，而是……'相反相成的并列复句。这类句中的'维'字就不宜讲成副词'只'了。"① 他认为《诗经》A 句型中的"维"都是判断词。这种看法基本上是符合实际的。下面的例句可证实：

> 匪先民是程，匪大犹是经，维迩言是听，维迩言是争。（《诗经·小雅·小旻》）
> 匪舌是出，维躬是瘁。（《诗经·小雅·雨无正》）
> 且谚曰："非宅是卜，唯邻是卜。"（《左传·昭公三年》）

这几个产生期的例子（第三例是谚语，故可视为产生期的例子）都是"匪"（非）"唯"对举，"匪"（非）否定整个"S 是 P"，"唯"肯定整个"S 是 P"。可见产生期的"唯"是个表示肯定或强调的词，A 句型的结构层次应该是：唯／S 是 P。

随着 A 句型运用的频繁，由于"唯 S"常一块儿出现，语流中也可以"唯 S"为一节拍（产生期的 S 多为单音节和双音节），这样，强调整个"S 是 P"的"唯"转而成了只强调 S 的成分，"唯"与 S 有了结构上的联系，"唯"的含义也就变成了"只"，作用在于限制 S 的范围，强调 S 的单一性和排他

① 谢纪锋：《〈诗经〉中"维"字的意义和用法》，《中国语文》1984 年第 3 期。

性。这是"唯"发展的第二个阶段。这种两个本不相关的成分因位置紧连而结为一体的例子在语言中并不少见。如"涟漪"一词源于《诗经·魏风·伐檀》"河水清且涟猗"一语,"猗"本来是个语气助词,既与"涟"无结构关系,意义上也与"涟"没有瓜葛,只是由于它们位置相连,语流中又处于同一节拍,"猗"就被"涟"同化了,变成了一个与"涟"相同的成分,于是"涟猗"成了一个并列式的合成词,文字上"猗"也因类化而写作"漪",词序也可调换作"漪涟"。

对"唯"字的第一阶段人们大都给忽略了,在"唯"字第二阶段的认识上也常可听到一些似是而非的说法。比如有人说:"'唯 A 是 B'这是文言里常用的一种句式,'唯 A'表示'只要什么',是条件;'B'表示有了这个条件就能'怎么样'。故'唯利是图'就是'只要有利,就贪图','唯命是听'就是'只要有命令就听从'。"① 这是把"唯 S"看作充分条件。有人说:"把宾语放到前面,又在前头加上'唯',那就是使宾语更突出,语气更重。"② 还有人说:"在句首加一个'唯'字以增强语势。"③ 这后两种认识强调"唯"增强语气的作用。这些意见都有一定道理,但并未抓住实质。"条件"也好,"语气"也罢,其实都是"唯"的基本作用的副产品。"唯"既然限定了 S,就意味着不能是非 S,从这个意义上讲,"唯 S"就是一种条件。受事前置本来就是一种强调,再给它加上个"唯",强调到"非此不可"的地步,语气自然要比无"唯"的强。所以从根本来讲,"唯"的作用在于强调 S 的单一性和排他性,而不是表示条件或增强语气。

下面一个问题是:"唯"的词性是什么?目前有三种认识:a. 词头④;b. 副词⑤;c. 最早是判断词,后来变为副词⑥。a 说显然不妥。所谓词头是指构词成分,把"唯 S"说成词,叫人难以接受。b 说较为流行,但有问题。我们前面说了,"唯"经历了两个不同的阶段。早期的"唯"若说是个副词,不无道理。当"唯"与 S 发生关系之后还说它是副词,就有不少难处。

---

① 缪树晟、余伯良:《成语述源释义》,宁夏人民出版社 1984 年版,第 479 页。
② 蒋礼鸿、任铭善:《古汉语通论》,浙江教育出版社 1984 年版,第 186 页。
③ 廖序东:《文言语法分析》,上海教育出版社 1981 年版,第 63 页。
④ 参见王力:《汉语史稿》(修订本)中册,中华书局 1980 年版,第 362 页。
⑤ 参见何乐士等:《古代汉语虚词通释》,北京出版社 1985 年版,第 582 页。
⑥ 参见谢纪锋:《〈诗经〉中"维"字的意义和用法》,《中国语文》1984 年第 3 期。

其一，从结构上来讲，说"唯"是副词，就是说它是修饰 P 的，然而 A 句型中的"唯"都不能还原到 P 前。不少人认为"唯敌是求"就是"唯求敌"①，这似乎是还原了，其实不然。这不仅因为还原后句型变了，而且意义也有了明显的差别。这可从下例得到印证：

唯我与尔有是夫。（《论语·述而》）

这话若说成："我与尔唯有是夫"，意义显然不同，前者"唯"强调的是"我与尔"的无他性，后者强调的则是与"有"有关的"是"的无他性。以此类推，A 句型中 S 前的"唯"也不能还原到 P 前。我们认为"唯敌是求"的确切转换式应该是"所求唯敌"。"唯"在结构上与 P 无直接关系。

其二，从意义上来说，"唯"限制的是 S，与 P 没什么联系，这一点一般无异议。

无论在结构上还是在意义上，"唯"都只跟 S 有直接关系，与 P 则无瓜葛，这样我们就不好说它是修饰 P 的副词。我们觉得 A 句型中的"唯"与下面这些例句中的"唯"是同一性质的：

终鲜兄弟，维予与女。（《诗经·郑风·扬之水》）
受命于地，唯松柏独也在。（《庄子·德充符》）
诸客稍稍自引而怠傲，唯灌将军独不失故。（《史记·魏其武安侯列传》）

这几例中的"唯"都只能认为是修饰其后的名词性词语的。最后一例"诸客"与"唯灌将军"相对，"诸"与"唯"的语法地位应当相同。既然"唯"修饰的是名词性词语，那么把它看作形容词比较合理。A 句型中的"唯"也应作如是观。

是和之

对这两个词的看法可说是歧中有歧。以词性为纲可分作三组：

---

① 杨伯峻：《古汉语虚词》，中华书局 1981 年版，第 150 页。

a. "之"是介字，作用在于为实字作介绍。① 没有明说"是"的词性是什么。

b. 代词。对其作用有两种意见。b_1："是""之"为"于是""于之"之省，作状语，修饰 P。② b_2：复指 S。③

c. 助词。④ 对其作用有三种看法。c_1："起着把宾语提前的作用"⑤。c_2：仅仅是"宾语提前的标志"⑥。c_3："毫无意义的，只是加上一个音节而已"⑦，"只起凑足音节的作用"⑧。

a 说学者们大都不取，我们可以不去管它。b_1 说有两个难处：第一，古汉语中不存在"唯 S 于是（之）P"的形式，省略无从谈起；第二，按"于是（之）"理解语义不贯。

b_2 说有一定道理。裘锡圭先生曾对"是"字作过一番考查，结论是："在西周春秋时代（春秋晚期也许要除外），代词'是'用作宾语时必定置于动词或介词之前。"⑨ 战国初期的"是"也常前置。如：

昭王南征而不复，寡人是问。（《左传·僖公四年》）

实沈之虚，晋人是居。（《国语·晋语》）

如果我们在不改变原义的基础上对这两个句子的语序稍加调整，就成了 A 句型：

寡人昭王南征而不复是问。

晋人实沈之虚是居。

---

① 参见马建忠：《马氏文通》，商务印书馆 1984 年版，第 251、246 页。
② 参见许嘉璐：《关于"唯……是……"句式》，《中国语文》1983 年第 2 期。
③ 参见王力：《汉语史稿》（修订本）中册，中华书局 1980 年版，第 361、362 页。
④ 参见杨树达：《高等国文法》，商务印书馆 1984 年版，第 364、365 页；丁贞粟：《论前置宾语后的"是""之"的词性》，《中国语文》1983 年第 2 期。
⑤ 何乐士等：《古代汉语虚词通释》，北京出版社 1985 年版，第 506、806 页。
⑥ 高庆赐：《古汉语知识六讲》，湖北人民出版社 1975 年版，第 97 页。
⑦ 马忠：《"是"的用法演变》，《语法论集》第 3 集，商务印书馆 1959 年版，第 75 页。
⑧ 杨合鸣、李云贵：《〈诗经〉"名·是·动"式新考》，《武汉大学学报》1987 年第 4 期。
⑨ 裘锡圭：《谈谈古文字资料对古汉语研究的重要性》，《中国语文》1979 年第 6 期。

下例可为这种转换的可行性提供直接证明：

　　徂来之松，新甫之柏，是断是度，是寻是尺。（《诗经·鲁颂·閟宫》）

　　而这个例子与《尚书》中"是 P"迭用的 A 句型十分接近："乃惟四方之多罪逋逃是崇、是长、是信、是使。"可见说"是"为代词还是有根据的。

　　"之"在殷墟卜辞中主要用作指示代词①，相当于"这"或"那"②。王力先生认为结构助词"之"源于复指它前面的名词的指示代词"之"。③ 那么我们也可以认为 A 句型中的"之"是复指 S 的。这可通过转换来证明：

　　仁智周公未之尽（《孟子·公孙丑下》）→周公仁智之未尽

比较：

　　吾斯之未能信。（《论语·公冶长》）

　　那么 A 句型中的"是""之"到底是前置宾语还是与 S 同位的复指代词？我们认为看作复指代词比较好。若说 S 是主语而"是""之"却是宾语，那是没多少道理的。

　　有些反对者指出，不少 A 句型中的"是""之"是"没有必要的重复"。④这是对的。像"吾斯之未能信"，"斯"既为代词，"之"就不好说是复指"斯"的。然而这类例子却难不住 c 说，因为"助词"的适应性是很强的。那么是不是 b_2 说又错了呢？不是。从发生学的角度而言，"是""之"无疑是代词，但到后来 A 句型已成为一种固定格式，"是""之"的复指作用已经淡化了，所以可以用在代词"斯"之后。

　　有一个例子很能说明"是""之"复指作用的淡化：

---

① 参见刘诚：《"之"词本义质疑》，《湖南师院学报》1985 年第 1 期。
② 参见陈梦家：《殷虚卜辞综述》，科学出版社 1956 年版，第 88、114 页。
③ 王力：《汉语史稿》（修订本）中册，中华书局 1980 年版，第 335 页。
④ 参见丁贞蕖：《论前置宾语后的"是""之"的词性》，《中国语文》1983 年第 2 期。

惟正是乂之。(《尚书·立政》)

与一般的 A 句型相比，这个例子在 P 后多了一个代词"之"，它指代的自然是"正"(有司)。这就透露出这样的信息：加这个"之"的时期"是"已经虚化，人们已意识不到它还有复指作用，否则"之"是加不上去的。类似的例子还可举出一些。"凯旋"是"胜利归来"的意思，后来由于意识不到这一含义，因而就有了"凯旋归来""凯旋而归"等说法。"悬殊"意为"差别很大"，但现在常有"悬殊很大"的说法，这也说明"悬殊"的本来意思已在有些人的意识中淡化了。既然"是""之"的复指作用已经淡化了，还称为代词不但名不副实，而且也不能解释语言实际中出现的矛盾。所以淡化后的"是""之"还是看作助词比较合适。

至于"是""之"的作用，当它们是复指代词的时候，主要在于强调 S，因为复指本身就是一种强调的手段；当它们变为助词以后，强调作用通过固定格式来体现，"是""之"在格式中起一个搭架子的作用，而不是宾语提前的标志。在我们看来，A 句型是个特殊的被动句，S 是主语，而不是宾语。

搭架子是历史地落在"是""之"头上的主要作用。除此之外，它们还有下面两个"副作用"①：

(一)协调音节。试比较下面两组例子：

a_1：臣死且不避，卮酒安足辞。(《史记·项羽本纪》)

a_2：岂其死之不恤而受敌使乎？(《左传·成公十七年》)

b_1：亦无疆惟恤。(《尚书·召诰》)

b_2：无疆之恤。(《尚书·君奭》)

a_1"死且"为一节拍，所以不用"之"。a_2"死"为单音节，用了"之"就构成了一个双音节拍。b_1"惟恤"已为一双音节拍，所以不说"亦无疆之惟恤"。b_2"恤"前若不用"之"，则语音不谐。可见"是""之"有协调 S 或

---

① 参见郝永娟、张继质：《浅谈"之""是"在宾语提前句中的作用》，《河北师范大学学报》1983 年第 2 期。

P 的音节的作用。

（二）有了"是""之"，有些一般只能在 P 后的受事也可以自由地处于 S 的位置。如：

> 吾不免是惧，何敢告子？（《左传·襄公二十二年》）
>
> 亲我无成，鄙我是欲。（《左传·襄公八年》）

"不免""鄙我"若无"是"作支架，在 S 的位置上就站不住。

综上所述，我们认为"是""之"经历了一个由代词到助词的发展过程，其作用先是通过复指来强调 S，当它们虚化为助词以后主要为固定格式搭架子，此外还有谐调节拍、前置某些受事等作用。

四、四种句式消长盛衰的内因

上面我们主要着眼于"是""之"的共同点来讨论问题。下面我们想谈谈它们的差异，进而想说明 A 句型的四个句式消长盛衰的内在原因。

"是""之"有无不同呢？有些人认为"'之'和'是'是一样的"①，"'之'就是'是'"②。如果说"是""之"相同是就其基本作用而言，那自然是正确的。若说"是""之"相同是指毫无差别，这就值得商榷了。我们认为"是""之"至少有以下两点差别：

（一）"是"与 P 结合紧密，"之"与 P 则相对松散。根据是：第一，"是 P"可以作为一个整体连续迭用（例已见前），"之 P"则不能，这说明"之 P"的整体性赶不上"是 P"；第二，"是 P"中的 P 一般是单音节的，这在《尚书》《论语》中没有例外，《左传》中除 4 例外也都是单音节的。有趣的是，《左传》中的"是务去"到韩愈手里成了"之务去"（《答李翊书》："惟陈言之务去"）。韩愈"游之乎《诗》《书》之源"，"口不绝吟于六艺之文"，对古文有很强的语感，他把"是务去"改为"之务去"，说明语感告诉他"是"对双音节的 P 是不欢迎的。"之 P"中的 P 则比较自由，可以是偏正式、能愿

---

① 蒋礼鸿、任铭善：《古汉语通论》，浙江教育出版社 1984 年版，第 186 页。

② 马忠：《"是"的用法演变》，《语法论集》第 3 集，商务印书馆 1959 年版，第 74 页。

式、动补式（《韩非子·奸劫弑臣》："何怪夫贤圣之戮死哉！"）等。这表明"之P"结合较松，"之"的独立性较强。有个例子很能说明"是""之"的这种差别：

> 君亡之不恤，而群臣是忧，惠之至也。（《左传·僖公十五年》）

"不恤"前用"之"，"忧"前用"是"，不可互换。

正因"是P"结合得紧，所以《尚书》中宁可说"是训是行"，而不说"是训行"；正因"之P"结合得松，所以宁可说"之承保"，而不说"之承之保"。

（二）马建忠在谈到"是""之"的区别时说："如动字或有弗辞、或为疑辞者，率间'之'字；辞气确切者间参'是'字。"① 这话基本上是符合实际的，只是"之"字也可加于语气确定的句子。如"无不惟德之勤"（《尚书·吕刑》）等，用"无不"来强调没有例外，语气显然很确定。如果把马氏的说法修补一下，那么"是""之"在语气方面的差异是："是"多用于语气肯定、果断的句子，"之"则除此之外还常用于语气舒缓或疑惑不定的句子，"是"却少见有这种用法。这就是说，"之"的适用范围要比"是"广。

了解了"是""之"的不同特点，对认识 A 句型的发展规律有着重要的作用。前面讲 A 句型的发展过程时我们看到 A_4 较其他句式有长足的发展。原因何在？从外因来说，固然是人们的交际要求思想感情的表达准确、丰富、生动，促成了 A 句型的发展。就内因而言，一个重要原因就是"之"的适应性要比"是"强。"是"要求 P 是单音节动词，限制了信息量的增加；"之"则对 P 不拘一格，能表现更复杂的思想感情。"是"多用于肯定语气，"之"则肯定否定、果断委婉兼容并蓄。根据"适者生存"的原则，"之"字句自然要占上风。

但是同为"之"字句，A_3 为什么没有像 A_4 那样发展起来呢？这是因为还有一个"唯"字也在影响着 A 句型的发展趋势。我们知道，A_4 发展的同时 A_2 也有了一定的发展，原因在于没有"唯"字的束缚。"唯"是个形容词，有了它，S 自然被限于体词性词语，虽然谓词性词语也可来个"名物化"充当 S 的角色，但毕竟不及地道的体词性词语来得自如，所以少见，而

---

① 马建忠：《马氏文通》，商务印书馆 1984 年版，第 251 页。

A_4中的 S 则是开放的。可见 A_3 的适应性还是赶不上 A_4，所以它未能与 A_4 并驾齐驱。

附记：本文写作过程中曾得到向熹、张永言先生的指导，谨致谢忱。

（原载《烟台大学学报》1989 年第 1 期）

论"V于（乎）O"结构

"V于（乎）O"结构是指动词V（包括作动词用的名词、形容词）与其受事O之间加有"于"（包括"於"）"乎"的句法格式。按汉语常见的组合方式，V、O可以直接组合，相对而言，"V于（乎）O"结构较为少见。本文想比较系统地考察一下这种结构在历史上的使用情况，并对"于""乎"的性质和作用加以探讨。不当之处，还望读者指正。

一、"V于（乎）O"结构的演变

有一种观点认为V、O之间用"于"是一种罕见用法[①]，有人甚至进一步指出，这种用法是东汉以后新出现的，"上无来者（上古汉语没有这种用法），下无传承（现代汉语中也没有继承下来），只是在有译经的中古时期存在了一段时间"[②]。

实际情况是怎样呢？我们来看具体用例。

（1）辛未卜，又于出日。（粹597）

比较：丁巳卜，又出日。（佚407）

（2）翌乙巳，祭于小乙。（粹280）

比较：甲子，祭大甲。（综述21.8）

（3）郑伯由是恶于王。（《左传·庄公二十一年》）

（4）但得闻于一句经，舍此王身浑是易。（敦煌《妙法莲华经变文》）

---

① 参见杨伯峻：《古汉语中之罕见语法现象》，《中国语文》1982年第6期。

② 梁晓虹：《佛经中"于"的一种特殊用法》，《九江师专学报》1985年第1—2期。

（5）臣前奉诏讨于扶罗，将士饥乏，不肯渡河。（《三国演义》第三回）

"于"的这种用法在现代汉语书面语中仍然存在：

（6）文艺界人士寄于厚望，希望他们把已经开了头的好文章做下去。（《瞭望》1986 年第 32 期）

（7）根据实际情况，法院决定对其免于刑事处分。（《光明日报》1979 年 3 月 25 日）

从上面举的这些例子可以看出，"V 于 O"结构上起目前所知的最早文献殷墟卜辞，下至今天的普通话，一直绵延不断，有着很强的生命力。据陈炜湛先生研究，武丁卜辞中（第一期）动词后多数带"于"字结构作补语，只有少数动词直接带宾语。① 在乙辛卜辞中（第五期）情况有了变化，动词后大都不用"于"而直接组合。何乐士先生将《左传》与《史记》的补语作了一番比较，结论是从《左传》到《史记》动词后的介词明显减少，不由介词引进而直接与谓语动词连接的补语相对增加。② 其中自然包括"V 于 O"演变为"VO"的现象。这些情况告诉我们，早期汉语里"V 于 O"是一种常见的句法形式，殷末以来逐渐被"VO"式所取代，成为少见现象。

"V 乎 O"结构的情况与"V 于 O"有些不同。一是出现时代较晚，用例最早见于《论语》；二是东汉以后用例罕见。下面仅举二例：

（8）攻乎异端，斯害也已。（《论语·为政》）

（9）观乎国家，凡富国政府通常都较俭朴。（《中国青年报》1988 年 4 月 6 日第 3 版）

有些人认为上举（6）（7）例中的"于"是"予"的误用③，恐怕不见

---

① 陈炜湛：《卜辞文法三题》，《古文字研究》第 4 辑，中华书局 1980 年版。
② 何乐士：《〈史记〉语法特点研究》，载程湘清主编：《两汉汉语研究》，山东教育出版社 1984 年版，第 172 页。
③ 吴慧颖：《"给于、寄于、赋于"辨》，《中国语文天地》1988 年第 4 期。

得。无论从历时的角度来观察还是从共时的角度来考虑，"于"的这种用法应该说是合理的。

二、"于""乎"的性质和作用

那么，"V 于（乎）O"结构中"于""乎"的性质是什么呢？它的作用又是什么呢？

有人认为这种用法的"于""乎"是助词，不是介词，"因为它们后面的名词、代词或名词性词组，都不是它们的宾语，而只是它们前面那个外动词的宾语。"① 也有人把"乎"看作疑问语气词。② 我们认为这种用法的"于""乎"与介词"于""乎"没什么区别。下面这个例子中的"于"是公认的介词：

受命于公。(《仪礼·大射》)

这个"于O"可以置于动词之前，如：

于周受命。(《诗经·大雅·江汉》)

"V 于 O"结构中的"于"也可这么用：

御于祖丁。(丙 32)
侯服于周。(《诗经·大雅·文王》)

介词"于"的宾语可以前置：

申伯还南，谢于诚归。(《诗经·大雅·崧高》)
谚所谓室于怒，市于色者，楚之谓也。(《左传·昭公十九年》)

---

① 赵仲邑：《论古代汉语介词"于""於""乎"》，《中山大学学报》1964 年第 4 期。
② 王海棻：《〈公羊传〉的几个语法问题》，《古汉语研究论文集》，北京出版社 1982 年版，第174 页。

"V于O"结构可转换为"O于V"式：

> 赫赫南仲，猃狁于襄。（《诗经·小雅·出车》）
> 王贪而无信，唯蔡于感（恨）。（《左传·昭公十一年》）

"猃狁于襄"是"于猃狁襄"或"襄于猃狁"的转换形式，意为攘除猃狁，正如"室于怒"是"于室怒"或"怒于室"的转换形式一样。有些人把"猃狁于襄"看作是与"唯利是图"同类的格式，认为"于"是助词，跟"唯利是图"的"是"性质一样，或将"于"看作"于是"的省略。[①] 这些意见是难以成立的。这两种形式来源不同，结构关系各异，未可等同。[②] 省略是以不省的完全句的存在为前提的，而古汉语中并没有出现过"猃狁于是襄"这种格式，所以省略无从谈起。省略说的唯一根据是《左传·隐公六年》上的"晋郑焉依"，《国语·周语》作"晋郑是依"，"焉"有"于是"的意思，因此便推断"于是"省去"是"就成了"猃狁于襄"这种格式，省去"于"就成了"晋郑是依"这种格式。[③] 显而易见，这种推断是不合逻辑的。"焉"有"于"的意思并不等于"焉"就是"于是"两个成分，"焉"本身是最小的造句单位，不存在省去哪个成分、留下哪个成分的问题。

> 何书焉存？（《墨子·非命下》）
> 今王播弃黎老，而孩童焉比谋。（《国语·吴语》）

"何书焉存"为"存焉何书"的转换式，"孩童焉比谋"为"比谋焉孩童"的转换式。由此可知"晋郑焉依"是"依焉晋郑"（犹《左传·哀公十七年》"裔焉大国"）的转换式，与"晋郑是依"并不同构。

总之，"V于O"格式可以转换为"于OV"或"O于V"。这表明在语法功能上"V于O"中的"于"与介词"于"是平行的，它们应该是同一个词。从语法意义上来讲，引导动作对象是介词的基本作用。朱德熙先生说："介词

---

① 参见丁贞冀：《论前置宾语后的"是""之"的词性》，《中国语文》1983 年第 2 期；王力：《汉语史稿》（修订本）中册，中华书局 1980 年版，第 361 页。

② 参见杨琳：《论"唯 S 是（之）P"句型》，《烟台大学学报》1989 年第 1 期。

③ 参见许嘉璐：《关于"唯……是……"句式》，《中国语文》1983 年第 2 期。

的作用在于引出与动作相关的对象（施事、受事与事、工具以及处所）、时间等。"① 吕叔湘先生主编的《现代汉语八百词》（商务印书馆1980年版）在介词"于"下面就列有"表示对象"的义项。"V于O"结构中的"于"就是引导动作对象的。

"乎"的情形与"于"基本相同，它的介词属性也是无可怀疑的。倒是"疑问语气词"的认识反而问题不少。"V于（乎）O"结构中"于""乎"大都可以互换，它们的词性无疑是相同的，"乎"是疑问语气词，"于"莫非也是疑问语气词？此疑难一。疑问语气词只能出现在疑问句当中，而"V乎O"结构大量用于陈述句，若说陈述句中的"V乎O"跟疑问句中的"V乎O"不是同一个东西，恐怕是没什么道理的。此疑难二。即使在疑问句中，如果"乎"是疑问语气词，它后面的成分（O）该怎样处理？V与O的关系该怎样理解？此疑难三。可见，把"乎"当作疑问语气词是站不住的。

词性既已辨明，我们就来看其作用。

有一种观点认为"V于O"中的"于"是多余的，"不当用"，"不应有的"②，有了反而产生歧义。孤立地看，"V于O"结构有时是有歧义的，像例（3）"郑伯由是恶于王"就可能有三种理解：a. 郑伯为王所恶；b. 郑伯恶王；c. 郑伯在王跟前说别人的坏话。但在具体语境中只有b是正确的，不存在歧义。孤立地看有歧义是语言中常有的现象。词有多义，句亦无妨多解。一种语言形式从古到今一直未能淘汰掉，这本身就证明了它有存在的价值。我们认为"于""乎"不仅不是多余的，而且有积极意义。

其一，"于""乎"具有谐调音节的作用。按汉语的习惯，语流当中往往以两个音节为一节拍，这样说来上口，听来顺耳。正因如此，如果"VO"不足以构成双音节拍，就需要"于""乎"去谐调。说"幸免难"不行，说成"幸免于难""幸免其难"才站得住。说"超寻常"不行，说成"超常""超乎寻常"则可。谐调作用的另一种表现是，运用"于""乎"造成两句话的对偶或音节的相等，从而达到语段整齐顺口的目的。像"但得闻于一句经，舍此王身浑是易"（例4），"归于信，顺乎天"（《三国演义》第四十二回）就属此类。试观前面举的那些例子，不难看出"于""乎"在谐调音节方面所起的

---

① 朱德熙：《语法讲义》，商务印书馆1984年版，第174—175页。
② 杨伯峻：《古汉语中之罕见语法现象》，《中国语文》1982年第6期。

作用。

其二，具有强调受事的作用，正如何乐士先生所指出的，受事前用介词比不用介词更具强调意味。[①] 像例（3）"郑伯由是恶于王"中对"王"就有强调意味，若说成"郑伯由是恶王"强调的用意没有表现出来。

其三，具有舒缓语气的作用。有了"于""乎"，拖长了音节，使 VO 的组合相对疏松，从而造成语气舒缓的效果。试比较：

何患乎无兄弟也？

何患无辞？

前者平缓柔和，后者紧促有力。

三、结语

现将上面的论述作一归纳和补充。

（一）"V 于 O"结构从殷墟卜辞直到今普通话书面语都是存在的，"V 乎 O"结构从春秋时代起直到今天也都一直有用例。由于语言经济原则的要求，这种格式的使用远没有"VO"式广泛。

（二）大约自六朝以来，"V 于（乎）O"就具有明显的书面语色彩，因而在以口语为主的文献中很少使用。像《朴通事》《老乞大》、元杂剧以及《西游记》《红楼梦》等文献当中我们没发现用例。能说明问题的是，《三国演义》和《水浒传》同为明初创作的小说，而且罗贯中还参加过《水浒传》的编写，但由于《三国演义》的语言带有文言色彩，而《水浒传》则以口语为主，因而在《三国演义》中使用了一些"V 于（乎）O 结构"（例已见前），《水浒传》中则未见用例。

（三）"V 于（乎）O"结构中的"于""乎"都是介词。其作用有三：a. 谐调音节；b. 强调受事；c. 舒缓语气。其中 a 是最主要的。

（四）"V 于 O"可转换为"于 OV"和"O 于 V"，"O 于 V"转换式的可

---

① 何乐士：《〈史记〉语法特点研究》，载程湘清主编：《两汉汉语研究》，山东教育出版社 1985 年版，第 175 页。

行性限于先秦。"V 乎 O"不能转换为"乎 OV",也没发现"O 乎 V"的用例。若 O 非 V 的受事,则有"O 乎 V"的说法。如《诗经·郑风·清人》:"河上乎翱翔","河上乎逍遥"。《左传·襄公十年》:"七日不克,必尔乎取之。"明确了这种转换关系,便于我们判明有关问题的是非。《墨子·非乐上》中说:"启乃淫溢康乐,野于饮食。"清毕沅怀疑"野于"当作"于野",俞樾《古书疑义举例·倒句例》中批评他"盖误连'康乐'二字读之,亦由不达古书之例,失其读,并失其义矣。"俞氏的批评是正确的。又如杨树达先生说:"室于怒而市于色"一语"昔人多以为'怒于室、色于市'之倒文,其说非也。此第是'于室怒,于市色'之倒耳。"① 洪诚先生认为是"怒于室,色于市"之倒,而以杨说为非。② 在我们看来,两位先生各执一端,两说都对,并不矛盾。因为"V 于 O""于 OV""O 于 V"三种格式可以互相转化(O 不限于受事)。又如《吕氏春秋·诬徒》:"不能学者,……于师愠,怀于俗,羁神于世。"王念孙在《吕氏春秋校本》中认为"于师愠"当作"愠于师",以求跟"怀于俗"一致。这种强求一律的做法是不足取的,原句并无不妥。

(原载《烟台大学学报》1992 年第 2 期)

---

① 杨树达:《高等国文法》,商务印书馆 1984 年版,第 298 页。
② 洪诚:《训诂学》,江苏古籍出版社 1984 年版,第 160 页。

汉语系词研究评议

　　自从 1937 年王力先生发表《中国文法中的系词》的长篇论文以来，汉语中的系词问题引起了中外学者的广泛关注。他们的探索和意见有些写成了专文，有些则散见于其他论著当中。五十多年过去了，系词的许多问题仍然没有一个令人满意的结论。看来今后还会有人继续探讨、继续争鸣的。总结一下五十多年的探索过程，明了研究的是非得失，对于统一认识以及作进一步的探讨都将是有意义的。

　　归纳起来，系词的论争主要围绕四个方面：系词的范围、系词的产生时代、系词的来源、系词的类属。下面分别加以评议。

一、系词的范围

　　王力先生早先确认的系词是："是""非""为""乃"①，后来改变了先前的观点，认为"就汉语而言，真正的系词只有一个'是'字"②。洪诚先生将系词分为两类，一类叫语气系词，一类叫纯粹系词。前者指"惟""为""乃""则""即"，后者仅指"是"。③ 陈梦韶先生确定的系词范围更宽，几乎到了极限。他认为汉语系词有单音的，也有双音的。单音的包括"是""斯""非（匪）""则""即""乃（而）""为""曰""谓""维（惟、唯）""繄"十一个，双音的有"唯是""则是""即是""乃是""是为""时维""实为""是谓""乃惟""乃为""则为""之谓"十二个，多达二十三个。④ 少则只承认一个，多则有二十来个，分歧是相当大的。症结何在？

---

① 王力：《中国文法中的系词》，《清华学报》12 卷第 1 期，1937 年。
② 王力：《汉语史稿》（修订本）中册，中华书局 1980 年版，第 347 页。
③ 洪诚：《论南北朝以前汉语中的系词》，《语言研究》1957 年第 2 期。
④ 陈梦韶：《汉语从上古即有系词论》，《厦门大学学报》1962 年第 4 期。

（一）不同的人对"系词"这个术语有不同的理解，判断系词的标准不同。王力先生所说的系词是"在判断句中把名词、谓语联系于主语的词"，"它的任务是联系主谓两项，缺一不可"①。陈梦韶则把判断句中被判断对象和判断语之间的成分一概视为系词，尽管有些成分并不是词（如"是谓""之谓"等）。

（二）即使都同意对系词的某一定义，但由于对具体成分的认识不同，确定的范围也就不一样。事实上，学者们大都声称是按照王力先生所定的标准探求汉语系词的，问题是怎样才算合乎标准？这就见仁见智了。我们认为能满足王力先生所规定的条件的系词不应认为仅仅是一个"是"字，有些学者将"维""为""非"也认作系词应该说是合乎王力先生的标准的。例如《诗经·大雅·生民》："时维后稷。"《吕氏春秋·原乱》："是为惠公。"《诗经·邶风·柏舟》："我心匪石。"这些句子都是判断句，都联系主谓两项，而且谓语也都是名词，我们实在说不清这些句子中的"维""为""非"与公认的系词"是"有什么根本区别。细小的差异当然是存在的，语言当中找不到两个完全一样的词，但这并不妨碍它们成为系词的成员。否认"维""为""非"为系词的人也没有提出有说服力的理由。譬如他们认为"维""为"在判断句中并不是必需的，"同一个语言中同时有两个系词是不可能的"② 等。必需与否并不是衡量系词的标准。"今天是星期天"可以说成"今天星期天"，"是"不是必需的，但若由此否认"是"为系词，那是说不过去的。至于同一语言中为什么不能同时有两个系词，说者没讲，英语中的系词（copula）不是同时有 be、seem、become、look 等好几个吗？③ 事实上正如洪诚先生所揭示的，春秋以前用"惟"，春秋以后用"为"，"为"在系词发展过程中是继承"惟"的一个词，它们并不同时。"是"和"为"虽然长期共存，但"是"是口语，"为"是书面语，二者色彩分明，各有用场。"这个人就是我"不能换成"这个人就为我"，但可说成"此人即为我"。可知二者虽同时但不完全同用，自有其各自存在的价值。

---

① 王力：《汉语史稿》（修订本）中册，中华书局 1980 年版，第 347 页。
② 王力：《汉语史稿》（修订本）中册，中华书局 1980 年版，第 350—352 页。
③ 参见［英］哈特曼（Hartmann）与斯托克（Stork）所著《语言与语言学词典》copula 条，黄长著等译，上海辞书出版社 1981 年版，第 83 页。

二、系词的产生时代

这个问题包括两个方面：a）就汉语而言，什么时候就有了系词？b）就个别的系词而言，分别最早产生于何时？这两方面既有联系又有区别。

关于a），有两种观点。将"维""为""非"等看作系词的人认为汉语自古以来就有系词，只承认"是"为系词的人认为汉语本无系词，系词是后起的。

关于b），人们的注意力主要集中在"是"字身上。"是"究竟什么时候成了系词呢？有五种意见。（1）六朝。这是王力先生（1937）早年的观点，后来放弃了，现已无人认可。（2）西汉末或东汉初。持这种观点的有王力①、马忠②、许威汉③等。（3）西汉初。持此观点的有洪诚、敖镜浩④、日本太田辰夫⑤等。（4）战国后期。持此观点的有林序达⑥、裘锡圭⑦、唐钰明⑧等。（5）战国以前。持此观点的有陈梦韶、杨伯峻⑨、任学良⑩、朱声琦⑪等。人们常说"说有易，说无难"，其实说有也不易。这主要有三个方面的原因。其一是中国古代典籍往往著作时代不明或有争议。洪诚先生认为《穀梁传》是汉初作品，其中有这样的例子："何以知其是陈君也？"（桓公六年）"何用见其是齐侯也？"（僖公元年）学者们大都承认这里的"是"是系词。但王力先生认为《穀梁传》"年代未能考定"，因此这样的材料不能采用。⑫ 其二是古代典籍除地下出土的之外几乎都是不知传抄翻印了多少次才流传到今的，这就存在着后人改动前人字句的可能。正如郭锡良先生所说："古籍经过千百年的传

---

① 王力：《汉语史稿》（修订本）中册，中华书局1980年版，第353—354页。

② 马忠：《"是"的用法演变》，《语法论集》第3集，中华书局1959年版。

③ 许威汉：《从〈世说新语〉看中古语言现象》，《江西师院学报》1982年第2期。

④ 敖镜浩：《论系词"是"的产生》，《语言教学与研究》1985年第2期。

⑤ ［日］太田辰夫：《中国语历史文法》（1958），蒋绍愚、徐昌华译，北京大学出版社1987年版，第181页。

⑥ 林序达：《判断词"是"的形成和发展》，《西南师院学报》1979年第2期。

⑦ 裘锡圭：《谈谈古文字资料对古汉语的重要性》，《中国语文》1979年第6期。

⑧ 唐钰明：《上古判断句的变化考察》，《中国语文》1993年第5期。

⑨ 杨伯峻：《古汉语虚词》，中华书局1981年版，第147页。

⑩ 任学良：《判断词"是"见于先秦说》，《杭州师院学报》1980年第2期。

⑪ 朱声琦：《"是"作判断词始于何时》，《山西师大学报》1986年第2期。

⑫ 王力：《汉语史稿》（修订本）中册，中华书局1980年版，第354页。

抄、印刷，讹误、衍脱或者混入后代的语法成分总是难免的。"① 因此，即使典籍的著作时代是清楚的，个别字句是否为原书所有难以断言。例如《论语》在战国初期即已编纂成书，其中就有"是"作系词用的两条例证。《微子》："长沮曰：'夫执舆者为谁?'子路曰：'为孔丘。'曰：'是鲁孔丘与?'曰：'是也。'……桀溺曰：'子为谁?'曰：'为仲由。'曰：'是鲁孔丘之徒与?'"这是主张先秦已有系词"是"的人们常引的例证。反对者则认为上例中的"是"为后人所加，因为《史记·孔子世家》作"子孔丘之徒与?"并无系词。又如《战国策·魏策三》："韩是魏之县也。""是"应为系词。但帛书《战国纵横家书》作"是韩，魏之县也"，无系词，那么今本《战国策》上的那个系词就有可能是后人的倒误。其三是对同一例句人们有不同的理解。有些人认为《诗经》中"是"已有系词用例，举《秦风·小戎》"骐馵是中"及《商颂·殷武》"曰商是常"二例，反对者则将其中的"是"理解为宾语前置的标志。《左传》中有这样一个例句（襄公十四年）："惠公蠲其大德，谓我诸戎是四岳之裔胄也。"有些人认为"是"为系词，有些人则读为："谓我诸戎：'是四岳之裔胄也。'"将"是"理解为代词。又如《史记·聂政列传》："其是吾弟与?"大多数学者认为这里的"是"是系词，但也有一些学者认为这里的"是"表示一种确实或实在性的强调、是认，是"一定"的意思。②

我们认为利用地下出土的汉以前的文献资料是解决系词起源问题的有效途径。早在 1979 年，裘锡圭先生就指出在马王堆汉墓帛书及睡虎地秦墓竹简中就有"是"用作系词的例句，最近唐钰明先生又补充了不少出土文献中的用例，如马王堆帛书《天文气象杂占·彗星图》注文："是是帚彗。"天水放马滩秦简《日书乙种》："是是人破日。"睡虎地秦墓竹简《日书》："是是烈鬼。"汉墓帛书的注文郭锡良先生认为"代表西汉初期的语言"，这种意见比较稳妥，但秦简是秦统一中国前的作品，也不存在传抄中改动的问题，各例当中的第二个"是"字无疑是系词。从这类可靠的材料来看，战国后期"是"已有系词用法的观点是可以成立的。有些人之所以不承认这一点，并不是他们没有看到先秦的这类材料，他们是嫌这种例子太少，在他们看来，一种语言现象只有在

---

① 郭锡良：《关于系词"是"产生时代和来源论争的几点认识》，《王力先生纪念论文集》，商务印书馆 1990 年版。

② 冯春田：《从王充〈论衡〉看有关系词"是"的问题》，载程湘清主编：《两汉汉语研究》，山东教育出版社 1985 年版，第 362 页。

同时代的许多著作中大量出现才能予以认可。正因如此，他们甚至连《史记》中的系词例句也表示怀疑，认为是后人改写过的。这就难免有强材料以就先入之见的嫌疑。一般来说，一种新的语言现象在产生初期总是个别的。中国是如此之大，方言又是那样分歧，不同方言区的交往古代又较稀少，再加上言文自古以来就很不一致，在这种情况下要求一种在某一方言中新出现的语言现象同时被所有的人接受使用并大量反映在书面语当中，这显然是不可能的事情，不符合语言发展的规律。

当然，研究语言现象还应考虑到它的系统性，仅仅在典籍中找到个别自以为是系词的例证，从而将系词"是"的起源提得很早，那是缺乏说服力的。比如从《诗经》中找出个别疑似之例而不顾其后出现的系词用例的空白，就是难以接受的。

如果我们放眼汉语的亲属语言，以他们的判断句作比照，问题就会更为明朗。汉语中有这样一种判断句：

> 坠茵席者，殿下是也；落粪溷者，下官是也。（《梁书·范缜传》）
> 某，汉元帝是也。（元·马致远：《汉宫秋》）

这里的"是"跟"身是张益德也"（《三国志·蜀书·张飞传》）中的"是"没有实质性的区别，一般认为它们也是系词。崇祯本《金瓶梅》第二回："这人你道是谁？……覆（复）姓西门、单讳一个庆字的西门大官人便是。"前后两个"是"无疑性质相同。这种句式在先秦典籍中是常见的。例如《吕氏春秋·重言》："管仲曰：'国必有圣人也。'……少顷，东郭牙至。管仲曰：'此必是已。'"《战国策·秦策四》："有其实而无其名者，商人是也。……无其实而有其名者，农夫是也。……无其名又无其实者，王乃是也。"《孟子·梁惠王下》："七十里为政于天下者，汤是也。"先秦例句中的这类"是"字自然也应看作是系词。在汉语的许多亲属语言中，系词"是"都放在判断语之后，成为"a，b是。"的判断句式。例如：

拉萨话（藏语支）：

> ŋa　phøʔ pa　jǐ。
> 我　西藏人　是。

khø atɕaʔ ŋɛ somo jǐ。
他的 姐姐 我的 姨妈 是。

浪速话（缅语支）：

jõ sǒ̃ʒa ŋat ʒa。
他 老师 是 （助）。

tǎkjin a tǎtshɛ lauŋ ŋat ʒa。
一斤 （助） 一十 两 是 （助）。

嘎卓语（彝语支）：

ji³³ ŋa⁵⁵ sɛ³³ pa³¹ ŋɛ³³。
他 我 家 爸 是。

tho³³ a³³ ŋ³¹ tsa²⁴ si⁵⁵ ŋa³³ ŋɛ³³ ja³³。
衣服 那 两 件 新 我 是 （助）。〔那两件新衣服是我的。〕

其他如拉祜语（彝语支）、纳西语（彝语支）、阿昌语（缅语支）、载瓦语（缅语支）等都是如此。这跟汉语先秦常见的"是"字判断句句式是相同的。因此我们不妨说，"是"作为系词，早期的正常位置就在判断语之后，"a是b也"是在"a，b是也"的基础上发展来的。这一结论可以从下面的例子得到进一步的证实。《荀子·非十二子》："然而其持之有故，其言之成理，足以欺惑愚众，是它嚣、魏牟也。……是陈仲、史䲡也。……是墨翟、宋钘也。"下文改说为："仲尼、子弓是也。……舜禹是也。"周法高据此认为"……是也"和"是……也"的句式是相通的。① 在《论衡》中也可以找到两种句式互相转换的例证。《定贤篇》："以权诈卓谲、能将兵御众为贤乎？是韩信之徒也。""〔以〕辨于口、言甘辞巧为贤乎？则夫子贡之徒是也。"认识到这种转换关系可以使我们进一步确信系词"是"在先秦是大量存在的，先秦出现"a是b也"的判断句式并不是偶然的，我们不能因其少见而予以否认。我

---

① 周法高：《中国语法札记·系词"是"的起源》，《史语所集刊》第24本，1953年版。

们相信，随着研究的深入，随着出土材料的增多，先秦时期"是"已有系词用法的结论将会为越来越多的人们所接受。

三、系词的来源

从目前发表的文章来看，大家主要谈的是"是""为"两个系词的来源。"是"的系词来源有两种意见。王力认为"'是'字是由指示代词发展为系词的。发展的过程是这样：在先秦时代，主语后面往往用代词'是'复指，然后加上判断语。""'是'字经常处在主语和谓语的中间，这样就逐渐产生出系词的性质来。"① 这种观点为大多数学者所接受。最早对这种观点提出异议的大约是洪心衡先生，他认为系词"是"是由表示"确认"义的副词"是"来的。② 后来洪成玉先生作了进一步的发挥。他认为"典型的判断句的主语和谓语之间，在先秦没有出现过复指主语的指示代词'是'"，"'滕，是小国也'这样一个发展阶段，看来并不存在。"他认为系词"是"是由"正确"义的形容词"是"发展来的，因为形容词"是"同系词"是"不论在词汇意义上还是在语法功能上，都十分接近。③ 其后冯春田也对代词说予以反驳。他说："我们设想系词'是'来源于指示代词'是'遇到的主要困难就在于有些句子是不能用'是'复指主语或者无需复指主语的。"他认为系词"是"来源于"实在""真实"义的形容词"是"，因为这种"是"在语义上具备了向系词发展的基础，在结构上可以是认后面的成分。④ 美国学者颜祥霖（Yen Sian L.）也提出系词"是"源于"肯定词"（affirmative particle）"是"的看法⑤，与冯氏的意见接近。

复指代词说确实存在着许多疑难。日本学者太田辰夫曾正确指出："这种'是'一定只限于主语复杂的情况下才用，而在单一的名词、代名词作主语的

① 王力：《汉语史稿》（修订本）中册，中华书局 1980 年版，第 353 页。

② 洪心衡：《〈孟子〉里的"是"字研究》，《中国语文》1964 年第 4 期。

③ 洪成玉：《判断词"是"的来源》，《河北师院学报》1980 年第 1 期。

④ 冯春田：《从王充〈论衡〉看有关系词"是"的问题》，载程湘清主编：《两汉汉语研究》，山东教育出版社 1985 年版。

⑤ ［美］颜祥霖：*The Origin of the Copula shi in Chinese*，Journal of Chinese Linguistics. 1986 年第 2 期。

时候是不用的。"① 早期的"a 是 b 也"句式中既然 a 可以是单一的代词、名词（"是是烈鬼""此是何种也?"），表明这种句式跟代词复指句没有源流关系。又比如《战国策·秦策二》："妻不以我为夫，嫂不以我为叔，父母不以我为子，是皆秦之罪也。""是"是复指代词，只能在副词"皆"之前，但作为系词的"是"只能在副词之后，如唐宗密《原人论序》："孔老释迦皆是至圣。"若说系词"是"是由复指代词"是"发展来的，这种语序的变化又该怎样解释呢? 对形容词说来说，这些疑难都是不存在的。《论衡·问孔》："况仓促吐言，安能皆是?"这是"正确"义的形容词"是"，位在副词"皆"之后，跟系词"是"的位置相同。因此，我们认为形容词说更能说明问题。在其他语言中，我们也可见到系词与正确义的形容词同源的现象，如怒苏语中的ʔne 既是系词，又是正确义的形容词;西部裕固语（突厥语族）中的 er 既是系词，又有"对""正确"之义。这也可佐证系词源于正确义的形容词。

在形容词说中，冯氏的意见更为合理。洪成玉的说法是有疏漏的，因为"正确"义的形容词"是"在名词性词语前作谓语就成了意动用法，如《墨子·尚同下》："此皆是其家而非人之家。"不能成为系词，"真实""实在"义的"是"作谓语就是对其后成分的是认或肯定，这正是系词"是"的语义特征。颜氏所说的"肯定词"在我们看来本身已是系词。他所说的"肯定词"如《论衡·说日》"察之是珠"，又《薄葬》"如以鬼是死人"中的"是"，这种"是"中国学者公认为系词，把它当作系词的来源，无异于说系词源于系词。

"为"的系词来源也有两种观点。王力说（1937）："我们尽有权利去假定'作为'的意义为由意义颇狭的动词引申到意义甚广的动词的第一阶段，而系词为其最后阶段。"大意是说系词"为"是由作为义的动词"为"引申来的。这种看法是可以成立的。洪诚认为"'为'之得成系词，是由无主句的'谓……为……'中的'谓'脱落而形成的。"但洪氏又说："用'谓'字的递系式（案:指'谓甲为乙'式），它的次系（指'为'字）一定是系词。"既认为系词"为"是由"谓甲为乙"中的"谓"脱落而成的，又认为"谓甲为乙"中的"为"已经就是系词，这两种说法似有矛盾，没有说清系词"为"

---

① ［日］太田辰夫:《中国语历史文法》（1958），蒋绍愚、徐昌华译，北京大学出版社 1987 年版，第 181 页。

究竟从何而来。

四、系词的类属

系词是与名词、动词等并列的一个词类呢，还是某一类词的附类？有两种意见。一种认为系词是一个独立的词类，持这种观点的有王力[1]、高名凯[2]等。更多的学者则是把系词看作是附类，通常是当作动词的附类。系词是没有资格自成一种词类的，这一点人们的认识目前已趋向一致。有争议的是所谓"活用"的系词，即系词"是"后出现动词性词语。如《世说新语·言语》："吾无所忧，直是清虚日来，滓秽日去耳。"这种"是"不少人认作副词。吕叔湘先生在《汉语语法分析问题》中曾就此讲过一段很通达的话，他说：

> 是字的基本作用是表示肯定：联系，判断，强调，都无非是肯定，不过轻点儿重点儿罢了。在名词谓语句里，因为用是字为常，不用是例外，它的肯定作用就不显著，好像只有联系的作用；在非名词谓语句里，因为一般不用是字，是字的肯定作用就比较突出。但是是字的肯定作用的强弱是渐变的，不是顿变的，相关也只是相对的，不是绝对的。这样看来，完全有可能把是字的用法统一起来。这个统一的是字，它的后头可以是名词，也可以是动词，形容词，或其它词语。

这个统一的"是"字究竟是动词的附类还是副词呢？吕先生没讲，我想还是看作副词比较合适。因为活用的"是"一般认为是副词，既然系词"是"与活用的"是"没有本质的区别，它自然也是副词。此外，系词"是"还有同义词"乃"和反义词"非"，例如《汉书·谷永传》："天下乃天下人之天下，非一人之天下。""乃""非"是公认的副词，系词"是"不应例外。

（原载《烟台大学学报》1993 年第 4 期）

---

[1] 王力：《中国现代语法》，商务印书馆 1985 年版，第 14—15 页。
[2] 高名凯：《汉语语法论》，商务印书馆 1980 年版，第 87 页。

建立统一的古汉语教学语法系统大可不必

最近，学术界建立统一的古汉语教学语法系统的呼声很高，发表了不少讨论文章。讨论建立统一的古汉语教学语法系统，前提应该是搞这么一个系统确有必要，我则以为这样的系统对高校来说完全是多余的，甚至是有弊的。今陈管见如下，供有关人士参考。

其一，关于高校开设古汉语课的目的，大家的认识是一致的，即培养学生阅读古籍的能力。

那么学生阅读古籍遇到的最大障碍是什么呢？王力先生在他主编的《古代汉语》修订本（中华书局 1981 年版）的《教学参考意见》中指出："古代汉语的问题，主要是词汇的问题，语法的关系不大，因为语法富于稳定性，古今语法的差别是不大的。学生们读不懂古书，在多数情况下，都是因为他们不懂文字的意义，而不是因为他们不懂古代语法。"我想大多数从事古汉语教学及学习古汉语的人员都会切身感受到王力先生这一看法是符合实际的。一句话中不明某些词的词义，语法条条记得再熟，也无济于事。如宋玉《风赋》："故其风中人，……宁体便人。"这句话中学习者若不知"便"为安宁之义（《说文》："便，安也"），读 pián，即使熟知词类活用的条例也无法对此句作出正确的理解。相反，如果学习者不知词类活用的语法知识，但掌握"便"的安宁义，通常是会正确理解这句话的。不仅如此，语法关系的确定往往还依赖于句意的理解。如"武丁朝诸侯"（《孟子·公孙丑上》）这句话，我们只有首先借助语境理解了其意，才能知道"朝"与"诸侯"的关系是所谓使动关系，而不是一般的动宾关系。《韩非子·五蠹》："共工之战，铁铦短者及乎敌，铠甲不坚者伤乎体。""及乎敌"与"伤乎体"表面形式相同，但前者是"被敌所及"（即被敌方长兵所中）的意思，属于被动关系中的"乎（于）字式"，后者则是"伤害身体"的意思，属于动宾关系（不知能否算得上是"使动式"）。① 我们是怎么知道它们的语法关系不同的呢？根据文意。汉语语言学史上词汇的研究取得了辉煌的成就，语法的研究则黯然失色，而且大多还是训诂式的研究，主要原因就在语法对理解典籍帮助不大。既然我们的目标是培养学生阅读古籍的能力，那么对培养这种能力"关系不大"的语法何必耗费人物财力人为地拼出一个统一的系统呢？

其二，既然我们的目标是读懂古书，那么凡是有助于阅读理解而又能自圆其说的语法系统在古汉语教学中应该都有存在的价值，因为它们不过是达到目标的手段而已。比如"国士之风"（《报任少卿书》）的"之"，你说它是助词表示定语也好，说它是连接定语与中心语的连词也好，这都无关要紧，只要对这句话的意思大家没有不同的理解就行了。"八口之家"（《孟子·梁惠王上》）的"口"说它是量词还是名词借用来表示单位，这并不重要，反正"八口之家"的意思诸家的理解是一致的。高校古汉语课程的性质决定了统一的教学语法系统对它没有实际意义。

其三，大学教育应该是开放的，而不是封闭的。让学生只知道一种观点，只听到一种声音，所谓只知其一，不知其二，不利于提高学生分析问题、辨别是非的能力，不利于人才的成长。即使是师范大学的学生，虽然他将来提供给中学生的可能只是"一碗水"，但自己有必要储备好"一桶水"。具体就古汉语而言，我们不仅要让学生知道"不织而衣"（《庄子·盗跖》）之"衣"为名词活用为动词，还应让他们了解到世上尚有兼类之说，使学生对同一个问题有多方面的知识，而不是停留在单纯而肤浅的知识层面。事实上，大学教师在授课过程中除了讲授教材的观点外，往往还附带介绍其他学术观点，而学生自己也会通过阅读一些古汉语的参考书而得知世上除了"有汉"还有"魏晋"。搞统一教学语法的目的无非是为了统一学生的古汉语语法知识，从以上分析来看，这种大一统的理想不但不符合高等教育的特点，事实上也是行不通的。现代汉语虽然在中学建立了一套教学语法系统，但在大学仍然各行其是，个中原因值得期望建立统一古汉语教学语法的人士三思。有些人认为没有统一的古汉语教学语法，给学生的思想造成了混乱。不知这"混乱"具体指怎样的情况，

---

① 关于动宾之间加"乎"的问题，参见杨琳：《论 V 于（乎）O 结构》，《烟台大学学报》1992年第 2 期。

若是指学生就一个问题知道了多种观点的话，这种"混乱"并不可怕，一个"混乱"的头脑毕竟要比一个简单的头脑更为充实，因而更有价值。

另外，对于学习古汉语来说，音韵学和文字学的知识似乎比语法学更为重要，如果语法学想统一起来，音韵学、文字学是不是也要划一？如果音韵学、文字学不搞划一，单单统一语法学，古汉语教学中的"混乱"还是无法清除。

我们赞同王力先生《教学参考意见》中的观点，就是"在古代汉语课程中，不讲语法是不对的，大讲语法也是不必要的"。古汉语课中讲语法只就跟现代汉语有差异的并且有助于阅读理解的部分讲一讲即可，比如构词法中的"大名冠小名"，句法中的"连类而及"，还有"词类活用"等，这类知识对正确理解古代典籍是有积极意义的。至于代词、副词应属实词还是虚词，短语怎样分类，怎样划分单句复句，等等，恐怕不是古汉语课必须关注的问题。

（原载《中国语文》1996 年第 1 期）

文献编

《平水韵》的得名及成书时间考

从现存的资料来看，《平水韵》一名最早见于元熊忠的《古今韵会举要》（1297）一书。该书《凡例》中说："江南监本免解进士毛氏晃增修礼部韵略、江北平水刘氏渊壬子新刊礼部韵略互有增字，今逐韵随音附入，注云'毛氏韵增''平水韵增'，凡二千一百四十二字，毛氏增一千七百一十字，平水韵增四百三十六字。"又说："旧韵上平下平上去入五声凡二百六韵，今依平水韵并通用之韵为一百七韵。"从这些话中我们知道，《平水韵》是《壬子新刊礼部韵略》的别称（不是简称），分为107韵。书中卷一韵目后的一条案语中又称作《平水韵略》，也是别称。

这个别称是因何产生的呢？今有两种说法。《中国大百科全书·语言文字卷》（中国大百科全书出版社1988年版）"平水韵"条说："因刻书地点在平水（今山西临汾）而得名。"这是一说。王力在《中国语言学史》中说："由于刘渊是平水人，所以这部书又叫'平水韵'。"[1] 这是又一说。刘渊其人，生平不见记载，清代以来的学者们说他是平水人，根据就是《古今韵会举要·凡例》中说的"江北平水刘氏渊壬子新刊礼部韵略"这句话。但这里的"平水"如果理解为籍贯是有问题的。"江北"古代一般指唐代的淮南道，宋代的淮南路，近代专指江苏长江北部沿岸，而"平水"远在黄河以北，根本不在"江北"的范围，江北地区又从无叫"平水"的地方，"江北平水"的说法实在不可思议。正如钱大昕在《跋平水新刊韵略》（《潜研堂文集》卷27）中所疑惑的："平阳（案："平水"的别称）与江北相距甚远，何以有'平水'之称？是又可疑也。"我们认为联系上句"江南监本免解进士毛氏晃增修礼部韵略"的话来考虑，"平水"与"监本"一样，应指一种版本，而非刘渊的籍贯。"监本"（国子监刊印之书）翻印于江南，故曰"江南监本"，犹明代之有"南监

---

① 王力：《中国语言学史》，山西人民出版社1981年版，第75页。

本""北监本";平水本翻印于江北,故曰"江北平水"。《汉语大词典》"平水"条云:"旧平阳府城(今山西临汾)的别称,以城西南有平水支流而得名。金元时称平阳所刻书籍为'平水版'。"金人王文郁的《平水新刊韵略》,"平水"就是指平水版。因此,《平水韵》是因最早刊行于平水之地而得名,把"平水"看作刘渊的籍贯是说不过去的。

一般认为《平水韵》成书于南宋理宗淳祐十二年(1252),不知根据是什么。书既然名为《壬子新刊礼部韵略》,自然是刊行于壬子年。然为何时壬子?《古今韵会举要》并无明言。《四库全书总目》在《古今韵会举要》的《提要》中说:"南宋刘渊淳祐《壬子新刊礼部韵略》始合并通用之部分,而韵书又一变。"此明言是淳祐年间之壬子。《四库全书》是钦定的,因而它的说法就具有权威性,加上《四库全书总目》影响大,流行广,于是淳祐壬子年的说法风行天下。然查台湾商务印书馆影印的《文渊阁四库全书》,《古今韵会举要》前的《提要》中却说是"南宋刘渊景定《壬子新刊礼部韵略》",《总目》是在《四库全书》编成后才汇集成书的,它把"景定"改为"淳祐",显然是在重抄时发现景定年间并无壬子,而景定前八年(即淳祐十二年)才是壬子年,于是改为淳祐。这一改动说明,在撰写《提要》时"壬子"究属何时并非早有定论,否则很难解释为什么会误写成"景定"。如这一推断不谬,那么"淳祐"不过是为纠正"景定"之误而就近找到的一个年号,并没有什么根据。我们查阅了前修时贤介绍《壬子新刊礼部韵略》的一些材料,像清谢启昆的《小学考》、今人赵诚的《中国古代的韵书》(中华书局1979年版)等,虽然都说是淳祐壬子年,均不见根据。《壬子新刊礼部韵略》久已亡佚,故《四库全书总目》无载。有清以还,此书之著成年代已无确证可依,大率人云亦云。既然前人的说法并不可靠,我们应当重新考虑一下这一问题。

从书名《壬子新刊礼部韵略》可知,此书编成于丁度等人奉诏编写的《礼部韵略》(1037)之后。这以后直到宋亡共有四个壬子年,即北宋神宗熙宁五年(1072),南宋高宗绍兴二年(1132),光宗绍熙三年(1192),理宗淳祐十二年(1252)。这四个壬子年中哪一个可能性最大呢?

首先应排除熙宁壬子,因为并韵的现象只能发生在金王朝的辖区,宋王朝的辖区是无人敢并韵的。熊忠在《古今韵会举要·序》中指出:"一《礼部韵》遂如金科玉条,不敢一字轻易出入中更。……或言经作某字,韵无此字,不可用;或言经本某音,监韵此字下无注,押者非,至使人宁背经音,无违韵注。

其敝可胜言哉!"这里讲的是有宋一代的士子们对《礼部韵略》的态度。《礼部韵略》是国家颁行的韵书,科举取士以此为准,因此,人们奉之唯谨,不敢越雷池一步,在这种形势下谁还敢去并韵? 并韵之书又有谁人理睬? 从现存宋人的其他一些韵书来看,像《增修互注礼部韵略》(1162)、《附释文互注礼部韵略》(约 1230)等,都只是在收字多少及注释详略上做文章,分部都是206 韵,而且这些书还要表进皇上,经国子监看详,准许后才能使用。正如王国维在《书金王文郁〈新刊韵略〉张天锡草书〈韵会〉后》(《观堂集林》卷8)中所说的:"历朝官私所修改惟在增字增注,至于部目之分合,则无敢妄议者。"宋亡以后这才有遗民阴时夫的《韵府群玉》、黄公绍的《古今韵会》敢于采用 106 韵及 107 韵的分部。

对金王朝辖区的人来说,《礼部韵略》并无法令效力,因此文人们敢于将它大加合并,以便场屋及平时赋诗之用。对金王朝来说,也无维护《礼部韵略》尊严的责任,加上并韵对不大谙悉汉语的女真子弟应试多有便利(金朝科举也试诗赋),也就认可了人们私自合并的"私韵"。今知一些元以前的并韵的书,都是金人著的,如王文郁的《平水新刊韵略》、张天锡草书的《韵会》以及韩道昭的《五音集韵》等,原因就在这里。《壬子新刊礼部韵略》既然跟金人王文郁、张天锡的书属于同一系统,无疑应著成于金王朝的辖区,非宋人所作。平水地区北宋时尚为宋王朝所辖,南宋时为金人所占,由此可知《壬子新刊礼部韵略》成书必在南宋时期,故熙宁壬子年可排除在外。

其次,从并韵的发展过程来看,绍熙壬子年最为可取。钱大昕在《跋平水新刊韵略》中说"向读昆山顾氏、秀水朱氏、萧山毛氏、昆陵邵氏论韵,谓今韵之并始于平水刘渊。"并韵始于刘渊的说法大约来自《古今韵会举要》卷一韵目后的一条案语:"近《平水刘氏壬子新刊韵略》始并通用之类以省重复,上平声十五韵,下平声十五韵,上声三十韵,去声三十韵,入声十七韵,今因之。"黄公绍和熊忠都是元初人,既然编写了《古今韵会》这样大部头的书,一定阅读过不少韵书,对韵部的沿革应该是清楚的,他们说并韵始于刘渊,当可信从。但当钱大昕发现了元本金人王文郁编的《平水新刊韵略》(分为 106 韵)之后,并韵始于刘渊的传统说法便被否定了,因为王文郁的书前有许古于金正大六年(1229)作的序,比《四库全书总目》中所说的淳祐壬子成书的《壬子新刊礼部韵略》要早 23 年。钱氏由此甚至推测刘渊的书就是王文郁的书,刘渊不过是王书的翻印者。他说(《十驾斋养新录》卷 4 "平水韵"条):"意渊窃见文郁书,刊之江北,而去其序,故公绍以为刘氏书也。"
这样一来并韵始于王文郁了。后王国维又见到一部金人张天锡草书的《韵
会》,书前有赵秉文1231年作的序,可知与王书几乎同时完成,不存在谁抄谁
的问题,于是王国维进一步指出(《书金王文郁〈新刊韵略〉张天锡草书〈韵
会〉后》):"并韵不始于王文郁,盖金人旧韵如是,王张皆用其部目耳。"并韵
不始于王文郁,这一点只要读一下王书前许古的序便可知道。许古在序中引王
文郁的话说:"稔闻先《礼部韵略》,或讥其严且简。今私韵岁久,又无善本,·
文郁累年留意,随方见学士大夫,精加校雠,又少添注语。"很清楚,王文郁
只是在流行"岁久"的私韵基础上做了一番"精加校雠,又少添注语"的工
作。私韵总有率先合并者,其书为何?我们还是不能不相信黄公绍、熊忠的说
法,即并韵始于《壬子新刊礼部韵略》。钱大昕以来的学者们之所以不承认这
一点,那是他们轻信了淳祐壬子说的缘故。现在既知并韵不始于王文郁,而淳
祐壬子说又不可靠,那么我们没有理由否定黄公绍、熊忠的说法。这就是说,
刘渊的书著成应在王文郁之前,王书是在刘书的基础上编成的,而不是钱大昕
所说的相反。这样并韵的先后次第也可得到较为圆满的解释。按照《礼部韵
略》的同用规定,206韵可以并为108韵,刘渊在此基础上又将可以同用但所
隶之字甚少的"证""嶝"两韵并入"径"韵,这就成了107韵。王文郁、张
天锡等人又在刘渊的基础上将字少的"拯""等"两韵(可同用)并入"迥"
韵,这就成了106韵,后世因循不改。若以为刘书出于王书之后,则是106韵
行世已久(王书所据"私韵"已是106韵),然后又并为107韵,如此似未近
理。因此,将刘书的刊行时间定为王书之前的壬子,即绍熙壬子(1192),是
较为合适的。

(原载《文献》1993年第4期)

《小尔雅》考实

　　《小尔雅》的书名、作者及成书时代至今仍是一团乱麻。本文在详细研读《小尔雅》内容及认真核查原始资料的基础上，对其书名、作者及成书时代进行了新的考辨，订正了前人在这些问题上的诸多错误，并试图证明《小尔雅》非一人一时之作，实乃递相增益而成。文字以《四部丛刊》本《孔丛子》为据，丛刊本脱落者以《说郛》本为据。主要参考文献见文后。

一、《小尔雅》之书名

　　《小尔雅》之名最早见《汉书》颜师古注本，其《艺文志·孝经家》有"《小尔雅》一篇"。颜注本流行广，故世人多知《小尔雅》之名。然《汉书》别本作"《小雅》"，故人或以为此书本名为《小雅》，《小尔雅》之名乃后世别称。王先谦《汉书补注》云："官本无尔字，引宋祁曰：'小字下邵本有尔字。'钱大昕云：'李善《文选注》引《小尔雅》皆作《小雅》，此书依附《尔雅》而作，本名《小雅》，后人伪造《孔丛》，以此篇窜入，因有《小尔雅》之名，失其旧矣。宋景文（琳按：宋祁谥景文）所引邵本亦俗儒增入，不可据。'"钱大昕语见其《三史拾遗》卷3。猝读之下，似觉钱氏之说不无道理，然考之典籍，知其非是。关于《小尔雅》采入《孔丛子》的时间，钱氏认为伪造《孔丛子》之时即已采入，朱骏声也说"《孔丛》一书，不著前志，殆魏晋人依托，而摭取《小尔雅》入之"（《小尔雅约注序》），有些人甚至指明是汉魏之际的王肃采入的①，这种观点比较流行；另有一些人认为其采入在唐代以后②。这两种看法都只是猜测，没有多少根据。我们认为《小尔

---

　① 赵伯义：《〈小尔雅〉成书年代述评》，《河北师院学报》1986年第4期。
　② 钱剑夫：《中国古代字典辞典概论》，商务印书馆1986年版，第145页；刘叶秋：《中国字典史略》，中华书局1987年版，第40页。

雅》采入《孔丛子》当在南北朝末期至隋代这一段时间。何以明之？北魏郦
道元（466—527）《水经注》卷 6《涑水》云："《孔丛》曰：猗顿，鲁之穷士
也。"又卷 25《泗水》云："《孔丛》曰：夫子坟茔方一里。"皆称《孔丛》，
不称篇名，此古人称引《孔丛子》之惯例，后世《艺文类聚》《太平御览》都
是如此。但《水经注》卷 13《瀔水》云："按《尔雅》：纯黑而反哺谓之慈
乌，小而腹下白、不反哺者谓之雅乌，白头而群飞者谓之燕乌，大而白头者谓
之苍乌。"《尔雅》无此文，而见于《小尔雅·广乌》①，学者皆谓此《尔雅》
为《小尔雅》之误。郦道元引称《小尔雅》而不称《孔丛》，表明引用之时
《孔丛》之中尚无《小尔雅》，《小尔雅》单行于世。正因如此，《隋书·经籍
志一·论语类》既有"《小尔雅》一卷"，又有"《孔丛》七卷"；《旧唐书·
经籍志上·小学类》既有"《小尔雅》一卷，李轨撰"，《论语类》又有"《孔
丛子》七卷"；《新唐书·艺文志一·小学类》既有"李轨解《小尔雅》一
卷"，《论语类》又有"《孔丛》七卷"；《小尔雅》皆无撰者，《孔丛子》则
《隋书》和《旧唐书》皆称孔鲋撰。可知唐代以前（包括唐代）《小尔雅》一
直有单行本传世。然而唐初编的《艺文类聚》卷 82《菜蔬》下引《孔丛子》
曰："菜谓之蔬。"语出《小尔雅·广物》。可知唐代初年《小尔雅》已采入
《孔丛子》。而晋代李轨已有《小尔雅略解》，可见钱大昕说《小尔雅》之名
出自伪造《孔丛》者之手是不能成立的。再说《孔丛》既为伪托，其所采
《小尔雅》自当用其本名，何故反易新名而示人以马脚？钱氏之说不足信也
审矣。

　　唐以前人称引《小尔雅》，或称《小雅》，或称《尔雅》，甚至称为《广
雅》。究其原委，称《小雅》者，简称也；称《尔雅》《广雅》者，或出字形
讹误，或出引者误记。尔字古或作尒。《玉篇》："尒，亦作尔。"《说文》："尒，
词之必然也。"段玉裁注："尒之言如此也。后世多以尔字为之。"尒字战国中
山王鼎已见，后世亦常使用，如东汉《白石神君碑》、曹魏《三体石经》、晋
王羲之、唐颜真卿、北宋米芾等人书法作品中皆有尒字。② 因小与尒形近，故
讹作尒。《文选·枚乘〈七发〉》"血脉淫濯"李善注："《尔雅》曰：淫，过

① 此篇篇名，《说郛》本、《汉魏丛书》本、明顾元庆《文房五雅全书》本皆作《广乌》，《四
部丛刊》本及清人各注本皆作《广乌》，篇中所释仅为各种不同种类之乌，不及其他鸟名，
应以《广乌》为是，作鸟者乌字之误。
② 参见洪钧陶：《草字编》，文物出版社 1983 年版，第 38—39 页。

也。"而在司马相如的《上林赋》"所以禁淫也"句下李善注云:"《小雅》曰:淫,过也。"《尔雅》无"淫,过也"之训。由或作《小雅》知"尔"为传抄翻刻中造成的"小"字之误。又王文考(名延寿)《鲁灵光殿赋》"昭列显于奎之分野"李善注:"《尔雅》曰:分,次也。"胡克家《文选考异》云:"袁本'尔'作'小'。案:'小'是也。茶陵本亦误'尔'。"《尔雅》一本作《小雅》,亦"尔"为"小"误之显证。他如《文选·班固〈西都赋〉》"上反宇以盖戴"李善注引《尔雅》:"盖、戴,覆也。"《尔雅》无此文,而见于《小尔雅·广诂》。《诗经·小雅·十月之交》"不憖遗一老"释文引《尔雅》:"憖,愿也,强也,且也。"《尔雅》无此文,而见于《小尔雅·广言》。"尔"均为"小"之讹误。《左传·昭公八年》"犹将复由"杜预注:"由,用也。"孔颖达疏:"'由,用'《释诂》文。"孔疏所言"《释诂》文"均指《尔雅·释诂》,然《尔雅》无此训,而见于《小尔雅·广诂》及《广雅·释诂四》,则孔氏当是一时误记。玄应《一切经音义》卷3引《广雅》:"何、揭,担也。"又卷17引《尔雅》:"可、揭,担也。"而卷22、24并引《小尔雅》:"何、揭,担也。"《尔雅》《广雅》均无此文,而见于《小尔雅·广言》,则《广雅》当是《小尔雅》一时误记,《尔雅》则是《小雅》讹误。宋翔凤训纂卷6云:"唐以前人引《小尔雅》有三名,其作《小尔雅》者,据其本名也。亦作《小尒疋》者,古今字。有作《尔雅》者,以与《尔雅》同为一家,故冒《尔雅》之号,犹《易纬》为《易》、《逸礼》为《礼》也。有作《小雅》者,省文,犹《齐论语》《鲁论语》后人亦称《齐论》《鲁论》也。""同为一家"说未惬人意,余说甚确。

　　《小尔雅》之名义,宋咸《小尔雅注》释之云:"经传字义有所未畅,绎而言之,于《尔雅》为小焉。"此谓其篇幅小于《尔雅》,故称《小尔雅》,所言甚确。或云"比起《尔雅》的价值要小,所以称为《小尔雅》"[1]。未为在理。

二、《小尔雅》之作者

　　唐代以前(包括唐代)典籍从未提及《小尔雅》作者为谁。其题汉孔鲋

---

[1]　刘叶秋:《中国字典史略》,中华书局1987年版,第41页。

撰者，石云孙谓"《宋史·艺文志》云孔鲋《小尔雅》一卷，题名作者孔鲋始此"①。此说未当。北宋王尧臣等撰《崇文总目》卷1《小学类上》（《丛书集成初编》本）已载"《小尔雅》一卷，孔鲋撰"，则题名孔鲋撰者始于北宋。宋人之所以题孔鲋撰是因为《小尔雅》单行本至宋已佚，而幸存于《孔丛子》之中。《孔丛子》，《隋书·经籍志》题"陈胜博士孔鲋撰"，因此《小尔雅》的作者也就题成了孔鲋。历史上确有孔鲋其人。据《史记·孔子世家》记载，孔鲋为孔子八世孙，"为陈王涉博士，死于陈下"。但汉代典籍中从未有谁说过孔鲋有什么著作传世。明代程荣在《汉魏丛书》本《孔丛子》的序言中引用明代李濂的话说："秦并六国，召鲋为鲁国文通君，拜少傅。始皇三十四年，丞相斯议令燔书，鲋惧遗典之灭亡也，方来之无徵也，违令之祸烈也，乃与其弟子襄归，藏书壁中，隐居嵩山之阳。无何，陈涉起，为楚王，聘鲋为博士，鲋以目疾辞，退而著是书。"说得有板有眼，煞有介事，然而于古无徵，纯属向壁虚构之辞。当代学者中竟有人相信孔鲋为《小尔雅》的作者，说什么孔鲋任陈涉博士之时，"或因《尔雅》早已散乱，博士又必然讲求名物训诂，于是仿《尔雅》之例另成《小尔雅》，似甚可能"②。我们上面讲了，《小尔雅》是《孔丛子》传世好几百年后才收进去的，说《孔丛子》的作者为孔鲋已是伪托，进而将《小尔雅》的著作权也归于孔鲋，更是无稽之谈。没有任何证据能证明孔鲋为《小尔雅》的作者。

有人提出"《小尔雅》的编者有可能是西汉元、成时期的博士孔骃（孔安国孙）和他的儿子孔子立"③。然未见任何证据，无从取信。

总之，根据现有资料，我们只能得出《小尔雅》作者佚名的结论。

三、《小尔雅》之成书时代

（一）现有观点及其论据的考查

《小尔雅》作者虽不可考，但其成书时代还是有迹可求的。归纳起来，主要有三种观点。

---

① 石云孙：《论胡承珙的〈小尔雅义证〉》，《古籍研究》1995年第2期。
② 钱剑夫：《中国古代字典辞典概论》，商务印书馆1986年版，第146页。
③ 黄怀信：《一部很有价值的古典辞书——〈小尔雅〉》，《辞书研究》1988年第1期。

相信《小尔雅》作者为孔鲋的人认为书成于秦代。根据我们上面的分析，这种观点是站不住的，孔鲋与《小尔雅》没有关系。

相信《小尔雅》为伪造《孔丛子》者所伪造的人认为书成于汉魏之际。持这种观点的清代有臧庸（见其《小尔雅徵文》一文）、《四库全书总目》（见卷43《小学类存目一》）等，现代学者信从此说的很多。如王力云："现存的《小尔雅》是把《孔丛子》第十一篇抽出单行的。《孔丛子》是伪书，因此《小尔雅》也是伪书。"① 何九盈云："清人考证的结果，认为《孔丛子》中的《小尔雅》是伪书。这种性质的伪书，只不过作者'伪'，时代'伪'而已，如果我们不把它看成是孔鲋的作品，把它放在魏晋之前的东汉末年来处理，它就不'伪'了。"② 一些权威辞书也持此见。如《中国大百科全书·语言文字卷》（1988）"小尔雅"条云："现存的《小尔雅》是从《孔丛子》第十一篇抄出别行，已经与《艺文志》不同。……今本《孔丛子》有宋仁宗嘉祐中宋咸注，题孔鲋撰。孔鲋为秦末陈涉博士，清人已定为伪书，可能出自汉末。《小尔雅》既见于《孔丛子》中，时代也不会很早。"我们上面已经辨明，《小尔雅》采入《孔丛子》是在《孔丛子》问世好几百年之后，因《孔丛子》之伪而认定《小尔雅》亦伪是缺乏说服力的。

第三种观点认为今传《小尔雅》就是《汉书·艺文志》所载之《小尔雅》，至于具体成书时代，此派一般不作明确表态，只是笼统地说成"古小学遗书"。如清代胡承珙《小尔雅义证自序》云："毛公传《诗》，郑仲师（众）、马季长（融）注《礼》，亦往往有与《小尔雅》合者，特以不箸书名，后人疑其未经援及。然如《说文》所引《尔雅》之猭，则固明明在《小尔雅》矣。"今人可以《四库大辞典》（吉林大学出版社1996年版）为代表，其"小尔雅"条云："《小尔雅》成书甚早，书成于《尔雅》之后不久，汉世此书已见征引，魏晋以后征引尤多。晋人李轨为之作注解，李氏注解之本至宋已佚。宋人遂从《孔丛子》第十一篇中将《小尔雅》钞出，而成别行之本。此本与《汉志》所载者不当大异，乃魏晋人伪造《孔丛子》时，摭取流行于其时的《小尔雅》纳之书中，故《小尔雅》并非伪书，确为古小学之遗书也。"这一派的论据主要有两条，一是说汉儒注经不少地方与《小尔雅》相合，表明汉

---

① 王力：《中国语言学史》，山西人民出版社1981年版，第19页。

② 何九盈：《中国古代语言学史》，河南人民出版社1985年版，第34页。

儒引据过《小尔雅》；二是认为《说文》提名引用过《小尔雅》。

这两条证据都是有问题的。汉儒注经既然没有一处注明援据《小尔雅》，又怎知是汉儒据《小尔雅》释经而非后人纂辑《小尔雅》时搜集了汉儒之训呢？持《小尔雅》为后世伪造观点的人同样可以拿《小尔雅》与汉儒注经的"相合"作为伪造的证据。这样的论证实际上是陷入了"鸡生蛋还是蛋生鸡"的怪圈，说明不了什么问题。

《说文》称引《小尔雅》被此派人视为《小尔雅》为"古小学遗书"的力证。如胡朴安云：《小尔雅》成书"至迟亦在许叔重之前，以《说文》所引之㷀字知之"①。迟铎云："（《说文》）所引《尔雅》，实为《小尔雅》。这说明东汉的许慎已见到《小尔雅》一书。……此等例证，虽系寥寥，但仍为考究成书年代的重要资料。"② 所谓《说文》征引过《小尔雅》，只有下面一例："㷀，事有不善言㷀也。《尔雅》曰：'㷀，薄也。'"由于今本《尔雅》中没有这样的话，而《小尔雅·广言》中有"凉，薄也"的条目，于是他们认定许慎引的就是《小尔雅》。这其实是一厢情愿的说法。我们先来看看研究《说文》的学者持何态度。段玉裁注云："'尔雅'二字浅人所增耳。'㷀，薄也'许以足上文意有未尽之语。"张舜徽约注云："今《尔雅》无此文，惟《广雅·释诂》有之（按：见卷一下），明此非许原文，乃后人所附注展转传钞，后乃窜入说解正文者。"可见这样的证据未必能得到大家的认可。我们认为古本《尔雅》可能有此文。北宋郭忠恕《汗简》卷中之二："㷀，力向切，见古《尔雅》。"这一记载可证《尔雅》本有"㷀，薄也"之训。也许有些人会说这里的"古"可能是"小"字之误。《汗简》卷下之一云："飋，见古《尔雅》。"《尔雅·释天》："北风谓之凉风。"释文："凉，本或作古飋字。"可见郭忠恕是有根据的，"古《尔雅》"不误。看来《说文》中所引的"㷀，薄也"确为《尔雅》佚文，因此，无论此文属后世注文窜入还是许慎本人所引，以此来证明汉儒已引用《小尔雅》是靠不住的。事实上《说文》另有"凉，薄也"之文，与《小尔雅》完全一致，许慎要引的话在此处引用才合适。《小尔雅》各本都作"凉"，硬要说"凉""㷀"通假，然后又说《尔雅》为《小尔雅》之误，未免过于强迫材料了。有些人（黄怀信1988）还以这一材料为据，进而

---

① 胡朴安：《中国训诂学史》，中国书店1983年版，第61页。
② 迟铎：《〈小尔雅〉初探》，《陕西师大学报》1985年第4期。

得出《说文》采用《小尔雅》的地方很多的结论，说："《说文》宄部引《尔雅》曰：'寏，薄也'，正是《小尔雅·广言》之文。前人已经指出这一事实。事实上，《说文》直接采用《小尔雅》的地方很多，只是以其不为经典而没有言明，唯独'寏'训一条因误成了《尔雅》之文才作了明用，可见《小尔雅》对《说文》的影响。"这种说法更是误上加误。

有些人还提出班固称引过《小尔雅》。如赵伯义说："依现存资料，《小尔雅》在东汉已经广泛流传，不仅《汉书·艺文志》有著录，而且班固、许慎均引用过《小尔雅》的义训。"论者说班固《白虎通》引《尔雅》曰："无夫无妻并谓之寡，丈夫曰索，妇人曰嫠。"《尔雅》无此文，而见于《小尔雅·广义》，故《尔雅》为《小尔雅》之误。① 然遍检各种版本的《白虎通》，不见有此引文。《诗经·周南·桃夭序》孔颖达疏云："《白虎通》云：'鳏之言鳏鳏无所亲。'则寡者，少也，言少匹对耳。故《鸿雁》传：'偏丧曰寡。'此其对例也。妇人无称鳏之文，其男子亦称寡。《襄二十八年传》曰：'崔杼生成及强而寡。'故《尔雅》云：'无夫无妇并谓之寡，丈夫曰索，妇人曰嫠。'"此盖《白虎通》称引《小尔雅》说之所本，实则误解文意，引《尔雅》者乃孔疏，非《白虎通》。

总之，前人论证大都似是而非或在疑似之间，致使问题至今仍悬而未决。

（二）今本《小尔雅》与古本《小尔雅》一脉相承

尽管"古小学遗书"说者没有拿出可靠的证据，但根据笔者的研究，这一认识有其正确的因素。

梁启超在总结清儒辨伪的重要方法时说："从著录传授上检查，古书流传有绪。其有名的著作，在各史《经籍志》中都有著录，或从别书记载他的渊源，若突然发现一部书，向来无人经见，其中定有蹊跷。如先秦书不见《汉书·艺文志》，汉人书不见《隋书·经籍志》，唐以前（书）不见《崇文总目》，便十有九靠不住。"② 《小尔雅》并不是"向来无人经见"，而是一部"流传有绪"的著作。《汉书》、《隋书》、新旧《唐书》以至北宋《崇文总目》等，都对《小尔雅》有明确的记载，我们今天的版本是从宋代版本传下来的，所以《小尔雅》在传承上是没有什么可疑的。

---

① 赵伯义：《〈小尔雅〉概说》，《古籍整理研究学刊》1993 年第 1 期。
② 梁启超：《中国近三百年学术史》，中国书店 1985 年版，第 249—250 页。

　　《小尔雅》撰者古来无传，北宋人始称孔鲋撰，说明当时《小尔雅》已附《孔丛子》流传，不复有单行本。宋初编的《太平御览》（编撰于977—983年）卷830《尺寸》《量》《秤》类目下全引《小尔雅》之《度》《量》《衡》的内容，皆称"《孔丛子》"，不称《小尔雅》。晁公武《郡斋读书后志》卷1云："《小尔雅》一卷，右孔氏古文也，见于孔鲋书。""孔鲋书"即《孔丛子》。陈振孙《直斋书录解题》卷3《小学类》："《小尔雅》一卷，《汉志》有此书，亦不著名氏，《唐志》有李轨解一卷，今《馆阁书目》云孔鲋撰，盖即《孔丛子》第十一篇也。……当时好事者钞出别行。"王应麟《汉书艺文志考证》："《小尔雅》一篇，孔鲋撰，十三章，申衍诂训，见《孔丛子》。"这都充分表明，宋人虽言《小尔雅》一卷，实则当时已无单行本，故皆云见《孔丛子》，《御览》征引也只称《孔丛子》。盖唐末五代时期战乱频仍，单行《小尔雅》亡于战乱。《孔丛》本与古传之单行本长期并存，二本不当有大异，否则唐代学者不至无所质疑辨说。

　　《小尔雅》中有一些词义比较生僻古奥，不是后世掇拾者所能采集或想得到的。如《广诂》："历，久也。"汉唐旧诂中没有训历为久的资料，但有文献可徵。《尚书·召诰》："有夏服天命，惟有历年。"孙星衍疏："历者，《释诂》云：'艾，历也。'《诗传》云：'艾，久也。'是历亦为久也。"又《君奭》："弗克经历嗣前人恭明德。"孙星衍疏："言弗能常久继前王恭憼显明之德。"又《大诰》："洪惟我幼冲人，嗣无疆大历服。"周秉钧易解："言我年幼之人继承了远大悠久之事业。"《楚辞·远游》："聊仿佯而逍遥兮，永历年而无成。"王逸注："身以过老，无功名也。""永历"犹言永久，谓年纪久老。《尔雅·释诂下》："艾，历也。"郭璞注："长者多更历。"以历为经历，《汉语大字典》据此在"艾"下立有"经历"的义项，典籍未见艾有经历义，郭说未可信从。

　　又如《广言》："辀，舆也。"辀之舆义亦古训所无，清儒疏证皆牵强难通。王煦疏云："车蔽谓之辐，车辕谓之辀，车底谓之舆，舆又为车之通名，故云'辐、辀，舆也'。"此说无谓。宋翔凤训纂："辐，舆之一物，辀在舆下，此通释舆则非，疑当作'辐、辀、舆，车也'，传写者脱耳。"亦未能解证辀有车义。且舆自有车义，何必言舆下脱车？《汉语大字典》和《汉语大词典》"辀"下皆有"车"义，举例为《楚辞·九歌·东君》："驾龙辀兮乘雷，载云旗兮委蛇。"此辀指车无可置疑，古训惟见《小尔雅》。

　　又如《广言》："翼，送也。"翼之训送，亦古训所无，然文献有徵。送有追逐义。《诗经·郑风·大叔于田》:"抑纵送忌。"毛传:"发矢曰纵,从禽曰送。"孔颖达疏:"送谓逐后,故知从禽。""从禽"谓追逐猎物。《孙膑兵法·十阵》:"往者弗送,来者弗止。"张震泽注:"谓敌虽往来,不分散队伍以追逐也。"翼有驱逐义。《诗经·召南·驺虞》"壹发五豝"毛传:"虞人翼五豝以待公之发。"孔颖达疏:"由虞人驱翼五豝,以待公之发矢故也。《多士》云:'敢翼殷命。'注云:'翼,驱也。'则此翼亦为驱也。"驱逐与追逐义同,故训翼为送。

其他如《广诂》:"牣,塞也。"《广言》:"战,交也。""缩,抽也。"《广名》:"疾甚谓之阽。"《广器》:"较谓之幹。"《衡》:"两有半曰捷,倍捷曰举。"这些义训不见于其他训诂资料,要是魏晋以后的人编纂《小尔雅》的话,这样一些古义僻义的出现是不大可能的。

另外,汉末人王肃曾征引过《小尔雅》。《诗经·小雅·宾之初筵》"发彼有的"孔颖达疏云:

> 《周礼》郑众、马融注皆云"十尺曰侯,四尺曰鹄,二尺曰正,四寸曰质",则以为侯皆一丈,鹄及正、质于一侯之中为此等级,则亦以此质为四寸也。王肃亦云"二尺曰正,四寸曰质",又引:"《尔雅》云:'射张皮谓之侯,侯中者谓之鹄,鹄中者谓之正,正方二尺也。正中谓之槷,方六寸也。'槷则质也,旧云方四寸,今云方六寸,《尔雅》说之明,宜从之。"此肃意唯改质为六寸,其余同郑马也。

王肃征引的《尔雅》内容传本中没有,而见于《小尔雅·广器》,则孔疏《尔雅》当是《小雅》之讹。如果此说可以成立,那么这是我们迄今所知的最早征引《小尔雅》的资料。

从以上几个方面来看,今本《小尔雅》与古本《小尔雅》的传承关系是难以否认的,仅仅因为后人将《小尔雅》收在《孔丛子》中而否认这种传承关系是缺乏说服力的。

(三)今本《小尔雅》中后人增益的内容

我们知道,《汉书·艺文志》是根据西汉刘歆的《七略》编写的,《小尔雅》既然著录于《汉书·艺文志》,其成书当不晚于西汉末年。但今本《小尔雅》中有不少内容却是东汉以后才有的,这些内容应该是东汉以后的人不断增益的。现将这类内容胪列如下。

有些义项或词语最早见于东汉。《广言》:"阆,限也。"张衡《西京赋》:"右有陇坻之隘,隔阆华戎。"东汉以前未见用例。《广器》:"戈,句孑戟也。"《周礼·考工记·冶氏》"戈广二寸"郑玄注:"戈,今句孑戟也。"《释名·释兵》:"戈,句孑戟也。"郑玄云"今句孑戟",知"句孑戟"乃东汉之名,东汉以前典籍未见。《广诂》:"岸,高也。"本义为河流高岸。《说文》:"岸,水厓而高者。"引申而有高大义。《汉书·江充传》:"充为人魁岸。"东汉以前未见用例。《广诂》:"囚、禁,录也。"囚、禁训录,即训为拘捕。录之拘捕义最早见于东汉。《汉书·叙传上》:"诸所宾礼皆名豪,怀恩醉酒,共谏伯宜颇摄录盗贼。"后世多见。《世说新语·方正》:"梅颐尝有惠于陶公,后为豫章太守,有事,王丞相遣收之。侃曰:'天子富于春秋,万机自诸侯出,王公既得录,陶公何为不可放?'乃遣人于江口夺之。"

《广名》:"空棺谓之榇。"《说文》:"榇,棺也。"此为引申义。王筠句读:"榇,附身棺也。……天子之棺四重,诸公三重,诸侯再重,大夫一重,士不重,其亲身一重谓之榇。"榇从亲声,本义为最里面装尸体的一重棺材。《左传·襄公四年》:"秋,定姒薨,不殡于庙,无榇。"杜预注:"榇,亲身棺。"亲身棺谓之榇,犹亲身衣谓之亲,榇、亲皆因亲而得名。榇之本义既为亲身棺,何以会有空棺之义呢?《左传·僖公六年》载:"冬,蔡穆侯将许僖公以见楚子于武城。许男面缚衔璧,大夫衰绖,士舆榇。楚子问诸逢伯。对曰:'昔武王克殷,微子启如是。武王亲释其缚,受其璧而祓之,焚其榇,礼而命之,使复其所。'楚子从之。"后世降服、认罪及以死进谏者纷纷效法。《后汉书·梁冀传》:"絜初逃亡,知不得免,因舆榇奏书冀门。"《晋书·王浚传》记吴主孙皓降王浚之事云:"乃备亡国之礼,素车白马,肉袒面缚,衔璧牵羊,大夫衰绖,士舆榇。"《周书·颜之仪传》:"(颜之仪)乃舆榇诣朝堂,陈帝八失。"先秦时期的"舆榇"只是一种个别的仿古行为,所以楚子不解其意。东汉以降却成了一种风气,一种仪式,这种仪式中所"舆"之"榇"自然都是空棺,故《小尔雅》训为"空棺谓之榇"。所以此训应出现在东汉以后。事实上,榇义为亲身棺或棺材,并不包含有无尸体的义素。无尸者固可谓之榇,有尸者亦可谓之榇,正如今"棺材"一词一样。陆机《挽歌》诗云:"叹息重榇侧,念我畴昔时。"此榇则指有尸者。《小尔雅》据"舆榇"仪式而训榇为空棺,并不确切。

　　《广器》:"衡,轭也。轭上谓之乌啄。""乌啄"一词最早见于《释名·释车》:"楅,扼也,所以扼牛颈也。马曰乌啄,下向(案:当作'向下',下文即作'向下')叉马颈,似乌开口向下啄物时也。"或以为"乌啄"已见毛传。《诗经·大雅·韩奕》:"王锡韩侯,淑旂绥章,簟茀错衡,玄衮赤舄,钩膺镂钖,鞹鞃浅幭,鞗革金厄。"毛传:"厄,乌蠋也。"释文作"乌喝",故有些人以为即《小尔雅》《释名》所言之乌啄。我们认为毛传原本当作"乌蠋"。郑笺云:"鞗革,谓辔首也,以金为小环,往往缠扼之。"孔颖达疏:"毛以厄为厄虫,则金厄者以金接辔之端,如厄虫然也。"从郑笺释厄为小环而对车轭说未置一词来看,其时尚无作喝之异文。《尔雅·释虫》:"蚅,乌蠋。"《御览》卷950引孙炎亦云:"蚅,一名乌蠋也。"蠋虫善于卷曲如环。《诗经·豳风·东山》:"蜎蜎者蠋,烝在桑野。"毛传:"蜎蜎,蠋貌。"《说文》:"蜎,肙也。"王筠句读:"肙字从肉,虫无骨也。从口者,肙掉尾向前,其曲如环也。"引申而有曲挠义。《字汇》:"蜎,挠也。"诗言"蜎蜎"正谓蠋虫之卷曲。因蠋善卷曲如环,故诗人用以喻指马笼头上连接缰绳及嚼子的金属小环。诗云"鞗革金厄",鞗革即马笼头,则金厄自以笼头上之环为谐。且上文已言"错衡",下文不当另出衡下之轭。要之,毛传"乌蠋"不误,未可与《小尔雅》"乌啄"牵附,"乌啄"仍以《释名》为最早出处。

　　有些义项最早见于魏晋以后的著作。《广诂》:"局,近也。"此义目前所知最早之例见三国时期。曹丕《与朝歌令吴质书》:"涂路虽局,官守有限。"《广诂》:"媚,美也。"最早用例见三国时期。阮籍《咏怀诗》之五:"朝为媚少年,夕暮成丑老。"《广诂》:"强,益也。"王煦疏:"贾谊书《赋职》云:'饮酒而醉,食肉而饱,饱而强食。'《汉书·律历志》:'正数之外益以馀数曰强。'所谓微强、少强、大强是也。"葛其仁疏证:"算法以有馀为强。"胡承珙义证说同。然皆无书证。益有多馀之义。《说文》:"益,饶也。"段玉裁注:"凡有馀曰饶。"强亦有多馀义,故训强为益。王煦所引贾谊书文见《新书·傅职》,类似语亦见《大戴礼记·保傅》:"饱而强,饥而惏。"王聘珍解诂:"强,暴也,谓暴殄也。""饱而强食"谓饱则糟蹋食物,可知此例与强之益义无关。所引《汉书》文《律历志》所无,王氏当是误记。《晋书·天文志》云:"西交于奎十四少强。"此强固为多馀义,然乃唐代文例。《汉语大字典》在"强"的多馀义下引二证:《诗经·周颂·载芟》:"侯主侯伯,侯亚侯旅,侯强侯以。"郑玄笺:"父子馀夫俱行,强有馀力者相助。"《木兰诗》:"策勋十二转,赏赐百千强。"前一例难以成立。诗中的"主、伯、亚、旅、强、以"指各种类别的人，"强"毛传释为"强力也"，指强壮有力之人，与"以"（读为骀，老弱之人）相对，解为多馀则不通。后一例可以成立（或释为镪之假借，亦备一说）。一般认为《木兰诗》为北朝民歌。强之多馀义使用渐多是在唐代。敦煌俗赋《燕子赋》："海龙王第三女，发长七尺强。"《孔子项托相问书》："当时便欲酬倍价，每束黄金三两强。"《广言》："芜，草也。"此义最早见于南北朝。南朝宋颜延之《秋胡诗》："寝兴日已寒，白露生庭芜。"《广诂》："没，无也。"葛其仁疏证："《史记·酷吏传》：'张汤始为小吏，乾没。'如淳曰：'得利为乾，失利为没。'"释没为失去义，非是。乾没之没乃贪求之义，非失去义。① 胡承珙义证："没者，亦与蔑一声之转。《晋书》'乞伏暮末'，《宋书》又作'乞佛茂蔓'，亦其例也。"此说无证。王煦疏引郝敬《读书通》云："俗谓无为没。南齐豫章王嶷临终谓诸子曰：'我无后当共相勉厉。''无后'即没后也。"引文见《南史·齐豫章文献王嶷传》，原文作："吾无后，当共相勉励，笃睦为先。"此说虽似可通，然《广言》又有"没，终也"之训，则二条同义，不当另出。若解没为"没有"之义，则其义始见于唐代②，如张祜《偶题》诗："惟恨世间无贺老，谪仙长在没人知。"然则此条或为唐人所增。《礼记·礼器》："五献之尊，门外缶，门内壶，君尊瓦甒。"郑玄注："壶大一石，瓦甒五斗，缶大小未闻也。"按《小尔雅·量》中云："豆四谓之区，区四谓之釜，釜二有半谓之薮，薮二有半谓之缶。"《小尔雅》明明有缶量之大小，郑玄何以说"缶大小未闻"？这似乎表明郑玄之时《小尔雅》中尚无此语，当是魏晋以后所增。

说郛本《广言》："晞、烯，乾也。"烯字《说文》所无，典籍亦未见用例，字典中最早见于《玉篇》："烯，亦晞字。"据此可知烯字当为唐宋时所增，故本或无之。

有些话明显是后人增补的。《衡》："钧四谓之石，石四谓之鼓，然则鼓四百八十斤也。"大多数版本无"然则鼓四百八十斤也"之语，这显然是后人据上文推算的语气，非原文所有。《量》："一手之盛谓之溢，两手谓之掬，掬一升也。"说郛本、汉魏本无"掬一升也"之语。宋咸在"两手谓之掬"下注云：

① 参见蒋礼鸿：《义府续貂》（增补本），中华书局1987年版，第31页。
② 参见［日］太田辰夫：《中国语历史文法》（1958），蒋绍愚、徐昌华译，北京大学出版社1987年版，第281页；向熹：《简明汉语史》，高等教育出版社1993年版，第425页。

"一升也。"（本或作"半升也"）宋咸既在掬下注一升，明原文无"掬一升也"之语。《广鸟》："去阴就阳谓之阳鸟，鸿雁是也。"说郛本、汉魏本、宋咸注鸟作乌，鸿作鸠。《尚书·禹贡》："彭蠡既豬，阳鸟攸居。"孔安国传："随阳之鸟，鸿雁之属。"此盖丛刊本所据。然《广鸟》篇所释皆为不同种类之鸟，不及其他鸟名，故原文应以阳鸟为是。阳乌古有二义。《文选·左思〈蜀都赋〉》："羲和假道于峻歧，阳乌回翼乎高标。"李善注："《春秋元命苞》曰：'阳成于三，故日中有三足乌。乌者，阳精。'"此为神话中三足乌。《本草纲目》卷47《禽一·阳乌》引唐陈藏器曰："阳乌出建州，似鹳而殊小，身黑，颈长而白。"此为乌之一种。《小尔雅》所言皆为现实中不同种类之鸟，故应指后者。《小尔雅》全书无举例之例，盖阳乌讹作阳鸟，后人因据孔传增"鸿雁是也"四字。鸿之水旁手写常作连笔，近似一撇，故讹作鸠。《广鸟》："小而腹下白、不反哺者谓之雅乌。白项而群飞者谓之燕乌，白脰乌也。雅乌，鷽也。"末尾"白脰乌也雅乌鷽也"等语皆后人增补。《水经注》卷13引《尔雅》云："纯黑而反哺谓之慈乌，小而腹下白、不反哺者谓之雅乌，白头而群飞者谓之燕乌。"此文《尔雅》所无，《尔雅》当为《小雅》之误。从《水经注》所引无"白脰乌也雅乌鷽也"之语，知此文补入在郦道元之后。《广兽》云："鸟之所乳谓之巢，鸡雉所乳谓之窠，鹿之所息谓之场，兔之所息谓之窟，鱼之所息谓之潜。潜，椮也，积柴水中，而鱼舍焉。"《小尔雅》此处为整齐的七字句，被释词无作进一步解释者，则今本"潜，椮也，积柴水中，而鱼舍焉"之语当是后人增补。凡一篇末尾之补充性文字往往出自后人增补，非原文所有，如《广鸟》末尾之"白脰乌也。雅乌，鷽也"，《衡》末尾之"然则鼓四百八十斤也"，皆是。盖篇末有空，便于补入也。《尔雅·释器》"椮谓之涔"释文云："《尔雅》旧文并《诗》传并米旁作，《小尔雅》木旁作，其文云：'鱼之所息谓之檆。檆，椮也，积柴水中而鱼舍焉。'郭因改米从木。"《诗经·周颂·潜》下释文曰："《小尔雅》云：'鱼之所息谓之檆。檆，椮也，谓积柴水中令鱼依之止息，因而取之也。'郭景纯因改《尔雅》从《小尔雅》，作木傍参。"则陆德明所见《小尔雅》已有"檆，椮也，积柴水中而鱼舍焉"之语。陆氏谓郭璞从《小尔雅》改椮为椮，乃据后人增补而想当然。《尔雅·释器》"椮谓之涔"郭璞注云："今之作者聚积柴木于水中，鱼得寒入其里藏隐，因以薄围捕取之。"知郭氏所见《尔雅》必是作椮，故以"聚积柴木"作解。

另外，《小尔雅》中还有一些训释相同的条目分列于不同篇目的情况。如《广诂》："励，劝也。"又《广言》："励，勉也。"劝、勉同义。《广诂》："索、略，取也。"《广言》："索、略，求也。"求、取同义。《广言》："荷，担也。""何，任也。"荷、何同词，担、任同义。《广诂》："户、愫、格、扈，止也。"《广言》："艾、尽，止也。"同训为止而分列两篇。若《小尔雅》出自一人之手，不大可能出现这种同义条目分列两处的情况，所以其中一条应为后世所增。

孙愐改编《切韵》而《切韵》亡，宋人重刊《玉篇》而《玉篇》原貌尽废。即便是影响很大的《说文》，北宋徐铉等人在校订时直接在正文中补入19个字头，另增402个字头作为"新附"，还为每个字增补了反切。像《小尔雅》这种资料汇集性质的没有撰著人的数页小书（全书包括被训释词与训释词约1930字[1]），在流传过程中更是很难保持一成不变，每一个抄写者、每一个阅读者都有可能成为该书的修订者和增补者。北宋宋咸对《孔丛子》作过一番整理。他在《注孔丛子序》中说："士大夫号藏书者所得本皆豕亥鱼鲁，不堪其读。臣凡百购求，以损益补窜。""损益补窜"的过程中难免将后世的训释补入《小尔雅》。南宋淳熙年间，王蔺见《孔丛子》"近世鲜所流传"，"讹[舛]至多"，遂"旁证远取，凡刊误几六百字"（丛刊本《孔丛子》后记）。一本不到两千字的小书刊误近六百字，修改之处为数不少，谁能保证王蔺没有搀杂进《小尔雅》原本所无的内容呢？我们看今天的不同版本，条目多少就互有出入。如丛刊本《广言》："获、干，得也。""适，闲也。""襄，外也。"不少版本没有这些条目。又《广言》："囚、禁，录也。"不少版本没有囚字。汉魏本《广言》："慸，忌也。"又："整，愿也。"丛刊本无此二条。《广诂》："勿、蔑、微、曼、末、没，无也。"丛刊本无曼字。《广诂》："淫溢沉灭，没也。"丛刊本无溢字。《广言》："走、卬，我也。"丛刊本无走字。《广言》："慸、忌，教也。"丛刊本无忌字。这种或有或无的情况有些可能是一本脱落，有些可能就是一本有后人增补。比如"走"训为"我"实即走卒义用于自谦之称，这种用法最早见于东汉。《文选·班固〈答宾戏〉》："走亦不任厕技于彼列。"李善注引服虔曰："走，孟坚自谓也。"又《张衡〈东京赋〉》："走虽不敏，庶斯

---

[1] 不同版本字数有所出入，此取字数多者。刘叶秋（1987）云："全书连解说还不足万言。"李学勤、吕文郁主编《四库大辞典》（吉林大学出版社1996年版）亦云："连训释语在内尚不足万言。"估计未免过多。

达矣。"薛综注:"走,公子自称走使之人,如今言仆矣。"可见"走"是东汉以后增益的。清代王宝仁搜集了唐代学者征引《小尔雅》的23则佚文,为今传各本所无,说明从唐至宋《小尔雅》的内容又有所增删。阮元在为葛其仁疏证写的序言中说:"吴师道《国策补注》所引有出今本外者,则其为后人删节久矣。"吴师道为元人,其所征引有些不见今本,说明从宋代至元明,《小尔雅》仍有增删。所以,无论从《小尔雅》内容本身来看还是从情理来推断,今本《小尔雅》应该是一部在古本《小尔雅》基础上递相增益而成的著作。书名为《小尔雅》,其最初成书必在《尔雅》之后。《尔雅》一般认为成书于秦汉之际,而《小尔雅》在《汉书·艺文志》中已经著录,可以推知其最初成书应在西汉。

李零指出:"早期的古书多由'片断'即零章碎句而构成,随时所作,即以行世,常常缺乏统一的结构,因此排列组合的可能性很大,添油加醋的改造也很多,分合无定,存佚无常。作者的自由度比较大,读者的自由度也比较大。这使它的年代构成变得非常复杂。"[①]《小尔雅》的成书过程也可以印证李先生的这一说法。

附注:

本文参引的《小尔雅》及其注本的版本

《小尔雅》:《四部丛刊》影印明翻宋本《孔丛子》本,简称"丛刊本";宛委山堂《说郛》本,据上海古籍出版社1988年版《说郛三种》;《汉魏丛书》本,上海商务印书馆1925年影印,简称"汉魏本"。

北宋宋咸《孔丛子注》,明顾元庆《顾氏文房小说》本。该书自序作于1058年。

《孔丛子释文》一卷,附于《四部丛刊》影印明翻宋本《孔丛子》,盖为宋咸《孔丛子注》之一部分。

清王煦《小尔雅疏》八卷,《邵武徐氏丛书初刻》本,《丛书集成续编》影印(见第20册),上海书店出版社1994年版。该书自序作于1800年。

清宋翔凤《小尔雅训纂》六卷,《广雅书局丛书》本,《丛书集成续编》影印(见第20册)。该书自序作于1807年。

---

① 李零:《从简帛发现看古书的体例和分类》,《中国典籍与文化》2001年第1期。

清葛其仁《小尔雅疏证》五卷,《咫进斋丛书》本。该书自序作于1814年。

清胡承珙《小尔雅义证》十三卷，补遗一卷，《聚学轩丛书》本，《丛书集成续编》影印（见第20册）。该书自序作于1827年。

张舜徽《小尔雅补释》一卷，收入张舜徽《旧学辑存》，齐鲁书社1988年版。撰成于1942年。

（原载《文史》2002年第2辑，总第59辑）

《小尔雅》研究史纲

　　《小尔雅》一书最早著录于《汉书·艺文志·孝经家》。与《尔雅》相比，《小尔雅》确实是小字辈。《尔雅》全书约13113字，收词4300多个，而《小尔雅》全书仅约1930字，收词628个，篇幅只是《尔雅》的1/7；再加上其成书在《尔雅》之后，因此其价值被《尔雅》的巨大影响所掩盖，长期以来未能得到世人的重视。本文拟将自《小尔雅》问世以来人们对它的研究过程加以评析总结，为《小尔雅》研究史建构起一个框架，以便为今天深入研究并充分利用这部古老的辞书及中国语言学史的撰写提供一些信息和参照。参考资料及其简称见文后。

一、清代以前的《小尔雅》研究

　　据文献记载，自《小尔雅》问世直到明代这一千六百多年的时间里，只有两个人给《小尔雅》作过注，一个是东晋的李轨，一个是北宋的宋咸。李轨注《隋书·经籍志一·论语类》著录"《小尔雅》一卷，李轨略解"。此书《旧唐书·经籍志上·小学类》及《新唐书·艺文志一·小学类》仍有著录，但《宋史·艺文志》无载，可知佚于唐宋之际。李轨注未见前人征引，内容不得而知，但从书称"略解"且连同《小尔雅》本文只有一卷的情况来推测，其注大约是非常简略的。

　　宋咸并不是专为《小尔雅》作注，他是在注解《孔丛子》时对收入其中的《小尔雅》附带作了一些解释。其注《四部丛刊》本全部删除，《说郛》本和《汉魏丛书》本仅留10条，《顾氏文房小说》本基本完整。今据《顾氏文房小说》本统计，凡注46处，注语共409字，也是非常简略的。尽管如此，由于宋注是现存最早的注释，自有其不可忽视的价值。窃谓其价值至少有二。

　　其一是有些注语简明扼要，切中肯綮。如宋咸释《小尔雅》之名义云：

"经传字义有所未畅，绎而言之，于《尔雅》为小焉。"此谓其篇幅小于《尔雅》，故称《小尔雅》，所言甚确。今天的一些学者解释说："比起《尔雅》的价值要小，所以称为《小尔雅》。"① 这种说法恐怕不符合《小尔雅》命名的原意。又如《广言》"丽，数也"下注云："丽取其数各有所丽著。"意思是说丽有附着、连属之义，数目依次前后连属，故丽引申有数目义。这一解释要比后世一些人所提出的丽之数义来自假借或偶俪义的说法更为可取。谓丽之数目义由连属义引申而来，此可以数字为佐证。《说文》："数，计也。从攴娄声。"本义为计数。娄声字有"连属"之意。《说文》："遱，连遱也。"朱骏声《说文通训定声》："行步不绝之貌，犹丝曰连缕，辞曰謰謱也。"《聊斋志异·小髻》："俄而尺许小人连遱而出，至不可数。"清何垠注："连遱，相连不绝也。"《说文》："溇，雨溇溇也。一曰汝南人谓饮酒不醉曰溇。"王筠《说文句读》："谓密雨缕缕不绝也。"由雨缕缕不绝引申为不断饮酒而不醉。今有些地方称酒量大者为"酒篓子"，寻其本字，当即为溇。缕当因连续不绝而得名，世有"不绝如缕"之语，可知缕有连属不断的特征。唐韦承庆《灵台赋》："繁襟雾合而烟聚，单思针悬而缕续。""缕续"谓如缕连续不断。楼是屋上接屋，数屋相连，故谓之楼。屡是连续多次。此义典籍中常写作娄。《说文新附》："屡，数也。"清钮树玉《说文新附考》："经典中多作娄。"《诗经·周颂·桓》："绥万邦，娄丰年。"郑笺："娄，亟也。"孔颖达疏："武王诛纣之后，安此万邦，使无兵寇之害，数有丰年。"要之，遱、溇、缕、楼、屡这些从娄得声的字都有连属之意。数以娄为声，正因连属而得名。数因连属得名，丽由连属引申为数目，其理相同。

其二是有些注语可为我们提供北宋人所见《小尔雅》的一些版本信息。例如《说郛》本及《汉魏丛书》本《广诂》："钟、崇、府、众、积、灌、聚、朴，丛也。"《四部丛刊》本"丛""聚"互易。《说文》："丛，聚也。"二词同义。又聚、丛上古皆为从母，韵部侯、东对转，故二词同源。孰是孰非，似难定夺。胡承珙《义证》云："《文选·陆士衡〈君子行〉》'福钟恒有兆'李善注引《小尔雅》云：'钟，聚也。'据此似《小尔雅》此条本以诸字并训为聚，今本皆释为丛者，虽二字本通，疑传写者以聚与丛互易致误耳。"此说宜若可取，然观宋咸注云："《诗》'灌木''械朴'皆丛义。"《诗经·周南·葛

---

① 刘叶秋：《中国字典史略》，中华书局1987年版，第41页。

罩》"集于灌木"毛传:"灌木,藂木也。"又《大雅·棫朴》毛传:"朴,枹木也。"《尔雅·释木》:"朴,枹者。"郭璞注:"朴属丛生者为枹。"可知宋咸所见本即作丛。丛字古或作藂。《广韵·东韵》:"丛,聚也。藂,俗。"《楚辞·招魂》:"五谷不生,藂菅是食些。"旧注:"藂一作丛。"聚、藂二字典籍又时或互作。如《楚辞·东方朔〈七谏·怨世〉》:"荆棘聚而成林。"旧注:"聚一作藂。"《韩非子·扬权》:"欲为其国,必伐其聚。不伐其聚,彼将得众。"清顾广圻识误:"聚当读为藂,下句同,藂与下句众为韵。"盖《小尔雅》训释词本或作藂,传抄者以为聚字而径作聚,训释词既作聚,因改被训释词之聚为丛。李善所引《小尔雅》训释词作聚者,或为藂之讹误,或为李善误记,未可信据。《文选·鲍照〈芜城赋〉》"灌莽杳而无际"李善注引《广雅》曰:"灌,丛也。"《广雅·释诂三》实作:"灌,聚也。"虽此误与藂之误聚相反,其所以致误则类似也。又如《四部丛刊》本《广服》:"题,定也。"定宋咸注作由,其余各本皆作头。题无由义,由疑为首之形误。定与颎通,有题义。《诗经·周南·麟之趾》:"麟之定,振振公姓。"毛传:"定,题也。"释文:"定,字书作颎。"然宋咸注云:"题,颎也,额也。"以颎释题,知原文必不作定。训题为头,典籍多见。《淮南子·本经》:"橑檐榱题。"高诱注:"题,头也。"《汉书·扬雄传》:"璇题玉英。"应劭注:"题,头也。"则原本当是作头,作定当是宋咸注混入正文,作首乃后人因与头同义而改易。若无宋注参酌,此类是非恐难辩白。

南宋淳熙年间,王蔺见《孔丛子》"近世鲜所流传","讹〔舛〕至多",遂"旁证远取,凡刊误几六百字"(《四部丛刊》本《孔丛子》后记),这当中自然包括对《小尔雅》的校勘,但具体校勘了哪些字句,今已无从考索。这也算是有文字记载的对《小尔雅》的一次整理。类似的整理历史上应该是很多的,每一位抄录者及每一位研读者都有可能成为《小尔雅》的修订整理者,只是由于没有文献记载,我们无从得知而已。

二、清代的《小尔雅》研究

到了清代,《小尔雅》研究出现了空前的繁荣,产生了十多种注本。见诸记载的有下面这些著作(以撰成时间为序):

1. 莫栻《小尔雅广注》四卷。书序作于 1734 年。

2. 孙志祖（1736—1800）《小尔雅疏证》，见《清史列传》卷 68 本传。

3. 任兆麟《小尔雅注》，收入其所著《述记》四卷之中，国家图书馆有乾隆五十三年（1788）刊本。

4. 钱东垣《小尔雅校证》二卷，见谢启昆《小学考》卷 5 "宋氏咸《小尔雅注》"条。自序作于 1789 年。

5. 王煦《小尔雅疏》八卷。自序作于 1800 年。

6. 宋翔凤《小尔雅训纂》六卷。自序作于 1807 年。

7. 胡世琦《小尔雅义证》十三卷。书成于 1810 年。

8. 葛其仁《小尔雅疏证》五卷。自序作于 1814 年。

9. 胡承珙《小尔雅义证》十三卷。自序作于 1827 年。

10. 谭正治《小尔雅疏证》，见胡承珙《求是堂文集》卷 4《小尔雅疏证序》。

11. 严杰（1763—1843）《小尔雅疏证》，见《清史列传》卷 69 本传。

12. 朱骏声（1788—1858）《小尔雅约注》一卷。

13. 邹伯奇（1819—1869）《补小尔雅释度量衡》一卷。

14. 王贞《小尔雅补义》一卷。自序作于 1873 年。

15. 王祖源《小尔雅直音》二卷，撰著时代不详，见武作成《清史稿艺文志补编·经部·小学类》。

16. 胡联桂《小尔雅衍义》八卷，撰著时代不详，见王绍曾主编《清史稿艺文志拾遗》。《中国古籍总目·经部 2》（中华书局、上海古籍出版社 2012：1204）："小尔雅衍义八卷首一卷，清胡联桂撰，书瘾楼考补，稿本，台图（台湾图书馆）。"

这些著作中第 2、4、10、11、15 五种今存佚不详。

莫栻的《小尔雅广注》是清代率先撰成的《小尔雅》注本，书未刊刻，很少流传，所幸《续修四库全书》中收入此书（见 189 册，上海古籍出版社 1995 年版），我们才有机会见到。莫栻其人，生平未见记载。书前有其友人陈景钟的序，序中称"吾友右张莫子"，"右张"盖为其号。又书中每卷前署"钱唐莫栻"，可知其籍贯为浙江钱塘（今属杭县）。其余一无所知。序中说：

“甲寅秋，余卧病苫上，右张寄我《小尔雅广注》一册，属余题其首。”据序末所记时间“雍正岁次阏逢摄提格”，知其年为1734年，其书盖撰成于这一年或此前不久。书取名“广注”，是因为“宋咸注实寥寥数笔，不能尽字义之半，右张取而广之，故谓之广注”（陈景钟序）。《广注》的特点是对每一个词无论其义是否常见，都尽可能地征引古训或典籍用例予以证实，可以说是个全注本，而宋咸注仅仅对个别词略加注释，后世的许多注本也往往对常见义置之不理。书中时有胜见。如《广诂》“话、旬，治也”“抚，拾也”下云：“话疑诘字误”，“旬疑徇字误”，“抚字疑摭字误”，《广言》“整，愿也”下云：“整字疑憖字之讹”，皆确不可易。其他如《广诂》“几，法也”下注云：“几字查无法义。《玉篇》：‘几，期也。’《诗·小雅》：‘卜尔百福，如几如式。’疏：‘所以与女百种之福，其来早晚如有期节，其福多少如有法度。’按：此几训期，是期约有定准，亦有可取为法之义，未知是否。”张舜徽《补释》亦引“如几如式”疏证《小尔雅》，孰知莫栻揭之在前。

莫注与宋咸注相比，无疑大大前进了一步，但跟清代其他注本相比，则不免逊色。书中对《小尔雅》至少三分之一的词语“未详”或作牵附之解。如《广诂》“匠，治也”下云：“《周礼·考工记》‘匠人营国’，‘匠人为沟洫’，亦治义。”“匠人”之匠明为工匠义，却牵附于治训。《广言》“明，阳也”下云：“言高而近阳者也。”竟不知《诗经·豳风·七月》“我朱孔阳”之阳训明。又《广言》“俘，罚也”下云：“《说文》：‘俘，军所获也。’案：军所获者必囚之以示罚，故训为罚。”殊不知“浮”古有罚训，俘为浮之形误。可以说莫注作出正确解释的主要是常见义项，而在疑难义训上创获不多。不过莫氏在宋咸之后第一个注释《小尔雅》，开清人疏证《小尔雅》风气之先，自有其历史地位。

在清人著作中，当代学者很推崇胡承珙的《小尔雅义证》。如濮之珍在《中国语言学史》（上海古籍出版社1987年版）中说：“清代研究《小尔雅》的，以胡承珙的《小尔雅义证》最享盛名。”有些人还指出胡著“受到了当今学者的推崇，并取得了语言学史、训诂学史上比同类著作高得多的地位”①。事实上如果认真研读了清人研究《小尔雅》的著作，我们会感到今人对胡著的推崇跟它实际的历史地位不大相称。清人研究《小尔雅》成就最大的恐怕

① 石云孙：《论胡承珙的〈小尔雅义证〉》，《古籍研究》1995年第2期。

要数王煦，而非胡承珙，理由有二。

一是王著比胡著早成二十多年，王著之前虽然已有宋咸、莫栻、孙志祖、任兆麟、钱东垣几家注本，但这些注本的共同特点是注释过于简略，而且除任著外均未刊刻，王煦未得见及，说明王煦基本上是在无所借鉴的情况下从事注疏的，其难度要比踵事增华者大得多。

二是在清人的《小尔雅》著作中王著是最为详赡的。王著的详赡主要体现在以下几个方面：

其一，在清人的《小尔雅》研究著作中，王著篇幅最大。胡著虽分十三卷，实则只有 6 万多字，王著虽分八卷，而有 10 万多字，篇幅是胡著的1.7 倍。

其二，王著体例完备。王煦不仅疏证被训释词，还疏解训释词及宋咸的注，对常用义项也予疏证，同时还指明了文字的正俗假借。其他著作一般只有疏证被训释词及指明假借两项，对常用义项往往不置一辞。例如《广诂》：“邵、媚、旨、伐，美也。”王煦《疏》云：“《说文》：‘美，甘也。’《玉篇》：‘美，善也。’或作媺。《周官·司徒职》云：‘媺宫室。’《师氏职》云：‘掌以媺诏王。’是也。”“美”在这组训释中是训释词，其义项“美好”也是古今常用义项，然而王煦不惮其烦，仍然认真疏解，他至少告诉读者美的本义是甘美，美异体作媺，这两点并不是任何人都清楚的。

其三，对义项的疏证王著也力求完备。试比较王著与胡著对《广言》“废、措，置也”训释组的疏证：

王煦《疏》云：

《说文》：“置，赦也。”《玉篇》：“置，立也，安置也。”按：置有弃置之义。《左氏定十年传》云：“司马牛置其邑与圭焉。”《周语》曰：“小怨置大德。”是也。有设置之义。东晋《古文尚书·说命》云：“王置诸其左右。”《孟子》曰：“置君而后去之。”是也。废、措之义亦然。《礼记·曲礼》云：“有其举之，莫敢废也。”《吕氏春秋·孝行览》云：“父母置之，子弗敢废。”是弃置之义也。《公羊宣八年传》云：“舍其有声者，废其无声者。”《庄子》：“废一于堂，废一于室。”是设置之义也。《礼记·中庸》云：“弗能弗措也。”《汉书·文帝纪》云：“几致刑措。”是弃置之义也。《礼器》云：“措则正。”《中庸》云：“故时措之宜也。”是亦设置之义也。

胡承珙《义证》云：

> 废者，《周礼·大宰》："三曰废置以驭其吏。"《公羊宣八年传》："废
> 其无声者。"何休注云："废，置也。置者，不去也，齐人语。"《尔雅·释
> 诂》："废，舍也。"郭璞注云："舍，放置也。"《方言》云："发，舍车也。"
> 案：发与废声近而义同。

王著指出"置"有设置、废置相反二义，"废、措"二词亦有此二义，疏
解完满；胡著仅释一义，且以"措"之设置义为常见而不论，两相比照，其
著之精粗自明。

又如《广言》"悛，觉也"下王煦《疏》云："《左氏昭九年传》云：'为
是悛而后止。'是悛在止先，言觉而后止也。《楚语》云：'庶悛而更乎？'是
亦悛在更先，言觉而后更也。义实相成，微有先后之别耳。"王煦举的两个例
子都是觉悟、悔悟的意思，与《小尔雅》的义训相合。悛之觉悟义不见于各
词典，由王煦《疏》知其义可信。胡承珙仅仅说："悛者，《襄三十八年左传》：
'亦无悛志。'注云：'悛，改悟也。'"此例之悛究竟是改正义还是觉悟义，不
是很明确，不如王煦的例证恰当。又襄公在位只有三十一年，"三十八"为
"二十八"之误。

清人徐鼒在刊印王煦《疏》的后记中说："近人特著一书阐明《小雅》者，
宋翔凤有《训纂》，胡承珙有《义证》，钱东垣有《校证》，朱骏声有《约
注》，惟上虞王汾原先生（煦）撰《疏》八卷，最为精核。"这一评价应该说
是公允的。

王著自然也有其不足之处，最突出的就是墨守《说文》。凡传本《小尔
雅》中用字与《说文》不一致者，王煦大都改从《说文》，正如他在《自序》
中所说的，"一准许氏《说文解字》，……辨其子母与其雅俗，所以存古文
也。"如《广诂》："敷，布也。"敷字《说文》作敷，王煦改正文为敷。《广
诂》："挽，引也。"《说文》无挽字，王煦改挽为輓。《广言》："周、浃，匝
也。"匝《说文》作帀，王煦改正文为帀。这种做法殊不足取。跟任何事物一
样，文字也在不断地发展演变。作为研究者，指出字形的古今嬗变当然是有积
极意义的，但王煦要人们回到根据小篆隶定而来的所谓"正体"上去，而置
早已为大众所认可的字形于不顾，这种刻舟求剑的思维方式，无疑是行不

通的。

王煦《疏》在引据上有时存在张冠李戴、引文不准的问题。如《广诂》"最，丛也"下《疏》云："《史记·周本纪》有周聚，徐广曰：'一作最。'"按：《周本纪》三家注均无此引文，徐广说实见《殷本纪》"大冣乐戏于沙丘"句下集解所引，王氏误记。又如《广兽》"鸡雉所乳谓之窠"下王煦《疏》云："左思《蜀都赋》云：'推惟蜀鸡与鸲鹆同窠。'盖鸲鹆性拙，不能为巢，往往居墙穴之中，故太冲取以为喻也。"按：左思《蜀都赋》中并无此语，实出左思《魏都赋》，原作"推惟庸蜀与鸲鹆同窠"。王氏引此旨在证明"鸡雉所乳谓之窠"，今原文并无鸡字，则引用成附赘悬疣。不过引据不准是古代大多数学者常有的缺点，盖时代风气及学术条件使然，我们不应单单深责于王氏。

另外，王煦误把宋咸注当成李轨注，不能不说是失考。李轨注宋代就已经亡佚了，王煦对此看来并不清楚。宋翔凤、葛其仁、胡承珙等人笼统地把宋咸注称为"旧注"，也没搞清楚传本《小尔雅》中的注出自谁氏之手。今天这个问题虽已很明确，但不知个中底细的人也仍然存在。许嘉璐主编《传统语言学辞典》（河北教育出版社1990年版）"小尔雅疏"条在介绍王煦《疏》时说："煦用东晋李轨《略解》，据各本及群书所征引者，雠校订正，作为义疏。"这反映了我们对《小尔雅》缺乏研究的现状。

胡世琦的《小尔雅义证》从未刊刻，《清史稿·艺文志》也未著录，因此学者们对其人其书知之甚少，有关的简介又颇多歧异含混之辞，令人不知所从。不少人认为其书已经亡佚。如胡朴安在二十世纪三十年代撰写的《中国训诂学史》中介绍说："所著之《小尔雅义证》未刻，稿已佚。宋珏有序一篇，言之极详。"[①] 濮之珍《中国语言学史》云："书稿未刻，仅存宋珏序一篇，言之极详。"[②]《传统语言学辞典》"小尔雅疏证"条："或作'小尔雅义证'。清胡世琦撰。全书5卷，未刻，稿已亡佚。宋珏有序一篇，言之极详。……书目见《清史稿》。"事实上作者手稿至今犹存，台湾文海出版社1974年影印出版的《清代稿本百种汇刊》中收有此书（即《汇刊》第12册）。由于得见胡氏手稿，有关其书的一些是非可迎刃而解。胡书凡十三卷，而非五卷。序其书者

---

① 胡朴安：《中国训诂学史》，商务印书馆1939年版，第74页。
② 濮之珍：《中国语言学史》，上海古籍出版社1987年版，第167页。

乃其同乡好友朱琦，而非宋琦。《传统语言学辞典》说"书目见《清史稿》"，此亦想当然之辞，《清史稿》并无著录。

胡世琦的《义证》约有 8 万字，是清人的《小尔雅》注解中除王煦的《小尔雅疏》外最为详赡的一部。洪亮吉评价说："书中以古音求古谊，以古谊证古经传，旁推交通，无不极其精审，此必传之作也。"段玉裁评价说："真《小尔雅》之功臣也。校之也精矣，考之也博矣。"这些话是洪、段二君在给胡世琦的信中说的，固然不无溢美之处，但胡氏《义证》确有其不可磨灭的历史地位。关于其优劣得失，详见笔者《胡世琦及其〈小尔雅义证〉考述》（《文献》2003 年第 2 期）一文，此处不再赘述。

胡承珙的《义证》是清代的又一部重要的《小尔雅》注本。胡氏撰著此书的一个重要目的就是为了驳难戴震。戴震在清代的学术界具有举足轻重的作用。他在《书〈小尔雅〉后》一文中说："《小尔雅》一卷，大致后人皮傅掇拾而成，非古小学遗书。……或曰《小尔雅》者，后人采王肃、杜预之说为之也。"胡氏不同意戴震的这种观点，他认为《小尔雅》是古小学遗书，为此他"援引古义，一一辨释，因复原本雅故，区别条流，又采辑经疏、《选》注等所引，通为义证，略存旧帙之仿佛，间执后儒之訾议。"（《小尔雅义证自序》）出于证明传本《小尔雅》不伪的需要，广泛钩稽汉代魏晋旧注中与《小尔雅》相合的训释及唐代以前引用《小尔雅》的资料就成了胡著最显著的特色。尽管他这种做法并不能证明他的观点，因为汉魏旧注与《小尔雅》的"相合"也可以是后世伪造《小尔雅》的证据，但他揭示的资料还是很有价值的。这些资料不仅可以证明《小尔雅》的训释是可信的，还可用来订正传本《小尔雅》中的讹误脱漏。例如《广诂》"赜，深也"下胡氏指出："《文选》卢子谅《答魏子悌》诗'清义贯幽赜'、陆士衡《演连珠》'是以天地之赜该于六位'李善注并引《小尔雅》曰：'赜，深也。'《后汉书·方术传序》'皆所以探抽冥赜'章怀注引《小尔雅》曰：'赜，深也。'赜近本误作颐，今订正。"颐为赜之形误。

在胡氏之前，已有王煦、宋翔凤、葛其仁等人的著作刊行于世，胡氏可以斟酌损益，取精用宏，因而其疏证大都比较准确，这大约就是后人推重胡著的原因。例如《广诂》"牣，塞也"下王煦《疏》云："塞有满义，故牣亦训为塞也。"意谓牣无填塞义，《小尔雅》之塞取满义。葛其仁《疏证》："下文：'牣，满也。'此训为塞，义相引也。"葛氏无例证。胡承珙《义证》："《海内北经》（按：应为《海外北经》）：'禹厥之，三仞三沮。'郭注云：'掘塞之，而三沮陷也。'《史记·殷本纪》：'充仞宫室。'《淮南子·本经训》：'德交归焉，而莫之充忍也。'仞、忍并与牣同。""充仞（忍）"之仞（忍）为满义，与堵塞义有别。《海外北经》之仞确为填塞义。仞本长度单位，其用于填塞义则为牣之假借。胡氏举出例证证实"牣"有填塞义，比前人迈进了一步。前修未密，后出转精，这是学术研究的正常现象。

关于胡著参考前人成果的情况，胡氏虽无明言，然比照而读之，不难见其因袭之迹。今举三例以明之。（1）《广诂》"凉，佐也"下宋翔凤《训纂》云："东晋《尚书·毕命》正义引《释诂》：'亮，佐也。'今《尔雅》无此文，盖即据此而易亮字，以就正文尔。"胡氏《义证》云："《书·毕命》正义引《释诂》：'亮，佐也。'今《尔雅》无此文，盖即用《小尔雅》而易凉为亮，以就正文尔。"（2）《广诂》"赜，深也"下葛其仁《疏证》云："《荀子·正名篇》：'啧然而不乱。'杨倞注：'啧与赜同。赜，深也。'"胡氏《义证》同。今查原文，作"啧然而不类"，杨倞注云："啧，争言也。助革反。或曰与赜同，深也。"胡氏因袭葛书，故与葛书全同。（3）《广诂》"经，过也"下宋翔凤《训纂》曰："经当作淫。《文选·七发》注引《尔雅》：'淫，过也。'今《尔雅》无此文，当是《小尔雅》。"葛其仁《疏证》径改正文为淫，云："淫，旧本作经。《文选·七发》注引《尔雅》：'淫，过也。'案：《尔雅》无此文，今据改。"说与宋氏同。胡氏《小尔雅补遗》曰："或谓《广诂》云'经、屑、省，过也'，经当为淫，未知是否。"此"或谓"即指宋葛二氏。由此可见，胡著是在参考吸取前人研究成果的基础上撰成的，我们在肯定他的成就的同时不应忽略了这一因素。

宋翔凤的《训纂》一般只训释他认为有必要训释的词，所以详者甚详，简者甚简。如在《广名》"讳死谓之大行"条下宋氏有六百多字的注文，而在《广诂》"皆、附、袭、就，因也"条下仅有"皆与偕同"一语。书中时有胜义。如《广言》："姓、命、孥，子也。"王煦《疏》："命与姓通。《周语》云：'不亦渎姓乎？'韦昭引唐固、贾逵注云：'姓，命也。'命与姓通，故亦得训为子也。"葛其仁《疏证》、胡承珙《义证》说同。典籍未见用命于子义之例，诸说牵附。王煦《疏》又曰："或云依上下文例，当为衍文。"然宋咸注云："命未详。"知宋时传本有命字，未必为衍文。宋翔凤《训纂》曰："命无子义，当作：'姓，命也。孥，子也。'"较诸说允当，可以信从。

　　清人在《小尔雅》研究方面虽然取得了空前的成就，但也存在一些共同的缺点。举其荦荦大者，约有四端。

　　其一，只引古有此训，不问此训在原句中是否能通。如《广诂》："宿，久也。"王煦《疏》及胡承珙《义证》都引《庄子·徐无鬼》："兵革之士乐战，枯槁之士宿名。"释文："宿，积久也。"此例之"宿"与"乐"对文，应为动词，"宿名"为谋取名誉之意（请参俞樾《诸子平议·庄子三》），解为积久实不可通。又《广诂》："没，灭也。"葛其仁《疏证》和胡承珙《义证》都引《左传·襄公二十四年》："晋国贰，则子之家坏，何没没也！"杜预注："没没，沈灭之言。"杜注难通。杨伯峻注云："没没犹言昧昧，不明白，胡涂。"可从。又《广言》："投，弃也。"清人疏证皆引《诗经·小雅·巷伯》："取彼谮人，投畀豺虎。"毛传："投，弃也。"这里的"投"应该是投掷、扔的意思，释为丢弃并不确切。

　　其二，一旦古注中没有与《小尔雅》相合的训释，往往不得要领。如《广诂》："岸，高也。"王煦《疏》："《诗·大雅·皇矣》云：'诞先登于岸。'毛传：'岸，高位也。'《尔雅》云：'望厓洒而高，岸。'《说文》：'岸，水厓而高者。'"宋翔凤、葛其仁、胡承珙的疏证都一样。《小尔雅》训释为"高"，他们却用涯岸之义作解释，显然龃龉不合。《广言》："芜，草也。"王煦《疏》云："《说文》：'芜，薉也。''无，丰也。'引《商书》曰：'庶艸繁无。'徐锴曰：'今人书繁无作芜，芜，盛也。'然则草盛曰芜，故因以芜为草也。"宋翔凤《训纂》："《说文》：'芜，薉也。'芜、薉亦取众艸之义。"葛其仁《疏证》："《释草》'薪茝藨芜'注：'香草。'又'须薞芜'注：'薞以（似之误）羊蹄，叶细，味酢，可食。'"王煦承认芜有草义，但举不出例证，等于没有作疏。宋翔凤否认芜有草义。葛其仁试图用"藨芜""须薞芜"这样的专名加以疏通。只有胡承珙举出了南朝宋颜延年《秋胡诗》"白露生庭芜"的例证，算是最终解决了问题。其他像《广言》"辀，舆也"、《广器》"垌，地也"等训释下清人疏证都不得要领。

　　其三，疏证牵强附会。如《广诂》："诣，进也。"葛其仁《疏证》："古以所至为诣。《文选·洞箫赋》注引《苍颉篇》：'诣，至也。'"胡承珙《义证》："《说文》云：'诣，候至也。'《系传》云：'径候而诣之也。'"这些引证中的"诣"都是造访或到某地之义，与"进"的前行义并不相同。《汉语大字典》认为诣训进指进献义："诣，进献。《小尔雅·广诂》：'诣，进也。'汉高诱《淮南子·叙》：'及赵美人生男，恚而自杀，吏奉男诣上。'"此说未得。"诣上"谓到皇上跟前。试比较：《晏子春秋·杂下十》："晏子至，楚王赐晏子酒。酒酣，吏缚一人诣王。""诣上"与"诣王"意思一样，未可解为进献。窃谓诣之训进，就其大同而言，并不是说诣真有进义。诣为前往某地，进为前行，二义近似，故训诣为进。又《广诂》："事，力也。"王煦《疏》："《周礼·夏官·司勋职》云：'事功曰劳。'高诱《国策》注：'事，役也。'又云：'事，治也。'《荀子·王霸篇》杨倞注：'事，任也。'又《性恶篇》注：'事，为也。'皆与力义相成也。"葛其仁《疏证》："《周礼·乡师》'凡邦事令作秩叙'注：'事，功力之事。'"力并无役、治、任、为、功力之事等意思，这些疏解不免牵强。我们认为力指努力，事也有努力的意思。《韩非子·五蠹》："不事力而养足，人民少而财有余，故民不争。""事力"即努力、勉力之意。《尔雅·释诂上》："事，勤也。"勤亦勉力之义。今言"力争""力戒"，力亦努力之义。

其四，对词义的由来一般不作任何说明。如《广言》："薄，迫也。""瞢，惭也。""宣，示也。"根据《说文》，薄的本义是草木丛生之处，瞢的本义是视力模糊不清，宣的本义是天子的宣室，薄何以会有迫近之义？瞢何以会有惭愧之义？宣何以会有显示之义？这些问题对词汇学和文字学都是很有意义的，而前人均付阙如。

总之，清人的《小尔雅》研究虽然达到了历史的高度，但今天看来仍有诸多不足，需要我们加以完善。

三、20 世纪以来的《小尔雅》研究

补正清人在《小尔雅》研究上的缺失，将《小尔雅》研究推向一个新的高度本来是 20 世纪的学者们该做的工作，遗憾的是 20 世纪的《小尔雅》研究反而落入低谷。百年之内只出版过一部校注本，另有十几篇论文及语言学史、训诂学史等著作中的一般介绍而已。

张舜徽 40 年代撰写的《小尔雅补释》约有七千余字，提出了一些新见。如《广诂》"率，劝也"下云："《说文》：'率，捕鸟毕也。象丝网，上下其柄也。'囮下云：'译也。从口，化声。率鸟者系生鸟以来之，名曰囮。'然则囮有诱义矣。今俗尚称诱曰囮，古语也。率字亦有诱意，与囮意同。于文，上象丝网，下象竿柄，旁象米物，所以囮鸟者。今湖湘间犹称诱骗曰率，亦古语也。劝与诱义同，《论语》：'夫子循循然善诱人。'言夫子善劝导人也。"张氏喜欢用"因声求义"之法训释词义。如《广诂》"封、莫、莽，大也"下云："封之为言丰也；莫、莽又一语之转。宋氏《训纂》以莫为幕之假借，谓幕为大帐，故莫训大；蟒为王蛇，故莽训大。此则殊昧于音理，训诂遂废。"又《广诂》"颁、赋、铺、敷，布也"下云："凡唇音字，多有广博之义。颁、赋、铺、敷、布，俱一语之转。"张氏的方法给我们提出了一个值得思考的问题：即本义为征收赋税的"赋"用于颁布义是由于布、赋一语之转的缘故呢，还是赋自身引申的结果？我们认为"一语之转"只可用来说明词与词之间的同源关系，并不能用来说明词义的由来，因为具有"一语之转"关系的词不一定具有同义关系。例如杨树达证明鹤源于皠[①]，我们可以说鹤、皠一语之转，但鹤是鸟名，皠是白色，二者没有相同的义项。即便鹤有白色的义项，我们恐怕也不能说这一义项是由于鹤、皠一语之转而产生的。所以要说明赋的颁布义的由来，或者求之于赋的各个义项之间的联系，或者求之于字形的假借，仅仅指出"一语之转"是无济于事的。从这一原则来看，宋翔凤的做法更为切实具体，并不会造成"训诂遂废"的危险。

其他一些论文，有的对《小尔雅》作一些概括的介绍，如迟铎的《〈小尔雅〉初探》（《陕西师大学报》1985年第4期），黄怀信的《一部很有价值的古典辞书——〈小尔雅〉》（《辞书研究》1988年第1期），赵伯义的《〈小尔雅〉概说》（《古籍整理研究学刊》1993年第1期）；有的探讨《小尔雅》的成书年代，如赵伯义的《〈小尔雅〉成书年代述评》（《河北师院学报》1986年第4期），郭全芷的《〈小尔雅〉产生时代初探》（《淮北煤师院学报》1996年第1期）；有的评介胡承珙的《义证》，如赵伯义的《论胡承珙的〈小尔雅义证〉》（《河北师院学报》1985年第3期），石云孙也有同题论文（《古籍研究》1995年第2期）；有的反驳戴震《小尔雅》非古小学遗书的说法，如赵伯义的《戴震〈小尔雅〉"非古小学遗书"说质疑》（《宁夏大学学报》1986年第3期）；有的则是阅读札记，如戴建华的《读〈小尔雅〉》（《古汉语研究》1995年第2期）。这些论文虽说不无真知灼见，但总的来说缺乏深入细致的探讨，未能提出令人信服的证据，该澄清的问题没有得到澄清，所以在许多

---

① 杨树达：《积微居小学述林》，中华书局1983年版，第75页。

问题上没有达成共识。如《小尔雅》产生于何时？书的本名究竟是《小雅》还是《小尔雅》？《小尔雅》是何时采入《孔丛子》的？许慎是否提名引用过《小尔雅》？等等。就拿《小尔雅》第九篇的篇名来说，现代学者都说成《广鸟》，实则应为《广乌》，遗憾的是迄今未见有谁辨正。

《小尔雅》的产生时代是大家都很关注的问题，曾提出过秦代说、西汉说、汉魏之际说、先秦至魏晋陆续增广说等观点，但没有一说是大家普遍接受的，原因在于证据都不充足。秦代说的主要根据是《小尔雅》旧题孔鲋撰，孔鲋为秦代人，故以为《小尔雅》撰成于秦代。然而《小尔雅》题孔鲋撰始于北宋，此前载籍从未言及《小尔雅》撰者，这样的依据自然是不可靠的。西汉说的主要根据是《汉书·艺文志》已著录《小尔雅》，《汉志》是根据西汉刘歆的《七略》改编的，故以为《小尔雅》成书于西汉。问题是不少学者不承认传世《小尔雅》即《汉志》所载之本，他们认为传世《小尔雅》是后世伪造的，所以要证成西汉说，就得把伪造说驳倒，可惜他们对伪造说的反驳是软弱无力的。他们的得力"武器"不外两件，一是说许慎在《说文》中提名引用过《小尔雅》，二是说《小尔雅》的义训多与汉儒的典籍传注相合，以此表明汉儒引据过《小尔雅》。这两条根据都是有问题的。汉魏之际说的主要根据是传世《小尔雅》是从《孔丛子》中抄出别行的，《孔丛子》被认为是汉魏之际伪造的，故《小尔雅》亦然。事实上，《小尔雅》是南北朝至隋代期间才采入《孔丛子》的，《小尔雅》的编撰与《孔丛子》无关。陆续增广说并没有具体指出哪些内容是哪个朝代增补的，因而无从取信于读者。

笔者撰有《〈小尔雅〉考实》一文（《文史》第59辑，2002年），对有关《小尔雅》书名、作者及成书时代的是非作了较为详细的考辨，认为《小尔雅》的主体撰成于西汉，东汉至宋递有增删。此外，笔者尚有《〈小尔雅〉异文研究》（《文字学论丛》第1辑，吉林文史出版社2001年版）、《〈小尔雅〉文字讹误辨正》（《语言研究》2002年第1期）、《〈小尔雅〉疑难义训溯源》（《烟台大学学报》2002年第2期）、《胡世琦及其〈小尔雅义证〉考述》（《文献》2003年第2期）等论文，《异文研究》一文对《小尔雅》不同版本的异文是非作了全面的评判清理，《讹误辨正》一文揭示了《小尔雅》中迄今尚未发现的一些文字讹误，《义训溯源》对《小尔雅》中的一些疑难义训的由来进行了考索，这对恢复《小尔雅》原貌、正确理解《小尔雅》义训不无价值；《考述》一文对胡世琦及其《小尔雅义证》进行了全面的考辨和评议，考明胡著撰成于 1810 年，澄清了学术界目前对其人其书的诸多错误认识。

据有关介绍，黄怀信著有《小尔雅校注》一书，全书 164 千字，1992 年 3 月由三秦出版社出版。书前有李学勤先生的序。序中介绍说：黄著"以明翻宋淳熙本为底本，作出校记，然后广泛征引古注及清人各种笺注，择善而从，间出新义，作到言必有据，力求简明，没有某些注本冗长芜杂的流弊。"但此书只印了 1000 册，流通不广，我们在许多图书馆都未能找到该书，具体内容不得而知。

不过最近笔者见到了黄怀信的另一部著作《小尔雅汇校集释》。其汇校主要以明翻宋淳熙本、顾氏文房本、子汇本、汉魏丛书本、明翻宋巾箱本、广汉魏丛书本、续百川学海本、指海本、宛委别藏本九种版本为代表，著其异同，而以翻宋淳熙本为底本。集释部分汇集了宋咸以来的 12 家注本的主要观点，凡诸说相同者只取最早一家；诸说略同者，或取较完备之说，或各摘其要。本书的优点正如作者自己在《后记》中所说的"汇校其众本而详明异同，萃集其众说而汇为一编，使读者持一本如众本在手，览一编而众说毕见"，给读者以极大的方便。其缺憾是仅事汇集而无所案断，述而不作。倒是书前的《小尔雅源流》一文比较全面地反映了作者对《小尔雅》诸多方面的看法。有些观点与笔者是一致的，如认为其书本名为《小尔雅》而非有些学者所说的《小雅》，但论据与笔者不尽相同。有些观点则是站不住的，如认为今传《小尔雅》就是《汉志》著录之书，没有后人的附益。朱骏声在《小尔雅约注序》中指出："如走为我、戈为句子戟之属，或为附益。"黄文反驳说："《战国策·齐策》齐劫谓田巴曰：'走弟子年十二'云云，走正作我用，是'走，我'之义战国已有。《考工记·冶氏》郑注：'戈，今句子戟也。或谓之鸡鸣。'当为朱氏所据。然考《方言》之'戈'，郭璞注亦曰：'今句子戟也。'句子戟之称后汉郑玄与东晋郭璞既得共之，前汉未必就无其名。因此，不得定为附益。"经查检，《战国策》中并无"走弟子年十二"之语，此语见《太平御览》卷 385 引《鲁连子》，"齐劫"应为"徐劫"。《鲁连子》今已亡佚，类书所引难以为凭，西汉以前（包括西汉）典籍未见"走"作"我"用之例。郑玄既然明言"今句子戟"，则"句子戟"为东汉始有之名可知，事实上西汉以前的典籍中也未见其例，黄文却据郭璞亦有"今句子戟也"语得出"前汉未必就无其名"的结论，匪夷所思。

关于《小尔雅》的成书时代，黄文认为书成于西汉成帝之时，主要理由是：

汉景帝讳启,《小尔雅·广诂》有"启,开也";武帝讳彻,《广诂》有"彻,达也",《广言》有"启,开也"(琳按:《广言》无此条,此处恐有差错);昭帝讳弗陵,《广诂》有"驾、秉,凌也";宣帝讳询,《广诂》有"旬,治也";元帝讳奭,书中有同音字"适""饰"(琳按:西汉时期"奭"在职部,"适"在锡部,并不同音);成帝讳骜,书中无骜及同音或音近字;哀帝讳欣,《广言》有"欻、晞,干也"。可见诸帝皆不避,独于元成似避。是纯属偶然,还是措意所为?不敢妄断。不过以避讳成例论之,至少在景、武、昭、宣、哀之世,不会有此等文字出现。那么,也就只有在元、成之世,才有出现的可能。因此,结合上论,我们毋宁断言,《小尔雅》始作于元帝、作成于成帝之世,或者直接说成书于成帝时代。

此论貌似有理,其实不然。汉字中疑母宵部的字本来就不多,而且多属不常用之字(如"聱螯璈激"之类),在仅有 1930 字的《小尔雅》中不出现"骜"及其同音字应属正常现象,恐与避讳无关,要不然《尔雅》中也无骜字,莫非《尔雅》也成书于成帝之世?

在将成书时代确定为成帝的基础上,黄文进一步指出其作者为元成之世的孔仲骧、孔子立父子,理由是此二人符合他限定的《小尔雅》作者的五个条件,即兼治《诗》《书》《礼》《春秋》三传,元成时代人,见及《周礼》,熟悉当时的京畿雅言,必须是孔家人物。这些条件未必能成为判定作者的条件。我们在前面业已指出,《小尔雅》成书于成帝之世的理由不能成立,那么"元成时代人"的条件就落空了。黄文根据《小尔雅》被后人编入《孔丛子》而将其作者定为孔家人物也难以叫人信从。《孔丛子》卷下《连丛子·叙世》中有这样一段话:"仲骧生子立,善《诗》《书》,少游京师,与刘歆友善。"《小尔雅》最早著录于《汉书·艺文志》,而《汉志》是根据刘歆的《七略》改编的。如果《小尔雅》真是出自孔子立之手,作为朋友的刘歆岂有不知之理?可见《小尔雅》的作者不可能是孔仲骧、孔子立父子。

另外该书的版权页上注明三秦出版社 2003 年 1 月出版,但书前李学勤先生的序却作于 2003 年 7 月 10 日,不知 7 月份的文章是怎么进入 1 月份已经出版的书中的。

总的来说,现代学者对《小尔雅》没有给予应有的重视,研究的广度和深度都是不够的。这种忽视《小尔雅》的现状给我们的语文建设带来了不少消极影响。

其一是大型辞书往往失引《小尔雅》，影响了辞书质量的提高。例如《汉语大字典》在"该"的"具备"义下引《广韵·哈韵》"该，备也"为证，"肆"的"推迟"义下引《玉篇》"肆，缓也"为证，"列"的"陈列"义下引《广雅·释诂三》"列，陈也"为证，"略"的"巡行、巡视"义下引《广雅·释诂一》"略，行也"为证，事实上与此完全相同的解释在《小尔雅》中都有，引据《小尔雅》可以使我们的溯源工作做得更好。《小尔雅·广器》有"垌，地也"之训，《大字典》"垌"下解释说："方言。田地。如田垌。多用于地名。如合伞垌（在贵州省）；儒垌（在广东省）；蒙排垌（在广西省）。"《汉语大词典》释义略同。两部大型辞书都失引《小尔雅》，这会使查检者误以为垌是个现代方言词。清儒不知垌有田地义，故皆改垌为坰，且作牵强之解。又如《大词典》"缩"下失收"抽引"的义项，而《小尔雅·广言》中有"缩，抽也"的训释。《小尔雅·广器》中有韛字，《大字典》失收。《小尔雅·广鸟》有"燕乌"一词，《大词典》失收。

其二是由于《小尔雅》没有整理本，人们在引据《小尔雅》时易出差错。如《大字典》在"窀"的"墓穴"义下引《小尔雅·广名》"圹谓之窀"为证，未得其义。《说文》："窀，穿地也。"义为地上挖墓穴。《周礼·春官·小宗伯》："卜葬兆，甫窀。"郑玄注："郑大夫读窀皆为穿，杜子春读窀为毚，皆谓葬穿圹也。"贾公彦疏："既得吉而始穿地为圹，故云甫窀也。"圹也是挖地营造墓穴的意思。《说文》："圹，堑穴也。"段玉裁注："谓堑地为穴也。"堑即挖掘之义。可知《小尔雅》之窀为动词，《大字典》引据不当。又《大字典》"秤"下引《小尔雅·广衡》："斤十谓之衡，衡有半谓之秤，秤二谓之钧。"又引宋翔凤《训纂》曰："旧注：'秤，十五斤；钧，三十斤。'""旧注"就是宋咸注，径引宋咸注即可，盖编者不详，因转引《训纂》。《大词典》"乌啄"条下云："葛其仁《疏证》引《释名·释车》：'〔柘〕所以柘牛颈也。马曰乌啄，下向。又，马颈似乌开口向下啄物时也。'"舛误殊甚，难以卒读。正确的引文应该是："楅，扼也，所以扼牛颈也。马曰乌啄，下向叉马颈，似乌开口向下啄物时也。"

由此看来，为了使《小尔雅》在文化建设中发挥其应有的作用，我们迫切需要一部新的《小尔雅》整理本。鉴于这种情况，汉语大词典出版社以很快的速度于2002年9月出版了笔者撰著的《小尔雅今注》，相信会大大方便学者们对《小尔雅》的研究利用。该书共 233 千字，有三个特点。

其一是在认真研读前人注本的基础上，采撷其精华，辨正其纰缪，对前人成果进行了一次深入细致的总结。例如《广诂》："弥，久也"下注云：

> 《说文》无弥字，然有彊字，释为："弛弓也。从弓㽸声。"或谓弥即彊之异体。《玉篇》："弥，大也。彊，同弥。"朱骏声通训："彊，弛弓也。字亦作弥。"段玉裁不以为然，他说："弛弓者，彊之义，彊非弛字也。《玉篇》以为今之弥字，《广韵》以为玉名，皆非是。"窃谓异体之说未可轻非。尔声字有满盛义。《说文》："㳽，满也。""薾，华盛也。""㽄，王者印也。"㽄在先秦并不专指帝王之印，专指帝王之印是秦始皇以后的事，本义应为体积较大的印章。大义与满盛义是相通的。《说文》："缌（shī），粗绪也。"丝绪粗壮谓之缌，印章粗大谓之㽄，皆因盛大而得名。彊既从㽄声，疑《说文》"弛弓"当为"张弓"之误，张弓讲究满盛，故从㽄声。从㽄与从尔同，故《广韵·狝韵》狝异体作彊。弥亦有张弓之义。《字汇》："弥，弓张满也。"则彊、弥同义，可知二字互为异体。弥字西周金文已见，则彊当为弥之后出俗体，典籍亦未见使用。
>
> 弥之本义应以《字汇》"弓张满"之训为确。由满盛引申为久长。《书·顾命》："病日臻，既弥留。"孔颖达疏："言病困已甚，病既久留于我身。"先秦有"眉寿"一词，义为长寿。"眉寿"何以有长寿义，约有三说。《诗·豳风·七月》："为此春酒，以介眉寿。"毛传："眉寿，豪眉也。"孔颖达疏："人年老者必有豪毛秀出者，故知眉谓豪眉也。"此一说也。夏渌《"眉寿"释义商榷》（《中国语文》1984 年第 4 期）谓"眉"为"瀰"之假借，瀰为盛满，故"眉寿"为满寿。此二说也。张晓莺《"眉寿"释义》（《古汉语研究》1996 年第 3 期）对夏渌说加以修正，认为金文常言"眉寿无疆"，若释"眉寿"为"满寿"，则与"无疆"相矛盾。张文认为"眉"为"釄（mí）"之假借，《说文》："釄，久长也。"故"眉寿"为长寿。此三说也。豪眉说固为望文生训，不足辩驳。满寿说虽不如长寿说为洽，然满寿即高寿、长寿，二义自可相通。釄字典籍未见使用，而弥字在西周金文中已有长久之义。如《蔡姞簋》："弥厥生，霝冬。"意为长寿善终。《集韵·支韵》："釄，《说文》：'久长也。'通作弥。"釄应该是为弥之长久义而造的字，是弥之后出分别文，且未能通行。所以与

其说𪓰为眉之本字，不如说弥为眉之本字。夏渌之所以视瀰为本字而不取弥，盖以为弥之本义为弛弓，与满义无涉。实则瀰为弥之孳乳字，瀰之盛满义来自弥。

其二是对《小尔雅》及古代典籍中的许多疑难问题提出了新的见解。例如《广言》“战，交也”下注云：

《说文》：“战，斗也。”本义为交战。引申为交合。《易·坤》：“龙战于野，其血玄黄。”九家易：“玄黄，天地之杂，言乾坤合居也。”此战指交合，血指精血，人多解为战斗，未确。《说文》：“壬，位北方也。阴极阳生，故《易》曰：‘龙战于野。’战者，接也。象人怀妊之形。”则此战为交接，许慎固已发之。《金瓶梅》四十九回：“一战精神爽，再战气血刚。”又七十七回：“西门庆踏雪访爱月，贲四嫂带水战情郎。”明洪基《摄生总要·房术奇书·三峰采战房中妙术秘诀》：“通宵不倒，久战不泄，以致妇女情欢意悦，方得妙处。”黄侃《蕲春语》：“今乡俗亦谓淫事曰奸，读古案切，或谓之战。”（《黄侃论学杂著》426 页，上海古籍出版社 1980）荷兰汉学家高罗佩（R. H. van Gulik，1910—1967 年）在《中国古代房内考》一书中说：“中国文献常常把性交说成是‘战斗’，……后世的房中书和色情文学将性交过程讲得绘声绘色，如同战场上的军事行动一样。”（李零、郭晓惠等译，107 页，上海人民出版社 1996）《汉语大字典》及《汉语大词典》皆失收此义。

葛其仁《疏证》：“战者，《说文》云‘接也’。《公羊庄十年传》‘战不言伐’注：‘合兵血刃曰战。’”宋翔凤《训纂》：“战为交争事，故战为交。”胡承珙《义证》：“战者，《说文》云：‘战，接也。’又云：‘接，交也。’”诸解皆未得其义。

其三是注重考索词义的由来。清代学者注释《小尔雅》一般只是引证前人有此训释便认为完成了疏证工作，笔者则进一步探求词义的由来，使读者不仅知其然，而且知其所以然。例如《广诂》“蠲，洁也”下云：

《说文》：“蠲，马蠲也。”本义指百足虫。其用于洁净义者，朱骏声通训谓佳之假借，佳无洁义，蠲亦无善义，此说难立。蠲当为涓之假借。蠲、涓上古音皆见母元部（蠲为元部从《汉语大字典》，或归锡部），读音相同。涓《说文》训"小流"。清扫常先洒水于地，以防扬尘，故连言"洒扫"。《诗·大雅·抑》："夙兴夜寐，洒扫廷内。"洒扫旨在清洁，故涓引申为清洁之义。古称宫廷任清扫之职者为涓人，涓即取清洁义。《汉书·陈胜传》："胜故涓人将军吕臣为苍头军。"颜师古注："涓，洁也。涓人，主洁除之人。"《逸周书·大匡》："涓洁于利，思义丑贪。"清朱右曾校释："涓亦洁也。"涓为清扫，清扫即除去，故引申为除去之义，此义一般写作捐。蠲亦有除去义。《广雅·释诂三》："蠲，除也。"董仲舒《诣丞相公孙弘记室书》："使百姓各安其产业，无有寇盗之患，以蠲主忧。"蠲之除去义亦为涓（捐）之假借。

涓之清洁义亦借圭字为之。《诗·小雅·天保》："吉蠲为饎（chì）。"马瑞辰《毛诗传笺通释》："《三家诗》作'吉圭'。蠲读同圭，亦有絜（洁）义。"《广雅·释诂三》："圭，洁也。"王念孙疏证："圭与蠲通。《士虞礼记》：'圭为而哀荐之。'郑注云：'圭，絜也。'引《小雅·天保篇》'吉圭为饎'，今本圭作蠲。《周礼·蜡氏》：'令州里除不蠲。'郑注云：'蠲读如吉圭为饎之圭。'"《吕氏春秋·尊师》："临饮食，必蠲絜。"高诱注："蠲读曰圭也。"皆非探本之言。圭本义为"瑞玉"，与洁净义无涉，亦为借字。

最后，我们还应该提一下国外学者对《小尔雅》的研究状况。国外很少有人涉足《小尔雅》，我所知道的只有二三人而已。日本古代学者冢田虎（1745—1832）著有《孔丛子注》十卷，有日本京师文林堂宽政七年（1795）刻印本。其书于《小尔雅》多注音切，较少释义。日本福田襄之助的《中国字书史の研究》（明治书院1979年版）提到增岛固（卒于1839年）撰有《小尔雅疏证》一卷，其书未刊，有写本藏于内阁文库。福田评其书"引证详密"。① 荷兰学者Yoav Ariel 曾在1996年出版过用英文撰写的《孔丛子》一书（*K'ung-ts'ung-tzu*, Leiden：E. J. Brill，1996），作为《莱顿汉学丛刊》的第35种（*Sinica Leidensia*，No 35）。② 该书有一个副题叫《〈孔丛子〉第15—23篇的研究翻译

① 参见黄怀信：《小尔雅汇校集释》第57页。黄著将作者误为"福田襄一助"。
② 该信息由徐文堪先生提供，谨致谢忱！

及〈小尔雅〉复原》（*A Study and Translation of Chapters 15—23 with a Recon-struction of the Hsiao Erh-ya Dictionary*），原书未见，从副题可知作者对《小尔雅》作过一番研究整理。美国的《国际中国评论》1998 年第 2 期上有 Griet Vankeerberghen 对该书的评论文章（*China Review International*，Vol. 5，no. 2，p. 348，Fall 1998），可以参看。

回顾《小尔雅》研究的历史，虽然已经取得了一定的成就，但跟《尔雅》《说文》等小学名著相比，仍然是"门前冷落车马稀"，还有许多工作等待人们去做。如清代有六种见诸记载的《小尔雅》注本究竟是存是佚情况不明，这需要落实。《尔雅》《说文》《广雅》等都有"诂林"之作，《小尔雅》作为一部古老的词典也有编纂"诂林"的必要。《小尔雅》中的一些义训目前尚未证实，还需要做进一步的探讨。国外学者研究《小尔雅》的成果也应及时引进介绍，以促进中外学术的交流。时代已经迈进了二十一世纪，学术研究的条件越来越便利，希望有更多的人来关注《小尔雅》，将《小尔雅》研究不断推向深入。

附注：

本文参引的《小尔雅》及其注本的版本

《小尔雅》：《四部丛刊》影印明翻宋本《孔丛子》本，简称"丛刊本"；宛委山堂《说郛》本，据上海古籍出版社 1988 年版《说郛三种》；《汉魏丛书》本，上海商务印书馆 1925 年影印，简称"汉魏本"。

北宋宋咸《孔丛子注》，明顾元庆《顾氏文房小说》本。该书自序作于1058 年。

《孔丛子释文》一卷，附于《四部丛刊》影印明翻宋本《孔丛子》，盖为宋咸《孔丛子注》之一部分。

清王煦《小尔雅疏》八卷，《邵武徐氏丛书初刻》本，《丛书集成续编》影印（见第 20 册），上海书店出版社 1994 年版。该书自序作于 1800 年。

清宋翔凤《小尔雅训纂》六卷，《广雅书局丛书》本，《丛书集成续编》影印（见第 20 册）。该书自序作于 1807 年。

清胡世琦《小尔雅义证》十三卷，《清代稿本百种汇刊》本，台北：文海出版社 1974 年影印。

清葛其仁《小尔雅疏证》五卷，《咫进斋丛书》本。该书自序作于

1814年。

清胡承珙《小尔雅义证》十三卷，补遗一卷，《聚学轩丛书》本，《丛书集成续编》影印（见第20册）。该书自序作于1827年。

张舜徽《小尔雅补释》一卷，收入张舜徽《旧学辑存》，齐鲁书社1988年版。文成于1942年。

杨琳《小尔雅今注》，汉语大词典出版社2002年版。

黄怀信《小尔雅汇校集释》，三秦出版社2003年版。

（原载台湾《清华学报》2004年新33卷第1期）

胡世琦及其《小尔雅义证》考述

一、其人其书考信

《小尔雅》虽然早在西汉时就已成书（《汉书·艺文志·孝经家》有著录），但长期以来被《尔雅》的巨大影响所掩盖，关注者甚少。从《小尔雅》问世直到明代这一千六百多年的时间里，只有两个人给《小尔雅》作过注，一个是东晋的李轨，一个是北宋的宋咸。两人的注解都非常简略，远未能揭示《小尔雅》的隐奥，而且李轨的注传至北宋就已亡佚了。时至清代，注家蜂起，出现了十多种注本，胡世琦的《小尔雅义证》（下文简称为《义证》）就是其中比较重要的一种。然而由于《义证》从未刊刻，《清史稿·艺文志》也未著录（胡世琦本人自然也不见传记），因此学者们对其人其书知之甚少，有关的一些简单介绍又颇多歧异含混之辞，令人不知所从。下面摘引清末以来的有关介绍，从中可以看出问题的混乱。《清史列传》卷 69《朱珔附传》："胡世琦，字玉鐌。……尝著《小尔雅疏证》，考校精博，为段玉裁所推。"武作成《清史稿艺文志补编·经部·小学类》著录"《小尔雅广义》，胡世琦撰。"无卷数。胡朴安在 20 世纪 30 年代撰写的《中国训诂学史》（商务印书馆 1939 年版）中介绍说："胡世琦，字玉樵，安徽泾县人。清嘉庆十九年进士。所著之《小尔雅义证》未刻，稿已佚。宋珵有序一篇，言之极详。"濮之珍《中国语言学史》（上海古籍出版社 1987 年版）云："胡世琦字玉樵。……书稿未刻，仅存宋珵序一篇。"此照抄胡朴安之说。许嘉璐主编《传统语言学辞典》（河北教育出版社 1990 年版）"胡世琦"条云："字伟人，一字伟臣。号玉鐌，一作玉樵。……著《小尔雅疏证》5 卷。"又"小尔雅疏证"条："或作'小尔雅义证'。清胡世琦撰。全书 5 卷，未刻，稿已亡佚。宋珵有序一篇，言之极详。……书目见《清史稿》。"《中国历代人名大辞典》（上海古籍出版社 1999 年版）："胡世琦，清安徽泾县人，字玮臣，号玉樵。"

关于胡世琦的字，有玉樵、玉鐫、伟人、伟臣、玮臣等说法，也有人说玉樵或玉鐫为胡世琦之号。这个问题其实不难解决，只是无人去刨根问底，致使异说纷纭，是非莫明。我们现在所知道的记载胡世琦生平事迹最原始的材料有两件，一件是胡承珙撰写的《胡世琦墓志铭》，另一件是朱琦撰写的《胡世琦传》（均见清李桓《国朝耆献类徵初编》卷248"胡世琦"条）。胡承珙是胡世琦的堂弟，朱琦是胡世琦的同乡好友，他们对胡世琦的名氏字号应该是清楚的。《胡世琦墓志铭》中记载说："君讳世琦，自号玉鐫。"《胡世琦传》云："君姓胡氏，名世琦，字玮臣，玉鐫其号。"可见说胡世琦之字为玉樵、玉鐫、伟人、伟臣都是错误的。其号为玉鐫，樵为鐫之讹误。

不少人认为胡氏《义证》今已亡佚，实则作者手稿至今犹存，台湾文海出版社1974年影印出版的《清代稿本百种汇刊》中收有此书（即《汇刊》第12册），本文依据的就是这个影印本。① 由于得见胡氏手稿，有关其书的一些是非可迎刃而解。胡书凡十三卷，而非五卷。序其书者乃其同乡好友朱琦，而非宋琦。宋琦说出自胡朴安《中国训诂学史》，而《中国训诂学史》中的"宋"字大约是排版之误，因为胡朴安在"宋琦有序一篇"句下接着说："刘聚卿刻《聚学轩丛书》，取朱序附刊在胡承珙《小尔雅义证》后。"可见胡朴安清楚作序者姓朱。由于后来介绍胡世琦《义证》的人大都依据胡朴安之说，而对胡朴安书中的异文又无人去作核实的工作，从而造成一误俱误。又《传统语言学辞典》说"书目见《清史稿》"，此亦想当然之辞，《清史稿》并无著录。

书名《义证》或作《疏证》，或作《广义》，何者为是？检稿本各卷前都题有书名，其中卷7、卷8前题《小尔雅疏证》，卷13前题《小尔雅谊证》，其余各卷均题作《小尔雅义证》。"谊"古常用作"义"字，故"谊证"即"义证"。卷7"疏证"的疏字旁另有一小字"义"，应是作者发现笔误后作的修改（书中这种修改很多），可知《疏证》非其书名。然卷8前的"疏"字未作修改，当属漏校。另外，胡书撰成后曾请洪亮吉和段玉裁二人审阅，稿本前收有胡氏与洪、段二君往来的书信。洪亮吉的信中有这样的话："前月得手书并尊箸《小尔雅谊证》十三卷"，亦可证胡书名为《义证》。

今人称胡书或作《疏证》也是有所本的，但其根据并非胡氏自己的笔误

---

① 此书是汉语大词典出版社的徐文堪编审惠借给我的，在此谨致谢忱。

（见其书者唯与其同时的两三人而已），而是来自胡承珙的《胡世琦墓志铭》。《墓志铭》中说："所著书有《小尔雅疏证》《三家诗辑》等，未卒业。"看来胡承珙对他堂兄的著作情况并不是很清楚，不但将书名误记成《疏证》，而且《义证》明明在胡氏去世前已经全部完成，却说什么"未卒业"，实在是误导后人。所幸胡书没有亡佚，否则这是非就难以澄清了。

至于《广义》之名，盖出自道听途说或撰书录者一时误记，并无凭据。

关于胡氏《义证》的成书年代，未见有谁言及。今检胡书，亦无明文。朱㻪在序（作于1838年）中也仅仅说："余友胡君玉鑨太史之治《小尔雅》尚在未第之前。"胡世琦是嘉庆十九年考中进士的，即1814年，这就是说胡氏《义证》在1814年之前就已完成，具体年代不详。今读稿本，发现书末有段玉裁亲笔题记云："金坛段玉裁庚午八月廿八、廿九日读，略献刍荛一二，亦犹坠露添流，轻尘集岳也。时年七十有六。"这是段氏读毕胡氏送呈审阅的稿本后所记。段氏"年七十有六"之庚午即1810年，据此则胡书撰成当在此前不久。为了表述的方便，今后不妨将胡书的撰成年代确定在1810年。

前面说了，胡世琦曾将《义证》送呈洪亮吉和段玉裁审阅，但洪、段审阅的不是同一个稿本。今本前所收洪亮吉给胡世琦的信中说："亮吉既注《弟子职》，拟复注此书（引者按：指《小尔雅》），今可不作矣。惟旧于此书偶得管见若干条，今并附录呈教。……又子，馀也。子当作子，子为馀者，子者身之馀也。高诱《吕览》注：'大夫庶子为馀。'《周礼·小司徒》'大故致馀子'，《书大传》'馀子众子'，并其证也。……以上诸谊已备见于拙箸《六书转注略》，足下或遴其可存而一二存之，幸甚。"今本《广诂》"子，馀也"下即引洪亮吉《六书转注略》之文，可知洪亮吉审读后胡氏对稿子又作了一次修改，并重新写定。段玉裁审读的就是这个重新写定的稿本，也就是我们今天见到的稿本。这说明我们今天的这个稿本是胡氏的定本，而且稿本的页眉及正文空白处有段玉裁的十六则亲笔按语，弥足珍贵。

朱㻪在序中说，胡世琦去世后，其子胡半修"欲将此书付剞劂，持至苏，属加审定，恐人疑与墨庄书复叠，不知理之所在，解人（按：谓通达事理的人）略同。近者我乡戴东原校《水经注》，而浙人赵东潜往往有合，段茂堂大令谓二公皆非袭人书者，君与墨庄何以异是？"墨庄为胡承珙之号。胡承珙之书也叫《小尔雅义证》，也是十三卷，而且在胡世琦之子想刊印胡书之前早已刊行于世，所以世琦之子担心世人怀疑其父抄袭胡承珙之书。现在胡世琦之书的撰成年代既已考明，抄袭的担心完全可以消除。我们知道胡承珙的《义证》完成于1827年，比胡世琦之书晚了十七年，如果说担心抄袭的话，那也该是胡承珙的后代，世琦之后大可不必作杞人之忧。朱珔虽然对世琦之书的撰著时间比较清楚，但他对承珙之书的著成时间并不了解。他在序中解释说："二君譔箸时一在都，一在里，两不相谋。君（按：指胡世琦）于《广诂篇》引墨庄语，特偶札商①，实未先见其书。"世琦撰著之时根本就没有承珙之书，"先见其书"的事无从谈起。这种辩解反而会启人疑窦。既然"两不相谋"，又何从"引墨庄语"？说二胡曾就《小尔雅》有过"札商"（书信中商讨）可能是对的（也有可能是面谈），既然如此，又怎能否定两人有"相谋"之事？

二、其书评议

胡世琦的《义证》约有八万字，是清人的《小尔雅》注解中除王煦的《小尔雅疏》（约有十万字）外最为详赡的一部。洪亮吉评价说："书中以古音求古谊，以古谊证古经传，旁推交通，无不极其精审，此必传之作也。"段玉裁评价说："真《小尔雅》之功臣也。校之也精矣，考之也博矣。"这些话是在通信中说的，固然不无溢美之处，但胡氏《义证》确有其不可磨灭的历史地位。

其一，胡氏很注意系联同源词，使读者看到词与词之间的内在联系。如《广言》"衍、演，广也"条下云："衍、演亦为双声叠韵字。……上云'延，散也'，延、演亦双声叠韵字。"又《广言》"揭，担也"条下云："《说文》：'竭，负举也。'《礼运》：'五行之动迭相竭也。'郑注云：'竭，犹负戴也。'《春秋成公二年左传》：'桀石以投人。'杜注云：'桀，担也。'竭、桀、揭义亦相通。"这一点与王念孙的《广雅疏证》类似。

其二，胡氏广泛钩稽唐代以前典籍中引用《小尔雅》的资料，这不但给《小尔雅》的训释提供了可靠的例证，也有助于辨正传本或前人引用的讹误。例如《广诂》"赜，深也"条下云："《文选·卢谌〈答魏子悌〉》诗云：'清义贯幽赜。'李善注引《小尔雅》：'赜，深也。'陆机《演连珠》云：'天地之

---

① 《广诂》："履，具也。"胡世琦《义证》："胡景孟云：履当作展。《周礼·充人》'展牲'郑众注云：'展，具也。'展具牲如今选牲是也。展作履，形之误也。"景孟为胡承珙之字。

赜，该于六位。'注引《小尔雅》亦同。《后汉书·方术传》云：'所以探抽冥赜。'李贤注亦引《小尔雅》：'赜，深也。'"《广诂》"皆，因也"条胡氏据《文选》李善注所引《小尔雅》改皆为阶，又《广诂》"经，过也"条胡氏据李善注所引改经为淫，这些都是非常正确的。我们不妨来跟其他注本作一比较。王煦《小尔雅疏》云："《说文》：'皆，俱词也。'俱词即因义。"俱即都、皆之义，哪有因义？宋翔凤《小尔雅训纂》："皆与偕同。"偕也无因义。张舜徽《小尔雅补释》谓因有亲义，而《说文》"皆"训俱，"俱与亲义近，故皆有因训。"说与王煦相若，亦未见其理。诸说均不及胡氏切当。《四部丛刊》本《小尔雅》即作阶，可证皆为误字。因有凭借义。《孟子·离娄上》："为高必因丘陵，为下必因川泽。"阶本义为台阶，台阶为升降之凭借，故引申为凭借之义。《左传·隐公三年》："将立州吁，乃定之矣。若犹未也，阶之为祸。"杜预注："言将立为太子则宜早定，若不早定，州吁必缘宠而为祸。""阶之为祸"谓凭借其得宠的条件制造祸乱。杨伯峻《春秋左传注》（修订本，中华书局1995年版）云："阶，阶梯之意，此作动词用，谓留作祸乱之阶梯。"未确。又《汉书·异姓诸侯王表序》："是以汉亡尺土之阶，繇一剑之任，五载而成帝业。"此亦凭借之义。故训阶为因。

其三，胡书中有不少独到之见，为其他注本所不及。例如《广言》："稽，考也。"稽用于考查义是很常见的，但其本义为停留。《说文》："稽，留止也。"考查义与停留义是没有什么联系的，所以考查义应属假借。朱骏声《说文通训定声》认为是"计"的假借。胡世琦认为是"卟（jī）"的假借。他说："《说文》：'卟，卜以问疑也。读与稽同。'引《周书》'卟疑'，今《书·洪范》作'稽疑'，稽假借字。"胡说可信。《说文》的"读与稽同"就是向人们揭示卟典籍中常写作稽的假借现象。又《集韵·齐韵》云："卟，一曰考也。或作乩，通作稽。"亦可为证。稽、卟均见母脂部，古音相同。

又如《广器》："较谓之幹。"较指车厢两旁栏板上的横木，起扶手的作用。葛其仁《小尔雅疏证》云："凡物在两旁者皆谓之幹，人两胁谓之幹，又井阑谓之幹，皆其义也。"较在车旁如同栏幹，故谓之幹。这种解释虽然在道理上说得过去，但称较为幹仅见《小尔雅》，且典籍中也无用例可以证实，故此训有疑。胡世琦提出："本文幹当为轩，以字形相近而讹。"此说可从。较有车厢的意思。《后汉书·舆服志上》："金薄缪龙，为舆倚较。"梁刘昭注引东汉服虔《通俗文》曰："车厢为较。"轩也有车厢之义。《字汇》："轩，车厢也。"《晋书·舆服志》："皮轩车，驾四，以兽皮为轩。"故训轩为较。

又《广器》："矢服谓之弢。"意思是说箭袋子叫作弢。弢的本义为装弓的袋子。《说文》："弢，弓衣也。"《管子·小匡》："弢无弓，服无矢。"引申泛指套子、袋子。《左传·成公十六年》："乃内旌于弢中。"孔颖达疏："弢是盛旌之囊也。"所以装箭的袋子理应也可以称为弢，然而注家就是找不到例证。宋翔凤《小尔雅训纂》干脆认为《小尔雅》有误。他说："弢字从弓，知非矢服。当作'矢室谓之服，弓衣谓之弢。'"张舜徽在《小尔雅补释》中说："宋氏此说非也。……弓矢虽别，而其所以衣物则一。古人命物之名，其用不异，其号亦同，此类甚多，不烦悉举。又《说文》：'韬，剑衣也。'音义俱与弢近，……故弢韬得相假借，从知矢衣亦可谓之弢也。"张氏也只是推论，拿不出例证。只有胡世琦举出了一个间接的例证："《诗·彤弓篇》：'受言囊之。'传云：'囊，韬也。'释文：'韬，（本）又作弢。'是也。囊与弢义亦相通。《晋语》：'右属囊鞬。'韦注云：'囊，矢房。'"囊为矢房，而训为弢，知弢亦为矢房矣。又《周颂·时迈》："载戢干戈，载囊弓矢。"毛传："囊，韬也。"孔颖达疏："囊者，弓衣，一名韬。"《诗》既云"囊弓矢"，知囊亦矢服。囊一名韬，韬即弢之异体，故云矢服谓之弢。由此例可知胡氏搜讨典籍之勤。

另外，胡氏所据的底本跟我们今天所见到的《四部丛刊》本、《说郛》本、《汉魏丛书》本、《顾氏文房小说》本等都不一样。胡书中收录了石品肃和黄丕烈给胡氏的信各一封，从中可知胡世琦曾向石、黄二人借过《小尔雅》的古本。石品肃在信中说："至询前校元人钞本，系相传旧抄，谓出于元人，亦刻本也。此外又有明刻七卷本，系故人袁寿阶物，一时不在案头，俟续校寄呈览。"黄丕烈在信中说："所需《小尔雅》已代觅一本，用元人抄本校上，祈察收之。弟所藏更无古于是者。"这说明胡氏所用的底本为元本，可以给我们的校勘提供一些版本依据。例如《广诂》："寒，略也。"寒没有略取的意思。王煦《疏》云："寒当与搴通。《说文》：'搴，拔取也。南楚语。'引《楚辞》曰：'朝搴阰之木兰。'今《楚辞》本作搴，盖从手从寒省。此则省手作寒，或古字通也。"宋翔凤《训纂》云："寒通作搴。"大家都认为寒应该是搴字，但没有版本依据。胡氏《义证》即作搴，云："搴本或讹作寒，坏字也。"寒为搴之坏字的看法最为切实，正如《广诂》之階坏作皆一样，"或古字通"及"通作"说都是没有根据的。又《量》"锺二谓之秉"下云："各本'锺二'下脱'有半'二字，又脱'秉十六斛也'五字，……《太平御览》卷八百三十引《小尔雅》：'锺二有半谓之秉，秉十六斛也。'今据以补正。"传世各本均无"有半"二字，皆有"秉十六斛也（或无'也'字）"，然胡氏所见各本均无此七字，当属原貌。《小尔雅》全书没有对所训之词作进一步解释的条例，故疑"秉十六斛也"当为《御览》编者所加的注语，原为小字，后混入正文，后人遂据之而补入传世之本当中。

清代学者校注《小尔雅》大都各自为政，先成的著作后之注者往往无从得见，这大大影响了校注水平的迅速提高。在胡世琦撰写《义证》之前，莫栻已有《小尔雅广注》（撰成于 1734 年前），王煦的《小尔雅疏》（撰成于 1800 年）也已问世，宋翔凤的《小尔雅训纂》也于 1807 年完成，然而这些著作胡氏一部也没见到，这使得胡氏在识断上出现不少失误。下面我们来看几个例子。

（一）校勘之失。《广言》："度，居也。"胡世琦改度为宅。云："宅各本讹作度。《汉书·韦元成传》臣瓒注：'古文宅度同。'因之俗刻遂以宅为度耳。今改正。"段玉裁按："度不当改为宅。古经传度训居者多矣。"段玉裁的意见是正确的。度用于居住义是宅之假借，典籍常见，如《诗经·大雅·皇矣》："维彼四国，爰究爰度。"毛传："度，居也。"《小尔雅》编者据以采入，故其原文即作度，改之无谓。《广物》："截颖谓之铚。"各本皆如此。胡世琦改铚为挃。云："《尔雅》释文及邢昺疏并引《小尔雅》云：'截颖谓之挃。'挃本一作铚，今据以改正。"段玉裁按："此作铚为长。所以截颖者曰铚，因而所截之颖曰铚，故《尚书》曰'二百里纳铚'也。若'挃挃'则获声，其义别。"按《说文》："挃，获禾声也。"段说显然是正确的。《小尔雅》篇名《广鸟》或作《广鸟》，清代其他学者都没有注意到一问题，皆作《广鸟》。胡世琦虽然注意到这一异作，但以鸟字为是。他在"去阴就阳者谓之阳鸟，鸿雁是也"句下说："鸟俗本讹作鸟，并《广鸟》之鸟亦讹作鸟，今改正。"按：《小尔雅》此篇所释全为不同种类之鸟，不及其他鸟名，故篇名应以《广鸟》为是。盖古来皆以为《小尔雅》为增广《尔雅》而作，《尔雅》有《释鸟》篇，而鸟、鸟二字又形体相似，因以为《小尔雅》此篇应为《广鸟》。篇中"阳鸟"应为"阳鸟"。《文选·左思〈蜀都赋〉》："羲和假道于峻歧，阳鸟回翼乎高标。"李善注："《春秋元命苞》曰：'阳成于三，故日中有三足鸟。鸟者，阳精。'"此为神话中三足鸟。《本草纲目》卷 47《禽一·阳鸟》引唐陈藏器曰："阳鸟出建州，似鹳而殊小，身黑，颈长而白。"此为鸟之一种。《小尔雅》所言皆为现实中不同种类之鸟，故应指后者。又《小尔雅》全书无举例之例，"鸿雁是也"应为后人注语。《尚书·禹贡》："彭蠡既豬，阳鸟攸居。"孔安国传："随阳之鸟，鸿雁之属。"此即后人注语之所本。盖"阳鸟"误作"阳鸟"，后人因据孔传注"鸿雁是也"四字，进而混入正文。"阳鸟"既有《禹贡》作证，人们有意无意皆以篇名为《广鸟》矣。鸿本或作鸠，鸠为鸿之讹误。鸿之水旁手写常作连笔，近似一撇，故讹作鸠。胡氏用很长的篇幅论证鸠属阳鸟，可谓治丝益棼，徒劳无益。

（二）释义之失。《广诂》："履，具也。"履无具义，胡氏认为履为体之假借。云："履与体古通用。……《孟子》：'则具体而微。'赵岐注云：'具体者，四肢皆具。'《说文》：'体，总十二属也。'亦具之义。"履固可通体，但体并无具义，所举二例均不能成立。《孟子》例之"体"赵岐注云："体者，四肢股肱也。""具体"乃具备四肢之意。《说文》之体乃身体、全身之义。二例皆非具义。实则履字不误，讹误者乃具字，说详拙文《〈小尔雅〉文字讹误辨正》（《语言研究》2002 年第 1 期）。《广言》："续，抽也。"胡氏改续为读（葛其仁《疏证》及胡承珙《义证》说同），云："读俗本讹作续，今改正。"读确有抽训。《诗经·鄘风·墙有茨》："中冓之言，不可读也。"毛传："读，抽也。"此说虽然可通，但改续作读，毕竟无版本依据。按：续字《四部丛刊》本作紬，当为紬之讹误。紬古或作繬。《集韵·宥韵》："繬，绪也。或作紬。"繬字少见，不识者误认为续字而改作续，否则不好解释《丛刊》本何以作紬。《说文》："紬，大丝缯也。"本义为粗丝织成的绸。织绸需抽引蚕茧。《急就章》第二章："绛缇絓紬丝絮绵。"颜师古注："紬，抽引粗茧绪纺而织之曰紬。"故引申为抽引之义。《释名·释采帛》："紬，抽也，抽引丝端出细绪也。"《汉书·谷永传》："燕见紬绎，以求咎愆。"颜师古注："紬读曰抽。紬绎者，引其端绪也。"清曹去晶《姑妄言》（《思无邪汇宝》本）第二十四回："疼得那丫头把身子忙往后续缩，口中连声哎呀哎呀不住。"这里的"续"也当是"繬"之讹误。《广言》："舒，长也。"胡世琦《义证》："《广雅》：'舒，迟也。'又云：'迟，长也。'《诗·采薇篇》：'行道迟迟。'传云：'迟迟，长远也。'《出车篇》：'春日迟迟。'迟迟亦长义。"此说未得。舒之训迟乃迟缓义，非长久义，不得因迟有长久义而谓舒亦有长久义，此所谓偷换概念。宋翔凤《训纂》云："《尔雅·释诂》：'舒，绪也。'《说文》：'舒，伸也。'皆长义。"胡承珙《义证》："《说文》：'舒，伸也。'《周髀算经》：'从东至北日益长，故曰信。'伸与信古字通。王符《潜夫论·爱日篇》：'治国之日舒以长。'"伸为伸展，与长义隔。葛其仁《疏证》："舒，展也，已见上文。又训为长者，义理相承，以意释之。"意谓《小尔雅》编者由舒之伸展义想象当有长义。诸说均牵强难通。按：舒字《四部丛刊》本作杼，杼古有长训。《方言》第三："《燕记》曰：'丰人杼首。'杼首，长首也。楚谓之仔，燕谓之杼。"《文选·左思〈魏都赋〉》："巷无杼首，里罕耆耋。"晋张载注（今本无注者名氏，此据胡克家《文选考异》）引《方言》为解。《洛阳伽蓝记·景宁寺》："短发之君无杼首之貌。""短发"与"杼首"相对。《广雅·释诂二》："抒，长也。"王念孙疏证："抒或作杼。……长与久同义，故长谓之杼，久谓之佇。《尔雅》：'佇，久也。'《邶风·燕燕篇》：'佇立以泣。'毛传云：'佇立，久立也。'《说文》：'眝，长眙也。'通作竚。《楚辞·九章》云：'思美人兮，揽涕而竚眙。'抒、佇、眝并音直吕反，其义同也。"各本作舒者，盖杼或作抒，舒、抒同音（皆书母鱼部），故误作舒。《广训》："诸，之乎也。"胡世琦云："古之与是通用。乎者，似是而非疑词也。今俗语犹谓强辨是非为'之乎'，又转为'支吾'，为'枝梧'，今人但知有'支吾''枝梧'字，不知'之乎'正其字也。"按：诸即代词"之"与语气词"乎"的合音。沈括《梦溪笔谈》卷15："然古语已有二声合为一字者，如不可为叵，何不为盍，如是为尔，而已为耳，之乎为诸之类，似西域二合之音，盖切字之原也。"王引之《经传释词》弟九："诸，之乎也。急言之曰诸，徐言之曰之乎。"胡氏将"之乎"牵附为"支吾"之本字，殊无理据。

　　总的来说，胡氏《义证》在清人注本中是一部引据广博、释义详赡的著作，所得多于所失，值得引起我们的重视。其所依据的底本为黄丕烈等人所藏的元本，底本今已不知所踪，胡本在考校《小尔雅》时就很有参考价值了。

（原载《文献》2003年第2期）

莫栻《小尔雅广注》考评

一、其人其书考信

清代以前，学者们很少关注《小尔雅》，从《小尔雅》问世到明代的一千六百多年间，给它作注的只有东晋的李轨和北宋的宋咸两人而已，而且两人的注都非常简略，李轨的注还没有流传下来。到了清代，中国学术进入全面繁荣的阶段，学者们对大部分的古籍都进行了研究整理，《小尔雅》自然也在他们的关注之列，给它作注的先后有十五六家。莫栻的《小尔雅广注》（下简称《广注》）是其中率先撰成的注本，可以说是开清人研究《小尔雅》之先河。但由于《广注》从未刊刻，抄本又很稀少，致使人们至今对此书知之甚少。《清史稿·艺文志》及武作成的《补编》均未著录。最早介绍此书的当是冯汝玠（1873—?）。他在 20 世纪 30 年代为北平人文科学研究所主持的《续修四库全书总目提要》撰写了《广注》的提要，可惜长期尘封于库房，直到 1993年才由中华书局整理出版。今读其提要，有 300 多字，只是泛泛而谈，并未对《广注》内容的优劣作何评判。《四库大辞典》（吉林大学出版社 1996 年版）的《广注》提要即据冯撰提要摘编而成。嗣后，黄怀信在《小尔雅汇校集释》（三秦出版社 2003 年版）一书中对《广注》作了一个简单的介绍，笔者也在《小尔雅研究史纲》（台湾《清华学报》2004 年新 32 卷第 2 期）一文中略有评议。总之，到目前为止，学者们对《广注》一书尚未做深入的研究，有关的介绍未免浅略，有些问题有待澄清。本文之作，即补此缺憾。

据阳海清等人所编《文字音韵训诂知见书目》（湖北人民出版社 2002 年版）的记载，传世的《广注》清人抄本现存 4 种，国家图书馆收藏两种，北京大学图书馆收藏一种，浙江图书馆收藏一种。除国图所藏的清高氏辨蟫居抄本分为四卷外，其他三种都不分卷。《续修四库全书》据高氏辨蟫居本影印（第 189 册，上海古籍出版社 1995 年版），才使大多数人有机会见到其书。本文所据即《续修四库全书》影印本。

莫栻其人，生平未见记载。书前有其友人陈景锺的序，序中称"吾友右张莫子"，"右张"盖为其号。冯汝玠、黄怀信以为右张为莫氏之字，恐非是。清人喜欢以号相称。如胡世琦《小尔雅义证》的序是他的朋友朱琰作的，朱琰在序中说："余友胡君玉鑐太史之治《小尔雅》尚在未第之前。"玉鑐就是胡世琦的号，世人多误以为是字，笔者对此曾作过辩正（《胡世琦及其〈小尔雅义证〉考述》，《文献》2003 年第 2 期）。朱琰在序中还说，胡世琦去世后，其子胡半修"欲将此书付剞劂，持至苏，属加审定，恐人疑与墨庄书复叠，不知理之所在，解人（按：谓通达事理的人）略同。近者我乡戴东原校《水经注》，而浙人赵东潜往往有合，段茂堂大令谓二公皆非袭人书者，君与墨庄何以异是？"墨庄为胡承珙之号，东潜为赵一清之号，茂堂为段玉裁之号。又段玉裁《经韵楼集》卷 8 有《与阮芸台书》，芸台即阮元之号。顾广圻《元朝秘史跋》云："《元朝秘史》载《永乐大典》中，钱竹汀少詹家所有即从之出，凡首尾十五卷。"竹汀即钱大昕之号。可见称人以号是清人的一种时尚。另外，字与名意义上一般都有联系，"栻"与"右张"之间看不出有什么联系，所以与其认定"右张"为莫氏之字，毋宁认定为莫氏之号。

《广注》每卷前署"钱唐莫栻"，可知其为浙江钱塘人氏，今属杭州市余杭区。

陈景锺在序中说："甲寅秋，余卧病苕上，右张寄我《小尔雅广注》一册，属余题其首。"据序末所记时间"雍正岁次阏逢摄提格"，知其年为公元 1734 年，其书当撰成于这一年或此前不久。然今抄本《广度》"四尺谓之仞"、《广量》"秉十六斛"、《广衡》"两有半曰捷""倍捷曰举""倍举曰钲"等条下引戴震《书小尔雅后》之文，戴氏此文作于乾隆己卯年（1759）秋，可知其书在 1734 年前完成后不时有所订补，高氏抄本据其晚年的订补本抄录而成，故有戴震之语。观察高氏抄本，不难发现所引戴震之语与前面的注之间都用一圆圈隔开。如《广衡》"两有半曰捷"下注：

计三十六铢〇戴氏东原驳之曰此句于故无本。

但书中也有莫氏自己的注语也用圆圈隔开的情况，如《广量》"锺二谓之秉"下注：

周礼掌客十薮曰秉〇八斛为锺二锺十六斛也。

由此可知，凡莫氏已有注语之后加圆圈再注者，均为莫氏后来订补之语，这一点从圆圈前后注语的关系上也看得出来。例如《广言》"丕，庄也"条下注：

庄疑壮字之误按丕大也书禹谟嘉乃丕绩壮说文大也曲礼三十曰壮月令仲冬之月冰益壮皆大义〇书盘庚王用丕钦民用丕变以丕从厥志高后丕乃崇降罪疾作丕刑于朕孙大诰天明畏弼我丕丕基注皆训为大。

圆圈前对"丕"之大义已作过解释，圆圈后对"丕"之训大又补充了许多例证，显而易见是后补的。根据这一线索，我们就可以知道哪些注语是作者1734 年之前写的，哪些注语是此后补的。我们统计了一下，书中后补之语共16 处，说明作者1734 年后订补的地方不是很多。

根据陈景锺序提供的线索，我们还可以推出莫杙大致的生活年代。陈序中说："余钻故纸堆几三十年，苦宅无赐书，考订不广，终不敢于古人未注书阐明推广，为后学一导先路。"钻故纸堆须具备阅读古书的能力，而这一点通常十五岁以后才有可能，由此算来，陈景锺作序时年纪当在四十五岁以上。说"为后学一导先路"，也是年已老大的语气。序末记"同学弟陈景锺拜题"云云，"同学弟"是清代文人对辈分、地位相当者的自谦称谓。陈氏称莫氏为"友"，对莫氏又自称"同学弟"，他们的年龄应该差不多。从1734 年上推45年，则为1689 年（康熙二十八年），莫氏大约出生于这一年前后。《广注》既引戴震1759 年所作之文，则莫氏卒年应在此年之后。因此，至1759 年，莫氏已是七十岁左右的老人了。

二、其书评议

《广注》有三万两千余字。书取名"广注"是因为"宋咸注实寥寥数笔，不能尽字义之半，右张取而广之，故谓之广注"（陈景锺序）。《广注》的特点是对每一个词无论其义是否常见，都尽可能地征引古训或典籍用例予以证实，可以说是个全注本，而宋咸注仅仅对个别词略加注释，后世的许多注本也往往对常见义置之不理，比较来看，这应该说是《广注》的一个优点。

书中对疑难问题提出了一些正确的见解。如《广诂》"话、旬，治也"下宋咸注云："话、旬未详。"莫注云："话疑诂字误"，"旬疑甸字误"，这种看法是正确的，话、旬找不到用于治义的例证，诂、甸则多有其例。如《尚书·立政》："其克诘尔戎兵，以陟禹之迹。"孔安国传："其当能治汝戎服兵器。"《左传·襄公二十一年》："季孙谓臧武仲曰：'子盍诘盗？'"杜预注："诘，治也。"《诗经·大雅·韩奕》："奕奕梁山，维禹甸之。"毛传"甸，治也。"《尚书·多士》："乃命尔先祖成汤革夏，俊民甸四方。"孔安国传："天命汤更代夏，用其贤人治四方。"王煦在《小尔雅疏》中试图证明话、旬有治义。他说："话者，《说文》作譮，云：'合会也。'《广雅》云：'话，调也。'二训皆有治义。《周书·康诰》云：'四方民大合会。'《汉书·主父偃传》云：'得其民，不可调而守。'是也。《商书·盘庚》云：'乃话民之不率。'正所以合会而调治之也。"后来宋翔凤作《小尔雅训纂》，也持此见。这种解证牵强难通。《广雅·释诂四》："话，调也。"王念孙疏证谓此"话"指虚伪欺诈之言，与治义无涉。《盘庚》"话民之不率"之话乃告喻之义，亦非调治。

又如《广诂》"抚，拾也"下注云："抚字疑摭字误。"《广言》"整，愿也"下云："整字疑憼字之讹"，皆确不可易。"抚"（撫）明翻宋本即作"摭"。后世注者都想证明"抚"有拾取。如王煦疏云："《仪礼·士昏礼》云：'妇执笲枣栗奠于席，舅坐抚之，兴。'《乡射礼》云：'左右抚矢。'郑注：'抚，拊之也。'《士丧礼》云：'君坐抚。'注：'以手案之。'皆与拾义相成也。"所举三例皆非拾取义，王说牵强。宋翔凤训纂云："《礼记·文王世子》：'君王其终抚诸？'注：'抚，犹有也。'掇拾亦有义。《宣十二年左传》：'抚弱眛昧。'杜注：'抚而取之。'案：此谓国之昏乱而致弱者，则可拾而取之，故上文云：'取乱侮亡，兼弱也。'正义以为'抚养而取之'，是未知抚有拾义，不可从。"抚有与拾取并非同义。《左传》"抚弱"例沈玉成《左传译文》（中华书局1981年版）译作"安抚衰弱进攻昏暗"，是为正解。宋氏释为"拾弱"，意有未谐。《汉语大字典》因《小尔雅》此训而在"抚"下立有"拾、收拢"的义项。举《文选·宋玉〈神女赋〉》为证："于是抚心定气，复见所梦。"李善注："抚，览也。"《汉语大词典》同。"抚心"按常义理解为抚摸、抚慰心胸并无不谐，李善注实有未安。后世注者若得知莫氏之见，则无烦辞费矣。

整没有愿意的意义，憼则有愿意之义。《国语·楚语》："不谷虽不能用，吾懲置之于耳。"韦昭注:"懲,犹愿也。"宋翔凤训纂:"《左氏昭十二年经》:'公子懲出奔。'《齐公羊经》懲作整,音义:'整本作懲。'《哀十二年左传》:'晋悼公子懲亡在卫。'音义:'懲本作整。'懲整二字传讹自久,故《晋语》'以懲御人'韦昭注:'懲,愿也。'今宋明道本《国语》正文及注懲并作整,与此正合,知此整字亦当改懲矣。"按:隶书及行书之正与心字极近(参见《石门颂》整字),至今犹然,故正或误作心。《管子·霸言》:"夫先王之争天下也以方心,其立之也以整齐,其理之也以平易。"王念孙《读书杂志·管子·方心》:"方心当为方正,隶书正心二字相似。……方正、整齐、平易三者相对为文。"王说是。又因敕或作勑,故整字讹误作愁。《正字通》:"愁,俗整字。"懲字《魏王雒残碑》作懲,而偏旁力与攵时或互换不别(如敕或作勑),故愁、懲混为一字。《小尔雅》原文当是作懲或懲,后人误以为整字,遂写作整。《说文》:"懲,问也,谨敬也。"段玉裁注本问改作肎(肯之异体),云:"各本作问。《玉篇》作閒也。……閒者肎之误,问者閒之误。《十月(之交)》正义引'懲,肯从心也'当是引'懲,肎也,从心,狱声',误以也字倒于'从心'之下,不成文理耳。……愿与肯义略同。《用部》曰:'宁,所愿也。'《亏部》曰:'宁,愿词也。'皆与懲双声。"段氏之见甚精。懲训谨敬当为愁(jiù)字之讹。《集韵·宥韵》:"愁,《说文》:'谨也。'"《类篇》:"愁,谨也。"据《集韵》所引,知《说文》原有愁字,盖愁讹作懲,后人遂将愁字训释并于懲下。

其他如《广诂》"几,法也"下注云:"几字查无法义。《玉篇》:'几,期也。'《诗·小雅》:'卜尔百福,如几如式。'疏:'所以与女百种之福,其来早晚如有期节,其福多少如有发度(按:原文作'法式')。按:此几训期,是期约有定准,亦有可取为法之义,未知是否。"可备一解。张舜徽先生《小尔雅补释》亦引"如几如式"疏证《小尔雅》,孰知莫氏揭之在前。

与宋咸注相比,莫注无疑大大前进了一步,但跟清代其他注本相比,则不免逊色多多。书中对《小尔雅》大约三分之一的词语注"未详"或作牵附之解。如《广诂》:"切,近也。"莫注"未详"。切的贴近义是个比较常见的义项,而且古代学者也有明训。《文选·扬雄〈羽猎赋〉》:"入西园,切神光。"李善注引三国魏张晏曰:"切,近也。"又《广诂》:"讚,明也。"莫注"未详"。其实古人也有明训。《易经·说卦》"幽赞于神明"释文:"赞,明也。本或作讚。"《汉书·叙传下》:"总百氏,赞篇章。"颜师古注:"赞,明也。"

莫氏该详而未详，不免疏略。又《广诂》："督，拾也。"莫注"未详"。其实只要想到《说文》"叔"训拾，或者想到《诗经·豳风·七月》"九月叔苴"之叔毛传训拾，不难得出"督"为"叔"之音借或讹误的结论。

《广诂》"匠，治也"下云："《周礼·考工记》'匠人营国'，'匠人为沟洫'，亦治义。""匠人"之匠明为工匠义，却牵附于治训。《广言》"明，阳也"下云"言高而近阳者也"，竟不知《诗经·豳风·七月》"我朱孔阳"之阳毛传训明。又《广言》"俘，罚也"下云："《说文》：'俘，军所获也。'案：军所获者必囚之以示罚，故训为罚。"殊不知"浮"古有罚训，俘为浮之形误。《广言》："沮，疑也。"莫氏注："兹训疑，想事之阻而不行者，皆成于疑故耳。"此纯属臆想。疑有疑惑、阻碍二义，前者习见，后者如《管子·兵法》："一气专定，则傍通而不疑。"俞樾《诸子平议·管子二》："疑读为碍。"疑自有阻碍义，碍（礙）为疑之后出分别文。《晋书·王浑传》："不可事事曲设疑防，虑方来之患者也。""疑防"即阻防、堤防。《晋书·文帝纪》："孙壹构隙，自相疑阻。""疑阻"同义连文，谓自相堤防。《后汉书·来歙传》："帝谋西收（隗）嚣兵，与俱伐蜀，复使歙喻旨。嚣将王元说嚣，多设疑故，久尤豫不决。""疑故"谓障碍、故障。《汉语大词典》释为"疑难与故障"，未确。沮亦有疑惑、阻止二义。《左传·闵公二年》："狂夫阻之。"杜预注："阻，疑也。言虽狂夫犹知有疑。""阻""沮"同源。唐司空图《太尉琅琊王公河中生祠碑》："公实宽宏，且无猜沮，每示坦夷之道，不行谗佞之言。"此疑惑义。《诗经·小雅·巧言》："君子如怒，乱庶遄沮。"毛传："沮，止也。"《左传·襄公二十七年》："赏罚无章，何以沮劝？"孔颖达疏："沮，止也。"沮、劝反义并举，沮为阻止，劝为勉励。《庄子·逍遥游》："且举世而誉之而不加劝，举世而非之而不加沮，定乎内外之分，辨乎荣辱之境。"唐成玄英疏："沮，怨丧也。……率土非毁，亦不加其沮丧。"后世多从成疏。沮当训止，与劝对文，成疏未确。因沮、疑均有疑惑、阻止二义，故《小尔雅》训沮为疑。

另外，莫氏的例证多凭记忆，准确性较差。如《广诂》"事，力也"下注云："《史记·曹参传》'参不事之'注：'言参不力于事也。'"《史记》中并没有"参不事之"的话，三家注中也不见"言参不力于事也"之语，莫氏误记。《广言》"舒，长也"下注云："舒，徐缓不短促也。古语：'化日舒长。'"东汉王符《潜夫论·爱日篇》有"化国之日舒以长，故其民闲暇而力有余"之语（据《后汉书·王符传》），不知是否为莫氏所本。

可以说莫注作出正确解释的主要是常见义项，在疑难义训上莫氏创获不多，而反映一个注本学术价值的恰恰就在疑难词语。陈景锺在序中称赞莫注"幽隐毕著，凡疑处皆旷若发蒙"，未免言过其实。莫注的价值主要在于其历史地位，在于它是宋咸之后出现的第一个《小尔雅》注本，在于它比宋咸注有了长足的进步。至于说到它对后世的影响，几乎可以说是零，因为后来注释《小尔雅》的学者没有一个看到过莫注，莫氏的正确见解也就无法被后世学者所吸取。

（原载《古籍研究》2005 年卷上，安徽大学出版社 2005 年版）

从五杂组诗到杂俎文

五杂组，也写作五杂俎，是古体诗的一种，古代学者偶尔提及。如南宋严羽在《沧浪诗话·诗体》中说："论杂体，则有风人、藁砧、五杂俎（原注：见乐府）、两头纤纤、盘中、离合，虽不关诗之重轻，其体制亦古。"明徐师曾《文体明辨序说·杂体诗》："诗有杂体，……十五曰五杂俎体。"但尚未见有人作过探讨，甚至连专论乐府诗发展史的著作中也无一语道及。① 盖因其体纤小，又乏名作，"不关诗之重轻"，故不为论者措意。《论语》云："贤者识其大者，不贤者识其小者。"笔者不贤，所以选取五杂组诗略加考索，或可供研习古代诗文者瞥观焉。

《五杂组》为乐府古题，但郭茂倩《乐府诗集》未收。该诗最早见于《艺文类聚》卷56《杂文部二·诗》，其辞云："五杂组，冈头草。往复还，车马道。不获已，人将老。"这是哪个时代的作品，《艺文类聚》没说。宋代曾慥《类说》卷51《古乐府》中收录了此诗，将作者题为沈约，不知有何根据。沈约（441—513）是梁代人，而跟他同时的范云（451—503）已有《拟古五杂组诗》之作，王融（467—493）也有《代五杂组诗》，都是拟古人《五杂组》之作，可见《五杂组》的作者不可能是沈约。明冯惟讷《古诗纪》卷20将《五杂组》列在汉诗，胡震亨《唐音癸签》卷29亦云："唐人杂体诗见各集及诸稗说中者，有五杂俎（原注：始于汉，颜真卿与昼公诸人有拟）。"两人都认为是汉诗，较为可取。此诗内容与汉乐府中的《十五从军征》有类似之处，反映了士兵对战争的厌倦情绪。"往复还，车马道"是说此道常常有出征及返回的车马经过。"不获已，人将老"是说战争无休无止，少小从军的士兵垂垂将老，语意跟"十五从军征，八十始得归"相仿佛。所以两首诗应该是

---

① 如萧涤非：《汉魏六朝乐府文学史》，人民文学出版社1984年版；杨生枝：《乐府诗史》，青海人民出版社1985年版。

同时代的作品。

首句"五杂组"为何意，古来未见有阐释之者。其最后一字，唐人多作"组"，宋代以后多作"俎"，但无论是"组"还是"俎"，原诗中都讲不通。我们认为这两个字都是借字，本字应该是葅（异体作菹）。葅有杂草之义，此义虽为古今辞书所不载，但不难从典籍用例中予以证明。《管子·国准》："存葅丘，立骈牢，以为民饶。""葅丘"谓长满杂草的山丘。《管子·禁藏》："被蓑以当铠鑐，葅笠以当盾橹。""葅笠"指草编的斗笠。唐尹知章注云："取葅泽草以为笠。"将"葅"理解为葅泽，失之。"葅泽"也是指长满杂草的沼泽。泽生杂草谓之葅泽，犹丘生杂草谓之葅丘。《史记·封禅书》："扫地而祭，席用葅秸。"这是说席子用草和农作物的秸秆编成。五在古汉语中有泛指众多的用法，如"三令五申""五花八门""五光十色""五色无主"等。"五杂组，冈头草"是说山冈上长满了各种杂草，这既是写景，也为下句"往复还，车马道"提供了一个具体的场景。四句诗展现在我们眼前的是这样一幅画面：在连绵起伏的山冈上，长满了形形色色的杂草，一条车马道蜿蜒崎岖，从荒原中穿过，一直伸向视野的尽头，给人一种荒凉悲壮的美感。

后世喜欢《五杂组》体制的人不少，流传下来的仿拟《五杂组》的诗作有百首之多。其中南北朝时期的现存4首，即范云《拟古五杂组诗》1首，王融《代五杂组诗》3首。范诗是这样的：

> 五杂组，会涂山。往复还，两崤关。不得已，孀与鳏。

王诗三首如下：

> 五杂组，庆云发。往复还，经天月。不获已，生胡越。
> 五杂组，处朝市。往复还，王良驭。不获已，昭君去。
> 五杂组，园中树。往复还，亏盈数。不获已，边城路。

王融的后两首诗见曾慥《类说》卷51。逯钦立所辑《先秦汉魏晋南北朝诗》漏收《五杂组》及王融的后两首拟作。

唐朝是个崇尚诗的王朝，各种诗体都有人尝试，五杂组体自然也不乏垂青之人。据北宋赞宁《宋高僧传》卷29《唐湖州杼山皎然传》记载：皎然"好为五杂俎篇，用意奇险，实不忝江南谢之远裔矣"①。皎然的五杂组体诗如今仅存两首，一首见《全唐诗》，一首见《全唐诗补编》。既然"好为"，想来为数不少，但大都失传了。唐代诗人将五杂组体多用于诗戏。《全唐诗》卷788有《三言拟五杂组联句》6首及《三言重拟五杂组联句》4首，参加联句游戏的有李萼、殷佐明、颜真卿、袁高、陆士修、蒋志、张荐、皎然等人。文人雅会喜欢以五杂组体为戏，主要原因是这种诗体制短小，需要填充的只是三句，容易急就。

宋代诗人中孔平仲和范成大偏爱此体。《范石湖集》卷11《五杂俎四首并序》云："古乐府有《五杂俎》及《两头纤纤》，殆类酒令。孔平仲最爱此作，以为诗戏，亦效之。"孔平仲的五杂组诗现存6首（见《清江三孔集》卷27），多为发思古幽情之作。范成大作的五杂组体最多，《范石湖集》中有《五杂俎四首》及《再赋五杂俎四首》两组诗，共8首。范诗中"往复还"均作"往复来"，与他人略异。其他如周紫芝（见《太仓稊米集》卷1）、唐庚（见《眉山诗集》卷2）、陆游（见《剑南诗稿》卷29）等也写过五杂组体诗。

元代作过此体的有戴表元（见《剡源文集》卷30），明代有赵完璧（见《海壑吟稿》卷6）、童轩（见《清风亭稿》卷25）、徐有贞（见《武功集》卷15）、胡奎（见《斗南老人集》卷25）、刘炳（见《刘彦昺集》卷35）等人，清代有查继佐（见《敬业堂诗集》卷46）、朱彝尊（见《曝书亭集》卷17）、康熙皇帝（见《御制诗集》初集卷95）等。可见此体问世以来，历代都有喜欢它的文人墨客，显示了其顽强的生命力。

论述中国古典诗歌的往往从四言诗谈起，很少谈及三言诗，其实三言诗是一种古老的诗体。刘勰在《文心雕龙·章句》中早就指出："三言兴于虞时，元首之诗是也。"《元首之诗》指见于《尚书·皋陶谟》的舜与其臣子的唱和之歌："（舜）乃歌曰：股肱喜哉，元首起哉，百工熙哉！……（皋陶）乃赓载歌：元首明哉，股肱良哉，庶事康哉！"除去语气词"哉"不算，这两首诗是标准的三言诗。三言诗因受字数限制，难以表达复杂细腻的思想情感，所以在诗歌史上始终处于附庸点缀的地位，未能形成一代之盛。但若论三言诗的代

---

① 范祥雍点校本，中华书局1987年版，第729页。范氏标作《五杂徂篇》，未当，此指五杂组体诗。又"徂"应为组或俎之形误。又皎然为南朝宋谢灵运之后裔，故有"实不忝江南谢之远裔矣"之语。

表，自非五杂组体莫属，在中国诗歌史上，五杂组体应有其一席之地。

纵观历史上的五杂组体诗，可以看出有三个特点。一是结构上三言六句，奇句都沿用《五杂组》的成句。其中"不获已"或作"不得已"，当是原文传本本有异文，故仿拟之者或作"不获已"，或作"不得已"，但两句的意思是相同的。二是在表意上成句"五杂组"只起诗体标志的作用，并不参与表意，但"往复还"和"不获（得）已"都参与表意。就拿范云的《拟古五杂组诗》来说，这是一首反映男女爱情的诗。"会涂山"用禹会涂山氏之典，表示男女相会。"往复还，两崤关"是说两位恋人往来于两地之间，"崤关"指崤山和函谷关，这里指代男女各自的居住地。但有情人未能终成眷属，一个成了寡妇，一个成了鳏夫。三是整首诗表现的都是不如意或无可奈何的情调，继承了《五杂组》诗固有的思想倾向。

从唐代开始，又出现了杂俎体的文，相当于后来所说的杂录、随笔。段成式撰有《酉阳杂俎》20卷及《续酉阳杂俎》10卷，此为"杂俎"题书之始。其后历代都有其作。《宋史·艺文志六》有《群玉杂俎》3卷、《增广群玉杂俎》4卷，《明史·艺文志三》有刘凤《刘子杂俎》10卷、谢肇淛《五杂组》16卷、沈梦熊《三才杂俎》5卷，《清史稿·艺文志二·史部·地理类》有《中州杂俎》35卷、《子部·杂家类》有《枣林杂俎》（不分卷）、《心斋杂俎》2卷。

段成式将书题为"杂俎"的寓意是什么呢？其自序云（《四库全书》本）：

> 夫《易》象一车之言，近于怪也。《诗》人南箕之奥，近乎戏也。固服缝掖者，肆笔之余，及怪及戏，无侵于儒，无若《诗》《书》之味太羹，史为折俎，子为醯醢也。炙鸮羞鳖，岂容下箸乎？固役而不耻者，抑志怪小说之书也。成式学落词蔓，未尝覃思，无崔骃真龙之叹，有孔璋画虎之讥。饱食之暇，偶录记忆，号《酉阳杂俎》，凡三十篇，为二十卷，不以此间录味也。

从这段序可以看出，段成式取名"杂俎"是用食物的味道比喻其书的风格，意谓如菜肴杂陈于俎，不如经史之纯正，带有自谦的意思。"杂俎"的这一含义似乎跟五杂组诗没有关系，但事实上在段成式之前不存在"杂俎"一词，所以段成式的命名恐怕还是从"五杂组"的诗句中拈出来的，他用的是现成的词语，只不过是按自己对"五杂俎"一语的理解来用而已，这也反映了五杂组体诗在唐代文人中的影响。

随着《酉阳杂俎》的流行，用"杂俎"表示各种菜肴的用法也流传开来。如王安石《和王微之登高斋三首》之一："留宾往往夜参半，虽有杂俎无由开。"宋王之道《相山集》卷18《千秋岁》："淮山供杂俎，湖水浮新酿。"明李流芳《檀园集》卷7《程翁震泉贤配朱孺人七十寿序》："歌曰：阳月兮小春，设帨兮兹辰。月初生兮令方新，菊黄花兮枫丹林。解萸囊兮开酒尊，招近属兮呼比邻。清醑进兮杂俎陈，祝阿母兮且加餐。"同时"杂俎"也被人们视为散文的一种。如北宋陈与义《某蒙示咏家弟所撰班史属辞长句三叹之余辄用元韵以示家弟谨布师席》："隽永杂俎虽甚旨，何似三冬足文史。"宋何梦桂《潜斋文集》卷7《倦游录序》云："君流离颠沛，区脱服匿，不至乏绝以归，幸矣，而暇操觚弄墨以从事乎文哉？非徒文，且博云笈金经，稗官杂俎，纷错前陈，此骚人墨客芸窗棐几皓首不得其肯綮者，君负羁绁以行而能若此。"这两个例子中就是把"杂俎"当作一种文体来说的。这都反映了《酉阳杂俎》的巨大影响。

明代谢肇淛的《五杂组》是杂俎文的一部名作，常为学人引用。其书名今天的引用者多作《五杂俎》，应该是受《酉阳杂俎》影响的结果，但事实上谢书是不能写作"俎"的。关于谢书的得名，明代的李维桢在书前的序中作过解释。序中说：

> 五杂组诗三言，盖诗之一体耳，而水部谢在杭著书取名之。何以称五？其说分五部，曰天曰地曰人曰物曰事，则说之类也。何以称杂？《易》有《杂卦》，物相杂，故曰文。杂物撰德，辨是与非，则说之旨也。……《尔雅》："组似组，产东海。"① 织者效之，间次五采，或绾玺印，或为冕缨，或象执辔，或咏干旄，或垂连网，或偕玄纁入贡，或玄朱纯綦，缊辨等威，或丈二抚镇方外，经纬错综，物色鲜明，达于上下，以为荣饰。在杭产东海，多文为富，故杂而系之组也。

---

① 《尔雅·释艸》作："纶似纶，组似组，东海有之。"郭璞注："组，绶也。海中草，生彩理有象之者，因以名云。"

从这段序我们知道，谢书取五杂组诗的现成句子为题，但赋予了新的内涵。"五"取书分五部，"杂"取错杂编织，"组"取丝带之义。这跟段成式拈取"杂俎"一词而赋予新义的做法是相同的。"五杂组"原本也有各种色彩织成的丝带的含义。如元仇远《次韵萧饶州见寄》（《金渊集》卷1）："野芳散红紫，粲粲五杂组。"元刘永之《拟古南国有佳人》诗（清顾嗣立编《元诗选》二集卷22）："坐愁容华歇，中宵理丝簧。风笙欢未散，瑶瑟怨何长。哀响激林木，回车动华堂。借问此何曲，新声奏宫商。东邻有游子，闻之感中肠。愿持五杂组，系君罗襦裳。携手共游衍，卒岁以翱翔。"检谢书明万历四十四年潘膺祉如韦馆刻本（有《续修四库全书》影印本，见1130册），字实作"组"。所以尽管五杂组诗中组或作俎，但作为谢书之名，只能写作组，写成俎是错误的。

据《清史稿·文苑传·魏禧》载，魏际瑞也著有《五杂俎》5卷，今存佚不详①；现代学者何满子将其杂文集取名《五杂侃》（成都出版社1994年版），这都是受了谢书的影响而取的名。

一首小小的《五杂组》诗，一经问世，影响绵延两千年，于此可见一个文化因子衍生和裂变的魅力所在。

（原载《古籍整理研究学刊》2006年第4期）

---

① 马将伟：《易堂九子研究》："《五杂俎》，魏际瑞撰，已佚。"社会科学文献出版社2013年版，第495页。

《东皇太一》与《东君》当为一篇考

  《楚辞·九歌》虽题为九，然而今天的传本却有十一篇，名实不符。学者们对此有种种辨说，大致可归纳为两派。一派认为"九"为虚数，可涵赅多篇，所以不存在篇数是否相合的问题，宋洪兴祖《楚辞补注》、宋姚宽《西溪丛话》等持这种观点。另一派认为《九歌》原实九篇，至于后来何以成了十一篇则有各种不同的解释。有些人认为今传十一篇是后人误分篇章的结果。明黄文焕《楚辞听直》、清林云铭《楚辞灯》认为《山鬼》《国殇》《礼魂》原属一篇；明贺贻孙《骚筏》、清许清奇《楚辞订注》认为《湘君》《湘夫人》当合为一篇，《国殇》《礼魂》当合为一篇；明周用《楚辞注略》、清蒋骥《山带阁注楚辞》认为《湘君》《湘夫人》为一篇，《大司命》《少司命》为一篇。有些人认为十一篇中的有些篇章是寄附于《九歌》的，不在《九歌》之数。明陆时雍《楚辞疏》、清李光地《离骚经九歌解义》认为《国殇》《礼魂》是因无所系属而附在前九篇之末的，清钱澄之《屈诂》认为河伯非楚地之神，《山鬼》则涉于邪，屈子虽仍其名，而黜其祀，则祀神之歌，实得九章。

  我们认为虚数之说不可取，理由有二。其一，《礼魂》"成礼兮会鼓"王逸注云："言祠祀九神，皆先斋戒，成其礼敬，乃传歌作乐，急疾击鼓，以称神意也。""九神"何指，古来似未尝在意，我们认为就是指《礼魂》前面所祀的九个神。由此可知，《九歌》原实九篇。其二，《楚辞》中的《九章》为屈子所作，篇数正好九篇，其后王褒的《九怀》、刘向的《九叹》以及王逸的《九思》皆篇数与篇题相符，这些汉代的诗人之所以都以"九"总篇而且只作九篇，显然是受了《九歌》《九章》的影响，这也表明《九歌》原本只有九篇。

  但我们并不完全赞同前引诸家对今传十一篇的分合取舍，这里不想一一质疑，只是提出我们的意见，让达者明断。

  明代汪瑗在《楚辞集解》中最先提出《礼魂》是"前十篇之乱辞"的观

点。他说:"前十篇祭神之时,歌以侑觞,而每篇歌后当续以此歌也。后世不知此篇为《九歌》之乱辞,故释题义者多不明也。"其后清王夫之《楚辞通释》云:"凡前十章皆各以其所祀之神而歌之,此章乃前十祀之所通用,而言终古无绝,则送神之曲也。旧说谓以礼善终者,非是。以礼而终者,各有子孙以承祀,别为孝享之辞,不应他姓祭非其鬼。而篇中更不言及所祭者,其为通用明矣。"其实从前引王逸对《礼魂》"成礼兮会鼓"的注语来看,他也是把《礼魂》当作"祠祀九神"的乱辞,其云"皆先斋戒",是未将此篇与前所祀九神诸篇并列齐观。《礼魂》为乱辞、送神曲的观点如今已得到大多数学者的认同。诗只有五句:

> 成礼兮会鼓,传芭兮代舞,姱女倡兮容与。春兰兮秋菊,长无绝兮终古。

"成礼"指完成祭礼,结束祭礼。最后两句是说每年春秋享祀,终古不绝。显而易见,送神曲的说法完全符合诗的内容,其说可为定论。《礼魂》既为祭完各神之后吟唱的送神曲,则其诗不在《九歌》之数自是顺理成章之事。

如果再将《东皇太一》与《东君》合二为一,正得九篇之数。今将此二篇当合的理由胪列如下。

一、今本《九歌》的排列顺序是:《东皇太一》《云中君》《湘君》《湘夫人》《大司命》《少司命》《东君》《河伯》《山鬼》《国殇》《礼魂》。《东君》一篇是因错简而误列于《少司命》之后,原本应在《云中君》之前。闻一多指出:"东君与云中君皆天神之属,宜同隶一组,其歌词宜亦相次。顾今本二章(琳按:指《东君》《云中君》二诗)部居县绝,无义可寻,其为错简,殆无可疑。余谓古本《东君》次在《云中君》前。《史记·封禅书》《汉书·郊祀志》并云'晋巫祠五帝、东君、云中君',《索隐》引王逸亦云'东君、云中君见《归藏易》'(今本注无此文),咸以二神连称,明楚俗致祭,诗人造歌,亦当以二神相将。"[1]《九歌》的次序是由祭神的尊卑决定的。东皇太一和云中君为天神,最尊,故排在最前;湘君、湘夫人为楚国境内最大的河流湘水的神,是

---

① 闻一多:《楚辞校补》,《闻一多全集》第 2 册,生活·读书·新知三联书店 1982 年版,第383 页。

楚人本土之神，故次天神之后；大司命、少司命虽主人寿命，毕竟不及水神之能直接给人以现实的利害福祸，《礼记·祭法》"群姓立七祀曰司命"郑玄注称司命"非大神"，是"居人之间"的"小神"，故次二湘之后；河伯远在北方，于楚几无利害，山鬼、国殇皆为人鬼，更等而下之，故次最后。再就相关两神的排列来看，湘君在湘夫人之前，大司命在少司命之前，也体现了先尊后卑的特点。东君作为日神，主掌着万物的生死荣枯，自远古以来各民族都举行隆重的祭祀，其次序不至在少司命之后，闻先生将它提至云中君之前是符合《九歌》的排列原则的。

另外，《少司命》中的"与女游兮九河，冲风至兮水扬波"二句有前人注云："王逸无注，古本无此二句。"洪兴祖认为"此二句，《河伯》章中语也"。今本《河伯》首二句为："与女游兮九河，冲风起兮横波。"据他本及前人所引，"起"或作"至"，"横"或作"扬"，"兮"后亦或有"水"，与《少司命》中的二句全同，可知洪氏的说法不误，后世学者率从其说。今既知《东君》为错简，则《河伯》首二句阑入《少司命》的原由亦可得其说。盖抄者不慎将"与女游兮九河，冲风至兮水扬波"多抄一次而未察（此现象在今抄写打字中时有所见），于是此二句便附于《少司命》之末。"后人以其文义不属，又见上文适有'与女沐兮咸池，晞女发兮阳之阿'二句，与此格调酷似，韵亦相叶，因即移附其后，即成今本也。"[1] 从《河伯》诗句阑入《少司命》的现象亦可窥见《东君》原不在此二诗之间的信息。

二、从诗的内容来看，《东皇太一》仅仅描写了一下祭神的排场，"关于神的形象，没有作任何描写，对于神的功德，也没有作正面歌颂"[2]，可以说对神没有进行祭颂就戛然而止了。对这样一位排在首位的尊贵的神灵竟然没有一句描述祝颂的话，未合情理。如果我们把《东君》接上去，疑惑便不存在了。"暾将出兮东方，照吾槛兮扶桑。抚余马兮安驱，夜皎皎兮既明。"这才是日神的正式出场。古人在祭祀日神时，太阳未出之前先已作好准备恭候祭坛。殷墟卜辞中即有迎祭出日的记载。《粹》597："辛宋卜，又于出日。"《佚》407："丁巳卜，又出日。""又"即后世的侑祭。《尚书·尧典》："分命羲仲宅嵎夷，曰旸谷，寅宾出日，平秩东作。"寅，敬也。"宾"即卜辞"王宾

① 闻一多：《楚辞校补》，《闻一多全集》第 2 册，生活·读书·新知三联书店 1982 年版，第 383 页。

② 马茂元主编：《楚辞注释》，湖北人民出版社 1985 年版，第 126 页。

日"（《卜》535、《佚》871）之宾，是一种迎神致敬的祭祀。《东皇太一》十五句正是写出日之前人们"穆（敬）将愉兮上皇"的场景，是迎祭日神的前奏曲。从《东君》开始，日神才"出兮东方"，于是奏乐由迎候时的"疏缓节"一变而为"緪瑟"（急弹琴瑟），撞钟之猛连钟架都为之摇晃，人们的情绪变得激昂而疯狂，最后写日神渐渐高翔而去。整个祭祀过程从黎明的恭候到日出的热烈再到日渐高翔而去的收场，有头有尾，完整圆满。郑振铎（《插图本中国文学史》）、闻一多（《什么是九歌》）等先生将《东皇太一》看作迎神曲，这个看法与《东皇太一》的内容是相符的，跟本文《东皇太一》为迎祭日神的前奏曲的观点基本一致。只是他们或以为所迎为《九歌》所有神祇，或以为只迎东皇太一，则仍未达一致。有的学者指出："《九歌》中除了《东皇太一》而外，描写祭祀场面最热闹的就数这一篇（按：指《东君》）。"① 这就是说两诗在气氛上是协调一致的。

三、从押韵来看，《东皇太一》押阳韵，而《东君》前四句"方、桑、明"为韵，也是阳韵，正好与《东皇太一》相衔接。总之，这两首诗合之则互足，分之则两缺。

四、"东皇太一"这个神名在先秦两汉典籍中除《九歌》外未见有谁使用，是个比较奇特的神名。自古以来人们大都把它解释成天神，也就是上帝。但既为上帝，那就是居于九天之中，何以称为东皇？《文选》吕向注云："太一星名，天之尊神，祠在楚东，以配东帝，故云东皇。"此说牵强。东帝即东方青帝，因居于东而得名，何以东皇却因祀于东而得名？古代没有这样的命名法。《离骚》中还提到西皇："麾蛟龙以梁津兮，诏西皇使涉予。"王逸注："西皇，少皞也。"洪兴祖补注："少皞以金德王，白精之君，故曰西皇。"少皞为西方之神，故称西皇。由此例之，东皇不得释为在东行祀之皇。"太一"一词先秦典籍中见于《庄子》《荀子》《吕氏春秋》，指万物的本原，是个抽象的哲学概念。《韩非子·饰邪》中也提到太一，那是星名。此外，相传为宋玉所作的《高唐赋》里有"醮诸神，礼太一"的说法，此"太一"当指天神，然《高唐赋》恐是后人伪托，战国时期不大可能出现那样铺张藻丽的赋体。即便真出宋玉之手，也不排除个别字句为后人所加的可能。早在20世纪30年代，钱宝琮就写过一篇《太一考》的文章，指出："太一这个名词从阴阳未分的道

---

① 马茂元主编：《楚辞注释》，湖北人民出版社1985年版，第167—168页。

演变到总理阴阳的天神，大概是西汉初期的事实。""《高唐赋》中的'太一'的确是西汉中叶以后人心目中的太一，它的伪作时代大概不能在武帝以前呢。"① 到了 80 年代，徐志啸又对"太一"一词作了一番考查，结论是："'太一'是在西汉武帝时方被人们视作神的称代与象征，并被置于崇高的地位的。这就是说，屈原时代，太一还仅仅是个哲学意义上的名词，尚无神的成分与含义。"② 结论与钱宝琮一致。由此看来，东皇太一这样一个不伦不类的名字是后人加上去的，《九歌》里原无此神。孙作云认为："(《九歌》) 当初是没有题目的，因为乐工们人人皆知它是祭什么神的歌，是无需题名的。今本之所以会有这些题名，大概是汉代编集《楚辞》的人也许就是刘向所加的。"③ 说《九歌》本无题目，毫无根据。《离骚》《天问》等皆作者自题，《九歌》焉得无题？说今本篇题为刘向所加，亦未近事理。王逸注《礼魂》"成礼兮会鼓"时说"祠祀九神"，《史记·封禅书》"晋巫祠五帝、东君、云中、司命、巫社、巫祠、族人、先炊之属"索隐引王逸注云："东君、云中亦见《归藏易》也。"初不及东皇太一。可知王逸之时《九歌》所祀只有九神，并无东皇太一，此名应是王逸以后人所加。盖《东君》因错简而置于《少司命》之后，其前奏曲部分遂失题目（古代篇题一般写在篇末），于是有人据一年之祀始于东方司春之神而将此首篇题为《东皇》，有人据天帝最尊而为此首篇题曰《太一》，后二题并列，合而为一，因成今《东皇太一》。然而东皇自东皇，太一自太一，二者所指不同。后之解人郢书燕说，遂因太一而并东皇亦解作天神，歧中生歧，谬以千里矣。再说诗中将所祭之神称作"上皇"，不曰"东皇"或"太一"，亦可知"东皇太一"乃后人所题。

也许有人会提出这样的质疑：《楚辞补注》之《东皇太一》"穆将愉兮上皇"句下前人有注云："上皇，谓东皇太一也。言已将修祭祀，必择吉良之日，斋戒恭敬，以宴乐天神也。"《楚辞补注》洪兴祖所补之外注文并非全出王逸，正如中华书局在《楚辞补注》（1983 年版）的《出版说明》中所说的，"补字以上除了王逸注外，还有后人的增补"。这些后人的增补，有些一看便知，如《东皇太一》"璆锵鸣兮琳琅"句下云："锵，《释文》作鎗。"《释文》即陈振孙《直斋书录解题》所说的洪兴祖"作《考异》，附古本《释文》之后"之

① 钱宝琮：《太一考》，《燕京学报》1932 年第 12 期。
② 徐志啸：《"东皇太一"春神考》，《文献》1989 年第 4 期。
③ 孙作云：《说〈九歌·东皇太一〉为迎神曲》，《文史》第 9 辑，中华书局 1980 年版。

《释文》，则此条自为《释文》之后的人补进去的。更多的则与王注混杂莫辨。王逸既然说九神，如果算上东皇太一便有十神了，自相矛盾，因此，"穆将"句下的注释断非出自王逸。又"吉日兮辰良"句下王逸注云："日谓甲乙，辰谓寅卯。"《礼记·月令》："孟春之月，……其日甲乙，其帝太皞。"据此则知王逸当认为《东皇太一》所礼为春神，而非东皇太一。太皞既为东方司春之神，又为日神，二者是统一的，日神称东君，春神亦称东君（或称东帝），便是他们形二实一的反映。王逸认为"辰良"之辰指寅卯，平旦为寅（相当于今 24 小时制的 3 点到 5 点），日出为卯（相当于今 24 小时制的 5 点到 7 点），可知寅卯正是迎祭日神的时辰，这也表明王逸之时《东皇太一》与《东君》尚为完璧，故王逸将"吉日兮辰良"指实为迎祭日神东君的甲乙之日和寅卯之时。

（原载《贵州教育学院学报》1997 年第 4 期）

《登徒子好色赋》的语文学证伪

宋玉的作品《汉书·艺文志》著录说"宋玉赋十六篇"，但具体篇名不得而知。今传题名宋玉的作品有十六篇，《楚辞章句》有《九辩》《招魂》两篇，《文选》有《风赋》《高唐赋》《神女赋》《登徒子好色赋》《对楚王问》五篇，《古文苑》有《笛赋》《大言赋》《小言赋》《讽赋》《钓赋》《舞赋》六篇，明刘节《广文选》有《高唐对》《征咏对》《郢中对》三篇，共计十六篇。其中只有《九辩》现在基本上公认是宋玉的作品，《征咏对》《郢中对》公认是后人伪托，《古文苑》中的六篇也大都认为是伪托，《招魂》大都认为是屈原的作品，《高唐对》分明是《高唐赋》的序言，是不能当一篇来凑数的，其余各篇人们疑信参半，或否或可，是非难明。本文想在前人的基础上论证《登徒子好色赋》出自后人伪托，是否在理，还请方家明鉴。为行文方便，以下将《登徒子好色赋》简称《登赋》。

前人将《登赋》判为伪托的根据主要有三。一是作品晚出，最早见于梁代萧统的《文选》，而两汉四百多年间从无有人提及或引用。二是从辞赋发展的角度出发，认为它的体制、风格和语言与楚辞迥异，宋玉时代不可能出现这样的作品。三是直称"楚王"，明为后人假托之词。这几条证据虽然也能说明一定的问题，但坚实程度还是有些不足，所以不少人仍然信从旧题。下面我们再从语文学角度提供三条证据，庶几使这一问题进一步明确化。

其一，《登赋》一开始交代说"大夫登徒子侍于楚王"，《文选》卷19李善注："大夫，官也。登徒，姓也。子者，男子之通称。"显而易见，作者笔下的"登徒子"是一个人名，自古以来人们也是这么理解的。"登徒"一名又见于《战国策·齐策三》："孟尝君出行五国，至楚，楚献象床，郢之登徒直送之。"历史上也一直将这里的"登徒"当作人名。1978年6月在湖北随县曾侯乙墓出土了200余枚战国时期的竹简，上面有"左坣徒"、"右坣徒"的记载，裘锡圭先生首先指出"左坣徒疑即见于《史记》的《楚世家》《屈原列传》等篇的左徒"。① 嗣后汤炳正先生进一步指出"登徒"为"左登徒"或"右登徒"的省称。② 至此人们才明白"登徒"是战国时期楚国的官职名称。《登赋》的作者并非空穴来风，应是以有关宋玉与楚王的传闻为素材来创作的。但其时已不明"登徒"的本义，误以为是人名，便仿照"荀子""贾子"之称而称为"登徒子"。《登赋》若是出自宋玉之手，断不会在官名之后缀以"子"的。

汤炳正先生的看法有所不同，他认为"这个'子'或系后人不理解'登徒'的本义者所增加。因此，号称渊博典实的《文选》李善注把作为官职名称的'登徒'误为人的名称，不是没有原因的"。说"'子'或系后人不理解'登徒'的本义者所增加"是对的，但这"后人"不是别人，正是作者。汤先生没有从这官名误作人名的破绽去怀疑作者，反而猜测宋玉的原作后人有改动，缺乏根据，未近事理。就《登赋》原文而言，李善的注并没有错。

其二，《登赋》中说："东家之子，增之一分则太长，减之一分则太短。""增""减"相对为文，这种语言现象先秦未见。先秦典籍中一般用"损""益"对举来表达。如《周易·损卦》："弗损，益之。"《象传》："损下益上。"又："损益盈虚，与时偕行。"《老子》四十八章："为学日益，为道日损。"《论语·为政》："殷因于夏礼，所损益可知也。周因于殷礼，所损益可知也。"又《季氏》："益者三友，损者三友。"《管子·明法解》："是故尺寸之度，虽富贵众强，不为益长，虽贫贱卑辱，不为损短。"此例中"益长""损短"的说法与《登赋》"增……长""减……短"的说法近似，但用"益""损"，不用"增""减"。《庄子·秋水》："禹之时十年九潦，而水弗为加益。汤之时八年七旱，而崖不为加损。"《荀子·大略》："君子进则能益上之誉而损下之忧。"又《荣辱》："谨守起数，慎不敢损益也。"《周礼·夏官·司士》："司士掌群臣之版，以治其政令，岁登下其损益之数。"《礼记·三年问》："别亲疏贵贱之节，而弗可损益。"都是"损""益"对举。有时也"加""损"对举。如《孟子·尽心上》："君子所性，虽大行不加焉，虽穷居不损焉。""增""减"对举最早见于汉代文献。西汉董仲舒《春秋繁露》卷7《考功名》："增减多少，有率为弟。"《史记·礼书》："叔孙通颇有所增益减损，大抵皆袭秦故。"《汉书·律历志

---

① 裘锡圭：《谈谈随县曾侯乙墓的文字资料》，《文物》1979 年第 7 期。
② 汤炳正：《"左徒"与"登徒"》，《中华文史论丛》1981 年第 3 辑。

上》:"更造密度,各自增减,以造汉太初历。"《诗经·小雅·伐木》"终和且平"郑笺:"以可否相增减曰和。"后世沿用。如《后汉书·虞诩传》:"孙膑减灶而君增之。"《登赋》"增""减"对举,说明它是汉代以来的人创作的,战国时期的宋玉是不会说这种话的。从王逸《楚辞章句》不录此文推断,其创作应在王逸之后。

其三,《登赋》与司马相如的《美人赋》如出一辙。请看下面的比较:

结构	美人赋	登赋
缘起	邹阳在梁王面前说相如好色	登徒子在楚王面前说宋玉好色
过程	相如辩说不好色	宋玉辩说不好色
辩说细目	1. 东邻美女"登垣而望臣,三年于兹矣,臣弃而不许"。 2. "命驾东来,途出郑卫,道由桑中,朝发溱洧,暮宿上宫。" 3. 相如遇一美女,相如抚琴而女歌。 4. 美女"时来亲臣"。 5. "心正于怀","秉志不回(邪)"。	1. 东家美女"登墙窥臣三年,至今未许也"。 2. 章华大夫"从容郑卫溱洧之间"。 3. 章华大夫遇一美女,与之对歌。 4. "处子怳若有望而不来,忽若有来而不见。" 5. "扬诗守礼,终不过差。"

由上可见,《登赋》与《美人赋》从结构到细目基本一致,前者显然是仿袭后者而成。

《汉书·外戚传上·李夫人》载李延年歌曰:"北方有佳人,绝世而独立。一顾倾人城,再顾倾人国。宁不知倾城与倾国,佳人难再得。"有人认为"倾城""倾国"典出《登赋》,并说:"汉武帝时代宋赋中已有此《登徒子好色赋》一篇,而为汉武帝及李延年所共见共晓;而今传之《登徒子好色赋》恐不可轻易非之矣。阮籍《咏怀》第二首曰:'倾城迷下蔡,容好结中肠。'用典亦来自宋赋;所见之宋赋,也和李延年、汉武帝所见者为同一篇。然则,此赋由来甚久,盖可断言。"① 此说非常牵强。《登赋》中仅说"惑阳城,迷下蔡",这怎么能看成是"倾城""倾国"的出典呢?"倾城"语出《诗经·大雅·瞻仰》的"哲妇倾城","倾国"语见《晏子春秋·谏上十》:"此离树别党,倾国之道也。"原义是说倾覆城郭邦国。李延年也是在这一意义上使用这两个词的,意思是说别人见到这位佳人,将不惜攻城灭国也要得到她,极言其美。后

---

① 郑良树:《论〈宋玉集〉》,《文献》1995 年第 4 期。

世遂以"倾国倾城"形容佳人之美。李延年用"倾城""倾国"这样的字眼，是含有讽谏之意的，所以歌中说"宁不知倾城与倾国，佳人难再得"。城倾国破，君主自然再也得不到佳人了，讽谏之意很明显。李诗的含义既是如此，那么说它典出《登赋》实在不着边际。阮籍（210—263）的《咏怀》诗确实用的是《登赋》中的典，但这只能说明《登赋》的出现不晚于魏晋时期，无从断言"此赋由来甚久"，更无从证明此赋的作者就是宋玉。恰恰相反，一篇战国以来即已行世的妙文直到魏晋之际才见有人引用，岂不是匪夷所思的事？

根据以上分析，我们认为《登赋》是后人伪托于宋玉名下的，其写作时代应在王逸之后，阮籍之前，即约在公元2世纪三四十年代至3世纪初。

（原载《文献》1998年第4期）

《举秀才》民谣的复原

　　东汉后期，宦官专权，朝政混乱，社会动荡。当时选拔人才实行的是察举征辟制度。察举就是各级官员把他认为品德高尚、才能出众的人士推荐给朝廷，由朝廷授予官职。如果皇帝直接征召人才来作官，这叫征；各级官府的长官直接聘请人才到官府任职，这叫辟。这种制度是靠有权推荐聘用的官员的道德完善来运作的，但如果没有法规强有力的约束，在利欲的诱惑下道德往往是靠不住的，权钱交易、裙带关系之类的腐败自是难免，在政治混乱的时期尤其如此。因此当时推荐选拔出来的各类人才往往名不副实。东晋葛洪的《抱朴子外篇·审举》中记载说："灵献之世，阉宦用事，群奸秉权，危害忠良。台阁失选用于上，州郡轻贡举于下。夫选用失于上，则牧守非其人矣。贡举轻于下，则秀孝不得贤矣。故时人语曰：'举秀才，不知书。察孝廉，父别居。寒素清白浊如泥，高第良将怯如鸡。'又云：'古人欲达勤诵经，今世图官免治生。'盖疾之甚也。"文中引用的两首民谣对腐败的察举制度进行了辛辣的嘲讽。其中的第一首民谣，正反对照，语言警策，受人喜爱，后世多见称引。在大多数称引者看来，这首民谣语言直白，一读即晓，没什么值得探讨的问题。事实上此诗存在不少问题，如不加解决，就会给我们的理解和引用造成失误。

　　先是名称问题。此诗原无题目，今天的诗歌选本中编者自拟了各种题目，有的叫《桓灵时童谣》，有的叫《时人为贡举语》，有的叫《灵献时人语》，等等，比较混乱。根据古诗一般取首句为题的惯例，我们建议这首诗应该统一题为《举秀才》，以便称说。

　　接下来的问题要复杂一些：这首诗究竟是什么时代的作品？自古以来，人们相信《抱朴子》的说法，认为是东汉桓灵或灵献时的作品，所以各种古诗选本无例外地把此诗列在"汉诗"之列，如清沈德潜的《古诗源》、今人逯钦立的《先秦汉魏晋南北朝诗》（中华书局1998年版）等。我们认为就《抱朴子》引用的文本而言，它不可能是东汉的作品。理由有三点。

其一，东汉光武帝名叫刘秀，所以东汉人为避讳而把"秀才"改称为"茂才"。《汉书·武帝纪》"其令州郡察吏民有茂材异等"颜师古注引东汉应劭曰："旧言秀才，避光武讳称茂才。"如《后汉书·宋弘传附族孙汉传》："汉字仲和，以经行著名，举茂才，四迁西河太守。"此诗如果产生于东汉，应该说"举茂才"才合适。

其二，这首民谣是讽刺察举制度的。"寒素"作为察举科目是晋代才出现的。《晋书·世祖武帝纪》记载，晋武帝曾下诏"令内外群官举清能，拔寒素"。后继诸帝沿袭不废。《隐逸传·范粲传附子乔传》："元康中，诏求廉让冲退履道寒素者，不计资，以参选叙。尚书郎王琨乃荐乔曰：'乔禀德真粹，立操高洁，儒学精深，含章内奥，安贫乐道，栖志穷巷，箪瓢咏业，长而弥坚，诚当今之寒素，著厉俗之清彦。'时张华领司徒，天下所举凡十七人，于乔特发优论。又吏部郎郗隆亦思求海内幽遁之士，乔供养衡门，至于白首，于是除乐安令。辞疾不拜。乔凡一举孝廉，八荐公府，再举清白异行，又举寒素，一无所就。"《纪瞻传》："永康初，州又举寒素，大司马辟东阁祭酒。"荐举寒素时，有的官员认真负责，努力为国家求得人才。《李重传》记载：李重任尚书吏部郎的时候，"务抑华竞，不通私谒，特留心隐逸，由是群才毕举。……时燕国中正刘沈举霍原为寒素，司徒府不从，沈又抗诣中书奏原，而中书复下司徒参论。司徒左长史荀组以为：'寒素者，当谓门寒身素，无世祚之资。原为列侯，显佩金紫，先为人间流通之事，晚乃务学，少长异业，年逾始立，草野之誉未洽，德礼无闻，不应寒素之目。'"李重认为霍原确为人才，便上奏晋惠帝，剀切陈辞，霍原最终以寒素选用。有的官员则狗苟蝇营，自然不会选拔真正的寒素。《王戎传》："戎以晋室方乱，慕蘧伯玉之为人，与时舒卷，无蹇谔之节。自经典选，未尝进寒素，退虚名，但与时浮沉，户调门选而已。"

"清白"作为察举科目是东汉时期提出来的。《后汉书·孝和帝纪》"令试之以职乃得充选"李贤注引东汉应劭《汉官仪》曰："建初八年十二月己未，诏书辟士四科：一曰德行高妙，志节清白。二曰经明行修，能任博士。三曰明晓法律，足以决疑，能案章覆问，文任御史。四曰刚毅多略，遭事不惑，明足照奸，勇足决断，才任三辅令。皆存孝悌清公之行。自今已后，审四科辟召，及刺史、二千石察举茂才尤异孝廉吏，务实校试以职。有非其人，不习曹事，正举者故以不实法。"《黄琼传附孙琬传》："汉初诏举贤良、方正，州郡察孝廉、秀才，斯亦贡士之方也。中兴以后，复增敦朴、有道、贤能、直言、独行、高节、质直、清白、敦厚之属。荣路既广，觖望难裁，自是窃名伪服，浸以流竞。权门贵仕，请谒繁兴。"晋代也以"清白"举人。《晋书·世祖武帝纪》记载，晋武帝在咸宁二年（276）曾下诏要求郡国守相察举人才，"士庶有好学笃道，孝弟忠信，清白异行者，举而进之。"《孝友传·庾衮传》记载，庾衮为人正直，"于是乡党荐之，州郡交命，察孝廉，举秀才、清白异行，皆不降志，世遂号之为异行。"《隐逸传·范粲传附子乔传》："乔凡一举孝廉，八荐公府，再举清白异行，又举寒素，一无所就。"

既然"寒素"科目是晋代才设立的，汉代没有这样的名目，那么"寒素清白浊如泥"之语无疑出自晋人之口。

其三，"良将"作为选拔人才的科目，最早见于三国时期的魏国。《三国志·魏书·明帝纪》："冬十月，诏公卿近臣举良将各一人。"晋承魏制，比较重视对"良将"的察举。《晋书·马隆传》："兖州举隆才堪良将。"《刘聪载记》："新兴太守郭颐辟为主簿，举良将，入为骁骑别部司马，累迁右部都尉。"《赵王伦传》："（伦）乃僭即帝位，大赦，改元建始。是岁，贤良方正、直言、秀才、孝廉、良将皆不试。"《谢安传附奕子玄传》："于时符坚强盛，边境数被侵寇，朝廷求文武良将可以镇御北方者，安乃以玄应举。"既然汉代没有"良将"这一科目，汉代的民谣中不可能出现"高第良将怯如鸡"这样的话，所以这句诗也应该是出自晋人之口。

我们注意到，《晋书》中常常将"举秀才"和"察孝廉"并举。如《孝友传·李密传》引李密《陈情表》："前太守臣逵察臣孝廉，后刺史臣荣举臣秀才。"《刘寔传》："郡察孝廉，州举秀才，皆不行。"《刘颂传》："颂少能辨物理，为时人所称。察孝廉，举秀才，皆不就。"《祖逖传》："年二十四，阳平辟察孝廉，司隶再辟举秀才，皆不行。"《甘卓传》："郡命主簿、功曹，察孝廉，州举秀才，为吴王常侍。"《晋书》虽然是唐初官修，但材料来源于前代撰写的晋史及晋朝起居注等，所以有晋人用语特点。《举秀才》诗中"举秀才"和"察孝廉"并举的说法与《晋书》是一致的。

由此可见，《举秀才》诗分明是晋代的作品，葛洪说成灵献时人语看来是靠不住的。

不过葛洪的话也并非空穴来风，其中也有一些真实的影子。这首诗流传的文本很多。《新唐书》卷122《魏元忠传》记载的文本只有五句："葛洪有言：

举秀才，不知书。察孝廉，浊如泥。高第贤良否如瓾。"《册府元龟》卷 832
《总录部·规讽第二》所引与《新唐书》基本相同："（袁）楚客尝致书规正元
忠曰：'葛洪曰：举秀才，不知书。察孝廉，浊如泥。高第贤良悷如蝇。'"贤
良是汉代察举的科目之一，下面又分贤良文学和贤良方正两种，始于汉武帝。
《汉书·公孙弘传》："武帝初即位，招贤良文学士，是时弘年六十，以贤良征
为博士。"《董仲舒传》："武帝即位，举贤良文学之士前后百数，而仲舒以贤良
对策焉。"《宣帝纪》："令三辅、太常、内郡国举贤良方正各一人。"《食货志
上》："宣帝即位，用吏多选贤良，百姓安土，岁数丰穰。"《疏广传》："广兄子
受字公子，亦以贤良举为太子家令。"后汉因仍旧制。《后汉书·光武帝纪》：
"其敕公卿举贤良方正各一人。"《肃宗孝章帝纪》："其令太傅、三公、中二千
石、二千石、郡国守相举贤良方正、能直言极谏之士各一人。"《孝顺帝纪》：
"辛亥，诏公卿、郡守、国相，举贤良方正、能直言极谏之士各一人。"《崔骃
传》："建武初，朝廷多荐言之者，幽州刺史又举篆贤良。"《周燮传》："举孝
廉、贤良方正，特征，皆以疾辞。"各地察举上来的人才要到朝廷参加"对
策"考核，分出等次，然后根据等次授予不同的官职。名列前茅的人被称为
"高第"，就是高等次的意思。《汉书·魏相传》："魏相字弱翁，济阴定陶人也，
徙平陵。少学《易》，为郡卒史，举贤良，以对策高第。"《盖宽饶传》："盖宽
饶字次公，魏郡人也。明经为郡文学，以孝廉为郎。举方正，对策高第，迁谏
大夫，行郎中户将事。"《后汉书·苏章传》："章少博学，能属文。安帝时，举
贤良方正，对策高第，为议郎。"有些高第是由推荐官员直接确定的，无须经
过对策的程序。《后汉书·蔡邕传》："又切敕州郡举邕诣府，邕不得已，到，
署祭酒，甚见敬重。举高第，补侍御史。"《党锢传·李膺传》："初举孝廉，为
司徒胡广所辟，举高第，再迁青州刺史。"《党锢传·刘儒传》："察孝廉，举高
第，三迁侍中。"《王允传》："允少好大节，有志于立功，常习诵经传，朝夕试
驰射。三公并辟，以司徒高第为侍御史。""司徒高第"指司徒推举的高第。由
于察举来的人才有等次之分，所以文献中有"孝廉高第""贤良高第""文学高
第"之类的说法。《汉书·胡广传》"安帝以广为天下第一"颜师古注引《续
汉书》："故事，孝廉高第，三公尚书辄优之。"《循吏传·黄霸传》："宣帝下诏
曰：'制诏御史：其以贤良高第扬州刺史霸为颍川太守，秩比二千石，居官赐
车盖，特高一丈，别驾主簿车，缇油屏泥于轼前，以章有德。'"《路温舒传》：
"内史举温舒文学高第，迁右扶风丞。"许多注本把《举秀才》诗中的"高

第"解释成"高门大族"或"高门大宅"①，这是不熟悉汉代的选举制度造成的误解。看来"高第贤良齐如虺（蝇）"的说法很可能就是从汉末传下来的，这表明葛洪的话还是有一定根据的。

然而我们还不能把《新唐书》和《册府元龟》所引的文本看成《举秀才》民谣的原始文本，因为其中存在错乱和讹误。从押韵来看，"泥"和"书"无法押韵。从意义来看，"孝廉"指孝敬老人，品行端正，与是否污浊关系不大。所以"浊如泥"应该是"父别居"的错乱。"书"和"居"都是鱼部的字，读来和谐上口。

"高第贤良齐如虺（蝇）"的韵脚字无论是虺（即蛙的异体）还是蝇，都无法跟"书""居"相谐，应该是后人改动的结果。唐马总《意林》卷4引《抱朴子》作："举秀才，不知书。察孝廉，父别居。寒素清白浊如泥，高第良将怯如黾。"明冯惟讷《古诗纪》卷18所引相同，末字都作"黾"。黾指蛤蟆。《说文》："黾，蛙黾也。"这个意义《广韵·耿韵》音"武幸切"，上古读明母阳部。古音鱼阳对转比较常见，如"卬"音转为"吾"、"章"音转为"著"、"庠"音转为"序"，等等。估计东汉时期"黾"有鱼部的读法，"黾"的韵尾-ŋ已经脱落，读作"蟆"。《周礼·秋官·蝈氏》："掌去蛙黾。"《序官》郑玄注："书或为'掌去蝦蟆'。""黾"写作"蟆"，可证。"蟆"大约就是为"黾"的音转而造的字。"蟆"为鱼部字，与"书""居"同韵。《新唐书》和《册府元龟》的引录虽然比较接近原始，但因后人不知"黾"有"蟆"音而作了改动。《文苑英华》卷479唐张倚《对长才广度沉迹下僚策》（作于695年）作："举秀才，不知书。察孝廉，父别居。寒素清白浊如泥，高第良将怯如龟。""龟"为之部字，也不入韵，应为"黾"之形误，这也表明原文就是"黾"字。有些学者反而认为"龟"字正确。如明田艺蘅《留青日札》卷6《诗谈二编》："《抱朴子》云：举秀才，不知书。举孝廉，父别居。寒素清白浊如泥，高第良将怯如龟。《晋书》作'怯如鸡'，此误而妄改之也。龟本龟字之讹，言畏怯人之甚，缩头不敢出如龟也。泥龟本叶韵。"今人张永鑫、刘桂秋在《汉诗选译》中也认为"'黾'为'龟'之形误，作'龟'是"②。这是因不明古音而作出的错误选择。"怯"即齐的异体，有贪的意思。《后汉书·

---

① 如《古代民歌一百首》，上海古籍出版社1979年版，第62页；《汉魏南北朝诗选注》，北京出版社1981年版，第84页。

② 张永鑫、刘桂秋：《汉诗选译》，巴蜀书社1991年版，第129页。

黄宪传》："时月之间，不见黄生，则鄙吝之萌复存乎心。" 李贤注："吝，贪也。" 蛤蟆常鼓腹而鸣，人们认为它贪食。《太平御览》卷4引东汉张衡《灵宪》曰："羿请不死药于西王母，羿妻姮娥窃以奔月，托身于月，是为蟾蜍。" 美丽的姮娥因窃食而变成蟾蜍。《太平广记》卷473《蟾蜍》条引唐窦维鋈《广古今五行记》曰："晋孝武太元八年，义兴人周客有一女，年十八九，端丽洁白，尤辩惠。性嗜脍，啖之恒苦不足。有许纂者，小好学，聘之为妻。到壻家食脍如故，家为之贫。于是门内博议，恐此妇非人，命归家。乘车至桥南，见罟家取鱼作鲊着按（案）上，可有十许斛，便于车中下一千钱以与鱼主，令捣齑。乃下车熟食五斗，生食五斗，当啖五斛许，便极闷。卧须臾，据地大吐水。忽有一蟾蜍从吐而出，遂绝不复啖，病亦愈。" 这个故事也反映了人们蛤蟆贪食的观念。俗语有"癞蛤蟆想吃天鹅肉"，也有蛤蟆贪婪的意思。"高第贤良"通常会授予要职，本指望这些人能廉政为民，然而腐败的察举制度下上来的这些"高第贤良"们却比蛤蟆还贪婪，故云"高第贤良怯如黾"。

通过上面的论证，我们恢复了《举秀才》诗的原始面貌，原诗只有如下五句：

> 举茂才，不知书。察孝廉，父别居。高第贤良怯如黾。

汉代的民谣喜欢采用这种奇句三韵的形式，类似的民谣如：

> 一尺布，尚可缝。一斗粟，尚可舂。兄弟二人不相容。（《汉书·淮南厉王刘长传》）
>
> 廉叔度，来何暮。不禁火，民安作。平生无襦今五绔。（《后汉书·廉范传》）
>
> 天下大乱兮市为墟，母不保子兮妻失夫，赖得皇甫兮复安居。（《后汉书·皇甫嵩传》）

《举秀才》诗的形式与这些民谣是一致的。

此诗流传到晋代，"高第贤良怯如黾"之怯有讹作怯的，贤良与怯懦与否没多大关系，而晋代察举"良将"，"良将"就有个勇怯问题，故晋人改为"高第良将怯如鸡"。

　　也许有人会问：晋人改"高第贤良"为"高第良将"或如其理，但为什么要改"黾"为"鸡"呢？原因在于晋代以来崇尚骈偶，晋人嫌末句孤单无对，便在其前面加了"寒素清白浊如泥"一句，为了跟"泥"押韵，便把"黾"改成了"鸡"。"泥"和"鸡"《广韵》中同在"齐"韵。《北堂书钞》卷79《秀才》及《乐府诗集》卷87所引《举秀才》诗只有"举秀才，不知书。察孝廉，父别居"四句，这是嫌末句孤立无偶而删掉了。一加一删，都是为了满足诗句成双的审美需求。明方以智《通雅》卷2《疑始》对"黾"字改"鸡"有这样的看法："《说文》有鼁字，水虫，人食之，今人称蛙为水鸡、田鸡，是其字也。奚即蛙音，此为重文。《晋书》改鸡，亦鼁字之讹也。凡夫则并以'匪鸡则鸣苍蝇之声'为青蛙之声。"鼁《广韵》音"胡鸡切"，与"鸡"音近。或许"黾"在晋代也有读如"鸡"的情况，所以写成了"鸡"。然查无实据，聊备参考。

　　明杨慎《丹铅总录》卷15《字学类·黾音蔑》云："《抱朴子》：'举秀才，不知书。举孝廉，父别居。寒素清白浊如泥，高第良将怯如黾。'泥音涅。《后汉书》引《论语》涅而不缁，作泥而不滓，可证也。黾音蔑。《尔雅注》引黾勉从事，或作蠠没，又作密勿，可证也。泥音涅，则黾当音蔑。黾或音密，则泥当音匿。古音例无定也。《晋书》作'怯如鸡'，盖不得其音而改之。""黾"固然可以"音蔑"（确切地说是"音密"，"蔑"是月部的字，上古时期与质部的"涅"还是难以谐韵），但"音蔑"之后"黾"就不是蛤蟆的意思了，而是勉力、努力的意思，照此理解，诗意不通。所以此说难以成立。杨慎不知此诗把不同时代的字句杂糅到一起，其说之牵附也就难免。

　　另外，杨慎称《晋书》作"怯如鸡"，逯钦立《先秦汉魏晋南北朝诗》（中华书局1998年版）卷8《汉诗·杂歌谣辞》下亦云："《晋书》引作：'举秀才，浊如泥。举良将，怯如鸡。'与此不相同。"今遍检《晋书》，并无此文，不知杨逯二氏何所据而云然。文渊阁《四库全书》本《抱朴子外篇》作："举秀才，不知书。察孝行，父别居。寒清素白浊如泥，高第良将却如鸡。""却"是"怯"之形误。"孝行"是"孝廉"之臆改。从汉至晋，察举人才的科目名称都是"孝廉"，而非"孝行"。"寒清素白"为"寒素清白"之臆改。

　　《举秀才》诗的历史演变启示我们，后世文献中记录的前世歌谣很难看成是产生时代的原貌，民谣跟神话传说一样是变动不居的，这是民间文学的一个基本特点。因此，把最早见于《礼记》的《蜡辞》看成伊耆氏（或说神农，或说帝尧）时代的谣辞，把最早见于《吴越春秋》的《弹歌》看成原始狩猎时代的歌谣，把最早见于《帝王世纪》的《击壤歌》看成帝尧时代的歌谣，我们认为都是靠不住的。

（原载《中国典籍与文化》2007 年第 1 期）

天下第一奇联破解

重庆市江津区的四面山上有一座道观，叫朝源观。朝源观祖师殿的东山门上有这样一副对联：

上联：善茅长长长长长长长长

下联：习三乘乘乘乘乘乘乘乘

横批：荡荡自清

图1：东山门上的横批

有关介绍说，该联撰写于公元780年，距今已有1200多年的历史，但一直无人能够解读，成为中国联坛上的一桩"悬案"，被喻为对联界的"哥德巴赫猜想"。1988年，中国楹联学会会长魏传统就朝源观题诗云："满目丛林四面山，瀑飞千尺映云天。长乘胜迹联何解，留待通家过此关。"表达了希望有人能破解此联的愿望。《中国旅游报》1994年6月9日刊登该报社长李先辉的文

图2：东山门上的对联

章《天下第一长联和天下第一奇联》，文中说："朝源观这副对联与孟姜女庙的对联'海水朝朝朝朝朝朝朝落，浮云长长长长长长长消'类似，千余年来，不知难倒了多少文人雅士和宗教界人士，故有'天下第一奇联'之称。"1998年，重庆师范学院的黄中模教授悬赏一千元，征求对此联的破解（见《江津报》1998年9月1日《千金悬赏解奇联》一文），虽有众多应征者，但没有一种破解得到认可。2007年4月，重庆市江津区旅游局在媒体上发布公告，悬赏一万元征求对此联的破解，征求工作从2007年5月1日起至7月31日止。此举受到海内外人士和众多媒体的广泛关注，中央电视台经济频道的"为您服务"栏目曾对此作过报道。组委会共收到来自美国、法国、澳大利亚、新加坡、马来西亚等国外以及国内各地的"答卷"1723份。奇联评委会评出二等奖2名，三等奖3名，优秀奖11名，荣誉奖8名，而大家关注的一等奖空缺，意味着在评委会看来此联仍未破解。

从理论上来讲，无论是怎样的破解，都很难视为唯一的"终极答案"，正如同一首诗不同的人有不同的理解一样。我国古代很早就有"诗无达诂"之说（董仲舒《春秋繁露》卷3《精华》），佛经中有"佛以一音演说法，众生随类各得解"之语（《维摩诘所说经·佛国品第一》），西方也有"一千个观众眼中有一千个哈姆雷特"（There are a thousand Hamlets in a thousand people's eyes）的名言，对联的解读又何尝不是如此呢？这种文字本身存在多音多义、组合上又存在多种可能的叠字联，那就更是"横看成岭侧成峰，远近高低各不同"了。因此，所谓破解也只能是持之有故、言之成理的一家之言而已。评委会主任黄中模教授说，破解此联应从儒、释、道三教合一方面去想，其中应以道教为主。这也只是黄教授自己的一种解读而已，未必人人首肯。从这一意义上来讲，如果我们执着于"唯一正确、别无异议"的答案的话，一等奖恐怕永远是空缺的。

笔者是"万元悬赏"的二等奖的获得者，虽然至今未收到一分钱的奖金，但关心此事的人不时来信问询破解结果，所以，在此将我的破解结果公之于众，奇文共赏，疑义相析，抑或聊作引玉之砖云尔。

首先需要说明的是，我并不认同这副奇联撰写于唐代的说法。且不说该山门的风化程度丝毫没有经历1200多年风雨剥蚀的迹象，就门联发展的历史来看，唐代也不可能出现这样的奇联。流行的观点认为，门联最早出现在五代时期，后蜀皇帝孟昶的"新年纳馀庆，佳节号长春"被视为天下第一联。虽然这种观点不是很准确，敦煌卷子S.0610的背面已发现唐代的春联，但传世文献中唐代的门联确实不见记载，至于风景名胜的建筑上题联更是无迹可求。

创作叠字奇联是明清时期流行的风气。现知最早的叠字联当是四川省长宁县朝云庙的一副对联，据说是明代徐渭（1521—1593）撰写的。对联是这样的：

> 朝云朝朝朝朝朝朝朝退
> 长水长长长长长长长流

此联一出，生吞活剥者不乏其人。如江西赣南梅江畔古庙门联：

> 河水长长长长长长流
> 神庙朝朝朝朝朝朝应

江西乐安县牛田镇五王庙门联：

> 庙宇朝朝朝朝朝朝灵
> 河水长长长长长长流

温州江心寺门联：

云朝朝朝朝朝朝朝散
潮长长长长长长长长消

其中影响最大的是河北秦皇岛市山海关孟姜女庙的门联：

海水朝朝朝朝朝朝朝落
浮云长长长长长长长消

这些叠字联大都是在徐渭门联的基础上略加改动而已。朝源观的奇联也是袭用了重叠"长"的做法，应该也是明清时期的作品。

图 3：江西乐安县牛田镇五王庙门联

其实，朝源观祖师殿后面的经堂里立着一方《玄元造化碑》，碑记的落款是："皇明嘉靖肆拾年，岁次辛酉，仲夏吉日，洪都新淦县咸阳里修真童子杨复庵书。"这是朝源观里能找到的最早的有明确纪年的题记，嘉靖肆拾年即

图4：山海关孟姜女庙的门联

1561 年，由此来看，现存的朝源观建筑不可能早于明代。这也可以佐证我们上面朝源观奇联产生于明清时期的推断。

关于温州江心寺的门联，这里还得多说几句。这副门联旁署"宋状元梅溪王十朋书题"，许多人信以为真，其实是靠不住的。王十朋是南宋著名的政治家和诗人，他撰写的这样一副颇具匠心的奇联怎么在明代以前的文献中不见任何记载呢？清代学者早就指出此联的题署属于后人伪托。楹联学家梁章钜在《浪迹续谈》卷 2《江心寺门联》中说：

孙雨人学博《永嘉闻见录》云："江心寺外门旧有联云：'云朝朝朝朝朝朝朝散，潮长长长长长长长消。'旁署'宋状元梅溪王十朋书题'。余谓此等似巧实拙，断非梅溪手笔。即如联意，亦止须云朝朝朝散，潮长长长消，何烦重迭至八字耶？"并引蔡葵圃之言曰："题曰宋、曰状元，本人断无此款式，其为好事者假托无疑。"忆余四十三年前到此，亦曾目击此联，以其费解，笑置之。旋里后乃知闽县乌龙江之东山上罗星塔旧有七字联，不知何人所撰，其句云："朝朝朝朝朝朝夕，长长长长长长消。"过客皆不知所谓，相传康熙中有一道人到此，读而喜之。众请其说，道人笑曰："此山为海潮来往之区，此联出语第一第二朝字上平声，第三朝字下平声，通作潮字，第四朝字下平声，第五朝字上平声，第六朝字又下平声，凡下平声者皆应作潮字读。对语第一第二长字平声，第三长字上声，第四长字平声，第五长字上声，第六长字又是平声。如此读之，自不烦言而解，不过是言潮汐长消而已。"言讫，道人遂不见，或以为纯阳现身也。按此塔联与寺联字句互异，其为仙笔与否不可知，而塔联似较简明，有意趣，故余曾录入《楹联续话》中。学博言道光壬辰，风痴大作此联，吹入江中，不知飘流何处。而余今冬重游，则寺门仍有此联，却无前款，后题"章安蔡朝珂重录"。

有些人认为孟姜女庙的门联抄袭了江心寺门联（游修龄：《两幅对联的命运》），殊不知江心寺门联不但是仿造，而且还伪托古人，混淆是非，性质更劣。

下面我们再来看朝源观奇联该怎样解读。

我们先从容易解决的"三乘"一词来切入。"三乘"既是个佛教术语，也是个道教术语。佛教的"三乘"指超度众生度越生死、到达涅槃彼岸的三种法门，一般指小乘（声闻乘）、中乘（缘觉乘）和大乘（菩萨乘）。佛教把这三种法门比喻为快慢不同的三种交通工具。"乘"是梵语 yāna 的意译。"乘"在古代汉语中有车子的意思，故称三种法门为"三乘"。这一意义的"乘"应该读 shèng。《魏书·释老志》："初根人为小乘，行四谛法；中根人为中乘，受十二因缘；上根人为大乘，则修六度。虽阶三乘，而要由修进万行，拯度亿流，弥历长远，乃可登佛境矣。"道教的"三乘"是从佛教借用来的，指道教修炼的三种法门，以元始天尊所传为大乘上法，属洞真部；以灵宝天尊所传为中乘中法，属洞玄部；以道德天尊所传为小乘初法，属洞神部。宋张君房《云笈七签》卷1《原序》："精研三乘，详观四辅。"该对联题写于道观山门，自然应按道教的意义来理解。

弄清了"三乘"的含义，那么，把"习三乘"作为一个句读应该是无可争议的。"习三乘"是说习炼三乘。明徐象梅《两浙名贤录》外录卷8："怀信，字孚中，姓姜氏，明之奉化人。……十五出家法华院，受具于五台寺，习三乘十观之旨。"这是"习三乘"的用例。"习三乘"既为一个句读，根据对联的特点，下联的"善茅长"也必然是一个句读。"善"不能理解为善于、精通，而应理解为领悟、弄通，因为"善茅长"跟"习三乘"相对，两者都是对道教徒日常修炼活动的描述和要求，如果理解为"精通"，那就变成了自吹自擂，文意不通了。《汉语大字典》"善"下有"领悟、熟悉"的义项。举例有《礼记·学记》："不陵节而施之谓孙，相观而善之谓摩。"孔颖达疏："善，犹解也。""相观而善"是说通过观听而领悟。

"茅长"是什么？这个词是解读这副对联的瓶颈所在，前修时贤之所以不能破解此联，主要是被这个词挡驾。我们知道，道教有个茅山派，茅山派的创始人相传是西汉时期的茅盈。据晋代葛洪《神仙传》等典籍记载，茅盈为咸阳（今属陕西）人，十八岁弃家入恒山修道。后隐于句曲山（在今江苏省句容县境内），修炼服气、辟谷术，并采集药物，为人治病，被太上老君封为太元真人东岳上卿司命真君，成为茅山上清派的祖师。后来他的弟弟茅固、茅衷也追随他到句曲山修道，也得道成仙。后世尊称茅氏三兄弟为"三茅真君"，句曲山也被称为三茅山或茅山。由于茅盈是老大，所以后世称其为"茅长君"。如唐代郑畋《唐故上都龙兴观三洞经箓赐紫法师邓先生墓志铭》（《全唐文》卷767）："太元真人茅长君乘云龙白日上升。"元李孝光《读陶隐居九锡文录呈赵虚一真士》："题诗未倚李太白，学道愿从茅长君。"明高启《赠步炼师祷雨》（《高太史大全集》卷10）："昔年服事茅长君，能役鬼神呼风云。"对联中的"茅长"就是指茅长君，这里是借代的用法，指茅长君传授的道术，亦即世间盛传的茅山道术。茅山道术以善于治鬼除魔而闻名，南北朝以来习炼者甚众。《太平广记》卷45引唐代卢肇《逸史·瞿道士》："黄尊师修道于茅山，法箓绝高，灵应非一。"宋代洪迈《夷坚支志》庚卷6《谭法师》："里中谭法师者，俗人也，能行茅山法。"至今茅山道术仍在流行。"善茅长"是说体悟、弄通茅山道术。

下面来看"长长长长长长长"这七个"长"字该怎么理解。七个"长"字可以读为"长长/长长/长长/长"。第一、第三组"长长"可理解为"常常、经常"。"长长"一词在古汉语中有"经常"的意思。如唐张籍《晚春过崔驸马东园》："早早诗名远，长长酒性同。"唐智远《律僧》："滤水与龛灯，长长护有情。""长"又有养育、培育的意思。如《左传·昭公十四年》："长孤幼，养老疾。"唐代佚名《清静妙经》："老君曰：大道无形，生育天地。大道无情，运行日月。大道无名，长养万物。"动词重叠有强调动作持续不断的功用。如《古诗十九首》："行行重行行，与君生别离。"梁简文帝《临高台》诗："高台半行云，望望高不极。"因此，第二组"长长"可以理解为不断培育、修养。最后一个"长"字可理解为长进。整个上联的意思是：认真体悟茅山道术，经常修养习炼，道术就能不断长进。

下联的七个"乘"字自然应该读为"乘乘/乘乘/乘乘/乘",这样才能跟七个"长"字相对。第一、第三组"乘乘"可理解为"三乘"之"乘"的重叠,指道教的每一种修炼法门。晋释僧肇《肇论·会异》:"如是三乘众生俱越妄想之樊,同适无为之境。无为虽同,而乘乘各异。"此"乘乘"叠用之例。"乘"有守卫的意思。《广韵·蒸韵》:"乘,守也。"《史记·高祖本纪》:"兴关内卒乘塞。"裴骃《集解》引李奇曰:"乘,守也。"因此,第二组"乘乘"可理解为不断持守、不断坚守。最后一个"乘"可理解为"升仙、登仙"。"乘"有"登升"的意思。《汉书·陈汤传》:"夜过半,木城穿,中人却入土城,乘城呼。"唐颜师古注:"乘,登也。"古代把升天成仙称为"乘仙"。如唐代李峤《鹿》:"道士乘仙日,先生折角时。"李白《暖酒》:"拨却白云见青天,掇头里许便乘仙。"这样整个下联可理解为:习炼三乘法门,持守每一种法门,每一种法门都可引导习炼者达到升天成仙的目的。

下面来看横批"荡荡自清"的含义。"荡荡"有"空无所有"的意思(见《汉语大词典》)。汉荀悦《汉纪·成帝纪三》:"及言世有仙人,服食不终之药。……听其辞,洋洋满耳,若将可遇;求之荡荡,若系风捕影不可得。"今天还有"空荡荡"的说法。道教主张清静无为,认为清静是得道的前提。而要达到清静的境界,必须无欲无求,空无所有。茅山派的重要经典《黄庭经》中主张"扶养性命守虚无,恬淡无为何思虑"。唐代道教典籍《清静妙经》中更是对此作了深入的阐发:"人能常清静,天地悉皆归。夫人神好清而心扰之,人心好静而欲牵之,常能遣其欲而心自静,澄其心而神自清,自然六欲不生,三毒消灭。所以不能者,为心未澄,欲未遣也。能遣之者:内观其心,心无其心;外观其形,形无其形;远观其物,物无其物;三者既无,唯见于空。观空亦空,空无所空;所空既无,无无亦无;无无既无,湛然常寂。寂无所寂,欲岂能生。欲既不生,即是真静。真常应物,真常得性;常应常静,常清静矣。如此清静,渐入真道。"横批"荡荡自清"正是道教这种思想的反映,意思是说心中空无所有,自然就能清静。

从对联的意思可以看出,朝源观应该是个茅山派的道观。茅山派在唐代影响很大,受到唐王朝的尊崇,是当时全国地位最高的道派,当时就有"茅山为天下道学之所宗"的说法(见唐颜真卿《颜鲁公文集》卷9《茅山玄靖先生广陵李君碑铭》)。茅山派修炼,主张思神、通经、修功德,兼修辟谷、导引和斋醮。这副对联是他们对修炼方法及所达目标的表白,体现了虽宗茅山但并不排外的思想。对联虽然算不上十分工整（如"三乘"对"茅长"，平仄不谐），但用字还是颇具匠心，每联叠用八个重字而仍能曲尽其意，可以说是因难见巧，以奇取胜。

最后，我们给这副对联的同形字注上现代读音，以便大家诵读玩味：

善茅长（zhǎng），长（cháng）长（cháng）长（zhǎng）长（zhǎng）长（cháng）长（cháng）长（zhǎng）

习三乘（shèng），乘（shèng）乘（shèng）乘（chéng）乘（chéng）乘（shèng）乘（shèng）乘（chéng）

（原载《寻根》2010 年第 1 期，编辑改题为《天下第一奇联之我见》，现恢复原题）

古文献辨析二则

一、类书讹误举隅

类书虽然能给人们的专题研究提供很大的方便，但由于古代类书的编写往往辗转相抄，或是凭借记忆，错误很多，使用者必须复核原文，或多方考索，否则就有可能得出错误的结论。

例如《渊鉴类函》卷20《中秋三》下说："《唐太宗记》：'八月十五为中秋节，三公以下献镜及盛露囊。'"《唐太宗记》不知是何书何篇，新旧《唐书》的《太宗本纪》皆无此语。不过我们在《旧唐书·玄宗本纪》中见到类似的话：开元十七年，"八月癸亥，上以降诞日，宴百僚于花萼楼下。百僚表请以每年八月五日为千秋节，王公已下献镜及承露囊，天下诸州咸令宴乐，休假三日，仍编为令。从之。"唐封演《封氏闻见记》卷4《降诞》亦云："玄宗开元十七年，丞相张说等遂奏以八月五日为千秋节，百寮有献承露囊者。"《唐会要》卷29《节日》亦记载此事。由此不难看出，《渊鉴类函》的记述是玄宗千秋节的讹传或误忆，"八月十五日"是"八月五日"之误，"中秋节"是"千秋节"之误。若据《渊鉴类函》的材料得出唐代上层社会重视中秋节的结论，岂不失之千里？①

又如《艺文类聚》卷4引崔寔《四民月令》曰："七月七日曝经书，设酒脯时果，散香粉于筵上，祈请于河鼓织女。言此二星神当会，守夜者咸怀私愿。或云见天汉中有奕奕正白气，如地河之波，辉辉有光曜五色，以此为征应，见者便拜乞愿，三年乃得。"据此引文，牛郎织女七夕相会的传说似乎东汉时期就已存在。然而案检《玉烛宝典·七月孟秋》、《初学记》卷4及《太平御览》卷31所引《四民月令》，皆无"设酒脯时果"以下文字。《玉烛宝

---

① 中秋节在唐代尚未盛行，参见杨琳：《中秋节的起源》，《寻根》1997年第4期。

典》《太平御览》等引周处《风土记》云："夷则应履曲，七齐河鼓礼。元吉。"
原注：

> 七月俗重是日。其夜洒扫于庭，露施机筵（'机'为'几'的俗体，《御览》作'几'），设酒脯时果，散香粉于筵上，荧重为稻，祈请于河鼓织女，言此二星神当会。守夜者咸怀私愿。或云：见天汉中有奕奕正白气，如地河之波，漾而辉辉有光，耀五色，以此为征应。见者便拜，而愿乞富乞寿，无子乞子。唯得乞一，不得兼求。见者三年乃得言之。或云颇有受其祚者。

由此可知"设酒脯时果"以下文字出自《风土记》的注文，《艺文类聚》窜乱于《四民月令》之下。不少研究牛郎织女神话的学者据《艺文类聚》立说，自然是靠不住的。

类书有时从文献中随意截取一段，冠以篇名，如若不慎，极易致误。《太平御览》卷529有两条紧挨着的材料。一条引自晋束皙《高禖坛石议》：

> 元康六年，高禖坛上石破为二段，诏书问："置此石来几时？出何经典？今应复不？"博士议："礼无高禖置石之文，未知造设所由。既已毁破，无可改造设。高辛氏有简狄吞卵之祥，今此石有吞卵之象，盖俗说所为，而史籍无记，可但收聚，复于旧处而已。"太常以为吞卵之言盖是逸俗之失义，因今毁破，便宜废除。下四府博士议。贼曹属束皙议："夫未详其置之故而欲必其可除之理，理不可。然按《郊祀志》，秦汉不祀高禖。《汉武帝五子传》：'武帝晚得太子，始为立禖。'其事未之能审。"

另一条引自许慎《五经异说》：

> 山阳民祭皆以石为主，然则石之为主由来尚矣，其此象矣。而祭礼：龟策祭器，弊则埋之，而改置新。石今破，则宜埋而更造，不宜遂废。收集破石积之故处，于礼无依，无事不肃，思所未安也。时公卿从太常所处，此议不用。其后得高堂隆故事，魏青龙中造立此礼，诏书更镌石，令如旧，置高禖坛上。埋破石入地一丈。

这两条材料问题很多。题为束皙《高禖坛石议》，而引文中束皙的话仅是最后几句。又许慎（约58—约147年）是东汉时期的人，他的文章中怎么会谈到三国魏明帝青龙年间的事？束皙《高禖坛石议》及许慎《五经异说》（按：应为《五经异义》）今已失传，无从核对。不过我们在《隋书·礼志二》中见到大致相同的记载：

> 晋惠帝元康六年，禖坛石中破为二。诏问："石毁今应复不？"博士议："礼无高禖置石之文，未知造设所由。既已毁破，可无改造。"更下西府博议。而贼曹属束皙议："以石在坛上，盖主道也。祭器弊则埋而置新，今宜埋而更造，不宜遂废。"时此议不用。后得高堂隆故事，魏青龙中造立此石，诏更镌石，令如旧，置高禖坛上。埋破石入地一丈。

杜佑《通典》卷55对此事也有记载。经过对照，不难看出《御览》《隋书》及《通典》所依据的原始材料是相同的，只是《隋书》和《通典》有所删节。所据原始材料大约是唐代以前修撰的某部晋史。据《隋书·经籍志》及《新唐书·艺文志》的记载，唐以前修撰的晋史有二十多家，像晋王隐的《晋书》、齐臧荣绪的《晋书》等，唐代官修的《晋书》问世后这些史书渐次亡佚了。这就是说，《御览》所引的那两条材料既非出自束皙的《高禖坛石议》，也非出自许慎的《五经异义》，而是某部晋史中的同一段材料。第二条材料从开始至"思所未安也"都是束皙《高禖坛石议》中的文字，许慎《五经异义》属束皙《高禖坛石议》的引文，且只有"山阳民祭皆以石为主"一句话。《御览》不提史书之名，却从中拈出束皙《高禖坛石议》作为出处，又将《高禖坛石议》横断为二，再从中拈出许慎《五经异义》作为出处，歧中生歧，谬上加谬。

由此可见，使用类书时，若原作现存，务必核正原文；若原作已佚，也当与相关材料加以比勘，辨其是非，未可轻信。

二、李商隐《柳枝五首序》释疑

李商隐的不少诗隐晦难懂，世有"独恨无人作郑笺"之叹。其实他的有些文章也含糊其辞，颇难索解，《柳枝五首序》就是这样一篇序文。清代学者何焯说："（此序）文不从，字不顺，几难寻其句读。"（见清沈厚塽《李义山诗集辑评》）连博学多才的纪昀也慨叹"一序涩甚"（见《玉溪生诗说》）。虽经前修时贤不断攻错，不少地方仍然难以通达。下面就前人未作解释的疑难词句加以阐发，庶几使该文得以卒读，且于理解《柳枝五首》有所裨益焉。至于前人已作出正确解释的词句请参李诗的各种注本，这里不再赘述。

刘学锴、余恕诚两位先生的《李商隐诗歌集解》（中华书局 1988 年版）是对前人李诗解证成果的一次总结，代表着当代的研究水平，书中对《柳枝五首序》是这样标点的：

> 柳枝，洛中里娘也。父饶好贾，风波死湖上。其母不念他儿子，独念柳枝。生十七年，涂妆绾髻，未尝竟，已复起去，吹叶嚼蕊，调丝擫管，作天海风涛之曲，幽忆怨断之音。居其旁，与其家接故往来者，闻十年尚相与，疑其醉眠梦物断不娉。余从昆让山，比柳枝居为近。他日春曾阴，让山下马柳枝南柳下，咏余《燕台诗》，柳枝惊问："谁人有此？谁人为是？"让山谓曰："此吾里中少年叔耳。"柳枝手断长带，结让山为赠叔乞诗。明日，余比马出其巷，柳枝丫鬟毕妆，抱立扇下，风鄣一袖，指曰："若叔是？后三日，邻当去溅裙水上，以博山香待，与郎俱过。"余诺之。会所友有偕当诣京师者，戏盗余卧装以先，不果留。雪中让山至，且曰："为东诸侯取去矣。"明年，让山复东，相背于戏上，因寓诗以墨其故处云。

下面就以此为基础来作解析。

1. 儿子　此处义为儿女，包括女儿。"儿子"有儿女义。《汉书·高帝纪上》："老父曰：'乡者夫人儿子皆以（似）君，君相贵不可言。'"此"儿子"指孝惠帝和鲁元公主。通行本《史记·高祖本纪》作"婴儿"，然秘阁本作"儿子"（见日本泷川资言《史记会注考证》），由《汉书》可知，《史记》本作"儿子"，"婴儿"当是后人不明"儿子"有"儿女"义者所改。

2. 天海风涛　此并提分承修辞之法，与《后汉书·华佗传》之"耳目聪明"（意为"耳聪目明"）及《水经注·江水》之"自非亭午夜分，不见曦月"（意为"亭午不见曦，夜分不见月"）同科，应理解为"天风海涛"。"天海风涛之曲"指雄宏豪放的乐曲，与下句低沉忧伤的"幽忆怨断之音"

相对。

3. 怨断　断，分离，离别。《齐民要术》卷7《笨曲并酒》："磨不求细，细者酒不断粗，刚强难押。"石声汉注："酒不断，是清酒与酒糟不易分离。"唐李峤《送光禄刘主簿之洛》诗："背枥嘶班马，分洲叫断鸿。""断鸿"指离群的孤鸿。"怨断"义为怨伤分离，与"怨离"同义。唐唐彦谦《寄怀》诗："有客伤春复怨离，夕阳亭畔草青时。"可作比证。

4. 居其旁，与其家接故往来者，闻十年尚相与，疑其醉眠梦物断不娉。此语如此断句，意不可通。当断作："居其旁与其家接故往来者，闻十年，尚相与疑其醉眠梦物，断不娉。"意为：居柳枝家旁与其家接交往来者，听闻其吹奏多年，竟皆疑怪柳枝常醉眠而梦见鬼怪，遂断然不肯求婚。"物"指鬼魅精怪。《汉书·宣元六王传》："或明鬼神，信物怪。"颜师古注："物亦鬼。""物怪"同义连文。盖里中有柳枝常夜梦鬼怪的传闻，故知情者疑怪不娉，而李商隐不以为意。

5. 比柳枝居为近　与柳枝家接近。比，与。《庄子·天地》："不推，谁其比忧！"成玄英疏："比，与也。"

6. 比马　《诗经·小雅·六月》："比物四骊，闲之维则。"高亨《诗经今注》："比，犹配也。物，指马。同色的马配在一起，即是比物。"此化用《诗》语，意谓选择马匹驾车（或骑马）而往。说"比马"而不说"驾马"，是因为"比"有选配之义，可表现作者对与柳枝约会一事的认真态度。

7. 抱立扇下，风鄣一袖　此二句意不可通，疑"立扇"二字误倒。应作："抱扇立下风，鄣一袖。""抱"谓手持。《战国策·秦策》"是抱空质也"高诱注："抱，持也。"《广韵·晧韵》："抱，持也。"下风，下方，下面，指地上，跟"余比马"（在马车上）相对而言。鄣，同障。鄣一袖，谓以袖遮面。持扇障袖乃古代女子常有举止。宋姜夔《角招》词："犹有画船障袖，青楼倚扇，相映人争秀。"清余怀《板桥杂记·丽品》："（尹春）性格温和，谈词爽雅，无抹脂鄣袖习气。"皆可参证。

8. 后三日，邻当去溅裙水上，以博山香待，与郎俱过。　三日，指三月三日上巳节，非寻常"三天"之义。过，指渡水。古上巳节有湔裳渡水的习俗。南朝庾信《春赋》："三日曲水向河津，日晚河边多解神（祈神还愿）。树下流杯客，沙头渡水人。"梁武帝《和人渡水》诗："婉娩新上头，湔裙出乐游。带前结香草，鬟边插石榴。"此俗清代似乎犹存。清陈维崧《永遇乐·东溪雨中修禊》："湔裙节令，偏将雨丝，添满一川空翠。"

9. 相背　相别。"背"指分别、离别。南朝宋鲍照《发后渚》诗："萧条背乡心，悽怆清渚发。""背乡"谓离开家乡。成语有"背井离乡"。宋朱淑真《新秋》诗："一夜凉风动扇愁，背时容易入新秋。""背时"谓离别之时。

（原载《古籍研究》2000 年第 1 期）

典籍辨误五则

《经籍篹诂》还是《经籍纂诂》?

　　清代学者阮元组织三十多名经生将唐代以前典籍中的训诂资料汇集在一起，成为一部非常有用的工具书，至今仍无可替代。但此书的名称各工具书的介绍及学者们的称引颇不一致。有的写作《经籍纂诂》，如《中国大百科全书·语言文字卷》（中国大百科全书出版社 1988 年版）、《辞源》（1981 年修订本）、《传统语言学辞典》（河北教育出版社 1990 年版）、《四库大辞典》（吉林大学出版社 1996 年版）等；有的写作《经籍籑诂》，如《辞海》（1979年修订本）、成都古籍书店 1982 年出版的影印本、中华书局 1982 出版的影印本等；有的写作《经籍篹诂》，如上海古籍出版社 1989 年出版的影印本、《辞海》（1999 年修订本）等。高等院校的《古代汉语》教材中大都介绍阮氏此书，名称也不统一。那么阮氏此书究竟以何名为是？其实只要查一下成都、中华、上海三家出版的影印本，无论是王引之、钱大昕、臧镛堂三人的序，还是页眉上的书名，都写作籑，所以此书的正确名称无疑应该是《经籍籑诂》。篹是籑的省体，所以写作《经籍篹诂》也是可以的。有些人写成"纂"大约误以为籑是纂的异体字。《中国典籍与文化》杂志 2001 年第 4 期有《谈〈故训汇纂〉对〈经籍籑诂〉资料的扩展》一文，其英文目录作：A Research Note on the Material Enlargement of "Jing Ji Zuan Gu" Achieved by "Gu Xun Hui Zuan"，将"籑"的拼音写成 zuan，就是把籑当成了纂的异体。其实籑、纂并非异体字。籑音 zhuàn，纂则音 zuǎn，二者都有编纂的意思，只是一组同义词。由于籑字在今天很少使用，所以《经籍纂诂》的写法反而占了上风，大有习非成是的势头。如果不加澄清，就会造成混乱，甚至还有可能引起麻烦。比如在研究生招生试题中考及此书，考生答作《经籍纂诂》，算对还是算错？一字之差，影响不小，希望引起学者们的重视。

476

沈兼士先生曾指出汉魏学者注音中有义同换读的现象。如《周礼·司徒》"揗扑"释文："揗，一音初洽反。"揗字正常读"即刃切"，现在又音"初洽反"，就是把揗字读成了插的读音。两字义同何以能换读呢？沈兼士先生解释说："未有韵书以前，文字仅注重表示某种语意，而非必代表某个语辞之音。换言之，即同一文字，常能表示数个同意异音之语辞，故其音切往往纷歧，不必仅（尽？）合于后世所谓音轨者。推衍此义，可以假定古代初期文字之形音义，多属游离而鲜凝固性。"① 沈先生的说法就原始文字而言有其合理性，但对周代以来的汉字来说未必适用。周代以来的汉字无疑与语言中的词相对应，具有固定的读音和意义，否则是无法记录语言的，所以用原始文字形音义的游离性来解释后世的义同换读现象缺乏说服力。今人将"籑"读成"纂"，如果这种读法被字典承认，那就成了义同换读。又如《新华字典》（商务印书馆1980年版）"螫"下云："'螫'和'蜇'同义不同音，今多读'螫'为'蜇'。"这也是义同换读现象。可见义同换读的现象今天也是存在的，但我们不能说今天的汉字其形音义仍然具有游离性。"籑"误读成"纂"的现象告诉我们，义同换读主要是由不明字的读音而造成的，误以为不明读音之字与常见的同义之字是异体关系，因此就把不明读音之字读作常见同义字之音。起初属于误读，后来习非成是，学者发现这种现象，称之为"义同换读"。这就是义同换读的实质。

赵歧还是赵岐？

东汉学者赵岐著有《孟子章句》，该书收入《十三经注疏》，影响很大，常为学者引据。赵岐之名不少著作中写作赵歧，如《传统语言学辞典》有"赵歧"条，"孟子章句"条的解释中也作"赵歧"，王世贤主编《新型古代汉语》、荆贵生主编《古代汉语》也都写作"赵歧"。② 在一些学术论著中也时见写作"赵歧"。中华书局影印的《文选》胡克家翻印宋尤袤本，李善注引赵氏《孟子章句》亦作"赵歧"（见诸葛亮《出师表》"遂许先帝以驱驰"句下），可知岐、歧异作，由来已久。歧、岐音同形近，必有一误，究竟何者为

---

① 沈兼士：《吴著〈经籍旧音辨证〉发墨》，《沈兼士学术论文集》，中华书局1986年版。
② 分别见巴蜀书社1993年版，第148页；黄河出版社1997年版，第288页。

是？《后汉书·赵岐传》云："赵岐，字邠卿，京兆长陵（今陕西咸阳市东北）人也。初名嘉，生于御史台，因字台卿。后避难，故自改名字，以示不忘本土也。"岐即岐山，在今陕西岐山县。邠为古地名，也写作豳，包括今陕西旬邑县及彬县一带。岐和邠是周人的发祥地。周人先祖公刘由邰（在今陕西武功县）迁居于邠，周人在此生活了九代。到了第十代古公亶父，迁居岐山下的周原，使周族得到发展壮大。赵岐为周土之人，故名岐字邠卿，以示不忘本土。由此可知，岐写成歧是错误的。

赵宧光还是赵宦光？

明代《说文长笺》的作者，有的书中写作赵宧光，有的书中写作赵宦光。《传统语言学辞典》《四库大辞典》等皆作赵宧光，《古汉语知识详解辞典》（中华书局 1996 年版）作赵宦光。整理本《四库全书总目》（中华书局 1997 年版）在"说文长笺"条下作赵宦光，但在书名索引及著者索引中皆作赵宧光。宧、宦音义不同，其中之一应为形误。《四库大辞典》解释说：赵宧光，"亦作赵颐光，字凡夫，吴县人（今江苏苏州人）。与妻陆卿子隐于寒山，读书稽古，精于篆书。"宧即颐的异体。《说文》："宧，养也。"王筠句读："宧即古颐字。"故宧光或作颐光。"颐光"是魏晋时代就有的一个词。晋葛洪《抱朴子内篇·畅玄》："其次则真知足，知足者则能肥遁勿用，颐光山林。"颐有蓄养、蓄藏之义，颐光即韬光养晦的意思。《汉语大词典》："颐光，犹韬光。谓颐养精神，藏才不露。"其字"凡夫"与"颐光"意思相当。其人隐居寒山，正是颐光山林，亦可谓"名副其实"。若作"宦光"，则名与字乖，亦与其行事不合。故当以宧字为是。

《周秦名字解故》及《周秦名字解诂补》的作者是谁？

《四库大辞典》"周秦名字解故"条云："二卷。清王夫之撰。王夫之生平见'诗经稗疏'。是书解说周秦人名字相承之义训，多取古音相近之字考其义类。定以五体：同训、对文、连类、指实、辨物。测以六例：通作、互注、辨讹、比例、合声、双声。训诂列于上卷，名物列于下卷。……有王氏自刊本。"遍检各种书目，不见王夫之撰有《周秦名字解故》的记载。我们知道，王引之有《春秋名字解诂》之作（见《经义述闻》卷22、23），又名《周秦名字解故》（故或作诂）。王引之在书的《后叙》中说："爰考义类，定以五体。……因斯五体，测以六例。……训诂列在上编，名物分为下卷。"《大辞典》的解释与王引之的说法相同，可知是《大辞典》张冠李戴，王夫之并不曾有同名著作。王引之所说的"六例"是：通作、辨讹、合声、转语、发声、并称，不知《大辞典》因何改换了其中三例的名称。《大辞典》另有"春秋名字解诂"条，释为王引之撰，是《大辞典》不知《周秦名字解故》与《春秋名字解诂》为一书异名。

与此相关的尚有《周秦名字解诂补》一书。《传统语言学辞典》解释说："1. 清王萱龄撰。1卷。书今存。古人命名，名字相配。王引之作《周秦名字解诂》，取古音相近之字为解，究声音之统贯，察训诂之会归。王萱龄为《解诂补》，触类引申，颇有得于'古训之要在声音，声之相同相近者，义每不甚相远'。……2. 清胡元玉撰。书今存，刊入《聚学轩丛书》。"该辞典又有"周秦名字解诂附录"条，释云："清王萱龄撰。1卷。今存。刊入《畿辅丛书》中。高邮王念孙《周秦名字解诂》一书究声音之统贯，察训诂之会通，有裨经学。书末附有31条，以为古训不可周知，所以阙而不论。王萱龄为之疏通证明，以补高邮王氏之阙，而成此书。"查检各种书目，不见有胡元玉撰《周秦名字解诂补》之说。胡氏所撰实为《驳春秋名字解诂》，收入《皇清经解续编》，《聚学轩丛书》中并无此书，《聚学轩丛书》所收的是王萱龄的《周秦名字解诂补》。《周秦名字解诂附录》为《周秦名字解诂补》之异名，辞典误以为二书。又"王念孙"当作"王引之"。

写书目提要是一件很不容易的工作。编纂《四库全书存目丛书》的时候，有人建议编写一部《四库全书存目丛书提要》与之配套，编委会认为我们目前做不好这项工作，所以没有采纳。要知道，写《四库总目提要》的那些学者基本上都是认真读过所写提要的书的，而且他们还对该书在历史上的流传及使用情况也有相当的了解，因而能写出高水平的提要来。今天的提要撰写者认真读过原书的不是很多，谙熟该书流传使用情况的更是凤毛麟角，要想写好提要自然缺乏条件。存目丛书编委会不写提要的决定体现了对学术事业高度的责任感和实事求是的科学精神，这种态度值得编写书目提要的人士学习。

《四部备要》本《孔丛子》究竟以何本为底本?

《四部备要》所收《孔丛子》在版权页上注明"上海中华书局据汉魏丛书本校刊",然而笔者最近研读《孔丛子》时发现,《备要》本《孔丛子》与《汉魏》本《孔丛子》差别较大,兹列举第一篇《嘉言》及第十一篇《小尔雅》差异如下表(《小尔雅》中两本的差异有80多处,此仅略举数例以资说明):

汉魏本	备要本
嘉言篇	
修肱而龟背	脩肱而龟背
亦正其统纪而已矣	其亦正其统纪而已矣
又执三监吏	又执三监吏将杀之
遂窃赦所执吏	遽窃赦所执吏
以为纊组紃织紝者	以为纺绩组紃织紝者
黼黻文章之义	黼黻文章之美
今梁丘已疗矣	今梁丘子已瘳矣
夫病死无可为医	夫病死不可为医
上县之无极之高	上悬之无极之高
小尔雅	
话,治也	诂,治也
皆,因也	阶,因也
户、悛、格、扈,止也	户、悛、格、扈,正也
(无此条)	获、干,得也
(无此条)	适,闲也
(无此语)	掬一升也
勿、蔑、微、曼、末、没,无也	勿、蔑、微、末、没,无也
禁,录也	囚、禁,录也
讳死谓之大苏	讳死谓之苏

上列现象说明,《备要》本《孔丛子》据以排印的底本肯定不是《汉魏》本。如果再拿《四部丛刊》本《孔丛子》一对照,就会发现《备要》

本与《丛刊》本完全相同，显而易见，《备要》本是根据《丛刊》本排印的。

既然《备要》是根据《丛刊》本排印的，为什么会出现张冠李戴的错误呢？可能的解释有两个。一是写版权页的人没有认真核实，疏忽大意造成的。二是有意张冠李戴，以掩人耳目。我们认为后一种可能性更大。如所周知，中华书局与商务印书馆在解放前是一对旗鼓相当的竞争对手。1919 年至 1922 年，商务印书馆凭借其涵芬楼的珍藏影印出版了《四部丛刊初编》，收入古籍 323 种，深受学者欢迎，影响很大。面对这种形势，中华书局自然不甘落后，从 1924 年至 1931 年间陆续推出以实用为特色的《备要》，以跟《丛刊》争夺市场。实用的前提是内容的可靠，内容的可靠又跟版本关系很大，可惜在版本上中华书局无法与商务印书馆抗衡。《丛刊》所收《孔丛子》是根据明翻宋本影印的，底本的时代要比《汉魏》本早。按照书籍流传的一般规律，版本的时代越早，可信度越高。可能就是出于内容可靠性的考虑，《备要》选用了《丛刊》本，但受版权约束，又不能明说，只好"王顾左右而言他"了。

上面说《备要》本与《丛刊》本完全相同，其实不尽然。《备要》既然是重新排印，个别地方难免走样。例如《小尔雅·广诂》："屌，近也。"《丛刊》本屌作局，其余各本作局。局字书未见。古从尸之字或从户，如届、局皆有从户之异体（见《汉语大字典》），故局应为局之俗体。《备要》本误认作屌字，故刊作屌。屌无近义。又《度》下云："倍仞谓之寻，寻舒两肮也。"《丛刊》本肮作肮，其余各本皆作肱。肮即肱之俗写，《备要》本误认作肮字。肮为赘疣，于此无义。这样看来，还是《丛刊》本更为可靠。

就《丛刊》本和《汉魏》本的优劣而言，互有长短。例如《丛刊》本《小尔雅·广诂》："赜，深也。""凡、目，要也。""撤，拾也。"《广言》："视，比也。""殿，填也。"《汉魏》本作："颐，深也。""冗、自，要也。""抚，拾也。""视，此也。""殿，慎也。"《汉魏》本讹误。《广训》："诸，之也，乎也。"《汉魏》本作："诸，之乎也。"《小尔雅》无一词连训二义之例，《丛刊》本误。又《广义》："妾妇之贱者谓之属妇。属，逮也，逮妇之名，言其微也。"《汉魏》本"微"作"微"，"徵"不可通，作"微"是。《广服》："杖谓之挺。""棋局谓之奕。"《汉魏》本"挺"作"梃"，"奕"作"弈"。《广鸟》："反哺者谓之雅乌。"《汉魏》本作"不反哺者谓之雅乌"。这些条目都是《汉魏》本正确，《丛刊》本有误。所以很难说《丛刊》本一定就比《汉魏》本好。如果《备要》就照它所声称的《汉魏》本排印，其价值未必就逊色了。不知《备要》其他书中还有无这种张冠李戴的情况？

（原载《古籍整理研究学刊》2003 年第 2 期）

敦煌文献《春联》校释

　　《英藏敦煌文献》S.610V/1 是抄写在《启颜录》卷子背面的一件文书（见图），整理者取名为《失名类书》（书中误作"失类名书"，目录不误）。这个名称很不恰当，好像这是唐代或唐代以前某部类书中的部分内容，实际上这只是唐代人随手抄录的备用春联，原本就没有什么名称，也跟任何类书无关。谭蝉雪将该文书称为《桃符题辞》①，郝春文主编的《英藏敦煌社会历史文献释录》从之②，这个名称虽然比《失名类书》要好一些，但还是名不副实。桃符的载体是木板或木棒，使用时钉在门前的地上。唐张鷟《朝野佥载》卷3：

　　　　明崇俨有术法，大帝试之。为地窨，遣妓奏乐。引俨至，谓曰："此地常闻弦管，是何祥也？卿能止之乎？"俨曰："诺。"遂书二桃符，于其上钉之，其声寂然。上笑唤妓人问，云："见二龙头张口向上，遂怖惧不敢奏乐也。"上大悦。

　　苏轼《东坡志林》卷12有这样一则寓言故事："桃符仰视艾人而骂曰：'汝何等草芥，辄居我上！'艾人俯而应曰：'汝已半截入土，犹争高下乎？'桃符怒，往复纷然不已。门神解之曰：'吾辈不肖，方傍人门户，何暇争闲气？'"说桃符"半截入土"，正是插于地上的缘故。宋陈元靓《岁时广记》卷5"插桃梗"条载："今人以桃梗径寸许，长七八寸，中分之，书祈福禳灾之辞，岁旦插于门左右地而钉之。"说的就是桃符。而S.610V/1中明确说"立春题户上""书门左右"，可知那些文辞是题写在左右两扇门或左右门框上的，

---

① 谭蝉雪：《敦煌岁时掇琐》，《敦煌研究》1990年第1期。
② 郝春文主编：《英藏敦煌社会历史文献释录》第1编第3卷，社会科学文献出版社2003年版，第279页。

与桃符有别。另外，桃符上的题辞不一定是对仗的形式。《岁时广记》卷5
"写桃版"引宋吕原明《皇朝岁时杂记》："桃符之制，以薄木版长二三尺，大
四五寸，上画神像狻猊白泽之属，下书左郁垒右神荼，或写春词，或书祝祷之
语，岁旦则更之。"宋黄休复《茅亭客话》卷1"蜀先兆"条："蜀主每岁除日
诸宫门各给桃符一对，俾题'元亨利正'四字。"而 S. 610V/1 的文辞都是对
子。我们认为 S. 610V/1 记录的就是当时流行的春联，应命名为《春联》。以
前人们把五代后蜀国君孟昶题写的"新年纳馀庆，佳节号长春"一联视为历
史上最早的春联，S. 610V/1 抄写于公元 723 年前后，比孟昶的春联要早 200
多年，是目前所知最早的春联。

《春联》原卷有些地方字迹模糊，但结合上下文意，基本上都能辨识。谭
蝉雪最早将该文作了如下释录：

> 岁日：三阳始布，四序初开；福庆初新，寿禄延长。又三阳□始，四
> 序来祥；福延新日，庆寿无疆。
> 立春日：铜浑初庆垫，玉律始调阳。五福除三祸，万古□（殄）百
> 殃；宝鸡能僻恶，瑞燕解呈祥；立春□（著）户上，富贵子孙昌。又三
> 阳始布，四猛（孟）初开；□□故往，逐吉新来；年年多庆，月月无灾；
> 鸡□僻恶，燕复宜财；门神护卫，厉鬼藏埋；书门左右，吾傥康哉。

后来郝春文在谭蝉雪的基础上进行了订补，释录为：

> 岁日：三阳始布，四序初开。福庆初新，寿禄延长。又：三阳开始，
> 四序来祥。福延新日，庆寿无疆。
> 立春日：铜浑初庆垫，玉律始调阳。五阳除三祸，十善消百殃。宝鸡
> 能僻恶，瑞燕解呈祥。立春题户上，富贵子孙昌。又：三阳始布，四猛初
> 开。凶随故往，逐吉新来。年年多庆，月月无灾。鸡能僻恶，燕复宜财。
> 门神护卫，厉鬼藏塠。书门左右，吾傥康哉。①

---

① 郝春文主编：《英藏敦煌社会历史文献释录》第 1 编第 3 卷，社会科学文献出版社 2003 年
版，第 279—280 页。

这一释录比谭录准确多了，但仍有可商之处。另外，即便认字正确，具体什么意思也需要弄清，否则人们对释文会产生怀疑。下面就认字和释义两方面作一些探讨。

铜浑初庆垫：铜浑指铜制浑天仪，是模拟天体运行的仪器。旧题唐韩鄂《岁华纪丽》卷1《正月》："星始运于铜浑，气微生于玉琯。"原注："铜浑以应天之星数目，正月则铜浑更始，以测一年之星度。又正月为三微之月，阳气生为微，以玉为琯。""铜浑初庆垫"则不知所云。细察原卷，"庆"下一字实作上"軌"下"土"，并非垫字。铜浑模拟天象，各星循轨而行，周而复始。宋王应麟《玉海》卷 4《天文》："唐开元中诏浮图一行与率府兵曹梁令瓒及诸术士更造铸铜浑，为之员天之象，上具列宿及周天度数，注水激轮，令其自转，一日一夜天转一周。又别置二轮，络在天外，缀以日月，令得运行，每天西转一匝，日正东行一度，月行十三度有畸，凡二十九转而日月会，三百六十五转而月行匝。"上"軌"下"土"当为"轨"之俗字。自古以来，众星循轨被视为四时调畅、政通人和、天下太平的象征。《淮南子·本经》："四时不失其叙，风雨不降其虐，日月淑清而扬光，五星循轨而不失其行。当此之时，玄元至砀而运照，凤麟至，著龟兆，甘露下，竹实满，流黄出，而朱草生，机械诈伪莫藏于心。"《后汉书·郎顗传》："孔子作《春秋》，书'正月'者，敬岁之始也。王者则天之象，因时之序，宜开发德号，爵贤命士，流宽大之泽，垂仁厚之德，顺助元气，含养庶类。如此则天文昭烂，星辰显列，五纬循轨，四时和睦。"韩愈《贺册尊号表》："三光顺轨，草木遂长，可谓经纬天地矣。""铜浑初庆轨"是说通过铜浑的观测，日月星辰都循轨而行，时序正常，在新春到来之际，人们普天欢庆。因铜浑跟时序有关，故古代文人在一元复始之时常提到铜浑。如隋李元操《奉和从叔光禄愔元日早朝》："铜浑变春节，玉律动年灰。"唐王起《元日观上公献寿赋》："岁移木德，春变铜浑。"温庭筠《元日》："绪风调玉吹，端日应铜浑。"可与"铜浑初庆轨，玉律始调阳"一联相印证。

十善消百殃：谭录作"万古口（殄）百殃"，"消"字清晰可辨，录作"殄"是错误的。"万古"不但字形对不上号，也与上句"五阳"不对仗，难以成立。"十善"释者未作校记，易使人生疑。原卷应该是"善十"，但"善十"二字的右侧各有一点号，敦煌文献中用点号表示乙字[1]，所以录作"十善"是正确的，也能与"五阳"对得上。上面"福延新日，庆寿无疆"一联应该"福""寿"相对，下面"凶随故往，逐吉新来"一联应该"凶""吉"相对，都被误倒，但未加乙字号。短短百十来字，三处写倒，说明书写者文化水平很低，对春联的特点和内容不是很清楚，否则很难出现这么多的差错。"十善"是佛教提倡的十种善行。后秦佛陀耶舍共竺佛念译《佛说长阿含经》卷 9《第二分十上经第六》："云何十增法？谓十善行，身不杀、盗、淫，口不两舌、恶骂、妄言、绮语，意不贪取、嫉妒、邪见。"佛教认为行十善者寿命

---

[1]　参见管锡华：《中国古代标点符号发展史》，巴蜀书社 2002 年版，第 114 页。

可达千岁。西晋法立共法炬译《楼炭经》卷1《大楼炭经郁单曰品第二》："人民行十善事，不复相教作行也，皆寿千岁。"故云"十善消百殃"。

四猛初开："猛"为"孟"之别字。"四孟"是孟春、孟夏、孟秋、孟冬的合称。《汉书·刘向传》："日月薄食，山陵沦亡，辰星出于四孟。"颜师古注："四时之孟月也。"唐卢拱《中元观法事》诗："四孟逢秋序，三元得气中。"立春是四季的第一个节气，故云"四孟初开"。

厉鬼藏摧："摧"谭录作"埋"，该字右半边为"崔"没有问题，释"埋"字形不符。左半边原卷模糊不清，究竟是土旁还是手旁难以确定。考虑到敦煌文献中"摧"也写作"摧"，如 S.1441V/4《文样·燃灯文》："胜场流浊，摧八难者法轮。"云 24《八相变》："显正摧邪，归从释教。"定为"摧"或"摧"均无不可。但须明白这里的"摧"是"摧"的俗写，而非《集韵·灰韵》"摧，摧堆，土聚皃"之"摧"。"摧"有退避义。《周易·晋卦》："初六，晋如摧如，贞吉。"孔颖达疏："何氏云：'摧，退也。'"《集韵·脂韵》："摧，退也。""藏摧"同义连文，谓退藏、藏伏。亦作"摧藏"。李白《留别曹南群官之江南》："仙宫两无从，人间久摧藏。"明朱谏注："摧藏，摧折而藏伏也。"未确。陆游《夜坐示桑甥十韵》："大巧谢雕琢，至刚反摧藏。"均退藏、藏伏之义。

吾傥康哉：敦煌文献中常把"党"写作"傥"。如《双恩记》："徒傥伴侣今何所在？"《维摩诘经讲经文（四）》："我便交修六度，遣救四生，要施平等之心，仍须不偏不傥。""吾傥"即"吾党"，是吾辈、吾侪的意思。唐储光羲《同诸公秋霁曲江俯见南山》："吾党二三子，萧辰怡性情。"唐贾岛《石门陂留辞从叔暀》："何时临涧柳，吾党共来攀？""党"写作"傥"正如"我门"之"门"后来写作"们"一样。辛弃疾《千年调》："学人言语，未会十分巧。看他门，得人怜，秦吉了。""他门"即"他们"。因为指人，故字从人作"傥""们"。所以这里的"傥"未可视为"傥或"之"傥"的借字，两字只是同形字的关系。

（原载《中国典籍与文化》2011 年第 1 期）

《大唐新定吉凶书仪·节候赏物第二》校证

　　敦煌文献唐代郑馀庆撰《大唐新定吉凶书仪》（S. 6537）是一部重要的综合性书仪，虽为残卷，但对了解唐代社会来说具有不可多得的史料价值，可以从中窥见唐代社会生活的方方面面。周一良、赵和平在《唐五代书仪研究》（中国社会科学出版社 1996 年版，下文简称《研究》）中专设一章《敦煌写本郑余庆〈大唐新定吉凶书仪〉残卷研究》，对此书仪作了较为全面的研究，阐释了书仪的基本内容。不过由于是初次梳理，在字形辨识及词句理解方面存在不少疏失。本文针对周、赵二氏在书仪第二篇《节候赏物》的校理中存在的问题提出我们的订正及解读意见，以使读者准确理解书仪的内容，从而正确认识唐代社会的风俗习惯。

　　写卷《节候赏物》原文见图片。下面是《研究》中校录的文本：

　　　　岁日赏屠苏酒、五辛盘、假花果、狡（胶）牙饧。正月十五日赏丝笼羔糜。二月二日赏拾（？）菜刀笼、迎留果食。二（三）月三日赏戟（镂？）尺。寒食［赏］假花、龙毬、镂鸡鸭［子］、子推饼、鞭、秋千、气毬、饧（饴）粥、饼餤（？）。四月八日赏糕糜，洗（浴）佛行道。五月五日赏续寿衣服，鞾（鞋？）履，夏粽（粽）、摄扇。夏至赏结杏子。七月七日赏金针、织女台巧等革（果？）花、炉饼。七月十五日赏亡人衣服麻谷。八月一日赏点灸秋（杖）、朱碗子。九月九日赏菜（茱）萸树、菊花酒。十月一日赏新乔麦麴（麴）。冬至日赏毡履、裙袜。腊日赏头膏、面脂、口脑（脂？）、藻（澡）豆。春日赏人縢（胜）、生菜、胡饼、鸡鸢等。右按诸家仪，无二月二（一）日，二月八日，四月八日，十月一日，今时俗等赏并具录载。①

----

① 见 157 页，又见 183 页，两处文字及句读略有差异。

下面以《节候赏物》原文先后为序，对《研究》在校录及解释方面存在的问题分别加以辨正。

一、字形辨识之误

"迎留果食"之"留"实为"富"之俗体。① 唐代在二月二举行"迎富"活动。五代韩鄂《岁华纪丽》卷1"巢人乞子以得富"注："昔巢氏时，二月二乞得人子归养之，家便大富，后以此日出野田采蓬叶，向门前以祭之，云迎富。"后世二月二也一直有这一习俗。南宋魏了翁《鹤山全集》卷6《二月二日遂宁北郊迎富故事》："才过结柳送贫日，又见簪花迎富时。谁为贫驱竟难逐，素为富逼岂容辞。贫如易去人所欲，富若可求吾亦为。里俗相传今已久，谩随人意看儿嬉。"明曹学佺《蜀中广记》卷58："《顺庆图经》云：每岁二月二日，郡人随太守出郊，谓之迎富。"与此同时，二月二人们还要吃"迎富果子"。宋庞元英《文昌杂录》（文渊阁《四库全书》本，下同）卷3："唐岁时节物，元日则有屠苏酒、五辛盘、咬牙饧，人日则有煎饼，上元则有丝笼，二月二日则有迎富贵果子。""果子"后世写作"馃子"，是一种油炸糕点。从敦煌写本作"迎富菓食"来看，传世《文昌杂录》"迎富贵果子"中的"贵"可能为衍文，因为习俗叫"迎富"，而不是"迎富贵"。"贵"是因"富贵"常常连文而误加的。

关于"龙毬"，《研究》中说："'龙毬'不知何物，待考。"按此"龙"字与上文"丝笼""刀笼"中的"龙"字并不相同，当是"彩"字。唐怀素书帖中彩字作彩②，与此字近似。唐代寒食节流行打毬游戏，《新唐书·百官志三》有中尚署"寒食献毬"的记载。毬是用皮子缝制的，为了美观，表面绘成彩色，或先将图案绘制在布上，再把布粘贴到毬上，称为"彩毬"。唐段成式《酉阳杂俎》（文渊阁《四库全书》本）前集卷1："寒食日赐侍臣帖彩毬、绣草宣台。"唐武平一《幸梨园亭观打球应制》："今节重邀游，分镳戏彩毬。"白居易《和春深二十首》之十六："何处春深好，春深寒食家。玲珑镂鸡子，宛转彩毬花。"也称为"画毬"。唐沈佺期《幸梨园亭观打球应制》："宛转萦香

---

① 参见黄征：《敦煌俗字典》，上海教育出版社2005年版，第119页。
② 扫叶山房：《草书大字典》，中国书店1989年版，第260页。

岁日赏屠蘇酒 五辛盤 做花菓 校牙餳 正月十五日赏

絲籠龍羊羹 二月二日赏栢…… 三月三日赏錶

尺寒食假花 雜綵 鑲雞鴨子 催餅 糭羹 藜羹 餻糜 餘餰

胃八日赏熊羆糜 沈佛行道 五月五日赏續壽衣服 辟凝百索

糭粽扇 夏至赏綜杏子 七月七日赏金針織女臺巧草章

芘熛餅 七月十五日赏孟蘭麻榖 八月一日赏點灸 秋矢榞子

九月九日赏菜 菊花酒 十月一日赏新蒿麦麹 冬至赏朱榞子

餅雞燒齊寺 右校諸家儀燕三百二日合胃八十月今府祿等

赏並具録載

公務平閱我弟三

骑，飘飘拂画毬。"唐代寒食玩的毬有两种，一种是实心的，一种是充气的。宋朱胜非《绀珠集》卷9《蹴鞠诗》："颜师古注《霍去病传》：'穿域蹋鞠，以皮为之，实以毛，蹴蹋而戏之。'至唐，归氏子弟嘲皮日休云：'八片尖皮砌作毬，火中燂了水中揉。一包闲气如常在，惹踢招拳卒未休。'即不用毛实，正如今之皮毬也。"充气的毬称为"气毬"。《节候赏物》下文提到"气毬"，则"彩毬"当是专指实心的。

"餕"写卷上分明是"餕"字。饼餕是唐宋时期流行的食品。宋叶梦得《避暑录话》卷下："唐御膳以红绫饼餕为重。昭宗光化中，放进士榜，得裴格等二十八人，以为得人，会燕曲江，乃令大官特作二十八饼餕赐之。卢延让在其间，后入蜀为学士。既老，颇为蜀人所易。延让诗素平易近俳，乃作诗云：'莫欺零落残牙齿，曾吃红绫饼餕来。'王衍闻知，遂命供膳亦以饼餕为上品，以红罗裹之。至今蜀人工为饼餕而红罗裹其外，公厨大燕设为第一。"饼餕是一种馅饼，有大有小。大的有似今天的生日蛋糕。唐苏鹗《杜阳杂编》卷下："上赐酒一百斛，饼餕三十骆驼，各径阔二尺，饲役夫也。"饼餕的直径有二尺长，可以想见其大。北宋沈括《梦溪笔谈》卷23《讥谑》中讥笑神话中对防风氏形象的夸张时说："防风氏身广九亩，长三丈。姬室亩广六尺，九亩乃五丈四尺，如此防风之身乃一饼餕耳。此亦文章之病也。"这表明饼餕不仅大，而且比较厚。小的饼餕则有拳头那么大。唐令狐楚《为人作谢子恩赐状五首》（《文苑英华》卷629）之五："况屑杏实以为粥，味甜于蜜；卷牢肉以成餕，规大于拳；皆出御厨，无非仙馔。""规大于拳"是说比拳头略大一点儿。至于制作原料，一般是面粉，但也有用奶酪制作的。五代王定保《唐摭言》卷15："韦澳、孙宏大中时同在翰林，盛暑上在太液池中，宣二学士。既赴召，……寻宣赐银饼馅，食之甚美，既而醉以醇酎，二公因兹苦河鱼者数夕。上窃知，笑曰：'卿不禁事，朕日进十数，未尝有损。'银饼馅皆奶酪膏腴所制也。""饼馅"即饼餕。皇家的饼餕用奶酪制作，这跟今天的奶油蛋糕八九不离十了。寒食节之时崇尚吃饼餕。令狐楚《为人作谢子恩赐状五首》之五："右臣得进奏院状，报二月二十九日中使某至，奉宣进旨，赐臣男公敏寒食节料羊酒面等，至二十一日，中使某又宣赐麦粥饼餕者。""二十九"之"二"当为衍文，否则与下文"至二十一日"无法衔接。这是寒食节皇帝给臣下赏赐饼餕的例证，与《节候赏物》的说法相合。《宋史·礼志二十二·宾礼四》"卫臣朝使宴钱"条："立春，赐春盘。寒食，神餕、饧粥。""神餕"之名仅见《宋史》，疑"神"为"饼"之讹误。

"洗"应该是"洗"字。古代除了"浴佛"的说法外，还有"洗佛"的说法。唐道世《法苑珠林》卷 17："实时七宝行宫及以香汤水等欲洗佛身。"宋佚名《锦绣万花谷》卷 4："四月八日洗佛。"

"夏糨"之"夏"分明是"百索"二字。端午节有臂上系百索（也叫花索）的风俗。五代韩鄂《岁华纪丽》卷 2《端午》"百索绕臂"句下注："《风土记》：以五彩缕造百索系臂，一名长命缕，一名辟兵缯，以相饷也。"《文昌杂录》卷 3："五月五日则有百索。"

"掇"写本分明作"糉"。"糉"字未见各字典收录，当为糙之俗体。缀、餟、醊等字《广韵》音陟卫切，追《广韵》音陟佳切，叕、追音近，故声旁替换。《集韵·脂韵》："糙，粉饵。"《集韵·桓韵》："糨，粉饵。"故"糨糉"同义连文。粉饵即米粉做的糕，也是粽子的一种。宋陈彭年《重修玉篇》卷 15《米部》："糰，糰糉。"糰即糨之异体。明张云龙《广社·九鸾端》："糨，粽食。"所以，此句应录写为"百索、糨糉、扇"。

"点灸"之灸写卷作炙，上部从夕，为炙字俗体。清郑珍《说文逸字》："《说文系传》：'炙，灸也。从火夕。旨石反。'按诸字书俱无此。长孙讷言《切韵序》云：'差之一画，讵惟千里。见炙从肉，莫究厥由，辄意声固当从夕。'知此系六朝间俗省隶楷，原不以为别一字，妄人窜入《说文》。后有知者，仍改作炙，而又不删炙字，故《系传》本炙、炙相承。小徐于'炙'下云：'炙别有部，此疑误收。'盖未审。"元熊忠《古今韵会举要》卷 28《去声·霁》"炙"字下对炙字也有讨论。敦煌写卷中炙常作灸。如敦研 004（2—2）《优婆塞戒经》："铁钉烧灸加人。"S.5431《开蒙要训》："艾灸疗除。"《文昌杂录》卷 3："八月一日则有点灸杖子。"东方朔《七谏·沈江》："唐虞点灼而毁议"王逸章句："点，污也。灼，灸也。犹身有病，人点灸之。"可知古有"点灸"一词。

"麨"不是"麴"字，而是"麨"字的俗体，敦煌写本中常见。如 P.2302《净土寺食物等品入破历》中麨字即作**麨麨**等形。陈元靓《岁时广记》卷 37："《卢公范·馈饷仪》：十月一日上荞麦、野鸡、馎饨。"可知唐代有十月一日尝新荞麦面的习俗，后世未见。

"裳袜"与写卷字形不符，应该是"袍襗"二字。古代在冬至之日有向尊长献鞋袜的习俗。曹植《冬至献袜颂表》："伏见旧仪，国家冬至献履贡袜，所以迎福践长。"北魏崔浩《女仪》:"近古妇以冬至日进履袜于舅姑。"唐段成式《酉阳杂俎前集》卷1《礼异》:"北朝妇人常以冬至日进履袜及靴。"唐宋时期又流行进献或赏赐袍袄,袍即长袍,袄即棉袄,目的是为了御寒。唐李林甫《唐六典》卷3:"凡时服称一具者全给之,一副者减给之。"原注:"冬则袍加绵一十两,袄子八两,裤六两。"《新唐书·车服志》:"袍袄之制,三品以上服绫,以鹘衔瑞草,雁衔绶带及双孔雀。"陈元靓《岁时广记》卷37《赐冬袄》条:"《杨文公谈苑》:国朝之制,文武官诸军校在京者,十月旦皆赐衣服,其在外者赐中冬衣袄。又钱惟演《金坡遗事》载:旧规云,十月初别赐长袄子,国初以来赐翠毛锦,太宗改赐黄盘雕。"又《赐锦袍》条:"《续翰林志》:李昉《赴玉堂赐宴》诗后序云,今日之盛,其事有七,新赐衣、带、鞍、马、十月朔锦袍、特定草、麻。"

"鸡鸾"之"鸾"应该是"鷰"字。古人在立春这一天用绢帛或纸张制作出鸡、燕子、蝴蝶等动物戴在身上,或装饰于门窗,以此来迎接春天的到来。《荆楚岁时记》:"立春之日,悉剪彩为燕以戴之。"《文昌杂录》卷3:"立春则有彩胜、鸡燕、生菜。"陈元靓《岁时广记》卷8:"《皇朝岁时杂记》云:立春日京师人皆以羽毛杂缯彩为春鸡春燕,又卖春花春柳。"

其他如"革(果?)花"分明是"草芔"。"碗"原文作"椀"。"菜(茱)萸"之"菜"本来就是"茱"字。"今时俗等赏"的"俗"写卷作裕,《海篇·示部》:"裕,祭也。"于此不通,当为"俗"之借字或俗字。

此外,"屠苏"与"酒"之间还有一个类似"酉"的字,偏在左边,仅占半个字的空间。"屠苏酒"是个酒名,中间不应插入别的字。"屠苏酒"的"苏"古代也写作"酥",如北宋苏辙《除日》诗:"年年最后饮屠酥,不觉年来七十余。"大概抄写者一时疏忽想写"酥"字,但"酉"字尚未写完,发现前面已经写了"苏"字,便在字上画了一竖,表示灭去,故只留半边。敦煌写卷中有在字上画上一竖表示灭去的做法,如P.3633V《龙泉神剑歌》(4—2)"周遭匝布阴沉枪"的"匝"字下写错一字,上画一竖灭去,旁边另写"布"字代替。今天在字上画横线表示删除,其实就是古代习惯的延续。

二、词句理解之误

《研究》中分析说："假花果，可能是元日祭祖作供物用，近年来，吐鲁番阿斯塔那唐墓出土了一些很精致的假花，就是实物证明。"《节候赏物》下文还提到寒食节也崇尚假花。假花在古代有多种用途。可以用来装饰房屋。如宋李焘《续资治通鉴长编》卷 69 载：真宗大中祥符元年六月丁酉，"诏宫殿苑囿下至皇亲臣庶第宅，勿以五彩为饰，禁用罗制幡胜、缣帛为假花者。"又卷 71："大中祥符二年春正月丁巳朔，召辅臣至内殿朝拜天书，自是岁以为常。因观殿庭假花树，上曰：'此花旧多剪彩为之，今止用草。自今郊禋青城园苑亦令准例。'"可以用来装饰人。宋陈元靓《岁时广记》卷 21 "插艾花"："《岁时杂记》：端五，京都士女簪戴皆剪缯楮之类为艾，或以真艾，其上装以蜈蚣、蚰蜓、蛇蝎、草虫之类，及天师形像，并造石榴、萱草、蹀躞、假花，或以香药为花。"当然也可以用来祭祖。所以节日期间假花比较流行。《册府元龟》卷 63《帝王部》载："中宗神龙三年四月制：自今应是诸节日，并不得辄有进献。其诸亲百官有事须献食者，并不得用假花假果、金薄银薄等物。"中宗李显主张节俭，所以不让人们给他进献假花。元日流行假花果更多的可能是用作装饰，至今春节期间人们还喜欢在家里摆放假花，有些地方还流行女子戴头花，跟唐代的春节习俗是一脉相承的。

唐代祭祖喜欢供假花、假果。唐封演《封氏闻见记》卷 6《道祭》："玄宗朝海内殷赡，送葬者或当衢设祭，张施帷幕，有假花、假果、粉人、面兽之属，然大不过方丈，室高不逾数尺，议者犹或非之。丧乱以来，此风大扇。祭盘帐幕高至八九十尺，用床三四百张，雕镌饰画，穷极技巧。"《唐会要》卷 38："（开元）二十九年正月十五日敕：古之送终所尚乎俭，其明器墓田等令于旧数内递减。……其庶人先无步数，请方七步，坟四尺，其送葬祭盘不得作假花果及楼阁，数不得过一牙盘。"下诏禁止祭筵用假花果，正说明了祭祀用假花果的盛行。唐代的寒食节包含清明节在内，寒食节流行祭祖，所以寒食节的假花应该主要是用来祭祖的。宋王溥《唐会要》卷 29："（开元）二十六年正月敕：比来流俗之间每至寒食日，皆以鸡鹅鸭子更相饷遗，既顺时令，固不合禁。然诸色雕镂，多造假花果及楼阁之类，并宜禁断。""楼阁"也是指给亡灵献的冥器。

《研究》中说："羔糜前'丝笼'二字是指容器，亦或指羔糜形状，暂不可考，姑存疑。"按《文昌杂录》云"上元则有丝笼"，可知"丝笼"也是一种食品的名称，句子应标点为"正月十五日赏丝笼、羔麋"。《广韵·东韵》："䭔，䭔饼。"《集韵·东韵》："䭔，饼属。""笼"有可能指的就是䭔。今北京、天津等地将卷了肉的花卷称为"肉笼"，也叫"懒笼"，不知跟"丝笼"之笼有无关系。

《研究》中说："二月二（一）日，赏拾（？）菜刀笼、迎留果食。二月一日为中和节，始设于唐德宗时。……《郑氏书仪》中的赏拾（？）菜刀笼不知与《唐会要》中的'士庶以刀尺相遗'有无关系？至于迎留果食，似为祭句芒神祈年谷成请会宴乐之用。"作者不了解唐代二月二的风俗，将二月二混同于二月一日的中和节，故录文、句读及分析均有疏失。

"拾菜"即挑菜，"拾"字原卷字迹清楚，没什么可疑的。唐李淖《秦中岁时记》："二月二日，曲江采菜，士民游观极盛。"所以二月二又称"挑菜节"。北宋贺铸（1052—1125）《二月二日席上赋》（《庆湖遗老诗集》卷9）诗云："二日旧传挑菜节，一樽聊解负薪忧。""刀笼"跟"丝笼"一样，应该也是二月二的一种节日食品，跟《唐会要》"士庶以刀尺相遗"的记载没有关系。所以句子应断为"二月二日赏拾菜、刀笼"。

"二月三日赏镂尺"《研究》校正为"三月三日赏镂尺"，但没有说明理由。"赏镂尺"是二月二的节日风俗。唐李林甫《唐六典》（撰成于739年）卷22提到中尚书令的职责是每年二月二日向皇上提供"镂牙尺及木画紫檀尺"，《新唐书·百官志三》也有"岁二月，献牙尺"的记载，因为皇上要在节日期间向身边的大臣赏赐这些尺子，玄宗时的宰相张九龄（673—740）有《谢赐尺诗状》文。唐代的镂牙尺现今存世的不少，后人多称为"拨镂牙尺"，制作方法是把象牙染成红绿诸色，表面镂刻上各种花纹并涂上色彩，十分精美。日本奈良正仓院藏有唐代红牙拨镂尺六把、绿牙拨镂尺和白牙尺各二把①，是当时日本遣唐使或唐朝使者从中国带去的。

二月二为什么要赏赐尺子呢？仲春二月是日夜平分的月份，古人顺应天时，选择在二月份校正度量衡器具，认为这样可使度量衡器公平准确。《礼记·月令》："日夜分则同度量，钧衡石，角斗甬，正权概。"唐代皇帝给臣下赏赐尺子，除了继承二月校正度量衡器具的古老传统外，更主要的是希望臣子们裁断公正，权衡协调好各种关系，正如唐玄宗在张九龄《谢赐尺诗状》的

① http：//shosoin. kunaicho. go. jp/ja-JP/Treasure？id＝0000010036.

正仓院红牙尺正

正仓院红牙尺背

正仓院拨镂绿牙尺

御批中所明示的，"卿等谋猷，非无法度，因之比兴，以喻乃心，尽力钧衡，深知雅意。""二月三日赏镂尺"的记载说明社会上互送镂牙尺的情况流行于二月二日及次日。将"二月三日"校为"三月三日"是没有道理的。同样的，将下文"无二月二日"校为"无二月二（一）日"也是不对的。

"镂鸡鸭〔子〕、子推饼"应句读为"镂鸡鸭子、推饼"。寒食节流行玩赏雕镂的鸡蛋和鸭蛋，梁宗懔《荆楚岁时记》记荆楚寒食习俗，即有"斗鸡、镂鸡子、斗鸡子"。"推饼"《文昌杂录》卷3作"子推蒸饼"，"推饼"当为"子推蒸饼"之简称。清孔尚任《节序同风录·二月·寒食》："面为蒸饼，扁样，团枣附之，于饭甑上蒸熟，粘于门楣，以祀介之推，曰炊熟，又曰之推糕，又曰推饼，即炊饼也。"所以"子"属上读即可，无须认为脱一"子"字。

《研究》中对"行道"未作解释。按"行道"指请道士或僧人对亡故的亲人做法事。李林甫《唐六典》卷4："凡道观，三元日、千秋节日凡修金录、明真等斋，及僧寺别敕设斋，应行道，官给料。……若中宗已上，京城七日行道，外州三日行道；睿宗及昭成皇后之忌，京城二、七日行道，外州七日行道。"

《研究》中说："《郑氏书仪》中的赏'鞋履'之含意不详，待考。"按句子当断为"五月五日赏续寿衣服鞋履"。端午节是个避厄祈寿的节日，故流行带续命缕、饮菖蒲酒，妇女要在这一天给长辈献上旨在续命的衣服鞋履。宋梁克家《（淳熙）三山志》卷40《端午》："旧俗：妇礼，是日上续寿衣服鞋履、团糉、扇子、菖蒲酒，今鲜行之。"明陈道《（弘治）八闽通志》卷3："是日长幼悉以五色线系臂，名曰长命缕，又曰续命缕，父老相传谓可辟蛇，至七夕始解弃之。饮菖蒲酒。李彤《四序总要》云：'妇礼，五日上续寿菖蒲酒，以本草云菖蒲可以延年故也。'今郡人是日饮之，名曰饮续。"

《研究》中说："夏至赏结杏子。除写本《郑氏书仪》外，笔者尚未见到他书中有类似的记载，起源和含义待考。"按《文昌杂录》卷3记唐代岁时节物云"夏至则有结杏子"，并说："今岁时遗问略同，但糕糜、结杏子、点炙杖子今不行尔。"看来结杏子的习俗只在唐代流行过一阵子，宋代以后就消失了。

"织女台巧等革（果？）花"连读，文意不通。按《文昌杂录》卷3记唐代岁时节物云："七月七日则有金针、织女台、乞巧果子。"知"织女台"为一物，不当与下文连读。"巧等革（果？）花"原卷作"巧等草芯"，字迹清晰。"芯"即"瓜"之异体。陈瓜乞巧乃七夕常见习俗。"巧等草"的说法典籍未见，当有讹误。疑"等"为"節"字之讹，"草"为"菓"字之讹。大概S.6537据以抄录的底本"節菓"二字潦草不清，被抄者误认作"等草"。古称七夕节为"巧节"。如元杨士宏《唐音》卷3唐崔颢《七夕》诗注："《风俗记》：七月七夕谓之巧节。"宋郭应祥《西江月·七夕后一日县斋小集》（《笑笑词》）："巧节已成昨梦，今宵重倒芳尊。""巧节果"即《文昌杂录》中所说的乞巧果子，宋人称为果食，后世称为巧果。明王鏊《（正德）姑苏志》卷13："七夕卖巧果。"巧果不是水果，而是油炸面食。清陈和志《（乾隆）震泽县志》卷26："切茄裹面，剪鸡簇花，以油沸之，名曰巧果。"事实上巧果花样繁多。清顾禄《清嘉录》卷7《巧果》："七夕前市上已卖巧果，有以面白和糖，绾作苎结之形，油氽令脆者，俗呼为苎结。"苎是一种麻。《玉篇·糸部》："紵，麻属，所以绩布也。"紵即苎的异体。苎结看来就是今天所说的麻花。宋陈元靓《岁时广记》卷26："《岁时杂记》：京师人以糖面为果食，如僧食，但至七夕，有为人物之形者，以相饷遗。"宋孟元老《东京梦华录》卷8《七夕》："油面糖蜜造为笑靥儿，谓之果食，花样奇巧百端，如捺香、方胜之类，若买一斤数，内有一对被介胄者，如门神之像，盖自来风流，不知其从，谓之果食将军。"

《研究》中说:"八月一日赏点灸杖,朱碗子。除写本《郑氏书仪》外,笔者未见他书有八月一日为节日的记载,更未见赏赐何物。"按《文昌杂录》卷3:"八月一日则有点灸杖子。"《太平御览》卷25引唐卢怀慎(?—716)《卢公范·馈饷仪》曰:"凡八月旦,上承露盘、赤松子、柏上露,为囊,以膏面皮。古人用点灸枝,以梨枝为之,反银盏中,有朱砂银枝子也。"均可与《郑氏书仪》的记载相印证。《研究》将"赏"理解为赏赐,这是不对的,"赏"是崇尚的意思,《节候赏物》记录的是节日期间社会上流行的时尚,而非皇帝赏赐臣下的东西。

八月一日古为天灸日,又称天医节、六神日,是古人治病防病的日子。隋杜台卿《玉烛宝典》卷8:"世俗八月一日或以朱墨点小儿额,名为天灸,以厌疾也。"这一习俗梁代宗懔《荆楚岁时记》中已有记载:"八月十四日,民并以朱墨点小儿头额,名为天灸,以压疾。又以锦彩为眼明囊,递相遗饷。"这里的"十四"可能有讹误,应该是"八月一日"。理由有三。其一,五代韩鄂《岁华纪丽》卷3"用朱墨以点头"句下引此文,作"八月一日"。其二,隋杜公瞻给上面的引文作了如下注释:"按《述征记》云:'八月一日作五明囊,盛取百草头露洗眼,令眼明也。'《续齐谐记》云:'宏农邓绍尝以八月旦入华山采药,见一童子执五彩囊承柏叶上露,皆如珠满囊,绍问:用此何为?答曰:赤松先生取以明目。言终,便失所在。今世人八月旦作眼明袋,此遗象也。或以金箔为之。"用来注解的两条资料都是八月一日的事,跟八月十四日无关。其三,天灸日在后世都是八月一日。明姚旅《露书》卷8:"《荆楚记》:八月一日以朱墨点小儿头,名天灸,以压病。《缉柳编》:八月朔以碗盛树叶露,研辰砂,以牙箸染点身上,百病俱消,谓之天灸。古人以此日为天医节,今俗便不知有此节矣。"清丁宜曾《农圃便览·八月》:"朔日为六神日,取柏叶上露点眼,以朱点小儿额,名天灸,厌疾。"清顾禄《清嘉录》卷8《八月·天灸》:"朔日蚤起,取草头露磨墨,点小儿额腹,以祛百病,谓之天灸。案《卢志》及长元《吴志》皆载天灸之俗。又《风俗通》云:是日为六神日,以露调朱砂蘸小指点额,去百病。"《风俗通》是东汉应劭的著作,但在宋代以前的文献中未见有谁征引这条资料,最早说出自《风俗通》的是明代陈耀文《天中记》卷5,当是误记出处,后世以讹传讹,不可据此认为天灸之俗汉代已见记载。

从上引资料可知,用朱砂或墨汁点小儿额头时用的是梨枝、牙签、小拇指之类细小的工具，不可能用杖这种粗大的工具去点额头，因此《节候赏物》"八月一日赏点灸秋"中的秋字《研究》认作杖字是有问题的。秋字不见于各字典，我们认为原文当是作秡，讹误成秋字。秡即枝的异体。《太平御览》卷995 引《春秋说题辞》宋均注："麻须阴以成，夏秡叶成谓之衣麻。""秡叶"即枝叶。唐皇甫湜《皇甫持正集》卷 5《秡江县南亭记》，秡江即今湖北枝江。传本《文昌杂录》中的"点灸杖子"应为"点灸枝子"之讹，这不仅因为《卢公范》中作"点灸枝"，而且宋陈元靓《岁时广记》卷 3 引《文昌杂录》作"点艾枝"，"艾"为"灸"之讹误，"枝"则不误。

另外，从上引资料可知，《节候赏物》中的"朱椀子"当指研磨朱砂的碗。

关于腊日流行的澡豆，其内涵今人说法不一。《汉语大词典》解释说："澡豆，古代洗沐用品。用猪胰磨成糊状，合豆粉、香料等，经自然干燥而制成的块状物。有去污和营养皮肤的作用。"张永言主编《世说新语辞典》："澡豆，用豌豆末和香药制成，以洗手面或衣物，使之清洁的丸剂。"[1] 张万起《世说新语词典》："澡豆，用豆末和药物制成的洗涤用品，洗手洗脸时用之，可以去污润肤。"[2] 唐孙思邈《千金翼方》卷 5《妇人面药第五》中提到"澡豆方"的两种配方及制作方法，转录如下：

其一

细辛半两，白术参分，栝楼贰枚，土瓜根参分，皂荚伍挺（灸去皮子），商陆一两半，冬瓜仁半升，崔矢半合，菟丝子贰合，猪胰一具（去脂），藁本、防风、白芷、白附子、茯苓、杏仁（去皮尖）、桃仁（去皮尖）各一两，豆末一升，面一升

右一十九味，捣细，筛以面浆，煮猪胰一具，令烂，取汁和散作饼子，暴之令乾，更熟捣细罗之，以洗手面，甚佳。

其二

丁香、沈香、青木香、桃花、钟乳粉、真珠、玉屑、蜀水花、木瓜花各三两，榛花、梨花、红莲花、李花、樱桃花、白蜀葵花、旋复花各四两，麝香一铢

---

① 张永言主编：《世说新语辞典》，四川人民出版社 1992 年版，第 574 页。
② 张万起：《世说新语词典》，商务印书馆 1993 年版，第 258 页。

　　右一十七味，捣诸花，别捣诸香，真珠、玉屑别研成粉，合和大豆末七合，研之千遍，密贮勿泄，常用洗手面作妆，一百日其面如玉光净润泽，臭气粉滓皆除。咽喉臂膊皆用洗之，悉得如意。

这两种澡豆方中，前一种用了猪胰，后一种则没用；最终成品两种都是粉末状的，而非"块状物"或"丸剂"；至于豆末，从比例来看两种配方中都占大头，这可能就是这种洗涤用品称为"澡豆"的原因，但豆末不一定是豌豆末，后一种配方中用的是大豆末。由此可见，各词典上的解释都是不准确的。确切的解释应该是：古代以豆粉为主要原料配合植物、动物、矿物等多种原料的粉末制成的洗涤用品，有去污润肤的功效，多为粉末状。

《研究》中说："'春'字前似可补一'立'字。"按古称立春日为春日。唐张继《人日代客子是日立春》："人日兼春日，长怀复短怀。遥知双彩胜，并在一金钗。"唐曹松《立春日》："春饮一杯酒，便吟春日诗。"宋孟元老《东京梦华录·立春》："春日，宰执亲王百官皆赐金银幡胜。"所以"春"字前无须补一"立"字。

《研究》中说："立春日赏物，《酉阳杂俎》前集卷一载，春日'赐侍臣彩花树'；除此而外，写本《郑氏书仪》中的赏物均不见于他书。"此说失考，实则典籍多有记载。《文昌杂录》卷3："立春则有彩胜、鸡燕、生菜。""人胜"即彩胜的一种，原本是人日流行的彩胜，魏晋已见流行。《荆楚岁时记》："正月七日为人日，以七种菜为羹，剪彩为人，或镂金箔为人，以贴屏风，亦戴之头鬓。"隋杜公瞻注："刘臻妻陈氏《进见仪》曰：'七日上人胜于人。'董勋曰：'人胜者，或剪彩或镂金箔为之，贴于屏风上，亦戴之，像人入新年，形容改从新也。'"由于立春常在人日前后，所以有些地方立春也兴戴人胜。宋陈师道《立春》诗："巧胜向人真奈老，衰颜从俗不宜新。"

胡饼就是煎饼。吃煎饼原本也是人日的习俗。《荆楚岁时记》隋杜公瞻注："北人此日食煎饼，于庭中作之，云薰天。"宋张鉴《赏心乐事》中有"人日煎饼会"。《辽史·礼志六》"嘉仪"条："人日……俗煎饼食于庭中，谓之薰天"。清孔尚任《节序同风录》："（正月初七）作煎饼于庭中，脂油拌面，间以葱韭，厚半寸许，煎之，谓之薰天。"后来人日吃煎饼的习俗也融入了立春。唐《四时宝镜》（《岁时广记》卷8）："立春日食芦菔、春饼、生菜，号春盘。"由于吃煎饼是为了迎春，故煎饼也称为春饼。宋吕原明《皇朝岁时杂记》(《岁时广记》卷8):"立春前一日,大内出春盘并酒,以赐近臣。盘中生菜染萝卜为之,装饰置奁中。烹豚。白熟饼、大环饼比人家散子,其大十倍。民间亦以春盘相馈。""白熟饼、大环饼"都指春饼。

《研究》中说:"生菜是一种较贵重的食物。"论者可能把《节候赏物》中的"生菜"理解为今天莴苣变种的那种生菜了。其实这里的"生菜"泛指生吃的蔬菜,如萝卜、韭菜、葱之类,上引《皇朝岁时杂记》中就说"生菜染萝卜为之"。北宋刘斧《摭遗》(宋祝穆《古今事文类聚前集》卷6):"东晋李鄂立春日命以芦菔、芹芽为菜盘,相馈贶。"芦菔就是萝卜,芹芽即芹菜的嫩苗。杜甫《立春》诗有"春日春盘细生菜"的诗句。杨万里《郡中送春盘》:"饼如茧纸不可风,菜如缥茸劣可缝。韭芽卷黄莒舒紫,芦菔削冰寒脱齿。"生菜要裹在春饼中吃,故云"菜如缥茸劣可缝",缝是包裹的意思。可见"生菜"都是些很普通的蔬菜。

通过上面的校证,我们可以就 S.6537 文献作出两点判断。其一,该文献抄录时所依据的文本字迹比较潦草。其二,抄录者的文化水平不是很高,他对其中的有些习俗并不熟悉,否则即使底本有潦草不清的地方抄录者也应能作出正确的判断。

最后,我们将《节候赏物》重新录写点校如下:

岁日赏屠苏酒、五辛盘、假花菓、狻(胶)牙饧。正月十五日赏丝笼、羔糜。二月二日赏拾菜、刀笼、迎富菓食。二月三日赏镂尺。寒食[赏]假花、彩毬、镂鸡鸭子、推饼、鞭、秋千、气毬、饧粥、饼馂。四月八日赏糕糜、洗佛、行道。五月五日赏续寿衣服鞋履、百索、糉糉、扇。夏至赏结杏子。七月七日赏金针、织女台、巧等(筯)草(果)、苽、炉饼。七月十五日赏亡人衣服、麻、谷。八月一日赏点灸秋(枝)、朱椀子。九月九日赏茱萸树、菊花酒。十月一日赏新乔麦麴。冬至日赏氈履、袍襦。腊日赏头膏、面脂、口脑(脂?)、藻(澡)豆。春日赏人滕(胜)、生菜、胡饼、鸡鹜等。右按诸家仪,无二月二日、二月八日、四月八日、十月一日,今时裕(俗)等赏,并具录载。

(原载《敦煌研究》2011 年第 1 期)

文献释疑二则

冯延巳还是冯延己？

南唐词人冯正中一名延嗣，自来无异议；一名究为延巳还是延己，迄无定论。《辞源》《辞海》作"延巳"，谭正璧编《中国文学家大辞典》（上海书店1981年版）作"延己"，而张璋、黄畲编《全唐五代词》（上海古籍出版社1986年版）"延巳""延己"并存。据名与字相应原则，窃谓当以"延巳"为是，作"己"者盖"巳"之形误。十二地支，巳后为午。午有"正中"之义。《文选》东晋孙绰《游天台山赋》："尔乃羲和亭午。"李善注："亭午，日中。"韩愈《元和圣德》诗："帝车回来，日正当午。"亭午、当午皆谓日至天之正中。唐刘禹锡《送惟良上人》诗："灯明香满室，月午霜凝地。"月午指月至天之正中。延伸地支之巳则至午，午与冯氏字"正中"义正相应，故以"延巳"为是。若为"延己"，则与其字不应。

补记：吴小如《就古人姓名读音问题答读者问》（《文史知识》2001年第3期）一文中说："自南唐迄今，已逾千年。凡旧时古籍，皆作'冯延己'。……五十年代末，俞平伯先生始撰《唐宋词选》，初稿亦从夏（承焘）说作'延巳'。到了八十年代，人民文学出版社决定公开正式出版《唐宋词选释》（在原书名后面加一'释'字），俞平老却把'冯延巳'又改成'冯延己'。我曾就此事面叩平老，平老当时曾列举《论语》、《孟子》、《左传》及大小戴《礼记》多处文字，以证成冯之名作'延己'与其字作'正中'恰好相配。事隔多年，今已不能悉记。就我记忆所及，如《孟子·公孙丑上》'射者正己而后发'与《礼记·射义》'射求正诸己'等语，皆足以说明之。"按：说"凡旧时古籍，皆作'冯延己'"，与事实不符。宋道原《景德传灯录》卷27（《四部丛刊三编》景宋本）："江南相冯延巳与数僧游钟山。"宋文莹《湘山野录续》（宋刊元补本）："冯延巳镇临川。"这两个古本都作"巳"。至于引古籍中的"正己"证明"延己"不误，"延"无"正"义，不明白"正己"如何能证明"延己"不误。

东 州 考

"东州"一词，典籍时见，所指何地，各词典或付阙如，或予测度，未足征信。《辞源》《辞海》《汉语大词典》及复旦大学历史地理研究所编撰的《中国历史地名辞典》（江西教育出版社 1986 年版）皆未收其词。臧励龢等编《中国古今地名大辞典》（商务印书馆 1931 年版）云："东州，辽置。今阙。当在奉天境。"奉天大致相当于今辽宁省。此为揣测之辞。台湾《中文大辞典》（台北：中国文化学院出版部 1976 年版）云："东州，地名，即束州。按《太平寰宇记》云：'今瀛洲束城县东北十四里有束州故城，即汉县理所。'是字形作束，《魏志》作东，形之讹也。"对此，我有两点看法。

其一，"东州"典籍中所见非一，未可尽以形讹说之。台湾人文出版社1981 年出版的九大卷之巨的《中外地名大辞典》是中国目前收词最多的地名辞典，该辞典也仅说："东州，辽置；今阙。当在辽宁省境。"还是因袭《中国古今地名大辞典》的说法。可知"东州"之地迄今不详所在，有查考落实之必要。

《后汉书》卷 10《皇后纪·和熹邓皇后》载：元初五年平望侯刘毅上书安帝曰："及元兴、延平之际，国无储副。仰观乾象，参之人誉，援立陛下为天下主，永安汉室，绥静四海。又遭水潦，东州饥荒。"李贤注："延平元年，安帝初即位，六州大水，永初元年，禀（赐谷）司隶、兖、豫、徐、冀、并六州贫人也。""司隶"指司隶校尉部，后称司州，汉代指三辅（今西安周围）、三河（今洛阳黄河南北一带）及弘农（今河南灵宝、宜阳一带）地区。这里东州指司隶、兖、豫、徐、冀、并六州，可知东州泛指西安以东黄河流域地区。在许多情况下虽然实际所指范围并不大，但只要在西安以东黄河流域地区，都可以笼统地称为东州。如《后汉书》卷 32《樊准传》："今虽有西屯之役，宜先东州之急。"李贤注"东州谓冀、兖州。"又卷 70《郑太传》："东州郑玄学该古今。"李贤注："玄，北海（今山东高密一带）人，故云东州。"卷25《鲁恭传》："（鲁恭）迁乐安相。是时东州多盗贼，群辈攻劫，诸郡患之。

恭到，重购赏，开恩信，其渠帅张汉等率支党降。"李贤注："和帝改千乘国为乐安国，故城在今淄州高苑县（在今山东高清县境）北。"卷18《陈俊传》："时琅邪未平，乃徙（陈）俊为琅邪太守，领将军如故。齐地素闻俊名，入界，盗贼皆解散。……（陈俊）数上书自请，愿奋击陇蜀。诏报曰：'东州新平，大将军之功也。负海滑夏，盗贼之处，国家以为重忧，且勉镇抚之。'"这里的东州指琅邪郡（今山东胶南、诸城县一带）。卷27《郑均传》："又前安邑令毛义，躬履逊让，比征辞病。淳洁之风，东州称仁。"这里的东州指安邑县（在今山西夏县西北）。

别的典籍中的例子如《三国志·蜀书·刘二牧传》"皆由璋明断少而外言入故也"裴松之注引《英雄记》曰："先是，南阳、三辅人流入益州数万家，（刘焉）收以为兵，名曰东州兵。"《后汉书·刘焉传》亦有此语。此东州指南阳（今河南南阳市一带）、三辅。《宋史》卷304《范讽传》："讽类旷达，然捭阖图进，不守名检，所与游者辄慕其所为，时号东州逸党。"范讽是齐州（今山东济南一带）人，故称东州逸党。

其二，《三国志·魏书·旧豫传》载："刘备之奔公孙瓒也，豫时年少，自托于备，备甚奇之。……公孙瓒使豫守东州令。"东州乃一泛称，此云"守东州令"，守义为暂时代理（如《汉书·鲍宣传》："（鲍宣）好学明经，为县乡啬夫，守束州丞"），令指县令，"东州令"不知所云。《中文大辞典》以为东为束之形讹，我认为此处之"东"应为束之形讹。当时，公孙瓒割据幽州，束州县正在其辖区。《中国历史地名辞典》："束州县，西汉置，治所在今河北大成县西南。"即使是《中文大辞典》所据《太平寰宇记》之束城县，亦为束城县之误，今河北河间东北仍有名叫束城的地方（见《中国历史地名辞典》），即旧束城县治所。

（本文第一条原载《文献》1989年第4期，第二条原载《文献》1995年第2期）

"落帽"龙山今何在？

　　魏晋风度给后世留下了许多佳话，"孟嘉落帽"就是其中之一。孟嘉是江夏鄳（méng，在今河南信阳市东北）人，以清操闻名于世。他在征西大将军桓温幕下任参军之职的时候，深得桓温器重。有一年重阳节，桓温带领文武官员游览龙山，并在山上大摆宴席，与僚属同欢。当时山上吹来一阵大风，把孟嘉的帽子给吹掉了，孟嘉却浑然不觉。桓温给左右的人使眼色，让他们不要告诉孟嘉。后来孟嘉去上厕所，桓温让人把帽子拣起放到孟嘉的坐位上，并让一个叫孙盛的人写了一篇文章嘲讽孟嘉帽落不知，有失体面。为什么风把帽子吹掉了就值得嘲讽呢？因为按照古代礼仪，在公众场合帽子是不能随便脱掉的，脱帽意味着屈服于人或自认有罪。如《后汉书·耿秉传》："安得惶恐，走出门，脱帽抱马足降。"这是说车师（汉时西域国名）王安得脱下帽子，抱住耿秉的马腿投降了。孔子的弟子子路在卫国大夫孔悝家当家臣的时候，流亡在外的蒯聩回来向他的儿子卫出公争夺王位。战乱中蒯聩手下的人打断了子路的帽带子，在这种生死攸关的情况下，子路竟然放下武器去系帽带子，他说："君子死而冠不免。"结果被敌人砍为肉酱（《史记·仲尼弟子列传》）。从这个事例我们知道古人对免冠看得多么重要，难怪当时桓温等人等着看孟嘉怎么收场。孟嘉回来后看到嘲讽他的文章，当即提笔回敬了一篇文章，"文辞超卓，四座叹之"，沉着儒雅地收拾了这一尴尬的局面。此事在陶渊明的《晋故征西大将军长史孟府君传》及《晋书·孟嘉传》中都有记载，它体现了孟嘉温文尔雅的风度和机智敏捷的才思，当时乃至后世一直传为美谈，成为重阳登高诗文中常用的典故。人们用"龙山落帽、孟嘉落帽、孟嘉帽、参军帽、落帽参军、风落帽"等词语称扬人的恢弘气度、风流倜傥、潇洒儒雅，或借指具有这种气度的人。如李白《九日龙山饮》诗："醉看风落帽，舞爱月留人。"辛弃疾《玉楼春》词："思量落帽人风度，休说当年功纪柱。"辛弃疾《念奴娇·重九席上》词："龙山何处？记当年高会，重阳佳节，谁与老兵共一笑？落帽参军华发。"人们把重阳节甚至称为"落帽之辰"。元陶宗仪《说郛》卷12下引北宋佚名《释常谈》："重阳谓之落帽之辰。"龙山落帽也是历代画家乐于描绘的题材。一桩风吹帽落的寻常小事影响居然如此之大，实在超乎我们的想象。

左：清任伯年《龙山落帽图》　　　　右：清汪晓棠《龙山落帽》瓷板画

由于落帽风雅的巨大影响，龙山也声名远播，成为后人登临凭吊的胜地。但龙山具体在什么地方，古来有两种说法。一说在湖北荆州市，即位于荆州城西北7.5公里处的八岭山，也叫龙山，山上有落帽台。持此看法的如唐李群玉《重阳日上渚宫杨尚书》："落帽台边菊半黄，行人惆怅对重阳。荆州一见桓宣武，为趁悲秋入帝乡。"宋祝穆《方舆胜览》卷27《湖北路·江陵府》："龙山在江陵县西，有落帽台。"宋王存等《元丰九域志》卷6《北路》："古迹：落帽台，孟嘉龙山落帽即此地也。"宋范成大《吴船录》卷下："二百里至荆南之沙头宿，沙头一名沙市，……询龙山落帽台，云在城北三十里，一小丘耳。"另一种观点认为龙山在安徽当涂县。唐李吉甫《元和郡县志》卷29《当涂县》："龙山在县东南十二里，桓温尝与僚佐九月九日登此山宴集。"宋乐史《太平寰宇记》卷105《江南西道三·太平州·当涂县》："龙山在县南一十二里，桓温常以九月九日与僚佐登此。"陆游《入蜀记》卷2："南望青山、龙山、九井诸峰，如在几席。龙山即孟嘉登高落帽处。"

之所以出现两种说法，是因为最早记载龙山宴饮的文献陶渊明的《晋故征西大将军长史孟府君传》及《晋书·孟嘉传》，都没有提及龙山宴饮的具体时间地点，桓温曾任荆州刺史，也曾以大司马的身份坐镇姑孰（今为当涂县的一个镇），而荆州和当涂恰好都有名叫龙山的山，以致自古以来人们真假难辨。在旅游经济日益红火的今天，荆州和当涂都把孟嘉落帽的故事当作本地旅游资源来宣传利用，但其中一个必然是不符合历史真实的。

那么，究竟哪座山是孟嘉落帽的真龙山呢？前人就此作过辨证。明清时期的学者认为当涂龙山是真正的落帽地。明李贤等《明一统志》卷15《太平府》记载说："龙山在府城南一十里，旧经载孟嘉落帽事。按龙山当在江陵，而郡志云桓温尝以重九日与僚佐登此，疑必温移镇姑孰时事也。"作者怀疑当涂龙山是真的，但也拿不出什么证据，只是根据"旧经"有这样的记载而猜测如此。清赵宏恩等监修《江南通志》卷17《舆地志·太平府》作了进一步的论证："龙山在府南十里，怪石磊砢，蜿蜒如龙，因名。孟嘉九日登高落帽即其处。县志云：《舆图考》谓属江陵龙山，非是。按温镇武昌，非江陵也。武昌无龙山。温时为镇将，岂得适千里游山乎？又考《陶靖节集·孟嘉传》云：'嘉令巴丘，入官从事中郎，迁长史。在朝陨然，正顺而已。每会神情独得，超然命驾，径之龙山，顾影酣宴，造夕乃还。'若江陵龙山，距朝三千余里，何能趣命驾而竟夕返乎？其为当涂龙山灼然矣。郡志云：'桓温尝以重九日与僚佐登此，疑必温移镇姑孰时事也。'"这里提出了两条理由。第一条理由是桓温镇守的是武昌，不是江陵，而武昌是没有龙山的。第二条理由出自《陶靖节集·孟嘉传》，就是陶渊明的《晋故征西大将军长史孟府君传》。这两条理由都是不能成立的。

关于第一条理由，穆帝永和元年（345年），久踞荆州的权臣庾翼病故，临死前庾翼上表请求让他的儿子庾爰之继任他的职务。由于荆州是东晋重镇，关于庾翼的继承人选在朝臣中引起争论，有人认为诸庾世在荆州，人情所归，应依庾翼所请，以庾爰之镇守荆州。但时任宰辅的侍中何充认为："荆楚，国之西门，户口百万，北带强胡，西邻劲蜀，经略险阻，周旋万里。得贤则中原可定，势弱则社稷同忧。……桓温英略过人，有文武识度，西夏之任，无出温者。"于是桓温被派到荆州去了（《晋书·何充传》）。江陵是荆州的治所，桓温怎么会不驻守在江陵而跑到武昌去呢？

第二条理由误解了"在朝隮然"之语，想当然地以为"在朝"就是在朝廷，东晋朝廷在建康（今南京），孟嘉既然能在朝廷与龙山之间当天往返，只能是当涂龙山，不可能是千里之外的荆州龙山。殊不知"朝"在古汉语中也可以指地方高级官吏处理政务的地方。如《晋书·刘琨传》："琨翦除荆棘，收葬枯骸，造府朝，建市狱。"《资治通鉴·宋武帝大明元年》："丹杨尹颜竣以藩朝旧臣，数恳切谏争。"胡三省注："晋宋之间，郡曰郡朝，府曰府朝，藩王曰藩朝。"桓温作为刺史、作为大司马，其官署自然也可以称为朝。孟嘉为桓温幕僚，说他"在朝隮然"，"朝"无疑是指桓温的官署。这样一来，无论是荆州龙山还是当涂龙山，孟嘉都可以朝往龙山，"造夕乃归"。

今天的学者，有的主张荆州龙山说，有的主张当涂龙山说，迄无定论。如王辉斌《李白诗中之"龙山"考》（《天府新论》1986 年第 1 期）一文认为桓温不曾移镇姑孰，由此得出孟嘉落帽之山为荆州龙山的结论。张才良《九日何处龙山饮?》（《天府新论》1988 年第 2 期）一文认为桓温曾移镇姑孰的实事不容否认，作为地理学专家的李吉甫在《元和郡县志》中的记载是明确无疑的。李子龙《李白诗文遗迹释考》（安徽文艺出版社 1999 年版）也主张当涂龙山说。郁贤皓在为李书作的序中说："本书根据陶渊明《晋故征西大将军长史孟府君传》记载，……认为孟嘉落帽之龙山必在当涂，否则孟嘉不可能在朝中兴起即往龙山，傍晚即归。这结论有充分根据，显然有很强的说服力。"平心观之，各家都没有可信的根据，所以谁也说服不了谁。

我们认为桓温重阳宴饮之地应该是荆州龙山，而非当涂龙山。根据有两条。

其一，孟嘉落帽的事发生在他任参军之职的时候，这在陶渊明的《晋故征西大将军长史孟府君传》及《晋书·孟嘉传》中说得很清楚。孟嘉任参军之职的时间不会晚于东晋穆帝之世，即不会晚于穆帝病故的 361 年。陶渊明《晋故征西大将军长史孟府君传》中记载说：孟嘉奉桓温之命到朝廷办事，"孝宗穆皇帝闻其名，赐见东堂。君辞以脚疾，不任拜起。诏使人扶入。……还至，转从事中郎，俄迁长史。"这就是说，孟嘉在见过穆帝回到桓温治所后就从参军升为从事中郎，不久又升为长史了。桓温之所以在这时提拔孟嘉，是因为孟嘉去京城的时候，朝廷想留下这位名士，给他授予了"尚书删定郎"的官职，但孟嘉没有接受，仍旧回到桓温麾下，对这种忠心耿耿的部下桓温自然心存感激，故连升其官。那么，桓温是什么时候移镇姑孰的呢？《晋书·桓温传》："属鲜卑攻洛阳，陈祐出奔，简文帝时辅政，会温于洌洲，议征讨事，温移镇姑孰。会哀帝崩，事遂寝。"这是说鲜卑人进攻洛阳的时候，当时辅政的司马昱（即后来的简文帝）与桓温在洌洲商量征讨鲜卑的事，商量完后桓温把他的大本营从赭圻（在今安徽省繁昌县）转移到了姑孰。恰巧这时哀帝死了，于是北伐鲜卑一事就停了。哀帝是兴宁三年二月驾崩的，所以司马光《资治通鉴·晋纪二十三·哀皇帝》中记载说：兴宁三年（365年）春正月，"大司马温移镇姑孰。"胡三省注："温又自赭圻而东镇姑孰。"王辉斌把"事遂寝"之"事"解释为"桓温移镇姑孰时，正好哀帝死，移镇姑孰之事即作罢论"。纯属曲解。既然桓温是365年才移镇姑孰的，可见重阳宴饮的事不是发生在当涂。

其二，重阳宴会上写文嘲讽孟嘉的是孙盛，孙盛当时在桓温手下当咨议参军。《晋书·孙盛传》中说：孙盛跟随桓温伐蜀，"蜀平，赐爵安怀县侯，累迁温从事中郎。从入关平洛，以功进封吴昌县侯，出补长沙太守。"据《晋书·桓温传》《资治通鉴·晋纪二十二·孝宗穆皇帝》等文献记载，桓温消灭成汉、平定蜀地是在永和三年（347年）三月，这之后孙盛被升为从事中郎。永和十二年（356年），桓温第二次北伐，八月，攻占了洛阳。孙盛因"从入关平洛"，出补长沙太守。这就是说孙盛在356年或次年离开了桓温，龙山宴会必在此年之前。这一事实也支持荆州龙山的观点。

如果要作进一步的推论，桓温龙山宴饮可能发生在永和元年（345年）至三年之间。桓温是永和元年庾翼病逝后接替庾翼出任荆州刺史的，龙山宴饮不可能早于此年。永和三年后孙盛官升从事中郎，已非咨议参军，根据官衔称高不称低的习惯，知其事在孙升从事中郎之前。另外，龙山宴饮之时桓温的头衔是征西大将军。《世说新语·识鉴》第16条"又欣嘉之见赏"梁刘孝标注引《嘉别传》："后为征西桓温参军。九月九日，温游龙山，参僚毕集。"《晋书·孟嘉传》："后为征西桓温参军，温甚重之。九月九日，温燕龙山，僚佐毕集。"《晋故征西大将军长史孟府君传》所述相同。根据《晋书·桓温传》的记载："永和二年，率众西伐。……振旅还江陵，进位征西大将军、开府，封临贺郡公。"这样，"温燕龙山"的时间可进一步确定为永和二年和三年之间。

（原载《文史知识》2012年第5期）

藏书于山的传统与《史记》的"藏之名山"

《史记·太史公自序》中说，《史记》完成后，"藏之名山，副在京师，俟后世圣人君子"。这就是说《史记》最初有正副两本，正本藏于名山，副本放在京师。司马迁在《报任少卿书》中也说："仆诚已著此书，藏之名山，传之其人通邑大都。"这"名山"指什么地方，后世颇有争议。《汉书·司马迁传》颜师古注云："藏于山者，备亡失也。其副贰本乃留京师也。"这是照字面直解，认为"藏之名山"就是藏于某座山中。司马贞索隐："言正本藏之书府，副本留京师也。《穆天子传》云：'天子北征，至于群玉之山，河平无险，四彻中绳，先王所谓策府。'郭璞云：'古帝王藏策之府。'则此谓藏之名山是也。"认为"名山"用的是《穆天子传》群玉山的典故，指代的是中央政府的书府。今有不少人信从此说①，实则难以成立。中央政府的书府在哪里？不用说在京师，这样不就跟"副在京师"同在一处吗？而且用典说也很牵强，《穆天子传》中说的是"群玉之山"，司马迁说的是"名山"，哪有用典的痕迹？历史上也从没有用"名山"指称中央藏书处的用例。我们认为"副在京师"就是指副本留在中央政府的藏书机构，《史记》作为官修史书，必须给朝廷上交一部誊清稿。"藏之名山"与"副在京师"相对，"名山"只能是朝廷之外的地方，应该指的是司马迁私家藏本的存放处，亦即只能在"野"在"私"。

今人陈直认为："所谓名山者，即是藏之于家。太史公卒后，正本当传到杨敞家中，副本当存在汉廷天禄阁或石渠阁。"② 这一说法比较符合情理，自己撰写的著作自家收藏正本是理所当然的。问题是自己的家怎么能称为"名山"呢？这是很多质疑者常提的问题。有一种解释是"名山"指华山，司马

---

① 参见张大可：《司马迁评传》，南京大学出版社1994年版，第401页；杨福泉：《"藏之名山"补正》，《古汉语研究》2009年第2期。

② 陈直：《汉晋人对〈史记〉的传播及其评论》，《中国史学史论集》第1集，上海人民出版社1980年版。

迁女婿杨敞是陕西华阴人，家在华山脚下，司马迁将《史记》正本交给杨敞收藏，故云"藏之名山"。① 说司马迁的家藏本传到杨敞手中，这是有根据的。《汉书·司马迁传》中说："迁既死后，其书稍出。宣帝时迁外孙平通侯杨恽祖述其书，遂宣布焉。""祖述"就是继承的意思。杨恽为杨敞之子，他继承的《史记》自然来自杨敞，杨敞的《史记》无疑来自司马迁。不过把"名山"坐实为华山还是难以叫人信服，"杨恽祖述其书"并不意味着司马迁生前就把《史记》藏在杨敞老家，而且华山脚下毕竟离华山尚有距离，藏于家中也不等于藏于华山中。所以"名山"的含义需另求解释。

古代的书籍除了官府收藏外，还有不少私家收藏。官府收藏在遇到改朝换代时容易焚毁。司马迁在《史记·六国年表》中感叹说："秦既得意，烧天下《诗》《书》，诸侯史记尤甚，为其有所刺讥也。《诗》《书》所以复见者，多藏人家，而史记独藏周室，以故灭。惜哉！惜哉！"藏于周室的《诗》《书》史书等全部毁灭，而藏于人家的《诗》《书》则流传了下来，司马迁对此深有感触。藏于人家的典籍之所以容易保存下来是因为普通人家一般不是战乱的攻击目标，而且藏书之家在战乱来临之际往往把书转藏于山洞之中，得以躲过战火。历史上把书籍藏于山中的事例屡见不鲜。

《史记·太史公自序》云："迁生龙门，耕牧河山之阳。年十岁则诵古文。二十而南游江淮，上会稽，探禹穴。"这禹穴就是古代传说中的一个藏书山洞，山名叫宛委山，在今浙江绍兴。相传大禹在治水时曾在这里得到金简玉字之书，从中找到了疏通水流的方法，这在《吴越春秋·越王无余外传》（《四部丛刊》本）中有详细的记述：

> （禹）功未及成，愁然沉思，乃案《黄帝中经历》，盖圣人所记，曰："在于九山东南天柱，号曰宛委（原注：在会稽县东南十五里，一名玉笥山），赤帝在（琳按：或作左）阙，其岩之巅，承以文玉，覆以盘石，其书金简，青玉为字，编以白银，皆琢其文。"禹乃东巡，登衡岳，血白马以祭，不幸所求。禹乃登山，仰天而啸。因梦见赤绣衣男子，自称玄夷苍水使者，闻帝使文命于斯，故来候之，非厌岁月，将告以期，无为戏吟，

---

① 参见冯学忠：《〈史记〉正本藏何处》，《司马迁与〈史记〉论集》第 1 辑，陕西人民出版社 1994 年版；吴东平：《追寻古代名人的后代·女儿司马英：将〈史记〉"藏之名山"》，湖北人民出版社 2006 年版。

故倚歌覆釜之山，东顾谓禹曰："欲得我山神书者，斋于黄帝岩岳之下。三月庚子，登山发石，金简之书存矣。"禹退又斋。三月庚子，登宛委山，发金简之书，案金简玉字，得通水之理。

这一传说历史上影响不小，历代文人墨客来此凭吊的很多，司马迁去探禹穴就是受了这一传说的影响。唐代宋之问有《游禹穴回出若邪》的诗篇，李白有"禹穴藏书地，匡山种杏田"（《送二季之江东》）的诗句，宋代邓深有《探禹穴》的诗篇。清代阮元编了一套丛书，取名《宛委别藏》，"宛委"是比喻的用法，表示其中所收都是珍贵秘籍。

除了禹穴金简外，大禹还有包山藏"禹符"的故事。唐代玄嶷《甄正论》卷中载：

案《吴楚春秋》及《越绝书》咸云：禹治洪水，至牧德之山，见神人焉。谓禹曰："劳子之形，役子之虑，以治洪水，无乃怠乎？"禹知是神人，再拜请诲。神人曰："我有灵宝五符，以役蛟龙水豹，子能持之，不日而就。"禹稽首而请，因而授之，而诫禹曰："事毕，可秘之于灵山，勿传人代。"禹遂用之，其功大就。事毕，乃藏之于洞庭苞山之穴。至吴王阖闾之时，有龙威丈人于洞庭之苞山得此五符，献之于吴王阖闾。吴王得之，示诸群臣，莫能识之。闻鲁孔丘者博达好古，多所该览，令使赍五符以问孔丘。曰："吴王闲居，有赤乌衔此书以至王所，莫识其文，故令远问。"孔丘见之，而答使者曰："丘闻之，禹治洪水，于牧德之山遇神人，授以灵宝五符，后藏之于洞庭之苞山。君王所得，无乃是乎？赤乌之事，丘即未详。"

大禹得到的灵宝五符世称"禹符"，在云梦睡虎地秦简《日书》乙种中曾提到"行□禹符"①，说明禹符的传说至少在战国时期就已存在。苞山也写作包山，一称洞庭山，俗称西山，在今江苏省吴县西南太湖中，是太湖中最大的岛屿。山上有包山禅寺。宋王铚《包山禅院记》云："包山即林屋洞天，下有洞穴，水潜行地中，无往不达，号为神仙天后便阙。洞中产白芝紫泉，乃仙馔

---

① 睡虎地秦墓竹简整理小组：《睡虎地秦墓竹简》，文物出版社 1990 年版，第 240 页。

天醴。环以七十二峰，而明月之湾、缥缈之峰、毛公之坛尤为尘外净境。传称黄帝访道所幸，而夏禹治水，藏素书于此，至吴王阖闾得之，以问孔子。盖仙圣所宅，得名数千年远矣。"1937 年抗日战争爆发，苏州图书馆为避免四十多箱珍贵古籍被日寇掠夺，将其移藏于包山禅寺的满月阁，住持闻达上人不畏艰险，守藏八年，终使文物得以保全，受到了民国江苏省政府和省教育厅的嘉奖。

湖南沅陵县西北 15 公里处的二酉山也是古代有名的藏书处。《太平御览》卷 49 引南朝宋盛弘之《荆州记》曰："小酉山上石穴中有书千卷，相传秦人于此而学，因留之，故梁湘东王云'访酉阳之逸典'是。"《御览》所引当有讹舛。宋祝穆《方舆胜览》卷 30："小酉山，又名乌速山，在酉溪口。《方舆记》云：'山下有石穴，中有书千卷，秦人避地隐学于此，梁湘东王谓访酉阳之逸典是也。'"明彭大翼《山堂肆考》卷 17"石穴留书"条引《荆州记》："小酉山石穴中有书千卷，相传昔人避秦，于此学道，因留之。梁湘东王绎赋'访酉阳之逸典'谓此。"祝穆和彭大翼的引文比较合理，它解释了藏书于小酉山是为了躲避秦始皇的"焚书坑儒"政策。小酉山与陶渊明描述的桃花源相距不远，而桃花源里的居民也是"先世避秦时乱，率妻子邑人来此绝境"，看来两个传说有共同的历史背景。在有些传说中甚至将"秦人"具体化为秦博士伏胜。

还有一种传说是，二酉山的书是西周时期的周穆王留下的。金元好问辑《唐诗鼓吹》卷 3 陆龟蒙《寄淮南郑宝书记》诗云："五丁驱得神功尽，二酉搜来秘检疏。"元郝天挺注："《图经》云：穆天子藏异书于大酉山、小酉山之中。"历史上以"图经"为名的书不少，如东汉时有《巴郡图经》、隋代有《诸州图经集》、唐代有《沙州图经》《西州图经》等，多已亡佚。郝天挺所引《图经》不知是什么时代的，今已无从核对，但这一传说提到了大酉山和小酉山，算是将"二酉"给落实了，因为《荆州记》记载的藏书山只是小酉山"一酉"。不过沅陵县当地并没有大酉山、小酉山两座山，只有一座二酉山，据说是因为发源于四川酉阳县的酉江和发源于湖南古丈县的酉溪在这座山西面汇合，故名此山为二酉山。看来《图经》的说法要比《荆州记》的说法出现得晚，是后人据"二酉"之名而作的傅会。

二酉山的传说影响深远。历代来此拜谒的游人不计其数，留下了大量的诗文。山上一度建院立阁，修堂造亭，香火旺盛。2013 年 4 月，在二酉山山顶草丛中发现一块刻有"二酉名山"的宋代残碑①，印证了二酉山昔日的辉煌。山半腰有一个石洞，被人们视为古藏书处。清光绪十六年（1890），时任湖南督学使者的张亨嘉巡视沅陵，登上二酉山朝拜藏书洞，题写了"古藏书处"四个大字，后来人们将此四字刻于四块石碑上，立于藏书洞门旁，苍劲的书法成为藏书洞的一道景观，游客莫不在此摄影留念，可以说是字以洞传，洞以字显。

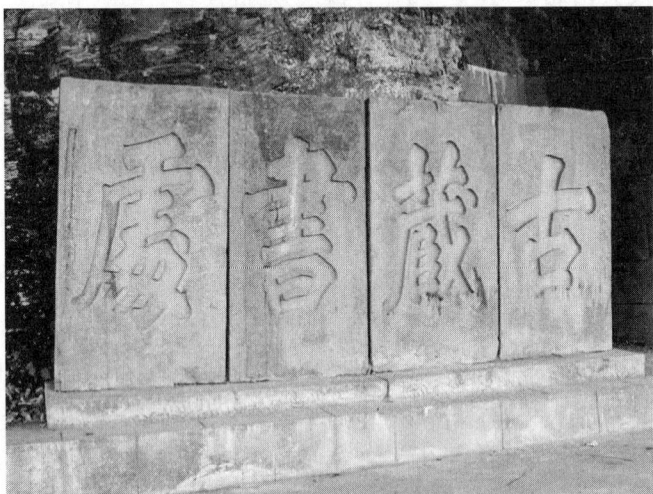

二酉山藏书洞

湖南辰溪县又有所谓大酉山，被说成是黄帝藏书处。明王士性《广志绎》卷4："由辰溪八十里即大酉，云黄帝藏书处。黔中他洞皆湿，惟大酉独干洁，远望洞口石脊亦似桥山，小酉在贵竹酉阳。"明陶晋英《楚书》的记述与《广志绎》全同，学者谓陶书系抄袭王书而成。② 由嬴秦而西周，由西周而黄帝，越说越古，无非是想增加山的神秘性和吸引力而已。

2013年2—3月，在辰溪县潭湾镇唐家山的一个山洞旁发现两方摩崖石刻③，一方有"大酉洞天"四字，刻于明隆庆五年（1571），一方有"大酉

---

① 参见李青松、刘忠维：《沅陵发现宋代"二酉名山"残碑》，"华声在线"网2013年4月15日。

② 参见温显贵：《〈楚书〉研究三题》，《湖北大学学报》2007年第1期。

③ 参见朱敏等：《湖南大酉洞后洞发现斗大摩崖石刻系400年前官员所写》，"人民网"2013年3月25日。

洞"三字，刻于明嘉靖十九年（1540）。有些人据此认为二酉传说得到了证实。有关报道中说："大酉洞后洞系秦始皇焚书坑儒时孺子们藏书的地方，据悉，该大酉洞后洞于 2 月在大酉山余脉之唐家山脚大鲵养殖施工现场被发现。"①"辰溪县大酉古藏书洞又有重大发现，辰溪'大酉洞'刻字现世，'焚书坑儒'时期藏书诗碑将面世。"② 这都是耸人听闻的不实之辞。今天有些山洞旁题有"水帘洞"，难道由此就可以证明孙悟空的真实性？明代学者胡应麟早就对此现象做过评判。他在《少室山房笔丛·巳部·二酉缀遗引》中指出："周穆王藏异书于大酉山、小酉山，此二酉之义所由昉也。儒家者流求其地而实之，故《荆州记》有小酉之穴焉；道家者流侈其地而名之，故《洞天志》有大酉之文焉；而总之皆亡当也。""亡当"即无根据，不靠谱。所以，别说是发现了明代石刻，即便发现了唐宋石刻，所能证明的也只是那个时代人们出于游乐及精神寄托的目的将某个山洞指定为传说中的二酉藏书处而已。

二酉也是古往今来的人们乐于应用的典故。陆龟蒙诗"二酉搜来秘检疏"，清钱谦益《毛子晋六十寿序》"颂其书则酉阳羽陵"，都是拿"二酉""酉阳"指代稀见的古籍。明代冯梦龙《古今小说·闲云庵阮三偿冤债》中有这样的话："光阴似箭，不觉长成六岁，生得清奇，与阮三一般标致，又且资性聪明。陈太尉爱惜真如掌上之珠，用自己姓取名陈宗阮，请个先生教他读书。到一十六岁，果然学富五车，书通二酉。""书通二酉"表示读书广博。一些书名、书斋名也喜欢用二酉来命名，如唐代段成式有《酉阳杂俎》，明代胡应麟的书房叫"二酉山房"，清代学者张澍的书斋叫"二酉堂"，他编的丛书取名《二酉堂丛书》。北京琉璃厂原有一个老字号书店叫老二酉堂，创办于明代。清代李文藻《南涧文集》卷上《琉璃厂书肆记》中说，乾隆己丑年（1769），他利用到京师谒选的机会常去琉璃厂各书店观书，事后他一一记下了那些书店的名号，其中提到："路南者有二酉堂、文锦堂、文绘堂、宝田堂、京兆堂、荣锦堂、经腴堂，皆李氏；……或曰二酉堂自前明即有之，谓之老二酉。"老二酉堂不仅卖书，也自己印书。直到 20 世纪 50 年代公私合营时，老二酉堂被并入了中国书店，一个经营了三百多年的老字号从此消失了。

其他藏书于山的记载还有很多。如宋施宿等《会稽志》卷9："石匮山在县

---

① 匡滢等：《湖南辰溪惊现尘封 300 多年的大酉古藏书洞后洞》，"人民网" 2013 年 3 月 5 日。
② "人民网" 2013 年 3 月 25 日。

老二酉堂光绪四年印行的双色本《四书章句集注》书影

东南一十五里，旧经云山形如匮，禹治水毕，藏书于此。"明董斯张《广博物志》卷 28 引晋伏滔《北征记》："皇天场古陶穴藏书二千余卷。"南朝宋刘敬叔《异苑》卷 1："百丈山上有石房，内有石案，置石书二卷。"《水经注》卷 2："河北有层山，山甚灵秀，山峰之上立石数百丈，亭亭桀竖，竞势争高，远望參參若攒图之托霄上，其下层岩峭举，壁岸无阶，悬岩之中多石室焉，室中若有积卷矣，而世士罕有津达者，因谓之积书岩。"《太平御览》卷 49 引《武陵记》："天门山……岩中有书数千卷，人见而不可取。"明王世贞《艺苑卮言》卷 16 引《嵩高山记》："一石室有自然书及饮食。"苏州市西南的藏书镇有座山叫穹窿山，相传西汉朱买臣未显达时上穹窿山砍柴为生，因其喜欢读书，常抽空埋头书卷，为免妻子乡人讥笑，负薪下山前将书藏于山中盘石下，此石被后人称为"朱买臣读书台"，而藏书镇也因买臣藏书而得名。明王鏊《姑苏志》卷 27："汉会稽太守庙在吴县木渎北穹窿山南，祀汉朱买臣也。世传买臣负薪往来木渎，尝藏书于此，故传此为藏书庙。今肖像衣冠犹存汉制。"《江南通志》（乾隆年间纂修）卷 12："《穹窿山续图经》：东岭下有盘石，高广丈许，相传有朱买臣读书台。"

上面的这些记述多为民间传说，虚实难辨，但下面列举的事例则是有案可稽的历史事实。

　　《论衡·正说篇》:"盖《尚书》本百篇,孔子以授也。遭秦用李斯之议,燔烧五经,济南伏生抱百篇藏于山中。孝景皇帝时始存《尚书》,伏生已出山中,景帝遣晁错往从受《尚书》二十余篇。"汉初的《尚书》就是由伏胜传出来的。北宋秦观《淮海后集》卷6记黄庭坚舅舅李常事迹云:"少时读书于庐山五老峰下白石庵之僧舍,后身虽出仕宦,而书藏于山中如故。每得异书,辄益之,至九千余卷,山中之人号李氏山房。"元袁桷《清容居士集》卷22《袁氏旧书目序》:"窃尝谓天下之物聚多者终必散,或者早计于未散,则庶几幸有一存之理,遂悉藏于山中。己丑之灾,偕家人渡江以逃,袁氏之书一夕而尽,昔之预计者乃幸而获全。呜呼此公之灵有以启其衷也!""己丑之灾"指至元二十六年(1289),台州宁海(今浙江宁海)人杨镇龙发动反元起义,起义军额刺"大兴国军",有徒众十二万,攻略东阳、义乌、嵊县、新昌、天台、永康等处,浙东大震。袁桷防患未然,预先将袁家藏书中的一部分藏于山中,躲过了灾难,而留在家中的藏书战乱中全部佚失。清代元鸿的事迹也与此类似。清丁宿章辑《湖北诗征传略》卷17:"元鸿,字太冲,号铁仙。……当承平之时,常若有无穷隐虑,于考田山中筑菟裘老焉。未几粤逆犯境,城市为墟,而山中藏书无恙。"

　　北魏太武帝和北周武帝曾下令废止佛教,禁毁经像,勒令僧徒还俗,没收寺院财产。为保存典籍,佛教徒把佛经刻写在石头上,封存于岩穴或埋藏在地下。隋代大业年间(605—617),幽州沙门静琬继承其师慧思遗愿,在今北京房山区的石经山开始雕造石刻大藏经,以免失传之虞。静琬共刻了《涅槃经》《华严经》《维摩经》《胜鬘经》等经,计146块石板。后世僧徒继承静琬的遗业,不断续刻。经隋、唐、辽、金、明五个朝代众多僧徒的努力,雕成佛经1100余部,3400余卷。这些经板被封存于开凿的九个山洞及山下云居寺西南隅的二处地穴之中。各版本的大藏经所收经种一般都在1400部以上,卷数在5000卷以上,《房山石经》只完成了五分之三的工作。尽管如此,《房山石经》是我国一部重要的大藏经版本,其中保存的近70种佛籍是其他各种大藏经所没有的,上面镌刻的7000多条题记也具有重要的历史价值。我国佛教协会曾于1956年至1958年对石经进行了清查整理,查明大小经板共有14278块,当时还拓了七套拓片。2000年,北京华夏出版社将《房山石经》拓片影印出版(共8开本30册),人们可以轻松地看到石经的原文。如果这些经板当时未封存于洞穴,我们今天看到的恐怕只是一些零散的残石了。

北宋宋敏求《春明退朝录》卷下："唐白文公自勒文集，成五十卷，后集二十卷，皆写本，寄藏庐山东林寺，又藏龙门香山寺。"这是白居易将自己的著作分别寄藏于不同的山寺。据有人对《白居易集》的统计，白居易流传至今的诗文有 3782 首，其中诗歌 2916 首，文章 866 首，是唐代文人中传世最多的，这显然得益于白居易"藏之名山"的传世策略。

敦煌文献因藏于洞窟中才保存下来的历史大家耳熟能详，但名满天下的《四库全书》也曾藏身山洞就未必尽人皆知了。1937 年抗日战争爆发，文澜阁《四库全书》先后转藏于浙江之富阳、建德、龙泉等县，后又取道福建、江西、湖南诸省，于 1938 年 4 月运抵贵阳市，密藏北郊鹿冲关的地母洞中，一放就是六年。1944 年，日军进犯贵州，阁书又转运至重庆市青木关。抗战胜利后，文澜阁本这才于 1946 年 7 月 5 日重归西湖孤山藏书楼。1969 年中苏发生边境冲突后，出于备战的考虑，文澜阁《四库全书》又被迁运至浙江龙泉县的战备书库，在一个山洞里密藏近七年，直到 1976 年 12 月才运回浙江图书馆（袁逸 2000）。

其他国家也有类似的事例。被称为 20 世纪最伟大的考古发现的《死海古卷》(Dead Sea Scrolls)，是 1947—1956 年在死海西北库姆兰（Khirbet Qumran，或译昆兰）地区的 12 个山洞中发现的。

看来山洞是安全而方便的藏书处，这一点古往今来的人们认识是一致的。鉴于山洞藏书记载众多，清代学者张澍曾发表过这样的看法（《养素堂文集》卷 7《游万卷书岩记》）："夫羽陵蠹简，牧德灵符，群玉为庸成之策府，宛委有高密之元经，是名山者固储书之石室，贮典之蓬观也。"我们认为司马迁的"藏之名山"正是基于古代保存典籍尤其是私家保存典籍免于亡佚的惯用做法而说的，"藏之名山"不过是自己已妥善秘藏《史记》正本的委婉说法而已。"名山"在这里是泛指，我们无须也不可能坐实为某一座山，也不能因为实际上藏于家中而将"名山"和家相牵附。明代李贽在《焚书》自序中说他有四部著作，"一曰《藏书》，上下数千年是非，未易肉眼视也，故欲藏之，言当藏于山中以待后世子云也。"明代何乔远有《名山藏》一书（见《禁书目录》）。清初齐周华有书题《名山藏副本》，《凡例》中说："拙集有数种，为《过秦草》《太平话》《风波集》，已刻者有《初学集》《需郊录》。今除已刻外，悉汰旧名，合而选之，题曰《名山藏副本》，分初集、二集，以藏名山。此则初集之副本也。"这些书都说藏于山中，实际上跟司马迁一样，未必真的藏于山中，不过是秘藏、珍藏的意思而已。

《四库总目提要》正史类存目有《订正史记真本凡例》一卷，涉及司马迁藏于名山的正本，有必要在此一辩是非。《提要》全文如下：

> 旧本题宋洪遵撰。遵，字景严，鄱阳人，皓仲子，官至同知枢密院事，谥文安，事迹具《宋史》本传。是编载曹溶《学海类编》中。前有自序，称手录司马迁《史记》一帙，尽汰去杨恽、褚少孙等所补十篇，并去其各篇中增益之语，而以己所校定者录于下方。此其书前凡例也。考诸家目录，皆不载遵有此书。诸家言史学者，如《汉书刊误》《新唐书纠谬》《五代史纂误》，俱表表于世。自宋以来，亦从无引及此本者。今观其所刊正，不尽无理。而云得司马迁名山所藏真本，与今本核其异同，知其孰为杨恽所增，孰为褚少孙所补，则三洪皆读书人，断不谬妄至此。岂有由汉及宋，尚有司马迁真本藏于山中，遵忽然得之者耶？其为明季妄人托名伪撰，殆无疑义。且既谓之凡例矣，而某篇同、某篇异，某篇自某处至某处删若干句、某篇某句下删若干字，直以全书悉载例中，可使人按例而涂乙之，即得真本，无庸更有全书矣。此尤作伪之一证也。

读此提要，学者莫不笑托名者之愚妄，竟声称得司马迁名山所藏真本，而皆以为提要"伪撰"之断铁板钉钉，无可置疑。然而当我们找到原书（《四库全书存目丛书》收录）浏览一过，发现提要所言捕风捉影，厚诬古人。《订正史记真本》的自序全文是这样的：

> 司马子长所著《史记》一百三十篇，殆绝笔于太初、天汉之间，其书未就，即遭李少卿之祸，佴身蚕室，篇中阙文误句多不及正，而十篇有录无书。迨子长殁，而杨恽、褚少孙之徒以私见臆说足成之，往往篡入太始以后事，而子长之真面目遂多伪托矣。夫子长之才学，宏博富丽，包涵万象，盖有杨恽所不闻于外家，若少孙之浅陋，又乌足以语此。今以恽与少孙之文与子长真本比长絜短，相悬固不啻径庭矣。他如颛顼生鲧、召始皇弟授之玺句，此正子长一时之误，固可存而不论，论而不更者也。余于《史记》，同杜当阳之嗜《左》，特手录一帙，尽汰其补亡妄益等语，而以己所校定者录于下方，子长有知，千载而下其许我乎？

其中并无"得司马迁名山所藏真本"之语。而且既得真本，直接抄录真本即可，"尽汰其补亡妄益等语"又从何说起？删汰的目的不就是为了跟真本一样吗？书的凡例中说："子长自序篇云书凡百三十篇，五十二万六千五百字，计所亡十篇，应不下三万言，乃今删定《史记》真本尚存字五十一万有奇，中间不无一二添足语，特以一时无迹可寻，未敢妄意削去，盖有俟于博雅君子。"若有真本比勘，怎能"无迹可寻"？显而易见，洪遵所说的真本是他据传世版本删定的《史记》文本，他自认为删定的文本符合司马迁原作，故谓之真本，"得司马迁名山所藏真本"的说法纯属子虚乌有。《提要》撰写者将洪遵自序和凡例匆匆扫过，未明作者之意，便率尔操觚，无的放矢，遂成冤案。今谓《订正史记真本》旨在恢复《史记》原貌，观其凡例，凡所删汰，必有依据，自有其学术价值，绝非妄人可为。余嘉锡在《古书通例·绪论》中说："据史志目录以分真伪之法，不尽可凭也。"《提要》将《订正史记真本》定为"明季妄人托名伪撰"无一可靠根据，旧题宋洪遵撰未可轻否。

（原载《文学与文化》2014 年第 1 期）

新发现的《永乐大典》述略

新华网 2014 年 11 月 27 日报道了一则新闻《亨廷顿图书馆将展出新近发现的〈永乐大典〉》，全文如下：

> 近日，位于洛杉矶的亨廷顿图书馆在馆藏书籍中偶然发现一册《永乐大典》嘉靖手抄本。这册《永乐大典》包括两卷：第 10270 卷《教世子》及 102071 卷《文王世子篇》，主要讲述了皇室家族应当怎样教育皇子，其中大量引用了《礼记》等 12 部文献，包括 4 部现已完全失传的文献。该卷由曾经在中国传教的怀挺传教士于 1900 年带回美国，并传给子女，他的女儿在 1968 年将它赠与亨廷顿图书馆。亨廷顿图书馆将于 12 月 13 日起为《永乐大典》举行特别展出，将这部封尘已久的古书呈现给参观者。

这一发现对中国来说无疑是一则重要新闻，因此众多媒体纷纷转载。遗憾的是，报道过于简略，有关情况不得其详。我到亨廷顿图书馆的网站查寻，上面有一篇题为 Huntington Curators Uncover Unique Volume Comprising Two Sections of a 16th-Century Chinese Encyclopedia （《亨廷顿的馆长们发现一册共计两卷的中国十六世纪的百科全书》）的文章，介绍较为详细，并提供全书电子彩图版的下载。看了网站介绍，翻阅了下载的彩图，算是对该册《永乐大典》有了具体的了解，现简述如下，以飨同好。

这册《大典》是来华传教士约瑟夫·外廷（Joseph Whiting）带回美国的。封底前的空白衬页上粘贴有一张借条（见下图），是美国克里夫兰市奥伯林学院（Oberlin College）的 L.J.Whiting 写的。内容是说，这册《大典》原藏于北京翰林图书馆（按：即翰林院），1900 年，义和团放火焚烧翰林图书馆，该书被人从乱堆中拣出，用来封堵使馆房屋的窗户，直到义和团的围攻被解除。

借条是 L.J.Whiting 写给外廷的，大约 L.J.Whiting 将书归还后外廷就把借

永樂大典卷之一萬二百七十　二紙

子

教世子　鄭玄注亦題上事。孔穎達疏教世子。

從上凡學世子至此皆是教世子之法其間雖有　正義曰

玉子公卿大夫元士之子及國之俊選諸侯之事及釋奠養老之事雖

非一也以世子爲主故云教世子以總之注亦題上事　正義曰題謂

目前文王之爲世子文在於下題目以上所設諸事故云亦題上事今教世子之文又

在於下亦是題目以上所設諸事故云亦題上事也　要義釋奠有

六釋奠有三見前瞿衛湜集說始立學者至教世子　山陰陸氏曰

始立學必制器言典非因舊之解釋奠有牲焉亦

或用幣用幣則有加此經曰凡始立學者必釋奠于先聖先師及行

事必以幣者所以釋始立學釋奠兼有幣凡肄師次祀用牲幣小祀

用牲鄭氏謂釋奠者故薦饌酌奠而已無迎尸以下之事儐于東序

儐此諸侯亦有東序蓋在頖宮　長樂陳氏曰凡家達奈器爲先

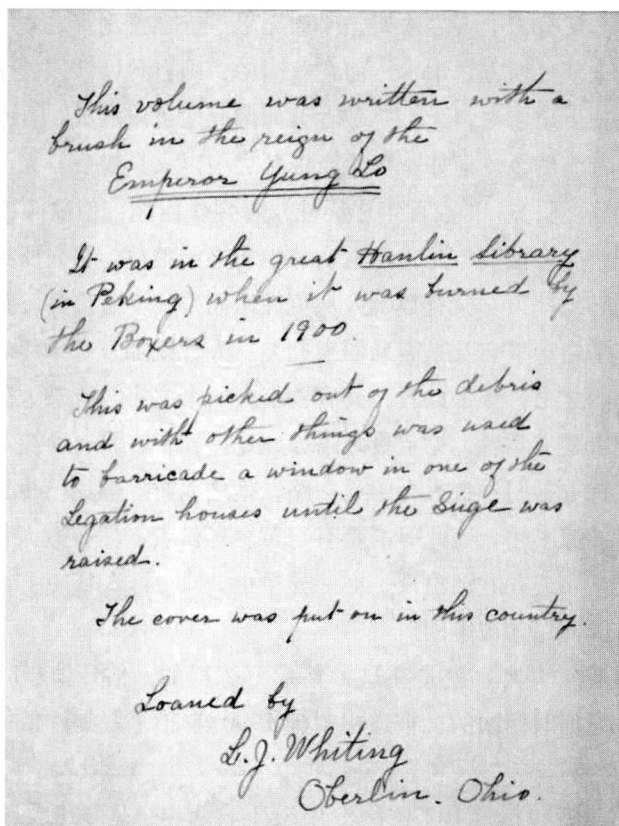

亨廷顿图书馆藏《永乐大典》书影

条粘到了书后。上面的内容应该是外廷在跟 L.J.Whiting 的交谈中说的，因为只有他清楚该书的来历。

　　1900 年 6 月 20 日，清军和义和团围攻东交民巷的外国使馆，在放火焚烧使馆的过程中也烧着了紧邻的翰林院，存放在翰林院里的大量古籍被焚毁，其中就包括《永乐大典》。当时被围在英国使馆的朴笛南姆·威尔（B.L.Putnam Weale，1877—1930）用日记的形式比较详细地记下了每一天的情况，这本书叫 *Indiscreet Letters from Peking*（London：Hurst and Blackett，1906），汉译本取名《庚子使馆被围记》（陈冷汰、陈诒先译述，中华书局 1917 年版，后来有多种翻印本及新译本）。威尔在 6 月 24 日的日记中写道："昨日有一放火者，伏行如猫，用其灵巧之手术，将火种抛入翰林院，只一点钟间，众公使居住之英使馆顿陷于危险之域。"关于翰林院里的藏书，威尔是这样记述的："院中排积成行，皆前人苦心之文字，均手钞本，凡数千万卷，所有著作为累代之传贻，不悉其年。又有未上漆之木架，一望无尽，皆堆置刻字之木板。置身于院中之翰林，虽未梦见西方之学术，而在此国中，则自矜博涉，处于读书人最高之位。上自王公下至乞丐，无不尊敬者。如谓此地可以放火，吾欧人闻之，度未有不笑其妄者。然今竟何如？在枪声极猛之中以火具抛入，人尚未知，而此神圣之地已烟焰上腾矣。""数百年之梁柱，爆裂作巨响，似欲倾于相连之使馆中，无价之文字亦多被焚，龙式之池及井中均书函狼藉，为人所抛弃。无论如何牺牲，此火必须扑灭。又有数十人从英使馆而来，受有严令，逼其作事，此辈今亦舍其和平之董事会及军需局而来此矣。人数既加，二千年之文字遂得救护。有绸面华丽之书，皆手订者，又有善书人所书之字，皆被人随意搬移。其在使馆中研究中国文学者，见宝贵之书如此之多，皆在平时所决不能见者，心不能忍，皆欲拣选抱归，自火光中觅一路，抱之而奔。但路已为水手所阻，奉有严令，不许劫掠书籍。盖此等书籍有与黄金等价者。然有数人仍阴窃之，将来中国遗失之文字或在欧洲出现，亦一异事也。"8月13日晚上，八国联军攻入北京城，外国使馆才被解围。

外廷的这册《大典》就是在这种情形下拣得的，估计他当时就在美国使馆。不清楚他是何时回国的，报道中说他1900年将《大典》带回美国，不知有何依据。

这册《大典》包括第10270卷及102071卷两卷，是"纸"韵"子"字头的一部分，共98页，完好无损。内容是《礼记·文王世子》"凡三王教世子必以礼乐"至"终之以仁也"部分，以及历代对这部分内容的注疏。《教世子》是《文王世子篇》内的一个小标题，并非是《礼记》的一个篇名。两卷征引的文献除了大家熟知的郑玄注、陆德明音义（即《经典释文》）、孔颖达疏外，还有宋卫湜《礼记集说》、宋黄震《日抄》（又称《黄氏日抄》)、宋黎靖德编《朱子语类》、元陈栎《礼记集义详解》、元陈澔《礼记集说》、宋朱申《礼记句解》、宋吕伯恭《音点旁注》、元彭氏《纂图注义》、史駉孙《经义》及未署名《要义》共10种。其中前5种书常见易得，此不赘述；后5种则罕见缺载，需略加考辨。

朱申（字周翰）《礼记句解》：现存四个版本。① 其一为日本国立公文书

---

① 顾永新：《宋元句解类经学文献述略》，王岚等编：《北京大学中国古文献研究中心集刊》第12辑，北京大学出版社2012年版，第102—104页；严绍璗：《日藏汉籍善本书录》，中华书局2007年版，第112页。

馆藏《校正详增音训礼记句解》，十六卷，七册，南宋末年刊本。现有杨忠、稻畑耕一郎等编《日本国立公文书馆藏宋元本汉籍选刊》（凤凰出版社 2013 年影印本）。其二为日本内阁文库藏《校正详增音训礼记句解》，十六卷，七册，元刊巾箱本。其三为台北"中央图书馆"藏《音点礼记详节句解》，十六卷，元初建阳刻本。其四为戴震从《永乐大典》辑出之稿本，十二卷，原稿被日本羽田亨购去，今不知收藏何处。国家图书馆藏有该本 1936 年的摄影本。《中国古籍总目·经部》仅著录了国图所藏摄影本，且将编辑者误作"戴容"。①

明朱睦㮮《授经图》（文渊阁《四库全书》本）卷 20 有朱周幹《礼记详解》十卷，清黄虞稷《千顷堂书目》卷 2 有朱申《礼记详解》十卷，应为一书，幹应为翰之讹误。清朱彝尊《经义考》卷 142 载："朱子（申）《礼记详解》十八卷，佚。"明杨士奇《文渊阁书目》卷 1："《礼记朱周翰详节》一部三册。"《礼记详解》《礼记详节》及《礼记句解》应是一书之异称，《经义考》著录的"十八卷"当为"十六卷"之误，因为存世三种《礼记句解》原刻本均为十六卷。

吕伯恭《音点旁注》：吕伯恭即吕祖谦（1137—1181），伯恭为其字，世称东莱先生。其《音点旁注》除了《永乐大典》称引外，别无所见。《授经图》卷 20："《礼记详节》（阙）卷，吕祖谦。"《经义考》卷 142："吕氏（祖谦）《礼记详节》，佚。"清钱谦益《绛云楼书目》卷 1："元板吕东莱《礼记详节》四册。"从朱申《礼记详节》或称《音点礼记详节句解》来看，《音点旁注》当即吕氏《礼记详节》之异称。书商为吸引买者而在书名上显示注解全面详细字样，故题名往往冗长，而称引者则多用简称，不同称引者又自定简称，造成一书有多种异名。吕书今已亡佚。

彭氏《纂图注义》：中国科学院图书馆整理《续修四库全书总目提要·经部》："《礼记纂图注义》十三卷（钞本），元彭廉夫撰，见乾隆《钦定礼记义疏》、杭世骏《续礼记集说》。是书系辑自《永乐大典》，为《四库全书》纂修官戴震等所编。"② 检索国家图书馆书目，国图藏有戴震辑本之国立北平图书馆 1936 年摄影本。原稿下落不明。此书《中国古籍总目》失收。

---

① 《中国古籍总目·经总》，中华书局、上海古籍出版社 2012 年版，第 478 页。
② 中国科学院图书馆整理：《续修四库全书总目提要·经部》，中华书局 1993 年版，第 548 页。

明焦竑《国史经籍志》卷 2 载"《礼记纂图》十四卷",无著者。《经义考》卷 144:"《礼记纂图》,未见。右见叶氏《菉竹堂书目》,不书撰人姓氏,未详何人。"不知此书与彭氏书是否一书。

史駉孙《经义》:元王元恭《(至正)四明续志》(明抄本)卷 2《进士》载:"史駉孙,字车父,鄞县人,弥巩曾孙,授承事郎国子助教。"著《经义》者当即此人。其字《四明续志》清徐氏烟屿楼刻本作"东父"。按:名駉字车,意义相关,东则无涉,应为形误。元袁桷《清容居士集》(《四部丛刊》影元本)卷 43 有《祭史车父助教》文,可为确证。袁桷祭文云:"呜呼车父,色苍而貌淳,规矩不踰于常人。其考经也,守儒先之说,罔敢越踰。"未言有何著作。清陈元龙《历代赋汇》卷 50 收录其《阳燧赋》一文。《经义》未见记载。

《要义》:《大典》征引文献,凡著者明确,皆举姓名,唯此书不举,未明其故。观其所引文句,如:"释奠有六,释菜有三。""天子内外朝及诸侯之朝,五牲属五行,马属火。"均见宋魏了翁《礼记要义》卷 8,则其为魏了翁《礼记要义》无疑。《礼记要义》三十三卷,国图藏有宋淳祐十二年魏克愚刻本(缺卷一卷二),并有多种影印本及重刻本。

新闻报道中说这册《大典》"包括 4 部现已完全失传的文献",由上可知,完全失传者仅吕伯恭《音点旁注》与史駉孙《经义》两种。

(原载《寻根》2015 年第 3 期)

《中国通俗小说书目》的两点疑惑

白话小说在古代学者眼里是难登大雅之堂的，所以元代以前几乎不见著录。明清时期，白话小说的记录才渐渐多起来，如明代杨士奇的《文渊阁书目》、王圻的《续文献通考·经籍考》、清代钱曾的《也是园书目》等书目中都有一些记载，但零散简略，不成系统。清代官修《四库全书》，白话小说一种也没有收录。因白话小说不受重视，后世的人们想要了解有关信息，常常感到问津无门。孙楷第《中国通俗小说书目》的问世给人们提供了极大的方便，它标志着中国通俗小说专科书目的正式成立，是通俗小说书目的里程碑式之作，对小说研究产生了深远的影响。然而目前介绍该书的论著中，有两个地方存在歧异和含混，即该书初版于哪一年？书中共著录了多少种小说？

关于初版的时间，学界有 1932 年和 1933 年两种说法。如刘叶秋等主编《中国古典小说大辞典》："1932 年北京图书馆中国大辞典编纂处印行。"① 钱仲联等《中国文学大辞典》修订本："初版于 1932 年，由北京图书馆中国大辞典编纂处印行。"② "北京"应为"北平"，当时北京叫北平。王文宝等《中国俗文学辞典》："原 1933 年出版，1982 年人民文学出版社出版修订本。"③ 刘世德主编《中国古代小说百科全书》修订本："撰写于 1932 年，1933 年出版。"④

孙楷第在 1957 年作家出版社出版的修订本自序中说："我的《中国通俗小说书目》，写完在一九三一年上半年，明年三月出版。从书写完到出版，中间经过大半年的光景。……从一九三二年书出版到解放，又二十多年。"《中国通俗小说书目》的初版今已不易见到，人们说初版于 1932 年大约就是根据孙楷第在修订本自序中的说法。我查看了一下初版书的版权页（见下图），署

---

① 刘叶秋主编：《中国古典小说大辞典》，河北人民出版社 1998 年版，第 144 页。
② 钱仲联等：《中国文学大辞典》修订本，上海辞书出版社 2000 年版，第 2057 页。
③ 王文宝等：《中国俗文学辞典》，吉林教育出版社 1990 年版，第 96 页。
④ 刘世德主编：《中国古代小说百科全书》（修订本），中国大百科全书 2006 年版，第 764 页。

"中华民国二十二年（一九三二）三月初版"。民国二十二年应为 1933 年，与括注"一九三二"不符。那么，究竟哪个年份是孙书真正的出版年呢？初版书前有三篇序，其中黎锦熙的序末署"民国廿二年（一九三三）一月"，孙楷第自序末署"中华民国二十二年一月孙楷第自序于北平"。显而易见，初版年份应为民国二十二年，括注"一九三二"是错误的。孙楷第之所以误记成1932 年，大约是这一年国立北平图书馆先出版了他编著的《日本东京所见中国小说书目提要》和《大连图书馆所见中国小说书目提要》两种书目（合为一书），所以他把时间给搞混了。

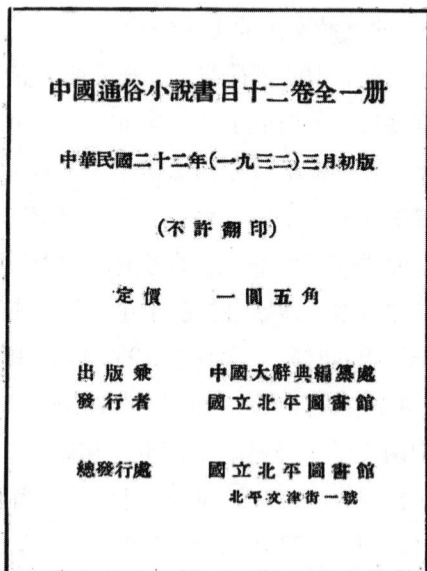

初版书影

关于《中国通俗小说书目》著录小说的种数，说法很多。王文宝等《中国俗文学辞典》："共收语体旧小说书目 800 余种。"钱仲联等《中国文学大辞典》修订本："以 1982 年重版计，自宋元迄清末，包括现存及未见、已佚书，共七百八十九种。以下卷八附录一，为存疑目六十二种；卷九附录二，为丛书目十五种；卷十附录三，'日本训译中国小说目录'四十种，系据日本仓石武四郎原稿原题抄录。末附文言小说《游仙窟》《剪灯新话》等七种。"刘世德主编《中国古代小说百科全书》修订本："收宋代至清末现存、已佚、未见诸书的小说九百八十三种。"

《中国通俗小说书目》先后有三个版本，后出版本都有增补修改，所以每个版本著录的小说种数是不同的。不少介绍者含糊其辞，不交代是哪个版本的数据，令读者疑惑。

1933 年初版的著录种数，凡例中说："自宋至清，凡已佚未见及现存诸书，都凡六百余种。"我据《书名索引》统计，具体为 658 种。1957 年作家出版社的修订本，据《书名索引》统计，共著录小说 818 种。1982 年人民文学出版社版，据《书名索引》统计，共著录小说 831 种。如果把附录中提到的 124 种书目也计算在内，1982 年版共著录 955 种。"九百八十三种"之说不知是怎样统计出来的。

2012 年，中华书局出版了作为《孙楷第文集》之一的《中国通俗小说书目（外二种）》，"外二种"指《日本东京所见小说书目》和《大连图书馆所见小说书目》两种书目。本版据人民文学出版社 1982 年版重新录排，另据孙楷第手批本酌加校订，其亲笔批语以"补注"的方式注于原文页下，原书错漏字则直接补正。这一版可以说是《中国通俗小说书目》的最后定本。

今天我们已有了好几种规模更大、质量更高的小说书目，如江苏省社会科学院明清小说研究中心编的《中国通俗小说总目提要》（中国文联出版社 1990 年版）、石昌渝主编的《中国古代小说总目》（山西教育出版社 2004 年版）、朱一玄等编著的《中国古代小说总目提要》（人民文学出版社 2005 年版）等，但《中国通俗小说书目》在小说目录学史上的地位仍然是不可抹杀的。

从学术发展的角度来讲，白话小说书目方面仍有很多工作要做。除了既有的书目有待订正差错、充实信息外，更重要的是还有很多小说没有著录，人们无从查寻。我国 1911 年以前产生的白话小说不下 1600 种，而上面提到的三种书目收录的白话小说总计不足 1400 种，失收小说很多。如内蒙古人民出版社 2000 年出版了一套《明清艳情小说》丛书，共 32 开本 12 册，收录明清白话小说 48 种，标称为台湾镜月斋民间文化研究室藏本。这 48 种小说中见于上面书目的只有《灯草和尚》和《意中情》（即《巫山艳史》）两种，其他 46 种均未收录。所以，借用孙中山先生的话来说，"革命尚未成功，同志仍须努力"。

（原载《古典文学知识》2015 年第 2 期）

《新刻增校切用正音乡谈杂字大全》考述

　　《新刻增校切用正音乡谈杂字大全》是一部"乡谈"与"正音"相对照的词语类编，国内没有传本，古代典籍中也未见记录。美国哈佛大学哈佛燕京图书馆藏有刻本一部（下文简称"燕京刻本"），收入《美国哈佛大学哈佛燕京图书馆藏中文善本汇刊》（商务印书馆、广西师范大学出版社 2003 年影印）第 32 册。之后，李国庆编《杂字类函》（学苑出版社 2009 年版）、中国社会科学院历史研究所文化室编《明代通俗日用类书集刊》（西南师范大学出版社、东方出版社 2011 年版）均据《汇刊》本影印收入。《汇刊》书前提要云：

> 　　《新刻增校切用正音乡谈杂字大全》二卷。明末刻本。一册。半页十行二十六字、二十七字不等，四周单边，白口，单鱼尾或无鱼尾。框高二十点七厘米，宽十一点五厘米。无序跋。
>
> 　　此为坊间所刻日用小类书，当为某地之通俗口语。大凡一地之方言，多口耳相传，逐渐底定，这在汉语研究中占有重要地位。此本计二卷，上卷为天文门、时令门、地理门、人物门、身体门、鸟兽门、鱼虫门、草木门。下卷为宫室门、器用门、饮馔门、食物门、衣服门、布帛门、珍宝门、文史门、人事门、数月（引者按："月"为"目"之误刻）门、通用门。每字先以乡字列前，正音于后。如丈人丈母，正音为岳父岳母；八月十五，正音为中秋；月不明，正音为月朦胧。
>
> 　　明代所刻通俗用书较多，然随生随灭，最不易保存。是书甚鲜见，研俗语者或可从中有所得。《四库全书总目》未收。《中国古籍善本书目》未著录。
>
> 　　钤印有"□安图书"。

书中没有"食物门"和"布帛门",食物类词语都在"饮馔门",布帛类词语都在"衣服门",提要疏失。另需补充的是,《新刻增校切用正音乡谈杂字大全》是首页题名,书页版心或题《乡谈正音杂字》,或题《乡谈正音什字》,或题《正音什字》,上卷末题《重校正音乡谈杂字》,下卷末题《刻为人须知乡谈正音杂字》,题名颇为混乱,盖为写样、刻版成于众手的缘故。为表述便捷,下文简称为《乡谈》。由"新刻""增校""重校"等字眼来推测,在此刻本之前,《乡谈》还曾刻印过。

《乡谈》存世版本除燕京刻本外,日本还藏有多种古代日本人的手抄本,兹介绍如下。

早稻田大学图书馆藏有两种,我们姑且称为甲本和乙本。甲本为一册装(书影见图 1、图 2),书间有用红笔作的校注。乙本为两册装,上卷与下卷各为一册(书影见图 3、图 4),下卷首页钤有"迎曒阁图书记"①"献英楼图书记""田安府芸台印"三方印记。"献英楼图书记"是田安德川家第三代齐匡(なりまさ,1779—1848)的藏书印。无论是甲本还是乙本,首页题名、上卷末题名及下卷末题名都与燕京刻本是一致的,这表明这两个抄本的底本与燕京刻本属于同一印本,抄写年代必然晚于燕京刻本。

日本国立公文书馆也藏有两种抄本,我们姑且称为丙本和丁本。根据公文书馆的图书著录,这两种抄本都写于江户时代(1603—1867),丙本为一册装(书影见图 5),是豊后佐伯藩主毛利高标(1755—1801)捐献的。丁本为上下两册装,原是江户时代著名藏书家木村兼葭堂(1736—1802)的藏书,这两种抄本的抄写年代当在 1800 年之前。丙本封面题作"正音鄉談雜字 一名什音全書"。书中并没有《什音全书》的题名,不知抄写者根据什么说有此异名。从行款来看,丙本与甲本完全一致,包括汉字旁的日语训读,所以这两个抄本大约是一本据另一本抄录,否则日语训读不可能相同。丁本未见原书,从上下两册装来看,估计与乙本相同。

东京大学文学部图书室藏有一册装抄本,著录为:②

---

① "曒"字早稻田大学图书馆著录为□,表示不能辨识。笔者请谙熟玺印文字的施谢捷先生辨识,他认为是"曒"字,可信。

② https://opac.dl.itc.u−tokyo.ac.jp/opac/opac_details.cgi？lang＝0&amode＝11&place＝&bibid＝2003237261&key＝B142944743115653&start＝1&srmode＝0&srmode＝0.

新刻增校切用正音郷談雑字大全 2巻

□ 詳細を非表示

出版者	[書写地不明]：[書写者不明]
出版年	[江戸後期]
大きさ	1冊；27cm
別書名	その他のタイトル:刻為人須知郷談正音雑字 その他のタイトル:重校正音郷談雑字 その他のタイトル:郷談雑字
一般注記	和漢古書につき記述対象資料毎に書誌レコード作成 写本 大尾の書名:刻為人須知郷談正音雑字 上巻の巻尾の書名:重校正音郷談雑字 表紙の書名:郷談雑字 印記:「黒川真頼」,「黒川真頼蔵書」,「黒川真道蔵書」

国会图书馆藏有两册装抄本的上卷一册，著录为：①

郷談雑字 上巻

詳細情報

	タイトル：郷談雑字
出版地（国名コード）	JP
出版社	写
大きさ、容量等	1冊；27cm
注記	印記: 故榊原芳埜納本[ほか]
注記	装丁：和装
巻次	上巻

据日本立命馆大学教授芳村弘道介绍②，京都等持院的阳明文库中也收藏着一种江户中期的抄本，为上下两卷两册装。芳村说：

　　見返しに「増補漢語郷談／正音雑字全集」とあって、両行の中央に小字で「乙卯歳澄邑書林郭柳之重梓」とある。「乙卯歳」は何年に当たるかはっきりしませんが、この写本から窺うと、底本は明末清初の版本の風を感じますので、明末の万暦四十三年（一六一五）が該当するよ

---

① http://iss.ndl.go.jp/books/R100000002-I000007282937-00.

② 芳村弘道：《陽明文庫の漢籍》，田島公编：《近衛家名宝からたどる宮廷文化史》，（东京）笠間書院 2016 年版；又见韩国高丽大学海外韩国学资料中心，2016—05—16。http://kostma. korea. ac. kr/community/boardview? id = 112&brdCode = 02&qCond = &q = &pageIndex = 1&pageUnit=500。

うです。「澄邑」は広東の澄海県の別名と考えられます。すると「郷音」は広東語になります。

该抄本的扉页上抄录了"乙卯葳澄邑書林郭柳之重梓"的版本信息，这一点非常重要。芳村认为"乙卯"为万历四十三年（1615），"澄邑"指广东澄海县，所以"乡谈"就是粤语。

看来江户时期的日本学人出于学习汉语的需要，对《乡谈》一书颇为重视，传抄者不少。抄本有两类，即上下卷共一册装和上下卷各一册装。其原始底本可能都是燕京刻本。

台湾学者吴守礼曾得到日本神田信夫教授寄赠的丙本缩微胶卷，他据此做了一番研究，率先于1977年撰成长篇论文《什音全书中的闽南语资料研究》①，文中摘取《乡谈》中的一百条词语用闽南语做了阐释。吴文附有四页书影，本文丙本书影即出自吴文。吴文中说："（《什音全书》）编者及编辑时代皆未详。只知其所辑乡谈（方言也）之中有与明朝嘉靖末年重刊《荔镜记》戏文中方言特征相似者。……初疑是中土人士所为，东瀛人士传抄而加音训者，后得书中'缥鞋'之缥字，诸桥《汉和大辞典》著为日制汉字，又疑是日人所编自备工具。……正音之直音尤多，看来似非北语，姑拟诸当时的南京官话。"

关于《乡谈》的作者，吴守礼仅据书中有缥字就认为是日本人所编，根据不足。然而有些人信从这一说法。如《〈绣像王抄娘新歌〉内容概述》一文云："《正音乡谈杂字》是日人所编的书。"② 其实中国古代有"雲鞋"之称。明初佚名编《道法会元》卷26《清微道法·帅班》："北极闾阳掌善使者杨汝明，北极启阴察恶使者耿妙真，并天人满月相、天丁寇，青服，雲鞋，一仗剑，一执杨枝。"明屠隆《红线诗》："忽离琼筵下玉阶，湘裙低覆蹋雲鞋。"明朱潨《天马山房遗稿》卷4《山寇志》："又为之置买圆帽、雲鞋、脱身等物。"雲鞋用布做成，故俗字中给"雲"字加上"纟"旁，这种情况在俗字中是很常见的，如《乡谈·身体门》中将"奶"写作"肳"（从肉），《宫室门》中将"窗子"写作"窗杼"。因此，不能仅据缥为日本汉字就得出《乡谈》出

---

① http://ip194097.ntcu.edu.tw/memory/tgb/mowt.asp.

② http://koaachheh.nmtl.gov.tw/khng-koa-a/01b/01b.pdf.

自日本人之手的结论。

更重要的是，《乡谈》记录的词语为汉语方言，只有熟悉本土方言的人士才能编写得出，所以其编者毫无疑问是中国人，燕京刻本也自然是国内所刻。日本有不少抄本而不见有刻本，这也表明刻本不可能是和刻。

关于《乡谈》记录的方言，吴守礼认为是闽南语，后来的学者大都认同这一看法。如东京外国语大学樋口靖《清代闽南の官話について：〈正音乡谈雑字〉研究の一》《〈正音乡谈雑字〉與〈官話彙解便覽〉之關係—江户時代傳來日本的闽南語資料研究》等文即持此见。① 尽管香港中文大学的王晋光在《〈新刻增校切用正音乡谈杂字大全〉所见粤语词条》一文中指出其中也有粤语词汇②，但作者也承认"'乡音'绝大部分与闽南话相通"。与粤语相通的词语可以理解为闽粤共有的词汇，正如其中也有与官话相同的词汇一样。

芳村弘道只因澄海县有澄邑之称就断定《乡谈》版本信息中的"澄邑"就是澄海，"乡谈"就是粤语，这是不可靠的。古代地名中有澄字的，都可称为"澄邑"。明唐胄《（正德）琼台志》卷5《澄迈县》："《丘深庵记》：'澄邑之西北有谷焉，山幽而地腴，泉甘而木茂。'"此澄邑指今海南省澄迈县。清毕沅《关中胜迹图志》卷13："《澄城县志》：'魏征封郑国公，赐庄田于澄邑，子孙世居焉。'"此澄邑指今山西澄城县。清杨捷《平闽纪》卷11《檄原同安副将》（康熙二十二年世泽堂刻本）："旧年六月间，海逆困陷澄邑之后，遂率伙数万分犯同安、泉州。"此澄邑指漳州府的海澄县，治所在今福建龙海市海澄镇。我们认为《乡谈》版本信息中的"澄邑"应该指漳州的海澄，理由有三。

其一，如所周知，福建在明代是刻书业的中心，图书刻印十分繁荣，私家书坊遍布全省，而广东的澄海未闻当时有刻书业。

其二，《乡谈》记录的词语大多与闽南语吻合或相通。

其三，闽语在江户时代的日本比较流行。江户时代的僧人中西文雄（1700—1763）在《三音正讹》（1752）一书中说："华音者，俗所谓唐音也。其音多品，今长崎舌人家所学有官话、杭州、福州、漳州不同。彼邦舆

---

① 分别见《漢意とは何か：大久保隆郎教授退官紀念論集》，（东京）东方书店 2001 年版；南台科技大学主办"2004 年语文教育国际学术研讨会"论文，2004 年 6 月 19 日。

② 张洪年等主编：《第十届国际粤方言研讨会论文集》，中国社会科学出版社 2007 年版。

地广大，四方中国音不齐。中原为正音，亦谓之雅音。四边为俗音，亦谓之乡音。其中原所用之音有二类，官话之与俗话也。俗话者，平常言语音也。官话者，读书音此之用。"① 日本另一位学者原双桂（1718—1767）也说："今来长崎之唐人，均东南沿海诸郡唐人。南京为南京音，漳州为漳州音，福建为福建音（'建'疑当作'州'），各自方音乡谈不同。"② 他们都提到福州话和漳州话，海澄当时就是漳州的一个县。《乡谈》很可能就是去日本的漳州人带去的。

关于《乡谈》的著作时代，吴守礼在《从"可遇不可求"谈早期闽南方言文献的校理续谈》一文中说："'正音'疑为南京官话，乡谈（方言）含有闽南方言数据，尤其是有荔镜记戏文所见之方言特征；故推为明末清初之编。"③《汇刊》提要出自版本目录学家沈津之手，其定《乡谈》为明末刻本，当有所据，然未作任何交代，阳明文库抄本的版本信息可以印证这一推断。

关于《乡谈》的作者，我们从家谱文献中发现一些线索。浙江省苍南县钱库镇项家桥（旧称瀛桥）村（包括项东村、项西村）保存的《瀛桥项氏宗谱》（今有清光绪己卯年重修本）卷1中记载说，项家桥项姓始迁祖项昭，字国明，"闽之长溪赤岸（今霞浦县赤岸）人也，原籍蕃盛。五季晋高祖朝任大理寺评事。天福六年（941）辛丑，闽王曦僭乱，战无虚日，乃弃官徙居浙江温州府昆阳金舟乡咸通里瀛桥西堡（今钱库镇项家桥），相其地势，倚山临海，皆得其宜，遂家焉。创基业，以贻燕谋，是为一世始祖。"项昭十三世孙叫项文弥，"于明洪武廿三年（1390）与孙存道同调至金乡卫蒲门所第十五军"。"存道，字耕读。公始创田园叁百馀亩，开塾东庑，教授生徒数百人。时国初无学，金乡世胄子弟亦负笈受业焉。著有《乡谈杂字》传而（世字之误）。"④ 项存道著有《乡谈杂字》一书，项家桥村的村民方言至今仍为闽语，这与《乡谈》所记方言为闽语相符；项存道开塾教授生徒，有编写正音教材的需要，这与《乡谈》旨在正音的目的相符；项存道生活于明代，与《乡谈》

① 陈辉：《泰西、海东文献所见洪武韵以及明清官话》，《浙江社会科学》2011年第1期。
② ［日］六角恒广：《日本中国语教育史研究》，王顺洪译，北京语言学院出版社1992年版，第286页。
③ 吴守礼：《闽台方言研究集（一）》，（台北）南天书局1995年版，第48页。
④ 《瀛桥项氏宗谱》的资料由温州大学刘传鸿先生检示，谨致谢忱。此为2001年重修本。

为明代著作的判断吻合；所以《乡谈》有可能就是项存道的《乡谈杂字》。如果这一推断不误，那么，《乡谈》的撰成时代当在洪武末至永乐年间。若要进一步明确，需要落实项存道开塾教授生徒的年代，可惜我们一时看不到整部《瀛桥项氏宗谱》。

《乡谈》中的"正音"吴守礼疑为南京官话，后来的学者大都信从此见。如日本关西大学的内田庆市教授在《近代西方人汉语研究的定位与可能性》一文中说："中国人也很早知道汉语里有方言和共同语的区别，如'子所雅言，诗、书、执礼皆雅言也'（《论语·述而》）。特别是在明末清初，他们认识到'官话'的重要性而开始进行'正音'教育，编了'正音'课本，如《切用正音乡谈杂字大全》、《官话汇编（南北官话汇编大全)》、《圣谕广训》、《正音撮要》和《正音咀华》等。"① 台湾简宏逸在《从古契字论台湾地名表记的传统规范机制》一文中说："'正音'和'乡谈'的区别见于十六世纪刊本《新刻增校切用正音乡谈杂字大全》。这本杂字书的'正音'指明代的官话。"② 我们认为这种看法是有问题的。书中有时在正音之外另注明官话。如：

> 乡谈：旱天（官：亢旱）——正音：天乾坏了；乡谈：月斜（官云倒挂）——正音：横斜。（《天文门》)

> 乡谈：放屎（官曰解手）——正音：窝屎（矢），又：大便。（《身体门》)

> 乡谈：羊仔（官：儿羊）——正音：羔羊、奶羊。（《鸟兽门》)

这里的"官"才应该指南京官话，既然如此，与之相对的"正音"就不可能是南京官话。不少正音与官话明显不符。如：

> 乡谈：耳屎——正音：耳糠；乡谈：鼻孔——正音：鼻笼；乡谈：说不通——正音：蛮我不省得；乡谈：尿——正音：屙水。（《身体门》)

---

① 北京外语大学编：《国际汉语教育》2009年第2辑，外语教学与研究出版社2009年版，第62页。

② 简宏逸：《从古契字论台湾地名表记的传统规范大全》，《台湾语文研究》第8卷第1期，2013年。

"耳糠""鼻笼""蛮我不省得""屡水"明显不是明代官话，而乡谈"耳屎""鼻孔""尿"等反而与官话一致。

此外，正音中有不少词语是典型的书面语。如：

> 乡谈：好雨——正音：膏雨、灵雨；乡谈：云乌暗——正音：云靉靆。(《天文门》)
> 乡谈：山堀——正音：山阿；乡谈：山脚——正音：山麓。(《地理门》)
> 乡谈：土工——正音：仵作；乡谈：丈人、丈母——正音：岳父、岳母。(《人物门》)

"好雨""山脚""丈人"等词官话也常说，却归在乡谈。可见正音不是南京官话，应该是作者本地流行的以读书音为基础的交际语言，可以说是地方官话。由于是读书音，所以有不少书面语。

像《乡谈》这样系统记录一地方言词汇的著作古代并不多见，其价值有待发掘利用。我们曾考证过"王八"一词的来源[1]，认为元明时期提倡的道德风尚被归结为"孝悌忠信礼义廉耻"八字，"王八"即"亡八"或"忘八"，字面意思为丢了第八字或忘了第八字，含蓄地指"无耻"。《乡谈·人物门》类与方言"无廉耻"对应的正音为"臭亡八"，这可为我们的观点提供有力的佐证。"拉皮条"一词各词典（如《汉语大词典》、许少峰《近代汉语大词典》、白维国主编《白话小说语言词典》等）列举的用例最早见于晚清，有些人由此认为"拉皮条"的说法源于清朝时北京著名的红灯区皮条营，因人力车夫常拉嫖客们去皮条营，故有"拉皮条"之说。《乡谈·人事门》方言有"拔皮条"，相应的正音作"揩皮稍"，首字模糊不清，日藏甲本作揩，乙本作揩，均辞书所无。"拔皮条"即"拉皮条"，今闽语中"拔"仍有拉义。如厦门话："顾客互伊拔去。"（顾客被他拉走了）揩当是揩字，揩则为摺（拉之异体）之讹误。这表明"拉皮条"的说法明代就有，源于清代皮条营的说法自然就站不住了。我们还在一篇文章中提出[2]，"倒霉"之"霉"是"晦"的古

---

① 杨琳：《龟鸭王八语源考》，《中国文化研究》2006年第2期。
② 杨琳：《倒霉·倒灶·刷子考源》，载朱庆之等：《汉语历史语言学的传承与发展》，复旦大学出版社2016年版。

音在口语中的遗存，"倒霉"就是"倒晦"，晦有晦气、不顺的意思。《乡谈·天文门》类与方言"霉雨"对应的正音是"霉天"，"霉"下注直音"悔"，这是明代有些地方"霉"读同"悔"的明证。《乡谈》中有很多"直音"注音资料，从中可以了解到作者所说的乡音与正音的异同。如《天文门》与乡谈"月"对应的正音是"大阴"（古称月亮为"大（太）阴"），"阴"下注直音"因"，这表明正音中"阴""因"同音，而乡音中"阴""因"读音不同，即"阴"仍为 m 尾。《地理门》"江"下注直音"姜"，说明正音中"江""姜"同音，而乡音中"江""姜"韵母有别。举此数例，足见《乡谈》价值之一斑，值得引起我们的重视。

图1

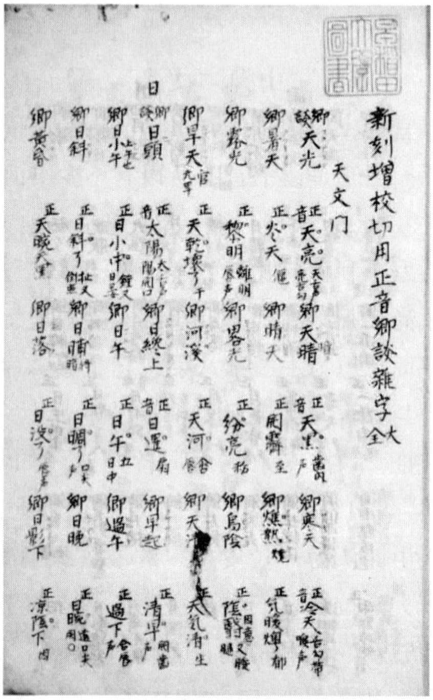

图2

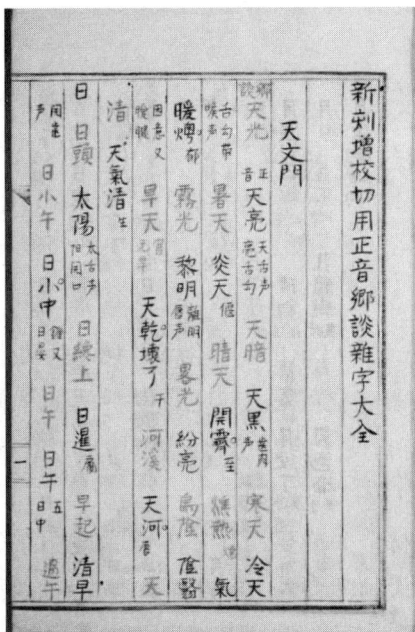

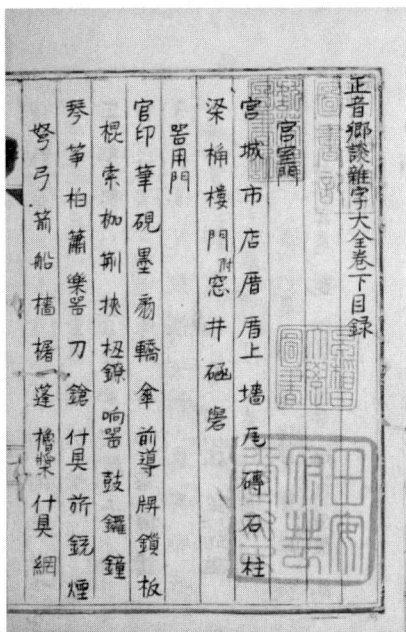

图3　　　　　　　　　　　　图4

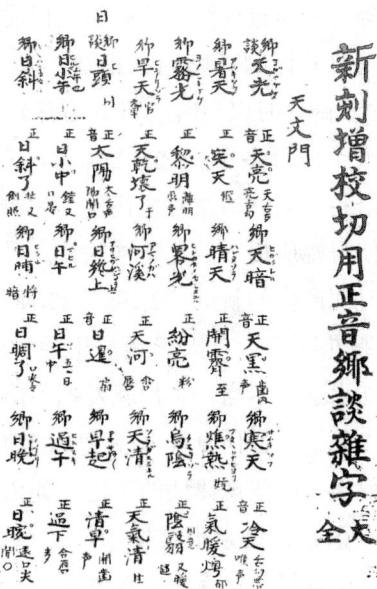

图5

（原载《中国典籍与文化》2015年第4期）

《汉语复音词研究新探》序

　　我曾把句法结构的词汇化、实词的语法化、音节的复音化和造词的生动化称为汉语词汇生成演变的"四化"①，其中复音化问题是个老课题，关注者众多，成果丰硕，出新不易，出彩更难。柴红梅博士的《〈摩诃僧祇律〉复音词研究》虽然针对的是老课题，但在两个方面是有所突破的。

　　一是选材得当。对学术研究来说，选材至关重要，有时甚至是成败的关键。王国维之所以能成为 20 世纪一位最伟大的学者，主要得益于他对甲骨文、汉晋简牍等新发现的第一手材料的研究利用。汉语文献虽有浩如烟海之称，但对汉语史研究而言，优质语料少得可怜，因为大部分文献都是守旧承古的文言文，加之产生时代不易确定，通过这样的文献是难以看清不同时代语言的真实面貌的。法显和佛陀跋陀罗共译的《摩诃僧祇律》产生年代明确，即产生于416 年至 418 年之间；译者翻译时以当时的口语为基础，而且颇多日常生活用语；语料数量较大，有五十四万多字。这些特点使《摩诃僧祇律》成为汉语史研究不可多得的优质语料。柴红梅及时抓住这一优质语料用来探讨东晋时期的汉语词汇面貌，这就使得她所揭示的复音词的特点具有历史的真实性和可靠性，如书中揭示的东晋时期产生的新词"冰雹""跛脚""根底""观看""邻近""判断""羞愧""料理""眼花"等，今天仍是常用词，该成果使我们知道了这些词出现的确切时代。如果选材不当，恐怕就发掘不出这些词了。

　　该成果的第二个亮点是，对晋代复音词在后世的消亡与保留的动因和机制进行了多方位的探讨，得出了一些规律性的结论。如语素义发生变化使得该词语义晦涩、不直观而导致消亡；语素不常使用而使得该词逐渐生疏，归于消亡；人们的认知习惯在词语选择和接受中发挥着最为直接的作用，那些利用人们熟知的现象或事物与其典型特征搭配的语素组合，更容易被语言用户所青

---

① 杨琳：《词汇生动化及其理论价值》，《南开语言学刊》2012 年第 1 期。

睐，也就更容易扩大使用范围，从而获得更强的生命力。这些见解对认识词语的兴替演变无疑是有启发意义的。

书中还对一些疑难词语作出了正确的解释。如《僧祇律》卷 18："善用刀楯，至为巧能。以此入阵，必自全身，又不失王仗。"作者指出，"巧能"是熟练、擅长的意思。"能"的擅长义在今天仍有保留，如"能言善辩""极尽……之能事"中的"能"就是善于、擅长的意思。又卷 5："长老优陀夷时到，著入聚落衣，持钵入城，次行乞食。入一家，见一女人磨豆，便捉发编，举案牵推。"书中指出，"举"谓抬起，"案"谓放下，反义连文，与"举案齐眉"的"举案"不同。又卷 6："云何此象横自狂走？"作者指出，"横自"为附加式构词，犹言放纵，多指违背常理的行为。"横"的纵恣义不为人们所熟悉，常有误解。司马迁《报任少卿书》中"横挑强胡"之"横"有"公开地""四处""意外地""勇敢地"等解释，均有未安，应为"肆意"之义。① 又卷 18："童子即取耳环，著已，捉比丘反复熟打。"书中释"熟打"为用力地打，狠狠地打，"熟"为程度副词。这样的考释对正确理解文献是很有用的。

当然，金无足赤，书无完善，书中涉及的复音词有 8200 多个，细枝末节考虑欠周之处在所难免。如书中说"出嫁"先秦表示"遣放宫女出宫嫁人"，六朝时指女子结婚，"相似联想的习惯使得'出嫁'语义范围逐渐扩大，泛指女子结婚"。"遣放宫女出宫嫁人"的"出嫁"与泛指女子结婚的"出嫁"恐怕是两个来源不同、理据各异的同形词，其间不存在词义的引申问题。"风患"一词释为："病名，指中风。"应进一步指出"患"有名词"病"义，"风患"即风病。"嫌责"释为"因不满而加责备"，理解为偏正关系，这是采用了《汉语大词典》的解释，似不如理解为同义连文的并列关系更近其实。

"避隈"一词释为："隐蔽之地，偏僻无人的地方。……'隈'指'山水弯曲隐蔽处'。"观下列用例，"避隈"当为形容词，与"空闲"类似：

> 空静者，避隈无人处。(《僧祇律》卷 39)
> 若于空闲避隈处，亦不恐不怖也。(三国吴·支谦译：《大明度经》卷 2《持品》)

---

① 杨琳：《司马迁〈报任少卿书〉索隐》，《汉语史学报》第 11 辑，上海教育出版社 2011 年版。

《汉语大字典》（第 2 版）"偲"下有"隐；不明晰"的释义，引证有《字林考逸·人部》："偲，仿佛貌，不审也。"《列子·黄帝》："不偲不爱，仙圣为之臣。"唐殷敬顺释文："偲，爱也。不偲不爱，谓或隐或见。""隈""偲"古通用。故"避隈"义为僻静隐蔽，"避隈处"即僻静处。

"枉横"释为违法曲断，不公平，并引《后汉书·酷吏传序》："至于重文横入，为穷怒之所迁及者，亦何可胜言。"唐李贤注："横犹枉也。"释义虽然正确，但理据没有说清。"横"与"直"相对，"直"是正直公正，相对的"横"就是不直不顺。唐慧琳《一切经音义》卷 78《音经律异相》第十二卷"诬撗"条："《考声》云：'不顺理也。'《古今正字》：'从手黄声。经文或从木作横，亦通，两用也。'""不顺理"就是不公正。

《僧祇律》卷 19："若池水、洡水，新雨后比丘不得自抒，若牛马先涉得自抒。……若池泥、洡泥，新雨后比丘不得自取，使净人取。"书中据《集韵·荡韵》"洡，水深广皃"，释"洡水"为深水，"洡泥"为深水里的泥。"洡水""洡泥"与"池水""池泥"并举，"洡"与"池"一样，应为名词。后晋可洪《新集藏经音义随函录》第十五册《摩诃僧祇律》第十九卷："洡塱，上乌光反，亭水池也。""洡塱"即"洡泥"。"洡"或作"汪"。唐玄应《一切经音义》卷 15《僧祇经》第十九卷："汪泥，乌黄反。《通俗文》：'停水曰汪。'谓汪池之汪。律文作洡，古皇反，洡，涌也。洡洡，声也。洡非此义也。"又卷 4《大方便报恩经》第三卷："汪水，乌黄反。《通俗文》：'停水曰汪。'《尔雅》云：'汪，池也。'经文作洡，音光，非也。"可知玄应、可洪等人已对"洡"作过正确的解释。"洡"或作"潢"。《文选·木华〈海赋〉》："决陂潢而相浚。"李善注引《说文》："潢，积水池也。"《僧祇律》中"洡""池"相对，"洡"为死水池，"池"当指活水池。

柴红梅为人谦和低调，本科时她们班的古代汉语课是我上的，印象中似乎没怎么显山露水。毕业那年，她考取了浙江大学的硕士，师从方一新先生，毕业后又继续跟着方先生读博士，说明她是一个甘于默默耕耘的学生，有耕耘自然就有收获。博士毕业后来天津工作，我们就有了更多交流的机会。现在她的博士论文即将出版，索序于我，我就写了一些读后的感想和意见，不敢自是，聊供红梅和读者参考。

（原载柴红梅《汉语复音词研究新探》，天津古籍出版社 2014 年版）

《道经字词考释》序

当今之世，经济繁荣，学术兴盛，学术研究的触角几乎伸向了任何可能的领域。且不说敦煌文献、简帛文献、碑刻文献这类第一手资料的研究如火如荼，徽州文书、清水江文书、石仓文书这类民间收藏的地方文献也不断被发掘整理出来，连周边国家历史上用汉语撰写的域外汉籍如朝鲜半岛及越南的燕行文献之类也有人在抢滩登陆，刨土挖宝。比较而言，道藏的整理研究就显得门庭冷落了。其主要表现是：

其一，多数道经产生时代不明，来龙去脉不详，缺乏应有的研究。这制约着对道经文献的有效利用。

其二，学人对道经语言的关注远不如对佛经语言的热衷，至今没有编出《道经语言词典》，今人编的各种语言词典中缺乏来自道经的词语及词义证据。

其三，道藏没有精善之本。明代编纂的《正统道藏》是历代纂修的道藏中唯一幸存至今的道藏，内容编排不尽合理，字句存在错讹衍夺。中国道教协会1997年发起并组织全国一百多位专家学者编纂的《中华道藏》（华夏出版社2004年版）算是对《正统道藏》进行的一次全面系统的修补完善，可惜编校质量不能令人满意，错断句读、误识字形、当校不校之类的疏失所在多有。学界急需一部录文可靠、校勘精细的道藏整理本，然而未闻有谁去申报或从事这一重大课题。

试举一例以资说明。《中华道藏》第四册074《洞玄灵宝真人修行延年益算法·老子理身守一法》："登真曰：欲使心正常，当以日出三丈，错手著两肩上，当出心对日，以日正当心，心中闻暖，存日精晖来入心，故觉其微暖，则心正矣。常能行之佳。"这里说的是怎样使人的心保持位置端正，而非笼统的"正常"。梁陶弘景《真诰》卷5《甄命授第一》也有类似的说法："君曰：欲使心正，常以日出三丈，错手著两肩上，以日当心，心中间暖，则心正矣。常能行之佳。"两相比照，可知应以"常当以日出三丈"为句。这是句读之失。"正常"一词《汉语大词典》列举的书证都是现代的，如果有谁盲从《中华道藏》的断句，以为"正常"一词早见于唐宋（书前提要云"约出于唐宋"，这也是不得已而含糊其辞的说法），那就上当了。

"心中闻暖"《真诰》作"心中间暖"，"闻""间"形近，必有一误，《中华道藏》没有出校，这是校勘之失。日本吉川忠夫、麦谷邦夫编《真诰校注》（朱越利译，中国社会科学出版社 2006 年版）、赵益点校《真诰》（中华书局 2011 年版）对"间"也都无所校释。按陶弘景《登真隐诀》卷中云："欲使心正，常当以日出三丈，错手著两肩上，以日当心，心中觉暖，则心正矣。（旧注：亦存日之精晖来入心，故觉其微暖也。）"与"闻""间"对应的词是"觉"。"闻"有感知义。《说文》："闻，知闻也。"《战国策·齐策三》："人事者，吾已尽知之矣。吾所未闻者，独鬼事耳。"高诱注："闻，知。""心中闻暖"即"心中觉暖"，可见"间"为"闻"之形误。盖此语原本当是作"闻"，因后人不知"闻"有感觉义，以为文意不通，故或据文意改为"觉"，或据形近改作"间"。《汉语大词典》和《汉语大字典》"闻"下都没有收录感觉义，由此亦可见道经的语料价值。

又"存日精晖来入心，故觉其微暖"两句与上下文不相连贯，从《登真隐诀》可知，此二句为"心中觉暖，则心正矣"的前人注语，《洞玄灵宝真人修行延年益算法》的抄录者误将注语混入正文，《中华道藏》也未能校出。

短短一则文本就存在如此多的问题，这就是道藏的研究现状。由此看来，道藏研究大有可为，加强对道经的研究，尤其是文献及语言文字方面的研究，可以发展出新的学术增长点。有见于此，我把整套《正统道藏》（包括《万历续道藏》）分配给了牛尚鹏、忻丽丽、周学峰三位博士生，他们的博士论文就以道藏中的疑难字词为研究对象。牛尚鹏分到的是道法类经书，共有道经191 种。他当时从中选释了 140 余条疑难字词，约有 14 万字。毕业后，尚鹏就职于天津外国语大学，教学之余，继续从事道经疑难字词的考释，又补充了60 余条。经过一番修补打磨，内容更为充实完善，结论大都坚实可信，为道经词汇研究做出了重要贡献。词汇方面的考释如《太上洞渊神咒经》卷 10："善人不必好丑，各有因缘。"作者指出这里的"不必"为条件连词，相当于"无论"，并阐释了由副词"不必"虚化为连词的路径原由。见于中古的"偏併"一词，前人释为："偏袒，偏私。'併'通'比'。"本书释为本义指偏向一处聚集，引申为偏颇、偏差义，不仅能贯通所有文献用例，而且构词理据明晰，词义源流可信。俗讹字方面的考释如《太上洞渊神咒经》卷2："作斋者，亦用无量𥏪令矣。"𥏪《中华道藏》认作"神"，典籍未见"神令"一词。本书考明𥏪为"科"之俗字，"科令"指法令、律条。《太上洞渊神咒经》卷7："自頑以来，不唯一条。"頑《中华道藏》认作"须"，"自须以来"不知所云。本书认为頑乃"顷"之俗字，"顷"有往昔义。这些考释发蒙解疑，不仅使道经文意贯通无碍，便于学人研读利用，而且丰富了中古词汇及俗字研究的内容，较之单纯的词汇描写，更具学术分量。

当然，书中也有个别观点尚有进一步斟酌的余地。《太上洞渊神咒经》卷15："又有向于三光大小便面之考。"作者解释说："'面'当为'曲'之讹，'便曲'即大小便。"说这里的"便面"指大小便固然没错，但说"面"为"曲"之讹误未必可靠。这一观点是受了谭代龙的影响。谭代龙在《"大便""小便"字面意义考》（《汉语史学报》第8辑，上海教育出版社2009年版）一文中提出"便曲"有小便义。谭文凡举下面4例：

（1）夫学仙之人，勿北向便曲，仰视三光，勿北向理发，解脱衣裳。（宋·张君房：《云笈七签》卷40《金书仙志戒》）

（2）佩此章符，并不得以履秽。今便曲举动，或致忘误，可以守一时，佩之，事竟，脱著寝床器物中也。（梁·陶弘景：《登真隐诀》卷上《宝章》）

（3）秽慢三光，不敬神祇，裸露五岳，便曲江海。（南北朝·佚名：《玉清上宫科太真文》）

（4）有比丘于村外入草中便曲，有女人亦入草中，比丘先从草出，女人复从此草出，比丘女人各不相知。（北齐·僧伽跋陀罗译：《善见律毗婆沙》卷13）

这些例句中的"便曲"确实都指大小便（并非仅指小便），看上去释义能够成立。但对照下面的例子，不难发现其中的问题：

（5）《金书仙志》云：夫学仙之人，勿北向便迴，仰视三光；勿北向理发，解脱衣裳；勿北向唾骂，犯破毁王，破谓岁下辰也，王谓王气之所在也。（唐·王悬河：《三洞珠囊》卷6《立功禁忌品》）

（6）凡修上清之法，不得北向、本命之上，二处便回，触忏玉晨，秽慢本真。（晋·佚名：《太真玉帝四极明科经》卷5《太玄都中宫女青律文》）

（7）不得北向、本命之上，二处便曲，触忏玉晨，秽慢本真。（南北朝·佚名：《洞真太上太霄琅书》卷3《独立明科旨诀第三》）

（1）（5）两例同引一书，一作"便曲"，一作"便迥（回）"，（6）（7）两例语句相同，只是有"曲""回"之异，这表明两种说法中，有一种说法应该是形误造成的，并非都是现实存在的。这就需要辨明何为"李逵"，何为"李鬼"。

大小便是日常生活中需要避讳的生理现象，为此，人们创造了形形色色的委婉词语予以指称。其中有一类是用回转义的词语去指称，如"旋""旋转""便转""便旋""回转"等，大约大小便时通常要转身背对着人，所以用此类词语加以婉指。"回转"的用例如：

（8）时有苾刍忽患腹痛，数去回转，致有疲困。苾刍白佛，佛言："于床穿孔，随时转易。"即于好床穿破作孔。（唐·义净译：《根本说一切有部毗奈耶杂事》卷15）

（9）昔有长者，时届秋天，担黄豆子诣田欲种，置于树下向回转处。（唐·义净译：《根本说一切有部毗奈耶杂事》卷24）

可见"回"有指称解手的语言事实，所以"便回"的说法是可以成立的，正如也可以说"便转"一样。

"曲"则未见指称大小便的依据。谭代龙认为"曲"有回转义，如《文选·沈约〈钟山诗应西阳王教〉》："四禅隐岩曲。"李善注引郭璞《山海经》注："曲，回也。"因此，主张"便曲"的说法也能成立。我们看表示解手义的"旋""转""回"等词，都是动词，这跟它们源于转身背人的动作有关。"曲"古代虽有训为"回"的，但它是形容词或是名词，上例中的"曲"唐李周翰释为"山岩之曲"，分明是名词，与"旋""转""回"等词并非同例。所以"曲"可断定是"回"之讹误。"回"异体作"囬"，"曲"古或作曲（齐刘碑造象），两字极其近似，故易相混。文渊阁《四库全书》本唐孙思邈

《千金要方》卷61《膀胱腑方》"髀不可以曲",原注:"曲一作回。"《四部丛刊》影《唐音统签》本唐司空图《司空表圣诗集》卷1《江行二首》"回塘春尽雨",原注:"回一作曲。"《四部丛刊》影元刊本《朱文公校韩昌黎先生集》卷36《送穷文》"敢不回避",宋朱熹考异:"回或作曲。"皆"回""曲"互混之证。

这样看来,实际口语中恐怕不存在"便曲"一词,《太上洞渊神咒经》中的"便面"应该是"便回"之误。

我的看法也未必是定论,聊供尚鹏及读者参考。

尚鹏勤奋好学,也很善于学习。跟我读博期间,他常拿着我的论文去逐一核查征引的资料,如果查不到,便问我是如何搜集来的。我在《古典文献及其利用》一书中提到的那些文献,他一有空就到图书馆去查看落实,力求做到心中有数,而非仅仅知道一个空洞的书名。语言学的论文,基本上是有一份材料说一份话,没看到材料,也就产生不了应有的观点,或者没有相应的证据,所以他这种学习方法是"擒贼先擒王"的方法。大家看他的这部书,征引的各种资料不少,这跟他在文献检索方面的刻苦训练是分不开的。希望尚鹏不断开拓进取,努力扩大学术视野,以取得更多更好的成果奉献于社会。

(原载牛尚鹏《道经字词考释》,中国社会科学出版社2017年版)

后　记

　　我从事学术研究是从 1985 年考入四川大学中文系攻读硕士学位开始的，至今已有三十多年，其间发表的论文林林总总，有 270 余篇。对一个从事语言研究的学者来说，这个数量算得上是收获不菲了，不过我始终以杂家的兴趣游走于多种学科之间，兴之所至，力即随之，研究涉及语言、文字、文献、民俗、文学等领域，所以收获不菲是多地耕耘、多种经营的结果，若就"专科"而视之，亦庄生所谓"方存乎见少，又奚以自多"？

　　现在学院大力扶持学术，使我有机会出一本论文选集，这自然是一件令人欣喜的事。虽说如今文献资料的电子化搞得如火如荼，查找资料比以前大为方便，但有些资料在国内的大型数据库中还是没有收录，比如海外期刊上发表的论文、未被"知网"等资料库收录的期刊上发表的论文、论文集中发表的论文等，所以将已发论文选编为一书，可以方便有查找需求的学人阅读参考，这对学术研究应该是不无益处的。

　　既然是选集，就得有选取的原则。我主要是根据下面两条原则来选择的。一是只选语言学、文字学、文献学方面的论文，不选其他方面的论文。二是凡论文内容已经全部融入后来出版的专著之中的，本集不再收录，一则专著比较好找，二则避免出版内容相互重复，浪费资源。

　　论文的编排遵循"以类相从"的原则，按内容分为"词汇编""文字编""语法编""文献编"四编，各编之中，内容相关者排在一起，以发表先后为序。有几篇文章是研究语音的，因数量少，不宜单列一类，附在其他类别之中。论文发表时体例不一，编入本集时凡便于统一体例的尽量做了统一处理。有些内容密切相关的短文，收入本集时整合为一篇文章，以免产生零散之感，且便集中阅读。不同的论文中有些内容有所重复，根据具体情况将其中一处全部删除或加以精简。对发现的原论文中的文字、引文、标点等方面的差错或不当之处，收入本集时做了订正，有些内容也有所修正补充。所以本集中的论文与发表的原文不尽一致，应该说本集给读者提供了一个更完善的论文版本。

这些论文毕竟是三十多年间产生的，三十多年来，无论是治学的条件环境还是自身的学识能力，都是随着时代的发展在不断改变，今天来看，过去的有些论文是不能令人满意的，虽然趁这次结集的机会做了些许弥补，但时代的局限毕竟难逃，浅薄疏漏自是难免，恳请读者批评指正。

汪燕洁、陈菡、詹静珍三位博士生帮我校对校样，心思缜密，订正良多，在此谨表感谢。

杨 琳

2018 年 10 月 2 日于南开大学西南村

责任编辑:方国根　崔秀军

封面设计:王欢欢

图书在版编目(CIP)数据

语文学论集/杨琳 著. —北京:人民出版社,2019.1

ISBN 978－7－01－019510－0

Ⅰ.①语…　Ⅱ.①杨…　Ⅲ.①汉语–语言学–文集　Ⅳ.①H1－53

中国版本图书馆 CIP 数据核字(2018)第 154567 号

语文学论集

YUWENXUE LUNJI

杨　琳　著

人民出版社 出版发行

(100706　北京市东城区隆福寺街 99 号)

北京汇林印务有限公司印刷　新华书店经销

2019 年 1 月第 1 版　2019 年 1 月北京第 1 次印刷

开本:710 毫米×1000 毫米 1/16　印张:34.75

字数:600 千字

ISBN 978－7－01－019510－0　定价:96.00 元

邮购地址 100706　北京市东城区隆福寺街 99 号

人民东方图书销售中心　电话 (010)65250042　65289539